Sammlung
R. Wagner
Nr. 946

SV

Paul Celan – Gisèle Celan-Lestrange
Briefwechsel

Mit einer Auswahl von Briefen Paul Celans
an seinen Sohn Eric

Aus dem Französischen von Eugen Helmlé

Herausgegeben und kommentiert
von Bertrand Badiou
in Verbindung mit Eric Celan

Anmerkungen übersetzt
und für die deutsche Ausgabe eingerichtet
von Barbara Wiedemann

Zweiter Band
Kommentar

Suhrkamp Verlag

© Suhrkamp Verlag 2001 für die Briefe von Paul Celan
und für die deutsche Sprache der Briefe von
Gisèle Celan-Lestrange
© Editions du Seuil 2001 für die Briefe von Gisèle Celan-Lestrange
(ausgenommen die deutsche Sprache) und für die
französischsprachigen Rechte der Briefe von Paul Celan
Alle Rechte vorbehalten, insbesondere das der Übersetzung,
des öffentlichen Vortrags sowie der Übertragung
durch Rundfunk und Fernsehen, auch einzelner Teile.
Kein Teil des Werkes darf in irgendeiner Form
(durch Fotografie, Mikrofilm oder andere Verfahren)
ohne schriftliche Genehmigung des Verlages reproduziert
oder unter Verwendung elektronischer Systeme
verarbeitet, vervielfältigt oder verbreitet werden.
Satz und Druck:
MZ-Verlagsdruckerei GmbH, Memmingen
Printed in Germany
Erste Auflage 2001

1 2 3 4 5 6 – 05 04 03 02 01

Inhalt

Editorisches Nachwort   9
Zur deutschen Ausgabe   37
Anmerkungen   41
Zeittafel   385
Werkverzeichnis Gisèle Celan-Lestrange   503
Werkverzeichnis Paul Celan   509
Personenverzeichnis   545
Verzeichnis der Abbildungen   613

Kommentar

EDITORISCHES NACHWORT

Die Partner des hier vorgelegten Briefwechsels haben zwischen Dezember 1951 und dem 20. März 1970, also von der Zeit kurz nach ihrer ersten Begegnung an bis etwa einen Monat vor Paul Celans Selbstmord, 737 Briefe gewechselt, 334 davon sind von der Hand Paul Celans.[1]
Ihre Korrespondenz deckt somit fast vollständig den Zeitraum ab, in dem Paul Celan in Frankreich gelebt hat, und gleichzeitig den seiner literarischen Karriere im eigentlichen Sinn: von seiner ersten Lesung in Deutschland anläßlich der Tagung der Gruppe 47 im Frühjahr 1952 in Niendorf und der Veröffentlichung seines ersten Gedichtbandes, *Mohn und Gedächtnis*, am Ende desselben Jahres, bis zu seiner letzten öffentlichen Lesung auf der Hölderlin-Tagung in Stuttgart im März 1970 mit Gedichten aus dem letzten von ihm selbst zur Veröffentlichung vorbereiteten Gedichtband, *Lichtzwang*.

Für Gisèle de Lestrange ist das der Zeitraum von den Jahren ihrer Befreiung aus ihrem katholisch-aristokratischen Milieu und ihren Anfängen als Malerin bis hin zur Zeit ihrer reifen Radierungen.

Während Celan in Deutschland seit 1954/55 relativ bekannt und sein »Erfolg« nicht aufzuhalten ist[2], kennt man ihn in Frankreich selbst im Augenblick seines Todes noch kaum. Nur ein sehr kleiner Kreis von Kennern weiß damals, daß der bescheidene Lektor in der Rue d'Ulm in die Fußstapfen des anderen, ebenso bescheidenen, drei Jahrzehnte vorher aktiven Lektors der École Normale Supérieure getreten ist, Samuel Beckett. Neben dem freiwilligen Exil in Paris und der besonderen Beziehung zum Französischen verbindet die beiden Männer ein merkwürdiger »Meridian«: Als Celan vermißt wurde, fand man in seiner Brieftasche zwei Eintrittskarten für eine Vorstellung von Becketts *Warten auf Godot*.

Der französische Originaltext[3] des Briefwechsels ist durch einen

---

1 Als Briefe mitgezählt sind hier auch alle auf Zetteln notierten kurzen Nachrichten oder Grüße, alle Postkarten und Telegramme, nicht aber die nicht in Briefe integrierten Gedichte, auch wenn sie eine Widmung an Gisèle Celan enthalten, oder die Widmungen in Büchern, die in der vorliegenden Ausgabe unter die Briefe eingereiht sind.
2 Siehe Anm. 53/1.
3 Paul Celan – Gisèle Celan-Lestrange. Correspondence (1951-1970). Avec un

doppelten Wechsel geprägt: den zwischen der Prosa der Briefe und den Versen der Gedichte und den zwischen dem Französischen[4] und dem Deutschen, der jenem genau entspricht. Dieser doppelte Wechsel ist in der Tat sprechend für die Beziehung Paul Celans zu seiner Muttersprache auf der einen und zur Sprache seines Exils auf der anderen Seite, die niemals Sprache seiner Dichtung war.

Das Deutsch, das Celan spricht und schreibt, das Deutsch seiner Gedichte, ist in vieler Hinsicht merkwürdig. Es hat seinen Ursprung im deutschsprachigen Judentum von Czernowitz, der Hauptstadt des einstigen österreichischen Kronlands Bukowina. Celan erhält es – das hat eine große Bedeutung für sein Werk – aus dem Mund seiner Mutter, der die deutsche Hochsprache sehr am Herzen liegt. Es ist diese am Ort seines Geburts-Meridians selbst erlernte Sprache, die »hindurchgehen« muß »durch furchtbares Verstummen, hindurchgehen durch die tausend Finsternisse todbringender Rede«[5]; mit ihr überquert er, wie sein Dichter-Bruder Heinrich Heine, den Rhein, um ihr an der Seine in Paris, der Stadt eines anderen Meridians, Wohnung zu geben. Über den besonderen Charakter dieser Sprache schreibt Celan seiner Frau im September 1955 während eines Aufenthaltes in Deutschland: »ich fühle mich so fremd und verloren in diesem Land, in dem man sonderbarerweise die Sprache spricht, die meine Mutter mich gelehrt hat....«[6]

Sein Deutsch ist auch in dem Sinne einzigartig, als es nach seiner Ankunft in Paris im Juli 1948 nie wieder die Sprache des Alltags für ihn ist, sondern ausschließlich die Sprache seiner Dichtung, seiner Übersetzungen, öffentlichen Lesungen und literarischen Begegnungen in Deutschland, Österreich und der Schweiz und mit den wenigen Deutsch-Sprechenden in Paris, mit denen er Umgang hat. Dieses sein Deutsch ist, in ständigem Austausch mit dem Französischen, zugleich das des Lehrenden. Einen Teil seiner Zeit widmet Celan dem Deutsch- und in wenigen Fällen dem Französischunterricht, zuerst im Rahmen von Privatstunden, dann, für Germanistikstudenten, an der École Normale Supérieure. Und er ›lehrt‹ durch seine Bücher und seine Lesungen die Deutschen Deutsch, *sein* meist

---

choix de lettres de Paul Celan à son fils Eric. Éditée et commentée par Bertrand Badiou. Avec le concours d'Eric Celan, Paris, Seuil, 2001.
4 Nur die Briefe 417 und 475 sind im Original vollständig deutsch, die Briefe 244 und 249 haben deutsche Beilagen.
5 Siehe die in Bremen gehaltene Rede, GW III 186.
6 Siehe Brief 67.

Editorisches Nachwort

in Frankreich geschriebenes Deutsch, das so eigen ist wie unerhört. Unerhört, weil er durch den einzigartigen und kritischen Gebrauch, den er von dieser Sprache macht, die Gewaltsamkeiten der Geschichte gegen die Sprache selbst richtet; weil er die Worte, ja selbst Ortsnamen, beim Wort nimmt, damit ihre Bestandteile wahrgenommen werden und einen unabhängigen Wert erhalten können; weil er in seine Gedichte fremde Worte, aus dem Hebräischen entlehnte Wendungen mischt und damit das Wort des einzelnen in seiner Geschichte hörbar macht.[7]

Celan kennt die Kraft seiner Sprache als die eines »jüdischen Kriegers«[8]; er ist sich sowohl dessen bewußt, daß sie seine Hörer und seine Schriftsteller-›Kollegen‹ treffen kann, als auch, daß sie bei diesen Widerspruch und hartnäckigsten Widerstand auslöst. Das erfährt er auf verschiedenste Weise bei seinen öffentlichen Lesungen in Deutschland: als gemeinen antisemitischen Spott, in Form von Gleichgültigkeit oder durch aktive Äußerungen des Unverständnisses. Am 31. Mai 1952 schreibt er seiner Frau: »Ich habe laut gelesen, ich hatte den Eindruck, über diese Köpfe hinaus – die selten wohlmeinend waren – einen Raum zu erreichen, in dem die ›Stimmen der Stille‹ noch vernommen wurden … / Die Wirkung war eindeutig. Aber Hans Werner Richter, der Chef der Gruppe, Initiator eines Realismus, der nicht einmal erste Wahl ist, lehnte sich auf. Diese Stimme, im vorliegenden Falle die meine, die nicht wie die der andern durch die Wörter hindurchglitt, sondern oft in einer Meditation bei ihnen verweilte, an der ich gar nicht anders konnte, als voll und von ganzem Herzen daran teilzunehmen – diese Stimme mußte angefochten werden, damit die Ohren der Zeitungsleser keine Erinnerung an sie behielten …«[9] Aber Celan gibt nicht auf, er nimmt das Unwohlsein in Kauf, das er empfindet, wann immer er die Grenze in Richtung Deutschland überschreitet[10], er richtet seine in einer Gegensprache geschriebenen Gedichte ganz bewußt gegen das Publikum und weiß in seinem Innern, daß sich diese Gedichte schließlich selbst aufmerksame Hörer schaffen werden: »Ich schlafe schlecht hier: die menschliche Landschaft in diesem unglücklichen Land (das sich seines Unglücks nicht bewußt ist) ist höchst beklagenswert. [...] / Heute abend werde ich ihnen die Ge-

---

7 Siehe *Der Meridian*, GW III 197f.
8 Siehe Brief 300.
9 Siehe Brief 14.
10 Siehe Brief 30.

dichte vorlesen, über ihre Köpfe hinweg, und es wird ein wenig so sein, als wollte ich meinen Hörern jenseits ihrer selbst begegnen, in einer zweiten Wirklichkeit, die mein Geschenk an sie sein wird.«[11]

Die von Gedichten begleiteten Briefe Celans an seine Frau machen es möglich, in ganz wörtlichem Sinn den Raum auszuschreiten, in dem er seine Sprache praktiziert und den er manchmal nicht ohne Augenzwinkern sein »Celanien«[12] nennt. Zunächst sind das die Straßen, in denen er gewohnt und gearbeitet hat, Rue des Écoles, Rue de Lota, Rue de Montevideo, Rue de Longchamp, Rue d'Ulm, Rue Cabanis (für die psychiatrische Universitätsklinik Saint-Anne), Rue Tournefort und Avenue Émile Zola. Um diesen engeren Kreis legt sich ein zweiter, nur wenig größerer: Er schließt das Landhaus in Moisville (Normandie) und die Orte weiterer psychiatrischer Behandlungsphasen ein, Épinay-sur-Seine, Le Vésinet, Suresnes und Épinay-sur-Orge. Fast alle diese Namen erscheinen auf Manuskripten seiner Gedichte, sie erscheinen als Verlängerungen von deren ersten, datierten und »unverwandelten, unveränderten«[13] Fassungen, aber auch in einer Reihe von mit Anstrichen versehenen Büchern seiner Bibliothek, die er auf diese Weise seinen Gedichten zur Seite stellt.

Der Raum seiner inneren, bukowinischen und mütterlichen Sprache kann sogar der von Prag, der Böhmens sein, kann ein Nomaden-Deutsch[14] sein, ein von Kafka – auch er ein Dichter-Bruder – ererbtes; man kann diese Sprache vielleicht, an den Titel des Nachlaß-Gedichts *Paris, Kleinstseite*[15] anknüpfend, ein Deutsch der ›mala strana‹, der ›Kleinseite‹, nennen, ein Deutsch des Viertels von Saint-Médard und La Contrescarpe (das Wort meint den Außenwall einer Festung), das täglich mühsam zu ersteigen das Leben Celan auferlegt hat, oft mit Gedichten auf den Lippen. Auch in den schwierigsten Augenblicken seines Lebens, an fast unwohnlichen Orten, in der Promiskuität der Zimmer und Schlafsäle der psychiatrischen Kliniken, hört er nicht auf, dieses tatsächlich ausländische, utopische[16] Deutsch zu kneten, ›in die Enge zu führen‹. Vielleicht lädt er den *Anderen* gerade in diesen so schützenden wie

---

11 Siehe Brief 52.
12 Siehe Brief 207.
13 Siehe Brief 670.
14 Siehe die Briefe 409 und 462.
15 GN 322.
16 Siehe *Der Meridian*, GW III 199.

unheimlichen Raum ein, wenn er auf den Schlußpunkt des letzten Gedichtes verzichtet, das er seiner Frau schickt: »Aus dem zerscherbten / Wahn / steh ich auf / und seh meiner Hand zu, / wie sie den einen / einzigen / Kreis zieht«[17].
Die Trennung vom Alltagsdeutsch ist eine ständige Quelle der Beunruhigung für Celan. Dies zeigt gerade auch die das Gegenteil betonende frühe Äußerung: »Es ist merkwürdig, aber ich habe den Eindruck, daß alle diese Sprachprobleme, die sich mir stellten, im Grunde sehr nebensächlich sind ...«.[18] Celan empfindet das Französische deshalb als wirkliche Gefahr für seine Dichtersprache, weil es im Laufe der Zeit einen immer größeren Platz in seinem Leben einnimmt. Er weiß zwar, daß sein wirkliches Publikum, die Menschen also, an die sich seine Gedichte zuallererst richten müssen, in Deutschland lebt. Trotzdem ist er unglücklich über den Empfang, der ihm als Dichter in Frankreich zuteil wird: »das ist ein wenig mein Schicksal in Frankreich: meine Bücher treffen hier vor allem auf die Mittelmäßigen.«[19] Seine wiederholten Reisen nach Deutschland, Österreich und in die Schweiz – konkreter Anlaß für eine große Zahl der hier publizierten Briefe – sind Ausdruck seines Bedürfnisses, mit seinen Lesern und mit dem gesprochenen Deutsch regelmäßig in Kontakt zu bleiben. Das Französische wird für ihn nie, wie für Beckett, zur zweiten literarischen Sprache; es ist für ihn aber sicherlich das *Andere*, die Sprache, mit der seine Gedichte in einen versteckten Dialog treten können.
Französisch lernt Celan in Czernowitz in der Schule. Sehr schnell ist er Bester in allen Aufgaben, die seine Lehrer stellen; schnell liest er viel außerhalb des schulischen Lektüreprogramms, improvisiert sogar kleine Argot-Gedichte. Und er verwendet das Französische gerne außerhalb der Schule, um sich mit Freunden zu unterhalten. Die früh erworbene Selbstverständlichkeit, sich in dieser Sprache zu bewegen, ermöglicht es ihm dann, sein Medizinstudium im November 1938 im französischen Tours zu beginnen. Als ihn der Ausbruch des Zweiten Weltkriegs während eines Heimaturlaubes an der Rückkehr nach Frankreich hindert, wählt er Französisch als Studienfach in Czernowitz. In Bukarest hat Celan zwischen 1945 und 1947 nur noch sehr vereinzelt französischsprachigen Austausch mit rumänischen Freunden. Seit dem 14. Juli 1948 aber, an dem er in

17 Siehe Brief 670.
18 Siehe Brief 67.
19 Siehe Brief 115.

Paris ankommt, ist das Französische für ihn Alltagssprache; der französische Nationalfeiertag wird so zum ›Tag eins‹ seines ›französischen Kalenders‹[20]. Zusammen mit dem Deutschen ist das Französische schließlich die Sprache seiner letzten Universitätsausbildung an der Sorbonne. Französisch kommuniziert er mit seinen rumänischen Exilfreunden[21] in Paris, Französisch ist die vorherrschende Sprache seiner Briefwechsel mit den in Rumänien verbliebenen Freunden, als solche durch eine Tauwetterperiode wieder möglich werden[22]. Auch bei Gesprächen mit rumänischen Gästen entscheidet er sich in der Regel für das Französische. Und nicht zuletzt ist es die in der Familie ausschließlich gesprochene Sprache.

Das Französische nimmt also einen besonderen Platz unter den Sprachen ein, die Celan mit mehr oder weniger großer Selbstverständlichkeit spricht. Auch das Hebräische, Rumänische, Russische, Englische und Italienische, auch Latein und Griechisch »umbabeln«[23] sein Dichter-Deutsch, sie alle nähren es. Nur in dieser *anderen* Sprache aber äußert er sich in größerem Ausmaß auch schriftlich, verfaßt er außer Briefen auch Teile seines Tagebuchs und verschiedenste Reflexionen, ja selbst einige Aphorismen. Ganz selbstverständlich überwiegen unter den von ihm übersetzten Autoren die französischen bei weitem.[24]

Schon Celans erster Brief an Gisèle de Lestrange vom 12. Dezember 1951 zeigt eine perfekte Beherrschung der Fremdsprache und schriftstellerische Qualitäten. So sind die Briefe von Paul Celan an seine Frau das wichtigste bisher bekannte Dokument für seine Beziehung zum Französischen.

Die vorliegende Ausgabe enthält 677 zwischen Dezember 1951 und März 1970 gewechselte Briefe und andere Dokumente. Die annähernd 19 Jahre des Briefwechsels lassen sich in drei unterschiedliche

---

20 Siehe das Gedicht *La Contrescarpe*, GW I 283.
21 Besonders mit Isac Chiva und Serge Moscovici, damals Studenten der Soziologie und Psychologie.
22 Siehe z.B. das quantitative Verhältnis zwischen französischen und rumänischen Briefen im Briefwechsel mit Petre Solomon in: Petre Solomon, *Dimensiunea românească*, Bukarest, Editura Kriterion, 1987.
23 Siehe das Gedicht *Huriges Sonst* aus *Schneepart* (GW II 339).
24 Char, Michaux, Supervielle, Apollinaire, Rimbaud, Mallarmé, Cayrol usw. Siehe den ausschließlich den Übertragungen französischer Autoren gewidmeten Band IV der *Gesammelten Werke* neben dem die Autoren aller anderen Sprachen enthaltenden Band V.

Editorisches Nachwort

Zeitabschnitte einteilen. Ein sehr kurzer Abschnitt von Dezember 1951 bis November 1952 entspricht der Zeit des Kennenlernens und jener, in der Paul Celan und Gisèle de Lestrange noch nicht ganz zusammen wohnen, auch wenn Gisèle de Lestrange ab Sommer 1952 schon nicht mehr ausschließlich im elterlichen Haushalt in der Rue de Wagram lebt (Briefe 1 bis 25). Eine zweite Periode umfaßt die wichtigsten Jahre der Korrespondenz von den ersten Tagen des gemeinsamen Lebens der Briefpartner im Januar 1953 bis zum März/April 1967, als Gisèle Celan ihren Mann darum bittet, eine Trennung ins Auge zu fassen (Briefe 26 bis 484). Die letzte Phase ist die der Trennung, in der sich das Ehepaar nur noch bei besonderen Gelegenheiten sieht (Briefe 485 bis 671). Hier läßt sich eine deutliche Asymmetrie beobachten: Gisèle Celan schreibt weiterhin recht regelmäßig, aber ihre Briefe sind jetzt meist kürzer. Celan dagegen zieht den telefonischen Kontakt vor oder kommuniziert durch den gemeinsamen Sohn Eric; seine Botschaften sind nun vor allem in seinen Gedichten – mit oder ohne begleitender Übersetzung – enthalten.

Gisèle und Paul Celan schreiben sich Briefe aus sehr unterschiedlichen Gründen. Zwischen Mai 1952 und Dezember 1964 geschieht das vor allem dann, wenn Paul Celan Paris verläßt. Meist ist er in Deutschland: um zu lesen, um seine Verleger zu treffen, um literarische Kontakte zu pflegen. Hinzu kommt sein Bedürfnis, sich Zeiten der Einsamkeit und des Schreibens auch *in* der gemeinsamen Wohnung zu erhalten, etwa während der Winterferien. Gisèle Celan akzeptiert und organisiert diese Trennungsphasen nicht aus eigenem Bedürfnis, sondern weil sie die Notwendigkeit für ihren Mann, aber auch für ihren Sohn sieht. Denn vor allem nach 1960, als Celan – durch erneute Verleumdungen von Claire Goll[25] und die damit zusammenhängende Presse-Kampagne – im Dezember 1962 in einen ersten Wahnzustand gerät, kann die familiäre Atmosphäre oft nur durch eine vorübergehende Trennung entspannt werden. Im Januar, während des Sommers und im Oktober des Jahres 1965 sind sowohl bewußt gewählte Zeiten der Einsamkeit als auch Eheschwierigkeiten der Anlaß für die Trennungsphasen. Gerade sie aber führen zu einem besonders fruchtbaren und besonders intensiven brieflichen Gespräch. Das zeigen etwa Gisèle Celans Briefe aus Rom und der Provence oder die Pariser Briefe Celans aus dem Januar und dem Sommer. Und die Briefpartner sind sich dessen sehr wohl bewußt:

---

25 Siehe Anm. 125/1.

So evoziert sie ihr »briefliches Ungestüm«, so spricht er nicht ohne Humor von seiner »Redseligkeit«, von seinem »Schwung« und von seiner »Kraft zum Briefeschreiben«[26]. Vor 1967 lassen sich die Zeiten, in denen die Celans sich wenig oder gar nicht schreiben, in aller Regel dadurch erklären, daß sie zusammen leben oder zusammen verreisen. Auszunehmen ist hier lediglich die Zeit zwischen Herbst 1957 und Juni 1958, in der nur sehr wenige Briefe[27] gewechselt werden, *obwohl* Paul und Gisèle Celan häufig getrennt sind. Celans parallele Liebesbeziehung zu Ingeborg Bachmann in eben diesem Zeitraum mag dabei eine nicht unerhebliche Rolle gespielt haben.

Die vorbereitenden Arbeiten für diese Ausgabe wurden zu einem großen Teil bereits seit 1970 von Gisèle Celan selbst geleistet. Zunächst waren die an den verschiedensten Aufenthaltsorten der Celans verstreuten Dokumente in der Wohnung Rue de Longchamp zusammenzutragen: aus dem Landhaus in Moisville in der Normandie, aus Celans Arbeitszimmer in der École Normale Supérieure in der Rue d'Ulm und aus Celans letzter Wohnung in der Avenue Émile Zola. 1972 beginnt Gisèle Celan, ihre Korrespondenz mit ihrem Mann systematisch zu lesen und chronologisch zu ordnen. In dieser zweiten Arbeitsphase erstellt sie zwei Dossiers: eines für Celans Briefe an sie (fünf Ordner mit der Aufschrift »lettres de Paul à Gisèle«[28]), ein zweites für ihre eigenen Briefe an ihren Mann (sechs Ordner mit der Aufschrift »Gisèle CELAN à Paul CELAN«[29]). In die Ordner der Briefe Celans sind auch viele der von Übersetzungen begleiteten Gedichte aufgenommen, die entweder von Paul Celan persönlich oder durch Eric Celan übergeben worden waren. Im letzten Ordner der Briefe Celans sind sämtliche Telegramme von ihm enthalten sowie eine ganze Reihe von Dokumenten, bei deren Datierung sich Schwierigkeiten ergeben[30]. Die beiden Dossiers ergänzt Gisèle Celan durch einen Ordner mit dem Etikett »Lettres de Paul à ERIC«[31] mit nur 14 Briefen Paul Celans an seinen

---

26 Siehe die Briefe 275, 259, 264 und 350.
27 Von Gisèle gibt es 13 Briefe in dieser Zeit (davon sind 6 hier publiziert), von Celan nur zwei Briefe (davon einen sehr kurzen), dagegen aber acht Telegramme.
28 *[Briefe von Paul an Gisèle];* 12. 12. 1951 - 1. 11. 1964, 18. 1. 1965 - 30. 12. 1965, 9. 1. 1966 - 29. 12. 1966, 1. 1. 1967 - Dezember 1967, 8. 1. 1968 - 19. 3. 1970.
29 *[Gisèle CELAN an Paul CELAN]*; 1951-1955, 1956-1964, 1965, 1966, 1967, 1968-1970.
30 Siehe die im Anhang veröffentlichten Dokumente.
31 *[Briefe von Paul an ERIC]*

Editorisches Nachwort

Sohn – zwölf davon sind hier veröffentlicht[32]. Die meisten dieser Briefe begleiteten wohl ursprünglich im gleichen Umschlag Briefe Celans an sie selbst. Die Zusammenstellung der Briefe an den Sohn ist fragmentarisch geblieben. Das zeigt eine große Anzahl von Briefen an Eric Celan, die in den Ordnern mit Paul Celans Briefen an seine Frau verblieben sind. Zahlreiche Postkarten an den Sohn wurden zudem später in Moisville oder in dessen eigener Wohnung gefunden[33].

Innerhalb der einzelnen Ordner faßt Gisèle Celan jeden Brief mit den eventuell begleitenden Dokumenten und dem in aller Regel erhaltenen Umschlag in einem Papierumschlag zusammen, auf dem sie das Datum des Briefes und, wenn ein solches fehlt, häufig das des Poststempels handschriftlich notiert; in manchen Fällen ist dies – zur Kennzeichnung von Leseunsicherheiten – mit Fragezeichen versehen.

Gisèle Celan hat verschiedentlich offen über die große Bedeutung gesprochen[34], die Celans Briefe an sie ihrer Meinung nach für die Öffentlichkeit darstellen; sie hat sich aber wohl nie über eine mögliche Publikation ihrer eigenen Briefe an ihn geäußert. In diesem Sinn ist auch die Tatsache zu werten, daß sie sich den Dossiers von Paul Celans Briefen mit wesentlich größerer Sorgfalt gewidmet hat als denen ihrer Briefe an ihn. Dort fallen Nachlässigkeiten, besonders hinsichtlich der Datierung und Einordnung, auf, aber auch bei der Wiederherstellung der Verbindung von Brief, Umschlag und Beilagen, und das sogar dann, wenn es sich dabei um ihre eigenen Radierungen handelt. Die Zahl der Briefe Gisèle Celans, die nachträglich gefunden wurden, ist zudem erheblich größer als die der Briefe von Paul Celan[35].

Nur ein einziger Brief Gisèle de Lestranges – der von ihr im Brief vom 3. Dezember 1951 angesprochene[36] und zugleich wohl erste

---

32 Siehe die Briefe 146, 167, 232, 309, 315, 319, 406, 486, 612, 622, 646 und 656.
33 Die Herkunft der Briefe an Eric Celan ist in den Anmerkungen nicht näher erläutert.
34 Ich habe Gisèle Celan in den Jahren 1984 bis 1991 regelmäßig im Rahmen meiner Arbeit an Übersetzungen von Celans Gedichten, besonders *Lichtzwang* (*Contrainte de lumière*), gesehen. Bei diesen Arbeitssitzungen gab sie mir Informationen zum Werk und Leben Paul Celans, die sie häufig durch die Lektüre ausgedehnter Passagen aus ihrer Korrespondenz mit ihrem Mann illustriert hat.
35 Eine nachträgliche Zuordnung ist in den Anmerkungen jeweils dokumentiert.
36 Siehe Anm. 1/1.

der Korrespondenz überhaupt – konnte bisher nicht gefunden werden. Weitere Briefe, Postkarten oder Telegramme von Gisèle oder Paul Celan scheinen nicht verloren, verschwunden oder vernichtet worden zu sein. Verantwortungsbewußtsein gegenüber den Briefen, dem Werk und dem Leben Paul Celans ließ Gisèle Celan wohl auch ihre eigenen Briefe sorgfältig bewahren. Nichts spricht dafür, daß sie auch nur das kleinste ihren Mann betreffende Dokument vernichtet hätte. Auch die von Gisèle Celan angelegte, leider fragmentarische Kartei der im Briefwechsel erscheinenden Namen zeigt, welch große Bedeutung sie diesem Briefwechsel als Dokument beigemessen hat.

Die elf Ordner der zwischen den Eheleuten Celan gewechselten Briefe wurden 1990 von der Gesellschaft für Kultur- und Wissenschaftsförderung Karlsruhe für die Deutsche Schillergesellschaft zusammen mit dem literarischen Nachlaß und der Bibliothek von Paul Celan erworben. Die Briefe von Gisèle Celan befinden sich bereits, unter den Signaturen D 90.1.3308 bis 3328, im Deutschen Literaturarchiv Marbach; die bisher nicht inventarisierten Briefe von Paul Celan liegen noch in Paris. Die Briefe von Paul Celan an seinen Sohn, die im vorliegenden Band beschriebenen gewidmeten Bücher sowie einige seltene Manuskripte und Typoskripte und die nachgelassene Bibliothek von Gisèle Celan sind im Besitz von Eric Celan. Die durch den Herausgeber und Eric Celan im Laufe ihrer Arbeit aufgefundenen Briefe von Paul und Gisèle Celan werden nach der Veröffentlichung der vorliegenden Ausgabe dem Deutschen Literaturarchiv in einer Schenkung übergeben.

Die vorliegende Ausgabe enthält die Briefe, Postkarten und Telegramme von Paul Celan an seine Frau in ihrer Gesamtheit, eine großzügige Auswahl von Gisèle Celans Briefen an ihren Mann und eine Auswahl von Paul Celans Briefen an seinen Sohn. Dazu kommt eine Reihe von Dokumenten, die nicht zum Briefwechsel im engeren Sinn gehören, jedoch insofern darin ihren Platz haben, als sie aus der Beziehung Paul Celans zu den Seinen direkt hervorgegangen sind.

Wegen der großen Zahl von – oft umfangreichen und weit ausholenden – Briefen Gisèle Celans wurde auf deren vollständige Publikation verzichtet. Dadurch wird in Kauf genommen, daß für den Leser die quantitative Ungleichgewichtigkeit zwischen den Briefen der Korrespondenzpartner konkret nicht erfahrbar ist. Eine solche Ungleichgewichtigkeit ist im übrigen in den meisten von Paul Celan geführten Korrespondenzen zu beobachten: Er ist immer derjenige, der weniger häufig schreibt, seine Briefe sind in der Regel die kürzeren.

Nicht in die Auswahl aufgenommen sind vor allem Briefe Gisèle Celans der ersten Jahre (1954-1956), die oft sehr lang und überwiegend anekdotisch sind. Die beispielhaft ausgewählten Briefe aus dieser Zeit können dem Leser jedoch einen Eindruck davon vermitteln, wie sie schreibt und was sie damals beschäftigt. Der dialogische Charakter des Briefwechsels wird dadurch nicht beeinträchtigt, denn die Briefe stellen oft nicht gegenseitige Antworten dar. Auch für das Jahr 1967 ist selektiv verfahren. Hier beschränkt sich die Korrespondenz der Celans oft auf praktische Probleme.

In der Regel geben die Anmerkungen eine kurze Beschreibung oder eine Inhaltsangabe der fehlenden Briefe, manchmal zitieren sie daraus. Immer wenn Paul Celan für hier nicht berücksichtigte Briefe seiner Frau dankt, wird darauf hingewiesen. Spielt er auf einen solchen Brief an oder nimmt dessen Formulierungen auf, geben die Anmerkungen die notwendigen Erläuterungen.

Die Auswahl von Gisèle Celans Briefen erfolgt unter drei Gesichtspunkten. Sie soll zum einen Celans Briefpartnerin in den verschiedenen Phasen des Briefwechsels anschaulich vorstellen: die junge Frau Gisèle de Lestrange, wie sie Celan kennen- und lieben lernt; seine Ehefrau Gisèle Celan und schließlich die Künstlerin Gisèle Celan-Lestrange. Zum zweiten soll eine Annäherung an die künstlerische Arbeit von Gisèle Celan-Lestrange möglich werden; die bibliophilen Publikationen, die sie in Zusammenarbeit mit Paul Celan realisiert hat[37], stehen dabei im Mittelpunkt. Zum dritten will die Auswahl so viele biographische Informationen wie nur möglich über Gisèle und Paul Celan vermitteln: gerade solche, die mit den schwierigen Augenblicken ihres Lebens zusammenhängen, mit seinen Krankenhausaufenthalten und Zwangsinternierungen. Wenn Paul Celan selbst die Qualität eines Briefes seiner Frau hervorhebt, ist dies schließlich auch ein Grund dafür, ihn hier aufzunehmen.

Die von Gisèle Celan in den Dossiers gesammelten Briefe ihres Mannes wurden durch acht Briefe aus persönlichen Unterlagen von Gisèle und Eric Celan ergänzt. Zu den von ihr selbst geordneten eigenen Briefen kommen 41 neu aufgefundene hinzu; davon sind 30 im vorliegenden Band publiziert. Ebenfalls aufgenommen sind zwei

---

[37] *Atemkristall* (1965), »*Schlafbrocken, Keile*« (1966), *Portfolio VI* (1967) und *Schwarzmaut* (1969).

Briefe und ein ›Brief-Gedicht‹, die Paul Celan bei den Manuskripten der Gedichte aus dem Umkreis von *Eingedunkelt* aufbewahrt hat.[38]

Die Publikation einer Auswahl von Briefen Paul Celans an seinen Sohn bietet sich im Rahmen dieses Bandes deshalb an, weil ein Teil davon Briefe an Gisèle Celan begleitet hat und mancher Brief an Eric auch an dessen Mutter gerichtet war. Das zeigen etwa die Postkarte aus Stockholm vom 1. September 1960[39] oder der Brief vom 4. März 1966[40], der zwei Gedichte enthielt, die Eric seiner Mutter zum Geburtstag überreichen sollte. Besonders in schwierigen Situationen versucht Paul Celan, durch den Briefkontakt mit seinem Sohn die Beziehung zu seiner Frau aufrechtzuerhalten. Die aus diesem Grund vollständig aufgenommene Postkartenserie aus dem Oktober 1965[41] stellt zudem eine Art Reisetagebuch von Paul Celan dar, das in engem Zusammenhang mit der Entstehung einer Reihe von Gedichten aus *Fadensonnen* zu sehen ist. Noch die Briefe und Postkarten, die Paul Celan in den Jahren 1968/1969, als sich der Abstand zwischen den Ehepartnern verfestigt hat, an seinen Sohn schreibt, gehören, obwohl sie nie Grüße an Gisèle Celan enthalten, in diese Kategorie. Allerdings betonen die Briefe an Eric Celan in dieser Zeit z. T. einfach auch das Fehlen eines Briefes an Celans Frau: Von seiner Israel-Reise im Oktober 1969 aus schreibt er ihr z. B. nicht. Hinzu kommt, daß man in den Briefen Celans an ein Kind die wesentlichen Elemente seiner Ethik[42] findet. Er formuliert hier einfach und präzise, und das selbst in den in Wahnzuständen geschriebenen Briefen mit zum Teil erregtem, ja beunruhigendem Charakter.

Nicht aufgenommen sind drei Briefe, die sich ausschließlich mit Schulproblemen Eric Celans beschäftigen, dazu acht Postkarten, die über die zum Genre gehörenden Banalitäten zu wenig hinausgehen.

---

38 Siehe die Briefe 388, 392 und 396. Auf den besonderen Charakter dieser Dokumente wird in den Anmerkungen jeweils hingewiesen.
39 Siehe Brief 122.
40 Siehe Brief 359.
41 Siehe die Briefe 285, 287, 289-292, 294-295 und 298-299.
42 Siehe den fünften Absatz des Briefs vom 30. September 1962 (146), wo diese Ethik ihren bildlichen Ausdruck in der Evokation der einfachen und nüchternen Landschaft in der Umgebung von Moisville findet.

Sehr unterschiedliche Dokumente sind den Briefen beigelegt: Gedichte, Radierungen, Zeichnungen, Briefe von Dritten, Zeitungsausschnitte, Ausstellungskataloge, verschiedene Einladungskarten, Fotos und Objekte unterschiedlicher Art. Die Verbindung zwischen ihnen und dem jeweiligen Brief wird so weit wie möglich wiederhergestellt.

Bei der Behandlung von schriftlichen Beilagen sind Dokumente der Korrespondenzpartner selbst und solche Dritter unterschiedlich behandelt. Texte Paul Celans (mit Ausnahme der oben beschriebenen Briefe an den Sohn) sind immer vollständig publiziert. In zwei Fällen handelt es sich um Briefe an Dritte, die Gisèle Celan wie literarische Texte vorgelegt werden. Im ersten Fall macht er etwa deutlich: »Es wird darin einiges gesagt, nicht allzu schlecht formuliert [...].«[43]

In der Mehrzahl sind die von Celan beigelegten eigenen Texte jedoch Gedichte. Sie haben fast immer eine engere Beziehung zum jeweiligen Brief, oft durch (wenn auch recht lakonische) Kommentare, zumindest aber durch einen Hinweis. Nicht alle Gedichte waren zusammen mit den Briefen aufbewahrt; manche wurden von Paul Celan selbst oder von Gisèle Celan aussortiert, oft in Zusammenhang mit der Erstellung von Dossiers für die Manuskripte eines publizierten oder geplanten Gedichtbands. Fast immer konnte der ursprüngliche Zusammenhang mit dem Brief wieder hergestellt werden, vor allem dank der häufigen Notiz »an Gisèle«, die keine Widmung (dafür verwendet Paul Celan stets die Präposition »für«), sondern eine Kurzform für »geschickt an Gisèle« darstellt. Allerdings bedeutet die Notiz nicht immer, daß das so markierte Manuskript selbst an Gisèle Celan gesandt wurde; sie konnte für Celan auch eine Erinnerungshilfe dafür sein, daß er eine *Abschrift* des betreffenden Dokumentes weitergegeben hatte. Neben Äußerlichkeiten wie dem verwendeten Schreibwerkzeug oder der Faltung des Papiers hilft die Datierung der Gedichtmanuskripte – Entstehungsdaten, gelegentlich auch das Datum einer späteren Bearbeitung – ebenso bei der Zuordnung wie Celans Tagebuchnotizen über die gemeinsame Lektüre eines Gedichts mit seiner Frau, über dessen Versand bzw. die persönliche Übergabe an sie. In der vorliegenden Ausgabe publiziert sind auch einige Gedichte, die Gisèle Celan wohl ohne Begleitbrief übergeben wurden oder ihr nur vorläufig anvertraut waren und in einem Brief nicht ausdrücklich erwähnt

---

43 Siehe Brief 244.

sind. 1969 etwa ließ Celan seiner Frau ohne begleitende Briefe sechs Gedichte mit Interlinearversionen[44] durch Eric Celan zukommen – dieser erinnert sich nicht mehr, ob auf einmal oder nicht; Gisèle Celan hat sie später in datierten Papierumschlägen in den letzten Ordner der Briefe Celans eingeordnet.

29 der 84 hier wiedergegebenen Gedichte werden von einer französischen Interlinear-Version Paul Celans begleitet[45], die seiner Frau die Lektüre des Gedichts in der deutschen Originalfassung erleichtern sollte. Paul Celan betrachtet diese ›Eigenübersetzungen‹ (so die Kennzeichnung im Werkregister) tatsächlich nicht als Übertragungen im vollen Wortsinn. Großer Übersetzer, der er ist, äußert er sich in den verschiedenen Epochen sehr unterschiedlich über die Übersetzbarkeit seiner Gedichte ins Französische. Am 13. August 1952 kann er noch schreiben: »ich werde alle meine Gedichte für Sie übersetzen: ich horche sie auf meinen Spaziergängen schon ein wenig ab, um zu sehen, wodurch sie auf Französisch zum Klingen kommen werden – sie sind gar nicht so störrisch, wie ich geglaubt hatte.«[46] Dieser Optimismus weicht fünfzehn Jahre später größerer Zurückhaltung: »Ich habe ein Gedicht geschrieben, hart, schwer zu übersetzen, [...].«[47]. Glaubt man dem Zeugnis seiner Frau, so überwog Paul Celans Skepsis. Das zeigt sich auch in der Korrespondenz selbst: Sehr häufig verzichtet Paul Celan im Brief auf die Übersetzer-Geste und gibt seiner Frau lieber eine Liste mit Wort-Übersetzungen. In jedem Fall aber sind seine Kommentare[48], ob in Form von Wortlisten oder von Interlinearversionen, wertvolle Dokumente für den Leser und Interpreten.

In den fünfziger Jahren sind Celans Gedichtübersetzungen ganz selbstverständlich Gegenstand der Deutschstunden, die er seiner Frau gibt. Gisèle Celan wird ihr Leben lang nicht aufhören, vor dem Hintergrund dieser Dokumente *alle* französischen Übersetzungen der Werke von Paul Celan zu befragen. Dies bezeugen die zahlreichen Arbeitsnotizen in ihren deutschen und französischen Celan-Ausgaben wie auch ihre Arbeitshefte aus der Zeit des gemeinsamen

---

44 Siehe die Briefe 639, 642, 649, 651, 653 und 654.
45 Die dem Gedicht *Lindenblättrige* vorausgehende Paraphrase ist hier als eine solche Übersetzung gezählt, nicht aber der Entwurf für eine französische Fassung von *Mit uns* (*Avec nous autres*) für Eric Celan (Brief 409).
46 Siehe Brief 19.
47 Am 27. Dezember 1966 nach der Entstehung von *Wenn ich nicht weiß, nicht weiß* (Brief 469).
48 Siehe Brief 402.

Editorisches Nachwort

Lebens, in die sie Übersetzungen seiner Gedichte, ja sogar französische Fassungen seiner Mandel'štam-Übertragungen notiert hat. Die seltsame und zum Teil zweisprachige in diese Ausgabe integrierte Gedicht-Anthologie, deren Zusammenstellung von der Beziehung zwischen Gisèle und Paul Celan mit den ihr eigenen Zufälligkeiten diktiert ist, gibt uns die Gedichte selten in einer definitiven Form; das gilt auch für diejenigen, die als »endgültige Fassung« bezeichnet werden. Wir haben dadurch Gelegenheit, uns bei früheren Fassungen von später in anderer Form gedruckten Gedichten oder bei solchen aufzuhalten, die Celan fallenläßt, denen er sich verweigert, oder die er, obwohl er sie weiter bearbeitet, nicht veröffentlichen kann oder will. Der besondere Akt von ›Veröffentlichung‹, den ein persönlicher Brief darstellt, könnte vielleicht zu Fragen nach der Identität des »ich«, des »du« oder des »wir« in diesen Gedichten anregen.

Von den beigelegten Zeitungsausschnitten ist nur ein einziger vollständig wiedergegeben, der Artikel von Georges Andersen im *Combat* über »L'Europe allemande et M. Ulbricht«[49]: Der Leser soll nachvollziehen können, warum dieser schwerfällige Text so sehr die Aufmerksamkeit von Paul Celan erregt, daß er ihn seiner Frau zur Lektüre vorlegen möchte. In anderen Fällen erscheint eine Kurzcharakterisierung ausreichend. Manche Zeitungsausschnitte – etwa die dem Brief 640 beigelegten und später in Pressemappen eingeordneten Artikel – stellen den Herausgeber zudem vor häufig nicht befriedigend lösbare Zuordnungs- und Identifikationsprobleme.

Zu den schriftlichen Dokumenten treten zwei weitere Arten von Beilagen, die in dieser Ausgabe in Form von Reproduktionen bzw. Fotos vollständig wiedergegeben sind. Einmal sind das künstlerische Beigaben von Gisèle Celan-Lestrange: eine Tintenskizze für eine Radierung, eine Gouache und elf Radierungen[50]. Zum andern handelt es sich um pflanzliche Objekte wie getrocknete Blumen oder Rindenstücke mit Talisman-Bedeutung[51].

Entsprechend der Anordnung von Gisèle Celan selbst schließt der Band mit einer merkwürdigen graphischen Variation Celans

---

49 *[Das deutsche Europa und Herr Ulbricht]*, siehe Brief 255.
50 Siehe in der vorliegenden Ausgabe die Abb. 7-16.
51 Siehe in der vorliegenden Ausgabe die Abb. 2-5.

über den Ausdruck יד ושם[52]. Man darf das – mit Blick auf die große Bedeutung der Begriffe »Hand« und »Name« in Celans Werk[53] – auch als eine Art »Envoi«[54] verstehen.

Mit Ausnahme eines in der Anmerkung wiedergegebenen Briefes von Nelly Sachs[55] wird auf die Publikation beiliegender Briefe von Dritten verzichtet. Es handelt sich um einige wenige Briefe, die Paul Celan seiner Frau zur Kenntnisnahme vorlegt, sowie um Abschriften solcher Briefe durch Gisèle Celan, die ihren Mann über seine Posteingänge informieren möchte, ohne die Originalbriefe zu schicken. *Innerhalb* der Briefe von Gisèle Celan zitierte Briefe Dritter sind selbstverständlich vollständig wiedergegeben; in diesen Fällen wurden bei Abschreibefehlern die Originalbriefe stillschweigend zur Korrektur herangezogen. Bei Ergänzungen der Briefe von Paul oder Gisèle Celan durch Dritte wird, von seltenen Ausnahmen abgesehen[56], ein Hinweis darauf einer vollständigen Wiedergabe vorgezogen, da das Interesse derartiger Grüße für den Briefwechsel in der Regel sehr eingeschränkt ist. Einzig die schriftlichen Zusätze von Eric Celan für seinen Vater werden immer in der Anmerkung wiedergegeben, auf die Reproduktion seiner Zeichnungen wird aber verzichtet. Auf alle nicht publizierten Beilagen wird in der Anmerkung zusammenfassend hingewiesen. Die publizierten Beilagen erscheinen unter der Nummer des zugehörigen Briefes.

Ergänzt wird das Textkorpus durch Paul Celans Widmungen für seine Frau und seinen Sohn in seinen Büchern[57]. Sie markieren innerhalb der Korrespondenz die wichtigsten Etappen von Paul Celans Karriere als Dichter und Übersetzer und stellen gleichzeitig die Entwicklung seiner Beziehung zu den Seinen auf besondere, verdichtete Weise dar. Für die Aufnahme der Widmungen spricht zudem die Tatsache, daß zwei der hier publizierten Briefe in Widmungsexemplaren gefunden wurden.[58]

---

52 Biblischer Ausdruck mit der Bedeutung »Hand und Name«, der der Schoah-Gedenkstätte Jad va-Schem in Jerusalem ihren Namen gibt; siehe Brief 677 und Abb. 17 a und b.
53 Siehe Anm. 677/1.
54 Im literarischen Sinne des Wortes, wie es Celan selbst in seinem Gedicht »Eine Gauner- und Ganovenweise« (GW I 229) verwendet, als letzte, als Geleitstrophe.
55 Siehe Anm. 604/7.
56 Siehe die Briefe 35 und 203.
57 Im Besitz von Eric Celan.
58 Siehe die Briefe 128 und 302.

Bei der Wiedergabe des Textes wird mit großer Vorsicht nur in ganz konkreten Fällen behutsam korrigiert. In Celans Briefen sind gravierende Fehler zumindest außerhalb der krisenhaften Augenblicke eher selten. Da er den grammatischen und orthographischen Regeln – das zeigt seine obsessive Sorge um die Rechtschreibung seines Sohnes, bei der er selbst zum Teil gerade über das Wort »orthographe« stolpert[59] – eine große Bedeutung zumißt, scheinen die vom Herausgeber vorgenommenen Korrekturen[60] gerechtfertigt, zumal sie auch ein besonderes Anliegen von Gisèle Celan waren. Bei beiden Briefpartnern sind Fehler meist in Zusammenhang zu sehen mit den Bedingungen, unter denen der jeweilige Brief entsteht, mit seinem oft improvisierten Charakter und angesichts der Tatsache, daß er oft nicht noch einmal durchgelesen wird. Nur in einem Fall – Celan befindet sich in einer aggressiven medikamentösen Behandlungsphase – ist ein Brief[61] in seiner Fehlerhaftigkeit belassen, weil er gerade durch seine Unstimmigkeiten Aussagekraft hat. In den Briefen von Gisèle Celan ergibt sich vor allem durch eine zum Teil expressive, manchmal aber auch einfach nachlässige Interpunktion die Notwendigkeit von differenzierter Korrektur: Hier werden Satzzeichen dort ergänzt, wo ihr Fehlen, ohne zusätzliche Kommentierung in den Anmerkungen, zu Verständnisschwierigkeiten geführt hätte. Ähnliches gilt auch für gelegentlich bis hin zur Unverständlichkeit fehlerhafte Sätze: Zum Teil sind Korrekturen aufgrund von Entwürfen möglich, manchmal muß aber eine Lösung durch den Herausgeber gefunden werden, die in den Anmerkungen dann jeweils dokumentiert ist. Gisèle Celan war sich im übrigen durchaus der Nachlässigkeiten und Freiheiten bewußt, die sie sich gegenüber der Sprache herausnahm und von denen sie wußte, daß sie dem rigoros regelhaften Sprachgebrauch ihres Mannes geradezu widersprachen, sie bat ihn dafür gelegentlich um Nachsicht.[62]

Bei der Transkription der Gedichte und Eigenübersetzungen Paul Celans wird hinsichtlich von Korrekturen ähnlich verfahren wie bei seinen Briefen. Dies mag bei den Eigenübersetzungen nicht

---

59 Siehe die Briefe 197 und 359; ähnliches ist auch in unveröffentlichten Briefen zu beobachten.
60 Im französischen Anmerkungstext für Paul Celans Briefe immer nachgewiesen.
61 Siehe Brief 335 in der französischen Ausgabe.
62 »Es wird mir schwer, Ihnen zu schreiben, weil ich Sie so anspruchsvoll weiß in bezug auf die Kommata und den schönen Stil.« (unveröffentlichter Brief vom 5. 7. 1953)

unproblematisch erscheinen. Tatsächlich sind dies ja keine ausgearbeiteten Texte, vielmehr haben sie alle einen recht vorläufigen Charakter, sind meist mit Bleistift notiert. Eine Ergänzung der hier zum Teil fast vollständig fehlenden Interpunktion vermittelt dem Leser den Eindruck, ›fertigere‹ Gedichte vor sich zu haben, als sie es tatsächlich sind und sein wollen. Auf der anderen Seite mag auch die unmittelbare räumliche Nähe von Gedichttext und zwischen die Zeilen notierter Übersetzung in der Weise zu verstehen sein, daß für letztere die Satzzeichen ersterer mitzudenken sind.

Alle Unterstreichungen erscheinen kursiv, auf solche des Briefempfängers wird in der Anmerkung eigens hingewiesen; das gilt auch für Anstreichungen am Rand. Bei Zitaten innerhalb der Anmerkungen dagegen erscheinen Unterstreichungen immer als solche. In den Anmerkungen gelten im übrigen grundsätzlich die orthographischen Verhältnisse der zitierten Quelle.

Zitate und Titel im Brieftext werden, wenn sie nicht graphisch in einer eigenen Zeile hervorgehoben sind, Paul Celans eigener Praxis folgend, durch die im Deutschen gebräuchlichen Anführungszeichen gekennzeichnet, auch wenn dies – wie gelegentlich in Briefen von Gisèle Celan – nicht dem Originaltext und auch nicht dem französischen Gebrauch entspricht, der in diesen Fällen eine Hervorhebung durch Kursivierung vorsieht. Dadurch wird eine Differenzierung von Unterstreichung und Titel-Hervorhebung im Haupttext möglich. In den Anmerkungen sind Anführungszeichen den Zeitschriftenartikeln und den Gedichten ohne Titel oder Zitaten ganzer Verse vorbehalten; alle anderen Werktitel erscheinen ohne Anführungszeichen und, im Kontrast zum sonst durchgehend kursiven Anmerkungstext, nicht kursiv.

Drei wesentlichen Faktoren ist die Tatsache zu danken, daß das Textkorpus den Herausgeber kaum vor Datierungsprobleme stellt. Zum einen vermerken die Autoren der Briefe selbst meist sorgfältig Ort und Tag. Das ist sicherlich in Zusammenhang zu sehen mit der Bedeutung, die Daten für Paul Celan besaßen.[63] Auch seine umittelbaren Gesprächspartner sind davon sichtbar beeinflußt. Wenn seine Frau oder sein Sohn das Briefdatum vergessen, ja oft selbst dann, wenn die Angabe nicht fehlt, ergänzt Celan das (vermutete) Datum des Briefs und das von dessen Ankunft auf dem Briefumschlag. Eine zweite wichtige Hilfe bieten die fast durchgehend er-

---

63 Siehe *Der Meridian*, GW III 196.

haltenen Briefumschläge, auf denen die Poststempel in der Regel gut lesbar sind. Hilfreich sind schließlich die vorbereitenden Arbeiten Gisèle Celans; sie haben vor allem Bedeutung für die undatierten, für die nicht auf dem Postweg versandten und für die ganz offensichtlich falsch datierten Dokumente. Die von Gisèle Celan vorgeschlagenen Datierungen beruhen allerdings oft auf Schätzung und geben häufig einen größeren Zeitraum an. Diese Datierungsvorschläge werden in jedem Fall in der Anmerkung vermerkt, selbst dann, wenn sie aufgrund einer besseren Material-Grundlage präzisiert werden können oder aber korrigiert werden müssen. Alle vom Herausgeber vorgeschlagenen oder vervollständigten Daten stehen in eckigen Klammern; in dieser Form werden, außer im Fall von Widmungen, auch am Briefende plazierte Daten an der üblichen Stelle oben rechts vorweggenommen. Auf Datierungsunsicherheiten weist gegebenenfalls ein Fragezeichen hin. Briefe, die chronologisch nicht befriedigend eingeordnet werden können, sind im Textanhang abgedruckt, zusammen mit den Dokumenten ohne Briefcharakter, die von Gisèle Celan in den Briefwechsel eingeordnet wurden.

Datieren Briefe von Paul und Gisèle Celan vom selben Tag, ohne daß aus den Texten selbst die zeitliche Reihenfolge hervorgeht, wird für die Anordnung die Uhrzeit des Poststempels als verbindlich angesehen. Alle einem Briefumschlag zuzuordnenden Dokumente erscheinen, unabhängig vom jeweiligen Briefdatum, unter ein und derselben Briefnummer.

Auf diplomatische Wiedergabe der Texte wird grundsätzlich verzichtet. Wenn es für die Bedeutung des Geschriebenen relevant scheint, wird allerdings in seltenen Fällen, etwa bei kurzen Briefen, Postkarten und bei den Widmungen, der Versuch gemacht, die Disposition des Textes auf dem Blatt mit genauen Zeilenübergängen wiederzugeben. Auf Besonderheiten der Schrift – etwa bei in extremen psychischen Situationen geschriebenen Briefen aus dem Jahr 1967 – wird in den Anmerkungen hingewiesen. Im übrigen sei auf die abgebildeten Schriftbeispiele verwiesen[64].

Wird von einem der Briefpartner Briefpapier mit gedrucktem Briefkopf verwendet, ist dieser – allerdings nur auf der ersten Seite des jeweiligen Briefs – wiedergegeben. In keinem Fall nämlich scheint ein derartiger Umstand zufällig: Mit der Verwendung etwa des eigenen Briefpapiers mit dem Briefkopf »78, RUE DE LONG-

---

64 In der vorliegenden Ausgabe die Abb. 5 und 6.

CHAMP. XVIe« manifestiert Paul Celan seine Verankerung, seine emotionale Zugehörigkeit zur gemeinsamen Wohnung der Familie. Aus ähnlichen Gründen werden handschriftliche Adressen, auch wenn sie wiederholt auftreten, systematisch wiedergegeben. Im Fall von fremdem Briefpapier, etwa eines Hotels, wird auf die Wiedergabe von Telefonnummern und ähnlichem sowie auf nähere Erläuterungen zu der jeweiligen Institution, von begründeten Ausnahmen abgesehen[65], verzichtet.

Alle im Text erscheinenden Zeichen werden reproduziert: gliedernde Striche zwischen Gedicht und Widmung, vor allem aber Sterne oder Sternchen – Zeichen mit besonderer affektiver und symbolischer Bedeutung für Paul Celan[66] –, durch die allein schon die betreffenden Dokumente seiner Frau zugeeignet sind. Auf eine Wiedergabe von Leerzeilen zwischen den Absätzen wird dagegen verzichtet, es sei denn, eine funktionelle Bedeutung, etwa zur Gliederung des Textes in zwei heterogene Teile, ist klar erkennbar.

Mit Ausnahme einer gedruckten Einladungskarte[67], zweier Maschinendurchschläge von Briefen an Dritte[68] und von dreißig Gedicht-Typoskripten[69] beruht die Edition auf handschriftlichen Vorlagen. Paul Celan schreibt in der Regel mit blauer Tinte, gelegentlich auch, vor allem während seiner Krankenhausaufenthalte, mit blauem Kugelschreiber. Gisèle Celan schreibt fast immer mit Füllfederhalter, vorwiegend mit blauer Tinte.

Die Anmerkungen haben ihre Notwendigkeit im besonderen Charakter der zu kommentierenden Texte selbst. Ein intimer Briefwechsel impliziert häufig mehr Nichtgesagtes als Briefwechsel zwischen Partnern, die nicht das tägliche Leben miteinander teilen. Die Briefpartner brauchen die gemeinsamen Gespräche, auch Telefongespräche, Erfahrungen, Reisen und Lektüren oft nur anzudeuten, um sich verständlich zu machen. Auf der Basis dieses hintergründigen Dialogs haben Paul und Gisèle Celan natürlich die gegenseiti-

---

65 Siehe etwa die Telefonnummer des Hotels Intercontinental in Frankfurt, auf die Paul Celan die Aufmerksamkeit seiner Frau lenken möchte (Brief 273).
66 Das Wort »étoile« *[Stern]* kann in der Sprache der Celans sogar ein Synonym für »Gedicht« sein.
67 Siehe Brief 16.
68 Siehe die Briefe 244 und 249.
69 Siehe die Briefe 22, 23, 42-44, 58, 83, 253, 264, 540, 595, 597 und 599; es handelt sich zum Teil um Durchschläge.

gen Briefe gelesen. Weil der in die Briefe stillschweigend eingeschriebene Ausdruck von Verbundenheit kaum je von Dritten aus dem Brieftext erfaßt werden kann, wollen die Anmerkungen dem Leser wenigstens einige Elemente für eine Lektüre zwischen den Zeilen an die Hand geben.

Obwohl eine ganze Reihe von Briefen nach schwierigsten Ereignissen im Leben von Gisèle und Paul Celan entstanden ist, nach Selbstmord- und Mordversuchen, ist kaum eines davon je ausdrücklich erwähnt. In einigen Fällen ist es bisher wegen des nichtöffentlichen Charakters der Krankenakten in Verbindung mit der ärztlichen Schweigepflicht kaum oder gar nicht möglich, den wahren Charakter eines solchen Ereignisses festzustellen. Freilich helfen Erinnerungen an Gespräche mit Gisèle Celan, Zeugnisse von Eric Celan und von Gisèle Celans Schwestern oder anderen Freunden und Verwandten, die in regelmäßigem Kontakt mit der Familie standen; zudem vermitteln die Taschenkalender und Tagebücher beider Briefpartner Anhaltspunkte. Oft ergeben die auf diese Weise erreichbaren Informationen über die dramatischen Umstände, die zu den fünf Krankenhausaufenthalten bzw. Zwangsinternierungen Paul Celans geführt haben, jedoch nur ein ungefähres Bild. In einigen Fällen muß selbst auf vage Hinweise verzichtet werden, weil Eric Celan und die wenigen anderen darüber unterrichteten Personen – enge Freunde und Verwandte – nicht in der Lage sind, die betreffenden Ereignisse, einen Mordversuch an Gisèle Celan durch Strangulation und einen Selbstmordversuch Paul Celans durch Aufschneiden der Pulsadern, zeitlich zu präzisieren; auf beide Ereignisse gibt es in den Briefen keine direkten Hinweise. Es ist davon auszugehen, daß alle diesbezüglichen Anmerkungen nur den Anfang einer noch zu leistenden intensiven Forschungsarbeit darstellen.

Zur Kommentierung der Ereignisse wird sooft wie nur möglich den Briefpartnern selbst oder den Dokumenten aus ihrem Besitz das Wort gegeben. Denn, dies ist zu betonen, Gisèle und vor allem Paul Celan haben die Spuren des in den Briefen mit Schweigen Übergangenen eben nicht getilgt, und dies ganz offensichtlich in voller Absicht. Das läßt sich auch aus der Sorgfalt schließen, mit der die entsprechenden Dokumente aufbewahrt und manchmal sogar geordnet wurden.

Die in den Anmerkungen verwendeten Materialien stammen, von wenigen Ausnahmen abgesehen, aus dem Nachlaß von Paul Celan im Deutschen Literaturarchiv in Marbach und aus dem persönlichen Nachlaß von Gisèle Celan, einschließlich ihrer Bibliothek. Es handelt sich dabei in erster Linie um weitere Korrespondenzen, Briefe von Dritten an Celan und Briefe Celans an Dritte, letztere in Form von Durchschlägen und Abschriften oder von nicht abgesandten Briefen. Die Omnipräsenz der Textsorte Brief erklärt sich auch daraus, daß das Briefschreiben an sich eines der Leitmotive in den hier publizierten Briefen ist: Manche Briefe Celans beschränken sich geradezu auf eine Art Bilanz oder einen Kommentar seiner anderweitigen Korrespondenz.

Wichtig für die Kommentierung sind zudem die sein Werk betreffenden, von ihm selbst oder von Gisèle Celan zusammengestellten Pressedossiers; sie erlauben einen Überblick über Celans Rezeption in Deutschland und, in geringerem Maße, in Frankreich. Auch die von ihm vor allem seit dem Anfang der 60er Jahre angelegten thematischen Presse-Dossiers mit zum Teil annotierten Zeitungsausschnitten aus deutschen und französischen Zeitungen enthalten wertvolle Hinweise.

Nur sehr selten und kaum im direkten Zitat wird auf Paul Celans Tagebücher zurückgegriffen; ihre für die nächsten Jahre geplante Publikation soll in diesem Rahmen nicht vorweggenommen werden. Die Tagebücher lassen sich in mehrfacher Hinsicht als ›Rückseite‹ des vorliegenden Briefwechsels charakterisieren: Nur hier äußert sich Paul Celan mit rückhaltloser Schärfe, vor allem hinsichtlich der behandelnden Ärzte und der Behandlungsmethoden in den verschiedenen psychiatrischen Krankenhäusern. Ein Auszug aus einem Tagebuch von Gisèle Celan schien jedoch unverzichtbar, weil der betreffende Brief, eine Montage von Tagebuchauszügen, allein auf diese Weise sinnvoll kommentiert werden kann.[70] Wie ihr Mann hat Gisèle Celan im übrigen nur sporadisch Tagebuch geführt, aber, anders als er, fast nie während dessen psychischen Krisen und Krankenhausaufenthalten.

Die Einarbeitung von Erinnerungen Dritter an das von Gisèle Celan Berichtete in den Kommentar ist nicht unproblematisch, da diese Gespräche oft länger zurückliegen und in der Regel nicht protokolliert wurden. Derartige Informationen wurden daher, wenn immer möglich, im Gespräch mit Eric Celan und anderen Freunden oder Verwandten der Familie sowie anhand der erhaltenen Dokumente überprüft. Diese, jeweils als solche gekennzeichneten Erinnerungen sind also mit den entsprechenden Vorbehalten zu lesen.

---

70 Siehe Brief 92.

Gespräche mit Yves Bonnefoy, Isac Chiva, André du Bouchet, Guy Flandre und Marie-Thérèse de Lestrange fanden zwischen 1996 und 2000 statt, d. h. während der gesamten Vorbereitungszeit dieser Ausgabe; sie wurden direkt im Anschluß protokolliert und präzise datiert.

An erster Stelle im Kommentar steht jeweils eine Beschreibung des Briefumschlags, die im Bedarfsfall durch eine allgemeine Charakterisierung des Dokuments ersetzt wird. Orts- und Zeitangaben sowie Namen auf dem Umschlag werden nicht erläutert. Nicht wiedergegeben sind die Notizen der Concierge[71]. Der Poststempel sowie alles von dritter Hand Notierte (Adressen oder Absenderangaben) erscheinen kursiv; auch dies wird nicht kommentiert. Die nicht lesbaren Teile der Poststempel werden durch freistehende Fragezeichen ersetzt, unsichere Lesungen durch ein direkt folgendes Fragezeichen gekennzeichnet. Das von Paul Celan auf dem Umschlag nachträglich, d. h. unabhängig von dessen Transportfunktion, Notierte wird in jedem Fall wiedergegeben. Dabei handelt es sich zum einen um den Erhalt des Briefes und seine Beantwortung Betreffendes, meist mit Bleistift auf der Rückseite des Umschlags geschrieben, manchmal bis auf die Uhrzeit genau. Solche Notizen sind vor allem in Krankheitsperioden Ausdruck seines Willens, nicht »den Faden zu verlieren«[72]. Zum andern verwendet Celan die Umschläge gelegentlich auch für anderweitige Entwürfe zu Briefen, zu Übersetzungen, für persönliche Notizen oder auch einfach als Merkzettel; dies wird im Rahmen des Notwendigen erläutert. Fehlt der Umschlag, wird darauf ausdrücklich hingewiesen. Die Bildlegenden der Ansichtskarten werden vollständig wiedergegeben. Bei nicht auf dem Postweg beförderten Dokumenten wird der Beförderungsweg charakterisiert. Im Fall von Gedichten, die keinem Brief beilagen, folgen hier die Angaben zu ihrem Publikationsstatus. An dieser Stelle erscheinen auch eventuell notwendige Informationen zum Fundort des Dokuments und zu äußerlichen Besonderheiten wie Schriftqualität und Briefpapier. Es folgt die Wiedergabe von gegebenenfalls erhaltenen Entwürfen oder anderen den Text betreffenden Notizen.

---

71 Da die Concierge für die Postverteilung im Haus zuständig ist, notiert sie das Stockwerk, z. B. »5 g rue«, d. h. »5e étage gauche côté rue *[5. Stock, Straßenseite]*.«
72 Siehe Brief 241.

Eigennamen und Anspielungen auf Personen werden in den Einzelkommentaren, und zwar nur beim ersten Vorkommen, erläutert; erscheint eine bereits kommentierte Person zum ersten Mal nur unter ihrem Vornamen, wird allerdings durch einen Kurzkommentar die Verbindung hergestellt. Wenn nötig, kann sich der Leser über die mit Blick auf das Textganze formulierten Erläuterungen im Personenregister zusätzlich informieren. Bei allgemein bekannten Autoren oder Künstlern wird ein Kurzkommentar im Register oft als ausreichend angesehen. Nur in sehr seltenen Fällen konnte die Identität von erwähnten Personen nicht geklärt werden. Entsprechend der französischen Rechtslage werden die Namen der noch lebenden behandelnden Ärzte Celans abgekürzt.

Der sehr intime Charakter der Korrespondenz bedingt oft äußerst scharf formulierte Werturteile über lebende Personen. Gisèle Celan legte Wert auf die Feststellung, daß diese Urteile häufig nur Ausdruck des ganz konkreten Augenblicks waren, in dem sie formuliert wurden, und keineswegs – durch den fixierenden und daher ungerechten Akt ihrer Publikation könnte dieser Eindruck entstehen – die feste und endgültige Meinung des jeweiligen Autors über die betreffende Person darstellen. Viele dieser zum Teil sehr impulsiv geäußerten Einschätzungen wurden sicher im persönlichen Gespräch zwischen den Briefpartnern nuanciert und korrigiert.

Zitate und Anspielungen auf literarische Werke und solche aus dem Bereich der bildenden Kunst werden im Rahmen des Möglichen nachgewiesen bzw. erläutert, die Werke der Briefpartner selbst zum Teil sehr ausführlich. Bei den bibliographischen Angaben für Werke Dritter wird dabei, wenn möglich, auf die nachgelassenen Bibliotheken von Paul und Gisèle Celan zurückgegriffen; gegebenenfalls werden hier auch Widmungen und andere den Erwerb des Buches betreffende Notizen mitgeteilt. Einfache Anspielungen sind also zum Teil bewußt ausführlich durch das Zitat angestrichener Passagen kommentiert; manches sich im Brief nur schwach, um so deutlicher aber in den Lektürenotizen manifestierende Erlebnis wird durch deren Wiedergabe erläutert. Auf diese Weise wird zugleich ein partieller Überblick über Celans nachgelassene Bibliothek gegeben. Die Bücher zeigen vor allem seine außergewöhnliche geistige Aktivität gerade während der Klinikaufenthalte, die Vielschichtigkeit und dabei Stimmigkeit seiner diversen Lektüren, immer in engster Verbindung mit seinem Erleben und, oft unmittelbar, seinem Schreiben. Paul Celan hat diese Spuren – und das ist zu betonen – nicht wieder getilgt. Sie sind transparent in bezug auch auf in-

Editorisches Nachwort 33

timste Momente seines Lebens und stellen so die ›Kehrseite‹ seiner opaken Gedichte dar. Gisèle und Eric Celan haben entschieden, die meisten dieser Spuren der Öffentlichkeit zugänglich zu machen, allen voran den immensen ›autobiographischen Essay‹, den seine oft ausführlich kommentierte nachgelassene Bibliothek darstellt.

Auch zu den pädagogischen Aktivitäten Paul Celans ist eine ausführliche Form der Kommentierung gewählt. Nur so kann die Beziehung zwischen seinem Lehrerberuf und seinem Leben und Werk verständlich, kann deutlich gemacht werden, daß Lesen und Übersetzen für sich selbst und gemeinsam mit den Studenten der École Normale Supérieure für Paul Celan ein und dieselbe Geste darstellen.

Da eine Reihe von Briefen Paul Celans in Zusammenhang mit Lesereisen nach Deutschland und in die Schweiz stehen, scheint es sinnvoll, die kurze Evokation der jeweiligen Veranstaltung im Brief selbst durch Berichte dazu in der regionalen und überregionalen Presse zu ergänzen. Dabei ist den dort gegebenen Darstellungen der Person Celans, soweit sie für die Rezeption seines Werkes bezeichnend sind, ein Vorrang eingeräumt. Das gilt auch für Beschreibungen seiner Stimme, seiner Art zu lesen. Ähnlich wird mit Rezensionen seiner Gedichtbände verfahren, die in den Briefen angesprochen werden. Die meisten der hier zitierten Presseäußerungen oder Zeitschriftenartikel stammen aus den von den Celans selbst zusammengestellten Dossiers, zum Teil sind sie, und das wird gegebenenfalls mitgeteilt, von Paul Celan annotiert.

In den Briefen angesprochene politisch-historische Ereignisse sind im notwendig erscheinenden Maße kommentiert. Darüber hinaus wird über einige in den Briefen häufig erscheinende ›Themen‹ und Probleme ausführlicher gesprochen, so über die Goll-Affäre.

Die doppelte Zeittafel dient einem dreifachen Zweck: Sie möchte einmal Informationen zum Leben der Briefpartner vor ihrer ersten Begegnung Ende 1951 geben, zu ihrem Bildungsgang und ihrer sozialen Herkunft, und dies innerhalb des jeweiligen und sehr unterschiedlichen politischen Horizontes. In Paul Celans Fall stammen die Informationen aus den Jugendbeschreibungen von Israel Chalfen[73] und Petre Solomon[74]; wegen der notwendigen Vorbehalte gegenüber diesen Werken sind die Angaben daraus jedoch kritisch er-

---

73 Paul Celan. Eine Biographie seiner Jugend, Frankfurt a.M., Insel, 1979.
74 Paul Celan. Dimensiunea românească, Bukarest, Editura Kriterion, 1987.

gänzt und gegebenenfalls korrigiert. Die Informationen über die Jugend von Gisèle de Lestrange sind vor allem ihren älteren Schwestern Marie-Thérèse de Lestrange und Monique Gessain zu verdanken. Bei den in den Briefen oft nur angedeuteten Kindheits- und Jugenderinnerungen der Celans wurde wegen der ausführlichen Darstellung im Rahmen der Zeittafel in der Regel auf ausführliche Einzelkommentare verzichtet.

Zum anderen versteht sich die Zeittafel als Instrument einer schnellen Orientierung für eine – vielleicht auch wiederholte – Lektüre der Briefe und der Anmerkungen. Die wichtigsten bio-bibliographischen Etappen des Briefwechsels sind dort rekapituliert.

Schließlich versucht die Zeittafel, die in den Briefen nicht gestreiften Perioden aus der Zeit zwischen 1951 und 1970 mit Leben zu füllen, ohne freilich die besondere Orientierung aus dem Auge zu verlieren. Im allgemeinen liegt der Schwerpunkt auf den Reisen der Briefpartner, auf den Kontakten zu wichtigen Persönlichkeiten aus Literatur und Kunst und vor allem auf den Aufenthalten Paul Celans im deutschen Sprachraum, oft in Zusammenhang mit Lesungen oder Verlegerkontakten. Da seine übersetzerischen Aktivitäten im Briefwechsel selbst eine besondere Rolle spielen, sind in diesem Bereich die bibliographischen Informationen ausführlich gehalten. Die Angaben zu Gisèle Celans Leben nach dem Tod ihres Mannes beschränken sich auf ihre künstlerischen Aktivitäten, vor allem auf ihre Einzelausstellungen und bibliophilen Publikationen.

In die beiden Werkverzeichnisse für Paul Celan und Gisèle Celan-Lestrange sind alle im Brieftext, in den Anmerkungen und der Zeittafel erwähnten Titel aufgenommen. Im Verzeichnis Gisèle Celan-Lestrange erscheinen auch die Werke »ohne Titel«, die zur Identifikation durch (nur im Werkverzeichnis erscheinende) römische Zahlen, entsprechend der Reihenfolge ihrer Entstehung, gekennzeichnet sind.

Im Personenverzeichnis sind die in der Korrespondenz selbst erscheinenden Namen und Vornamen kommentiert, nicht aber die in den Anmerkungen genannten, zu denen ausnahmslos alle Namen, auch die von Autoren und Herausgebern zitierter Werke, gehören (deren Kommentierung nicht sinnvoll und notwendig scheint), und nicht diejenigen in der Zeittafel.

Editorisches Nachwort

In einem Anhang werden nach dem Hochzeitsfoto der Celans in einer Reihe von Reproduktionen schriftliche Dokumente, Widmungsexemplare und graphische Werke abgebildet. Von jedem der Briefpartner sind Handschriftenproben ausgewählt. Die Werke von Gisèle Celan-Lestrange, die Teil des Briefwechsels sind, werden vollständig wiedergegeben. Verweise in den Anmerkungen und Bildlegenden erleichtern dem Leser die Verbindung zwischen Bild und Text.

Am Schluß sei denen gedankt, die die fünfjährige Arbeit an dieser Ausgabe durch ihre Hilfe unterstützt haben.

Sonia Garelli gilt mein besonderer Dank: Sie hat täglich und mit Geduld die Arbeit begleitet und mich dabei tatkräftig unterstützt. Barbara Wiedemann hat während ihrer Arbeit an der deutschen Übersetzung der Anmerkungen wertvolle Informationen beigesteuert. Ich danke Patrick Alac, David Boyle, Jacques Halwisen, Jean-Pierre Lefebvre (ENS) und Alexandra Richter für ihre geduldige Hilfe. Mein Dank gilt auch meinem Verleger Maurice Olender, der die Arbeit aufmerksam und mit sachlicher Hilfe begleitet und mir immer wieder Mut gemacht hat. Zahlreiche Verwandte, Freunde und Bekannte von Paul Celan, Gisèle Celan-Lestrange und Eric Celan haben durch ihre Erinnerungen wertvolle biographische Informationen gegeben: Ich danke Robert Altmann, Edith Aron, Gerhart Baumann, Jean-Pierre Bloc, Alexandre Blokh, Nadia Blokh, Bernard Bonaldi, Clara Bonaldi, Yves Bonnefoy, Nina Cassian, Micheline Catti-Ghérasim Luca, Isac Chiva, Claude David, Klaus Demus, André du Bouchet, Maurice Edwards, Guy Flandre, Jaqueline Flem, Nani Frélaut-Ortner, Marie-Claude Fusco, Mario Fusco, Hildegard Gerloff (Goethe-Institut Paris), Monique Gessain, Terry Haass, Brigitte Hölzer (Österreichisches Kulturinstitut Paris), Kosmas Koroneos, Jacqueline Lalande, Hanne Lenz, Marie-Thérèse de Lestrange, Rita Lutrand, Michael Marschall Freiherr von Bieberstein, Serge Moscovici, Jörg Ortner, Mercedes Rabello, Jean-Dominique Rey, Gilles Ricour de Bourgies, Ilana Schmueli, Jean-Claude Schneider, Jean Starobinski, Erika Tophoven, Marianne Ufer, Ileana de Vogüé, Heinz Wismann, Franz Wurm. Sachliche Informationen steuerten bei: Henri Atlan, Arno Barnert, Raymond Bellour, Fernand Cambon, Andrei Corbea-Hoisie, Krzysztof Fijalkowsky, Jacqueline Flem, François Géal, Holger Gehle, Eugen Helmlé, Christine Ivanović, Toni Meconi, Josy Mély, Jacques Nahon, Gérard Nahon (École Pratique des Hautes Études),

Ute Oelmann, Herta Ott, Gabriele Peccianti, Jutta Perisson (Österreichisches Kulturinstitut Paris), Günter Schütz, Joachim Seng, Lilit Simonian, Vicky Skoumbi, Eddy Sosman, Thomas Sparr, Ruth Vogel. Abdruckgenehmigungen gaben Micheline Phankim für einen unveröffentlichten Brief von Henri Michaux, Geneviève Roussel für ihren unveröffentlichten Bericht über Celans Kurs über Karl Kraus, Ilse Schroers und Mechthild Schwienhorst für Auszüge aus Briefen von Rolf Schroers und Paul Schallück. Mein besonderer Dank für ihre langjährige Unterstützung gilt schließlich dem Bibliotheksdirektor der École Normale Supérieure (Rue d'Ulm), Pierre Petitmangin, dem Direktor des Deutschen Literaturarchivs in Marbach, Ulrich Ott, dem Leiter der dortigen Handschriftenabteilung, Jochen Meyer, und den für Celans Nachlaß zuständigen Mitarbeitern des Archivs Ute Doster und Nikolai Riedel.

Bertrand Badiou
Paris, im März 2000

ZUR DEUTSCHEN AUSGABE

Die vorliegende Briefausgabe konfrontiert den deutschen Leser mit dem Problem, Briefe des deutschen Dichters Paul Celan in deutscher *Übersetzung* lesen zu müssen. So störend das manchem erscheinen mag, der Leser muß sich mit der Tatsache auseinandersetzen, daß das Französische die ausschließlich zwischen den Eheleuten Celan gesprochene und geschriebene Sprache ist, daß der deutsch schreibende Jude Celan seine Muttersprache im Alltag kaum benützt hat und benützen wollte. Den provozierend zweisprachigen Charakter dieser Korrespondenz in ihrer Originalform, der vor allem durch das Nebeneinander von französischen Briefen und deutschen Gedichttexten zustande kommt, kann der deutsche Leser nur andeutungsweise nachvollziehen: nur dort nämlich, wo der jeweilige Briefpartner bestimmte Elemente tatsächlich in beiden Sprachen gibt. Abgesehen von einzelnen Ausdrücken in den Briefen selbst ist dies der Fall bei den französischen Übersetzungen von Gedichten, die in dieser Form immer neben den deutschen Ausgangstexten stehenbleiben, sowie bei den Listen Paul Celans mit Wortübersetzungen, die seiner Frau die Lektüre der deutschen Gedichttexte erleichtern sollten und die ebenfalls als solche abgedruckt sind. Werden im französischen Originaltext deutsche Elemente verwendet, ist darauf zumindest in einer Anmerkung hingewiesen. In den Anmerkungen zitierte unveröffentlichte französische Texte von Paul Celan werden immer auch in dieser Originalform wiedergegeben und erst im Anschluß (kursiv, in kursiven, eckigen Klammern) übersetzt; nur auf diese Weise ist für den Leser in jedem Fall eindeutig zu erkennen, in welcher Sprache Celan schreibt. Bei Zitaten von Briefen oder anderen Texten von Gisèle und Eric Celan in den Anmerkungen scheint dagegen die – als solche gekennzeichnete – Übertragung deshalb ausreichend, weil beide nur das Französische benützen.

Der deutschen Form des Brieftextes liegen einige grundsätzliche Überlegungen des Herausgebers zugrunde. Für die sehr differenzierten Anredeformen der Celans füreinander – »(mon) chéri«, »ma chérie«, »mon amour«, »grand-amour-grand«, »mon amour chérie«, »mon aimé(e)« und »ma très(-)aimée« – scheinen im Deutschen zu wenige und keine wirklichen Entsprechungen der jeweils intendierten emotionalen Nuancen zur Verfügung zu stehen; sie sind daher in der Form des Originals belassen, unter grundsätzlicher Beachtung auch der Unterschiede in Groß- und Kleinschreibung, die nicht ohne Bedeutung sind. Auch nach der Anrede ist der differenzierte Einsatz von Groß- oder Kleinschreibung in den deutschen Text übertragen.

Die unkonventionelle Zeichensetzung von Gisèle Celan, die in bestimmten Briefen häufig den Punkt durch Gedankenstriche ersetzt und dadurch auch eine besondere psychische Disposition, einen eigenen Schreibgestus zum Ausdruck bringt, ist im Rahmen des Möglichen übernommen; im übrigen ist aber hier wie in den Briefen Paul Celans fehlende Zeichensetzung entsprechend der französischen Ausgabe bei Bedarf ergänzt.

Getreu nachvollzogen ist der für deutsche Leser merkwürdige und erklärungsbedürftige Wechsel in der Anrede zwischen »Du« und »Sie«, oft sogar in ein und demselben Satz. Das Siezen zwischen Ehepaaren (und manchmal sogar zwischen Eltern und Kindern) ist in Frankreich nicht ganz unüblich, besonders in den höheren sozialen Kreisen, aus denen Gisèle Celan stammt. Im Falle der Celans ist allerdings häufig eine Umkehrung der traditionellen Verwendung, eine ganz persönliche Aneignung dieser sprachlichen Möglichkeit, zu beobachten: Oft erscheint die Anrede »Sie« gerade im besonders intimen brieflichen Gespräch.

Auf den Versuch, fehlerhafte Satzkonstruktionen in irgendeiner Weise im Deutschen nachzuahmen, wird in jedem Fall verzichtet. Wenn derartige Fehler in einem Brief häufig auftreten und relevant sind, wird darauf jedoch in einer Anmerkung hingewiesen.

Im Originaltext variierende Namensformen (etwa Graß und Grass, Eßlingen und Esslingen) sind nur bei den Kosenamen (etwa Maya, Maïa) nicht vereinheitlicht; unvollständige oder unkorrekte Namen oder Titel sind stillschweigend vervollständigt bzw. korrigiert.

Nichtdeutsche Originaltitel und -zitate sind in der zitierten fremdsprachigen Form belassen und in den Anmerkungen übersetzt (kursiv in kursiven eckigen Klammern), bei den im Original deutschen Titeln und Zitaten wird statt dessen auf diesen besonderen Status hingewiesen.

Bei französisch-deutschen Differenzen in Sachfragen wird je nach Charakter des Problems unterschiedlich verfahren. Die französische Klassenzählung ist auf die derzeit in Deutschland übliche übertragen. Die jeweils unterschiedliche Punktbenotung der französischen Grundschulen und Gymnasien wird übersetzt und beim ersten Vorkommen in einer Anmerkung sachlich erläutert. Einige Termini technici bleiben quasi als Namen in ihrer französischen Form stehen und werden bei Bedarf in einer Anmerkung erklärt. Der von beiden Briefpartnern verwendete Ausdruck »École« für die Arbeitsstelle von Paul Celan, die »École Normale Supérieure«, verbleibt in dieser Form. Steht im französischen Text das Wort »école« aber für die Schule, in die Eric Celan geht, oder die, in der Gisèle Celan als Lehrerin arbeitet, ist dies durch die sachlich sinnvolle Entsprechung wiedergegeben.

Der Text der Anmerkungen ist an den deutschen Bedarf angepaßt. Auf die die Textgrundlage mit ihren Besonderheiten betreffenden Teile des einleitenden Kommentars, also die Dokumentation von Verbesserungen, Durchstreichungen, nachträglichen Einfügungen und die notwendigen Korrekturen der Herausgeber im französischen Text, wird verzichtet, da das dort Beschriebene am deutschen Text nicht nachvollziehbar ist. Für die Einzelkommentare bedeutet die Anpassung sowohl ein Mehr als auch ein Weniger gegenüber der französischen Ausgabe: Neben den mit dem Übersetzungsstatus des Haupttextes zusammenhängenden Hinweisen sind zahlreiche frankreichkundliche Informationen zusätzlich gegeben; viele Deutschland und Deutsche betreffende Erläuterungen können dagegen knapper gefaßt werden. Eine unterschiedliche Informationslage ergibt sich in manchen Bereichen auch für die Person Paul Celans selbst. Hier ist vor allem an das diesen Briefwechsel fast als ganzen begleitende Problem der Verleumdung durch Claire Goll, die sogenannte Goll-Affäre, zu denken. Während in Deutschland inzwischen eine umfangreiche Dokumentation dazu vorliegt[75], auf die zum Teil einfach verwiesen werden kann, müssen dem französischen Leser viele Texte in Übertragung vorgelegt und Zusammenhänge ausführlich erläutert werden. Außerdem scheint es sinnvoll, die französischen Implikationen der Affäre in der französischen Ausgabe stärker zu gewichten als in der deutschen.

Fremdsprachige – französische und andere – Zitate der französischen Anmerkungen sind übersetzt und als Übersetzungen gekennzeichnet. Der Name des Übersetzers wird nur dann genannt, wenn er von dem der Anmerkungen abweicht. Nicht übersetzt sind jedoch die nicht-deutschen Passagen aus der Bibliothek von Paul Celan: Durch ihre Wiedergabe sollen vor allem dessen Anstrei-

---

75 Barbara Wiedemann, Paul Celan – Die Goll-Affäre. Dokumente zu einer ›Infamie‹, Frankfurt a. M., Suhrkamp, 2000.

chungen und Lesespuren dokumentiert werden. Auch den Bildlegenden der Ansichtskarten wird, wenn eine deutsche Version auf dem Dokument fehlt, eine deutsche Übersetzung beigefügt.

Ich danke Bertrand Badiou für unzählige sachliche und sprachliche Erläuterungen und die geduldige und aufmerksame Durchsicht des deutschen Anmerkungstextes.

Barbara Wiedemann
Tübingen, im Juli 2000

ANMERKUNGEN

Folgende Abkürzungen und Siglen werden verwendet:

EC   Eric Celan
GCL Gisèle Celan-Lestrange
GL   Gisèle Lestrange
PC   Paul Celan

FN   Axel Gellhaus u. a., »Fremde Nähe«. Paul Celan als Übersetzer, = Marbacher Kataloge 50, Marbach, Deutsche Schillergesellschaft, 1997

FW   Das Frühwerk, hrsg. von Barbara Wiedemann, Frankfurt a. M., Suhrkamp, 1989 (+ Seite)

GA   Barbara Wiedemann, Paul Celan – Die Goll-Affäre. Dokumente zu einer ›Infamie‹, Frankfurt a. M., Suhrkamp, 2000 (+ Dokument)

GN   Die Gedichte aus dem Nachlaß, hrsg. von Bertrand Badiou, Jean-Claude Rambach und Barbara Wiedemann, Anmerkungen von Barbara Wiedemann und Bertrand Badiou, Frankfurt a. M., Suhrkamp, 1997 (+ Seite)

GW   Gesammelte Werke in fünf Bänden, hrsg. von Beda Allemann und Stefan Reichert unter Mitwirkung von Rolf Bücher, Frankfurt a. M., Suhrkamp, 1983 (+ Band in römischen Zahlen + Seite in arabischen Zahlen)

HKA Werke. Historisch-kritische Ausgabe, besorgt von der Bonner Arbeitsstelle für die Celan-Ausgabe, Frankfurt a. M., Suhrkamp, 1990 ff. (+ Bandzahl/Seitenzahl)

PC/FW Paul Celan – Franz Wurm. Briefwechsel, hrsg. von Barbara Wiedemann in Verbindung mit Franz Wurm, Frankfurt a. M., Suhrkamp, 1995

PC/PS Petre Solomon, Paul Celan – Dimensiunea românească, Bukarest, Kriterion, 1987

PC/Sachs Paul Celan – Nelly Sachs. Briefwechsel, hrsg. von Barbara Wiedemann, Frankfurt a. M., Suhrkamp, 1993

TCA Werke, Tübinger Ausgabe, bearbeitet von Heino Schmull, Frankfurt a. M., Suhrkamp, 1996 ff. (+ Bandkürzel [SG für »Sprachgitter«, NR für »Die Niemandsrose«, M für »Der Meridian«, AW für »Atemwende«]/Seite)

In den Verweisen innerhalb des Bandes bedeutet »Anm.« (+ Briefziffer/Anmerkungsziffer) einen Verweis auf eine Anmerkung (bei Verweisen innerhalb eines Briefes entfällt die Briefziffer), »Brief« (+ Briefziffer/Anmerkungsziffer)« dagegen einen Verweis auf den Brieftext, gegebenenfalls im Bereich einer Anmerkungsziffer.

Die Maße für die Werke von Gisèle Celan-Lestrange werden in der Reihenfolge Breite/Höhe angegeben.

1

Monsieur Paul Celan / 31 rue des Écoles / <u>Paris</u>. / *18 / 11 – XII 1951 / PARIS TRI / N° 16 RUE SINGER*
Auf der Rückseite des Umschlags ein nicht identifiziertes Fragment (Übersetzung?) von der Hand PCs: Schwankendes Terrain (terr. mouvant) auf / dem die Begebenheiten abspielen, nicht so sehr / *[gestrichen: beweg]* in Bewegung, sich bewegend*[gestrichen: ,] [eingefügt: –]* ein Vorwärts- / kommen ist hier undenkbar *[eingefügt: –]*, als vielmehr / bewegt, ergriffen von dem sich ihnen / mitteilenden allgemeinen Schwanken, / das *[eingefügt: sich]* wieder und immer einer Definition / seiner Herkunft entzieht: dies *[gestrichen: er]*-scheint / die »metaphysische« Dimension zu sein.

1 *GL und PC sind sich einige Wochen vorher zum ersten Mal begegnet, wohl um den 9. November durch Vermittlung des wie er im Exil lebenden Freundes von PC, Isac Chiva (genannt Chiva), der als Ethnologe am Musée des Arts et Traditions populaires (Place Trocadéro) arbeitet; dort ist GL seit kurzem als Vertretung im Büro angestellt. Zu diesem Zeitpunkt hat GL an PC bereits zweimal geschrieben; im Brief vom 3. 12. 1951 (nicht publiziert) spielt sie auf den eine Woche zurückliegenden Anfang ihrer Liebesbeziehung an.*
2 *Die vom 14. bis 31. 12. 1951 von der Guilde Internationale de la Gravure (Genf/Paris) mitveranstaltete Ausstellung* La gravure en couleurs *[Die Farbradierung] in der Buchhandlung und Graphik-Galerie La Hune (170, Boulevard Saint-Germain, 6e) zeigte unter anderem Werke von Arp, Estève, Friedlaender, Hayter, Lam, Laurens, Villon und Zao Wou-Ki. Eine Einladungskarte zur Vernissage am Freitag, dem 14. Dezember, liegt dem Brief bei.*
3 *GL studierte 1945-1949 Zeichnung und Malerei an der Académie Julian (Paris). Die im Brief erwähnte Ölmalerei gibt sie nach 1954 ganz zugunsten von Radierung, Zeichnung, Aquarell und Pastell auf.*

2

Mademoiselle Gisèle de l'Estrange *[sic]* / 151, avenue de Wagram / Paris 17e / *12. XII. 51. / 19 H 15 / PARIS / 28 R. DES ECOLES*

3

1 *PCs Debütband – er enthält 48 Gedichte in drei Zyklen, darunter die* Todesfuge *(GW I 41) – war mehr als drei Jahre vorher, im Sep-*

tember 1948, mit zwei Lithographien von Edgar Jené im Verlag
A. Sexl in Wien erschienen. Der Druck kam durch die finanzielle
Hilfe von Freunden zustande. Wegen der zahlreichen sinnentstellenden Druckfehler ließ PC den Band aus dem Handel zurückziehen;
eines der seltenen erhaltenen Exemplare befindet sich – darauf hat
PC selbst häufig hingewiesen – in der Österreichischen Nationalbibliothek in Wien. In seinem eigenen Exemplar, aus dem die Bilder
von Jené herausgerissen sind, hat PC sowohl die Druckfehler korrigiert als auch, soweit erinnerlich, die Entstehungsdaten und -orte der
Gedichte (Czernowitz 1940-1942 und 1944, ein Arbeitslager in der
Moldau 1943, Bukarest 1945-1947, Wien 1948) nachgetragen. Siehe
Abb. 2 mit der Widmung und einer in das Buch eingelegten getrockneten Blume.
2 Siehe auch die Briefe 130/2, 176/2, 177/7, 221/2, 472/4, 473 und
548/7. Mit »Sur le pont des années« evoziert PC wohl auch Guillaume Apollinaires Gedicht Le Pont Mirabeau (eine Seine-Brücke in
Paris) aus Alcools, das Liebe und Zeit thematisiert. Das Exemplar in
der Bibliothek der Celans, Alcools. Poèmes 1898-1913, Paris, Gallimard, ⁶⁹1920 (das Gedicht S. 14f.), trägt, von der Hand GLs, das Er-
werbungsdatum: »G. de Lestrange« / »1 août 1951 [1. August
1951]«.

4
Monsieur Paul Celan / 31 rue des Écoles / Paris / 12 H / 2 – 1 1952 /
PARIS XVII / AV. DE WAGRAM

1 Die 24jährige GL lebt – seit die Wohnung der Familie in der Avenue de la Bourdonnais (Nr. 74, 7ᵉ) unter der deutschen Besatzung
1944 beschlagnahmt worden war – unter dieser Adresse zusammen
mit ihrer Mutter Odette de Lestrange, ihren älteren Schwestern Monique und Marie-Thérèse und ihrer jüngeren Schwester Solange. Ihr
Vater, Edmond Marquis de Lestrange, ist seit mehr als acht Jahren
tot.
2 Da der Band nicht erhalten ist, läßt sich nicht bestimmen, um welches Werk von De Musset es sich handelt.
3 Sofort nach seiner »Licence ès lettres« im Juli 1950 beginnt PC im
Rahmen eines Magisterstudiengangs (»Diplôme d'Études Supérieures«) eine Forschungsarbeit zu Kafka in der Nationalbibliothek (Rue
de Richelieu). Bisher fanden sich – abgesehen von einigen Unterstreichungen und Anmerkungen in damals erworbenen seltenen
Kafka-Editionen und Werken der Sekundärliteratur – keinerlei

Spuren dieser Arbeit; nicht einmal das geplante Thema ist bekannt. Vielleicht waren Konflikte PCs mit seinem Professor – wohl der George-Spezialist und -Übersetzer Maurice Boucher, der bereits während der deutschen Besatzung an der Sorbonne wirkte – der Grund dafür, daß PC seine Notizen wie auch die bereits ausformulierten Teile seiner Arbeit vernichtet hat. PC wird immer eine besondere Beziehung zu Kafka behalten.
4 *Es handelt sich wohl um Elisabeth Dujarric de la Rivière, die zusammen mit GL auf der Académie Julian (Rue du Dragon, 6e) studiert hatte.*
5 *Siehe Anm. 1/1.*
6 *Deutsch im Original.*

5
Umschlag wohl nicht erhalten.

1 *GCL schlägt für die Datierung 1952 vor (siehe Anm. 3).*
2 *PC wird das Bild in seiner* Grabschrift für François *(GW I 105) wieder aufgreifen:* »Die beiden Türen der Welt / stehen offen: / [...] / Wir hören sie schlagen und schlagen.«
3 *PC spielt zweifellos auf den Konflikt mit Claire Goll, der Witwe von Yvan Goll, an, der sich in diesem Augenblick durch die von Claire Goll veranlaßte Ablehnung einer seiner Goll-Übersetzungen durch den Pflug Verlag (Thal-St. Gallen) zuspitzt; diese Ablehnung stellt den Ausgangspunkt dar für die Plagiatvorwürfe von Claire Goll, die PC bis zu seinem Lebensende verfolgen werden. PC hatte den zweisprachigen lothringischen Dichter jüdischer Herkunft Yvan Goll (d.i. Isaac Lang) Anfang November 1949 aufgesucht, um ihm einen Gruß seines Bukarester Mentors Alfred Margul-Sperber zu überbringen, der mit Goll seit den zwanziger Jahren bekannt war. Das bei dieser Gelegenheit übergebene Exemplar von* Der Sand aus den Urnen *fand bei beiden Golls große Anerkennung. Nach einzelnen Übersetzungen PCs von französischen Gedichten Yvan Golls nahm dieser, bereits todkrank, PC das Versprechen ab, durch weitere Übersetzungen zur Verbreitung seines Werkes in Deutschland beizutragen. Nach Golls Tod (27. 2. 1950) übersetzte PC im Auftrag der Witwe die Bände* Élégie d'Ihpétonga suivie de Masques de Cendre *(Paris, Éditions Hémisphères, 1949;* Ihpetonga-Elegie und Aschenmasken, GA Dok. 9), Les Géorgiques Parisiennes *(Paris, Pierre Seghers, 1951; in PCs Bibliothek ist ein Exemplar mit Anstrichen und Randbemerkungen erhalten;* Pariser Georgika, GA Dok.

11) und Chansons Malaises *(Paris, Éditions Poésie et Cie, 1935;* Liebeslieder eines Malaiischen Mädchens, *GA Dok. 10). Letztgenannte Übertragung wurde durch Claire Goll dem Pflug Verlag überbracht und von diesem wegen zu großer Freiheiten des Übersetzers am 25. 12. 1951 (GA Dok. 36) abgelehnt.* PC *fordert am 30. 12. 1951 und 4. 1. 1952 (GA Dok. 37 und 38) erfolglos die Rückgabe seines Manuskriptes ein; er erhält es erst durch Claire Goll selbst zurück, nachdem diese hatte Kopien anfertigen lassen. PCs Manuskripte liegen ihr also für ihre eigenen Übersetzungen der drei Bände vor, die sie im Lauf der folgenden acht Jahre publiziert:* Malaiische Liebeslieder *erscheint bereits Ende März 1952 im Pflug Verlag,* Pariser Georgika *in einer zweisprachigen Ausgabe im Herbst 1956 (Darmstadt/Berlin, Luchterhand Verlag),* Ihpetonga Elegien *[sic] und* Aschenmasken *im Frühjahr 1960 innerhalb des Sammelbandes* Dichtungen *(Darmstadt/Berlin, Luchterhand Verlag). Das von GCL vorgeschlagene Datum 1952 läßt sich durch die Annahme präzisieren, daß der Brief im näheren Kontext der Briefe PCs vom 4. 1. 1952 an den Pflug Verlag und Claire Goll (GA Dok. 33 und 38) sowie eines heftigen Telefongesprächs mit letzterer geschrieben ist, auf das diese in einem Brief am 8. 1. 1952 (GA Dok. 34) noch einmal eingeht.*

6
Mademoiselle Gisèle de Lestrange / 151, Avenue de Wagram / Paris 17ᵉ / *12 H 30 / 28 – 1 1952* / *PARIS / 28 RUE DES ECOLES*

1 *Zur Ergänzung seines Stipendiums durch die* Entr'aide Universitaire Française, *einer Hilfsorganisation für ausländische und staatenlose Studenten, gibt PC Einzelunterricht in Deutsch und Französisch und erledigt Übersetzungsaufträge.*

7
Monsieur Paul Celan / 31 rue des Ecoles / Hôtel d'Orléans / Paris / *12 H 30 / 30 – 1 1952* / *PARIS XVII / AV. DE WAGRAM*

1 *Es handelt sich um das letzte Treffen zwischen PC und Claire Goll am Tag selbst dieses Briefes, bei dem PC seine Übersetzungsmanuskripte ausgehändigt bekommt. PC fürchtet, daß seine Übersetzungen ohne die Erwähnung seines Namens und ohne die offensichtlich versprochene Bezahlung (es handelte sich um einen Auftrag Claire Golls) publiziert würden (siehe Anm. 5/3).*

2 *Vielleicht ist GL schwanger (siehe Brief 283/1). Die Celans werden ihren ersten Sohn, der am 7. 10. 1953 geboren wird und einen Tag später stirbt, tatsächlich* François *nennen; siehe das im Oktober 1953 geschriebene Epitaph-Gedicht* Grabschrift für François *(GW I 105).*

8

Monsieur Paul Celan / 31 rue des Écoles / Hôtel d'Orléans / <u>Paris</u> / *18 H / 21 – 4 1952 / ROCHEFORT EN YVELINES / SEINE ET OISE*

1 *Ehemalige Wassermühle im Besitz von GLs Mutter (heute gehört sie GCLs Schwester Monique de Lestrange-Gessain); die Celans verbrachten dort in den 50er Jahren oft ihre Wochenenden und Ferien.*
2 *Siehe Anm. 4/3.*
3 *Von der Hauptfigur in Comtesse de Ségurs Roman* Les Malheurs de Sophie *[Die Mißgeschicke von Sophie] inspirierter Name der Lestrange-Töchter für die Regelblutung.*
4 *Um wen es sich bei der Toten handelt, konnte nicht geklärt werden. Das Haus befindet sich in dem Weiler Tournebride bei Evry-Petit-Bourg, damals im Departement Seine-et-Oise (heute Evry, Departement Essonne). Dort hielt GL sich auf, als die deutsche Armee das Schloß der Familie in Beauvoir (siehe Anm. 8) besetzt hatte. In Evry war GL gelegentlich zusammen mit PC, besonders im Sommer des folgenden Jahres.*
5 *GLs Mutter ist eine geborene Pastré. Pierre Ponty und seine Frau, Marie-Louise Audiberti, Übersetzerin aus dem Deutschen, sind Freunde von Monique de Lestrange.*
6 *Seit dem 4. 8. 1948 lebt PC in einem Hotel mit monatlich vermieteten Zimmern im Quartier Latin, dem Hôtel d'Orléans (31, Rue des Écoles, 5e). Zuerst hat er ein »kleines gelbes Zimmer« (Übers.), wie es GL in ihrem nicht publizierten Brief vom 10. 8. 1952 nennt, im fünften Stock und mit Fenster zur Straße, etwa ab Ende August 1952 ein größeres Zimmer, das er mit GCL bis Mai 1953 – dann zieht das Paar in die Rue de Lota – teilt.*
7 *Der nördliche Teil der Bukowina, vor 1918 als österreichisches Kronland Teil der Doppelmonarchie, fiel nach dem Ersten Weltkrieg an das Königreich Rumänien, zu dem die südliche Bukowina immer gehört hatte. Zwischen dem 26. 6. 1940 und dem 5. 7. 1941 war das Gebiet unter sowjetischer Verwaltung, fiel dann noch einmal an das mit Deutschland verbündete Rumänien, bevor es, im April 1944, Teil der ukrainischen Sowjetrepublik wurde.*

8 *Schloß und Landgut der Großeltern von GL (Joseph Pastré und Marie-Thérèse de Meyronnet) in Evry (Departement Essonne).*
9 *Yolande de Mitry, eine Freundin von GL, wird auch Yoyo genannt (siehe unten).*
10 *Monique de Lestrange, ältere Schwester von GL, arbeitet als Ethnologin im Musée de l'Homme.*
11 *J.-K. Huysmans,* A Rebours *[Gegen den Strich], Paris, Bibliothèque Charpentier-Fasquelle, 1947; vorne mit der Datierung von der Hand GLs:* »15. 4. 52«. *Der Band, sicher ein Geschenk PCs, enthält Lesespuren von GL und PC.*
12 *GL bezieht sich auf die Titel* Là-bas *[Da unten] und* En Route *[Unterwegs] von J.-K. Huysmans. Das erste Werk (1891) befindet sich nicht in der Bibliothek der Celans; GLs Exemplar von* En Route *(Paris, Librairie Plon, 1947) enthält die Bemerkung von ihrer Hand:* »Lestrange. Juin 1952. [Juni 1952.]«
13 *Die von Baudelaire übersetzte französische Ausgabe der* Histoires *[Geschichten] von Edgar Allan Poe ist in der Bibliothek der Celans nicht mehr enthalten.*
14 *Der folgende Name ist nicht leserlich.*

9
Mademoiselle Gisèle de Lestrange / 151, Avenue de Wagram / Paris 17e / 18 H / 21 – 5 1952 / PARIS V / R. DE L'EPEE DE BOIS

10
Mademoiselle Gisèle de Lestrange / 151, Avenue de Wagram / Paris 17e / PAR AVION / 22. 5. 52 16 / (24a) HAMBURG LUFTPOST

1 *PC schreibt fälschlich* »21«.
2 *Nicht identifiziert. Einer der beiden könnte Rino Sanders sein. Die beiden Wiener Freunde Milo Dor und Ingeborg Bachmann waren zu diesem Zeitpunkt noch nicht in Hamburg.*
3 *Gleich nach seiner Ankunft in Hamburg fährt PC zum Intendanten des Nordwestdeutschen Rundfunks, Ernst Schnabel; das hatte ihm Hans Werner Richter in seiner Einladungskarte (Mai 1952 aus Wien, mit einem Gruß von Milo Dor) geraten. Der Hamburger Sender trug zur Finanzierung der Tagung der Gruppe 47 in erheblichem Maße bei.*
4 *PC nimmt – zum ersten und letzten Mal – an einer Tagung der Gruppe 47 in Bad Niendorf an der Ostsee teil. Hans Werner Richter, der Leiter der Gruppe, hatte zunächst ›vergessen‹, PC einzuladen. Er*

holt das erst auf die dringende Bitte von Ingeborg Bachmann und Milo Dor bei einem seiner Wiener Aufenthalte unmittelbar vor Beginn des Treffens nach (cf. Hans Werner Richter, Briefe, hrsg. von Sabine Cofalla, München/Wien, Carl Hanser, 1997, S. 127f.). Ingeborg Bachmann selbst wird diese Einladung als Beilage ihres Briefes an PC vom 9. 5. 1952 übermitteln. Die Beziehungen PCs zu Richter und zur Gruppe 47 bleiben auch in der Zukunft z. T. sehr problematisch; er wird immer darauf achten, nicht zu den Mitgliedern der Gruppe gezählt zu werden (siehe auch Anm. 196/2). Richter nützt später widerwillig, aber überlegt und diplomatisch das Bild und den Ruf PCs für seine Zwecke aus (siehe dazu den Aufsatz von Klaus Briegleb, »Ingeborg Bachmann, Paul Celan. Ihr (Nicht-)Ort in der Gruppe 47 (1952-1964/65)«, in: Bernhard Böschenstein und Sigrid Weigel (Hrsg.), Ingeborg Bachmann und Paul Celan. Poetische Korrespondenzen. Vierzehn Beiträge, Frankfurt a. M., Suhrkamp, 1997, S. 29-81).

5 *Unter den Teilnehmern, die im vorliegenden Briefwechsel später eine Rolle spielen, sind: Ilse Aichinger, Ingrid Bachér, Ingeborg Bachmann, Heinrich Böll, Günter Eich, Herbert Eisenreich, Walter Hilsbecher, Wolfgang Hildesheimer, Walter Höllerer, Walter Jens, Karl Krolow, Siegfried Lenz, Friedrich Minssen, Rino Sanders, Paul Schallück, Ilse Schneider-Lengyel, Rolf Schroers, Martin Walser, Hans Weigel, Günther Weisenborn und Wolfgang Weyrauch. Die genannten »zwei Leute« sind Ingeborg Bachmann und Milo Dor. Beide hatte PC während seiner kurzen Wiener Zeit zwischen Dezember 1947 und Juli 1948 kennengelernt, mit Ingeborg Bachmann war er im Frühjahr 1948 eng befreundet. Die Lesung in Niendorf ist die erste von zahlreichen öffentlichen Lesungen PCs in Deutschland. Auf der Tagung kann PC Verbindung zu einer Reihe von Autoren aufnehmen, mit denen er im folgenden – vor allem mit Rolf Schroers, Paul Schallück und Heinrich Böll – z. T. ausgedehnte Briefwechsel führt.*

6 *PC bekommt seine Post an die Adresse von Rino Sanders: Riemenschneiderstieg 23, Hamburg, Groß-Flottbek.*

11

GISELE DE LESTRANGE 151 AVENUE WAGRAM PARIS 17 / HAMBURG 26 [5. 1952] / 18⁵⁵
/ 20 H 5 / 26 – 5 1952 / PARIS XVII / 108 AVENUE WAGRAM

12
Mademoiselle Gisèle de Lestrange / 151, Avenue de Wagram / Paris 17ᵉ / France / *MIT LUFTPOST – PAR AVION / 28. 5. 52 ?? / (24a) HAMBURG LUFTPOST*
Ansichtskarte (im Umschlag gesandt): »Hamburg – Binnenalster«.

1 *Zur Aufnahme des Nordwestdeutschen Rundfunks von 13 der 56 Gedichte von* Mohn und Gedächtnis *siehe den Artikel von Klaus Briegleb (siehe Cofalla, a. a. O., S. 76, Anm. 29).*
2 *Es geht um alte französische Francs, die bis 1960 gültig sind.*
3 *PC fährt im Anschluß nicht nach Stuttgart. Zum Aufenthalt in Frankfurt siehe die Briefe 13/7 und 16.*
4 *PC hatte in Niendorf den Lektor der Deutschen Verlags-Anstalt Stuttgart, Willi Koch, kennengelernt. Den Roman von Malraux wird PC nicht übersetzen.*
5 *PC und GL heiraten sieben Monate später, am 23. Dezember 1952, also etwas mehr als ein Jahr, nachdem sie sich kennengelernt haben.*

13
Mademoiselle Gisèle de Lestrange / 151, Avenue de Wagram / Paris 17ᵉ / France / *MIT LUFTPOST – PAR AVION / 30. 5. 52. – / 20? – 6 / (16) FRANKFURT (MAIN) 2*

1 *Mit dem Preis der Gruppe 47 ausgezeichnet wird Ilse Aichingers* Spiegelgeschichte, *die im August 1949 im Feuilleton der* Wiener Tageszeitung *erschienen war. Der Preis wurde das dritte Mal vergeben; beide vorausgehende Preisträger lernt PC in der Folge näher kennen: Günter Eich (1950), den späteren Mann von Ilse Aichinger, und Heinrich Böll (1951). Ingeborg Bachmann ist Preisträgerin im folgenden Jahr.*
2 *Einige Tagungsteilnehmer hatten PC mit antisemitischen Ausfällen bedacht, dieselben Leute, die der von den Nazis mit ihrer ganzen Familie verfolgten Ilse Aichinger jetzt den Preis zusprechen.*
3 *Nicht identifiziert.*
4 *GL antwortet PC nicht auf seine Frage. Dieser hat die Probeübersetzung für den nicht identifizierten Verleger wohl nicht angefertigt. Erst knapp zehn Jahre später erscheint eine Übertragung von Queneaus Buch* (Stilübungen Autobus S, *deutsch von Ludwig Harig und Eugen Helmlé, Frankfurt a. M., Suhrkamp, 1961; das Buch ist nicht in PCs Bibliothek enthalten).*

Anmerkungen 51

5 *Zu den möglichen Gründen, warum Willi Koch, Lektor bei der Deutschen Verlags-Anstalt, die zusammen mit dem Nordwestdeutschen Rundfunk die Tagung und den Preis finanzierte, die Sitzung verlassen wollte, siehe Brief 14/10.*
6 *PC liest erst am 17. oder 18. Juli in Stuttgart.*
7 *Eine Lesung in Frankfurt am Mittwoch, dem 4. 6. 1952, konnte nicht identifiziert werden, vielleicht war die Lesung vom Donnerstag (siehe Brief 16) ursprünglich für diesen Tag geplant.*
8 *Keiner von GLs Briefen nach dem 28. 5. 1952 erwähnt die an diesem Tag von der französischen Kommunistischen Partei organisierte Demonstration gegen den Besuch des amerikanischen Generals Ridgway in Paris, der beschuldigt wurde, bakteriologische Waffen in Korea eingesetzt zu haben. Heftige Zusammenstöße zwischen Demonstranten und Polizei führten zu 718 Festnahmen, eine Person kam ums Leben.*
9 *GL schickt drei Briefe an diese Adresse: am 30. und 31. 5. 1952 und am 3. 6. 1952 (alle nicht publiziert). Zu Janheinz Jahn siehe Anm. 36/17.*
10 *Yolande de Mitry und Francine Guenepin, Freundinnen von GL.*

14
Mademoiselle Gisèle de Lestrange / 151, Avenue de Wagram / Paris 17e / France / *PAR AVION – MIT LUFTPOST* / *31. 5. 52.* – 10? / (16) FRANKFURT (MAIN) 2

1 *Siehe Anm. 10/2.*
2 *Aus Wien kamen zur Tagung Ilse Aichinger, Ingeborg Bachmann, Hans Weigel, Milo Dor und Reinhard Federmann.*
3 *Ein von München via Stuttgart und Frankfurt fahrender Bus brachte die österreichischen und süddeutschen Teilnehmer nach Niendorf.*
4 *22. Mai.*
5 *Antonie Richter (* 1918), die Frau von Hans Werner Richter. Dieser hatte PC nicht spontan eingeladen (siehe Anm. 10/4).*
6 *PC kannte den österreichischen Romancier serbischer Herkunft aus seiner Wiener Zeit 1948.*
7 *Die Niendorfer Lesungen fanden vom 23. bis 25. 5. 1952 in einem Hotel mit Meerblick (Timmendorfer Strand) statt, das dem Nordwestdeutschen Rundfunk gehörte.*
8 *PC zitiert V. 4 von Paul Valérys Gedicht* Cimetière marin *[Kü-*

stenfriedhof]: »La mer, la mer, toujours recommencée! *[Das Meer, das Meer, immer wieder begonnen]«* (Charmes, *Paris, Librairie Gallimard, 1926, S. 107). PCs Exemplar zeigt bei dem Gedicht Lesespuren und Übersetzungsversuche.*
9 *Les Voix du silence [Die Stimmen der Stille] von André Malraux war gerade erschienen (Paris, nrf, La Galerie de la Pléiade, 1952).*
10 *Walter Jens, Teilnehmer der Tagung und Mitglied der Gruppe 47, schreibt über PCs Lesung:* »Als Celan zum ersten Mal auftrat, da sagte man: ›Das kann doch kaum jemand hören!‹, er las sehr pathetisch. Wir haben darüber gelacht, ›Der liest ja wie Goebbels!‹ sagte einer. Er wurde ausgelacht, so daß dann später ein Sprecher der Gruppe 47, Walter Hilsbecher aus Frankfurt, die Gedichte noch einmal vorlesen mußte. Die ›Todesfuge‹ war ja ein Reinfall in der Gruppe! Das war eine völlig andere Welt, da kamen die Neorealisten nicht mit, die sozusagen mit diesem Programm groß geworden waren.« *(Zitiert nach Sabine Cofalla, a.a.O., S. 128, Anm. 8, dort auch das folgende Zitat.) Hans Werner Richter, von dem wohl die ablehnende Atmosphäre und der Goebbels-Vergleich nach der Lesung der* Todesfuge *(GW I 41) ausgingen und der von PC als einem* »Gestörten« *sprach, schreibt zu PC als Lesendem und als Zuhörer:* »Er ist, so scheint es mir, fast immer abwesend. Ich weiß nicht, ob er bei den Lesungen überhaupt zugehört hat. Vielleicht kann er nicht zuhören, weil er immer mit sich selbst beschäftigt ist. Mir ist, als nähme er mich auch nicht wahr. Seine Stimme klingt mir zu hell, zu pathetisch. Sie gefällt mir nicht. Wir haben uns das Pathos längst abgewöhnt. Er liest seine Gedichte zu schnell. Aber sie gefallen mir, sie berühren mich, obwohl ich die Abneigung gegen die Stimme nicht überwinden kann. Die Teilnehmer hören schweigend zu. Die Gedichte scheinen eine fast hypnotische Wirkung auf sie zu haben. In ihren Gesichtern sehe ich den Erfolg Paul Celans. Ist es ein anderer Klang, ein neuer Ton, der hier wirksam wird? Es gibt kaum kritische Stimmen nach der Lesung.« *Auch Milo Dor erinnert sich in seiner Autobiographie an eine sehr sprechende Aussage Richters über PCs Lesung,* »er habe in einem Singsang vorgelesen wie in der Synagoge« *(Milo Dor,* Auf dem falschen Dampfer. Fragmente einer Autobiographie, *Wien/Darmstadt, Paul Zsolnay, 1988, S. 214). Richter und seine nähere Umgebung bemühen sich im folgenden, PCs Erfolg möglichst wenig publik werden zu lassen. Hans Georg Brenner etwa berichtet über PCs erfolgreiche Lesung im kurzlebigen Organ der Gruppe,* Die Literatur *(Juni 1952), mit der deutlichen Absicht, PC den Erfolg nicht zuzuschreiben, ihn zu anonymisieren.*

Anmerkungen

So berichtet er z. B. über PCs Lesung in engem Zusammenhang mit der Ingeborg Bachmanns in globalen Beschreibungen wie »unaufdringliche Sprachgewalt« *und* »Präzision der Bilder«. *Günter Eich und Wolfgang Weyrauch werden wörtlich zitiert, PC nicht (siehe Klaus Briegleb, a. a. O., S. 53 f.). Diesen erwähnt Brenner in einem anderen Zusammenhang:* »An den Vortrag des Rumäniendeutschen *[sic]* Paul Celan, der in der Nachfolge Momberts und der Else Lasker-Schüler um einen eigenen Ton sich bemühte, entzündete sich eine heftige Debatte über die alte Streitfrage: poésie pure und poésie engagée, die – wie alle diese Debatten – zu keinem zureichenden Ergebnis führte.« *(siehe auch* »Paul Celan und die Gruppe 47«, *in: Celan-Jahrbuch 7, 1997/98, Heidelberg, C. Winter, S. 65-87).*
11 *Bei der Abstimmung für den Preis gewann Ilse Aichinger.*
12 *Darunter Ilse Aichinger, Günter Eich, Paul Schallück und Rolf Schroers.*
13 *Hans Erich Nossack, Autor von Romanen, Theaterstücken und Essays, hatte im* »Dritten Reich« *Publikationsverbot.*
14 *Rudolf Hirsch.*
15 *PC scheint die Probeübersetzung nicht gemacht zu haben.*

15
Mademoiselle Gisèle de Lestrange / 151, Avenue de Wagram / <u>Paris 17e</u> / France / <u>PAR AVION</u> / *02. 6. 52. – 18 / (16) FRANKFURT (MAIN) 2*

1 *Siehe Brief 8/1.*
2 *Weil GL ablehnende Reaktionen ihrer Mutter und ihrer Schwestern fürchtet, verschweigt sie vorläufig ihre Verbindung zu PC (siehe Brief 24/1). Die Gründe für die Wahl des Namens* »Corti«, *der jeden Franzosen an den berühmten Résistance-Verleger José Corti in der Rue de Médicis erinnern mußte, sind nicht bekannt.*
3 *In GLs Briefen vom 21., 23., 24. und 25. 5. 1952 (alle nicht publiziert) wird ihre Beunruhigung vor allem wegen der Trennung, aber auch wegen unangenehmer Begegnungen deutlich:* »Ich möchte nicht, daß man Dich enttäuscht, und noch weniger, daß man Dir wehtut. Hoffentlich hast du nicht wieder Kummer mit diesen tristen Menschenwesen, die die Erde bevölkern.« *(Übers., 23. 5. 1952).*
4 *Dieses Buch,* Mohn und Gedächtnis, *erscheint Ende Dezember 1952 in der Deutschen Verlags-Anstalt in Stuttgart (darin auch die in Anm. 5 und 6 genannten Gedichte).*

5 *PC hatte gerade das Gedicht* Schlaf und Speise *(GW I 65) in* Meta. Zeitschrift für experimentelle Kunst und Poesie *(Heft 8, April 1952, nicht paginiert) in einer von Karl Otto Götz zusammengestellten kleinen Anthologie der* Kunst und Poesie aus Österreich und Dänemark *publiziert. Die österreichischen Dichter Max Hölzer und Friedrich Guttenbrunner kannte PC aus seiner Wiener Zeit 1948.*
6 *Die vier Gedichte* Nachtstrahl, Corona, Auf Reisen *und* In Ägypten *(GW I 31, 37, 45, 46) erschienen mit einer autobiographischen Notiz (Heft 3, 1949, S. 240f.) in der* Wandlung; *die monatlich erscheinende Zeitschrift wurde von Dolf Sternberger in Zusammenarbeit mit Karl Jaspers, Marie Luise Kaschnitz und Alfred Weber herausgegeben. In Zusammenhang mit der durch Marie Luise Kaschnitz vermittelten Veröffentlichung schreibt PC am 20. 5. 1960 an Karl Krolow:* »[...] sie war es nämlich, die im Herbst 1948, als ich ihr Gedichte schickte, als erste in Deutschland – in Österreich hatte ich ja ein paar Freunde – diese Gedichte wahrnahm, sie aufnahm, mir schrieb. Dann kamen einige Verse auch in der Wandlung [...].«
7 *Guido Freiherr Kaschnitz von Weinberg (1890-1958), Archäologe.*
8 *Schimpfwort für die Deutschen.*
9 *Mit dem Romancier und Autor politischer Essays Rolf Schroers, damals Lektor bei der Deutschen Verlags-Anstalt in Stuttgart, pflegt PC in den folgenden Jahren eine herzliche Freundschaft, die ihren Niederschlag in einer umfangreichen Korrespondenz findet. Wieweit PC zu diesem Zeitpunkt darüber informiert war, daß Schroers, Sohn eines Polizeioffiziers, als Offizier am Krieg teilgenommen hatte, ist nicht bekannt.*
10 *Der Brief des Literaturkritikers Friedrich Minssen (Mitglied der Gruppe 47) ist nicht erhalten oder nicht identifiziert.*
11 *Walter Maria Guggenheimer gehört zum Redaktionskollegium der in eigenem Verlag erscheinenden* Frankfurter Hefte, *einer, so der Untertitel, 1945 durch Walter Dirks und Eugen Kogon gegründeten Zeitschrift für Kultur und Politik. Die französische Zeitschrift* Esprit *mit dem Untertitel* Revue pluridisciplinaire *[Interdisziplinäre Zeitschrift] wurde 1932 von Emmanuel Mounier im Geist der Erneuerung katholischen Denkens gegründet.*
12 *Friedrich Podszus.*
13 *Obwohl PC dem Roman* À la Recherche du Temps perdu *[Auf der Suche nach der verlorenen Zeit] lebhaftes Interesse entgegen-*

bringt, wird er – abgesehen von Auszügen im Rahmen seiner Übersetzungskurse in der ENS – Proust niemals übersetzen (siehe Anm. 501/4).
14 *PC sagt die für Freitag, den 6. 6. 1952, vorgesehene Lesung in Stuttgart im letzten Augenblick ab.*
15 *GL schreibt nach dem 25. Mai noch vier Briefe an PC, am 30. und 31. 5. 1952 sowie am 3. und 4. 6. 1952 (nicht publiziert). Babi ist einer der Spitznamen von GLs Freundin Elisabeth Dujarric de la Rivière.*

16
Mademoiselle Gisèle de Lestrange / 151, Avenue de Wagram / <u>Paris 17e</u> / France / *PAR AVION* / 03. 6. 52. – 17 / (16) FRANKFURT (MAIN) 2
Nur die von PC auf der Einladung handschriftlich hinzugefügten (im Original französischen) Wörter erscheinen im Druck nicht kursiv. Auf der Karte beginnt tatsächlich nur das Wort »Gedichte« mit Großbuchstaben.

1 *PCs Lesung fand vor Bildern des durch Kandinsky und Léger geprägten Saarbrücker Malers Boris Kleint statt. In der* Frankfurter Rundschau *referiert Godo Remszhardt am 9. 6. 1952 unter dem Titel* »Kunst als Traum und Erkenntnis. Gedichte und Bilder in der Frankfurter Zimmergalerie Franck« *die Einführung durch Friedrich Minssen, der die Künstler des Abends in die Nähe von Chagall und Trakl gestellt hatte, und fährt fort:* »Celan las seine Verse selbst und füllte den Raum mit einer herben, fast leisen Stimme, die diese großen, dunklen Bilder zu wirklichen Zuständen und Vorgängen machte.« *Der Kritiker hebt unter den gelesenen Gedichten* Schlaf und Speise *(GW I 65) und* Todesfuge *(GW I 41), beide aus dem späteren Band* Mohn und Gedächtnis, *hervor.*
2 *PC bezeichnete sich damals gerne als österreichischen Dichter und betonte, daß er aus einem österreichischen Kronland am Rande der österreichisch-ungarischen Doppelmonarchie stammte (obwohl in seinem Geburtsjahr 1920 die Bukowina schon seit zwei Jahren zu Rumänien gehörte). Siehe auch die* Ansprache anläßlich der Entgegennahme des Literaturpreises der Freien Hansestadt Bremen *(GW III 185).*

17
GISELE DE LESTRANGE 151 AVENUE WAGRAM PARIS 17 / FRANKFURT MAIN 6 [6. 1952] 16^15
17 H 35 / 6 – 6 1952 / PARIS XVII / 108 AVENUE WAGRAM

1 *Am Pariser Ostbahnhof (Gare de l'Est) kommen die Züge aus Süd- und Mitteldeutschland an.*

18
Mademoiselle Gisèle de Lestrange / Le Moulin / Rochefort-en-Yvelines / /Seine-et-Oise/ / *12 H 30 / 11 – 8 1952 / PARIS IX / RUE HIPPOLYTE LEBAS*

1 *PC spielt an auf seine Rückkehr nach Paris nach den ersten Tagen gemeinsamen Lebens mit GL überhaupt bei einem Aufenthalt in Kärnten bei seinen Freunden Max Hölzer, Klaus Demus und dessen zukünftiger Frau Nani Maier vom 14. bis 31. 7. 1952. Auch GL kommt in ihrem Brief vom gleichen Tag (nicht publiziert) auf diese Reise zurück:* »Ich hatte den Eindruck, Sie nicht mehr zu kennen, Sie vollkommen zu verlieren, allein aus dem Grund, weil Sie an andere Worte richteten, die mir wichtig schienen, um Sie kennenzulernen, und die ich nicht begreifen konnte.« *(Übers.)*
2 *Wichtige Universitätsbibliothek an der Place du Panthéon (5e), also in der Nähe des Hotels, in dem PC damals wohnt.*
3 *Maison des Mines et des Ponts et Chaussées (270, Rue Saint-Jacques, 5e): Studentenwohnheim, wo PC gelegentlich seine Mahlzeiten einnahm.*
4 *PC hatte GL gerade den* Zauberberg *von Thomas Mann in der Übersetzung von Maurice Betz geschenkt (La Montagne magique, Paris, Librairie Arthème Fayard, 1931; im ersten der beiden Bände die Notiz von der Hand PCs:* »Gisèle de Lestrange«). *GL schreibt in ihren Briefen dieser Sommerwochen (vom 10. und 12. 8. 1952, nicht publiziert) ausführlich über die sie fesselnde Lektüre:* »Hier ist es Mittag, die Frommen sind in der Kirche, Monique mäht ihren Rasen und in meinem niederen, blauen Zimmer denkt ein kleines Mädchen in kariertem Kleid in großer Liebe an Sie. Ich bin in den Zauberberg eingedrungen, und ich steige nur sehr selten wieder – Du hattest recht – in die Mühlen-Familie hinunter.« *(Übers., 10. 8. 1952)*
5 *Der aus Nürnberg vor den Nazis nach Paris emigrierte Dichter und Übersetzer Friedrich Hagen war Redaktionsdirektor des fran-*

zösischen Rundfunks. Der übersetzte Text konnte nicht identifiziert werden, es handelt sich sicher um eine Brotübersetzung; vielleicht stammte er aus dem Précis de décomposition von Cioran, der in PCs Übersetzung im folgenden Jahr publiziert wurde (siehe Anm. 36/28).
6 Memorial. Erinnerungen war 1948 bei Desch in München und bei Rowohlt in Berlin (Ost) erschienen; das Buch ist nicht in PCs Bibliothek enthalten. Weisenborn leitet seine Erinnerungsfragmente selbst in einer »Vorrede für die Nachgeborenen« u. a. mit den Worten ein: »Die Nachgeborenen werden in den folgenden Blättern gelegentlich einen Hinweis auf diesen Kampf unserer Tage finden. Sie werden auch finden, daß einer der Machthaber namens Hitler manche Stunde im Leben vieler Menschen Europas und auch des Schreibers verdunkelt hat. Sie werden weiter eine Biographie skizziert finden, wie sie zu jener Zeit damals als nicht untypisch gelten durfte, das Leben eines jungen Intellektuellen, der aus der rheinischen Provinz in die Hauptstadt kam, um hier Schriftsteller zu werden.« *(Günther Weisenborn, Memorial, Verlag Kurt Desch, München, 1948, S. 9.) PC hatte Weisenborn bei der Tagung der Gruppe 47 im gleichen Jahr in Niendorf getroffen. Unter den hier angesprochenen Büchern befand sich vielleicht auch der Erzählungsband von Hermann Lenz* Das doppelte Gesicht *(siehe Anm. 39/1).*
7 *Der Lyriker, Kunstkritiker und Essayist Edouard Roditi war, jeweils zusammen mit Alain Bosquet, Herausgeber der Zeitschrift* Das Lot *(Berlin), in der Gedichte von Yvan Goll und PC erschienen waren, und der Zeitschrift* Exils *(»Revue semestrielle de poésie internationale [Halbjahresschrift für internationale Dichtung]«). Als Übersetzer arbeitete er mit PC für dessen Pessoa-Übertragungen zusammen. Bei der angesprochenen Übersetzung könnte es sich um den Essay von James Baldwin* Protest-Romane für Jedermann *(in:* Perspektiven, *1953, Januar, Heft 2, S. 93-102) handeln.*
8 *Wochenzeitung für Kunst, Literatur und Theater (Chefredakteur: Louis Pauwels). Die Nummer 371 (7.-13. 8. 1952) enthält einen großen Artikel über die Portraitkunst der Holländer, u. a. über Rembrandt; er ist im Nachlaß PCs nicht erhalten.*
9 *Nicht identifiziert.*
10 *In der Poliklinik des Hôpital International de l'Université de Paris (42, Boulevard Jourdan, 14e, heute Institut Mutualiste Montsouris).*

19
Mademoiselle Gisèle de Lestrange / Le Moulin / Rochefort-en-Yvelines / /Seine-et-Oise/ / *18 H* / *13 – 8 1952* / *PARIS V* / *R. DE L'EPEE DE BOIS*

1 *Brief vom 7. 8. 1952 von Willi Koch (Lektor der Deutschen Verlags-Anstalt); PC hatte ihm das Manuskript von* Mohn und Gedächtnis *am 24. 6. 1952 zugesandt. Die DVA plante zunächst, nur eine Gedichtauswahl als Jahresgabe für Freunde und Kunden des Hauses zu drucken; ein Teil der (dann vollständigen) Buchausgabe wurde tatsächlich als solche verschickt.*
2 *Das ist einigermaßen merkwürdig. PC scheint aus nicht geklärten Gründen verbergen zu wollen, daß er aus Kärnten zurückgekommen ist, ohne bei seinem zukünftigen Verleger in Stuttgart Zwischenstation gemacht zu haben. Rolf Schroers schreibt dazu an PC:* »[...] ich werde der DVA noch nicht verraten, daß Sie bereits in Paris sind [...].« *(11. 8. 1952.)*
3 *In seinem oben zitierten Brief schreibt Schroers:* »Über Koch brauchen wir nicht zu diskutieren, indessen will er ernstlich drukken, wurde bestärkt von Kasack, der Ihrer Lesung wohl zuhörte, und, über mich, von Ernst Jünger, der mir u. a. schrieb, daß ein Freundeskreis sehr tätig für Sie sei und ihn schon über Sie unterrichtet habe.« *(11. 8. 1952.)*
4 *Das Essen fand am 25. 5. 1952 statt, dem letzten Abend der Tagung der Gruppe 47 in Niendorf. PC hatte GL sicher nur wenig vorher Clara Malraux' Übersetzung von Hermann Kasacks Roman* Die Stadt hinter dem Strom *(Frankfurt a. M., Suhrkamp Verlag, vorm. S. Fischer, 1947) geschenkt:* La ville au delà du fleuve *(Paris, Calmann-Lévy, 1951).*
5 *Nicht identifiziert.*
6 *Während ihres Aufenthaltes in der Mühle schreibt GL am 12. 8. 1952 einen zweiten langen Brief (nicht publiziert, siehe Anm. 18/4).*
7 *PC antwortet auf den Abschnitt in GLs Brief vom 10. 8. 1952 (nicht publiziert, siehe Anm. 18/4):* »Sie wissen gar nicht, wie sehr ich mich über die Idee freue, nach meiner Rückkehr Deutsch zu lernen, aber aus dem einzigen Grund, Ihre Gedichte lesen und Sie dadurch noch mehr lieben zu können. Mon Chéri, wollen Sie mir wirklich alle übersetzen? [...] Mon Chéri, unsere Deutschstunden sollen systematisch sein, voll von Deklinationen, Regeln, Vokabeln, und wir müssen das dann durch Verse von Ihnen oder durch andere Verse, die Ihnen gefallen, unterbrechen.« *(Übers.) Zu einigen seiner*

Anmerkungen 59

Gedichte macht PC tatsächlich Übersetzungsversuche, eher Interlinearübersetzungen als echte Übertragungen, deren provisorischer Charakter auch durch die Tatsache deutlich wird, daß sie meistens mit Bleistift notiert sind. Z. T. beschränkt er sich auch, ob im Rahmen von »Deutschstunden« *oder nicht, auf Listen mit* »Wortübersetzungen«, »Worterklärungen« *oder* »Kommentaren«. *Außerdem gibt er GL oft auch mündliche Übersetzungen oder Paraphrasen, die manchmal zu den von ihr hinterlassenen Übersetzungsversuchen geführt haben könnten.*

20

Mademoiselle Gisèle de Lestrange / Le Moulin / Rochefort-en-Yvelines / /Seine-et-Oise/ / *18 H* / *14 – 8 1952* / *PARIS V* / *R. DE L'EPEE DE BOIS*

1 *PC verwendet mit* »à la brune« *[zur braunen – d. h. Stunde] eine feste Redewendung (auch* »sur la brune«*) und scheut sich – zu diesem Zeitpunkt – noch nicht, das Adjektiv ›braun‹ völlig neutral, d. h. ohne dabei Nazi-Assoziationen wecken zu wollen, zu verwenden.*
2 *PC hat die Mehrzahl seiner bibliophilen Raritäten bei den Bouquinisten an der Seine gekauft, darunter eine Reihe von Kafka-Erstausgaben:* Das Urteil. Eine Geschichte, *Leipzig, Kurt Wolf Verlag, 1917 (= Der Jüngste Tag, Bd. 34): vorne von der Hand PCs:* »Paris, 13. 8. 1952.«; *der Preis von 100 alten Francs ist für diesen Fund sehr niedrig. Bei den beiden bereits erworbenen Ausgaben könnte es sich handeln um:* Der Heizer. Ein Fragment, *Leipzig, Kurt Wolf Verlag, 1913 (= Der Jüngste Tag, Bd. 3), und* Die Verwandlung, *Leipzig, Kurt Wolf Verlag, 1917 (= Der Jüngste Tag, Bd. 22-23).*
3 *Siehe Anm. 14/8.*
4 *Friedrich Nietzsches Briefwechsel mit Franz Overbeck, hrsg. von Richard Oehler und Carl Albrecht Bernoulli, Leipzig, Insel, 1916; vorne von der Hand PCs:* »Paris, 13. 8. 1952«, *hinten die Adressen von Nietzsche in Nizza. Der Band weist zahlreiche Lesespuren auf.*
5 *Martin Heidegger,* Was heißt Metaphysik?, *Bonn, Friedrich Cohen, 1931; vorne (S. 2) von der Hand PCs:* »Paris, 13. 8. 1952.« *Der Band weist Lesespuren und Notizen auf sowie S. 37 das Lektüredatum:* »20. 8. 1952.«
Karl Jaspers, Die geistige Situation der Zeit, *Berlin-Leipzig, De Gruyter, 1931; vorne von der Hand PCs:* »Paris, 13. 8. 1952«.
Weitere Broschüren – falls sich »mehrere« *auf mehr als zwei Bücher bezieht – konnten nicht identifiziert werden.*

6 *GL wollte zusammen mit ihrer Freundin Yolande de Mitry nach Paris zurückkommen, die sie in der Mühle abholen wollte.*
7 *PC sagt hier die Einladung von GL (Brief vom 12. 8. 1952, nicht publiziert, siehe Anm. 19/6) ab.*
8 *PC unterzieht sich einer Behandlung in der Poliklinik des Krankenhauses der Cité Universitaire.*
9 *Viele Gedichte, Aphorismen und Gedanken sind in Büchern an den Rand notiert, einige Exemplare aus PCs Bibliothek sind wahre Manuskripte. Das* »neue Buch«, Von Schwelle zu Schwelle, *wird die Widmung tragen:* »FÜR GISÈLE« *(siehe Anm. 59/1).*
10 *Zu* Mohn und Gedächtnis *siehe Anm. 26/1.*

21

Monsieur Paul Celan / 31 rue des Écoles / <u>Paris.</u> / *12 H* / *5 – 9 1952* / *PARIS XVII* / *AV. WAGRAM (17ᵉ)*

1 *Siehe Brief 6/1; die amerikanische Schülerin konnte nicht identifiziert werden.*
2 *Der Vater von GLs Freundin Elisabeth Dujarric de la Rivière (genannt Dady, Babi oder Bubi) unterstützt tatkräftig die Einbürgerung PCs. Er und andere Personen im Umkreis von GL setzen sich für diese schwierige Angelegenheit ein. PC wird erst am 8. 7. 1955 französischer Staatsbürger. Seinem gleichzeitigen Antrag, seinen Namen Antschel in Celan ändern und damit den französischen Sprach- und Schreibgewohnheiten anpassen zu dürfen, wird dabei nicht stattgegeben, da die Verwaltung das als vollständige Namensänderung versteht. Vor dem dafür notwendigen Verwaltungsaufwand resigniert PC und begnügt sich mit dem Namenszusatz* »dit Celan«, *d. h.* »genannt Celan«.
3 *Es handelt sich u. a. um Gedichte von Guillaume Apollinaire, Aloysius Bertrand, José de Espronceda y Delgado, Juan Ramón Jiménez, Garcilaso de la Vega, Henry Wadsworth Longfellow, Antonio Machado, Edgar Allan Poe, Rainer Maria Rilke, Jules Supervielle, Alfred Tennyson und Paul Valéry.*
4 *Die Bände* La Casa de Bernarda Alba *([Bernarda Albas Haus], 1936) und* Bodas de sangre *([Bluthochzeit], 1933) sind in der Bibliothek von GCL nicht erhalten. In keinem Text von García Lorca in der Bibliothek der Celans finden sich Lesespuren von der Hand PCs.*
5 *Eine kleine Erbschaft hatte GL einen längeren Aufenthalt in Spanien und damit ihre Emanzipation vom Elternhaus ermöglicht.*

6 *Worauf GL anspielt, ist unklar; vielleicht denkt sie an die Sorgen PCs in bezug auf Claire Goll.*
7 *Siehe Anm. 8/6.*
8 *[Wir werden, um unsre glühenden Münder zu beruhigen / Heidelbeeren haben für dich und deinen Mund für mich, Übers. Helmlé.] GL zitiert V. 15-16 aus dem Gedicht* Mareï *von Guillaume Apollinaire, das sie wenige Tage vorher zusammen mit PC gelesen hatte* (Le Guetteur mélancolique *[Der melancholische Wächter], Paris, Librairie Gallimard, ⁶1952, S. 24 f.; in GLs Exemplar von ihrer Hand:* »Lestrange 30 août 1952 *[30. August 1952]«).*

22
Der Maschinendurchschlag von »Nicht immer« *und die separate Vokabelliste waren von PC in das Konvolut von* Von Schwelle zu Schwelle *eingeordnet. Das hier zum erstenmal publizierte Gedicht war sicher Gegenstand einer* »Deutschstunde«. *PC hat den Text später weiterbearbeitet, ihm aber keine endgültige Form gegeben.* »La leçon d'allemand«, *d. h.* »Deutschstunde«, *war ursprünglich als Titel für* Das Wort vom Zur-Tiefe-Gehn *vorgesehen (TCA/NR 11), siehe auch Brief 106/1.*

23
Das Typoskript »Ich hörte sagen, es sei« *mit der handschriftlich auf die Rückseite notierten Interlinearübersetzung wurden von PC in das Konvolut von* Von Schwelle zu Schwelle *eingeordnet. Das Gedicht war sicher Gegenstand einer* »Deutschstunde« *(siehe* Ich hörte sagen, *GW I 85, Datierung nach anderen Quellen aus dem Nachlaß).*

24
Monsieur Paul Celan / 31 rue des Ecoles / <u>Paris</u> / PNEUMATIQUE / 11 H 35 / 7 – 11 1952 / PARIS 106 / 51, RUE DE LONGCHAMP [auf den Umschlag gedruckte Adresse gestrichen:] Société d'ethnographie française / Palais de Chaillot / Place du Trocadéro / Paris (16ᵉ) – Passy 05-75

1 *Die Mutter wie die Schwestern von GL widersetzen sich heftig der Verbindung mit* »einem ... staatenlosen ... deutschsprachigen ... Juden«, *mit einem Mann also, der weder von seiner Herkunft noch von seinen derzeitigen Lebensbedingungen her dem gesellschaftlichen Stand von GL entspricht (mündlicher Bericht von Marie-Thérèse de Lestrange).*

2 *Verschiedene, bisher unveröffentlichte Prosaversuche PCs sind in seinem Nachlaß erhalten; im konkreten Fall ist eine Identifizierung nicht möglich. PC äußert in seinen Briefen verschiedentlich den Wunsch, Prosa zu schreiben.*
3 *Es ist nicht auszuschließen, daß es sich eben um* »Ich hörte sagen« *handelt (siehe Brief 23).*
4 *Zwei Tage vor diesem Brief schrieb PC* In Gestalt eines Ebers *(5. 11. 1952, GW I 98); im Monat vorher* Strähne *(18. 10. 1952, GW I 92) und* Der Gast *(27. 10. 1952, GW I 102).*
5 *Gisèle de Lestrange und Paul Antschel heiraten ohne Zustimmung von GLs Familie am 23. 12. 1952, also etwas mehr als ein Jahr nachdem sie sich kennengelernt haben, auf dem Rathaus des fünften Pariser Arrondissements. Anwesend sind nur die Trauzeugen, GLs Freundinnen Elisabeth Dujarric de la Rivière und Yolande de Mitry; siehe Abb. 1.*

25
Monsieur Paul Celan / 31 rue des Écoles / Paris. / PNEUMATIQUE / 18 H / 8 – 11 1952 / PARIS XVII / AV. WAGRAM (17e) *[auf dem Umschlag der Stempel:]* TROUVÉ A LA BOITE

1 *GL schreibt fälschlich:* »Sonntag, den 7.« *(Übers.), siehe Poststempel; der Sonntag wäre der 9. 11. 1952 gewesen.*
2 *Sonntag, der 9. 11. 1952 – vielleicht war dies der erste Jahrestag der Begegnung zwischen PC und GL.*
3 *GL bezieht sich auf einen Spaziergang in einem Pariser Friedhof an Allerheiligen, darüber hinaus aber auch auf die Verse 21 und 22 von Guillaume Apollinaires Gedicht* Mareÿ *(siehe Brief 21/8):* »Nous irons si tu veux par la triste bruyère / Dans l'espoir d'en trouver de la blanche veux-tu *[Wir werden, wenn du willst, durch das traurige Heidekraut gehen / In der Hoffnung, dort weißes zu finden, willst du].«*
4 *Zu diesem häufigen Motiv siehe auch die Briefe 107/2, 112/2 und 215/1 und das zweite Gedicht des Zyklus* Stimmen *vom 21. 7. 1956:* »Stimmen *vom Nesselweg her: // Komm auf den Händen zu uns. / Wer mit der Lampe allein ist, / hat nur die Hand, draus zu lesen.«* *(GW I 147; PC wird das in* Sprachgitter *veröffentlichte Gedicht in seiner Büchnerrede* Der Meridian *zitieren, GW III 201.)*
5 *[Gib den reinen Himmel durch das Sieb des Lebens. (Übers. Helmlé)]. Das Zitat konnte nicht identifiziert werden.*

26

1 *Stuttgart, Deutsche Verlags-Anstalt, 1952: Die 52 nicht streng chronologisch angeordneten Gedichte entstanden zwischen 1944 und 1952, 25 davon sind schon in* Der Sand aus den Urnen *(siehe Anm. 3/1) enthalten.*

27

Madame Paul Celan / Tournebride / Grand-Bourg / par Evry-Petit-Bourg / Seine-et-Oise / *12 H / 6 VII 1953 / PARIS 25 / R. DANTON (6ᵉ)*

1 *PC täuscht sich: Das Café Saint-Sulpice im 6. Arrondissement hatte seine Fenster zwar tatsächlich zum gleichnamigen Platz hin, es lag aber an der Ecke Rue du Vieux Colombier/Rue Bonaparte.*
2 *PC hat einen besonderen Sinn für das Wesen dieser Bäume: Der Kastanienbaum ist mit seiner Herkunft aus dem Osten verbunden (siehe die Gedichte* Drüben *und* Dunkles Aug im September *aus* Der Sand aus den Urnen, *das erste in Czernowitz, das zweite in Bukarest entstanden und später in* Mohn und Gedächtnis *übernommen, GW III 11 und GW III 51 bzw. GW I 26, siehe auch Brief 68/2); die Platane, deren Rinde für ihn die Bedeutung eines Talismans hat (siehe Abb. 3), assoziiert er mit der Hochzeitsreise der Celans nach Avignon Ende Dezember 1952.*
3 *PC hat einen Tag mit seiner Tante Berta Antschel verbracht, die nach einem Urlaub in der Schweiz von Paris aus nach London zurückfliegt. An der Gare des Invalides halten die Zubringerbusse für den Flughafen.*
4 *PC verwendet hier spielerisch eine wörtliche Übersetzung von* Regenmantel *ins Französische, »»manteau de pluie««. PCs Worterfindungen zeigen immer auch, wie er selbst verstanden werden will: Er nimmt die Sprache beim Wort.*
5 *Berta Antschel stammt wie ihr Bruder, PCs Vater, aus der Bukowina; sie hatte in Wien gelebt und war nach dem »Anschluß« nach London emigriert.*
6 *Christian Comte Ricour de Bourgies, der Mann von GCLs jüngerer Schwester Solange.*
7 *Dieses eher einfache Restaurant, in dem PC und seine Freunde häufig aßen, befand sich in der Rue du Dragon Nr. 1 (6ᵉ), in der Nähe der Académie Julian (Rue du Dragon Nr. 31), wo GCL studiert hatte.*
8 *Zu Isac Chiva siehe Anm. 1/1.*

9 *Die Wohnsitzbestätigung des Hausverwalters G. Dupêchez, verantwortlich für das Gebäude in der Rue de Lota (Nr. 5, 16ᵉ), trägt das Datum des 1. 7. 1953. Die Celans bewohnen in dem der Familie von GCL gehörenden Haus seit kurzem, nach fast einem Jahr in PCs Hotelzimmer, zwei Zimmer (siehe Brief 47/1). PC hat zu dieser Zeit noch den Status eines staatenlosen Flüchtlings.*

28
Umschlag wohl nicht erhalten, nicht auf dem Postweg beförderter Brief.

1 *GCL schlägt für die Datierung 1958 vor. PC lernt Schifferli im März 1954 persönlich kennen. Die den Namen des Schweizer Verlegers betreffende Erklärung macht ein Datum 1954 wahrscheinlicher. Auch die verwendete Schlußformel (»Ihr sehr-gehorsamer«) läßt eher an 1954 als an 1958 denken.*
2 *PC verwendet hier eine wörtliche französische Übersetzung, »Petit-Batelier«, für den Namen Schifferli. Der Verleger schlägt PC bei dem Treffen in Saint-Germain-des-Prés Übersetzungen für seinen Zürcher Verlag* Die Arche *vor. Er dürfte schon zu diesem Zeitpunkt auf die mögliche Publikation des Stücks* Le désir attrapé par la queue *(Paris, Gallimard, 1945) von Pablo Picasso und von dessen in den* Cahiers d'Art *1935 veröffentlichten Gedichten hingewiesen haben. Am 19. 3. 1954 schreibt Schifferli an PC: »Es war für mich eine grosse Freude, dass ich Sie in Paris sehen durfte. Ich habe mir überlegt, was Sie für mich übersetzen könnten, und da ich weiss, dass Sie nicht einfach irgendeinen Roman übernehmen wollen, glaube ich doch, dass die Uebersetzung des Dramas von Picasso die reizvollste Aufgabe wäre.« (Zitiert in FN, S. 144.) Obwohl PC den Text des Stücks erst um den 10. April bekommt, erfährt Schifferli schon Anfang Mai, daß eine erste Fassung der Übersetzung fertig ist. In seinem Brief vom 1. 5. 1954 betont PC dabei die besondere Schwierigkeit dieser Arbeit: »[...] der Picasso-Text will nämlich nicht nur übersetzt, sondern auch – wenn ich ein Heidegger-Wort missbrauchen darf – ü b e r g e s e t z t sein.« (FN, S. 146) Mit diesem Hinweis verbindet er die Bitte um entsprechende Bezahlung dieser ›Überfahrt‹: »Darf ich also hoffen, dass bei der Honorierung meiner Arbeit nicht nur die Zeilen, sondern auch die Ruderschläge gezählt werden?« Die deutsche Fassung des Stücks,* Wie man die Wünsche beim Schwanz packt, *erscheint noch 1954 bei der Arche in Zürich, und zwar in zwei Ausgaben: einmal als Einzelband, zum anderen,*

Anmerkungen

zusammen mit einigen Gedichten von Picasso in der Übersetzung von PC, in einem Sammelband mit verschiedenen Texten von und über Picasso unter dem Titel Wort und Bekenntnis *(dort S. 59-98 und 43-56, siehe GW IV 8-73).*

29
Umschlag wohl nicht erhalten, nicht auf dem Postweg beförderter Brief.

1 *GCL schlägt für die Datierung 1953 vor. Der Datierungsvorschlag des Herausgebers basiert auf dem Postscriptum des folgenden Briefs (24. 3. 1954):* »[...] finde ich, im Augenblick des Zubettgehens, oh Freude, oh Süße!, den ersten Brief meines Liebsten.« *(Übers.)*
2 *PC erfindet für sich die ›Berufsbezeichnung‹* »Poéteux«, *von* »poète«, *Dichter.*

30
Monsieur Paul Celan / c/o Monsieur Rolf Schrörs *[sic]* / Bergen – <u>Frankfurt am Main</u> / Gangstraße 4 / Allemagne / *15 H 15 / 25 – 3 1954 / PARIS / 78 R. DE MONTEVIDEO (16ᵉ)*

1 *Es handelt sich hier um Militärangehörige, die, im gleichen Zug wie PC, zu ihren Garnisonen in Ostfrankreich oder Baden-Württemberg fahren.*
2 *PC passierte die deutsche Grenze immer mit einem tiefen Angstgefühl.*
3 *Um welches* »schöne Exemplar« *es sich hier handelt, konnte nicht mit Sicherheit festgestellt werden. Vielleicht hat PC seiner Frau eine Kopie der Gedichte dagelassen, die er in Frankfurt lesen will; vielleicht spricht GCL auch von dem ihr gewidmeten Exemplar der Erstausgabe von* Mohn und Gedächtnis.
2 *Seit einigen Monaten bemüht sich GCL um die Technik der Radierung und arbeitet in diesem Zusammenhang im Atelier Friedlaender. Jonny Friedlaender gilt als großer Verführer.*

31
CELAN POSTE RESTANTE RUE MONTEVIDEO PARIS 78 / FRANKFURT MAIN 25 / [3. 1954] 12⁴⁵
14 H / 25 – 3 1954 / PARIS / 78 RUE MONTEVIDEO

32
Madame Paul Celan / Poste restante / Rue de Montevideo / Frankreich Paris 16ᵉ / Par avion – Luftpost / 26. 3. 54. / ?? *FRANKFURT (MAIN) FLUGHAFEN RHEIN/MAIN* Paul Celan / c/o M. Rolf Schroers / Bergen – Frankfurt a. M. / Gangstraße 4 / *18 H 15 / 27 – 3 1954* / R. *DE MONTEVIDEO (16ᵉ) / PARIS 78*

1 *PC verwendet eine wörtliche Übersetzung des deutschen Wortes* Personenzug, »personnel« *(französisch eigentlich »train omnibus«).*
2 *Der Schriftsteller und Literaturwissenschaftler Walter Höllerer ist Mitherausgeber der Literaturzeitschrift* Akzente.
3 *Es handelt sich wohl um den Zürich-Aufenthalt vor oder nach dem Urlaub der Celans in Österreich im Juli 1952.*
4 *PC arbeitet an einer Übertragung von Gedichten Fernando Pessoas. Im Juni 1954 teilt er Rudolf Hirsch den Abschluß der Arbeit mit – die Gedichte erscheinen allerdings erst zwei Jahre später in der Zeitschrift des S. Fischer Verlags,* Die Neue Rundschau, *unter dem Titel* Sieben Gedichte *(1956, Heft 2-3, S. 401-410, GW V 562-593). Es handelt sich um die unter dem Namen Pessoa veröffentlichten Texte:* Initiation (Iniciação), Autopsychographie (Autopsicografia); *unter dem Namen Alberto Caeiro,* Aus den zusammenhangslosen Gedichten: *»Täglich entdecke ich sie wieder und wieder« (»A espantosa realidade das coisas«) und* Der Schäfer *(»Sou um guardador de rebanhos«); unter dem Namen Ricardo Reis:* Ode *(»As rosas amo dos jardins de Adónis«);* Die letzte Ode *(»Para ser grande, sê inteiro: nada«); und unter dem Namen Álvaro de Campos:* Tabakladen (Tabacaria).
5 *Der 1939 in Athen entstandene Essay von Marguerite Yourcenar begleitete in der ersten Nummer der Zeitschrift* Mesures *vom 15. 1. 1940 vier in Zusammenarbeit mit Constantin Dimaras übersetzte Gedichte von Kavafis; 1958 wurde eine bearbeitete Fassung unter dem Titel* »Présentation critique *[Kritische Einführung]« bei Gallimard als Einleitung für die von Marguerite Yourcenar und Constantin Dimaras übersetzten Gedichte von Kavafis publiziert. Rudolf Hirsch hatte PC drei Wochen zuvor gebeten (Brief vom 3. 3. 1954), den Essay kritisch zu lesen und seine Meinung darüber zu äußern, ob eine Publikation in der Neuen Rundschau interessant sein könnte. In diesem Zusammenhang trifft PC Marguerite Yourcenar auch zweimal. Obwohl Hirsch die Frage positiv entscheidet (Hirsch*

Anmerkungen 67

an PC, 28. 6. 1954), wird das Projekt einer Übersetzung des Essays durch PC nicht verwirklicht.
6 *Es handelt sich um die Diffamierungskampagne von Claire Goll (siehe auch Anm. 5/3). Diese hatte im August 1953, nach einer Bemerkung des jungen amerikanischen Germanisten Richard Exner (University of Southern California, Los Angeles), der zwischen Gedichten aus* Traumkraut *(1951) von Yvan Goll und* Mohn und Gedächtnis *(1952) von PC Ähnlichkeiten festgestellt hatte, einen Rundbrief an Schriftsteller, Verleger, Redakteure und Kritiker versandt (GA Dok. 40). Dort beschuldigt sie PC der Erbschleicherei, des falschen Ehrgeizes und vor allem des Plagiats am Werk ihres Mannes und begründet die Zurückweisung seiner Goll-Übersetzungen mit deren geringer Qualität; zum Beleg stellt sie ungenaue, z. T. auch manipulierte und aus dem Kontext gerissene Zitate aus den beiden Werken nebeneinander.*
7 *Der Schriftsteller und Publizist Karl Schwedhelm war Redakteur beim Süddeutschen Rundfunk Stuttgart.*
8 *Der Maler und Dichter Karl Otto Goetz gab die Zeitschrift* Meta *heraus (siehe Brief 15/5).*
9 *PC hatte den Kunstwissenschaftler und Dichter Klaus Demus 1948 in Wien kennengelernt. Walter Höllerer wird 1956 in seiner Zeitschrift* Akzente *(Heft 6, S. 499) tatsächlich ein Gedicht von Demus veröffentlichen.*
10 *PC liest Gedichte von Klaus Demus am 12. 4. 1954 (Notizkalender PC) in der Galerie Franck, wo er zwei Jahre vorher eigene Gedichte gelesen hatte.*
11 *GCL begibt sich in ihrem Brief vom 25. 3. 1954 (nicht publiziert) in Gedanken nach Frankfurt: »Ich werde auch da sein und den ersten Seiten von* Mit wechselndem Schlüssel *zuhören, ich werde* Aus dem Meer *hören und* Assisi, In memoriam Paul Eluard, Hier, Kerze bei Kerze *[=* Stilleben*],* Zu zweien, Abend der Worte, Lange vor Abend *[=* Der Gast*], Ich hörte sagen, es sei, ja, auch dieses, eines Tages werde ich es auswendig können. Ich habe mehrmals versucht, für dies Gedicht eine Radierung zu machen, aber es ist mir nicht gelungen. Welch schöne Gedichte! – welch schreckliche Gedichte! Noch schöner und noch schrecklicher, wenn man sieht, wie Sie, sie durchlebend, mit ihnen leben. Leben –« (Übers.) Zu den erwähnten Gedichten aus dem dann* Von Schwelle zu Schwelle *benannten Gedichtband siehe GW I 93, 108, 130, 113, 114, 101, 117, 102 und 85.*

33
Madame Paul Celan / Poste restante / Rue de Montevideo / Paris
16ᵉ / France / *MIT LUFTPOST – PAR AVION* / *28. 3. 54.* / *– FRANK-
FURT (MAIN) FLUGHAFEN RHEIN/MAIN
10 H 45* / *29 – 3 1954* / *PARIS* / *78 R. DE MONTEVIDEO (16ᵉ)*
Ansichtskarte: »Frankfurt/Main – Goethehaus«.

1 *Beim Westdeutschen Rundfunk.*

34
Monsieur Paul Celan / c/o Monsieur Rolf Schrörs *[sic]* / *[gestrichen:]* Bergen – Frankfurt am Main / Gangstraße 4 / (Allemagne) *[ersetzt durch:]* Düsseldorf / Hubbelratherstraße 19 / b. Kleineberg / *18* / *H 28 – 3 1954* / *PARIS* / *GARE ST LAZARE*
[auf der Rückseite des Umschlages nicht identifizierte Notizen von der Hand PCs:] erbärmliche Pritsche / Sah mein Gesicht im / Spiegel (und ekelte mich) // da bestellte ich / (in meiner Not) / einen Schnaps

1 *Während seines Aufenthaltes wohnt PC bei Rolf Schroers, und zwar zeitweise in Bergen bei Schroers' Familie, zeitweise aber auch in dessen Zimmer in Düsseldorf.*
2 *GCL schreibt fast täglich an PC – und das bei jeder Trennung ihr ganzes gemeinsames Leben lang. Während PCs Deutschlandaufenthalt sind das zwölf zum Teil sehr ausführliche Briefe, am 23., 24. (Brief 30), 25. (zitiert in Anm. 32/12), 26. (erwähnt in Anm. 37/1), 28. (zwei Briefe, der erste als Brief 34 publiziert, der zweite mit Poststempel vom 29. zitiert in Anm. 37/1), 30. und 31. März 1954 und am 2. (zwei Briefe), 3. (Brief 40), 4., 5. und 7. (Postkarte) April 1954. Es geht dort zum großen Teil um ihre Freundin Yolande de Mitry und andere Freunde und Bekannte.*
3 *Der Vater von GCLs Freundin Elisabeth (Babi, Dady), Professor René Dujarric de la Rivière (1885-1969, Arzt und Mikrobiologe, stellvertretender Direktor des Institut Pasteur, Mitglied der Académie des Sciences), unterstützt PC bei seinen Bemühungen um die Einbürgerung.*
4 *Berta Antschel.*
5 *In Tournebride, siehe Anm. 8/4.*
6 *Die beiden Radierungen konnten nicht identifiziert werden.*
7 Dix jours qui ébranlèrent le monde *[Zehn Tage, die die Welt erschütterten], übersetzt von Martin Stahl, Vorwort von V. I. Lenin*

und N. Krupskaja, gefolgt von einer Biographie John Reeds von Albert Rhys Williams, Paris, Les Éditions sociales internationales, 1927.
8 *PC hatte GCL wenige Tage vor seiner Abreise Malraux' Les Voix du silence [Die Stimmen der Stille] geschenkt (siehe Anm. 14/10). Auf dem Vorsatzblatt ist von der Hand PCs notiert: »Gisèle Celan« / »12. 3. 1954.«*
9 *Art norvégien. Mille ans de tradition viking [Norwegische Kunst. Tausend Jahre Wikingertradition], Paris, Musée des Arts décoratifs, März bis Mai 1954.*

35
Madame Paul Celan / Poste restante / Rue de Montevideo / Paris 16e / France / 28. 3. 54. – 23 / (22 a) DÜSSELDORF 15 H 15 / 30 – 3 1954 / PARIS / 78 R. DE MONTEVIDEO (16e)
Ansichtskarte: »Düsseldorf – Rheinfront der Altstadt«.

36
Umschlag wohl nicht erhalten.

1 *Datum nach Notizen PCs vom Frühjahr 1954 in seinem Notizkalender; GCL schlägt 1955 vor.*
2 *Siehe Anm. 34/2.*
3 *PC hatte den Brief vom 26. 3. 1954 (zitiert in Anm. 37/1) bisher nicht bekommen, weil GCL ihn nach Bergen und nicht nach Düsseldorf geschickt hatte.*
4 *Annemarie Seidel, die Frau von Peter Suhrkamp, dessen Verlag Siegfried Unseld später übernehmen sollte.*
5 *Siehe Brief 10/4-5.*
6 *Ilse Schroers, Frau von Rolf Schroers, und der Schriftsteller und Werbefachmann Franz Joseph Schneider.*
7 *PC ist – nach zahlreichen, auch materielle Fragen betreffenden Meinungsverschiedenheiten mit der Deutschen Verlags-Anstalt (Höhe der Auflagen, Höhe der Tantiemen) – auf der Suche nach einem neuen Verlag. Sein neuer Band* Von Schwelle zu Schwelle *erscheint trotzdem noch einmal, im Juni 1955, bei der DVA. PC wird im März 1959 mit* Sprachgitter *Autor des S. Fischer Verlags.*
8 *PC schickt Rudolf Hirsch am 15. 4. 1954 die Übersetzungen von drei Gedichten aus* Alcools, *nämlich* Salome (Salomé), Schinderhannes *und* Der Abschied (L'Adieu); *sie erscheinen noch im gleichen Jahr in der* Neuen Rundschau *(1954, Heft 2, S. 316-320; GW IV 784-*

791). Außer diesen sind Entwürfe für Übersetzungen von La chanson du Mal-Aimé *(Chanson von einem, dessen Liebe keine Antwort fand bzw. Das Lied von dem, des Liebe unerwidert blieb) und eine auf den 12. 4. 1959 datierte, vollständige, aber unveröffentlichte Übertragung von* Nuit rhénane *(Rheinische Nacht) im Nachlaß erhalten.*
9 *Siehe Anm. 32/5.*
10 *Das Gedicht* Assisi *aus* Von Schwelle zu Schwelle *(GW I 108) erscheint wenige Tage nach diesem Brief, Anfang April 1954, im 2. Heft der* Akzente *(S. 174). Die Zeitschrift, deren Mitherausgeber Walter Höllerer war, erschien im Münchner Carl Hanser Verlag. PC kommt Höllerers Bitte um weitere Mitarbeit nach: Im August 1956 (Heft 4) ist er mit drei Gedichten des späteren Bandes* Sprachgitter *beteiligt.*
11 *Helmut Winkelmayer, Neffe von Elisabeth Winkelmayer. PC spielt vielleicht auf das etwas überschwengliche Temperament des jungen Mannes an.*
12 *Siehe Brief 16/1.*
13 *PC las in der Frankfurter Galerie am 28. 3. 1954.*
14 *PC hatte Olaf Hudtwalker ein Exemplar von* Mohn und Gedächtnis *für den Romancier Hans Erich Nossack gegeben. Die Begegnung fand im Zimmer der Celans im Hôtel d'Orléans wohl im Januar 1953, kurz nach ihrer Hochzeit, statt.*
15 *PC übersetzt: »Le Sourcier du Silence«. Godo Remszhardts Artikel erscheint am 31. 3. 1954 unter dem Titel »*Rutengänger im Stillen. Paul Celan las im Frankfurter Kunstkabinett« *in der* Frankfurter Rundschau. *Der Titel stammt aus dem Gedicht* Abend der Worte *(GW I 117), also einem der noch unveröffentlichten Gedichte, die PC in Frankfurt gelesen hatte. Remszhardt schreibt unter anderem:* »Dieselbe Anmut, in der Gesicht und Gestalt des Dichters fast zierlich erscheinen, gab seiner Stimme den Mozart-Klang, der das Grauen des Elementaren in die heitere Schwermut des Spirituellen aufzuheben vermag. [...] Man hat Celan vor zwei Jahren hier gehört, in der Zimmergalerie Franck, und seither in seinem ›Mohn und Gedächtnis‹ gehabt, das die Deutsche Verlags-Anstalt nun zum zweiten Male auflegen kann. Daß er manches daraus jetzt wiederholte, ist gut gewesen – Bestätigung des Klangs, den man in den Zeilen des Buchs ahnt, und der Aussage, deren Beständigkeit sich vertiefte. Da sind Stücke, die sich nur in ihrem Rang – und darin nur mit den Besten der deutschen Sprache – vergleichen lassen, jedoch nicht in der Form, die zugleich Werkzeug und Wirkung der Er-

Anmerkungen 71

kenntnis ist. [...] in der stillen Anmut Celans, in seiner fast zögernden Musik spielen sich jene Kämpfe ab, in denen es für die Gegner keinerlei Ausweichen mehr gibt: sie haben einander erkannt, und er siegt mit der menschlichsten Waffe, mit der Kunst des Worts, die zumindest pariert, indem sie benennt.« *Abschließend weist Remszhardt auf die Lesung von* Assisi *(GW I 108), ein durch einen Aufenthalt der Celans in Umbrien um den 20. 11. 1953 inspiriertes Gedicht, hin, dessen Veröffentlichung in* Akzente *er ankündigt (siehe Anm. 10).*

16 *Herbert Nette war Cheflektor im Eugen Diederichs Verlag, Düsseldorf und Köln. Näheres zu den Projekten konnte nicht geklärt werden – PC hat nie bei Diederichs publiziert.*

17 *Bei seinem Deutschland-Aufenthalt im Mai und Anfang Juni 1952 hatte PC den Essayisten und Übersetzer Janheinz Jahn kennengelernt. Der Sammler primitiver Kunst und Spezialist für afrikanische Literaturen machte Aimé Césaire und Léopold Sédar Senghor in Deutschland bekannt.*

18 Schwarzer Orpheus. Moderne Dichtung afrikanischer Völker beider Hemisphären, *Ausgabe und Übertragung von Janheinz Jahn, München, Carl Hanser Verlag, 1954; das Buch ist nicht in PCs Bibliothek enthalten.*

19 *Im Französischen wird das Wort nicht mit geschlossenem, sondern mit offenem e ausgesprochen.*

20 *Die* »kleine griechische Kneipe« *konnte nicht identifiziert werden. Im* Catalan *in der Rue des Grands Augustins (Nr. 16, 6^e), einem Restaurant mit Flamenco-Vorführungen, war Picasso häufiger Gast.*

21 *Nicht identifiziert.*

22 *PC wollte, daß man seinen Namen in Deutschland mit Betonung auf der ersten Silbe und ohne Nasalierung (also [ˈtselan]), in Frankreich mit Betonung auf der zweiten Silbe und mit Nasalierung (also [seˈlãn]) ausspricht.* »guten Abend, Herr Celan« *im Originalbrief deutsch.*

23 *Die Vorbereitungen zum Beitritt der Bundesrepublik zu WEU und NATO, eingeleitet durch eine am 26. 2. 1954 beschlossene Verfassungsänderung, die die Wiederbewaffnung ermöglichte, werden im Oktober 1954 durch die Pariser Verträge abgeschlossen.*

24 *Ilse und Paul Schallück; PC kannte den Schriftsteller aus Niendorf und unterhielt mit ihm einen wichtigen Briefwechsel.*

25 *Albert Vigoleis Thelen,* Die Insel des zweiten Gesichts. Aus den angewandten Erinnerungen des Vigoleis, *Düsseldorf, Eugen Diede-*

richs Verlag, 1953. Rolf Schroers hatte an ebendiesem Tag PC den Roman mit der Widmung geschenkt: »Für Paul Celan zu Erinnerung an« / »unsre Tage in Düsseldorf.« / »Am 29 – III – 54« / »Rolf Schroers«. *PCs Exemplar weist zahlreiche Lesespuren auf.*
26 *Die Gedichte des späteren Bandes* Von Schwelle zu Schwelle.
27 *Welche Gedichte dem Westdeutschen Rundfunk überlassen wurden, konnte nicht geklärt werden; auch der angesprochene Rundfunkmitarbeiter ist nicht identifiziert.*
28 Lehre vom Zerfall. Essays, *Hamburg, Rowohlt, 1953 (*Précis de décomposition, *Paris, Gallimard, 1949). Über die Beziehung PCs zu Emile Cioran siehe Brief 115/6 und Zeittafel.*
29 *Herrigergasse 7, Köln, Müngersdorf.*
30 *PC erinnert sich zehn Jahre später an diesen Spaziergang mit Heinrich Böll durch das durch die Bombenangriffe im März 1945 noch halb zerstörte Köln (siehe Brief 191/5).*
31 *PC übersetzt 1954 für Kiepenheuer & Witsch zwei Romane von Simenon (siehe Anm. 38/3).*
32 *Herbert Nette.*

37
Madame Paul Celan / Poste restante / Rue de Montevideo / France / Paris 16ᵉ / 30. 3. 54 – 22 / *DÜSSELDORF*
Paul Celan / c/o Deutsche Verlagsanstalt / Mörikestr. 17 / Stuttgart / *18 H 15 / 31 – 3 1954 / PARIS / 78 R. DE MONTEVIDEO (16ᵉ)*

1 *In diesem Brief vom 26. 3. 1954 (nicht publiziert) äußert sich GCL unter anderem über das Stück von Picasso, das PC für Schifferli übersetzen soll. Zwei Tage später (Brief vom 28. 3. 1954, nicht publiziert) kommt sie auf ihre Lektüre zurück:* »Ich habe den Picasso gelesen, wirklich, ich glaube, das ist weniger als nichts. Du wirst es widerlich finden, es zu übersetzen, es ist geschmacklos, aber sehr kurz, es liest sich in einer Viertelstunde, es sind sehr kurze Dialoge ohne Hand und Fuß. Aber du mußt es doch machen wegen des Namens. Aber es ist traurig, wenn sich das Buch nur wegen des Autors verkauft.« *(Übers.)*
2 Das Kommödchen, *ein Kabarett mit politisch-satirischen Programmen linker Ausrichtung.*
3 *D. h. in den Gedichten des späteren Bandes* Von Schwelle zu Schwelle.
4 *In seinem von GCL nachgeschickten Brief vom 25. 3. 1954 lädt Piet Tommissen, Chefredakteur der Zeitschrift* De Tafelronde, *PC*

Anmerkungen 73

ein, dort unveröffentlichte Gedichte zu publizieren, und präzisiert: »sie sollen allerdings exemplarisch sein für Ihre jetzige Auffassung der Lyrik.« *PC schickt am 26. 4. 1954 das Gedicht* Vor einer Kerze *(GW I 110f.), das 1955 im 7. Heft von* De Tafelronde *(S. 289f.) erscheint.*

38
Madame Paul Celan / Poste restante / Rue de Montevideo / Paris 16ᵉ / France / *MIT LUFTPOST – PAR AVION* / 2. 4. 54 / KÖLN BAHNPOSTAMT
10 H 45 /\3 – 4 1954 / PARIS / 78 R. DE MONTEVIDEO *(16ᵉ)*
Ansichtskarte: »Der Kölner Dom von Westen«.

1 *PC schreibt* »je vous aîme et vous aime«.
2 *Siehe Anm. 36/27.*
3 *PC übersetzt im Lauf des Jahres 1954 die Romane* Maigret se trompe *(Paris, Les Presses de la Cité, 1953) und* Maigret à l'école *(Paris, Les Presses de la Cité, 1954), publiziert unter dem Titel* Hier irrt Maigret *(Köln/Berlin, Kiepenheuer & Witsch, 1955) bzw.* Maigret und die schrecklichen Kinder *(Köln/Berlin, Kiepenheuer & Witsch, 1955); der Verlagsvertrag stammt vom 13. 5. 1954. Die erste Übersetzung, Ende Juli beim Verlag eingereicht, wird dort positiv aufgenommen. Die zweite, mit Verspätung Anfang Januar 1955 fertiggestellt, wird als Arbeit eines* »Dilettanten«, *d. h.* »irgendeine[s] Dritten« *bezeichnet (Brief des Verlages vom 28. 2. 1955) und erscheint vermutlich in einer Bearbeitung (die Unterlagen sind nicht erhalten). Von den Vorwürfen akzeptiert PC vor allem den nicht, etwas* »dazu gedichtet« *zu haben, und verlangt nähere Erklärungen, er gibt aber seine Unlust an der Arbeit zu (siehe dazu FN, S. 235-249).*
4 *Siehe Anm. 36/15.*
5 *Siehe Anm. 34/2.*
6 *Elisabeth Dujarric de la Rivière; ihr Vater (siehe Anm. 34/3) unterstützt PC bei den Bemühungen um seine Einbürgerung.*

39
Madame Paul Celan / Poste restante / Rue de Montevideo / Paris 16ᵉ / France / *MIT LUFTPOST – PAR AVION* / 3. 4. 54. / 18 STUTTGART
10 H 45 / 5 – 4 1954 / PARIS / 78 R. DE MONTEVIDEO *(16ᵉ)*
Postkarte mit einem Scherenschnitt, der ein ein Steckenpferdchen reitendes Kind zeigt.

1 *PC hatte am Tag dieses Briefes den schwäbischen Romancier Hermann Lenz kennengelernt, mit dem er freundschaftlich verbunden bleibt und einen umfangreichen Briefwechsel führt. Mit dem vor den Nazis aus Deutschland nach Paris emigrierten Dichter, Übersetzer und Programmdirektor des französischen Rundfunks, Friedrich Hagen, war PC in regelmäßigem Kontakt. PC wurde durch ihn auf das Werk von Hermann Lenz, mit dem dieser befreundet war, aufmerksam; Hagen lieh ihm unter anderem den Band* Das doppelte Gesicht *(Stuttgart, Deutsche Verlags-Anstalt, 1949) mit drei surrealistisch geprägten Erzählungen, die die Judenverfolgung und die Nachkriegszeit zum Thema haben. Berührt durch die Lektüre, hatte PC gegenüber Hagen seinen Wunsch geäußert, Lenz kennenzulernen.*

2 *Die durch die Volkshochschule München gemeinsam mit der dortigen Künstlergilde organisierte Lesung fand am Montag, dem 5. 4. 1954, im Rückertsaal (Rückertstr. 2) statt. PC las Gedichte aus* Mohn und Gedächtnis *und* Von Schwelle zu Schwelle. *Am 8. 4. 1954 brachte der Bayerische Rundfunk in seiner Sendung* Kulturspiegel *einen Bericht über den Abend: »[1. Sprecher]: [...] Paul Celan, der Lyriker, ist dieser Tage in München gewesen. Er kam aus Paris, wo er seit langem lebt. Wir wollten ihn für ein Interview gewinnen, er lehnte aber ab. Er hat Scheu vor dem Mikrophon. Deshalb haben wir Ernst Günther Bleisch gebeten, uns über Celan etwas zu schreiben: [...]« Der zweite Sprecher zeichnet im folgenden ein äußeres und inneres Portrait des Dichters, seinen Lebenslauf, sein Schicksal und das seiner in die Ukraine deportierten Eltern und fährt dann fort: »Als er mir die Hand zum Abschied reicht, sagt er lächelnd: ›Gedichte sind nur kleine Unebenheiten vor Gott.‹ [1. Sprecher:] Gedichte – nur kleine Unebenheiten vor Gott. [...]«*

3 *Das Interview mit Karl Schwedhelm, gefolgt von einer Lesung, wurde am 7. 4. 1954 im Süddeutschen Rundfunk aufgenommen und am 15. 6. 1954 dort gesendet.*

4 *Ernst Schremmer von der* Künstlergilde Esslingen *schreibt zu dieser Lesung, die am Mittwoch, dem 7. 4. 1954, nicht am Donnerstag stattfand, in der* Esslinger Zeitung *vom 8. 4. 1954 unter dem Titel* Zur Begegnung mit Paul Celan*: »Wie die Lektüre seiner Gedichte ist auch die Begegnung mit dem Dichter selbst ein besonderes Ereignis: Ein geradezu zierlicher, gepflegter junger Mann, mit schwarzem Haar und dunklem Teint, tritt einem entgegen, sehr sensitiv und zurückhaltend, mit schwermütigen Augen [...]. / Wenn er liest, und er liest gut, hat er die Augen meist ganz oder halb geschlossen.*

Anmerkungen

Aus einem inneren Pathos heraus skandiert er seine Verse, trägt seine Gedichte in einer weichen, wohlgeformten Sprache vor, die an bestes Burgtheaterdeutsch erinnert.«
5 *Die Lesung in Esslingen fand am Donnerstag (und nicht am Freitag), dem 8. 4. 1954, statt. Der Bericht unter dem Titel* Paul Celan (Paris) in Esslingen *in der Esslinger Zeitung vom 10. 4. 1954 stammt ebenfalls von Ernst Schremmer; er schreibt unter anderem:* »Paul Celan las an einem der schönsten Abende, die in den letzten Jahren im Alten Rathaus stattfanden, eine Reihe von Gedichten aus seinem Band ›Mohn und Gedächtnis‹ und noch unveröffentlichte neue, von denen einem besonders ›Assisi‹ und ›Der Gast‹ im Ohre haften blieben. [. . .] Es war ein Wagnis, an einem Abend fast eine Stunde lang nur Verse zu lesen, Verse von solcher Schwere und bisweilen Dunkelheit, allerdings Verse von einer Atmosphäre ohne Vergleich, von einer Sprachverantwortung und Kraft ohne Beispiel im Heutigen und gelesen mit beachtlicher Meisterschaft, unaufdringlich, aber um so eindringlicher. Dieses Wagnis ist gelungen. Das zeigte der Widerhall der Zuhörer [. . .].«
6 *PC gibt den Beruf seiner Frau hier spielerisch mit* »peinteuse«, *einer franco-celanischen Femininform zu* ›peintre‹ *–* ›Maler‹, *an.*

40

Monsieur Paul Celan / Deutsche Verlags-Anstalt / Mörikestraße 17 / STUTTGART / (Allemagne) / *19 H / 4 – 4 1954* / *PARIS / GARE ST LAZARE*
Madame Paul Celan, Poste Restante, / rue de Montevideo, Paris 16ᵉ, France

1 *Das Titelprojekt* Ville *hat keine deutsche Entsprechung.*
2 *Die beschriebenen Radierungen sind nicht erhalten oder konnten nicht identifiziert werden.*
3 *Freundin von Chiva und PC, armenischer Herkunft.*
4 *Guy Flandre, ein junger Freund PCs aus Montpellier, studierte damals Anglistik an der Sorbonne; er kam vor allem deshalb nach Paris, um mit André Breton und den Surrealisten in Kontakt zu treten. Anfang der 50er Jahre teilt er das ›Nachtleben‹ von PC und seinen Freunden Isac Chiva und Serge Moscovici. Colette Parpait ist die damalige Frau von Guy Flandre.*
5 *Südlicher Vorort von Paris.*
6 *Siehe Brief 21/2.*
7 *Die erste Auflage von* Mohn und Gedächtnis *betrug 1500 Exem-*

plare. Die zweite Auflage von ebenfalls *1500 Exemplaren war gerade erschienen. PC hatte von der Entscheidung des Verlages, den Band wiederaufzulegen, Ende Januar erfahren.
In den beiden Exemplaren der zweiten Auflage notiert PC: »Gisèle Celan« / »12. 4. 54« / »* P.« bzw. »Eric Celan«.
8 Zu den hier und im folgenden aufgezählten Stationen und Elementen von PCs Biographie siehe die Zeittafel.
9 Siehe Anm. 8/7.
10 PC war im ersten Quartal 1949 Arbeiter in einem industriellen Elektrizitätslabor (41, Rue Emile Zola, in Montreuil-sous-Bois, Departement Seine, heute Seine-Saint-Denis).
11 Im Gebäude Nr. 5 in der Rue de Lota, das vollständig der Familie von GCL gehörte, waren die Büros der polnischen Botschaft untergebracht, an die es im folgenden Jahr verkauft wurde. Die Celans bewohnten dort zwei Zimmer.
12 Jeanne d'Eprémesnil, die Schwester von GCLs Vater, versteht also »Leiter«.*

41
CELAN POSTE RESTANTE RUE MONTEVIDEO PARIS 78 / STUTTGART 7 [4. 1954] 16^{05}
17 H 20 / 7 – 4 1954 / PARIS / 78 RUE MONTEVIDEO

42
Das handschriftlich korrigierte Typoskript Inselhin *(GW I 141) mit einer handschriftlich an den Rand notierten Interlinearübersetzung wurde von PC in das Konvolut* Von Schwelle zu Schwelle *eingeordnet. Das Gedicht war sicher Gegenstand einer* »Deutschstunde« *mit GCL.*

43
Das handschriftlich korrigierte Typoskript Plage du Toulinguet *mit einer handschriftlich an den Rand notierten Interlinearübersetzung war von PC in ein Konvolut mit heterogenen Dokumenten eingeordnet, es war sicher Gegenstand einer* »Deutschstunde« *mit GCL. Siehe auch* Bretonischer Strand *aus* Von Schwelle zu Schwelle *(GW I 99).*

1 *PC nennt so den Strand bei der Landspitze von Toulinguet (Halbinsel Crozon, Departement Finistère Sud). Das Gedicht entstand nach dem Aufenthalt der Celans in der Bretagne auf der Halbinsel*

von Crozon Ende August – Anfang September 1954. In ihren Notizkalender notiert GCL unter dem Datum des 1. 9. 1954: »Pointe du Toulinguet«.

44
Das handschriftlich korrigierte, undatierte Typoskript »Leicht willst du sein und ein Schwimmer« *(GN 354) mit Wortübersetzungen wurde von PC in das Konvolut* Von Schwelle zu Schwelle *eingeordnet. Das Gedicht war sicher Gegenstand einer* »Deutschstunde« *mit GCL. Die Wortliste bezieht sich nicht auf die Endfassung des Gedichts, sondern auf einen der Entwürfe. Der hier publizierte Text, für den die sprachlichen Erläuterungen gelten, entspricht dem Typoskript vor den handschriftlichen Korrekturen. Zur Datierung und Endfassung siehe* Auf der Klippe *(GN 31 und Anmerkungen).*

45
Nicht auf dem Postweg beförderter Brief.

1 *GCL schlägt für die Datierung 1955 vor. Durch die erwähnten Namen Char und Friedlaender ist im Zusammenhang mit GCLs Notizkalender eine genauere Eingrenzung möglich: Am 15. 12. 1954 ist Char bei den Celans zu Gast, am 17. 12. 1954 trifft GCL Friedlaender. Der kurze Brief dürfte in den darauf folgenden Tagen oder Wochen geschrieben sein.*
2 *Quittung für die an G. Dupêchez, den Verwalter des Gebäudes in der Rue de Lota, bezahlte Miete.*
3 *Anspielung auf die schwierige Beziehung GCLs zu Jonny Friedlaender.*
4 *PC empfindet eine tiefe Bewunderung und Freundschaft für den Résistance-Dichter René Char, den er im Sommer vorher kennengelernt hatte. In einem nicht abgeschickten Brief erinnert sich PC am 22. 3. 1962 (GA Dok. 201) an den ersten Besuch Chars bei den Celans in deren Wohnung in der Rue de Montevideo:* »Nous nous souvenons de votre première visite, René Char, de votre Parole, inscrite sur votre livre. Les Herbes se redressent. Le cœur de la Deuxième Olympique est parmi elles, ainsi que son arc. *[Wir erinnern uns an Ihren ersten Besuch, René Char, An Ihr in Ihr Buch geschriebenes Wort. Die Gräser stehen wieder auf. Das Herz der 2. Olympischen ist unter ihnen, wie auch ihr Bogen.]«* Mit den wiederaufstehenden Gräsern bezieht sich PC auf die Widmung für Chars Buch A la santé du serpent *(siehe Anm. 47/4). Am 20. 8. 1954 schreibt PC an Chri-*

stoph Schwerin, der die Begegnung mit Char vermittelt hatte: »Mein Umgang mit den Worten wird immer schwerfälliger, unbeholfener – hie und da, in weiten Abständen, ein Gedicht: das ist alles, was ich ›hervorbringe‹. Und mit dieser meiner Unbeholfenheit ging ich auch zu René Char – wie muß ich ihn enttäuscht haben! Er ist ganz, wie Sie ihn mir geschildert haben, so völlig im Mittelpunkt, im Herzen seiner Sprache, die sich ihm nie zu verweigern scheint. Seltsam, wie diese Sprache noch da, wo sie das Gegenständlichste, Konkreteste zitiert, es mit der Aura des Universalen zu umgeben weiß!« *(Siehe: Christoph Graf von Schwerin,* Als sei nichts gewesen. Erinnerungen, *Berlin, edition ost, 1997, S. 199.)*
5 *PC signiert mit dem doppelt unterstrichenen Zeichen »i«, mit dem er häufig, als Randnotiz in einem Buch oder auf separatem Blatt als unabhängige Notiz, eine Idee, ein Wort oder einen Satz aus der Lektüre kennzeichnet, aber auch einen mehr oder weniger ausgearbeiteten Übersetzungsentwurf, ein Gedicht, einen Aphorismus. GCL schreibt zu dem Zeichen, das ursprünglich eine Abkürzung für »idée« ist, an Klaus Demus im September 1957:* »Ich weiß, daß er viel liest und seine ›i‹ (Ideen, die er nach und nach aufschreibt und dann bearbeitet und entwickelt) wieder aufnimmt und über sie nachdenkt.« *(Übers.) Im Lauf der Zeit löst sich das Zeichen von seiner Herkunft als Anfangsbuchstabe und bekommt eine ganz eigene Bedeutung: Das »-i-« (mit und ohne Gedankenstriche) wird zum Zeichen der Inspiration oder eines in Entstehung begriffenen Textes – manchmal sogar für ein vollständiges Gedicht, das in ebendieser Form, nach einfacher Streichung des Zeichens, veröffentlicht wird.*

46
CELAN 5 RUE LOTA PARIS 78 / STUTTGART 23 [1. 1955] 8³⁰
10 H 30 / 23 – 1 55 / PARIS / 216 R. SINGER (16ᵉ)

1 *Für PC ist die Zahl 23 eine Glückszahl: Am 23. November ist er geboren, am 23. Dezember hat er geheiratet. Die tatsächlichen Geburts- und Jahrestage im November und Dezember waren für ihn ›große‹ Jahrestage, jeder andere 23. im Jahr ein ›kleiner‹ Jahrestag, den er auch manchmal, wie hier, feierte.*

47
Monsieur Paul Celan / c/o Monsieur et Madame H. Lenz / <u>STUTTGART</u> / Birkenwaldstraße 203 / (Allemagne) / 19 H 30 / 23 – 1 1955 / PARIS / GARE ST LAZARE

Anmerkungen 79

1 Siehe Anm. 27/9.
2 Jean Santeuil, *mit einer Einleitung von André Maurois, 3 Bde.*, Paris, Librairie Gallimard, ²⁷1952.
3 Journal, *vollständiger Text 1910-1923, übersetzt von Marthe Robert*, Paris, Bernard Grasset, Éditeur, 1954. PC *hat vorne notiert:* »Gisèle Celan« / »Paris, 10 décembre 1954.« *Zu dieser Zeit besaß GCL eine weitere, jedoch unvollständige Edition von Kafkas Tagebuch:* Journal intime *und* Esquisse d'une autobiographie. Considérations sur le péché, Méditations, *Einführung und Übersetzung von Pierre Klossowski, Paris, Éditions Bernard Grasset, 1945. Auch dort stammt die handschriftliche Notiz vorne von PC:* »Gisèle de Lestrange« / »9 décembre 1952. [9. Dezember 1952.]«
4 *In diesem Augenblick besitzen die Celans eine Reihe von Werken Chars. GCL denkt hier sicher vor allem an die Bände, die Char ihnen selbst gerade geschenkt hatte:* A la santé du serpent *[in PCs Übersetzung:* Der Schlange zum Wohl*], illustriert von Joan Miró (Paris, Guy Lévis Mano, 1954), mit der Widmung:* »Pour Gisèle et pour Paul« / »Celan« / »dans une amitié confiante« / »et à travers des herbes« / »qui se plient puis se« / »redressent heureuses.« / »Ce soir 9 décembre 1954,« / »près d'eux. René Char *[Für Gisèle und Paul Celan in vertrauensvoller Freundschaft, durch die Gräser hindurch, die sich beugen und sich glücklich wiederaufrichten. An diesem Abend des 9. Dezember 1954, nahe bei ihnen. René Char]*«; Le poème pulvérisé *[Das zerstäubte Gedicht] (Paris, Fontaine, 1947), mit der Widmung:* »A Gisèle et à Paul Celan« / »dont le regard m'est encore ami,« / »au delà de la poésie, ce traitement« / »cruel!« / »René Char« / »15 déc. 1954.« *[Für Gisèle und Paul Celan, deren Blick mir noch Freund ist jenseits der Dichtung, dieser grausamen Behandlung! René Char 15. Dez. 1954]; der Band enthält zahlreiche Übersetzungsversuche von der Hand PCs. Vielleicht denkt GCL aber auch an weitere Bände:* Art bref suivi de Premières alluvions *([Kurze Kunst und Erste Anschwemmungen], Paris, Guy Lévis Mano, 1950),* Lettera amorosa *(Paris, Librairie Gallimard, 1953) oder* A une sérénité crispée *([in PCs Übersetzung:* Einer harschen Heiterkeit*], Paris, Librairie Gallimard, 1951) mit der Widmung:* »Pour Paul Celan avec la sympathie« / »très vive de« / »R. Char« *[Für Paul Celan mit lebhaftester Sympathie von R. Char]; dort enthalten sind Notizen für die 1955 in der Zeitschrift* Texte und Zeichen *publizierte Übertragung. In den folgenden Jahren wird PC eine Reihe weiterer Texte von Char übersetzen, u. a. die* Feuillets d'Hypnos *(GW IV 424-595, siehe FN, S. 200-211).*

5 Wortbildung aus »fille« [Mädchen] und »femme« [Frau].

48
Madame Paul Celan / Poste restante / Paris 78 / 24. 1. 55. – 14 / (14a) STUTTGART 9
Paul Celan, chez Lenz / Birkenwaldstr. 203 / Stuttgart / 18 H 15 / 25 – 1 1955 / PARIS / 78 R. DE MONTEVIDEO (16ᵉ)

1 Siehe Anm. 36/19.
2 Die 47 zwischen August 1952 und Herbst 1954 geschriebenen Gedichte von Von Schwelle zu Schwelle, siehe Brief 59.
3 Dieser Titel nimmt den des Schlußgedichts auf, Inselhin. Zur Genese des Bandtitels siehe Brief 53/5.
4 Ohne Titel, 1954 (33×13).
5 Es handelt sich in Wirklichkeit um einen Brief (20. 1. 1955) von Irmtraud Roser, der Frau des Esslinger Oberbürgermeisters Dieter Roser; sie schlägt PC für eine Einladung Samstag, den 29., oder Sonntag, den 30. 1. 1955, vor.
6 Über diese Lesung siehe Anm. 53/1.
7 Schwedhelm leitet die Literaturabteilung des Süddeutschen Rundfunks. PC hat keines der angesprochenen Treffen dieses 24. 1. 1955 in seinen Notizkalender notiert. Der Name Karl Schwedhelm erscheint am Donnerstag, dem 27. 1. 1955, die Deutsche Verlags-Anstalt am Mittwoch, dem 2. 2. 1955.
8 PC verzichtet tatsächlich auf seine Düsseldorf-Reise.
9 Lenz arbeitete im Kulturbund in Stuttgart, einer Organisation, die Vorträge und öffentliche Lesungen etc. organisierte.
10 Frankfurt a. M., S. Fischer, 1952. Es handelt sich um den ersten Roman von Annette Kolb von 1913, der anläßlich der Neugründung des S. Fischer Verlages wiederaufgelegt wurde. Die deutsch-französische Erzählerin setzte sich mit aller Kraft für die Annäherung der beiden Länder ein.

49
CELAN POSTE RESTANTE PARIS 78 / STUTTGART 27 [1. 1955] 15¹⁰
15 H 20 / 27 – 1 1955 / PARIS / 78 RUE MONTEVIDEO

50
Madame Paul Celan / Poste restante / Rue de Montevideo / Paris 16ᵉ / France / 28. 1. 55. – 19 / (14a) STUTTGART 9

Paul Celan, Stuttgart / Birkenwaldstraße 203 / <u>Allemagne</u> / *18 H 15 / 29 – 1 1955 / PARIS / 78 R. DE MONTEVIDEO (16ᵉ)*

1 *In ihrem Brief vom 24. 1. 1955 (nicht publiziert) berichtet GCL, daß sie sich mit einem Messer an der Hand verletzt hat.*
2 *Heinrich Leippe ist einer der Direktoren der Deutschen Verlags-Anstalt.*
3 *Es handelt sich sicherlich um den Aufsatz* »Flötentöne hinterm Nichts« *von Curt Hohoff in der Fassung von dessen Buch* Geist und Ursprung. Zur modernen Literatur *(München, Ehrenwirth, [1954], S. 232-243). Hohoff, mit Claire Goll in brieflichem Kontakt, ist einer der ersten, der PC öffentlich neben Yvan Goll stellt:* »[...] wurde von Ivan Goll patronisiert, erste Erfolge als Lyriker, Zerwürfnis und Bruch mit Goll, seitdem auf den Spuren des Ruhmes reisend, lesend und dichtend.« *PC empfindet vor allem den Satz* »Die Philologie zersplittert an solchen Gedichten wie an jenen Stellen der Mischna, wo die Wissenschaft resigniert« *als antisemitisch und weist in diesem Zusammenhang (in einem Brief an Andersch, 27. 7. 1956, siehe GA Dok. 55) auch auf eine Stelle in einem Aufsatz über Wilhelm Lehmann im gleichen Band hin:* »Dieser Curt Hohoff ist der Mann, der in seinem Aufsatz über Wilhelm Lehmann darauf zu sprechen kommt, daß Lehmann es Hermann Stehr und Emil Strauss nicht verzeihen kann, daß sie ihren Freund und Förderer Moritz Heimann verleugneten und antisemitische Wege einschlugen, und dies wie folgt interpretiert: ›Heimanns intellektuelle Nüchternheit wird den beiden früh auf die Nerven gegangen sein.‹« *(Siehe* »Poeta magnus – Wilhelm Lehmann«, *in:* Geist und Ursprung, *S. 52-60, das aus dem Gedächtnis nicht ganz wörtlich wiedergegebene Zitat S. 54.)*
4 *PC traf den Journalisten und Schriftsteller Josef Mühlberger in seiner Eigenschaft als Vertreter der* Künstlergilde *Esslingen.*
5 *Otto Bechtle war Leiter des Bechtle Verlags in Esslingen, dessen Autor der Lyriker Heinz Piontek war. PC kannte Piontek durch eine nicht sehr freundlichen Rezension von* Mohn und Gedächtnis, *wo dieser u. a. sagt:* »Dieser Band enthält zwanzig Gedichte zuviel. Wir wünschen uns [...] nur solche Stücke, in denen er etwas zu sagen hat, [...] nicht aber seine Etüden und Fingerübungen.« *(*Welt und Wort, *Juni 1953, S. 201.) PC scheint Piontek während seines Deutschland-Aufenthaltes ein weiteres Mal allein getroffen zu haben: Der Name erscheint im Notizkalender am Montag, den 31. 1. 1955.*
6 *Siehe Anm. 53/1.*
7 *PC hatte den in Stuttgart lebenden Autor österreichischer Herkunft bereits einige Jahre vorher in Paris kennengelernt.*

8 *Außer der Kritik von Hohoff (Anm. 3) meint PC hier wohl den von Hans Egon Holthusen im Maiheft des Merkur 1954 publizierten Aufsatz* Fünf junge Lyriker *(S. 384-390, wieder in:* Ja und Nein. Neue kritische Versuche, München, R. Piper & Co. Verlag, 1954, *S. 154-165). Auch Holthusen nennt Yvan Goll im Zusammenhang mit PC und bezeichnet die Formulierung* »Mühlen des Todes« *im Gedicht* Spät und Tief *als* »trivial«. *Von* »X-beliebigkeiten« *wird Holthusen im Zusammenhang mit* »Mühlen des Todes« *noch in seiner Rezension der* »Niemandsrose« (Frankfurter Allgemeine Zeitung, 2. 5. 1964) *sprechen und sich von Peter Szondi an Eichmanns Ausspruch von der* »Mühle von Auschwitz« *erinnern lassen müssen (ebenda, 25. 6. 1964). PC war nicht unbekannt, daß Holthusen der SS angehört hatte, bevor er sich in letzter Minute dem* ›Widerstand‹ *anschloß.*

9 *Es handelt sich in Wirklichkeit um ein Wort von Robert de Montesquiou, das Proust in seinem Brief vom 12. 12. 1895 an ebendiesen wieder aufgreift* (Correspondance générale de Marcel Proust *[Allgemeine Korrespondenz]*, Paris, Plon, 1930, Bd. 1, S. 20-21). *Proust wird die Maxime seinem Baron de Charlus in den Mund legen:* »En principe, un mot répété est rarement vrai. *[Im Prinzip ist ein wiederholtes Wort selten wahr.]« (*A la recherche du temps perdu, Le Côté de Guermantes *[Auf der Suche nach der verlorenen Zeit, Die Welt der Guermantes]*, Paris, Gallimard, 1949, Bd. 7, S. 216.*)*

10 *Eine Originalhandschrift von Proust und ein Fläschchen Parfum.*

11 *In seinem Brief vom 24. 1. 1955 schlägt der Direktor des Münchner Kurt Desch Verlages, Hans Josef Mundt, PC vor, eine Anthologie französischer Dichtung zusammenzustellen. Das Projekt wird nicht realisiert, PC hat sich in seinem Arbeitsheft der Jahre 1955-1957 jedoch unter dem Titel* »Französische Anthologie« *eine Skizze zum Aufbau notiert:* »Nerval: El Desdichado / Les Cydalises // Baudelaire: La Mort des Pauvres // Rimbaud: Bateau Ivre / Larme *[in PCs unveröffentlichter Übersetzung* Träne*]* / [Le] Dormeur du Val *[in PCs unveröffentlichter Übersetzung:* Der Schläfer im Tal*]* / Quatrain *[=* L'Étoile a pleuré rose au cœur de tes oreilles, *in PCs unveröffentlichter Übersetzung:* Der Stern blaßrot, hat er geweint zuinnerst dir im Ohr*]* / Elle est retrouvée // Apollinaire: Schinderhannes / Salomé / Quatrain *[nicht identifiziert, vielleicht* L'Adieu*]*/ Clair de Lune / Nuit Rhénane / Automne / Les Colchiques // Eluard: Nous avons fait la n[uit je tiens ta main je veille] // Milosz: Symphonie de Septembre *[PCs unveröffentlichte Übersetzung trägt*

Anmerkungen 83

den französischen *Titel]* // Desnos: Épitaphe / Le Dernier Poème // Supervielle: Airs // Maeterlinck: Et s'il revenait [un jour] // Artaud: Prière // Mallarmé: Rondel«. *PC übersetzt und publiziert die meisten der hier genannten Gedichte (GW IV 806-809, 820-821, 102-109, 110-111, 786-789, 784-785, 780-781, 792-793, 812-813, 800-801, 802-803, 364-365, 824-825, 796-797, 816-817). Siehe auch den Schluß der Anm. 97/2 und Anm. 94/8.*
12 *PC verläßt die Deutsche Verlags-Anstalt erst 1959 zugunsten des S. Fischer Verlags.*
13 *PC las die Verträge sehr genau und zeigte oft eine gewisse Härte bei den Verlagsverhandlungen – in manchen Fällen nicht ohne Humor. In Zusammenhang mit den hier aktuellen Verhandlungen liest man in seinem Notizkalender unter dem Datum des 2. 2. 1955:* »10^h D. V. A.« / »Rausch, Werbeabteilung« / »Dr. Moras + Eisenreich« / »5^h D. V. A. *[nachträglich hinzugefügt:]* – | Müller: 10% von geb[undenen] Ex[emplaren]« / »Ne touchez pas au grisbi *[Geht mir nicht an die Kohle]*«. *PC wollte, und zwar auch durch seine Arbeit als Schriftsteller, seinen Lebensunterhalt und den seiner Familie bestreiten können. Dies belegen zahlreiche Briefwechsel und von seiner Hand geänderte Vertragsentwürfe im Nachlaß.*
14 *Es handelt sich um eine* »Ausstellung der besten Arbeiten aus dem *Atelier Friedlaender (Übers.)*« *in der Galerie-Buchhandlung La Hune vom 8. bis 28. 2. 1955. In ihrem Brief vom 25. 1. 1955 (nicht publiziert) erzählt GCL von ihren Schwierigkeiten mit Friedlaender in Zusammenhang mit den dafür vorgesehenen Radierungen und äußert ihre Zweifel über die Qualität ihrer Arbeit.*
15 *Die* »Wiege« *ist ein bei der Radierung benutztes Werkzeug, ähnlich einem Wiegemesser, mit dem die Kupferplatte in der Weise bearbeitet wird, daß sie mit einer feinen und regelmäßigen Schraffierung bedeckt wird, um beim Druck ein tiefes Schwarz zu erhalten – man spricht dann von der ›schwarzen Art‹ (manière noire). Anschließend lassen sich Grau- und Weißtöne erzielen, indem die Platte mit einem Poliereisen behandelt wird; letzteres ist vielleicht eines der unter* »etc.« *zu verstehenden Werkzeuge, zusätzlich könnte es sich um Grabstichel handeln.*

51
Monsieur Paul Celan / chez Monsieur et Madame H. Lenz / Birkenwaldstraße 203 / <u>STUTTGART</u> / (Allemagne) / *10 H 45 / 29 – 1 1955 / PARIS / 78 RUE MONTEVIDEO*

1 *Nicht erhalten oder nicht identifiziert.*
2 *[Helldunkel]. PC nimmt den Übersetzungsauftrag des Münchner Kurt Desch Verlages vom 24. 1. 1955 für diese Gedichte von Cocteau (Monaco, Ed. du Rocher, 1954) nicht an. Er hat ein einziges Mal einer Cocteau-Übersetzung zugestimmt, und das aus rein finanziellen Gründen:* Der goldene Vorhang. *Brief an die Amerikaner, Bad Salzig/Düsseldorf, Karl Rauch, 1949.*
3 *Malerin.*
4 *Bella Brisel und ihr Freund, der Maler Sioma Baram.*
5 *GCL ist schwanger, sie erwartet Eric.*

52
Madame Paul Celan / <u>Poste restante</u> / <u>Paris 78</u> / (Rue de Montevideo) / <u>France</u> / *31. 1. 55. – 15 / (14a) STUTTGART 9*
Paul Celan, Stuttgart / Birkenwaldstr. 203 / *18 H 30 / 1 – 2 1955 / PARIS / 78 R. DE MONTEVIDEO (16ᵉ)*

1 *Zur Lesung in Esslingen siehe Anm. 53/1.*
2 *PC nützt seinen Deutschland-Aufenthalt weder für einen Besuch in Düsseldorf noch in München.*
3 *PC und GCL sind auf Wohnungssuche. Sie verlassen im Juli 1955 die beiden Zimmer in der Rue de Lota und teilen zunächst eine Vierzimmerwohnung (Besitz der Familie de Lestrange) mit einer der älteren Schwestern von GCL, Marie-Thérèse de Lestrange, in der Rue de Montevideo (16ᵉ). Auch diese ›Wohngemeinschaft‹ ist nicht ohne Probleme. Erst im November 1957 ziehen die Celans in eine wirklich unabhängige Wohnung.*
4 *Es handelt sich um den Brief vom 28. 1. 1955 (nicht publiziert), in dem GCL schon über dieses Gesundheitsproblem gesprochen hatte.*
5 *Siehe Brief 50/11.*
6 *Walter Rosengarten ist Leiter der Abteilung* Kulturelles Wort *beim Südwestfunk Baden-Baden.*

53
Madame Paul Celan / Poste restante / Paris 16ᵉ / Rue de Montevideo / <u>Frankreich</u> / *1. 2. 55. – 18 / (14a) STUTTGART 9*
Paul Celan, z.Zt. Stuttgart / Birkenwaldstr. 203 / bei Lenz / *18 H / 2 – 2 1955 / PARIS / 78 R. DE MONTEVIDEO (16ᵉ)*

Anmerkungen

1 *Die Lesung fand im alten Rathaus Esslingen statt. Sie hatte einen solchen Zulauf, besonders auch von Autoren aus ganz Deutschland, daß Ernst Schremmer in der* Esslinger Zeitung *vom 2. 2. 1955 seinen Bericht überschreiben konnte:* »Celan-Abend wurde zum Autorentreffen«. *Sowohl die Person PCs als auch die gelesenen Gedichte machten einen überaus starken Eindruck:* »Celan las mit Ausnahme dreier, im Vorjahr bereits gebotener Gedichte (die aber gleichfalls noch nicht in Buchform erschienen sind) durchwegs unveröffentlichte Lyrik. [...] Gegenüber dem Bande ›Mohn und Gedächtnis‹ [...] erscheinen uns die meisten der Gedichte noch geklärter, noch geschlossener und dichter, auch, wenn man so sagen darf, ›gegenständlicher‹, dem bloßen Verstehen sich mehr nähernd.« *Die angesprochenen unveröffentlichten Gedichte wurden in* Von Schwelle zu Schwelle *veröffentlicht.*

2 *Jean-Pierre Wilhelm veröffentlicht im folgenden Jahr vier Übersetzungen aus* Von Schwelle zu Schwelle *(Cahiers du Sud, Nr. 334, S. 403-407, erschienen im April 1956) – es handelt sich um eine der ersten Übersetzungen von Gedichten PCs im französischsprachigen Raum. Louis Saguer ist Musikwissenschaftler.*

3 *Das Hölderlin-Archiv war seit seiner Gründung 1943 im ehemaligen Zisterzienserkloster Bebenhausen bei Tübingen untergebracht, bevor es 1970 in den Neubau der Württembergischen Landesbibliothek Stuttgart umziehen konnte. Der Lyriker Johannes Poethen widmet PC bei der Gelegenheit dieses Besuches* Lorbeer über gestirntem Haupt. Sechs Gesänge *(Köln/Düsseldorf, Eugen Diederichs Verlag, 1952):* »Nehmen Sie dies bitte nur als kleine« / »erinnerung an ein gespräch, für das ich sehr« / »dankbar bin« / »Tübingen – Bebenhausen,« / »am 3. II. 55« / »Johannes Poethen«.

4 *Im Unterschied zu* Von Schwelle zu Schwelle, *das im Juni 1955 erscheint, betrugen die beiden ersten Auflagen von* Mohn und Gedächtnis *jeweils nur 1500 Exemplare.*

5 *Der geplante Titel* Argumentum e silentio *ist auch der des René Char gewidmeten Gedichtes (GW I 138f.), d. h. des vorletzten Gedichtes im Gedichtband und im übrigen Teil des Zyklus* Inselhin. *Eine Titelseite im Nachlaß zeigt, daß ein weiterer Titel im Gespräch war:* »Paul Celan« / »Mit wechselndem Schlüssel« / »Für Almaviva«. Von Schwelle zu Schwelle, *der endgültige Titel, nimmt V. 27 aus* Chanson einer Dame im Schatten *aus* Mohn und Gedächtnis *auf (GW I 30).*

54
*CELAN POSTE RESTANTE PARIS 78 / BADEN BADEN 4 [2. 1955]
13^{00}
14 H 50 / 4 – 2 1955 PARIS / 78 RUE MONTEVIDEO*

55
*CELAN POSTE RESTANTE PARIS 78 / LONDON 28 [2. 1955] 9^{30}
11 H 40 / 28 – 2 1955 / PARIS / 78 RUE MONTEVIDEO*

56
Madame Paul Celan / Poste restante / Rue de Montevideo / Paris 16^e / France / *1^{30} PM 2 MCH 1955 D LONDON. W. C.
15 H 15 / 3 – 3 1955 / PARIS / 78 R. DE MONTEVIDEO (16^e)*
Ansichtskarte: »National Gallery – Pisanello: The Vision of S. Eustace? (1436) *[Die Vision des hl. Eustachius?]*«.

1 *Klaus und Nani Demus unterschreiben mit einem kurzen Gruß. GCL hatte wegen ihrer Schwangerschaft auf die Reise verzichtet. Siehe das Foto von PC mit seinen Freunden Klaus und Nani Demus auf der Tower-Bridge, wiedergegeben in: FN, S. 32.*
2 *Die Gedichte des Bandes* Von Schwelle zu Schwelle.

57
*CELAN 5 RUE LOTA PARIS 78 / LONDON 2 [3. 1955] 14^{46}
17 H 25 / 2 – 3 1955 / PARIS / 78 RUE MONTEVIDEO*

58
Das handschriftlich korrigierte Typoskript »So rag ich, steinern« *(siehe* Heute und morgen, *GW I 158) mit einer von PC an den Rand notierten Interlinearübersetzung wurde von PC in das Konvolut von* Sprachgitter *eingeordnet. Es war sicher Gegenstand einer* »Deutschstunde« *mit GCL. Die Datierung basiert auf anderen Quellen im Nachlaß.*

59
1 *Stuttgart, Deutsche Verlags-Anstalt, 1955. Der Band mit der gedruckten Widmung* »Für Gisèle« *enthält 47 zwischen Sommer 1952 und wohl Herbst 1954 entstandene Gedichte in drei nicht konsequent chronologisch aufgebauten Zyklen. GCLs Exemplar enthält Anmerkungen von ihrer Hand.*
2 *PC übersetzt hier die zuerst geplante Widmung,* »Für Almaviva« *(siehe Anm. 53/5).*

3 GCL war zwei Tage vorher in die Rue de Lota zurückgekehrt – nach der schwierigen Geburt (Frühgeburt, Kaiserschnitt) von Claude François Eric am 6. 6. 1955.

60
1 PC notiert am 6. Juni in seinen Notizkalender: »22^h 50« / »*« / »Eric« / »Villa Molière,« / »57 Bd Montmorency (16e)« (Adresse der Klinik, in der Eric geboren wurde, siehe Brief 512/1).

61
Umschlag wohl nicht erhalten, nicht auf dem Postweg beförderter Brief.

1 GCL schlägt für die Datierung 1955 vor.

62
Madame Paul Celan / 29 bis Rue de Montevideo / Paris 16e / ?? – ?? / PARIS / GARE DU NORD

1 Das vom Herausgeber vorgeschlagene Datum (der Poststempel ist unleserlich) ergibt sich aus dem nächsten Brief von GCL (Brief 64).

63
CELAN 29 BIS RUE MONTEVIDEO PARIS 78 / DUESSELDORF HB 24 [9. 1955] 9^{15}
10 H 20 / 24 – 9 1955 / PARIS / 78 RUE MONTEVIDEO

64
Monsieur Paul Celan / aux bons soins de Monsieur Rolf Schroers / Düsseldorf-Oberkassel / Düsseldorferstraße 146/II [sic, siehe Absender Brief 67] / /Allemagne/ / PAR AVION / 18 H 15 / 24 – 9 1955 / PARIS / 78 R. DE MONTEVIDEO (16^e)

1 In seinem Brief vom 21. 9. 1955 informiert Hans Jürgen Leep, Leiter des Wuppertaler Bundes, einer 1945 gegründeten Gesellschaft für geistige Erneuerung, PC darüber, daß seine Lesung nicht, wie vorgesehen, am 28., sondern am 29. 9. 1955 stattfindet.

65
Madame Paul Celan / 29bis Rue de Montevideo / Frankreich / Paris 16^e / MIT LUFTPOST – PAR AVION / 24. 9. 55. – 17 / (22c) KÖLN 11 / BAHNPOSTAMT 10 (HbbF)

1 *Der Bildhauer konnte nicht identifiziert werden. Jean-Pierre Wilhelm leitete die* Galerie 22 *(Kaiserstraße 22, Düsseldorf), eine Galerie für zeitgenössische Kunst, die er vor kurzem eröffnet hatte. Zu Wilhelm siehe das ihm gewidmete Kapitel in den Erinnerungen von Christoph Graf von Schwerin,* Als sei nichts gewesen. Erinnerungen *(Berlin, edition ost, 1997, S. 244-250).*
2 *Die Celans gingen in Paris gerne ins Kabarett, um Léo Ferré zu hören.*
3 *Der Seidelbast birgt für PC zahlreiche Assoziationen im Zusammenhang mit der Bukowina, ihrer Landschaft und Vegetation. Er ist eine der ersten Pflanzen, die im Unterholz blühen (Februar bis April), die Blüten auf blätterlosem Stiel sind rosa oder weiß-rosa. Ein auf den 15. 4. 1943 datiertes Manuskript von PCs Gedicht* Der Seidelbast *trägt als (gestrichenen) Titel den im vorliegenden Brief verwendeten französischen Namen* Bois Gentil. *Dort wird in der Anfangsstrophe gerade auch die erotische Bedeutung der Pflanze deutlich:* »Von diesen Stauden mit dem rötlich-weißen / Geheimnis ist dein dunkles Herz erfaßt. / An deinen Wangen laß mich, an den heißen, / verweilen mit dem Duft vom Seidelbast.« *(Siehe FW 105 und Anm.)*

66
Monsieur Paul Celan / aux bons soins de Madame Rolf Schroers / <u>Düsseldorf-Oberkassel</u> / Düsseldorferstraße 146/II *[sic, siehe Absender Brief 67]* / (Allemagne) / PAR AVION / 17 H 25 / ?? – 9 ?? / PARIS ??
Brief aus einer ungeordneten Korrespondenzmappe von PC und GCL.

1 *Siehe Anm. 52/3.*
2 *Marie-Thérèse de Lestrange, eine Schwester von GCL, bewohnt die beiden nach Osten gehenden Zimmer in der Wohnung, die die Celans mit ihr teilen.*
3 *PC machte sich damals oft über die religiöse Betriebsamkeit lustig, mit der sich die wohlhabenden Einwohner des Viertels zur Synagoge (31, Rue de Montevideo) oder in die katholische Kirche Saint-Honoré d'Eylau (9, Place Victor Hugo) begeben – daran knüpft GCL hier an (Aussage von Guy Flandre).*
4 *Die Karte des in Israel lebenden Onkels mütterlicherseits zum jüdischen Fest Rosch ha-Schanah ist wohl nicht erhalten.*
5 *Henri Wallon,* Les origines de la pensée chez l'enfant *[Die Ur-*

sprünge des kindlichen Denkens], 2 Bde., Paris, Presse Universitaire de France, *1947. Der erste Band ist von GCL vorn datiert:* »23 septembre 1955.«

67
Madame Paul Celan / 29^(bis) Rue de Montevideo / <u>France</u> / <u>Paris 16ᵉ</u> / *MIT LUFTPOST – PAR AVION / 26. 9. 55. / – 13 (22a) DÜSSELDORF 1*
Paul Celan, c/o R. Schroers / Düsseldorf-Oberkassel / Düsseldorferstr. 146/III

1 *Zu seiner in der Bukowina erworbenen Muttersprache schreibt PC im letzten Verspaar von* Nähe der Gräber, *das er in seinem Handexemplar von* Der Sand aus den Urnen *mit* »C[zernowit]z, 44 (nach der Rückkehr aus Kiev)« *datiert:* »Und duldest du, Mutter, wie einst, ach, daheim, / den leisen, den deutschen, den schmerzlichen Reim?« *(GW III 20) PC ist auch deshalb jetzt und in Zukunft regelmäßig in Deutschland, weil er Sorge hat, den Kontakt mit der gesprochenen, lebenden Sprache zu verlieren.*
2 *PC hatte Günter Eich und Ilse Aichinger im Mai 1952 in Niendorf auf der Tagung der Gruppe 47 kennengelernt.*
3 *PC sah sicher* Von Schwelle zu Schwelle, *das Ende Juni erschienen war, vielleicht aber auch die zweite Auflage von* Mohn und Gedächtnis *vom Frühjahr 1954 (siehe Anm. 40/7).*
4 *Jean-Pierre Wilhelm.*
5 *Nicht identifiziert.*
6 *Lesungen in Wuppertal und Düsseldorf.*

68
Umschlag wohl nicht erhalten.

1 *PC kannte zahlreiche Volks- und Revolutionslieder – deutsche, englische, spanische, französische, italienische und vor allem russische, die er besonders gern sang. GCL hatte einige Tage vorher an Klaus Demus geschrieben:* »[...] Paul singt ihm *[d. h. EC]* alle möglichen Lieder in allen möglichen Sprachen, um ihn zum Lachen zu bringen [...].« *(Übers.)*
2 *PC wußte um die Besonderheit der Kastanien, im Herbst noch einmal eine Blüte zu versuchen:* »Zum zweitenmal blüht die Kastanie:« *(V. 7 von* Dunkles Aug im September, *GW I 26 und GW III 51; das Gedicht ist nach einer Notiz im Handexemplar von* Der Sand aus den Urnen *in Bukarest 1946 entstanden mit der ausdrücklichen*

Präzisierung: »(Herbst: ›Zum zweitenm ...)« / »[Red. Cartea Rusă]« *[eckige Klammern von PC])*.

69
Madame Paul Celan / 29 ^bis^ Rue de Montevideo / France / Paris 16^e^ / MIT LUFTPOST – PAR AVION / 28. 9. 55. – ?? / (22a) DÜSSELDORF 1

1 *PC schreibt fälschlich* »Jeudi *[Donnerstag]*«.
2 *Emil Barth hatte im gleichen Jahr wie PC auf Einladung des Wuppertaler Bundes einen Vortrag über den Begriff des ›Ennui‹ bei Baudelaire gehalten.*
3 *Der Kunstkritiker Walter Warnach war mit Heinrich Böll befreundet. Warum Schroers in Zusammenhang mit ihm von* »zweifelhaft« *und* »fragwürdig« *spricht, konnte nicht geklärt werden.*
4 *Mit Hildegard de la Motte wird PC in freundschaftlicher brieflicher und persönlicher Verbindung bleiben. Er lernte sie durch ihren Sohn Manfred kennen. Sein Bruder Diether de la Motte war Komponist.*
5 *Siehe Anm. 37/2.*
6 *Gotthold Müller von der Deutschen Verlags-Anstalt.*

70
Madame Paul Celan / 29bis Rue de Montevideo / France / Paris 16^e^ / Luftpost / MIT LUFTPOST – PAR AVION / 01. 10. 55. – 10 / (22a) DÜSSELDORF 1

1 *In ihren Briefen vom 26., 27. und 28. 9. 1955 (nur der vom 27. ist publiziert, siehe Brief 68) berichtet GCL ausführlich über ihren Sohn und knapp über die eingetroffene Post für PC.*
2 *Die Lesung in Wuppertal fand am 29. 9. 1955 im Städtischen Museum (heute das Von-der-Heydt-Museum) auf Einladung von Hans Jürgen Leep vom Wuppertaler Bund statt. Gerhard Werner, der Direktor des Archivs der Stadt Wuppertal, berichtete über die Lesung am 4. 10. 1955 in der* Westdeutschen Rundschau*:* »Als der sensible Mann mit dem Mephistogesicht, seltsam artikulierend und eintönig-eindringlich, seine Verse vortrug, gab es wohl keinen, der nicht berührt und beeindruckt wurde.« *PC las bei dieser Gelegenheit sowohl Gedichte aus* Mohn und Gedächtnis, *darunter die* Todesfuge *(GW I 41), als auch aus* Von Schwelle zu Schwelle, *das wenige Monate zuvor erschienen war. Die Lesung in Düsseldorf fand am Tag darauf, dem 30. 9. 1955, statt.*

3 *Der Industrielle und Mäzen Klaus Gebhard.*

71
CELAN 29 BIS RUE MONTEVIDEO PARIS 78 / STUTTGART 3
[10. 1955] 13^{10}
15 H 20 / 3 – 10 1955 / PARIS / 78 RUE MONTEVIDEO

72
Monsieur Paul Celan / *[gestrichen:]* Hôtel Saint-François / VÉZE‑
LAY / (Yonne) / *[ersetzt durch:]* 29 <u>bis</u> Rue de Montevideo / Paris
16e / 15 H ? / 30. 4. 1956 / PARIS / 78 R. DE MONTEVIDEO (16e)
16 H 30 / 2 – 5 1956 / VEZELAY / YONNE

1 *[Die Leute behandeln einen nie wirklich nach dem, was man ist, sondern nach dem, was sie sind; wir schulden denen viel, die uns durch den Druck ihrer Gegenwart gelehrt haben, die Einsamkeit zu genießen (Übers. Helmlé).]* GCL zitiert aus: Pierre Reverdy, Le livre de mon bord. Notes 1930-1936 *[Mein Bordbuch. Aufzeichnungen 1930-1936]*, Paris, Mercure de France, 1948, S. 43 und 81. Der Band weist zahlreiche Lesespuren von PC auf.
2 *[In der Abendruhe springen die Fische aus dem Wasser. Sie tauchen in die Luft. Sie baden. (Übers. Helmlé)]* Ebenda, S. 94.

73
Madame P. Celan / 29 <u>bis</u> Rue de Montevideo / Paris 16e / 8 H 30 /
30. 4. 1956 / AVALLON / YONNE
Ansichtskarte: »Avallon – Portail de l'Eglise Saint-Lazare *[Portal von Saint-Lazare]*«.

1 PC unternimmt diese Fahrt durch das romanische Burgund mit seinen berühmten Kirchen zusammen mit seinen Freunden Trudi und Guido Meister im Zusammenhang mit einem deutsch-französischen Schriftstellertreffen, dem dritten dieser Art, das vom 28. 4. bis 2. 5. 1956 von der Gesellschaft für übernationale Zusammenarbeit *und der Zeitschrift* Documents *zum Thema* Der Schriftsteller vor der Realität *organisiert wurde. Unter anderem nahmen Alfred Andersch, Ilse Aichinger, Roland Barthes, Hans Bender, Heinrich Böll, Hans Georg Brenner, Jean Cayrol, Marguerite Duras, Günter Eich, Walter Höllerer, Hans Werner Richter, Alain Robbe-Grillet, Paul Schallück, Rolf Schroers, Elmar Tophoven, Günther Weisenborn, Wolfgang Weyrauch und Jean-Pierre Wilhelm daran teil; Bender und Höllerer*

veröffentlichen noch im gleichen Jahr in ihrer Zeitschrift Akzente *(1956, Heft 4) einige der Beiträge. Für PC hatte die* »Realität« *des Schriftstellers eben bei dieser Gelegenheit den Aspekt der zweideutigen Äußerungen einer Teilnehmerin bei einem Gespräch, die zu lauen Protesten mancher PC in Freundschaft verbundener Teilnehmer sowie zu einem offenen Brief (siehe Zeittafel) führten.*
2 *Unter der Unterschrift von PC ist hinzugefügt:* »Amitiés! [Freundliche Grüße]« / »Trudi et Guido M.« *Guido Meister war damals Lektor an der École Normale Supérieure, an der PC wenige Monate später Lehrbeauftragter wurde.*

74
Nicht auf dem Postweg beförderter Brief.

1 *GCL schlägt für die Datierung 1956 vor.*
2 *Das Buch – wohl eine Sendung, die vom Postboten nicht hatte zugestellt werden können – konnte nicht identifiziert werden.*
3 *Es geht sicher um die Goll-Übersetzungen PCs, die er am 1. 8. 1956 bei der Société Française des Traducteurs (siehe FN, S. 184f.) vorsorglich hinterlegt hatte, um sein Urheberrecht daran zu schützen. Nachdem Claire Goll bereits Anfang 1952 einen der von PC übersetzten Bände Yvan Golls, die* Chansons Malaises, *in einer eigenen Übersetzung publiziert hatte, war nun eine solche der* Géorgiques Parisiennes *in Vorbereitung (sie erschien zweisprachig unter dem Titel* Pariser Georgika *im Herbst 1956 im Luchterhand Verlag, Darmstadt/Berlin). PC befürchtete nicht zu Unrecht, daß Claire Goll seine unpublizierte Übersetzung für ihre eigene Arbeit benützen würde. PC war zudem erneut sensibilisiert hinsichtlich ihrer Aktivitäten, weil im Frühjahr 1956 er selbst (GA Dok. 41) und wenig später die Redaktion der* Cahiers du Sud, *wo Übersetzungen seiner Gedichte publiziert worden waren (GA Dok. 42, siehe Anm. 53/2), mehr oder weniger anonyme Briefe erhalten hatten, die dem Ostberliner Lyriker Georg Maurer die Bezeichnung PCs als* »Meisterplagiator« *in den Mund legen, und in einem französischen Sammelband zu Yvan Golls Werk (*Yvan Goll – Poètes d'aujourd'hui *[Dichter von Heute], Paris, Seghers, 1956) erneut, wenn auch nicht namentliche Vorwürfe publiziert worden waren (GA Dok. 48, zur Goll-Affäre siehe Anm. 5/3 und 125/1).*

75
Madame P. Celan / Le Moulin / <u>Rochefort-en-Yvelines</u> / (Seine-et-Oise) / *19 H 45 / 11. 8. 1956 / PARIS XIII / AV. D'ITALIE (13ᵉ)*

1 *Henri Michaux*, Nous deux encore *[Noch immer wir beide]*, Paris, J. Lambert & Cie, 1948 *(Copyright Henri Michaux)*. PC beendet die Übersetzung dieses Textes im Dezember 1957. Auf ihre Veröffentlichung verzichtet er jedoch wegen der ausdrücklich geäußerten Einwände von Michaux: Nous deux encore *ist engstens mit dem Tod von dessen Frau Marie-Louise Termet durch Verbrennungsverletzungen nach einem Unfall verbunden (siehe dazu in der Zeittafel den Brief von Michaux an PC vom 11. 2. 1959).*
Pierre Mabille, Le Merveilleux *[Das Wunderbare]*, Titelblatt von Victor Brauner, mit einer Originalgraphik von Jacques Hérold, Paris, Édition des Quatre vents, 1946 *(der Band ist in der Bibliothek der Celans nicht erhalten). PC hatte die Ausgaben sicher bei einem der Bouquinisten an der Seine gekauft.*

76
Monsieur Paul Celan / 29 bis rue de Montevideo / <u>Paris 16ᵉ</u> / *[unfrankiert]*

1 *Mit seinem Brief vom 9. 8. 1956 sandte Klaus Demus PC eine handschriftliche Abschrift seines Briefes an Alfred Andersch im Zusammenhang mit der Goll-Affäre; die darin enthaltenen sachlichen Fehler korrigierte Demus nach Rücksprache mit PC. Andersch hatte – als Herausgeber der, wie die jüngst angekündigten Goll-Ausgaben (u. a. der erst 1960 erschienene Sammelband Dichtungen), im Luchterhand Verlag publizierten Zeitschrift* Texte und Zeichen *– von PC selbst bereits am 27. 7. 1956 einen langen Brief erhalten, das ausführlichste Dokument von ihm selbst zur Goll-Affäre überhaupt (GA Dok. 55). PC bat Andersch dort abschließend um seine Zustimmung, eine durch verschiedene bekannte Schriftsteller gezeichnete Entgegnung in* Texte und Zeichen *zu publizieren. Andersch beantwortete wegen einer längeren Abwesenheit den Brief erst Anfang September 1956.*
2 *Christian Comte Ricour de Bourgies, Mann von Solange de Lestrange, der jüngeren Schwester von GCL.*
3 *Es handelt sich um ein Au-pair-Mädchen im Haushalt von Solange Ricour de Bourgies. Mit »Nazi« meint GCL ›antisemitisch‹.*
4 *Marius und Rachel Lambert: Hausangestellte in der Mühle, dem Zweitwohnsitz von Monique und Robert Gessain.*

5 *Die Celans ziehen erst im November 1957 in eine unabhängige Wohnung.*

77
CELAN 29 BIS RUE MONTEVIDEO PARIS 78 / STUTTGART 17
[9. 1956] 9⁵⁰
11 H 30 / 17 – 9 1956 / PARIS / 78 RUE MONTEVIDEO

1 *PC ist einige Tage in Stuttgart bei seinen Freunden Hanne und Hermann Lenz, um sich bei ihnen wegen der Goll-Affäre Rat zu holen. Am Tag seiner Abreise nach Stuttgart hatte GCL ihm dazu geschrieben:* »Wenn ich Sie so verzweifelt und unglücklich sehe wegen dieser traurigen Geschichte, die Sie nach Deutschland führt, kann ich Ihnen nicht helfen, weiß ich Ihnen nichts zu sagen. Im Grunde macht mich das selbst so unglücklich wie Sie, und ich denke über dieses elende Weib ebenso schlecht wie Sie, und ich finde diese Geschichte ebenso unwürdig und unglaublich wie Sie selbst –« *(Übers., 15. 9. 1956, nicht publiziert.)*

78
Madame Paul Celan / 29 bis rue de Montevideo / Paris 16ᵉ / France /
MIT LUFTPOST – PAR AVION / 12. 10. 56. – 14 / (22c) KÖLN 11 /
BAHNHOFSPOSTAMT 10 (HbhF)
Ansichtskarte: »Köln – Ostchor des Domes in Festbeleuchtung«.

1 *PC nimmt am 13. und 14. 10. 1956 in Köln an einer Tagung des* Grünwalder Kreises *teil, einer antifaschistischen Organisation, die, wie die Gruppe 47, von Hans Werner Richter gegründet wurde. Nach Angriffen durch die rechte Presse eröffnet Richter die Tagung (auf der u. a. von der Unterwanderung der Bundeswehr durch ehemalige Mitglieder der Waffen-SS die Rede war) mit dem Versuch, die politische Linie des Kreises als eindeutig nichtkommunistisch zu definieren (siehe dazu Hans Werner Richter,* Briefe, *hrsg. von Sabine Cofalla, a. a. O., S. 238, Anm. 3). PC hatte die Einladung für die Tagung angenommen, weil er sich davon neue Kontakte für eine Unterstützung durch deutsche Intellektuelle in der Goll-Affäre versprach. Paul Schallück hatte in seinem drei Wochen zurückliegenden Einladungsbrief derartige Perspektiven eröffnet:* »Lieber Paul Celan, daß ich in Sachen Claire Goll völlig auf Ihrer Seite stehe, ist klar und selbstverständlich. Aber was kann ich tun, was soll ich tun? [. . .] Zu dieser Tagung ist eine beachtliche Anzahl von Schrift-

Anmerkungen 95

stellern, Publizisten, Verlegern, Pädagogen, Juristen, Politikern und Bundestagsabgeordneten eingeladen. Wir rechnen mit rund dreihundert Menschen. Höchstwahrscheinlich wird auch Alfred Andersch herkommen, und ich denke, daß sich auch mit anderen eine Möglichkeit herbeiführen läßt, über den Fall Claire Goll zu sprechen.« *(17. 9. 1956.)*
2 PC wohnt bei Paul Schallück in Köln-Müngersdorf, Schroers in Obenroth bei Eitorf an der Sieg im Rheinland.
3 Anders als sonst bei seinen französischen Briefen schreibt PC hier seinen Vornamen mit dem in der deutschen Schreibschrift verwendeten diakritischen Zeichen über dem »u« (das »u« von »n« unterscheidet).

79
Madame Paul Celan / Le Moulin / <u>Rochefort-en-Yvelines</u> / (Seine-et-Oise) / France / *MIT LUFTPOST – PAR AVION* / *5. 2. 57 – 10 / (22c) KÖLN 11 / BAHNPOSTAMT 10 (HbhF)*

1 Schroers ist zu diesem Zeitpunkt Lektor beim Verlag Kiepenheuer & Witsch (Köln, Hansaring 43).
2 In Bremen liest PC am 7. 2. 1957 im Goldenen Saal vor einem eher jungen Publikum. Nach einer Empfehlung durch den Direktor des S. Fischer Verlags, Rudolf Hirsch, bei einer Tagung der Jury für den Bremer Literaturpreis ist PC Gast des neuen forum, einer Organisation zur Förderung der zeitgenössischen Kunst und Literatur. Die Lesung endet mit einem Eklat: Während der anschließenden Diskussion stellt ein Student eine Frage bezüglich Claire Goll und ihrer Plagiatvorwürfe. Oswald Döpke, der damalige Leiter der Hörspiel-Abteilung bei Radio Bremen, erinnert sich: »Celan wurde bleich. Er sprang auf, schrie, er verbäte sich derartige Unverschämtheiten, die nichts anderes seien als blanker Antisemitismus, und rannte aus dem Saal.« *Döpke versuchte PC vergeblich zu beruhigen und vergrößerte dessen Zorn noch durch den fürchterlichen Versprecher:* »Lieber Herr Goll, Sie sollten ...« *(Zitate aus dem Artikel von Oswald Döpke,* »Ich weiß nämlich gar nicht, wohin ich gehen soll. Ingeborg Bachmann in Briefen aus den Jahren 1956 und 1957«, *in:* Du, *September 1994, S. 38, auch GA Dok. 50).*
3 Francine Payelle: Freundin von GCL; Mme Guenepin: Mutter von Francine Payelle; Henri Payelle: Mann von Francine Payelle; Rachel und Marius Lambert: Hausangestellte in der Mühle.

80

CELAN 29 BIS RUE MONTEVIDEO PARIS 78 / STUTTGART 1
[6. 1957] 17^{10}
18 H 50 / 1 – 6 1957 / PARIS / 78 RUE MONTEVIDEO

1 PC trifft in Stuttgart seine Freunde Hanne und Hermann Lenz; er liest am 3. 6. 1957 an der Universität Tübingen und am 4. 6. 1957 an der Technischen Hochschule in Stuttgart.

81

Monsieur Paul Celan / 29 bis rue de Montevideo / Paris 16e / *18 H 30 / 1 – 8 1957 / CHARTRES / EURE ET LOIR*
Ansichtskarte: »Cathédrale de Chartres – Portail Royal (XIIe siècle) – Aristote *[Kathedrale von Chartres, Ausschnitt aus dem Königsportal (XII. Jh.) – Skulptur des Aristoteles (genannt auch der ›Grammatiker‹)]*«.

82

Madame P. Celan / Le Moulin / Rochefort-en-Yvelines / (Seine-et-Oise) / *19 H / 9 – 8 1957 / PARIS / 78 R. DE MONTEVIDEO (16e)*

1 *Der Brief (vielleicht der eines Immobilienmaklers – siehe das Ende des Briefes) liegt nicht mehr bei.*
2 *Isac Chiva und seine erste Frau Ariane Deluz.*
3 *Bekannte von Marie-Thérèse de Lestrange; die Celans teilen in der Rue de Montevideo Wohnung und Telefon mit der Schwester von GCL.*
4 *PC unterrichtet als Lehrbeauftragter in Saint-Cloud seit November 1956. Er bietet dort Kurse für Staatsexamenskandidaten an, und zwar in einem Augenblick, in dem die Kultusverwaltung eine Verbesserung der Deutschlehrerausbildung in Saint-Cloud beschlossen hatte. PCs Kurse finden nicht in Saint-Cloud (im Westen von Paris, Département Hauts-de-Seine), sondern in einem »kleinen Raum im Institut d'Études Germaniques (5, Rue de l'École de Médecine)«, so der Direktor des Instituts in einem Brief an PC vom 21. 11. 1956, also an der Sorbonne, statt. Die École Normale Supérieure in Saint-Cloud war eine Elite-Universität für männliche Studenten, jedoch im Niveau der ersten, Ende des 18. Jahrhunderts gegründeten ENS in der Rue d'Ulm, an der PC erst zwei Jahre später eine feste Anstellung erhält, unterlegen. Bei der Agrégation handelt es sich um ein staatliches Examen für Lehrer an höheren Schulen, das, wie alle der-*

artigen Examen in Frankreich, als Concours, d.h. Wettbewerb auf nationaler Ebene, abgehalten wird.

83
Das Typoskript mit einer handschriftlichen Wörterliste auf getrenntem Papier wurde von PC und GCL in das Konvolut Sprachgitter *bzw. fälschlich* Von Schwelle zu Schwelle *eingeordnet. Das Gedicht* Matière de Bretagne *(GW I 171 f.) war sicher Gegenstand einer »Deutschstunde« mit GCL.*

1 *Datierung oben rechts wie in einem Brief.*

84
CELAN 29 BIS RUE MONTEVIDEO PARIS 78 / LUEBECK 9 [9. 1957] 12^{30}
15 H 5 / 9 – 9 1957 / PARIS / 78 RUE MONTEVIDEO

1 *PC ist in Lübeck, um den* Literaturpreis des Kulturkreises im Bundesverband der Deutschen Industrie *entgegenzunehmen.*

85
CELAN 29 BIS RUE MONTEVIDEO PARIS 78 / KOELN 9 [10. 1957] 8^{32}
10 H 5 / 9 – 10 1957 / PARIS / 78 RUE MONTEVIDEO

1 *PC ist vom 9. bis 15. 10. 1957 in Deutschland: Zuerst ist er in Köln, dann nimmt er vom 11. 10. bis 13. 10. 1957 (u. a. mit Ingeborg Bachmann, Heinrich Böll, Hans Magnus Enzensberger, Peter Huchel, Hans Mayer und Jean-Pierre Wilhelm) an einer Tagung des Wuppertaler Bundes mit dem Thema »Literaturkritik – kritisch betrachtet« teil (siehe dazu Uwe Eckardt, »Paul Celan (1920-1970) und der Wuppertaler Bund«, in: Geschichte im Wuppertal, hrsg. vom Bergischen Geschichtsverein – Abteilung Wuppertal e. V. sowie dem Stadtarchiv und der Stadtbibliothek Wuppertal, Wuppertal 1995, S. 91 f.); am 14. 10. 1957 kommt PC nach Köln zurück.*

86
Nicht auf dem Postweg beförderter Brief aus einem Heft GCLs mit Übersetzungen zu Mohn und Gedächtnis.

1 *Nach mehr als zwei Jahren Gemeinschaftswohnung mit GCLs*

Schwester Marie-Thérèse de Lestrange in der Rue de Montevideo sind die Celans gerade in die Rue de Longchamp Nr. 78 in eine kleine Vierzimmer-Eigentumswohnung im fünften Stock gezogen. Nach ihrem Rückzug in ein Kloster in der Bretagne drei Jahre zuvor hatte GCLs Mutter ihren Besitz zwischen ihren vier Töchtern und dem Kloster aufgeteilt; diese ›Erbschaft‹ ermöglichte den Celans den Kauf der Wohnung.

87
Umschlag wohl nicht erhalten.
Brief aus einer ungeordneten Korrespondenzmappe von PC und GCL, ursprünglich sicher PCs Gepäck beigelegt.

1 *Zu diesem Zeitpunkt weiß GCL, daß PC seine Liebesbeziehung mit Ingeborg Bachmann in sporadischer Form (d. h. während seiner Deutschland-Aufenthalte) wiederaufgenommen hatte. Das Verhältnis dauerte bis in den Juni 1958. PC verband mit Bachmann bereits im Frühjahr 1948 in Wien für kurze Zeit eine Liebesbeziehung, an die im Herbst 1950 während eines längeren Paris-Besuchs von Bachmann noch einmal angeknüpft wurde.*
2 *Siehe Anm. 86/1.*
3 *Siehe Anm. 65/3.*

88
CELAN 78 RUE LONGCHAMP PARIS 71 / STUTTGART 3 [12. 1957] 16^{45}
18 H 20 / 3 – 12 1957 / PARIS / 71 PL. VICTOR HUGO

89
CELAN 78 RUE LONGCHAMP PARIS 71 / FRANKFURT MAIN 11 [12. 1957] 15^{30}
17 H 30 / 11 – 12 1957 / PARIS / 71 PL. VICTOR HUGO

90
Brief aus einer ungeordneten Korrespondenzmappe von PC und GCL, ursprünglich von GCL in seine Brieftasche gesteckt.

1 *PC war an diesem Tag zu einer einwöchigen Reise nach Deutschland aufgebrochen: Er war am 23. und 24. 1. 1958 in Köln; am 25. und 26. 1. 1958 in Bremen, wo er im* Neuen Forum *las und den Literaturpreis der Freien Hansestadt Bremen entgegennahm; am 27. 1.*

Anmerkungen 99

1958 in Hamburg (Tagebuch GCL) und am 28. und 29. 1. 1958 in München (bei Ingeborg Bachmann).
2 *Es handelt sich um kleine Stückchen Platanenrinde (die dem Brief nicht mehr beiliegen) – eine Art Talisman für PC. Sie stammen sicher aus Avignon und erinnern an die Hochzeitsreise der Celans. Derartige Platanenrinden fanden sich in PCs Schreibtisch (siehe Abb. 3).*

91
CELAN 78 RUE LONGCHAMP PARIS 71 / KOELN 23 [1. 1958] 12^{55}
13 H 30 / 23 – 1 1958 / PARIS / 71 PL. VICTOR HUGO

92
Monsieur Paul Celan / Gästehaus des Senats / <u>BREMEN</u> / (Allemagne) / PAR AVION / 16 H 15 / 23 – 1 1958 / PARIS 106 / R. DE LONGCHAMP (16^e)
Madame Paul Celan / 78 rue de Longchamp / Paris 16^e / <u>France</u>

1 *Siehe Anm. 86/1.*
2 *Siehe Anm. 46/1.*
3 *In diesem Brief, der eigentlich eine Zusammenstellung von Stellen aus ihrem Tagebuch darstellt (vom 8., 9., 10., 13., 14., 19. und 20. 1. 1958), bringt GCL verdeckt ihre Beunruhigung über die schwere Ehekrise zum Ausdruck, die sie mit PC durchmacht (siehe Anm. 87/1). In ihren Tagebucheinträgen (alle übers.) macht GCL deutlicher, wie sehr sie leidet:*
»11. Januar 1958. / Du warst schrecklich heute Nacht. Welcher Anteil hat der Wein, welcher Deine tatsächlichen Gedanken? Du warst kein ›Notbehelf‹ für mich. Das kann ich nicht akzeptieren. Muß ich nun neben all dem Düsteren um mich auch noch glauben, daß Du an meiner Liebe von Anfang an gezweifelt hast? Ich habe all die Tage so wenig klar gesehen. / Heute Nacht hast du mir allzu schreckliche und falsche Dinge gesagt – Glaubst Du mit der gleichen Überzeugung heute nach dem Aufwachen noch daran?«
»13. Januar 1958. / [...] / Gestern drei Gedichte von Paul, danke, mir dabei zu helfen – / »Marianne«, »Umsonst«, »Nachts« *[GW I 14, 13, 12]*. / [...] Oft kann ich sie nicht annehmen, oder besser, früher konnte ich sie nicht annehmen. Das sind so schreckliche Realitäten, so hart zu leben. [...].«
»15. Januar. / [...] Ich will versuchen, Dir keine Versprechungen mehr zu machen, aber entsprechend denen zu leben, die ich Dir immer machen wollte. [...] Gestern bin ich in das Café gegangen, da-

mit Du in Ruhe mit Ingeborg telefonieren kannst. Dieses erbärmliche, so traurige Café, das Du, wie Du mir vor einigen Tagen erzähltest, entdeckt hast.«

»16. Januar / Ein so guter Abend mit Dir. ›Heute abend wird aus dem Stehgreif gespielt‹ von Pirandello. Austern im Stella. Ich fühlte mich so gut, Dir so nahe. Muß ich trotzdem glauben, daß uns Meilen voneinander trennen? [...].«

»20. Januar. / [...] / Du versuchst, mich zu beruhigen. Glaubst Du wirklich, daß ich die Gleichgültigkeit glaube, die gegenüber Ingeborg zu empfinden Du vorgibst? Glaubst Du wirklich, daß ich Dir glauben kann, wenn Du sagst, daß Du sie diesmal bei Deinem Deutschland-Aufenthalt nicht siehst? Oh, mon chéri, gehen Sie nur zu ihr, natürlich werden Sie hingehen, aber lügen Sie mich nicht an, Sie wissen gut, daß mir die Wahrheit lieber ist und daß sie zu wissen mir mehr helfen wird, ruhig Ihre körperliche und geistige Abwesenheit zu ertragen, als diese Unsicherheit, in die mich Ihre gespielte Gleichgültigkeit stürzt. / Warum hast Du sie so ungerecht verlassen? / [...].«

»23. Januar. / [...] / Lieber nicht schreiben, als Dir schreiben, was Dir weh tun könnte. Du mußt frei sein – Ich darf Dich nicht am Leben hindern, ich weiß es, ich weiß es gut, und ich wünsche für Dich diese Freiheit. Aber gleichzeitig rebelliert mein ganzes Wesen, rebelliert, und ich akzeptiere im Grunde nichts. Ich schäme mich. Ich bin heute abend traurig, weil ich Dich so schlecht weglassen konnte. [...].«

»24. Januar. / Gestern habe ich bis spät in die Nacht Ingeborgs Gedichte gelesen. Sie haben mich erschüttert. Ich mußte weinen. Welch schreckliches Schicksal. Sie hat Dich so geliebt, sie hat so sehr gelitten. Wie konntest Du so grausam zu ihr sein. Jetzt bin ich ihr näher, ich akzeptiere, daß Du sie wiedersiehst, ich bleibe ruhig, Du bist ihr das schuldig, armes Mädchen, würdig und mutig ist ihr sechsjähriges Schweigen. Natürlich mußt Du sie wiedersehen. Wie schrecklich ist das!« *Bei den von GCL gelesenen Bachmann-Gedichten handelt es sich sicher um die beiden Gedichtbände* Die gestundete Zeit *(Frankfurt, studio frankfurt und Frankfurter Verlagsanstalt, 1953) und* Anrufung des großen Bären *(München, Piper & Co., 1956).*

»26. Januar. / [...] / Bis halb zwei bin ich gestern abend mit diesem langen Gedicht von Ingeborg sitzen geblieben. Ich habe wegen ihres Leides gelitten, wie ist das möglich? / Ich möchte sie jetzt gern sehen, ich könnte sie jetzt sehen. Ich möchte sie gern kennenlernen. /

Anmerkungen

[...]« *Bei dem angesprochenen Gedicht handelt es sich um* Curriculum vitae *aus* Anrufung des großen Bären *(S. 30ff.), ein Übersetzungsentwurf von GCL selbst vom 15. 5. 1958 ist erhalten.*
»27. Januar. / [...] / Du hast mich aus Hamburg angerufen, ich war so gerührt. Du läßt mich nicht fallen, Du bist so gut zu mir, so bereit, mich in meinen Ängsten zu beruhigen. Danke für diesen guten Anruf. Alles ist in Bremen gut gegangen. [...]. Von Dir aus hast Du mir gesagt, daß Du nach München gehst, ich danke Dir dafür. Seitdem ich die Gedichte von Ingeborg gelesen habe, kann ich leichter akzeptieren. / [...]«
In diesem Tagebuch, einem Heft von 70 Seiten, befindet sich eine kleine Karte von Ingeborg Bachmann; sie ist nicht datiert und steckt, zusammen mit den Blättern und Blütenblättern einer roten Rose, in einem unfrankierten Umschlag mit der Adresse »Mme Gisèle Celan / 78, rue de Longchamp / PARIS 16eme«: »Je Vous [sic] remercie de tout cœur – chère Gisèle! [Ich danke Ihnen von ganzem Herzen – liebe Gisèle!] / Ingeborg«. *GCL und Ingeborg Bachmann blieben ihr Leben lang in Verbindung. Die Korrespondenz von PC und Ingeborg Bachmann datiert zwischen 1949 und 1961 (besonders zwischen Oktober 1957 und Februar 1961). Seine Briefe aus ihrem Nachlaß liegen versiegelt in der Österreichischen Nationalbibliothek in Wien, ihre Briefe aus dem Nachlaß PCs im Deutschen Literaturarchiv in Marbach.*
4 *In* Wolfsbohne *(21. 10. 1959) erinnert sich PC an diese Briefstelle mit den Versen:* »Unser / Kind / weiß es und schläft.« *(GN 45, V. 7-9.)*
5 *Das Trakl-Zitat ist im Originalbrief deutsch. GCL hat diesen achten Vers des Gedichts* Kindheit *in ihrer zweisprachigen Trakl-Ausgabe am Rand doppelt angestrichen (*Rêve et folie & autres poèmes *[*Traum und Umnachtung & andere Gedichte*], deutscher Text, Übertragung und Vorwort von Henri Stierlin, Paris, GLM, 1956, S. 40-41; unter dem Namen des Autors von der Hand von GCL das Datum vom 10. 1. 1958).*
6 *GCL wird sich acht Jahre später an diesen nächtlichen Augenblick erinnern (siehe Brief 439/2).*

93
Monsieur Paul Celan / Gästehaus des Senats / <u>BREMEN</u> / (Allemagne) / <u>PAR AVION</u> / *16 H 15* / *24 – 1 1958* / *PARIS 106* / *R. DE LONGCHAMP (16^e)*
Madame Paul Celan / 78 rue de Longchamp / Paris 16^e / France.

[auf der Rückseite des Umschlags nicht identifizierte Notizen von der Hand PCs:] [gestrichen:] 7 h 7 h *[ersetzt durch:]* 1/2 7 / Dammtorbahnhof / Gaststätte 1. Klasse // Frau Lehnhoff / Frau Rehme

94
Madame Paul Celan / 78 rue de Longchamp / <u>Paris 16ᵉ</u> / France / MIT LUFTPOST – PAR AVION / 27. 1. 58 – ?? / (23) BREMEN
PC verwendet Briefpapier des Gästehauses des Bremer Senats.

1 *PC soll am folgenden Tag für* Mohn und Gedächtnis *und* Von Schwelle zu Schwelle *den mit DM 8000 dotierten* Literaturpreis der Freien Hansestadt Bremen *verliehen bekommen.*
2 *Am 7. 1. 1958, also etwa zwei Wochen vor diesem Brief, schreibt PC u. a. an Paul Schallück:* »Es ist mein Wunsch, mit Ihnen über die Gründe des Schweigens zu sprechen, das nun seit Monaten zwischen uns steht. (Soweit ich sehe, hängt es mit den so unerfreulichen Vorfällen in Vézelay und, *[unleserlich]* vor allem, <u>nach</u> Vézelay zusammen.) Ich soll in etwa drei Wochen nach Bremen fahren; ich will dann, auf der Hin- oder Rückreise, in Köln Station machen, um mit Ihnen zu sprechen.« (*Original im Historischen Archiv der Stadt Köln) Nach einem antisemitischen Vorfall beim deutsch-französischen Schriftstellertreffen in Vézelay Ende April/Anfang Mai 1956 (siehe Brief 73/1) hatten Heinrich Böll, Rolf Schroers und andere einen Protestbrief formuliert, dessen intellektuelle und komplizierte Ausdrucksweise Schallück nicht gutgeheißen hatte (Brief an PC vom 21. 6. 1956). In seinem Brief bezeichnet Schallück die betreffende antisemitische Aussage, die er offen verurteilt, als* »dumpfe Dummheit«, *was er für gefährlicher halte als einen offenen Antisemitismus. Schallück wollte jedoch der betreffenden Teilnehmerin wie jedem anderen* »die Chance einer Sinnesänderung« *lassen. Auch die Goll-Affäre war sicher Thema dieser* »Diskussionen« *mit Schroers, Böll und Schallück. So schreibt PC am 5. 7. 1961 an Paul Schallück (nicht abgesandt):* »Unsere Freundschaft hat vor drei Jahren eine schwere Trübung erfahren – gewiss nicht durch mein Verschulden. Sie haben die Dinge, mit denen ich zu Ihnen gekommen war, zu leicht genommen – sie *[sic]* wissen es jetzt.«
3 *Eberhard Lutze, Regierungsdirektor im Kultusministerium des Landes Bremen und Sekretär im* »Preisrichter-Kollegium«, *hatte PC am 10. 12. 1957 dessen Entscheidung mitgeteilt; sicher geht es bei der erwarteten* ›Instruktion‹ *um den Ablauf der Preisverleihung.*
4 *PC hat einen Entwurf der Ansprache auf die letzten Seiten seines*

Anmerkungen

Notizkalenders notiert – wahrscheinlich auf der Reise von Paris nach Köln und, am Tag selbst, auf der Reise von Köln nach Bremen.
5 *Die Preisverleihung findet am 80. Geburtstag des Dichters Rudolf Alexander Schröder statt, der Ehrenbürger der Stadt Bremen und zusammen mit Rudolf Borchardt Gründer der von PC in der Rede erwähnten* Bremer Presse *war. Der erste Teil der Zeremonie am 26. 1. 1958 in der Oberen Rathaushalle war den Reden auf Schröder und einer Rede von Schröder selbst gewidmet; in einem zweiten Teil folgten dann die Preisübergabe, die lange, von der Lesung (durch Dritte) der Gedichte* Der Gast, Grabschrift für François, In memoriam Paul Eluard *(GW I 102, 105, 130) und* Todesfuge *(GW I 41) eingerahmte Laudatio von Erhart Kästner und schließlich PCs eigene Rede. Danach gab es ein Essen und abends eine Aufführung von Shakespeares* Romeo und Julia *in der Übersetzung von R. A. Schröder.*
6 *Das Wort* »Gedächtnis« *ist auch im Originalbrief deutsch. PC spielt auf die ersten Sätze seiner Rede an:* »Denken und Danken sind in unserer Sprache Worte ein und desselben Ursprungs. Wer ihrem Sinn folgt, begibt sich in den Bedeutungsbereich von: ›gedenken‹, ›eingedenk sein‹, ›Andenken‹, ›Andacht‹.« *Aber er denkt auch an seine verschiedenen Hinweise auf die Vergangenheit: Erinnerungen an die Landschaft der Bukowina als* »eine[r] Gegend, in der Menschen und Bücher lebten«, *an den Jugendlichen, der die Bücher der* Bremer Presse *entdeckt, an das kurze Wiener Exil in der ersten Jahreshälfte 1948 und vor allem an das* »Geschehen«, *das seine Beziehung zur Muttersprache bestimmt*: »Sie, die Sprache, blieb unverloren, ja, trotz allem. Aber sie mußte nun hindurchgehen durch ihre eigenen Antwortlosigkeiten, hindurchgehen durch furchtbares Verstummen, hindurchgehen durch die tausend Finsternisse todbringender Rede.« *(GW III 185 f.)*
7 *Siehe Brief 45/5.*
8 *PC zitiert mit* »aucun détail indifférent« *Guillaume Apollinaire (V. 4 aus* Cor de chasse *[Jagdhorn], in:* Alcools. Poèmes 1898-1913, *Paris* [69] *1920, S. 160). Eine Notiz aus dem Nachlaß zeigt, daß PC diesen Vers als Motto der geplanten Anthologie mit Übersetzungen französischer Dichtung voranstellen wollte (siehe Brief 50/11).*
9 *PC denkt an die Folgen, die sein Verhältnis mit Ingeborg Bachmann haben könnte.*
10 *Aus diesem Interview wird der Artikel* »Wir sprachen mit Preisträger Celan« *von Harry Neumann in der* Welt *vom 27. 1. 1958, der*

PC selbst nur selten zu Wort kommen läßt. Das wenige geht z. T. in den Meridian *ein, manches blieb bisher unbeachtet – siehe z. B.:* »Ich werde ziemlich oft des Surrealismus bezichtigt – das ist natürlich Unsinn!«; »Gedichte sind nicht Kultur – sie führen ein unterirdisches, subversives Dasein«; »In meinem ersten Gedichtband habe ich manchmal noch verklärt – das tue ich nie wieder!« *(Der Artikel ist nicht im Nachlaß erhalten.)*
11 *Walter Höllerer, einer der beiden Herausgeber von* Akzente, *schlägt PC in einem Brief vom gleichen Tag vor, seine Ansprache, deren* »Treffsicherheit« *und* »bestimmten Kontur« *er hervorhebt, in seiner Zeitschrift zu publizieren. Sie erscheint dort als Beilage zur Augustnummer 1958. Der koreanische Maler konnte nicht identifiziert werden.*
12 *PC wußte nicht, daß sich Rudolf Alexander Schröder einer Verleihung des Preises an ihn massiv widersetzt hatte; drei Jahre zuvor hatte Schröder statt PC (Kästners Vorschlag) Ernst Jünger durchgesetzt (siehe* Der Bremer Literaturpreis 1954-1987, *hrsg. von Wolfgang Emmerich, Bremen, Edition die horen, 1988, S. 12, sowie ders.,* Paul Celan, = rororo *Monographie 50397, Reinbek bei Hamburg, Rowohlt, 1999, S. 108).*
13 *Die dritte Auflage von* Mohn und Gedächtnis *erscheint im April 1958. Gotthold Müller, einer der Direktoren der Deutschen Verlags-Anstalt, kündigt dafür sogar eine Auflage von 2500 Exemplaren an, tatsächlich werden aber wieder nur 1500 gedruckt.*
14 *Die kurze* Ansprache anläßlich der Entgegennahme des Literaturpreises der Freien Hansestadt Bremen *(GW III 185 f.) wurde im gleichen Jahr an vier Orten gedruckt: außer in den* Akzenten *(siehe Anm. 11) in der* Frankfurter Allgemeinen Zeitung *vom 4. 2. 1958 unter dem Titel* »Wirklichkeitswund und Wirklichkeit suchend« *(Erstdruck), bei der* Deutschen Verlags-Anstalt, *zusammen mit der Laudatio von E. Kästner, als Einzeldruck unter dem Titel* Paul Celan – Ansprachen bei Verleihung des Bremer Literaturpreises an Paul Celan *(S. 10 f.) und in der* Neuen Rundschau *(Heft 1, S. 117 f.).*

95
*CELAN 78 RUE LONGCHAMP PARIS 71 / MUENCHEN 29 [1. 1958] 19*⁴³
6 H 50 / 30 – 1 1958 / PARIS / 71 PL. VICTOR HUGO

1 *PC fuhr direkt von Bremen nach München zu Ingeborg Bachmann, die damals eine Stelle als Dramaturgin beim Bayerischen Rundfunk hatte.*

96
Nicht auf dem Postweg beförderter Brief aus einer ungeordneten Korrespondenzmappe von PC und GCL.

1 GCL hatte gerade eine Druckpresse gekauft, die es ihr ermöglichte, in Zukunft Probedrucke und kleine Editionen ihrer Radierungen zuhause zu machen.
2 Durch die eigene Druckpresse muß GCL nun ihre Druckarbeiten nicht mehr im Atelier Friedlaender ausführen.
3 Siehe Anm. 86/1.
4 Am 19. 3. 1958 feiert GCL ihren 31. Geburtstag.
5 Siehe Anm. 65/3.

97
Nicht auf dem Postweg beförderter Brief aus einer ungeordneten Korrespondenzmappe von PC und GCL.

1 Zur Datierung durch den Herausgeber siehe Anm. 4.
2 PC schreibt das Verb »vivent *[leben]*« in den ersten beiden Fällen expressiv groß. Zu seiner in dieser Zeit ganz besonders intensiven Übersetzertätigkeit schreibt PC am 4. 6. 1958 an den Herausgeber des Merkur, *Joachim Moras:* »Im Herbst dieses Jahres erscheint bei der Insel meine Übersetzung des ›Bateau ivre‹ von Rimbaud; der S. Fischer Verlag bringt, ebenfalls in diesem Herbst, eine Übersetzung aus dem Russischen: ›Die Zwölf‹ von Alexander Block. Im Rahmen der Gesamtausgabe des Werkes von René Char erscheinen im Frühjahr 1959 die von mir übersetzten Schriften ›A une sérénité crispée‹ und ›Feuillets d'Hypnos‹. / Ich habe in den letzten Wochen viel Russisches übersetzt, hauptsächlich Ossip Mandelstamm und Sergej Jessenin. Wahrscheinlich werde ich im nächsten Jahr einen Band Mandelstamm veröffentlichen können. (Mandelstamm ist wohl der Lyriker, der Metaphysiker). Neben diesen Arbeiten wächst auch, langsam, meine Anthologie französischer Lyrik.«
3 GCL erinnert u.a. an den kürzlichen außergewöhnlichen Fund der Erstausgabe des Gedichtbands Камень *[Der Stein]* von Osip Mandel'štam (Petrograd, Giperborej, 1916) in einem Antiquariat und die Übersetzungen einer Auswahl von ›Steinen‹ aus diesem Band durch PC.
4 GCL spielt sicher auf die den Krieg in Algerien begleitenden Ereignisse an. Frankreich ist am Rande eines Bürgerkriegs, die Anwendung der Folter durch französische Sicherheitskräfte in Algerien

spaltet die öffentliche Meinung. Die Ereignisse überstürzen sich: am 13. 5. 1958 Putsch in Algier, Übergreifen der Unruhen auf das Mutterland, Ausrufung des Notstands; am 28. 5. 1958 große Demonstration in Paris zur Verteidigung der Republik; am 1. 6. 1958 Bestätigung von General de Gaulle, nach seiner Berufung durch Präsident René Coty am 29. 5. 1958 als Regierungschef, durch die Nationalversammlung; am 3. 6. 1958 Ende der IV. Republik.
5 Siehe Anm. 47/5.
6 GCL besteht ironisch auf diesem Punkt, der normalerweise ihrer Unterschrift folgt und den PC nicht schätzte (siehe Brief 126/4).

98
CELAN 78 RUE LONGCHAMP PARIS 71 / KOELN 4 [5. 1958] 12^{53}
14 H 30 / 4 – 5 58 / PARIS 62 / 44 BIS RUE ST-FERDINAND / 18 H 30 / 4 – 5 58 / PARIS 62 / 44 BIS RUE ST-FERDINAND / 7 H 35 / 5 – 5 58 / PARIS / 71 PL. VICTOR HUGO

1 PC las an der Volkshochschule Düsseldorf am folgenden Tag, eine weitere Lesung hatte er im Städtischen Museum Wuppertal am 6. 5. 1958.

99
CELAN 78 RUE LONGCHAMP PARIS 71 / MUENCHEN 8 [5. 1958] 18^{30}
7 H 20 / 9 – 5 58 / PARIS 62 / 44 BIS RUE ST-FERDINAND / 7 H 45 / 9 – 5 58 / R. LA BOETIE (8^e) / PARIS VIII / 9 H 5 / 9 – 5 58 / PARIS / 71 PL. VICTOR HUGO

1 PC trifft dort Ingeborg Bachmann.

100

1 Das trunkene Schiff, *deutsch von Paul Celan: Sonderdruck aus Heft 21 der Zeitschrift* Botteghe oscure *(Rom, Juni 1958, S. 375-378). PC hatte das Gedicht in wenigen Tagen Ende Juli/Anfang August 1957 übertragen. Er schreibt dazu seinem Freund Petre Solomon am 17. 1. 1968:* »[..] j'ai traduit, en dehors des petits livres sans importance qu'on est bien obligé de traduire, un certain nombre de poèmes français dont le *Bateau Ivre* (c'est la première *vraie* traduction allemande) *[ich habe, abgesehen von den kleinen Büchern ohne Bedeutung, die man halt übersetzen muß, eine Reihe von französi-*

schen Gedichten übertragen, darunter das Bateau Ivre *(es ist die erste wirkliche deutsche Übersetzung)]«. (PC/PS, S. 214)*

101

1 Bateau ivre – Das trunkene Schiff, *übertragen von Paul Celan, Wiesbaden, Insel, 1958.*
2 *Unter dem* »siebten September [...] *1958« ist also der siebte Monat September im ›intimen Kalender‹ von GCL und PC zu verstehen, der am Tag ihrer Begegnung im November 1951 beginnt.*

102
Nicht auf dem Postweg beförderter Brief.

1 *Der Brief war sicher in PCs Exemplar von* Von Schwelle zu Schwelle *eingelegt, damit er ihn erst am Tag seiner Lesung in Bonn am 17. 11. 1958 entdeckt.*

103
Monsieur Paul Celan / *[gestrichen:]* c/o S. Fischer Verlag / <u>Frankfurt am Main</u> / Zeil 65-69 / (Allemagne) / <u>Par Avion</u> *[von fremder Hand ersetzt durch:]* / 78 Rue de Longchamp / Paris XVI / Frankreich / *16 H 15 / 15 – 11 1958 / PARIS 106 / R. DE LONGCHAMP (16^e)*
<u>EXP.</u> Madame Paul Celan / 78 rue de Longchamp, Paris 16^e

104
CELAN 78 RUE DE LONGCHAMP PARIS 71 / FRANKFURT MAIN 18 [12. 1958] 8^{10}
10 H 15 / 18 – 12 1958 / PARIS / 71 PL. VICTOR HUGO

1 *PC war vom 16. bis 18. 12. 1958 in Frankfurt: Am 17. 12. 1958 hat er ein Gespräch mit Rudolf Hirsch, dem Direktor des S. Fischer Verlags, der die Publikation von* Sprachgitter *sowie von PCs Mandel'štam-Auswahl vorbereitete. In seinen Notizkalender notiert PC unter dem Datum des 16. 12. 1958:* »Im Zug nach Frankfurt: All die verlorengegangenen Verzweiflungen . . .«

105

1 *Heft 3, 1958, S. 403-407.*
2 Gestrafft *(frühe Fassung von* Das horchende, Слух чуткий парус

напрягает); Der Schritt der Pferde (Как кони медленно ступают); Die Muschel (Раковина); Dein Gesicht (Образ твой, мучительный и зыбкий); Petropolis *(später unter dem Titel* Petropolis, diaphan, В Петрополе прозрачном мы умрем); Die Priester *(später unter dem Titel* Die Priester. Und inmitten er, Среди священников левитом молодым); Venedigs Leben (Веницейской жизни мрачной и бесплодной); Meine Zeit (Век); *siehe GW V 58-59, 62-63, 66-67, 72-73, 92-93, 100-101, 110-113, 126-129.*

106

Das Manuskript von »Das Wort vom Zur-Tiefe-Gehen« *wurde von PC und GCL in das Konvolut der* Niemandsrose *eingeordnet (siehe Brief 302 und TCA/NR 10 sowie, für die Endfassung, GW I 212).*

1 *Anspielung auf die gemeinsame Lektüre von PC und GCL, anläßlich einer* »Deutschstunde«, *des Gedichts von Georg Heym,* »Deine Wimpern, die langen«, *besonders auf den letzten Vers von dessen erster Strophe:* »Deine Wimpern, die langen, / Deiner Augen dunkele Wasser, / Laß mich tauchen darein, / Laß mich zur Tiefe gehn.« *Eine Fassung von PCs Gedicht trägt den Titel* »La leçon d'allemand«, *also* »Deutschstunde« *(siehe TCA/NR 11). Eine Abschrift von Heyms Versen durch GL selbst mit einer vielleicht von PC stammenden Übersetzung (vom 25.12.1951) ist erhalten:* »Tes cils, les longs, / de tes yeux, les eaux sombres, / laisse-moi y plonger / laisse-moi au fond aller.«
2 *Siehe Anm. 215/3.*

107

1 *Frankfurt a. M., S. Fischer, 1959; vor der Seite mit der Widmung ein vierblättriges Kleeblatt (siehe Abb. 4). Der Band vereinigt 33 zwischen dem 24. 3. 1955 und dem 2. 11. 1958 entstandene und in nicht chronologischer Reihenfolge in fünf Zyklen angeordnete Gedichte. Der letzte dieser Zyklen endet mit dem langen Gedicht* Engführung.
2 *Siehe Brief 25/4.*
3 *32. Geburtstag von GCL.*

108

1 *Siehe Anm. 112/3.*

109
Nicht auf dem Postweg beförderter Brief.

1 GCL *datiert auf 1959. Vielleicht stammt der kurze Brief aus dem längeren Österreich-Aufenthalt der Celans während der Sommerferien 1959 (siehe Zeittafel). Leuchtkäfer bzw. Glühwürmchen sind zwischen Mai und September sichtbar. Der französische Ausdruck »vers luisant [Glühwürmchen, Leuchtkäfer]« von »vers« (Wurm), läßt hier auch an »vers« (Vers) denken.*
2 *Der Satz ist sprechend für die abergläubischen oder eher magischen Praktiken von PC, von denen auch eine Reihe von Gedichten Zeugnis gibt. Wie die Platanenrinde waren auch die Leuchtkäfer für ihn gute Vorzeichen, Erleuchter der Zukunft; siehe auch die letzte Strophe von* Lippen, Schwellgewebe *(13. 5. 1967): »Es müßte noch Leuchtkäfer geben.« (GW II 206) Siehe auch das Jugendgedicht PCs* Sommernacht *mit dem ersten und vorletzten Vers »Ein Glühwurm küßt ein Efeublatt zum Schein« (FW 21) und das Kapitel, das Henri Fabre diesen Insekten in seinen* Souvenirs entomologiques *widmet.*

110
Madame Celan / aux bons soins de Madame Guenepin / Les Haies / Houlgate (Calvados) / *12 H 30 / 19 – 8 1959 / PARIS / 106 R. DE LONGCHAMP (16ᵉ)*

1 *PC ist am Tag zuvor nach Paris zurückgekommen und fährt am darauffolgenden Wochenende zu seiner Familie nach Houlgate in der Normandie (Notizkalender PC).*
2 *In diesem August arbeitet PC vor allem an seiner kurzen Erzählung* Gespräch im Gebirg *(GW III 168-173), Gedichte scheint er in dieser Zeit nicht beendet zu haben.*

111

1 *Aus dem Russischen übertragen von Paul Celan, Frankfurt a. M., S. Fischer, 1959. Die Auswahl enthält die zwischen Mai 1958 und April 1959 entstandenen Übersetzungen von 40 Gedichten Mandel'štams aus den Jahren 1908 bis 1924 (zur Bibliographie der Ausgangstexte siehe GW V 635-637). GCLs Exemplar enthält eine handschriftliche Korrektur von PC und Markierungen, wohl für eine öffentlich gelesene Auswahl.*
In ECs Exemplar notiert PC: »E r i c C e l a n« / »novembre 1959. [November 1959.]« (Siehe die Reproduktion in FN, S. 338.)

2 *PC bezieht sich auf den Anfang und den Schluß des wenig vorher, am 26. 10. 1959, geschriebenen Gedichts* Wolfsbohne: »[...] Es / sind Rosen im Haus. / Es sind / sieben Rosen im Haus. / Es ist / der Siebenleuchter im Haus.« *(Siehe Anm. 116/3 sowie GN 45 und 48, V. 1-6 und 75-80.) Das Motiv der »sieben Rosen« wiederum ist ein Zitat aus dem letzten Vers von* Kristall: »sieben Rosen später rauscht der Brunnen« *(GW I 52; siehe auch die Briefe 118/2, 141, 146/3, 190/1 und 374/1).*

112

Madame Celan / »Jeunesse et Famille« / Maison familiale de vacances / Châlet *[sic]* de Trivier / Méribel-les-Allues / (Savoie) / 16 H 15 / 4 – 1 1960 / PARIS / 106 R. DE LONGCHAMP (16e)
Paul Celan, 78 rue de Longchamp, Paris 16^e
Dem Brief ist ein an die gleiche Adresse adressierter Umschlag mit Poststempel vom 10. 1. 1960 beigelegt. Möglicherweise hat PC an diesem Tag die Briefe von Eliane Portal (handschriftlich, vom 1. 1. 1960) und Ilse Schneider-Lengyel (maschinenschriftlich, vom 30. 12. 1959) nachgeschickt, den er am 4. 1. 1960 vergessen hatte beizulegen.

1 *PC kommt von der Gare de Lyon, wohin er gegen sieben Uhr morgens EC und GCL begleitet hat, die in den Winterurlaub aufgebrochen sind.*
2 *Siehe Brief 25/4.*
3 *PC bezieht sich sicher auf den Brief vom 2. 1. 1960, in dem Rolf Schroers neben politisch-literarischem Klatsch seine schriftstellerischen Projekte mitteilt und ihm schließlich von seiner erneuten Lektüre des Gedichts* Ein Holzstern *berichtet:* »Die letzten Zeilen gingen mir wie ein Schrei ins Herz. Dieser kleine Anstoß: Eric! – wie war mir das alles plötzlich deutlich, die ganze Szene am guten runden Tisch.« *Schroers bezieht sich auf die Verse 7 und 8 des Gedichts:* »– Ein Stern, tu ihn, / tu den Stern in die Nacht. // (– In meine, in / meine.)« *(30./31. 8. 1958, GW I 191, Hervorhebung Hrsg.) Bei der zugrundeliegenden Szene war Schroers Zeuge: PC und sein Sohn spielten mit einem aus Holzteilen zusammenzusetzenden Stern und PC sagte zu seinem Sohn:* »Cette étoile, mets-la dans la nuit« *– dieser Satz, der im Gedicht übersetzt erscheint, war der ursprüngliche Titel (siehe für die erste Fassung TCA/SG 78). Siehe auch die Widmung von* Sprachgitter *für EC, Brief 108.*
4 *Ilse Schneider-Lengyel hatte die verschiedensten Dinge veröffentlicht, neben literarischen Texten auch archäologische und ethnogra-*

phische Werke über Masken, außerdem Übersetzungen. PC kennt sie seit der Tagung der Gruppe 47 im Mai 1952 in Niendorf. Im Laufe des Jahres 1952 hatte sie PC und GCL in deren Zimmer im Hotel d'Orléans, dann, am 8. und 11. 3. 1959, in der Rue de Longchamp besucht (Notizkalender PC).
5 *Eliane Portal, eine Studentin der École Normale Supérieure Sèvres (Boulevard Jourdan, 14e), einer weiblichen Studenten vorbehaltenen Elitehochschule, erklärt in dem Brief ihr Bedauern über die Aggressivität, mit der sie und ihre Kommilitonen PC während der Vorbereitungskurse für die mündliche Übersetzungsprüfung innerhalb der Agrégation im Fach Deutsch begegnet sind. PC, damals noch nicht Lektor an der ENS in der Rue d'Ulm, gab den Unterricht als Vertretung.*
6 *Zur Rimbaud-Übertragung siehe Brief 101/1.*
7 *Außer den Gedichtzitaten aus* Sprachgitter *und dem abschließenden Puzzlegedicht, das sich als Hommage an PC versteht, enthält I. Schneider-Lengyels Brief einen enthusiastischen Bericht über die Tagung der Gruppe 47 vom 23. bis 25. 10. 1959 auf Schloß Elmau bei Mittenwald. Der maschinenschriftliche Brief enthält eine Reihe von leeren Stellen und ›Absätzen‹. Wenn PC »graphisch« (in Anführungszeichen) schreibt, darf auch das deutsche Wort »Graf« als Assoziation mitgedacht werden; das Briefpapier zeigt sogar ein Wappen mit einer Grafenkrone als Relief – die Celans ließen keine Gelegenheit aus, sich über den sogenannten Adel lustig zu machen.*
8 *PC hat die Etappen der Reise wie auch den genauen Zeitpunkt seines Anrufs akribisch in seinen Notizkalender eingetragen: »8^{oz} Gare de Lyon → Méribel-les-Allues / 14^{11} Chambéry 15^{oo} – car pour [Bus nach] Moutiers 16^{30} → 17^{oo} – Méribel 18^{oo} / (vers 23 h direct [gegen 23 h direkt] [gestrichen: Chambéry] Moutiers) 7^{15} Téléph. Méribel«.*

113
Monsieur Paul Celan / 78 rue de Longchamp / Paris 16e / ?? / 6. 1. 1960 / MERIBEL LES ALLUES / SAVOIE
Dem Brief ist eine Collagezeichnung von EC beigelegt; siehe Anm. 115/9.

1 *GCL schreibt fälschlich »1959«.*
2 *Albert Camus war am Tag zuvor durch einen Autounfall ums Leben gekommen. Zeugenaussagen zufolge war der von Michel Gallimard (Direktor des Verlags Editions de la Pléiade) gefahrene Sport-*

wagen plötzlich von der im übrigen völlig geraden Straße abgekommen und gegen einen Baum gerast.
3 Anspielung auf eines der »Muster-Mädchen« (»Petites filles modèles«) im gleichnamigen Roman der Comtesse de Ségur, wichtige Lektüre für französische Mädchen höherer Schichten.
4 Alte Francs.
5 EC war ein unermüdlicher Erfinder von Katzengeschichten; dabei identifizierte er sich und seine Eltern mit diesen Tieren.
6 Wort für die Regelblutung, siehe Anm. 8/3.

114
Madame Paul Celan / »Jeunesse et Famille« / Châlet *[sic]* de Trivier / Méribel-les-Allues / (Savoie) / ?? H / 7 – 1 1960 / PARIS XVI / R. DE LONGCHAMP (16e)

1 Seit Beginn des Studienjahrs (Oktober 1959) ist PC Deutschlektor an der École Normale Supérieure in der Rue d'Ulm (5e); diese Stelle verdankt er vor allem dem Germanisten Claude David, Lehrstuhlinhaber an der Sorbonne.
2 »La mer au plus près. Journal de bord *[Das Meer in allernächster Nähe. Bordtagebuch]*«, letzter Essay des Bandes L'Été *[Der Sommer]*, Paris, Gallimard, 1965 (Erstdruck 1954), S. 161-184.
3 Am gleichen Tag schreibt PC zum Tod von dessen Freund Camus an René Char (nicht abgesandt): »René Char! Je voudrais vous dire, en ce moment, qui est celui de votre peine, quelle est ma peine. Le Temps s'acharne contre ceux qui osent être humains – c'est le temps de l'anti-humain. Vivants, nous sommes morts, nous aussi. Il n'y a pas de ciel de Provence; il y a la terre, béante, et sans hospitalité; il n'y qu'elle. Point de consolation, point de mots. La pensée – c'est une affaire des dents. Un mot simple que j'écris: cœur. Un chemin simple: celui-là. [. . .]. *[Ich möchte Ihnen gerne sagen, in diesem Augenblick, der der Ihres Schmerzes ist, welches mein Schmerz ist. Die Zeit stürzt sich auf die, die es wagen, menschlich zu sein – es ist die Zeit des Gegenmenschlichen. Lebendig sind wir tot, auch wir. Es gibt keinen Himmel der Provence; es gibt die Erde, klaffend, ohne Gastfreundschaft; es gibt nur sie. Keinen Trost, keine Worte. Das Denken – das ist eine Sache der Zähne. Ein einfaches Wort, das ich schreibe: Herz. Ein einfacher Weg: dieser.]*«
4 Der Brief liegt nicht mehr bei.
5 Das sechsseitige Typoskript mit dem Titel »Juden« bittet Schroers in seinem Begleitbrief (3. 1. 1960) »als ein persönliches Geschenk an

Anmerkungen 113

Dich« *zu verstehen; der Text handelt u. a. vom Wiederaufflammen des Antisemitismus in Deutschland und Europa.*
6 *Entgegen seinen sonstigen Gewohnheiten scheint PC diese Fassung seines allem Anschein nach sehr deutlichen Briefes nicht aufbewahrt zu haben.*
7 *Den Hellenisten Jean Bollack, Professor an der Universität Lille, und dessen Frau, die Latinistin Mayotte Beauroy, hatte PC erst kürzlich kennengelernt.*
8 *PC spielt vielleicht auf die von ihm erwarteten Bemerkungen seines so katholischen wie rechten Zahnarztes über die zahlreichen antisemitischen Vorkommnisse der letzten Zeit an, besonders die Schändung der neuen Kölner Synagoge in der Weihnachtsnacht 1959.*
9 *Name einer von ECs Plüschkatzen.*

115
Madame Celan / Maison familiale de vacances / Châlet *[sic]* de Trivier / <u>Méribel-les-Allues</u> / (Savoie) / *18 H 15 / 8 – 1 1960 / PARIS / 106 R. DE LONGCHAMP (16ᵉ)*

1 *PC fährt tatsächlich am Donnerstagabend, dem 14. 1. 1960, nach Frankfurt, wo er bis Montag, den 18. 1. 1960, bleibt (Notizkalender PC).*
2 *In seinem Notizkalender vermerkt PC seine Gespräche mit den Verantwortlichen des Insel Verlags: mit Fritz Arnold, der PC zu seiner seit dem 15. 7. 1959 abgeschlossenen Valéry-Übersetzung angeregt und an den PC auch das Manuskript am 30. 11. 1959 geschickt hatte; mit Gotthard de Beauclair von der buchkünstlerischen Leitung und mit Friedrich Michael, der für den Vertrag verantwortlich zeichnete und für PC ein kritischer und kluger Leser war. Am 16. 1. 1960 liest PC für einen kleinen Kreis im Insel Verlag* Die junge Parze.
3 *Es handelt sich um den Artikel von René Ferriot über* Mohn und Gedächtnis, Von Schwelle zu Schwelle *und* Sprachgitter *(im Inhaltsverzeichnis unter dem Titel* »PAUL CÉLAN. Sprachgitter« *aufgeführt; der Name PCs mit é im ganzen Artikel), der im Juli 1960 in der Nr. 158 der Monatszeitschrift* Critique *(S. 663-666) erscheint. Ferriot schreibt u. a.:* »Ach, man muß das immer wiederholen, der Versuch, ein Gedicht zu übersetzen, scheint vergeblich, und es kommt nicht von ungefähr, daß etwa ein Goethe in Frankreich so wenig bekannt ist. Ist die Schwierigkeit nicht wirklich immens, das

Wesen der Sprache, das, was das Gedicht ausmacht, den spüren zu lassen, dem sie völlig fremd ist? Das ist auch der Grund, warum es auch sehr schwierig ist, die Entwicklung zu vermitteln, die Célan seit seinem ersten Gedichtband, *Mohn und Gedächtnis* (*Pavot et mémoire*) (1952), bis zum Ende 1959 erschienenen letzten, *Sprachgitter* (was ich gerne etwas abweichend von einer Wort-für-Wort-Übersetzung als *Langage-grille* wiedergeben möchte), durchgemacht hat. [...] Die ersten Bände gaben sich dafür eher her, weil aus ihrer weniger großen poetischen Strenge eine Kantilene sichtbar wurde, die man in einem anderen Register wiedergeben kann. So im Gedicht *Sommeil et nourriture* [*Schlaf und Speise, GW I 65*] aus *Mohn und Gedächtnis:* ›Le souffle de la nuit te drape, l'obscurité partage ta couche, / elle te touche aux tempes, aux chevilles, elle t'éveille à la vie, au sommeil, / elle flaire ton mot, ton souhait, ta pensée, / elle dort avec eux et t'attire au dehors, / elle cueille à tes cils le sel qu'elle va te servir, / elle guette à tes heures leur sable qu'elle t'apporte / et tout ce qu'elle fut: l'ombre, la rose et l'eau, / elle vient t'en nourrir.‹ Lassen wir es bei dieser Annäherung bewenden und grüßen auf jeden Fall Célan, in dem die Musik und der Saft des Deutschen aufersteht.« *(S. 665 f., Übers.; weder die Nummer der Zeitschrift noch ein Sonderdruck des Artikels sind im Nachlaß PC erhalten.) PC kannte René Ferriot seit März 1957.*

4 *Der Titel erscheint im Brief deutsch.*

5 *D. h.* Mohn und Gedächtnis *und* Von Schwelle zu Schwelle.

6 *PC erwähnt an keiner anderen Stelle ein Treffen mit Cioran im Januar 1960. Im Zusammenhang mit einem früheren Treffen notiert PC unter dem Datum des 21. 1. 1959 in seinen Notizkalender: »3 h Cioran / (C. unverändert, undeutlich, verlogen, / suspekt)«.*

7 *In seinem Brief vom 3. 1. 1960 teilt der Schriftsteller Peter Jokostra an diesem Jahresanfang (»das neue Jahr ist da, von blutigen Schatten überlagert«) PC in einer Solidaritätsgeste die Weigerung eines Radiosenders mit, seine Sendung »Kafka, Prag, Pogrome« zu bringen, und das kurz nach der Schändung der Kölner Synagoge und inmitten all der antisemitischen Vorkommnisse auf der ganzen Welt. Als Argument für die Ablehnung wird angeführt, daß die Atmosphäre, in der Kafka lebte, in ganz anderer Weise bedrohlich und düster gewesen sei als die aktuelle, die nur in den Köpfen der Leute bestehe, die die aktuellen Ereignisse überbewerteten. Der so argumentierende Programmdirektor stellte sich als notorischer Altnazi heraus, der an Goebbels' Wochenzeitung* Das Reich *bis zum Schluß mitgearbeitet hatte.*

8 *PC und der Schriftsteller jüdischer Herkunft Wolfgang Hildesheimer hatten im Dezember 1959 einen unerfreulichen Briefwechsel im Zusammenhang mit einem Mißverständnis über eine von PC als antisemitisch interpretierte Rezension von* Sprachgitter *(siehe Anm. 116/3). In diesem Kontext hatte PC an Hildesheimer, Mitglied der Gruppe 47, geschrieben:* »Es ist mir nicht unbekannt, dass ich den Ruf eines ›Überempfindlichen‹, ›an Verfolgungswahn Leidenden‹ usw. genieße (nicht zuletzt in Kreisen der Gruppe 47); ich habe Ihnen, als ich Ihnen meine verschiedenen Erfahrungen mit dem Hitler-Nachwuchs erzählte, <u>Tatsachen</u> geschildert; ich habe Ihnen deutlich zu machen versucht, daß ich es für meine – und nicht nur meine – Pflicht halte, Hitlerei nicht stillschweigend hinzunehmen; ich habe Ihnen, da Sie mich ja danach fragten, ausführlich zu antworten versucht; mein Eindruck war, dass diese Dinge Sie wirklich angingen; [...]« *(23. 12. 1959, publiziert in: Wolfgang Hildesheimer,* Briefe, *hrsg. von Silvia Hildesheimer und Dietmar Pleyer, Frankfurt a. M., Suhrkamp, 1999, S. 98). Am 2. 1. 1960 wird PC, nach einem erklärenden und entschuldigenden Brief von Hildesheimer (27. 12. 1959), im Ton versöhnlicher. PC bezieht sich hier auf Hildesheimers kurze Antwort darauf vom 5. 1. 1960, in der Hildesheimer seinen Neujahrswünschen den Ausdruck der Erleichterung beifügt, und verweist auf die ›ungeschickte‹ Farbwahl für das Briefpapier (siehe ebenda, S. 100 f.). Ein letztes Mal schreibt PC 1966 sehr kurz an Hildesheimer.*
9 *ECs Collagezeichnung zeigt, nach der am 5. 1. 1960 in Méribel-les-Allues von GCL hinzugefügten Erklärung,* »Eric auf dem Schlitten, dahinter: der Berg.« *(Übers.)*

116

Monsieur Paul Celan / 78 rue de Longchamp / <u>Paris 16ᵉ</u> / ?? H /
11 – 1 1960 / *MERIBEL LES ALLUES / SAVOIE*

1 *Nach der Schändung der Kölner Synagoge in der Weihnachtsnacht 1959 vervielfältigen sich antisemitische Vorkommnisse wie Gräberschändungen und Wandschmierereien in Deutschland, aber auch in Frankreich und im übrigen Europa. Im Januar 1960 widmet die Pariser Tageszeitung* Le Monde *fast täglich eine Seite den* »Manifestations antisémitiques«.
2 *In ihrem Brief an Nani und Klaus Demus vom 9. 1. 1960 weist GCL deutlich auf die Schwierigkeiten hin, mit denen es PC zu tun hat:* »Nanni *[sic]*, Klaus, man muß Paul zuhören, auch wenn es

schwer ist, auch wenn es unglaublich scheint, kann ich auch sagen, auch dann, wenn er sich täuscht, bitte. Er täuscht sich selten. Aber ich weiß ja, daß Ihr das alles wißt, aber ich weiß auch, daß es sehr schwer ist, sehr schwer zu leben – / Ihr, die Ihr Pauls Freunde seid, laßt ihn nicht fallen, alle lassen ihn fallen, alle lassen ihn fallen. Es ist schwer, schwer.« *(Übers., siehe Brief 130.)*

3 *In einer Rezension von* Sprachgitter *im Berliner* Tagesspiegel *vom 11. 10. 1959 schreibt der Kritiker Günter Blöcker über PCs Verhältnis zur deutschen Sprache, zu seiner poetischen Sprache:* »Celan hat der deutschen Sprache gegenüber eine größere Freiheit als die meisten seiner dichtenden Kollegen. Das mag an seiner Herkunft liegen. Der Kommunikationscharakter der Sprache hemmt und belastet ihn weniger als andere. Freilich wird er gerade dadurch oftmals verführt, im Leeren zu agieren.« *In seinem Brief an die Redaktion der Zeitung vom 23. 10. 1959 nimmt PC die Elemente auf, die ihn am meisten entsetzt haben:* »[. . .] Ich schreibe Ihnen diesen Brief: der Kommunikationscharakter der Sprache hemmt und belastet mich weniger als andere; ich agiere im Leeren. / Die ›Todesfuge‹, als deren leichtsinnigen Autor ich mich heute bezeichnen muss, ist tatsächlich ein graphisches Gebilde, in dem der Klang nicht bis zu dem Punkt entwickelt ist, wo er sinngebende Bedeutung übernehmen kann. Entscheidend ist hier nicht die Anschauung, sondern, die Kombinatorik. / Auschwitz, Treblinka, Theresienstadt, Mauthausen, die Morde, die Vergasungen: wo das Gedicht sich darauf besinnt, da handelt es sich um kontrapunktische Exerzitien auf dem Notenpapier. / Es war tatsächlich hoch an der Zeit, denjenigen, der – das mag an seiner Herkunft liegen – nicht ganz gedächtnislos deutsche Gedichte schreibt, zu entlarven. Wobei so bewährte Ausdrücke wie ›kombinationsfreudiger Intellekt‹, ›duftlos‹ usw. sich ganz besonders empfahlen. Gewisse Autoren – das mag an ihrer Herkunft liegen – entlarven sich übrigens eines schönen Tages selbst; ein kurzer Hinweis auf die erfolgte Selbstentlarvung genügt dann; worauf man unangefochten über Kafka weiterschreiben kann.« *Am 26. 10. 1959 schreibt PC eine Art bittere Elegie,* Wolfsbohne *(GN 45-48), in der er seine Mutter direkt anspricht und deren Publikation im* Almanach *des S. Fischer Verlages, in der* Neuen Rundschau *oder in der* Niemandsrose *er als Antwort auf Blöckers Vorwürfe erwägt:* »Gestern / kam einer von ihnen und / tötete dich / zum andern Mal in / meinem Gedicht.« *(GN 46, mit* »meinem Gedicht« *ist die von Blöcker mißverstandene* Todesfuge, *GW I 41, gemeint.) Wie im Fall der Goll-Affäre versucht PC, Schriftsteller, Kritiker und Journalisten in Deutschland zu mobilisieren.*

Anmerkungen 117

Auch an Ingeborg Bachmann, seinen Verleger Rudolf Hirsch (dem er am 23. 10. 1959 Wolfsbohne *schickt), Günter Grass, Hans Magnus Enzensberger, Walter Höllerer (einen der beiden Herausgeber der* Akzente)*, Max Frisch, Nelly Sachs (siehe PC/Sachs, S. 24-27), Paul Schallück, Rolf Schroers und Peter Jokostra schreibt er zwischen dem 17. und dem 31. 10. 1959. Über die Reaktionen empfindet er Enttäuschung:* »Mutter, ich habe / Briefe geschrieben. / Mutter, es kam keine Antwort. / Mutter, es kam eine Antwort. / Mutter, ich habe / Briefe geschrieben an – / Mutter, sie schreiben Gedichte. / Mutter, sie schrieben sie nicht, / wär das Gedicht nicht, das / ich geschrieben hab, um / deinetwillen, um / deines / Gottes / willen.« *(GN 46 f.)*
4 *Anspielung auf das kleine ›rituelle Geschenk‹, das PC und GCL sich gerne machten (siehe Anm. 92/3; Tagebuch GCL vom 16. 1. 1958).*

117

1 *Ins Deutsche übertragen von Paul Celan, Wiesbaden, Insel, 1960. In einem nicht abgesandten Brief an Petre Solomon schreibt PC (etwa am 15. 3. 1960) zu dieser Übertragung:* »Ces jours-ci paraît ma traduction de la Jeune Parque. C'est la première traduction allemande, Rilke lui-même tenait pour ›invraisemblable‹ une telle traduction *[In diesen Tagen erscheint meine Übersetzung der Jungen Parze. Es ist die erste deutsche Übersetzung, Rilke selbst hielt eine solche Übersetzung für ›unwahrscheinlich‹].*«

118
Monsieur Paul Celan / aux bons soins de Monsieur Klaus Demus / Rennweg 4/36 / <u>VIENNE III</u> / (Autriche) / *PAR AVION / EXPRÈS / 16 H 15 / 4 – 8 1960 / R. DE LONGCHAMP (16ᵉ) / PARIS 106 PARIS – AVIATION / 20 H 30 / 4. 8. 60 / 5. VIII. 60. / 18²⁰ / 3 WIEN 40*
Brief aus einer ungeordneten Korrespondenzmappe von PC und GCL, eine Zeichnung und ein Gruß von EC (hier nicht wiedergegeben) liegen bei.

1 *PC ist in Wien bei seinem Freund, dem Dichter Klaus Demus, der Zeuge vieler Begegnungen zwischen Yvan Goll und Paul Celan war. Demus hat es unternommen, auf der Basis von Informationen durch PC einen Text auszuarbeiten, der den Verleumdungen von Claire Goll in der Presse widersprechen soll. In einem in der kleinen*

Münchner literarischen Zeitschrift Baubudenpoet *publizierten Brief unter dem Titel* »Unbekanntes über Paul Celan« *hatte sie Paul Celan erneut vorgeworfen, ihren Mann Yvan Goll in* Mohn und Gedächtnis *plagiiert zu haben (Nr. 5, März/April 1960, S. 115 f., teilweise nachgedruckt in den* Bremer Nachrichten *vom 24. 5. 1960; siehe GA Dok. 59). Am meisten entsetzt PC der Satz Claire Golls über den Autor der* Todesfuge *(GW I 41):* »Seine traurige Legende, die er so tragisch zu schildern wußte, hatte uns erschüttert: die Eltern von den Nazis getötet, heimatlos, ein großer, unverstandener Dichter, wie er unaufhörlich wiederholte ...« *Demus' auch von Ingeborg Bachmann und Marie Luise Kaschnitz gezeichneter Text* Entgegnung *versucht, die wichtigsten Phasen der* »Infamie« *(siehe Anm. 5/3), deren Opfer PC* »seit sieben Jahren« *ist, chronologisch exakt nachzuzeichnen (GA Dok. 65).*
2 *Am 21. 10. 1959 hatte PC diesen Leuchter in* Wolfsbohne *evoziert:* »Leg den Riegel vor: Es / sind Rosen im Haus. / Es sind / sieben Rosen im Haus. / Es ist / der Siebenleuchter im Haus. / Unser / Kind / weiß es und schläft.« *(GN 45) Siehe auch Brief 111/2.*
3 *GCL gibt hier die deutschen Titel der Übertragungen PCs von* La mort des pauvres, »Elle est retrouvée!« *und* Et s'il revenait un jour; *sie erscheinen im gleichen Jahr im Almanach des S. Fischer Verlages (1960, 74. Jahr, S. 80-82; GW IV 821, 111 und 825).*
4 *In ihrem Brief vom 2. 8. 1960 informiert Inge Waern PC darüber, daß er bald Genaueres über Nelly Sachs durch deren engste Freundin, Gudrun Dähnert, erfahren wird, die am folgenden Tag in Stockholm eintreffen soll, um sich um die Kranke zu kümmern. Im Juli hatte Inge Waern PC verschiedentlich zum beunruhigenden Gesundheitszustand von Nelly Sachs geschrieben. Am 24. 7. 1960 schreibt sie:* »Li ist krank. Zuweilen war es schrecklich und sie schrieb alles nur auf Zetteln auf, da alles abgelauscht wird und dann sitzen wir mit heruntergezogenen Gardinen und ich kann nicht einmal telephonieren. / Sie glaubt dass Ihre Verfolger wollen dass alle Ihre Freunde sie als geisteskrank ansehen um sie zum Wahnsinn zu treiben. Sie hat ›Gott sei Dank‹ selbst um Polizeischutz gebeten [...]. / Ich glaube nicht, dass es jetzt einen Sinn hat, dass Sie herkommen.« *(Siehe PC/Sachs, S. 52, Brief 49 und Anm.).*
5 *Siehe Anm. 65/3.*

119
Madame Paul Celan / 78, rue de Longchamp / Paris 16^e / France / 4. 8. 60 – 14 / SALZBURG 2
Ansichtskarte: »Die Festspielstadt Salzburg – Mirabellgarten«.

1 Aus Salzburg schickt PC auch eine Postkarte an seinen Sohn: »Salzburg, Altstadt« *(nicht publiziert, Poststempel vom 5. 8. 1960). Es handelt sich dabei um die erste bekannte Postkarte von PC an seinen Sohn überhaupt.*
2 *Siehe Georg Trakls Gedicht* Musik im Mirabell, in: *Die Dichtungen, Salzburg, Otto Müller Verlag, 1938 (6. Auflage, o. J.), S. 14. PCs Exemplar ist ein Geschenk seines Freundes Isac Chiva zum 30. Geburtstag und trägt die Widmung* »pour Paul« / »I. C.« / »à Paris – le 23 nov. 1950« *[für Paul / I. C. / in Paris – am 23. Nov. 1950]. Die enthaltenen Anstreichungen betreffen vor allem Beobachtungen zur Struktur der Gedichte und zu den Farbadjektiven. Zum Wort* »Mirabell« *siehe auch Brief 253/1.*

120
CELAN 78 RUE LONGCHAMP PARIS 16 / WIEN 7 [8. 1960] 15^{30}

121
CELAN 78 RUE LONGCHAMP PARIS 16 / STOCKHOLM 1 [9. 1960] 9^{25}

122
Monsieur Eric Celan / 78 rue de Longchamp Paris 16^e / France / 1. 9. 60 / ?? / CST D
Ansichtskarte: »Stockholm. Stadshuset och Västerbron i kvällsbelysning. *[Rathaus und Västerbrücke bei Abendbeleuchtung.]*«

1 *PC ist in Stockholm, um Nelly Sachs zu besuchen, die wegen einer schweren Depression in die Psychiatrische Abteilung des Södersjukhuset in Stockholm eingeliefert wurde (siehe Anm. 118/4). Gudrun Dähnert hatte PC zum alarmierenden Gesundheitszustand ihrer Freundin in einem langen Brief am 29. 8. 1960 geschrieben:* »Jedes Ihrer Worte wird von großer Bedeutung sein. Sie tragen eine große Verantwortung mit sich. / Meine Li [...] hat nun das Vertrauen an allen Freunden ausser Ihrer Familie und mir verloren. [...] Wenn sie ihren guten Freunden mißtraut sagt sie ständig: ›Ja Paul Celan hat gesagt, ich muß der Wahrheit ins Gesicht sehen. Ich muß das Schlechte erkennen.‹ Das geht nun so weit, daß sie glaubt, alle ihre Freunde sogar auch die jüdischen hätten sich mit einer Naziliga in Verbindung gesetzt, die sie ständig verfolgt hat und auf eine entsetzliche Weise morden wollte. – Gott sei Dank hat sie im Krankenhaus das Gefühl vor ihren Verfolgern sicher zu sein. / [...] Wenn Sie nach

Stockholm kommen, möchte ich Sie von Herzen bitten auch mit Lis Ärztin Frau Dr. Ettlinger zu sprechen. Sie ist ein guter Mensch und eine gute Ärztin. Sie ist auch Jüdin und versteht darum Nellys Nöte besonders.«

123
Monsieur Paul Celan / c/o Madame Nelly Sachs / Stockholm So / Södersjukhuset Avd 14 / AVION /
1 IX 60 / 16 H / PARIS 106 / R. DE LONGCHAMP (16^e)

1 *Telegrammtext deutsch im Originalbrief (siehe PC/Sachs, S. 62). GCL hatte PC am 30. 8. 1960 (nicht publiziert) schon von einem ersten Telegramm von Nelly Sachs benachrichtigt:* »Heute (Mittwoch) Telegramm von Nelly, von heute und mit der Frage, ob Du ein Zimmer in Stockholm gemietet hast. Ich mache mir Sorgen – sie sagt, es sei unmöglich, eines zu finden, wegen der Sankt-Eriks-Messe. Das ist lustig – Ich habe ihr telegrafiert, daß Du nichts reserviert hast, sie weiß doch, daß Du gestern abend gefahren bist! Das ist lustig – Sofern, sofern Du trotzdem gut untergebracht bist – Oh! die Freunde! Wieder einmal fürchte ich, daß Du erfahren mußt, was sie wert sind. Es ist unglaublich, daß sich all die Freundestüren, die sogenannten Freundestüren, nicht öffnen und nicht darum streiten, Dich aufzunehmen!« *(Übers.)*
2 *GCLs deutscher (!) Telegrammtext vom 31. 8. 1960 mittags ist erhalten:* »Paul hat kein Zimmer bestellt wird morgen früh mit dir sein« *(siehe PC/Sachs, S. 127).*
3 *PC erhält, im Rahmen eines Presse-Service, alle Bücher der Taschenbuchreihe* Fischer-Bücherei *zugeschickt.*
4 *PC bereitet seine Büchnerrede für die Preisübergabe am 22. 10. 1960 vor und interessiert sich für die Reden seiner Vorgänger, die jeweils in den Jahrbüchern der Akademie abgedruckt sind.*
5 *Sohn von Bekannten der Celans.*

124
Monsieur Paul Celan / c/o Madame Nelly Sachs / STOCKHOLM So / Södersjukhuset Avd 14 / AVION / 17 H 45 / 3 – 9 1960 / PARIS XVI / R. SINGER (16^e)
Auch EC unterschreibt den Brief mit vollem Namen und zeichnet darunter ein Bild mit Gras, Blumen und Insekten.

1 *Siehe Anm. 118/4 und 122/1.*

Anmerkungen

2 *Die Ansichtskarte (*»Die Seen des Oberengadins«*) ist auf den 30. 8. 1960 datiert, also etwa ein Jahr nach der* »versäumt[en] Begegnung« *(so im* Meridian, *GW III 201) zwischen PC und Th. W. Adorno in Sils-Maria (Graubünden), auf die in der kurzen, im August 1959 geschriebenen Erzählung* Gespräch im Gebirg *angespielt wird (GW III 169-173), für die ursprünglich* ›Gespräch in Graubünden‹ *als Titel vorgesehen war.*
3 *Katalog und Brief nicht identifiziert.*
4 *Die Celans säten für ihren Sohn gerne Kletterbohnen auf ihrem Balkon in der Rue de Longchamp und später auch in Moisville. Im Gedicht* Dein / Hinübersein *(20. 6. 1960) schreibt PC:* »Es klettert die Bohne vor / unserm Fenster: denk / wer neben uns aufwächst und / ihr zusieht.« *(GW I 218, V. 6-9); in einem Nachlaßgedicht vom 27. 7. 1962 schreibt er:* »Wir werden / leben: du, / mein Sohn, und du, / Geliebte, du / seine Mutter, und mit euch / ich – in diesem / eurem / gastlichen Land: / in Frankreich. Mit / seinen Menschen, mit / allen Menschen. // Es klettert die Bohne, die / weiße und die / hellrote – doch / denk auch an die / Arbeiterfahne in Wien – / vor unserm Haus / in Moisville.« *(GN 83)*

125
Madame Paul Celan / 78 rue de Longchamp / <u>Paris 16^e</u> / FRANCE / *EXPRESS-UTDELNING – EXPRÈS / 5. 9. 60 ? ?*
Celan c/o Mme Sachs, Stockholm / Soedersjukhuset, Avd. 13 / 15 H 30 / 6 – 9 1960 / PROVINCE ? ? PARIS ? ? // 16^{4o} / – 6. 9. 60 / PARIS / 71 PL VICTOR HUGO (16^e)

1 *PC vergißt das Adverb* »hiemit«, *das dem Wort* »ausdrücklich« *(Sammlung Demus, Deutsches Literaturarchiv Marbach) im Original des Brieftelegramms an Klaus Demus vorausgeht. Über die Goll-Affäre und die Redaktion der* »Entgegnung« *siehe Anm. 118/1. In einem Brief von Ingeborg Bachmann (*»Inge«*) vom 28. 8. 1960 hatte sie PC ihre Unzufriedenheit mit dem Text der von Klaus Demus verfaßten* »Entgegnung« *mitgeteilt. Auch Demus schreibt sie am gleichen Tag über ihre Vorbehalte gegenüber dem Ton des Textes und ihre Beunruhigung wegen der eventuellen schädlichen Auswirkungen, die dieser haben könnte; sie hielt ihn für nicht souverän genug, zu defensiv und schlug vor, Rudolf Hirsch mit der Abfassung eines neuen Textes zu beauftragen (siehe Sigrid Weigel,* Ingeborg Bachmann. Hinterlassenschaften unter Wahrung des Briefgeheimnisses, *Wien, Paul Zsolnay Verlag, 1999, S. 451). Am 1. 9. 1960 hatte Demus*

PC selbst Bachmanns Bedenken mitgeteilt. Am 10. 9. 1960 schreibt PC an Demus: »ich kann mein Stockholmer Telegramm nicht widerrufen: es hat, nicht nur vom Ort und von dessen Stunde her, seine Wahrheit. / Klaus, ich bitte Dich nur das zu tun, was Deine Überzeugung Dir diktiert.« *Der Text der* »Entgegnung« *erscheint schließlich doch, von allen drei Freunden PCs gezeichnet, wie vorgesehen im 3. Heft der* Neuen Rundschau *(S. Fischer Verlag, 1960, S. 547-549; GA Dok. 65). Keine Unterstützungsmaßnahme seiner Freunde wird PC je wirklich beruhigen, sein Gefühl, von ihnen verraten zu sein, wird sich im folgenden immer mehr ausprägen. In diesem Sinn zitiert PC oft den berühmten Vers einer von Léo Ferré gesungenen* Complainte *von Rutebeuf,* »Que sont mes amis devenus?« *(siehe eine Fassung des Gedichts* Einem, der vor der Tür stand, *TCA/NR 64); zur Übersetzung des Rutebeuf-Fragments siehe GA Dok. 323. Zum gesamten Komplex der Goll-Affäre und ihrer Auswirkungen auf das Leben PCs und seiner Familie siehe die von Barbara Wiedemann zusammengestellte, ausführlich kommentierte Dokumentation* Paul Celan – Die Goll-Affäre, *Frankfurt a. M., Suhrkamp, 2000.*
2 *Am 25. 8. 1960 telefonierte PC mit Ingeborg Bachmann über die* »Entgegnung« *(siehe Anm. 1).*
3 *PC trifft am 9. 9. 1960 zwischen zwei Zügen den Philosophen und Heidegger-Spezialisten Otto Pöggeler, Gesprächsthema ist vor allem die Goll-Affäre (Notizkalender PC).*

126
Monsieur Paul Celan / *[gestrichen:]* c/o Madame Nelly Sachs / <u>Stockholm S. o.</u> / Södersjukhuset Avd. 14 / (Suède) / *12 H / 6 – 9 1960 / PARIS XVI / R. SINGER (16e)* *[von fremder Hand ersetzt durch:]* <u>Retur</u> till avsänder / Celan / <u>Paris</u> / Longchamp 78 / Celan rue de Longchamp 78 / Paris 16e / *8. 9. 60 STOCKHOLM // 11. 9. 60 / 18-19 STOCKHOLM BAN*

1 *Überzeugt von Bachmanns Einwänden wegen des Tons der* »Entgegnung«, *überlegt Klaus Demus in seinem Brief vom 1. 9. 1960, ob man nicht besser auf die Publikation verzichten solle, und schlägt PC einen kurzen Ersatztext vor (siehe Anm. 2). GCL hatte PC den Text wenige Stunden zuvor am Telefon vorgelesen.*
2 *GCLs Abschrift von Demus' Text (*»keine ›Entgegnung‹, sondern eine ›Anzeige‹«*) scheint im Gegensatz zum Originaltext nicht erhalten zu sein (siehe GA 85, Kommentar).*

3 Zwischen 1959 und 1962 (einschließlich) vollendet GCL keine Radierungen.
4 Siehe Anm. 97/6.

127
CELAN 78 RUE LONGCHAMP PARIS 16 / STOCKHOLM 8 [9. 1960] 8⁴⁵

1 Siehe Anm. 125/3.

128
Nicht auf dem Postweg beförderter Brief aus ECs Exemplar der Übersetzung Die junge Parze *(Brief 117).*

129
1 Es handelt sich um ein Exemplar der Erstausgabe von Sprachgitter.
2 Das gesamte Hölderlin-Zitat ist im Original deutsch; siehe die Ausgabe in PCs Nachlaßbibliothek: Hölderlins Sämtliche Werke, 3 Bde., Berlin und Leipzig, Tempel, o. J., Tempel-Klassiker, Bd. 2, S. 175 und 176, dort aber »foderte«; PC weist im hinteren Buchdeckel auf das Zitat hin, außerdem weisen Empedokles und die Briefe Lesespuren auf. Die Wahl des Zitats ist engstens mit Günter Blöckers Rezension und der sich verschärfenden Goll-Affäre verbunden (siehe Anm. 116/3 und 118/1).
3 Zwischen dem 1. und 14. 12. 1960.

130
Das Manuskript »Und schwer« wurde von PC in das Konvolut der Niemandsrose eingeordnet (GN 50, siehe auch die Reproduktion des Dokuments GN 326).

1 Die Abschrift des Gedichts datiert also vom achten Hochzeitstag von PC und GCL. PC schließt sich gerade für einige Tage dem Winterurlaub seiner Familie in Montana (Chalet Les Fougères, Valais, Schweiz) an. Er bleibt dort vom 19. bis 27. 12. 1960.
2 Siehe Brief 3/2.
3 PC erinnert an GCLs Hochzeitsstrauß (siehe Abb. 1). Der Flieder ist für PC auch eine Erinnerung an die Bukowina; in seinem Jugendgedicht Regenflieder erscheint dieser verbunden mit der Zeit und

dem Liebespaar: »Der Flieder, einsam vor dem Duft der Zeit, / sucht triefend nach den beiden, die umschlungen / vom offnen Fenster in den Garten sahn.« *(GW III 15, in seinem Exemplar von* Der Sand aus den Urnen *datiert auf:* »C[zernowit]z 41/42«.*)*

131
Umschlag wohl nicht erhalten.

1 *PC erwähnt an keiner Stelle einen Theaterbesuch in Zürich.*
2 *Ein Brief von Werner Weber, dem Feuilletonredakteur der* Neuen Zürcher Zeitung, *vom 31. 12. 1960 zeigt, daß ein Zufall die Begegnung verhindert hat, die am 24. 12. 1960 von PC durch einen Anruf vorbereitet worden war (Notizkalender PC). Aus einem Briefentwurf an Otto Pöggeler wird deutlich, daß der Hauptgrund für PCs Zürichaufenthalt ein in der Wochenzeitung* Die Zeit *geplanter neuer Artikel eines der Helfer von Claire Goll, Rainer Kabel (GA Dok. 67), war.*

132
Monsieur Paul Celan / 78 rue de Longchamp / <u>PARIS 16ᵉ</u> / <u>(FRANCE)</u> / *1. 1. 61 – 16 / MONTANA-VERMALA*

1 *Name einer Stelle oberhalb von Crans.*
2 *Der Hölderlin-Spezialist Bernhard Böschenstein unterrichtete damals an der Universität Göttingen; er war mit Jean und Mayotte Bollack befreundet.*
3 *PC holt seine Familie am Abend des 4. 1. 1961 von der Gare de Lyon ab (Notizkalender GCL).*

133
Umschlag wohl nicht erhalten.
Das Manuskript von Eine Gauner- und Ganovenweise, *im Februar 1961 gesungen von Paul Celan (GW I 229 f. bzw. TCA/NR 41-45) wurde von GCL im Konvolut ihrer Korrespondenz mit PC aufbewahrt.*

1 *Die ersten Fassungen dieses zwischen Februar 1961 und November 1962 geschriebenen Gedichts (auf Manuskripten belegte Daten: 16. 2., 26. 2., 17. 12. 1961 und 7. 11. 1962) datieren, darauf legt der Titel in dieser Form Wert, aus dem Februar 1961 (zum Titel der Endfassung siehe Anm. 2). Obwohl es sich hier wohl um eine späte Ab-*

schrift (nach der Änderung des Titels am 17. 12. 1961, siehe TCA/NR 42) handelt, ist es wegen der Datierung im Titel an dieser Stelle eingeordnet. Der hier gegebenen Fassung fehlt der »Envoi«.
Am 23. 1. 1961 antwortet PC dem Schriftsteller, Publizisten und Übersetzer Friedrich Torberg (Mitherausgeber der österreichischen Zeitschrift Forvm) *im Zusammenhang mit einer* »›chassidischen‹ Interpretation« *seiner Dichtung mit Formulierungen, die das Gedicht, das eng mit der Goll-Affäre verbunden ist, vorwegzunehmen scheinen:* »Ja, das Chassidische . . . gewiss. Aber wissen Sie, ich bin, bei allen mich umwehenden Bärten, bei allem meinem langjährigen (und mein damaliges Fussballspielerherz nicht immer erfreuenden) Hebräischlernen, denn doch mit so bartlosen Gestalten grossgeworden wie Siegfried und die Nibelungen. O ihr Zîten und Hochgezîten . . ./ [. . .] / Man ist Jude (und hat nichts davon). Im übrigen kann man ja auch unbeschnittenerweise verjuden – das hats sogar schon gegeben. Meine eigene Nase ist auch erst seit kurzem so krumm.« *PC spielt auf den Anfang des* Nibelungenliedes *an, und dabei sollte man mitdenken, daß* »Nibelungen« *für ihn oft als Bezeichnung für Anhänger antisemitischer Ideologien benutzt wird:* »Uns ist in alten maeren   wunders vil geseit / von helden lobebaeren,   von grôzer arebeit, / von fröuden hôchgezîten,   von weinen und von klagen, / von küener recken strîten   muget ir nu wunder hoeren sagen.« *(Das Nibelungenlied – Kudrun. Text, Nacherzählung, Wort- und Begriffserklärungen, hrsg. von Werner Hoffmann, Darmstadt, Wissenschaftliche Buchgesellschaft, 1972, S. 3.)*
2 *Der endgültige Titel des Gedichts lautet:* Eine Gauner- und Ganovenweise / gesungen zu Paris emprès Pontoise / von Paul Celan / aus Czernowitz bei Sadagora; *siehe auch Anm. 136/2. Sadagora, ein Zentrum des Chassidismus, ist der Geburtsort von PCs Mutter; die Stadt hatte auch den Ruf einer Sammelstätte für Räuber und Pferdediebe.*
3 *Landsknechtslied aus dem 16. Jahrhundert:* »Wir zogen in das Feld, / wir zogen in das Feld, / da hättn wir weder Säckl noch Geld. / Strampelte mi, / alla mi presente al vostra signori. // [. . .] // Wir kamen vor Friaul, / da hättn wir allesamt groß Maul. / Strampelte mi [. . .]« *Das Motto wird in der Endfassung dann durch einen Vers aus Heines Gedicht* An Edom *ersetzt:* »Manchmal nur, in dunkeln Zeiten,«. *PC hatte auch daran gedacht, Dante zu zitieren (siehe allgemeine Beschreibung für Brief 137).*
4 *PC erweitert das Gedicht in der Endfassung um einen* »Envoi«: »Aber, / aber er bäumt sich, der Baum. Er, / auch er / steht gegen / die Pest.«

134
Nicht auf dem Postweg beförderter Brief.

1 *GCL nimmt 1961 als Datierung an. Der März 1961 wird vom Herausgeber auf der Basis eines Briefes von Th. W. Adorno an PC vorgeschlagen, der an seinen Besuch in Paris zu ebendiesem Zeitpunkt erinnert.*
2 *PC wird Beckett weder an diesem Tag noch überhaupt persönlich kennenlernen. Franz Wurm schreibt in seiner »Erinnerung« über eine Episode Ende März 1970:* »Auf den Nachmittag bin ich mit Beckett verabredet. Ich möchte, daß er mitkommt. Er zögert verlockt, lehnt dann ab: ›Unangemeldet? Das geht nicht.‹ Und wenn ich B. anriefe? ›So im letzten Moment? Ausgeschlossen.‹ Als ich abends zurückkehre, ihm die nachdrücklichen Grüße ausrichte, wird er traurig: ›Das ist hier wahrscheinlich der einzige Mensch, mit dem ich mich verstanden hätte.‹ Hätte.« *(PC/FW, S. 250) André Bernold evoziert in seinem Buch* L'Amitié de Beckett 1979-1989 *([Becketts Freundschaft] Paris, Hermann, 1992, S. 58) in einer kurzen Anmerkung das Verhältnis von Beckett zu PC:* »›Celan ist mir zu hoch‹, und er wollte von Elmar Tophoven an einem Tag, an dem wir zusammen waren, wissen, ob Celans Verzweiflung in dessen Leben deutlich würde.« *(Übers.) Keine Beckett-Ausgabe in PCs Bibliothek zeigt Lesespuren. Das einzige konkrete Dokument für eine Beziehung PCs zu Becketts Werk ist seine auszugsweise Übersetzung des Anfangs von* L'Innommable *([Der Unaussprechliche], 1953) im Rahmen seines Unterrichts an der ENS (von »Il n'y a donc pas à avoir peur« bis »Ça donnera ce que ça donnera«).*
3 *Siegfried Unseld, der Leiter der Verlage Insel und Suhrkamp, war Verleger von Beckett (in der Übertragung von Elmar Tophoven) und von Adorno.*
4 Café de la Closerie des lilas *[Fliedergärtchen] ist der Name einer Brauereigaststätte am Jardin du Luxembourg (171, Boulevard du Montparnasse, 6ᵉ), die bei Schriftstellern und Künstlern schon seit der Gründung im 19. Jahrhundert beliebt war.*

135

1 Rede anläßlich der Verleihung des Georg-Büchner-Preises 1960, Darmstadt, am 22. Oktober 1960, *Frankfurt a. M., S. Fischer, 1961. In ein für EC bestimmtes Exemplar dieser am 22. 10. 1960 in*

Darmstadt bei der Verleihung des Georg-Büchner-Preises gehaltenen Rede trägt PC ein: »Eric Celan« / »23 mars« / »1961« *[23. März].*
2 *Anspielung auf den 19. März, den 34. Geburtstag von GCL, und den 23. März, einen* »kleinen Jahrestag«.

136

1 *Ausgewählt und übertragen von Paul Celan, Frankfurt a. M., S. Fischer, 1961; der Band enthält 31 zwischen Februar 1958 und Juli 1960 entstandene Übertragungen von zwischen 1910 und 1925 entstandenen Gedichten (zur Bibliographie der Ausgangstexte siehe GW V 632-635).*
2 *Zum Selbstverständnis PCs als österreichischer Dichter siehe Anm. 16/2. Zu dieser Zeit nannte sich PC auch gerne russischer Dichter; für den Titel seiner* Gauner- und Ganovenweise *hatte er eine Zeitlang geplant:* »/ Eine Gauner- und Ganovenweise, im Jahre 1961 gesungen von Pawel Lwowitsch Tselan, Russkij poët in partibus nemetskich infidelium /«. *Die Formel* »in partibus infidelium« *wurde von Bischöfen verwendet, die sich auf* »ungläubigem Boden« *befanden;* »nemetskich« (немецких *Genitiv Plural) heißt russisch* »deutsch« *(siehe TCA/NR 42-43).*
3 Pavel L'vovič; L'vovič *ist PCs Vatername, vom Vornamen Leo Antschels.*

137
Das Blatt, das in engem Zusammenhang mit der Goll-Affäre (siehe Anm. 5/3 und 125/1) steht, stammt aus einer ungeordneten Korrespondenzmappe von PC und GCL. Auf der Rückseite von der Hand PCs: »Rafèl mai amèch zabì et almì« / »Dante, Inferno, Canto XXXI, 67«. *PC hatte diese Worte Nemrods in* »babylonischer Sprache« *als Motto für seine* Gauner- und Ganovenweise *geplant (siehe TCA/NR 42).*

1 *Es handelt sich um eine Art Liste französischer Varianten für das deutsche Verb* »stehen« (assumer, résister, refuser). *Eine weitere derartige Liste auf einem Briefumschlag in anderer Anordnung ist im Nachlaß erhalten:* »Je refuse« / »J'assume« / »Je résiste« / »3. XI. 1961.«

138
Das Manuskript von »Die hellen« *wurde von PC in das Konvolut der* Niemandsrose *eingeordnet (siehe TCA/NR 82 und für die Endfassung* Die hellen / Steine, *GW I 255).*

1 *Die erste Widmungszeile ist deutsch im Original.*
2 *Zum Gedicht mit dem endgültigen Titel* Die hellen / Steine *siehe Anm. 221/3.*
3 *Gemeinde im nördlichen Finistère (Bretagne) in der Nähe des Hafens Le Conquet, wo die Celans ihre Ferien verbrachten.*

139
Nicht auf dem Postweg beförderter Brief.

1 *Wegen der Blöcker- und der Goll-Affäre ist PC in einer tiefen psychischen Krise. Unter dem Datum des 4. 10. 1961 notiert er in seinen Notizkalender:* »Dr Vecsler *[Hausarzt]* – Essayer de m'en tirer avec somnifères et rien d'autre *[versuchen, nur durch Schlafmittel und nichts anderes da herauszukommen]* –«.
2 *Marie-Christine Fulda, Psychologin und Mutter eines Klassenkameraden von EC.*
3 *PC sieht die Goll-Affäre als* »wahre Dreyfus-Affäre – sui generis« *(so in einem undatierten, nicht abgesandten Brief an Jean-Paul Sartre etwa vom 7. 1. 1962, GA Dok. 191).*

140
Nicht auf dem Postweg beförderter Brief.

1 *GCL schlägt für die Datierung 1962 vor.*

141
Brief in einem unbeschriebenen Umschlag.

1 *35. Geburtstag von GCL.*

142
Nicht auf dem Postweg beförderter Brief, aus dem gleichen Teilordner wie Brief 140.

1 *GCL schlägt für die Datierung 1962 vor. Möglicherweise hat PC den Gruß vor seiner Abreise nach Genf hinterlegt.*

143

Monsieur Paul Celan / Bureau International du Travail / (Annexe) / Section Traduction / 63, rue de Lausanne / GENÈVE / (Suisse) / PAR AVION / 18 H 15 / 27 – 9 1962 / PARIS / 71 PL. VICTOR HUGO (16e)

G. Celan, 78 rue Longchamp, Paris 16^e

[am Rand der ersten Briefseite, von der Hand ECs:] Ich umarme Dich, Papa / Eric *(Übers.)*

1 *Das Hotel konnte nicht identifiziert werden. PC hatte am 19. 9. 1962 einen Zeitvertrag mit der Abteilung* Édition et traduction *im Bureau International du Travail (BIT [Internationales Arbeitsamt]) in Genf unterzeichnet. Er arbeitete in dieser – sehr gut bezahlten – Stelle einen Monat lang (bis zum 26. 10. 1962 einschließlich). Schon von Januar bis April (einschließlich) 1956 hatte PC eine vergleichbare Stelle am BIT als Übersetzer aus dem Französischen, Englischen und Russischen.*

2 *Bernard de Veyrac und seine Frau Anne de Bourboulon, eine Cousine von GCL.*

3 *Der Dramatiker und Übersetzer – u. a. von Rilke und Büchner – Arthur Adamov, eine bekannte Figur aus Saint-Germain-des-Prés.*

4 *Jacques Lalande, seine Frau Jacqueline Lévy und deren Kinder aus erster Ehe, Jean-Pierre und Lise Bloc (genannt Lisou, siehe unten), wohnten in der Nachbarschaft der Celans, in der Rue de Longchamp Nr. 88. Jacqueline Lalande, damals Grundschullehrerin, hat mit ihrem Beruf Schwierigkeiten. Etwa zwei Monate vor dem vorliegenden Brief, am 6. 8. 1962, schreibt PC, nicht ohne einen Seitenblick auf den Zensor, dem rumänischen Dichter Petre Solomon über seine Nachbarn:* »Es erstaunt Dich sicher, daß ich nach vierzehn Jahren nur wenige Freunde in Paris habe. Seit einiger Zeit haben wir zwei Freunde, einen Schauspieler und seine Frau, die Volksschullehrerin ist. Es ist sicher nicht von ungefähr, daß beide Mitglieder der Kommunistischen Partei sind. (Das sage ich wirklich nicht, um mich bei Dir einzuschmeicheln!)« *(Übers., französischer Text unautorisiert publiziert in PC/PS, S. 224.)*

5 *Die Aufsätze von Jean Firgès und Joachim Stave waren in der Zeitschrift* Muttersprache, *Nr. 72, S. 261-269 und S. 280-284, erschienen (die Titel zitiert GCL im Originalbrief deutsch, der zweite Titel lautet vollständig:* »Hüpfgesunde Lyrik? Das Sprachbarometer 61«). *Drei Jahre vorher hatte Firgès die erste PC gewidmete Dissertation abgeschlossen (*Die Gestaltungsschichten in der Lyrik Paul Celans ausgehend vom Wortmaterial, *Köln 1959).*

6 Ansprache anläßlich der Entgegennahme des Literaturpreises der Freien Hansestadt Bremen (GW *III 185 f.*).
7 Sprachgitter *war im März 1959 erschienen.*
8 *Zitat aus dem Schluß des Postskriptums im Brief PCs an Firgès vom 2. 12. 1958 (siehe auch die* Antwort auf eine Umfrage der Librairie Flinker, Paris *im Almanach Flinker, Paris 1958, S. 45; GW III 167f.).*
9 »Wir leben unter finsteren Himmeln, und – es gibt wenig Menschen. Darum gibt es wohl auch so wenig Gedichte.« *(Unter dem von PC selbst gewählten Titel* Ein Brief *publizierter Brief PCs an Hans Bender in der zweiten Auflage der Anthologie* Mein Gedicht ist mein Messer. Lyriker zu ihren Gedichten *von 1961 (München, List, S. 86 f.; GW III 178).*
10 *Im Brief des Hermann Luchterhand Verlags (des Verlags der von Claire Goll herausgegebenen* Dichtungen *von Yvan Goll) vom 24. 9. 1962 kündigt der Verantwortliche der Werbeabteilung ein Belegexemplar der zweisprachigen Gedichtauswahl* Quelle der Quellen *von André Frénaud an (herausgegeben und übersetzt von Paul und Marlis Pörtner, Neuwied/Berlin, Luchterhand, 1962; es handelt sich um Gedichte aus den Bänden* Poèmes des Rois Mages *[Gedichte der heiligen drei Könige], 1943,* Poèmes de dessous le plancher *[Gedichte von unter dem Bretterboden], 1949, und* Il n'y a pas de paradis *[Es gibt kein Paradies], 1962) und bittet PC, auf das Buch in geeigneter Weise hinzuweisen. PC antwortet nicht auf die Anfrage, wie er Aufträge literaturkritischen Charakters im übrigen immer ablehnen wird.*
11 »Sie werden aufeinander stehen müssen im Schloss Sanssouris *[in Stierstadt im Taunus]«; Einladung zur einer Soiree am 24. 9. 1962, die aus drei Gründen veranstaltet wurde: zum 65. Geburtstag des Dichters, Verlegers und Begründers der Eremiten-Presse V. O. Stomps, zum Erscheinen seines Buchs* Gelechter. Eine poetische Biographie *und zur Veröffentlichung der von Günter Bruno Fuchs und Harry Pross »im Namen seiner Freunde« herausgegebenen Festschrift* guten morgen vauo – ein buch für den weißen raben v. o. stomps *(Frankfurt a. M., Europäische Verlagsanstalt, 1962), in der auch das ›lettristische‹, eigens dafür geschriebene Gedicht PCs* Großes Geburtstagsblaublau mit Reimzeug und Assonanz *(S. 169, GW III 134) enthalten ist. Die Celans wohnten schon seit fünf Jahren nicht mehr in der Rue de Montevideo.*
12 *Gemeint ist Jean Demonsant, Leiter der Abteilung Übersetzung am* Bureau International du Travail *(Genf).*

Anmerkungen 131

13 *PC hat während seines Aufenthaltes in Genf regelmäßigen Kontakt mit der Dichterin und Übersetzerin Lydia Kerr.*
14 *Es handelt sich sicher um das Klavierkonzert in d-moll (KV 466) in der Interpretation von Clara Haskil und den Wiener Symphonikern unter der Leitung von B. Paumgartner.*
15 *Jeanne d'Eprémesnil, die Schwester von GCLs Vater.*
16 *Ansichtskarte des Dichters Erich Arendt und seiner Frau Katja (»Nessebar. Nessèbre [Bulgarien]. L'Ancienne église Métropolitaine [Die alte Metropolitankirche]«) vom 20. 9. 1962 mit einer Einladung nach Ost-Berlin.*
17 *Es handelt sich um ein oder mehrere Exemplare der sogenannten* Schulausgabe, *einer Auswahl aus dem Werk PCs für den Schulgebrauch, die etwa zehn Tage zuvor bei S. Fischer erschienen war:* Gedichte. Eine Auswahl, Auswahl und Anmerkungen von Klaus Wagenbach, unter Mitarbeit des Autors. *Im Kontext der Goll-Affäre hatte PC dort der Publikation von zwei Gedichten aus* Der Sand aus den Urnen *(Wien 1948), die nicht in* Mohn und Gedächtnis *enthalten sind, sowie der Entstehungsdaten aller in der Auswahl publizierter Gedichte zugestimmt.*
18 *PC und GCL hatten im Frühjahr des Jahres in Moisville, einem Dorf im Département Eure am Ostrand der Normandie, ein Landhaus gekauft; Vorbesitzer waren Herr und Frau Josquin. Die Celans planten, abwechselnd dort und in Paris zu wohnen. GCL setzte in dieses Haus, das sie von Paris und seinen Problemen weit genug entfernt glaubte, große Hoffnungen.*
19 *Der Journalist rumänischer Herkunft und Rumänien-Spezialist Șerban Voinea, Pseudonym für Gaston Boeuve, und seine Frau, die Ärztin Jenny Lindenberg.*

144
Monsieur Paul Celan / Bureau International du Travail / (Annexe) / Section Traduction / 63, rue de Lausanne / GENÈVE / (Suisse) / Par Avion / 16 H 15 / 28 – 9 1962 / PARIS / 71 PL. VICTOR HUGO (16ᵉ)

1 *PC leistet GCLs Wunsch Folge: siehe die unvollendeten Briefe aus dem Oktober 1962.*
2 *Es handelt sich sicher um das Hotel Paquis fleuris (23, Rue des Paquis), das PC unter dem Datum des 26. 9. 1962 in seinen Notizkalender notiert.*
3 *In der französischen Grundschule ist 10 die beste Note.*

145
Madame Paul Celan / 78 rue de Longchamp / Paris 16ᵉ / France / ?? / 30. IX. 62 – 19 / GARE CORNAVIN / GENÈVE 2

1 *Bergstation im Schweizer Jura (1041 m), oberhalb des Genfer Sees mit einem weiten Panoramablick über die Alpen.*
2 *Siehe das auf den* »29. 9. 62« / »Rue Perdtemps, Nyon« *datierte Manuskript* »La Contrescarpe« *(TCA/NR 128 bzw. für die Endfassung GW I 282).*
3 *Bergstation sechs Kilometer nordöstlich von Saint-Cergue.*
4 *PC zitiert hier aus dem Gedächtnis die Verse 21-24 aus* Die Silbe Schmerz *(GW I 280f.):* »[. . .] Kolumbus / die Zeit- / lose im Aug, die Mutter- / Blume« *(keine erhaltene Fassung hat die Schreibung* »Columbus«*). Das Gedicht entstand etwa zwei Wochen vorher, am 16. und 19. 9. 1962. Drei Gedichte trennen es vom Schlußgedicht der* Niemandsrose *in der publizierten Form.*
5 *In seinem fälschlich auf den 14. 10. [sic] 1962 datierten Brief (Poststempel nicht lesbar) kündigt Erich Einhorn, ein aus der Bukowina stammender Freund PCs, an, er werde* »für ein paar Wochen nach dem Süden, ans Meer, irgendwo in die Kolchis zwischen Gagra und Batumi fahren« *(Paul Celan – Erich Einhorn: Briefe, hrsg. und kommentiert von Marina Dmitrieva-Einhorn, in:* Celan-Jahrbuch 7 *(1997/98), Heidelberg, C. Winter, 1999, S. 34f.).*
6 *Das Zusammenfallen derartiger Vorkommnisse selbst nannte PC* »etwas meridianhaftes«: *siehe die Briefe 148/1 und 347/6.*
7 *Israel Chalfen schreibt in Zusammenhang mit der Zwangsarbeit, zu der PC verpflichtet war:* »In Tăbărești, einem Dorf bei Buzău in der Moldova, wurden die Zwangsarbeiter zunächst bei der Errichtung eines Lagers eingesetzt, und sie mußten Unterstände für sich graben. [. . .] Geschlafen wurde auf dem feuchten Erdboden [. . .]. Die Straßenarbeiten wurden mit primitivsten Mitteln ausgeführt: nur Spaten und Schaufel standen als Arbeitsgeräte zur Verfügung, mit denen sich die jüdischen Männer von Sonnenaufgang bis Sonnenuntergang abquälen mußten. Als Nahrung diente ihnen nichts als eine wässrige Maissuppe [. . .]. Fragte man Paul während eines Urlaubs in der Stadt, was er im Lager mache, antwortete er lakonisch: ›Schaufeln!‹« *(Paul Celan. Eine Biographie seiner Jugend, Frankfurt a. M., Insel, 1979, S. 120f.) Buzău liegt in Oltenien, nicht in der Moldau.*
8 *Der Name – in dieser deutschen Form im Originalbrief – dieser auch als Heilpflanze (Euphrasia officinalis) verwendeten Blume,*

hier eng mit der Lagererfahrung verbunden, erscheint in dem frühen Gedicht Herbst *vom 10. 9. 1942 (vielleicht das Datum, an dem PC vom Tod seines Vaters in der Deportation erfuhr?):* »Hier und drüben / dunkeln nun Antlitz und Aster. / Doch Wimpern und Lid vermissen den Augentrost.« *(FW 62, V. 6-8) Im von PC selbst veröffentlichten Werk erscheint der Blumenname zum ersten und einzigen Mal im Gedicht* Todtnauberg *(GW II 255, V. 1).*

9 *PC zitiert aus dem Gedächtnis seine Übersetzung des letzten Verses von Esenins 1916 entstandenem Gedicht* Осень, Herbst: »Wind, er weht zur Staude mit den Vogelbeeren – / Christus, deine roten küßt er, deine Schwären.« *(GW V 181, letztes Verspaar, Hervorhebung Hrsg.)*

10 *Anspielung auf die Goll-Affäre und ihre Verzweigungen: In diesem Zusammenhang spricht PC oft von der* »Meute«, *die ihm auf den Fersen sei.*

11 *Meist roter Wein aus dem Schweizer Wallis.*

12 *Nicht identifiziert, vielleicht Gedichte von Esenin.*

13 *Siehe Abb. 5*

14 *Das Erscheinen von* »Perdtemps *[Zeitvergeudung]« auf der rechten Seite interpretiert PC als Zeichen für sich. In verschiedenen Büchern seiner Bibliothek hebt PC die symbolische Bedeutung von* rechts *und* links *hervor. Siehe auch in* Fadensonnen*:* »ZUR RECHTEN – wer? Die Tödin. / Und du, zur Linken, du?« *(GW II 167, V. 1-2.) Ein Manuskript von* La Contrescarpe *ist datiert* »Rue Perdtemps« *(siehe Anm. 2).*

15 *[Oh, wie soll man herauskommen aus den Ziffern und Zahlen!] Das Zitat konnte nicht identifiziert werden. Vielleicht zitiert PC auch einen eigenen, häufig wiederholten Satz. Siehe in Brief 282 die V. 4-9 von* »Gezinkt der Zufall, und zerweht die Zeichen«.

16 *Fischer heißt auch PCs Verleger.*

17 Pensées *[Gedanken], neu durchgesehene Ausgabe, hrsg. von Victor Giraud, Paris, Librairie Rombaldi, 1943. Einzige Lesespur auf S. 103 ist der Anstrich am Schluß der im folgenden zitierten Passage am rechten Rand:* »* 139 *[in:* Divertissement*]. –* [...] Mais quand j'ai pensé de plus près, et qu'après avoir trouvé la cause de tous nos malheurs, j'ai voulu en découvrir la raison, j'ai trouvé qu'il y en a une bien effective, qui consiste dans le malheur | naturel de notre condition faible et mortelle, et si misérable, que rien ne peut nous consoler, lorsque nous y pensons de plus près.« *Das Foto von GL aus der Zeit der ersten Begegnung im November 1951 befindet sich heute nicht mehr in dem Band.*

18 *PC verwendet mit* »je tiendrai« *eine der französischen Varianten des deutschen Verbs* »stehen«.
19 *PC legt eine* Herbstzeitlose *bei (siehe Abb. 5, erste Seite des Briefs mit den Beilagen), für die er an dieser Stelle im französischen Text die wörtliche Übersetzung* »hors temps« *gibt für die an anderer Stelle genannte* »colchique« *(ein mit Kolchis am Schwarzen Meer, dem Ort von Ovids Verbannung und dem Schauplatz der Argonautensage, verbundener Name, der PC immer an seine Heimat erinnert).*

146
Monsieur Eric Celan / 78, rue de Longchamp / Paris 16ᵉ / France / *30. IX. 62 – 19 / GENÈVE 2 / GARE CORNAVIN*

1 *Siehe Anm. 143/18.*
2 *Rond-point de Longchamp, heute Place de Mexico.*
3 *Siehe Brief 111/2.*

147
Monsieur Paul Celan / Bureau International du Travail / (Annexe) Section Traductions / 63 rue de Lausanne / GENÈVE / (Suisse) / AVION / *18 H / 2 – 10 1962 / PARIS 106 / R. DE LONGCHAMP (16ᵉ)*

1 *Putzfrau der Celans in Moisville.*
2 *Der Schauspieler Laurent Terzieff war gleichzeitig für die Inszenierung von Paul Claudels Stück* L'Echange *[Der Tausch] (1894) im Théâtre Hébertot (17ᵉ) verantwortlich.*
3 *Siehe Anm. 143/5.*
4 *Brief vom 27. 9. 1962 von Karl-Eberhardt Felten, Direktor der Deutschen Verlags-Anstalt (Stuttgart), im Zusammenhang mit der Veröffentlichung von Gedichten aus* Mohn und Gedächtnis *und* Von Schwelle zu Schwelle *in einer japanischen Anthologie.*
5 *Jenny Voinea, siehe Anm. 143/19.*
6 *Es handelt sich sicher um das* Russisch-deutsche Wörterbuch *von J. Pawlowsky (3., korrigierte und vermehrte Auflage), Riga, N. Kymmel, Leipzig, Carl Friedrich Fleischer, 1902.*
7 *Eine der zahlreichen französischen Nacherzählungen des Romans von Walter Scott* Ivanhoe *(1819) über Richard Löwenherz und Robin Hood.*
8 *Es handelt sich um den ersten der drei ›Kammerfilme‹ des schwedischen Regisseurs Ingmar Bergman,* Sasom i en spegel *(deutsche Fassung:* Wie in einem Spiegel*) von 1961.*

9 *Jacqueline Lalande hat gerade ihre Stelle als Grundschullehrerin aufgegeben und sucht Arbeit.*

148
Monsieur Paul Celan / Bureau International du Travail / Annexe / Section Traductions / 63 rue de Lausanne / <u>GENÈVE</u> / (Suisse) / <u>AVION</u> / *16 H 15 / 3 – 10 1962 / PARIS 106 / R. DE LONGCHAMP (16ᵉ)*

1 *Zu den »meridianhaften Dingen« siehe Brief 145/6.*
2 *Deutsch im Original.*
3 *Mme Collombier konnte nicht identifiziert werden; GCL sucht eine Hilfe bei der Kinderbetreuung.*
4 *Das Dokument konnte nicht identifiziert werden; Hermann Kasack war Präsident der Deutschen Akademie für Sprache und Dichtung, ebender Akademie, die PC den Georg-Büchner-Preis verliehen hatte.*
5 *Die Zeitungsausschnitte liegen dem Brief nicht mehr bei. GCL gibt die Titel deutsch wieder.*
6 *Siehe Anm. 143/16.*
7 *Sidney Berman, Sohn von Blanca Berman, der Schwester von PCs Mutter.*

149
Umschlag wohl nicht erhalten.

1 *Hermann Kesten lädt PC in seinem Brief vom 2. 10. 1962 ein, sich an einem im Paul List Verlag München geplanten Band mit dem Titel* »Ich lebe nicht in der Bundesrepublik« *zu beteiligen, der als Antwort auf Wolfgang Weyrauchs Buch* Ich lebe in der Bundesrepublik *(1960) gedacht war. PC wird der Einladung nicht Folge leisten.*
2 *»Ich benutze die Gelegenheit, Ihnen zu sagen, dass ich einige Ihrer Gedichte sehr gern habe, und mit Ingeborg Bachmann oft über Sie und Ihr Werk in Rom gesprochen habe.«*
3 *In seinem Brief vom 4. 10. 1962 kündigt Peter Frank von der Werbe- und Presseabteilung des Münchner Bechtle Verlags PC den Band* Türklingel *von Wolfgang Bächler an mit der Bitte um Rezension. PC lehnt wie in jedem anderen Fall derartiger Anfragen ab. GCL bezieht sich sicher auf Bächlers Schweigen zur Goll-Affäre oder vielmehr auf den ersten und einzigen Brief Bächlers an PC in diesem Jahr (22. 6. 1962), in dem er PC in einem einfachen, kurzen Schluß-*

satz wünscht, die Ungerechtigkeiten und erfahrenen Verletzungen gut überstanden zu haben. Die Beziehungen zu Bächler bleiben in den folgenden Jahren trotzdem herzlich.
4 *Die Ansichtskarte von Erich Einhorn (Poststempel vom 27. 9. 1962) zeigt einen sehr nach ›Fin de siècle‹ aussehenden Blick auf die kaukasische Schwarzmeerküste mit der gemauerten Balustrade einer Terrasse und einer Palme im Vordergrund (siehe* Paul Celan – Erich Einhorn: Briefe, *herausgegeben und kommentiert von Marina Dmitrieva-Einhorn, in:* Celan-Jahrbuch 7, *1997/98, Heidelberg, C. Winter, 1999, S. 36).*

150
Monsieur Paul Celan / B.I.T. Annexe Section Traductions / 63 rue de Lausanne / <u>GENÈVE</u> / (Suisse) / <u>AVION</u> / *12 H / 12 – 10 1962 / PARIS XVI / R. SINGER (16^e)*

1 *Die Anspielung konnte nicht geklärt werden. Der Übersetzer am Bureau International du Travail in Genf Rudolf Selke stand damals kurz vor seiner Pensionierung; PC hatte ihn dort bereits bei seinem Aufenthalt 1956 kennengelernt.*
2 *In diesem »Korridor« oder »Bibliotheks-Durchgang« (Übers.), wie GCL ihn auch nannte, im ersten Stock stand ein wichtiger Teil der Bibliothek. PC hatte GCL seit den Jahren 1952/53 das Gesamtwerk von Proust und zahlreiche Essays von Freud in französischer Übersetzung geschenkt. Er selbst besaß mehrere Bibeln, davon zwei hebräische. Die Bibliothek von Moisville wurde mit ihrem Anwachsen umstrukturiert: im Flur die russischen Bücher, die deutschen Klassiker, die deutsche Literatur des 20. Jahrhunderts, europäische Literatur in den Originalsprachen und in Übersetzung und schließlich Taschenbuchreihen (Fischer-Bücherei); im Schlafzimmer Religion, Mystik, klassische und zeitgenössische Philosophie, Psychologie, Psychoanalyse, russische Dichtung, Judaika und PCs eigene Werke, aber auch zoologische und botanische Werke und verschiedene Zeitschriften; im Gästezimmer Aufsätze zu Literatur- und Sprachwissenschaft sowie Anthropologie und Ethnologie und verschiedene Zeitschriften.*
3 *GCLs Schwester besaß ein Landhaus (La Volière) in Toisley, einem Weiler in der Gemeinde Saint-Rémy-sur Avre (Eure-et-Loir), nicht allzu weit von Moisville entfernt.*
4 *Die Abschrift von der Hand GCLs eines Briefes von Gottfried Bermann Fischer vom 26. 9. 1962 lag GCLs Brief vom 9. 10. 1962*

(nicht publiziert) bei; der Leiter des S. Fischer Verlags dementiert dort »Falschmeldungen« in Zusammenhang mit dem Ausscheiden des für französische Literatur zuständigen Lektors Christoph Schwerin. Nachfolger wird im Endeffekt der französischsprachige Schriftsteller rumänischer Herkunft Petru Dumitriu.

151
Nicht beendeter Brief, GCL wohl am Tag von PCs Rückkehr nach Paris, am 27. 10. 1962, übergeben.

1 *Zu diesem Besuch schreibt PC unter dem Datum des 14. 10. 1962 in seinen Notizkalender:* »Neuchâtel Dürrenmatt« / »Ihm viel Überflüssiges mitgeteilt –«. *Friedrich Dürrenmatt gab PC bei dieser Gelegenheit sein gerade erschienenes Stück* Die Physiker *(Eine Komödie in zwei Akten, Zürich, Die Arche, 1962) mit der Widmung auf dem Vorsatzblatt:* »An Paul Celan« / »Friedrich Dürrenmatt« *und der Notiz von der Hand PCs auf der Rückseite:* »Neuenburg, 14. X. 1962«. *Zur Beziehung PCs zu Dürrenmatt siehe dessen Erinnerungen in seinem Buch* Turmbau. Stoffe IV-IX *(Zürich, Diogenes, 1990, S. 169f.).*
2 *Der Schöpfer, Öl auf Leinwand, 1934. Das Berner Kunstmuseum beherbergt die Paul-Klee-Stiftung.*
3 *Welche von den drei damals ausgestellten Bildern Kandinskys (ohne Titel, 1916; Gelbe Spitze, 1924; Rückblick, 1924) PC hier meint, ist nicht zu klären.*

152
Nicht beendeter Brief, GCL wohl am Tag von PCs Rückkehr nach Paris, am 27. 10. 1962, übergeben.

1 Bureau International du Travail.
2 *Nicht identifiziert.*
3 *Die letzten Worte des Briefes sind so gut wie unleserlich.*

153
Das Manuskript von »Eine Stunde hinter« *(GN 379) wurde von PC in das Konvolut der* Niemandsrose *eingeordnet. Es wurde GCL wohl bei ihrer Abfahrt am 21. 10. 1962 (siehe Brief 155) übergeben. Siehe zur Endfassung Brief 175 (GN 67).*

1 *Zu Saint-Cergue siehe Anm. 145/1. Einige Monate später wird PC*

für GCL anläßlich ihres 36. Geburtstags eine Abschrift der Endfassung des Gedichts erstellen (siehe Brief 175).

154
Der Brief wurde von GCL zusammen mit Brief 157 eingeordnet.

1 *PC verläßt die von Jean Demonsant geleitete Übersetzungsabteilung des* Bureau International du Travail *am 26. 10. 1962.*
2 *Gemeint ist »Haus« im Sinne von bewohntem Immobilieneigentum. Seit Ostern waren die Celans in Besitz ihres Landhauses in Moisville (Eure), etwa 100 km von Paris entfernt. Außerdem bewohnten sie in Paris eine Eigentumswohnung.*
3 *PC macht sich mit »nous maintiendrons«, als eine Art französischer Variante des deutschen Verbs »stehen«, die Devise der holländischen Familie Orange-Nassau, »Je maintiendrai«, zu eigen (siehe Anm. 198/9).*

155
Monsieur Paul Celan / BIT Annexe / Section Traductions / 63 rue de Lausanne / GENÈVE / (Suisse) / *15 H 15 / 23 – 10 1962 / PARIS 106 / R. DE LONGCHAMP (16ᵉ)*
GCL legt dem Brief Handabschriften von drei hier nicht publizierten Briefen an PC bei: den Brief von Hanns Grössel, Rowohlt Verlag, vom 19. 10. 1962, den von Kurt Leonhard vom 18. 10. 1962 wegen eines gemeinsamen Treffens mit Henri Michaux im Zusammenhang mit der deutschen Werkauswahl für den S. Fischer Verlag und den von Herbert Heckmann von der Neuen Rundschau *vom 19. 10. 1962 mit der Bitte an PC um Beteiligung an der nächsten Nummer der Zeitschrift.*

1 *Emmanuelle, Tochter von Jacques Lalande aus erster Ehe.*
2 *»Eine Stunde hinter«, siehe Brief 153.*
3 *GCL spielt hier mit dem französischen Ausdruck »tout à l'heure« für »nachher, gleich«: »A l'heure de tout, à tout à l'heure« heißt wörtlich »bis zur Stunde von allem, bis ganz zur Stunde«.*
4 *PC war wegen der vertraulichen Gespräche GCLs mit den Lalandes beunruhigt.*

156
Nicht beendeter Brief, GCL wohl am Tag von PCs Rückkehr nach Paris, am 27. 10. 1962, übergeben.

1 François, 30 Stunden nach der Geburt gestorben, und EC.
2 Die Schrift ist extrem wirr.

157
Madame Paul Celan / 78, rue de Longchamp / Paris (16ᵉ) / France /
[nicht frankiert, von GCL zusammen mit Brief 154 aufbewahrt]

1 Siehe Anm. 154/1.
2 Die Dichterin und Übersetzerin Lydia Kerr arbeitete am BIT. Hans-Josef Eberstark hatte PC am 10. 10. 1962 getroffen.
3 Jean Starobinski ist damals Professor für Ideengeschichte in Genf. Der russische Literaturwissenschaftler und frühere Freund von Marina Tsvetaeva, Marc Slonim, überreicht PC bei dem Treffen sein Buch From Chekhov to the Revolution. Russian Literature 1900-1917 ([Von Čechov zur Revolution. Russische Literatur 1900-1917], New York, Oxf. Univ. Press, 1962) mit der Widmung auf dem Titelblatt: »A Paul Celan en souvenir« / »d'une soirée à Genève« / »très cordialement« / »Marc Slonim *[Für PC in Erinnerung an einen Abend in Genf sehr herzlich]*«.
4 *Peking berichtet von einem über China abgeschossenen amerikanischen Flugzeug und wirft den USA vor, einen neuen Krieg vorzubereiten; nach chinesischen Angriffen an der Himalaya-Grenze zu Indien am 20. 10. 1962 macht sich England am 22. 10. 1962 bereit, Indiens Bitte um militärische Unterstützung Folge zu leisten; Waffenstillstand und Rückzug der chinesischen Truppen am 22. 10. 1962. Im September kündigt die UdSSR verstärkte Militärhilfe für Kuba gegen die ›imperialistische Bedrohung‹ an; in der Nacht vom 22. zum 23. 10. 1962 wirft der amerikanische Präsident Kennedy der UdSSR vor, in Kuba auf die USA gerichtete Raketen zu installieren, und verhängt eine Blockade über Kuba; am 28. 10. 1962 informiert Chruščov Kennedy, den Befehl zum Abzug der Offensivwaffen aus Kuba gegeben zu haben.*
5 Es handelt sich um die drei Briefabschriften bei GCLs Brief vom 22. 10. 1962 (Brief 155). PC denkt sicher vor allem an die Anfrage von H. Grössel (19. 10. 1962) wegen eines Neudrucks von PCs Übersetzung von James Baldwins Essay »Protest-Romane für Jedermann« (Erstdruck in: Perspektiven, 1953, Heft 2) in einem Sammelband mit anderen Essays von Baldwin, vor allem aus den beiden Büchern Notes of a Native Son *[Aufzeichnungen eines natürlichen Sohnes]* und Nobody Knows my Name *[Niemand kennt meinen Namen]*. Den zweiten Titel unterstreicht PC und setzt, weil er ihn

an eine von ihm auf die Goll-Affäre bezogene Publikation in der Zeitschrift Monat *(Dezember 1960, Nr. 147, siehe GA Dok. 120) erinnert, die Bemerkung hinzu:* »Gibt es mich überhaupt?« *PC stimmt dem Nachdruck in dem deutschen Band* Schwarz und weiß oder Was es heißt, ein Amerikaner zu sein *bei Rowohlt (Reinbek bei Hamburg 1963), einem der Gruppe 47 nahestehenden Verlag, nicht zu.*

6 *PC spielt u. a. sicher darauf an, daß Fritz J. Raddatz in seiner Einführung zu Teil II des* Almanachs der Gruppe 47. 1947-1962 *(hrsg. von Hans Werner Richter in Zusammenarbeit mit Walter Mannzen, Reinbek bei Hamburg, Rowohlt, 1962), der* »Auswahl der Texte, die auf den Tagungen der Gruppe 47 gelesen wurden«, *seinen Namen – im Gegensatz zu denjenigen von Günter Eich, Ingeborg Bachmann und Hans Magnus Enzensberger usw. – mit Schweigen übergeht. Dieses Übergehen wirkt angesichts von Raddatz' Feststellung,* »die Worte Hitler, KZ, Atombombe, SS, Nazi, Sibirien« *kämen in dieser Anthologie nicht vor und* »die Säle voll Haar und Zähnen in Auschwitz [. . .] wurden nicht zu Gedicht oder Prosa« *(S. 55 f.), tatsächlich ganz bewußt. PC hatte widerwillig dem Abdruck von fünf seiner in Niendorf 1952 gelesenen Gedichte, darunter zwar nicht die* Todesfuge *(GW I 41), aber doch z. B.* In Ägypten, *zugestimmt und dann diese Zustimmung wieder zurückgenommen. Richter wies dies mit dem nachweislich nicht der Wahrheit entsprechenden Argument zurück, die Gedichte seien schon im Druck. Richter wollte wohl von PCs Ruf profitieren, den dieser seiner Ansicht nach wiederum der Lesung bei der Gruppe 47 verdankte (siehe dazu den Artikel von Theo Buck,* »Paul Celan und die Gruppe 47«, *in:* Celan-Jahrbuch 7, *1997/98, Heidelberg, C. Winter, S. 82 f.). Zu dieser ersten* »Verdrängung« *siehe auch den Schluß von Anm. 14/10. Jenseits der Verdrängung seines Namens und seiner Person denkt PC sicher auch an die seiner Dichtung. Viele Mitglieder der Gruppe 47 und deren Publikum wollten sie als ›Poésie pure‹ verstehen und ihr besonderes Engagement nicht wahrnehmen, ihren Charakter als Epitaph für die Opfer des Nationalsozialismus, als Zeichen gegen deren Verdrängung, und das in der Auseinandersetzung mit der deutschen Sprache. PC weist hier auf die Unfähigkeit hin, das Schuldgefühl, das seine Gedanken hervorrufen, zu ertragen.* »La pensée – c'est une affaire des dents *[Das Denken – das ist eine Sache der Zähne]*«, *hatte er René Char am 6. 1. 1960 (siehe Anm. 114/3) in einem nicht abgesandten Brief zu schreiben versucht.*

7 *PC bezieht sich auf die Titelgeschichte* »Richters Richtfest« *im*

Anmerkungen 141

Spiegel *vom 24. 10. 1962 (Nr. 43) zum* Almanach der Gruppe 47. *Der* Spiegel-*Titel zeigt in der Mitte ein Portrait Richters mit der Unterschrift* »Gruppenchef Hans Werner Richter«, *umgeben von den Karikaturen der wichtigsten Gruppenmitglieder: Ilse Aichinger, Alfred Andersch, Ingeborg Bachmann, Heinrich Böll, Günter Eich, Hans Magnus Enzensberger, Günter Grass, Wolfgang Hildesheimer, Walter Höllerer, Wolfdietrich Schnurre, Martin Walser und Wolfgang Weyrauch. Der literarische Redakteur des* Spiegel, *Rolf Becker, beschäftigt sich in seiner Bilanz von zwölf Jahren Gruppenaktivität ausführlich mit der Karriere Hans Werner Richters als Mitglied der KDP zwischen 1930 und 1933, als Soldat der Wehrmacht, als Mitglied im Redaktionskomitee der Kriegsgefangenenzeitschrift* Der Ruf *und dann, 1946, als Mitherausgeber, zusammen mit Alfred Andersch, einer Zeitschrift gleichen Namens (*Der Ruf. Unabhängige Blätter der jungen Generation*). In der betreffenden Nummer des* Spiegel *streicht PC am gleichen Tag folgende Passagen an (Hervorhebungen jeweils von PC), auf die er sich am Schluß seines Briefes bezieht:* »| Die sozialistischen ›Ruf‹-Schreiber träu<u>mten vom neudeutschen Erwachen.</u>« *(S. 97) Den unterstrichenen Satz* »Wolfdietrich Schnurre (Richter: ›<u>Schnurre macht den Eindruck, als reinige er immer noch Gewehre</u>‹)[. . .]« *(S. 97), kommentiert PC:* »vgl. Huchel ›Ich reinige mein Gewehr‹. . .« *Oben auf der Seite, über die annotierten Passagen und das Foto einer* »Ruf-Titelseite«, *die einen Wehrmachtssoldaten mit erhobenen Händen zeigt (von Becker durch den Ausdruck* »Trümmer-Trauer« *kommentiert und von PC angekreuzt), schreibt PC, quasi als Anmerkung zur ganzen Seite:* »Deutschland erwache, Juda . . .« *Auf der Höhe des Satzes* »Programmgebunden war auch <u>die Jugendbewegung des Expressionismus</u> vor und nach dem Ersten Weltkrieg« *schreibt PC an den Rand:* »Verdrängung«. *In diesem Herbst 1962 sammelt er auch eine Reihe von Artikeln zur Gruppe 47 aus der Neuen Zürcher Zeitung und der Zeit, ein Teil davon zeigt Lesespuren. Im Mai des Jahres hatte PC den Artikel von Hans Magnus Enzensberger zur Zeitschrift* Der Ruf *im* Spiegel *(*»Der Ruf. Eine deutsche Nachkriegszeitschrift«, Nr. 18, 3. 5. 1962) anläßlich der Taschenbuch-Neuausgabe (dtv, München) gelesen und kommentiert. Enzensberger zitiert einige sehr sprechende Stellen aus der Zeitschrift, und PC unterstreicht dies auch:* »›Jetzt muß das Wunder geschehen, daß die <u>ganze junge Nation</u> zu einer einzigen politischen Elite wird.‹« *bzw.* »›[. . .] Eine geteilte <u>deutsche Nation</u>, das ergibt nichts Besseres als zwei Nationen von Landsknechten.‹« *Auch der bewußt widersprüchliche Schlußsatz*

Enzensbergers gehört zum heftig von PC Hervorgehobenen: »|||
Viel hat sich geändert in Deutschland seit 1947. Wenig hat sich geändert.«

158
Das Manuskript von »Dies ist der Augenblick, da« *(GN 86) wurde nicht auf dem Postweg befördert.*

1 *Eine Handabschrift dieses Gedichts, das in engen Zusammenhang mit der Goll-Affäre und ihren Verzweigungen gehört, ist bezeichnet als:* »Abschrift, Paris, 16. XI. 62, 10 Uhr abends.«

159
Umschlag wohl nicht erhalten, nicht auf dem Postweg beförderter Brief von PC.

1 *Die Celans verbringen seit dem 19. 12. 1962 ihren Skiurlaub in Valloire bei Saint-Michel-de-Maurienne (Savoie). Der Anlaß des Briefs ist ihr zehnter Hochzeitstag.*

160
Monsieur Paul Celan *[von GCL in der Psychiatrischen Klinik in Épinay-sur-Seine hinterlegter Brief].*
EC unterschreibt den Brief mit seinem Vornamen.

1 *PC ist auf Bitten von GCL in einer (privaten) Psychiatrischen Klinik in Épinay-sur-Seine. Wenige Tage zuvor war PC zum ersten Mal in einen Wahnzustand mit Halluzinationen und Aggressionen gegenüber GCL geraten. PC greift einen unbekannten Passanten an und beschuldigt ihn mit den Worten* »Vous aussi vous êtes dans le jeu! *[Auch Sie sind mit von der Partie!]*«, *an der Goll-Affäre beteiligt zu sein. Während der vorzeitigen Rückfahrt reißt er seiner Frau den gelben Schal mit den Worten vom Hals:* »comme les étoiles jaunes! *[wie die gelben Sterne!]*« *(Mündlicher Bericht von GCL.) EC, siebeneinhalb Jahre alt, ist Zeuge dieser Szenen. In seinen Notizkalender macht PC unter dem Datum des 21. 12. 1962 ein Zeichen: ein Kreuz in einem Viereck.*

161
Monsieur Paul Celan *[von GCL in der Psychiatrischen Klinik in Épinay-sur-Seine hinterlegter Brief].*

Anmerkungen

[auf dem Brief unten, von der Hand ECs:] ich umarme Dich mein lieber Papa / Eric. *(Übers.)*

162
Monsieur Paul Celan / *[von fremder Hand:]* <u>Messieurs</u> *[von GCL in der Psychiatrischen Klinik in Épinay-sur-Seine hinterlegter Brief].*

1 *GCL hinterlegt am gleichen Tag einen zweiten, auch von EC unterschriebenen Brief mit ähnlichem Inhalt (nicht publiziert), datiert auf den 1. 1. 1963; er ist von GCL nach dem vorliegenden Brief eingeordnet.*

163
Monsieur Paul Celan / <u>E[n] V[ille]</u> *[von GCL in der Psychiatrischen Klinik in Épinay-sur-Seine hinterlegter Brief].*
EC unterschreibt den Brief neben GCL mit seinem Vornamen.

164
Monsieur Paul Celan / Maison de Santé / <u>EPINAY sur Seine</u> / *18 H* / *3 – 1 1963* / *PARIS 106* / *R. DE LONGCHAMP (16e)*

1 *GCL hat an diesem Tag bereits einen Brief ähnlichen Inhalts (nicht publiziert) hinterlegt, ebenfalls datiert auf den 3. 1. 1963; er ist von GCL vor dem vorliegenden Brief eingeordnet.*

165
Monsieur Paul Celan / 6 avenue de la République / <u>EPINAY sur SEINE</u> / *19 H 30* / *4 – 1 1963* / *PARIS XVI* / *R. SINGER (16e)*

166
Madame Paul Celan / 78 rue de Longchamp / Paris (16e) / *16 H* / *5 – 1 1963* / *EPINAY SUR SEINE P^{PAL}* / *SEINE*

1 *Seit Beginn von PCs Krankenhausaufenthalt Ende Dezember hat PC acht Briefe von GCL erhalten (zwei davon sind nicht publiziert, siehe Anm. 162/1 und 164/1). Die Ärzte hatten GCL gebeten, ihn nicht zu besuchen.*
2 *Rückkehr PCs von Genf nach Paris (Gare de Lyon) am 27. 10. 1962.*

167
Monsieur Eric Celan / 78 rue de Longchamp / Paris (16ᵉ) / *16 H / 5 – 1 1963 / EPINAY SUR SEINE P^{PAL} / SEINE*
PCs Schrift ist extrem wirr.

168
Madame Paul Celan / 78, rue de Longchamp / Paris (16ᵉ) / *16 H / 7 – 1 1963 / EPINAY SUR SEINE P^{PAL} / SEINE*

1 *PC schreibt fälschlich »1962«.*
2 *Nachbarin der Celans in der Rue de Longchamp.*
3 *[Das chinesische Denken]. PCs Exemplar dieses Essays von Marcel Granet (Paris, Editions Albin Michel, 1960) weist zahlreiche Lesespuren auf. Während seines Krankenhausaufenthaltes liest PC auch* Deutung biblischer Gestalten *von Margarete Susman (Stuttgart/Konstanz, Diana Verlag, 1960); der Band weist zahlreiche Lesespuren und Lesedaten auf: »E[pinay] 9. 1. 63« (S. 59, am Ende des Kapitels über Moses, und S. 95, am Ende des Kapitels über Ezechiel); »E[pinay] 10. 1. 63« (S. 144, am Ende des Kapitels über David, und S. 158, am Ende des Kapitels »Die Friedensbotschaft der Propheten«, gleichzeitig Ende des Buches).*
4 *Eine Neujahrsgrußkarte mit dem Datum »Valloire (Savoie), le 27 décembre 1962 [am 27. Dezember 1962]« an Jean Prigent, den später im Brief noch erwähnten Generalsekretär der École Normale Supérieure, ist im Nachlaß erhalten.*
5 *Es handelt sich um* Jean *Fuzier, den Repetitor für Englisch und zuständig für den Bereich der neueren Sprachen an der École Normale Supérieure in der Rue d'Ulm.*

169
Monsieur Paul Celan / 6 avenue de la République / EPINAY sur Seine / PNEUMATIQUE / *09. I. 63 / 11 H / PARIS 106 / R. DE LONGCHAMP (16ᵉ) // 10¹⁵ / 9 – 1 1963 / PARIS 106 / 51, RUE DE LONGCHAMP*
11¹⁵ / 9 – 1 63 / PARIS 122 / AV. P^{TE} MONTMARTRE (18ᵉ)

1 *Anspielung auf PCs Wahnzustände in Valloire, siehe Anm. 160/1.*

170
Monsieur Paul Celan / 6 avenue de la République / EPINAY sur Seine / PNEUMATIQUE / *18 H 30 / 9 – 1 1963 / PARIS 106 / 51, RUE DE LONGCHAMP*

Anmerkungen

1 *Hausarzt.*
2 *Brasserie Stella, 133, Avenue Victor Hugo (16ᵉ, in der Nähe der Wohnung der Celans).*
3 *Eltern eines Klassenkameraden von EC.*

171
Madame Paul Celan / 78, rue de Longchamp / Paris (16ᵉ) / 16 H /
11 – 1 1963 / EPINAY SUR SEINE P^{PAL} / SEINE

172
Monsieur Paul Celan / 6 avenue de la République / EPINAY sur Seine / Pneumatique / *11 H 20 / 12 – 1 1963 / PARIS 106 / 51, RUE DE LONGCHAMP*
13 H 30 / 12 – 1 63 / EPINAY-SUR-SEINE P^{PAL} / SEINE

173
Madame Paul Celan / 78 rue de Longchamp / Paris (16ᵉ) / 16 H /
14 – 1 1963 / EPINAY SUR SEINE P^{PAL} / SEINE

1 *GCL notiert unter dem Datum des 17. 1. 1963 in ihren Notizkalender:* »Rückkehr Paul« *(Übers.).*

174
Umschlag wohl nicht erhalten, nicht auf dem Postweg beförderter Brief von PC.

175
Das Manuskript von »Eine Handstunde hinter« *(GN 379, zur ersten Fassung siehe Brief 153, zur Endfassung* Eine Handstunde *GN 67) wurde von PC in das Konvolut der* Niemandsrose *eingeordnet.*

1 *Die Abschrift entstand am 36. Geburtstag von GCL.*

176
1 *Frankfurt a. M., S. Fischer, 1963. Die zwischen dem 5. 3. 1956 und Ende März 1963 entstandenen 53 Gedichte sind in nichtchronologischer Reihenfolge in vier Zyklen angeordnet. Siehe auch das Widmungsexemplar der zweiten Auflage für GCL vom Mai 1965 (Brief 302). Um die Einheit des Dokuments nicht zu zerstören, sind an dieser Stelle auch Eintragungen angegeben, die, chronologisch eingeordnet, zwischen die Briefe 218 (20. 4. 1965) und 219 (5. 5. 1965) bzw. in den Anhang gehörten.*

2 *Siehe Brief 3/2.*

3 *Vers 4 aus dem Gedicht* Das Wort vom Zur-Tiefe-gehen *(GW I 212, siehe auch Brief 106) ist unter das Gedicht selbst notiert. Die Eintragung ist zwischen Ende Oktober 1963 (dem Erscheinungstermin von* Die Niemandsrose*) und Mai 1965 zu datieren – später wird der Vers, der in der Beziehung zwischen den Briefpartnern eine besondere Rolle spielt, in der Korrespondenz nicht mehr zitiert (siehe die Briefe 215/3, 217/2, 240/4, 284/1 und 302/2).*

4 *PC notiert das Gedicht ohne Abweichungen (mit Ausnahme des fehlenden Kapitälchentitels) unter das gedruckte Gedicht (GW I 221). Im gedruckten Text korrigiert er allerdings den Druckfehler in V. 2 und schreibt diesen in seiner handschriftlichen Fassung korrekt:* »hinaus in die Welt: da[gestrichen: s] warst du,«.

5 *Der Eintrag stammt also aus der Zeit unmittelbar vor dem Krankenhausaufenthalt PCs in Le Vésinet; siehe den Briefwechsel im April und Mai 1965, besonders die Briefe 219/2 und 225/1, sowie die Zeittafel zwischen Ende April und dem 8. 5. 1965. Die Widmung ist einschließlich Datierung im Original französisch.*

6 *PC kommt gerade von einer Reise nach Deutschland und in die Schweiz zurück.*

177
Madame Paul Celan / »Majestic« / <u>Crans sur Sierre</u> / (Valais) / <u>Suisse</u> / 15 H 15 / 21 – 12 1963 / *PARIS 106 / R. DE LONGCHAMP (16^e)*
Paul Celan, 78 rue de Longchamp, Paris 16^e
PC verwendet Briefpapier mit aufgedruckter Adresse.

1 *Carmen Forcada Fernandez, die Putzfrau der Celans.*
2 *Berlin, Rowohlt, 1924; PC gibt den Titel deutsch wieder. PC besaß eine weitere Ausgabe (Reinbek bei Hamburg 1952, rororo 64), vorne mit dem Eintrag von der Hand PCs:* »Paul Celan« / »Tournebride, Juli 1953.« *In der Librairie Gibert (alte und neue Bücher, Boulevard Saint-Michel, 6e) war PC regelmäßiger Kunde.*
3 *Auch die beiden Bücher von Michaux sind Erstausgaben:* Voyage en Grande Garabagne *(Paris, Librairie Gallimard, 1936) und* Qui je fus *(Paris, Éditions de la Nouvelle Revue française, 1927; der Band weist Lesespuren und Übersetzungsversuche auf).*
PC übersetzt Qui je fus *(*Wer ich war, *mit Ausnahme des Gedichts* Le grand combat, Der große Kampf, *das sein Mitarbeiter Kurt Leonhard übernimmt), Kurt Leonhard* Voyage en Grande Garabagne

Anmerkungen 147

(Reise in Großgarabannien); *siehe* Dichtungen. Schriften I, *herausgegeben von Paul Celan, Frankfurt a. M., S. Fischer, 1966, S. 7-45 und S. 335-391. Der Preis in alten Francs entspricht 110 neuen.*
4 *Isaak Babel,* Конармия *[deutscher Titel:* Budjonnys Reiterarmee*], Moskau/Leningrad, Gosudarstvennoe izdatel'stvo, ³1928, publiziert von Flegon Press, 24, Chancery Lane, London. Klaus Wagenbach (mit seiner Frau Katja) war als Lektor bei S. Fischer u. a. zuständig für PCs Band* Die Niemandsrose.
5 *PC arbeitet gerade an der Reinschrift seiner Teilübersetzung aus den* Sonetten *von Shakespeare, die 1964 zu Shakespeares 400. Geburtstag im Norddeutschen Rundfunk gesendet werden sollen (unter dem Titel* Achtzehn Sonette *auch in der* Neuen Rundschau *veröffentlicht: Heft 2, S. 204-213, =* Sonette *I-V, XLIII, L, LVII, LX, LXV, LXX, LXXI, LXXIX, CV, CVI, CXV, CXVI, CXIX; siehe* GW *V, S. 316-341, 344-347, 350-355 und 628f.).*
6 *Der griechische Dichter Kosmas Koroneos und seine Frau Louise wohnten am Boulevard Arago Nr. 53 (13ᵉ). Durch seine deutsche Mutter sprach K. Koroneos auch deutsch.*
7 *Elfter Hochzeitstag; zum Ausdruck* »Brücke der Jahre« *siehe Brief 3/2.*
8 *Das spätere* Atemkristall *(Titel vom 30. 12. 1963); zu diesem Zeitpunkt sind die Gedichte des Zyklus außer den drei letzten (HKA 7.2/ 59-90 und TCA/AW 6-47) geschrieben. Siehe auch Anm. 237/1.*

178
Madame Paul Celan / »Majestic« / <u>Crans sur Sierre</u> / (Valais) / <u>Suisse</u> / *EXPRÈS* / *17 H / 23 – XII 1963 / PARIS 106 / R. DE LONGCHAMP (16ᵉ)*
Paul Celan, 78 rue de Longchamp, / Paris 16ᵉ / 2? XII 63 / – 17 CRANS-SUR-SIERRE / 23 – 12 1963 ??
PC verwendet Briefpapier mit gedruckter Adresse.

1 *Elfter Hochzeitstag.*
2 *Barbiturat (Secobarbital).*

179
Monsieur Paul Celan / 78 rue de Longchamp / Paris 16ᵉ / (France) / 24. XII. 63 / – 13 H / CRANS-SUR-SIERRE

1 *GCL schreibt fälschlich* »24«.
2 *PC bereitet eine Auswahl aus dem Werk von Henri Michaux vor, die 1966 im S. Fischer Verlag erscheint.*

3 *Zum späteren* Atemkristall, *einer bibliophilen Edition mit Gedichten von PC und Radierungen von GCL, siehe Anm. 237/1.*
4 *Kurz vor GCLs Abfahrt nach Crans am 19. 12. 1963 hatte PC die später in* Atemkristall *aufgenommenen Gedichte* Im Schlangenwagen *(16. 12. 1963) und* Harnischstriemen *(18. 12. 1963) geschrieben (siehe HKA 7.2/82 und 83, TCA/AW 39 und 41 sowie GW II 27 und 28).*
5 *Siehe Anm. 132/1.*
6 *Siehe Anm. 65/3.*

180
Monsieur Paul Celan / 78 rue de Longchamp / Paris 16ᵉ / (FRANCE) / 26. XII. 63 – 10 / CRANS-SUR-SIERRE

1 *GCL hatte sich schon in ihrem ersten Brief (22. 12. 1963, nicht publiziert) über den lauten Kühlschrank der Ferienwohnung beklagt.*
2 *Wahrscheinlich Berta Antschel.*
3 *Wörtlich* »Weihnachts-Baumstamm«, *eine Biskuitrolle mit Buttercreme, der typische französische Weihnachtskuchen.*

181
Umschlag wohl nicht erhalten, nicht auf dem Postweg beförderter Brief.

1 *Zur Ausstellung von GCL bei der Kestner-Gesellschaft in Hannover im Mai und Juni 1964 siehe Anm. 183/2 + 4.*
2 *Zum späteren* Atemkristall *siehe Anm. 237/1.*

182
Madame Paul Celan / 78 rue de Longchamp / Paris 16ᵉ / Francia / 17 H 30 / 17 – 4 1964 / POSTE ROMA APPIO
Paul Celan, Hotel Genio, Rome

1 *Michael Freiherr Marschall von Bieberstein, Direktor des Goethe-Instituts in Rom, hatte zusammen mit seiner Tante Marie Luise Kaschnitz (der Mutter von Iris Kaschnitz) die Einladung PCs veranlaßt.*
2 *PC macht sich über den Namen des Hotels lustig. Das Wort* »Genie« *war im Zusammenhang mit der Goll-Affäre in einem Artikel seines Freundes Rolf Schroers verwendet worden:* »Damals gab es

eine kleine Zeitschrift mit dem Namen ›Der Baubudenpoet‹, in der allerlei Geschwätziges und Gesinnungshaftes sich genialisch aufblähte; dazu mußte die Diskriminierung *des echten Genies* gehören. Nicht von ungefähr trug es für diesmal den Namen Paul Celan [...].« *(»Literatur-Skandal«, in:* Vorwärts, *28. 6. 1961, Hervorhebung Hrsg., siehe auch GA Dok. 87.)*
3 *Die Schriftstellerin Ingrid Bachér lebte in Rom; die Tagung der Gruppe 47 in Niendorf fand im Mai 1952 statt.*
4 *Alberto Theile war Herausgeber der Zeitschrift* Humboldt, *einer für das spanisch- und portugiesischsprachige Ausland bestimmten Zeitschrift für deutsche Literatur mit einer spanischen und einer portugiesischen Ausgabe, sowie der Zeitschriften* Duemila *(Rivista di cultura contemporanea [Zweitausend, Zeitschrift für zeitgenössische Kultur]) und* Fikrun wa fann *(Zeitschrift für die arabische Welt). 1967 werden Gedichte PCs in* Humboldt *publiziert.*
5 *PCs Lesung findet im Goethe-Institut Rom (Via del Corso 262-267) statt.*
6 *PC ist vom 16. bis 18. 4. 1964 in Rom und vom 19. bis 21. 4. 1964 in Mailand. In Mailand liest er am 20. 4. 1964 im Goethe-Institut; er trifft sich dort auch mit Cin Calabi, der zuständigen Direktorin für fremdsprachige Literatur im Verlag Mondadori und Freundin von Jean Starobinski. Am 21. und 22. 4. 1964 sieht er in Genf Jean Starobinski, vor allem, um seine gesundheitlichen Probleme mit ihm zu besprechen; bei den Gesprächen anwesend ist der Freund Starobinskis und Professor für Psychiatrie Julián de Ajuriaguerra, der PC bei diesem Anlaß seinen zusammen mit F. Jaeggi verfaßten Essay widmet:* Le poète Henri Michaux et les drogues hallucinogènes. Contribution à la connaissance des psychoses toxiques – Expériences et découvertes du poète Henri Michaux. Dessins d'Henri Michaux faits sous l'influence de la mescaline *[Der Dichter Henri Michaux und die halluzinogenen Drogen. Beitrag zur Kenntnis der toxisch bedingten Psychosen – Experimente und Entdeckungen von Henri Michaux. Zeichnungen von Henri Michaux unter dem Einfluß von Meskalin], Basel, Sandoz, o. J.; PC notiert auf dem Vorsatzblatt: »Genf, 22. 4. 1964«; im allgemeinen war er sehr skeptisch gegenüber Michaux' von Drogen ›inspirierten‹ Arbeiten. Am 24. 4. 1964 kehrt PC nach Paris zurück. Dort schreibt er am 30. 4. 1964 sein den Rom-Aufenthalt evozierendes Gedicht* Mittags *(GW II 48):* »lebt ich / zwei Tage in Rom« *(V. 6 f.).*

183

[von der Hand GCLs:] Monsieur Eric Celan / aux bons soins de Madame Lalande / 88 rue de Longchamp / Paris 16ᵉ / Frankreich / 20. 5. 64 – 20 / 3 HANNOVER BPA / 3

1 *Über die Lesung von PC für die Literarische Gesellschaft Hannover in der Wilhelm-Raabe-Schule – er las 36 Gedichte aus* Mohn und Gedächtnis, Von Schwelle zu Schwelle, Sprachgitter *und* Die Niemandsrose – *berichteten, jeweils am 22. 5. 1964, Rudolf Jüdes in der* Hannoverschen Rundschau *unter dem Titel* »›Rutengänger des Schweigens‹. Paul Celan las in der literarischen Gesellschaft seine Gedichte«, *Rudolf Lange in der* Hannoverschen Allgemeinen Zeitung *unter dem Titel* »Ergriffen vom Geschehen der Zeit. Paul Celan las in der Literarischen Gesellschaft« *und Friedrich Rasche in der* Hannoverschen Presse *unter dem Titel* »›Durch Dunkles getragene Zeichen‹. Der Lyriker Paul Celan in der Literarischen Gesellschaft«.
2 *Die Einzelausstellung von GCL – 37 Radierungen aus den Jahren 1954-1964 – in der Galerie der Kestner-Gesellschaft Hannover (Graphisches Kabinett, Warmbüchenstr. 16) findet gleichzeitig mit der Ausstellung* Vier italienische Maler *statt, die Burri, Capogrossi, Dorazio und Fontana gewidmet ist (21. 5.-21. 6. 1964). Die Vernissage fand am 21. 5. 1964 statt; der kleine illustrierte und von Wieland Schmied eingeleitete Katalog enthielt die zweisprachigen Titel, die PC den Radierungen gegeben hatte.*
3 *Wieland Schmied war Direktor der 1916 zur Förderung der zeitgenössischen Kunst gegründeten Kestner-Gesellschaft, die ihre Tätigkeit zwischen 1936 und 1948 vollkommen eingestellt hatte.*
4 *Über die beiden Ausstellungen berichteten Rudolf Lange am 29. 5. 1964 in der* Hannoverschen Allgemeinen Zeitung *(»Gäste aus Italien und Paris. Die neue Ausstellung der Kestner-Gesellschaft«) und Friedrich Rasche in der* Hannoverschen Presse *vom 2. 6. 1964 (»*Vier italienische Maler. Eine anregende Ausstellung in der Kestner-Gesellschaft«, *mit dem Zwischentitel* »Gisèla *[sic]* Celan-Lestrange«*). Die Ausstellungen waren zusätzlich angekündigt in der* Hannover-Woche *(Nr. 22/22. 5.-29. 5. 1964:* »101. Nachkriegsausstellung in der Kestner-Gesellschaft mit italienischen Künstlern«*), im* Kölner Stadt-Anzeiger *(27. 6. 1964:* »Radierungen von Gisela *[sic]* Celan-Lestrange«, *mit einem Foto von PC und GCL vor den ausgestellten Radierungen), im Ausstellungskalender der* Welt *vom 1. 6. 1964 und in den Kulturseiten der* Frankfurter All-

gemeinen Zeitung *(5. 6. 1964, mit einer Reproduktion der Radierung* Dünennähe – Les dunes toutes proches, *1963, 15×20). Siehe auch Anm. 1.*

184
Das Manuskript von »Das Stundenglas, tief« *wurde nicht auf dem Postweg befördert (siehe HKA 7.2/120, TCA/AW 80 und für die Endfassung* Das Stundenglas *GW II 50).*
Auf der Rückseite der Anfang eines maschinenschriftlichen Briefs vom 27. 3. 1964 (»Sehr verehrter Herr«*).*

1 *PC zitiert, übersetzt und kommentiert diesen Vers im Mai 1966 (siehe Brief 443/1).*

185
[von der Hand GCLs:] Monsieur Eric CELAN / Hôtel de la Source / <u>LANS EN VERCORS</u> *[sic]* / (ISÈRE) / <u>FRANKREICH</u> / 8. 7. 64 – 7 / ANSBACH
Ansichtskarte: »Schloß Egg b. Deggendorf«. *GCL setzt den Zeilen PCs einige Worte hinzu.*

1 *Obwohl PC dieser ehemals deutschsprachigen Landschaft, der Landschaft von Rabbi Löw, Rilke und Kafka und der Landschaft, in der PCs Mutter Friederike Antschel während des Ersten Weltkriegs drei Jahre auf der Flucht vor den russischen Truppen in Czernowitz Zuflucht gefunden hatte, sehr verbunden ist, wird er nie dorthin fahren.*

186
Monsieur / Eric Celan / Hôtel de la Source / Lans-en-Vercors / (Isère) / <u>France</u> / 20. VII. 64 – 17 / CHAUMONT (NEUCHATEL)
Ansichtskarte: »Chaumont. Vue sur les Alpes – Petit Hôtel Chaumont *[Chaumont. Blick auf die Alpen – Kleines Hotel Chaumont]*«.

1 *PC und GCL waren am Tag zuvor bei Friedrich und Lotti Dürrenmatt zu Gast. Das Gedicht* Oberhalb Neuenburgs *(GN 95) vom 2. 8. 1964 ist ihnen in Erinnerung an diese Begegnung gewidmet.*

187
Monsieur Eric Celan / Hôtel de la Source / Lans-en-Vercors / (Isère) / France / 19-20 / 23. VII. 1964 / ZÜRICH 7 (BRIEFVERSAND)

Ansichtskarte: »Alte Holzbrücke«.

188
Madame Paul Celan / 78 rue de Longchamp / Paris 16ᵉ / Frankreich / *14. 9. 64 – 15* / *KASSEL 7*
Ansichtskarte: »Kassel – Wilhelmshöhe, Blick vom Herkules auf Kassel«; *die Karte ist auch von Hilde de la Motte mit einem Gruß unterschrieben.*

1 *PC hat am Tag darauf eine Lesung und fährt in der Nacht des 18. 9. 1964 zurück (Notizkalender GCL).*
2 *Nicht identifiziert.*

189
Monsieur Paul Celan / KÖLN / Hotel Europäischer Hof / Appelhofplatz 31 / (Allemagne) / *1 H* / *28 – 10 1964* / *PARIS XVI* / *R. SINGER (16ᵉ)*
Madame Paul Celan, 78 rue de Longchamp, Paris 16ᵉ France

1 *GCL hatte Köln am 25. 10. 1964 verlassen, wohin sie zur Verleihung des mit DM 25 000 dotierten* Großen Kunstpreises des Landes Nordrhein-Westfalen *am 22. 10. 1964 an PC und zu dessen Lesung am nächsten Tag gekommen war. Die anderen Preisträger waren Hans Arp (Skulptur), Julius Bissier (Malerei), Emil Steffan (Architektur) und Ernst Krenek (Musik). Zu PCs Lesung siehe den Artikel* »Nur wahre Hände schreiben wahre Gedichte« *in der* Allgemeinen Wochenzeitung der Juden in Deutschland *vom 6. 11. 1964.*
2 *Siegfried Trichter, Bekannter von PC aus Czernowitz.*
3 *Der Rücktritt von N. Chruščov als Generalsekretär der KPdSU am 16. 10. 1964 beunruhigt den ganzen Warschauer Pakt.*
4 *Nicht identifiziert.*
5 *Eichs Lesung ist nicht identifiziert. Die literarische Übersetzerin Edith Aron hatte PC 1955 beim Südwestfunk in Baden-Baden kennengelernt.*
6 *PC war wenige Monate vorher vom Sigbert Mohn Verlag (Gütersloh) aufgefordert worden, eine Auswahl von Gedichten von Supervielle herauszugeben (Brief von Julia Tardy-Marcus, der Repräsentantin des Verlags in Frankreich, vom 3. 6. 1964). Zu diesem Zeitpunkt waren Supervielle-Übersetzungen PCs bereits in Zeitschriften erschienen. Erst 1967 entschließt sich PC zu einer solchen Auswahl, allerdings in seinem eigenen Verlag, dem mit dem Suhrkamp Verlag verbundenen Insel Verlag (erscheint 1968).*

Anmerkungen 153

7 *Der französische Lyriker Yves Bonnefoy hatte diese Initiative im Vorjahr ergriffen. Am 16. 3. 1963 schrieb er PC zu seinen Plänen:* »Wenn einer wirklich destiniert ist, Ihr Werk in einer französischen Zeitschrift vorzustellen, so ist das, scheint mir, Starobinski, ich schreibe ihm und bitte ihn, darüber nachzudenken. Ich würde mich freuen, wenn Ihre Rede *[Der Meridian]*, einige Gedichte und ein Essay über Sie zusammen im Mercure erscheinen könnten. Meiner Ansicht nach wäre Jaccottet am besten geeignet, Sie zu übersetzen. Picon könnte ihn darum bitten. Aber ich vergesse nicht, daß auch Sie selbst überzeugt werden müssen.« *(Übers.) Die Pläne wurden nicht realisiert; Jean Starobinski schrieb nie eine Einführung für den* Meridian *(zu dessen Veröffentlichung in Frankreich siehe Brief 371/1). Blaise Gautier ist damals Redaktionssekretär des* Mercure de France; *die von Alfred Vallette 1890 gegründete und seit 1963 von Gaëtan Picon geleitete Zeitschrift stellte ihr Erscheinen 1965, wenige Monate nach diesem Brief, ein.*
8 *Suzanne Tézenas war Mäzenin des* Domaine musical, *einer durch Pierre Boulez 1954 zur Förderung der zeitgenössischen Musik gegründeten Gesellschaft.*

190
Madame Paul Celan / 78 rue de Longchamp / Paris 16ᵉ / *BLUMEN IN ALLE WELT INTERFLORA FLEUROP*
Gedruckte Visitenkarte von PC.

1 *Siehe Brief 111/2.*

191
Madame Paul Celan / 78 rue de Longchamp / Paris 16ᵉ / Frankreich / 2. 11. 64 – 12? / *HAMBURG 1*
Paul Celan *[gedruckt:]* Hotel Alster-Hof / Hamburg / Absender ist nicht das Hotel / HAMBURG 1
PC schreibt auf Briefpapier des Hotels.

1 *Siehe Anm. 189/1.*
2 *In einem Arbeitsheft notiert PC während seines mehr als einen Monat zurückliegenden Schweiz-Aufenthaltes (22. 9. 1964[?]):* »Szondi: ich solle mit Deutschland ganz brechen und mit Bollack und [Manès] Sperber Deutsch sprechen; das sei ja meine Heimat«.
3 *Die Sorgen PCs hinsichtlich seiner Konzentrationsfähigkeit und seines Gedächtnisses erscheinen seit diesem Jahr 1964 immer wieder.*

Seit Januar 1963 nimmt er regelmäßig Psychopharmaka (Antidepressiva und Neuroleptika).
4 *Am 6. 11. 1964 kehrt PC nach Hamburg zurück. Am 9. 11. 1964 macht er eine Aufnahme mit Gedichten beim Norddeutschen Rundfunk (Notizkalender PC).*
5 *Dieser Gang durch das noch von den Bombenangriffen im März 1945 gezeichnete Köln fand am 31. 3. 1954 statt (siehe Brief 36/ 30).*
6 *PC sieht dieses* »Pestkreuz« *(PC gibt im Brief neben der Übersetzung* »croix dite ›de la peste‹« *auch diesen deutschen Begriff) von 1304 mit einem Christus in erschütternder Haltung (so im* Guide bleu *von 1964) in der Kirche Sankt Maria im Kapitol (erste Hälfte 11. Jh.). Das Kreuz verdankt seinen Namen der Kölner Pestepidemie von 1349, der ein Pogrom folgte, bei dem die gesamte jüdische Gemeinde der Stadt ausgelöscht wurde. Siehe das Wort* »Pestkreuz« *in dem etwas mehr als drei Wochen später entstandenen Gedicht* Bei den zusammengetretenen *(24. 11. 1964):* »– du, Königsluft, ans / Pestkreuz genagelte, jetzt / blühst du –« *(GW II 69, HKA 7.2/156- 157 und TCA/AW 112 f., V. 7-9). Für PC ist die Pest, gerade in diesem Zusammenhang, die* ›braune Pest‹, *d. h. der Antisemitismus, dem PC in und durch seine Dichtung entgegenzutreten versucht (siehe Anm. 133/4).*
7 *Kay Hoff widmet PC bei dieser Gelegenheit seinen Gedichtband* Zeitzeichen *(Düsseldorf/Köln, Eugen Diederichs, 1962):* »Für Paul Celan« / »Kay Hoff 26. 10. 1964«. *Die Dichterin Elisabeth Borchers ist damals Lektorin bei Luchterhand (dem Verleger der von Claire Goll herausgegebenen Gedichte von Yvan Goll) in Neuwied.*
8 *Am 8. 11. 1964 schreibt PC in Hamburg, auf Briefpapier des Hotels* Alster-Hof, *das Gedicht:* »ABENDS, in / Hamburg, ein / unendlicher Schuhriemen – an / ihm / kauen die Geister – / bindet zwei blutige Zehen zusammen / zum Wegschwur.« *(GW II 68, HKA 7.2/ 155 und TCA/AW 111.)*
9 *Nina Schneider und Karl Ludwig Schneider, Professor an der Hamburger Universität, hatte die Lesung PCs im Juni des Jahres organisiert. Er behandelte PCs Gedichte auch im Rahmen eines Seminars zur modernen Lyrik.*
10 *Heinrich Böll fährt im November 1964 nicht nach Berlin (siehe den Brief vom 10. 12. 1964 in Hans Werner Richter,* Briefe, *a. a. O., S. 544 ff.) Die* »Aussprache« *betraf sicher die Unterstützung der SPD (Willy Brandt) bei den Bundestagswahlen 1965. Böll hatte es abgelehnt, an einem Treffen der SPD-Kandidaten mit Autoren (der*

Anmerkungen 155

*Gruppe 47) im Berliner Büro von Willy Brandt am 28./29. 4. 1964
(siehe ebenda, S. 498f.) teilzunehmen.* Grass, Richter, aber auch
Siegfried Lenz und Walter Jens engagierten sich für die SPD (siehe
ebenda, S. 542ff.).
11 *Berlin hatte als Symbol der Macht und Einheit des Reichs nicht
PCs Sympathie. Er empfand im übrigen ein großes Mißtrauen gegenüber der Perspektive einer Vereinigung der beiden deutschen
Staaten als erstem Schritt auf ein* »deutsches Europa« *zu (siehe
Anm. 157/7 und Brief 255/3).*
12 *Beda Allemann, Professor für Neuere Deutsche Literaturwissenschaft an der Universität Würzburg. PC hatte B. Allemann 1958
kennengelernt, als dieser Lektor an der École Normale Supérieure
war. PC scheint auf seinen Besuch in Frankfurt und Darmstadt verzichtet zu haben, er fährt auch nicht nach Marktheidenfeld (bei
Würzburg), wo Allemann wohnte (Brief von Allemann an PC vom
29. 12. 1964).*
13 *Unter dem Datum des 17. 11. 1964 schreibt GCL in den Familien-Notizkalender und unterstreicht viermal:* »Rückkehr Paul«
(Übers.).
14 *Diese Anmerkung PCs scheint eher Neuwied, Sitz des Goll-Verlegers Luchterhand, als Bergisch Gladbach zu kommentieren.*

192
Monsieur Paul Celan / Hotel Alster-Hof / <u>Hamburg 36</u> / Esplanade
12 / Allemagne / 03 XI 64 / 18 H / PARIS 106 / R. DE LONGCHAMP
(16^e)
Madame Paul Celan, 78 rue de Longchamp, Paris 16^e –

1 *Jean Bollack und seine Tochter Sabine.*
2 *Seit Sommer 1963 hält Georg von Holtzbrinck (der Inhaber des
Deutschen Bücherbunds Stuttgart) 40 % des Kapitals der Verlagsgesellschaft S. Fischer, 20 % gehören dem Wiener Drucker und Verleger
Thomas F. Salzer. Gottfried Bermann Fischer (»Goffy«) und seine
Frau Brigitte gehören während einer Übergangszeit zum Verwaltungsrat und ziehen sich dann vollständig aus der Leitung des Verlags zurück (siehe Gottfried und Brigitte Bermann Fischer,* Briefwechsel mit Autoren, *Frankfurt a. M., S. Fischer Verlag, 1990,
S. 773).*
3 *Jean Bollack ist als wissenschaftlicher Leiter in allen 35 Bänden
dieser Taschenbuch-Weltgeschichte vermerkt, die, mit Arbeiten von
80 Autoren, zwischen 1965 und 1971 publiziert wurde.*

4 *Janko von Musulin, kaufmännischer Leiter des S. Fischer Verlags.*
5 *In seinem Brief vom 4. 11. 1964 berichtet Jean Bollack PC ausführlich über seine Konfrontation mit Gottfried Bermann Fischer und der neuen Verlagsleitung.*
6 *Nicht identifiziert.*
7 *Walther Killy, Professor in Göttingen, ist damals literarischer Berater des S. Fischer Verlags. PC wird erst am 21. 6. 1966 den S. Fischer Verlag, u. a. weil er sich nicht ausreichend in der Goll-Affäre unterstützt sieht, verlassen (siehe* Briefwechsel mit Autoren, *a. a. O., S. 658 f.).*
8 *[Für eine Grabschrift für Anatole]; eingeleitet von Jean-Pierre Richard, Paris, Éditions du Seuil, 1961; GCL erinnert sich im Zusammenhang mit diesem Buch an den Tod ihres ersten Sohnes François. PC notierte in den Bands, der sonst keine Lesespuren enthält, vorne das Kaufdatum: »8. 12. 62«.*
9 *Klassenkamerad von EC.*
10 *Lehrer an der Grundschule in der Rue Hamelin (16ᵉ); die Schüler einer Klasse wurden regelmäßig nach ihren Leistungen ›geordnet‹.*
11 *Zum späteren* Atemkristall *siehe Anm. 237/1.*

193
Madame Paul Celan / 78 rue de Longchamp / Paris 16ᵉ / France / 15-16 / 6 NOV 1964 / KØBENHAVN
Ansichtskarte (in Umschlag verschickt): »Udsigt over København. View of Copenhagen. Vue sur Copenhague. Aussicht über Kopenhagen. Originates eleventh century (fortified 1167) *[aus dem 11. Jahrhundert (1167 befestigt)]*«.

1 *PC erwirbt bei diesem Anlaß den Museumsführer* The Museum of the Danish Resistance Movement *[Das Museum der dänischen Widerstandsbewegung]* 1940-1945 *(The National Museum Copenhagen. A short guide by Aage Roussell, 1964). In Erinnerung an diesen Besuch und seine Wanderungen durch Kopenhagen schreibt PC am 25. 12. 1964 das Gedicht* Frihed *(HKA 7.2/168-177, TCA/AW 127-129 bzw. GW II 77); siehe auch das Gedicht* »Welche Stimme hat, was du hast?« *(GN 102 und 397).*

194
Madame Antschel-Celan / Hotel Genio / 28 via Zanardelli / Roma / Italie / EXPRÈS / PAR AVION / 10 H 45 / 18. 1. 1965 / PARIS 106 / R. DE LONGCHAMP (16ᵉ)

Anmerkungen 157

Paul Celan, 78 rue de Longchamp / Paris 16ᵉ / 13¹⁵ / 18. 5. 1965 /
PARIS / AVIATION / ETRANGER // 19. 1. 1965 – 13 /?? ROMA
A. O.
PC verwendet Briefpapier mit gedruckter Adresse.

1 *PC selbst hatte GCL dazu gedrängt, nach Rom zu fahren; er selbst wollte diese Trennung (Tagebuch PC).*
2 *Café Le Rouquet (188, Boulevard Saint-Germain, 7ᵉ).*
3 *PC hatte den Genetiker Max Ufer und dessen Frau Margot Ufer – die Eltern von ihr waren in Auschwitz ermordet worden – 1945 in Bukarest kennengelernt und bei seinem Rom-Besuch im April 1964 wiedergesehen.*
4 *PC hatte in diesem Hotel im April 1964 gewohnt.*
5 *PC schreibt »seuleté«, eine franco-celansche Wortbildung mit dem Adjektiv »seul« [einsam, allein] nach dem Muster des deutschen Worts »Einsamkeit«.*
6 *Anspielung auf die Anhänglichkeit einiger seiner Landsleute an ihre Heimat; siehe den fünften Absatz des Briefes.*
7 *Siehe Anredeformeln und Unterschriften von Briefen aus den fünfziger Jahren (z. B. in den Briefen 5, 6, 9, 10, 27, 32) und einige Widmungen (z. B. die Briefe 3, 105, 107, 136).*
8 The Collected Poems of W. B. Yeats, *London, Macmillan and Co. Ltd., 1952 (erste Auflage 1933, weitere Auflagen 1934 und 1935, also ein Jahr vor dem 16. Geburtstag von Paul Antschel); von der Hand GLs auf dem Vorsatzblatt:* »16. 7. 52.« / »Maya«. *Der Band zeigt Lesespuren und Übersetzungsentwürfe. Wegen autorenrechtlicher Probleme mußte PC auf die Publikation seiner Yeats-Übertragungen verzichten; drei abgeschlossene Übersetzungen sind im Nachlaß erhalten:* The Cap and Bells – Die Schellenkappe *(10. 4. 1962; Ausgangstext in PCs englischer Ausgabe S. 71-73);* He mourns for the Change that has come upon him and his Beloved, and longs for the End of the World – Er trauert ob seiner und seiner Liebsten Verwandlung und sehnt der Welt Ende herbei *(10. 4. 1962, siehe GA Dok. 325; S. 68) und* The Four Ages of Man – Die vier Lebensalter *(2. 9. 1959; S. 332). Die amerikanische Buchhandlung Brentano's gibt es heute noch (37, Avenue de l'Opéra, 2ᵉ).*
9 *PC schreibt »berbères verts«; diese Verballhornung des Worts »réverbères« (Straßenlaternen) stammt von EC. PC schrieb manchmal im Licht von Straßenlaternen (siehe Brief 300/3).*
10 *PC hatte am Tag zuvor im Hôtel de l'Athénée (19, Rue Caumartin, 9ᵉ) ein Zimmer für seine wie er aus Czernowitz stammenden*

Freunde Edith und Jakob Silbermann reserviert. Die Emigration von Edith Horowitz und ihrem Mann nach Deutschland im Vorjahr war u. a. durch PCs Verbindungen geglückt. Zu PCs Beziehung zu Edith Horowitz siehe: Edith Silbermann, Begegnung mit Paul Celan, *Aachen, Rimbaud, 1993.*
11 *Durch diese Schreibweise ahmt PC die deutsche Aussprache des Stadtnamens nach.*
12 *Siegfried Trichter und der Hals-Nasen-Ohren-Arzt David [??] Kraft, Bekannte von PC aus Czernowitz, lebten wie er in Paris.*
13 *Im Museum Jeu de Paume in den Tuilerien waren damals die Impressionisten aus dem Louvre untergebracht (heute im Musée d'Orsay).*
14 *Ursula Teufel.*
15 *Im Juli 1964.*
16 *Zu dieser Zeit ist PC im Zusammenhang mit den Psychopharmaka, die er einnehmen muß, über derartige Phänomene von Gedächtnisverlust beunruhigt.*
17 *Marcel Pohne war einen Monat vorher bei einem Autounfall ums Leben gekommen, seine Frau erwartete gerade ein Kind. Marcel und Nadja Pohne stammten ebenfalls aus Czernowitz.*
18 *Edith Silbermann hatte gerade begonnen, sich als Übersetzerin aus dem Rumänischen in Kölns literarischen Kreisen einzuführen. Trotz seiner Sympathien für den Marxismus und die westdeutschen Kommunisten stand Heinrich Böll dem real existierenden Kommunismus etwa in Osteuropa sehr kritisch gegenüber (siehe dazu Bölls Aufsatz »Karl Marx« von 1960 oder sein Interview mit Marcel Reich-Ranicki von 1967, in:* Aufsätze, Kritiken, Reden, *Köln/Berlin, Kiepenheuer & Witsch, S. 84-102 und 502-510; das Exemplar in PCs Bibliothek weist keinerlei Lesespuren auf).*
19 *D. h. zu GCLs Freundin Françoise Bonaldi in Saint-Cézaire-sur-Siagne (Alpes-Maritimes).*
20 *Ein Telegramm ist nicht erhalten, es wurde vermutlich nicht abgeschickt.*
21 *Berta Antschel in London.*
22 *Elmar Tophoven (Übersetzer, vor allem von Beckett) und seine Frau Erika Schöningh.*
23 *PC bezieht sich auf seine Behandlung in der Psychiatrischen Klinik in Épinay-sur-Seine zwei Jahre vorher (siehe Anm. 160/1).*
24 *François, der erste Sohn der Celans, starb dreißig Stunden nach seiner Geburt.*
25 *Die Goll-Affäre (siehe Anm. 5/3 und 125/1).*

26 Siehe Anm. 154/3.
27 Das Neurolepticum (Prothipendyl) wird zur langfristigen Behandlung von Schizophrenien und Psychosen eingesetzt, die mit Unruhe und Halluzinationen verbunden sind, und wirkt in geringer Dosierung als Beruhigungsmittel.
28 *[Der Liebende spricht von der Rose in seinem Herzen]*: Titel des Gedichts, das mit dem Vers anfängt: »ALL things uncomely and broken, all things worn out and old *[Alles ohne Anmut und zerbrochen, alles abgetragen und alt]*«. In seiner Yeats-Ausgabe (siehe Anm. 8) streicht PC den Vers an: »| For my dreams of your image that blossoms a rose in the deeps of my heart«.
29 *In ihrem Brief vom 14. 1. 1965 stellt Ida Porena ihre Übersetzungsversuche und ihren Artikel über* Sprachgitter *und* Die Niemandsrose *vor, zu dem sie durch den* Meridian *inspiriert wurde:* »Paul Celan. Preliminari per un'indagine *[Vorbemerkungen zu einer Untersuchung]*«, in: Studi germanici, *Nuova serie, Anno III, 2, Juni 1965, S. 238-256. PC hatte Ida Porena und ihren Mann Boris Porena (der die* Todesfuge, GW I 41, *und einige andere Gedichte vertont hatte) bei seinem Rom-Besuch im April 1964 kennengelernt.*
30 *Anneli und Oriol Schaedel betreiben eine deutsche Buchhandlung in Rom.*

195
Monsieur Paul Celan / 78 rue de Longchamp / Paris 16^(eme) / FRANCIA / *12 – 13* / *18 – 1 1965* / *ROMA CENTRO*
Gisèle Celan, Hotel Genio, Via Zanardelli 28 / (Ch. 66) Tel.: 55 22 38 – 55 06 60 – 56 47 34 – 56 44 11

1 *GCL täuscht sich; sie war sofort nach dem Krieg, achtzehnjährig, zum ersten Mal in Rom, u. a. mit Yolande de Mitry. Die Reise wurde organisiert von der Schule Les Oiseaux (siehe Anm. 247/3), die sie gerade abgeschlossen hatte.*
2 *Mit der Hervorhebung von* ›Palombella‹, *d. h.* ›Taube‹, *spielt GCL an einen Vers von PC an, den sie sehr mochte:* »DER Tauben weißeste flog auf: ich darf dich lieben!« (GW I 61); *siehe Brief 473/5.*
3 *Dieser sehnlichst erwartete und gleichzeitig gefürchtete Augenblick bedeutete immer eine besonders große Anspannung. PC verbrachte manchmal den ganzen Tag damit, die eingetroffene Post in* »gute« *und* »schlechte Post« *einzuteilen und die Presse genauestens zu studieren, u. a. auf jeden Hinweis auf seine Person und sein Werk.*

Die Goll-Affäre im weitesten Sinn stand dabei im Zentrum dieser Beschäftigung (mündlicher Bericht von GCL).
4 *Beda Allemann, zum Professor in Würzburg ernannt, hielt am 21. 1. 1965 seine Antrittsvorlesung.*

196
Madame Antschel-Celan / Hotel Genio / 28 via Zanardelli / Rome / Italie / EXPRÈS / PAR AVION / 19 H / 19. 1. 1965 / PARIS 106 / R. DE LONGCHAMP (16ᵉ)
Paul Celan, 78 rue de Longchamp / Paris 16ᵉ / 21?¹⁰ / 19. 1. 65 / PARIS AVIATION / ETRANGER // 20. 1. 1965 / ?? ROMA A. O.

1 *GCL macht vor ihrer Rückkehr nach Paris tatsächlich einen kurzen Besuch bei ihrer Freundin Françoise Bonaldi in Saint-Cézaire-sur-Siagne, das sie über Nizza erreicht.*
2 *In seinem Brief vom 18. 1. 1965 an Felix Berner, den für Verträge und Publikationsgenehmigungen zuständigen Mitarbeiter der Deutschen Verlags-Anstalt, erinnert PC zur Begründung daran, daß er niemals Mitglied der Gruppe war (zu den Beziehungen PCs zur Gruppe 47 siehe Anm. 10/4). Im gleichen Brief formuliert PC auch seinen Ärger über die kleine Edition der* Todesfuge *(GW I 41), die Jean Firgès mit dem Berliner Maler Hans-Joachim Burgert ohne seine Zustimmung herausgebracht hatte, und dessen Pläne, eine weitere Edition dieser Art zu publizieren. In seinem Brief an Kirsti Christensen vom* Norske Studentersamfund Oslo *(Anfrage vom 30. 12. 1964) verweigert PC die Zustimmung zur Veröffentlichung von Übersetzungen aus* Mohn und Gedächtnis *in einer Anthologie, die nach einer der Gruppe 47 gewidmeten Lesung geplant ist.*
3 *Antwort auf den Brief vom 14. 1. 1965, in dem Christoph Perels PC nach seiner Meinung über den tschechischen Dichter Vladimir Holan und eine Übersetzung einiger von dessen Gedichten befragt. Unter »Banalitäten« ist die Weigerung PCs zu verstehen, sich zu diesem Werk und zu Übersetzungen aus einer Sprache zu äußern, die er nur rudimentär über das Russische kennt. Walther Killy ist damals literarischer Berater des S. Fischer Verlags.*
4 *Am 8. 1. 1965 hatte PCs Bukarester Bekannte Despina Mladoveanu PC um einige Gedichte für die Zeitschrift* Ramuri *gebeten, am 18. 1. 1965 antwortet PC mit einem Sonderdruck des Gedichts* Hafen *(geschrieben in Moisville am 2. 8. 1964 nach einem Aufenthalt in Hamburg am 24./25. 6. 1964; siehe HKA 7.2/121-129, TCA/AW 82-85 und GW II 51-53) aus der* Neuen Rundschau *(Heft 4, 1964,*

Anmerkungen 161

S. 554-556). *Eine Übersetzung des Gedichts ins Rumänische erscheint wohl nicht.*
5 *Um welche Werke von Kraus, der mit* Worte in Versen *(1916-1930) auf dem Programm der Agrégation 1965 stand, es sich handelt, ist nicht zu klären. Die Kurse über Kraus hielt Claude David von der Sorbonne. In PCs Bibliothek ist nur die Dissertation über Kraus von Caroline Kohn erhalten, und zwar mit Lesespuren sowohl von PC als auch von GCL:* Karl Kraus *(Thèse principale pour le Doctorat ès lettres présentée à la Faculté des lettres et des Sciences Humaines, Paris, Didier, 1962). Ein bzw. zwei Tage nach dem vorliegenden Brief, also am 20. und 21. 1. 1965, erwirbt PC drei Bücher von Kraus:* Sprüche und Widersprüche *(Frankfurt a. M., Suhrkamp, 1965), mit PCs Datierung auf der Rückseite des Vorsatzblattes:* »Würzburg, 20. 1. 1965«, *den zweiten Band der von Heinrich Fischer herausgegebenen Kraus-Ausgabe,* Die Sprache *(München, Kösel, 1962), mit der Datierung vorne:* »Paul Celan« / »21/22 [sic] Jänner 1965«, *und Bd. 9 dieser Ausgabe,* Unsterblicher Witz *(München, Kösel, 1961), mit der Bemerkung vorne:* »Frankfurt, 20. 1. 1965«.
6 Dans l'entremonde. Aquarelles et dessins de Paul Klee *[Im Zwischenreich. Aquarelle und Zeichnungen], Paris, Delpire, 1957.*
7 *Geneviève Roussel, Studentin von PC in diesem Jahr, erinnert sich:* »Rue d'Ulm, 1965. In einem sehr kleinen Raum sitzen drei Studentinnen aus der École Normale Supérieure Sèvres und ein Student aus der Rue d'Ulm in einer Reihe vor Paul Celan; sie hoffen, jenseits aller Vorbereitung auf die Agrégation, auf die Vermittlung des Dichters, der sich vorgenommen hatte, statt über Stefan George *[Der siebente Ring* stand auch auf dem Prüfungsprogramm*]* über Karl Kraus, den anderen Dichter des Programms, und dessen *Worte in Versen* zu sprechen. / Von *Worte in Versen* war nie die Rede, das Buch von Kraus wurde nie geöffnet. Eingeschlossen in seine tragische Suche nach einer von jedem Schmuck gereinigten, wahreren deutschen Sprache, hielt Paul Celan einen Monolog, in dem er das Pamphlet *Heine und die Folgen* in Grund und Boden verriß. Flüche des emigrierten Dichters über den Feuilletonisten Kraus, bei dem er die kleinsten Schwächen aufstöbert und Pentameter und Hexameter ausfindig macht, die in der Prosa stören. Rückgewinnung und Erweiterung von Kraus' Argumenten gegen Heine, nach Kraus der Dichter des Hasses gegen Deutschland und der aus Frankreich, diesem Land des Epigramms, des Zynismus und der Leichigkeit, importierten Leichtsinnigkeit. / Vielleicht wollte der Dichter Celan durch das Wort ein belebendes Chaos wiedererschaffen, wie es der Satz von

Kraus evoziert, der in Celans Arbeitsexemplar des Textes eingekreist und unterstrichen ist: ›Kunst bringt das Leben in Unordnung. Die Dichter der Menschheit stellen immer wieder das Chaos her; die Dichter der Gesellschaft singen und klagen, segnen und fluchen innerhalb der Weltordnung.‹ / Die damaligen Studenten der École Normale Supérieure, die Deutschland – Goethe und Heine – und Frankreich liebten, haben an diese wenigen Stunden eine Erinnerung an ›das Unheimliche‹.« (*Übers.; der 1995 entstandene und durch Jean-Pierre Lefebvre von der École Normale Supérieure vermittelte Bericht wird hier mit der freundlichen Genehmigung von G. Roussel zum erstenmal und vollständig veröffentlicht.*)

8 *Reinhard Baumgart schreibt in seinem Artikel* »Unmenschlichkeit beschreiben. Weltkrieg und Faschismus in der Literatur« *zur* Todesfuge *(GW I 41):* »Aber ganz zu schweigen vom Gedicht *nach* Auschwitz: haben sich die Gedichte *über* Auschwitz immer frei halten können von jener Schönheit, die das Unsägliche durch Kunstaufwand beredt macht, den Schrecken zur Ordnung ruft, einzirkelt und befriedet? Celans ›Todesfuge‹ etwa und ihre Motive, die ›schwarze Milch der Frühe‹, der Tod mit der Violine, ›ein Meister aus Deutschland‹, alles das durchkomponiert in raffinierter Partitur – bewies es nicht schon zuviel Genuß an Kunst, an der durch sie wieder ›schön‹ gewordenen Verzweiflung?« (*Merkur, Nr. 202, Januar 1965, S. 37-50, hier S. 48 ff.*) *In der gleichen Nummer des Merkur, die PC durch den Lektor des S. Fischer Verlages Petru Dumitriu am 8. 1. 1965 erhalten hatte, schreibt Kurt Oppens in* »Blühen und Schreiben im Niemandsland«*:* »Bei Celan hingegen verbindet sich mit dem Sternbild die Vorstellung des ›genauen Kristall‹ – ›da wo du hinmußt‹ – inhaltlose Form als Mysterium. Ein sporadisch auftauchender, verzweifelter und radikaler Ästhetizismus? Aber auch dem Sternbild und seiner Erscheinung ist die Zeit gesetzt. ›Um / wessen / Sternzeit zu spät?‹ – so endet das letzte Gedicht der ›Niemandsrose‹. [...] Als Schlußkadenz des Bandes aber verweisen sie auf den geheimen Fluch und die unlösliche Tragik, die über dieser Dichtung und der in ihr deutschsprachig vollzogenen jüdisch-christlicher Einung liegt: sie kommt um die Sternzeit der Sprache zu spät, in der sie geschrieben ist.« (*Ebenda, S. 84-88, hier S. 88; den zweiten Abschnitt des Zitats hebt PC durch Anstrich hervor und schreibt ihn in seinem Tagebuch ab.*)

9 *Brief an den Rektor der Grundschule in der Rue Hamelin (16ᵉ) in Zusammenhang mit EC.*

10 *PC hat gerade einen Brief von Michaux, mit dessen Gedichten er* *sich im Augenblick intensiv übersetzend beschäftigt, zusammen mit einem (nicht identifizierten) »kurzen Gedicht« (Übers.) bekommen, um das er gebeten hatte (Datierung von PC auf den 15.[?] 1. 1965); Michaux empfiehlt ihm dort auch den Psychiater Dr. Pierre Mâle, den PC das ganze Jahr über zu psychotherapeutischen Gesprächen konsultieren wird.*

11 *Die Journalistin Ruth Kraft, die ihre Kindheit und Jugend in Czernowitz verbracht hatte, war Ende der fünfziger Jahre aus Bukarest in die Bundesrepublik emigriert. PC hatte mit ihr zwischen 1940 und 1944 – damals war sie Schauspielerin am Jiddischen Theater in Czernowitz – eine Liebesbeziehung. In ihrem Brief vom 17. 1. 1965 kündigt Ruth Kraft die »gewünschten Zeitschriften« an, zwei Exemplare der Januar-Nummer des* Merkur *(siehe Anm. 8), die PC an Bekannte weitergeben will. Etwa zwei Wochen später begleitet PC ein solches Exemplar für seine Tante Berta Antschel mit dem Kommentar:* »Hier kommt (als rekommandierte Drucksache), wie versprochen, das Januar-Heft des ›Merkur‹, mit den Aufsätzen von R. Baumgart und K. Oppens. (Beim ersten handelt es sich um einen der bekanntesten Kritiker der jüngeren Generation – der sich, aber auch das ist kein Zufall, mit einem Buch über Thomas Mann einzuführen wusste; er schreibt regelmässig für den ›Spiegel‹, ein höchst anrüchiges Blatt, nicht nur in bezug auf das jüdische *[sic]*. Oppens ist, wenn ich nicht irre, ein an einer amerikanischen Hochschule unterrichtender Deutscher, der schon einmal im ›Merkur‹ (Februar 1963) über mich geschrieben hat, ebenfalls ›komparatistisch‹; damals hiess es u. a. von mir, ich hätte mit dem Entsetzen zwar keinen Scherz, aber Magie getrieben...)« *(Brief vom 3. 2. 1965; der erwähnte erste Artikel von Oppens erschien unter dem Titel* »Gesang und Magie im Zeitalter des Steins. Zur Dichtung Ingeborg Bachmanns und Paul Celans«, Merkur, *Nr. 180, S. 175-193).*

12 *Franz Larese war Leiter eines Verlages und einer Galerie in St. Gallen (Im Erker), dort wird im gleichen Jahr* Atemkristall *ausgestellt; eine Einzelausstellung von GCL sollte folgen, fand aber tatsächlich nicht statt. PC antwortet auf den Brief des »Schweizer Schriftstellers« Heinz Weder vom 18. 1. 1965 zunächst nicht. Erst nach einer zweiten Anfrage durch diesen (vom 4. 3. 1965) und nach einigem Zögern übermittelt PC durch Franz Larese sein endgültiges Nein, mit der Begründung, er finde diese (im übrigen nicht identifizierten) Gedichte von Jean Cassou »schwer zu übersetzen« und habe zu viel zu tun (Brief vom 27. 3. 1965).*

197
Monsieur Eric Celan / Classe de neige / Hôtel de la Source / <u>Lans-en-Vercors</u> / Isère / *[Poststempel nicht lesbar]*
Paul Celan, 78 rue de Longchamp / Paris 16ᵉ

1 *EC ist seit dem 14. 1. 1965 im Skischullandheim in Lans-en-Vercors (Isère).*

198
Monsieur Paul Celan / 78 rue de Longchamp / <u>Paris 16ᵉᵐᵉ</u> / (<u>France</u>) / *12-13 / 20 – 1 1965 / ROMA CENTRO*
Gisèle Celan – Zanardelli 28 – Roma –

1 *Iris von Kaschnitz, Tochter von Marie Luise Kaschnitz.*
2 *Es handelt sich sicher um das Café Rosati.*
3 *Das »Babington«.*
4 *Marianne Kraisky, Tochter von Margot und Max Ufer, ist mit dem russischen Übersetzer Giorgio Kraisky verheiratet.*
5 *Edith de Bourboulon, Schwester von GCLs Mutter.*
6 *Abkürzung für die italienische Fremdenverkehrsgesellschaft* Compagnia italiana turismo.
7 *PC und GCL werden nie zusammen nach Rom kommen, PCs einzige Reise dorthin fand im April 1964 statt.*
8 *Die Celans hatten gerade ein zweites Dienstmädchenzimmer im Haus in der Rue de Longchamp gekauft, das als zweites Atelier für GCL diente.*
9 *Die Radierung bekommt den endgültigen Titel* Souvenir de Hollande – Erinnerung an Holland *(1964, in Zusammenhang mit der Hollandreise der Celans vom 23. bis 26. 5. 1964). Der ursprüngliche Titel erscheint zwischen Anführungszeichen: Es handelt sich um die Devise der Familie von Oranien-Nassau, »Je maintiendrai«, die hier als französische Variante des Celanschen »Stehens« gelesen werden kann (siehe Anm. 407/6). Die Celans waren besonders empfänglich für den Widerstandsgeist, der in die Geschichte der Niederlande eingeschrieben ist (siehe Anm. 252/1), eines Landes, das Spinoza aufgenommen hatte und sich gegen die Verfolgung der Juden durch die Nazis (Streikwelle vom Februar 1941) aufzulehnen wußte. Die anderen drei oder vier Radierungen konnten nicht mit Sicherheit identifiziert werden.*
10 *PC ist der Autor aller zweisprachigen Titel für GCLs Radierungen zwischen 1954 und 1968.*

Anmerkungen 165

199
Madame Antschel-Celan / Hotel Genio / 28 via Zanardelli / <u>Rome</u> / Italie / <u>PAR AVION</u> / 9 H / 20. 1. 1965 / *PARIS / GARE DE L'EST*
Paul Celan, 78 rue de Longchamp, / Paris 16ᵉ

1 *Siehe Anm. 196/9 und 10.*

2 *PC hat mit seinen zwei verschiedenen Ausgaben dieses berühmten deutsch-französischen Lexikons von Karl Sachs und Césaire Villatte viel gearbeitet:* Enzyklopädisches französisch-deutsches und deutsch-französisches Wörterbuch *(Berlin-Schöneberg, Langenscheidtsche Verlagsbuchhandlung,* ²⁹*1917, 2 Bände), der erste Band ist signiert:* »Paul Celan« / »Wien, Juni 1948.«*; sowie:* Enzyklopädisches Wörterbuch der französischen und deutschen Sprache, *große Ausgabe (Berlin-Schöneberg, Langenscheidtsche Verlagsbuchhandlung, o. J., 22. Auflage, 4 Bde.).*

200
Signora Antschel-Celan / Hotel Genio / <u>Rom</u> / 28 via Zanardelli / <u>Italien</u> / *MIT LUFTPOST PAR AVION* / *[Briefmarken durchgestrichen]*
Ansichtskarte: »Geburtshaus Joh. Wolfgang von Goethe – Frankfurt am Main – Großer Hirschgraben«.

1 *Die jüdische Dichterin und Essayistin Margarete Susman, Autorin zahlreicher dem Judentum gewidmeter Arbeiten, war 1933 aus Deutschland in die Schweiz emigriert. In ihren Erinnerungen evoziert sie ihre Begegnung mit Paul Celan mit den Worten:* »Und als letzter der neuen Generation ist mir noch ein äußerst ungewöhnlicher Mensch begegnet: der große Dichter Paul Celan, von dem ich durch das Buch von Schlösser das eine gewaltige Gedicht ›Todesfuge‹ und das wunderbare an seine junge Mutter kennengelernt hatte. Ich erschrak fast, als mir plötzlich ein Brief mit seiner Unterschrift vorgelesen wurde, in dem er sich bei mir ankündigte. Dem Brief waren einige seiner Gedichtbände und jene Rede beigelegt, die er zur Verleihung des Büchnerpreises gehalten hatte. Er hatte nur wenige Prosaarbeiten von mir gelesen. Mir brannten seine Gedichte im Herzen, obwohl ich seine Sprache zunächst nur mit großer Mühe verstand. Sein Besuch war dann eines der Erlebnisse, die mir ganz neu das Wesen der heutigen Generation erschlossen. Abstrakte Kunst ist seine Dichtung keineswegs, wohl aber eine gegenüber der früheren völlig gewandelte, die einer total veränderten Wirklichkeit

entstammt. [...] / *[von PC angestrichen:]* | Diese heute lebenden jungen Dichter haben mir meine einstige Heimat, die ich nie mehr betreten habe, doch um ein Stück nähergebracht.« *(Ich habe viele Leben gelebt. Erinnerungen, Deutsche Verlags-Anstalt, Stuttgart, 1964, S. 174 f.; das Exemplar zeigt weitere Lesespuren und trägt die Widmung Margarete Susmans:* »In innigem Dank und warmer Freundschaft« *sowie die Datierung von der Hand PCs:* »10. 4. 1964«.) *PCs Gedichte* Todesfuge *(GW I 41) und* Espenbaum *(GW I 19) waren in Manfred Schlössers Anthologie* An den Wind geschrieben *(1960) enthalten. Siehe auch Anm. 205/2.*
2 *Der 1938 aus Deutschland nach Schweden emigrierte jüdische Journalist und Regisseur Erwin Leiser drehte den berühmten Dokumentarfilm über das »Dritte Reich«,* Mein Kampf *(1960); PC war seit 1958 mit ihm in Verbindung.*

201
Signora Antschel-Celan / Hotel Genio / 28 via Zanardelli / ROMA / ITALIEN LUFTPOST / 20. 1. 65 – 22 / WÜRZBURG 2
Ansichtskarte: »Würzburg – Alte Mainbrücke und Festung Marienberg«.

1 *Die Celans sind vielleicht im Rahmen ihrer Deutschlandreise im Juli 1964 auch in Würzburg gewesen.*
2 *Beda Allemann hielt am 21. 1. 1965 seine Antrittsvorlesung an der Universität Würzburg. Günther Neske, Verleger von Martin Heidegger, publizierte in seinem Verlag auch Gedichte und Schallplatten mit Autorenlesungen, u. a. auch von Paul Celan und Ingeborg Bachmann.*

202
Monsieur Paul Celan / 78 rue de Longchamp / Paris 16eme / FRANCE / 21. 1. 65 – 13 / POSTE ROMA FERR. CORRISP.

1 *GCL bezieht sich auf die Bedeutung, die dieses Datum für PC hat, an dem der Tag, an dem Georg Büchners Lenz durch die beschneiten Vogesen wandert, mit dem Tag der Wannsee-Konferenz (1942), an dem die »Endlösung der Judenfrage« beschlossen wurde, zusammenfällt (siehe* Der Meridian, *GW III 194 ff.).*
2 *Marianne Ufer-Kraisky ist damals Sekretärin des Ständigen Vertreters Brasiliens bei der FAO (Food and Agriculture Organisation of the United Nations) in der Brasilianischen Botschaft, die in einem Palais an der Piazza Navona untergebracht ist.*

3 *Schimpfwort für die Deutschen.*
4 *Rue des Martyrs in Montmartre (die Straße beginnt im 9. und endet im 18. Arrondissement, d. h. Montmartre); die Brasserie Poccardi befand sich am Boulevard des Italiens Nr. 9 (2ᵉ).*
5 *Zur Lesung von PC und zur Ausstellung von GCL in Hannover im Mai und Juni 1964 siehe Anm. 183/1 und 183/3-4.*
6 *Die Person konnte nicht identifiziert werden. Notizen von PC in zwei verschiedenen Notizkalendern unter dem Datum des 13. 1. 1964 betreffen wahrscheinlich die hier von GCL erwähnte Abendveranstaltung: »21 Uhr bei* Dr. Kraft, *Rezitationsabend Hertz* Großbard *[sic]. – Manès Sperber, Jo Herschmann, Mendel Mann u. a.« bzw. »21 Uhr* Herz Großbart *[sic] bei Dr. Dodo Kraft, 85, Ave[nue] Gén[éral] Leclerc, rechts, 3ᵉ ét[age], links«.*
7 *PC hatte Marianne Kraisky und ihre Eltern Max und Margot Ufer 1945 in Bukarest kennengelernt; in der ersten Jahreshälfte 1948 hatte er sie im Flüchtlingslager Sievering in Wien besucht, dann im April 1964 in Rom wiedergetroffen.*
8 *Siehe Brief 196/12.*
9 *Siehe Brief 196/2.*

203
Madame Celan / Hotel Genio / Roma / 28 via Zanardelli / Italien / MIT LUFTPOST – PAR AVION / 21. 1. 65 – 19 / WÜRZBURG 2
Ansichtskarte: »Würzburg – Neue Universität«.

1 *Allemanns Antrittsvorlesung über »Intensität als literarische Kategorie« wurde nicht publiziert.*
2 *Spaßhafte französische Schreibweise (»ou«, damit nicht »ü«, sondern »u« gesprochen wird) der auf französischen Schreibmaschinen meist unumgänglichen Schreibung »Gruesse«; die Celans verwendeten in diesem Sinne auch das Wort »K(o)uesse«.*
3 *Nach den Eintragungen in seinem Notizkalender hat PC Neske tatsächlich am 10. 2. 1965 in Paris getroffen. Günther Neske, der über die Differenzen PCs mit dem S. Fischer Verlag informiert war, hielt sich PC als Verleger seit November 1964 zur Verfügung.*
4 *Es handelt sich hier natürlich um eine Anspielung auf Heidegger, dessen zahlreiche Verbindungen zum Katholizismus bekannt waren: Der Philosoph des Seins war im Knabenseminar Sankt Konrad in Konstanz erzogen worden, dann zunächst Novize bei den Jesuiten in Feldkirch gewesen, bevor er in Freiburg Theologie studierte. Vielleicht wurde die Bemerkung erst hinzugefügt,* nachdem *Neske und*

Allemann unterschrieben hatten. Beide unterhielten enge Beziehungen zu Heidegger, der erste als sein Verleger, der zweite als sein Interpret. PC selbst hat die Karte im übrigen nicht unterschrieben.

204
Monsieur Paul Celan / 78 rue de Longchamp / Paris 16eme / FRANCIA / 23. 1. 65 – 10 / *POSTE ROMA FERR. CORRISP.*

1 *Der Titel von PCs Erzählung eines Gesprächs zwischen dem* Juden Groß *und dem* Juden Klein *(GW III 160-173) erscheint im Originalbrief deutsch. Der im August 1959 geschriebene Text erinnert auch an die »versäumte Begegnung« (GW III 201) PCs mit Th. W. Adorno in Sils Maria im Juli des gleichen Jahres.*

205
Madame Antschel-Celan / Hotel Genio / 28 via Zanardelli / Rome / Italie / 18 – 24. 1. 1965 / BASEL / BRIEFVERSAND
Ansichtskarte: »Zürich. Frauenmünster und St. Peterskirche«.

1 *Siehe Anm. 46/1.*
2 *Nach dem Besuch bei der damals dreiundneunzigjährigen und fast erblindeten Margarete Susman schreibt PC das Gedicht* »DER NEUNZIG- UND ÜBER- / jährigen Augen« *(GN 98 und 395 f.). PC ist für die Zeichen der Unterstützung durch Margarete Susman in der Goll-Affäre und auch im Zusammenhang mit der letzten Nummer des* Merkur *(siehe Anm. 196/8), die er, im weiteren Sinn, dazuzählt, sehr empfänglich. Manfred Schlösser, ein enger Freund von Margarete Susman, leitete den Agora Verlag in Zürich.*
3 *In ihrem Brief vom 23. 1. 1965 (nicht publiziert) erinnert GCL kurz an das Telefongespräch mit PC:* »Ich hoffe, daß es Dir wirklich gut geht und daß Du mir die Wahrheit gesagt hast, wenn Du sagst, daß alles in Deutschland gut verlaufen ist. Ich bin froh, daß Du Margarete Susman so lange sehen konntest, das wird Dir für einige Tage Hoffnung geben, nicht wahr –« *(Übers.)*

206
Madame Celan / Hotel Genio (chambre 66) / R o m e / Via Zanardelli 28 / Italie / EXPRÈS / 18 H / 25. 1. 1965 / PARIS 106 / R. DE LONGCHAMP (16^e)
Paul Celan, 78 rue de Longchamp, / Paris 16^e / 23 ?? / 25. 1. 65 / PARIS GARE PLM / ETRANGER // 27. 1. 1965 / – 5 / ROMA A. O. / ?? ESPRESSI

Anmerkungen

PC *verwendet Briefpapier mit gedruckter Adresse.*

1 *In seinem Notizkalender erwähnt PC ein Treffen mit Leiser an diesem Tag (im Hôtel Lord Byron, 5, Rue Chateaubriand, 8ᵉ), ein weiteres am 6. 2. 1965.*
2 *PC konsultiert als Privatpatient den Psychiater der Universitätspsychiatrie Sainte-Anne für psychotherapeutische Gespräche.*
3 *PC konsultiert auch den von Michaux empfohlenen Psychiater das ganze Jahr 1965 über, er macht aber nie eine Psychoanalyse im eigentlichen Sinn.*
4 *Über die Probleme Jean Bollacks mit dem S. Fischer Verlag siehe Brief 192, Abs. 4-6.*
5 *PC bezieht sich auf einen Brief Hans Werner Richters, des Gründers der Gruppe 47, vom 16. 1. 1965, in dem dieser ihn bittet, sich an einem Band zur Unterstützung der SPD bei den anstehenden Bundestagswahlen unter dem Titel* »Keine Alternative oder Das Kabinett, das wir uns wünschen« *zu beteiligen. PC lehnt schon am Tag darauf ab und schließt seinen Brief mit den Worten:* »Im übrigen bin ich der Ansicht, dass ein Schriftsteller sich nicht für das jeweils kleinere bzw. ›kleinere‹ Übel, sondern jederzeit, und so differenziert als möglich, für das Wahre und Menschliche zu entscheiden hat.« *(Hans Werner Richter,* Briefe, *a. a. O., S. 560.)*
6 *Hans Bender antwortet (am 21. 1. 1965) auf PCs Vorwurf (vom 8. 12. 1964), in seiner Zeitschrift* Magnum *ein Großfoto von Claire Goll mit dem Beitext* »Marc Chagall hat Claire und Ivan Goll verewigt als Liebespaar / Ihre Gedichte sprechen von ihrer Liebe; Oden an Claire, Hymnen an Ivan – über seinen Tod hinaus / ›Eine Regenzeit beginnt in meinen Augen | Die Raben tragen Trauer | Die jungen Vögel hören auf zu wachsen ...‹« *publiziert zu haben (Nr. 55, 3. Heft 1964, S. 65).*
7 *Der Germanist Robert Minder war Professor am Collège de France. Der Philosoph Yvon Belaval, Professor an der Universität Lille, verfaßte eine kurze Einleitung für die Ende des Jahres in der* Nouvelle Revue Française *in der Übersetzung von Jean-Claude Schneider publizierten Gedichte PCs (siehe Anm. 467/4).*
8 *GCL schickt nicht Lorbeer-, sondern Olivenbaum-Blätter (siehe Brief 204, Abs. 1).*
9 *Ansichtskarte:* »Villa Adriana – Le Grandi Terme *[Die großen Thermen]*« *(nicht publiziert, Poststempel vom 23. 1. 1965).*
10 *Seine Heirat mit einer Jüdin hatte den Phytogenetiker Max Ufer seine Stelle im Kaiser-Wilhelm-Institut in Müncheberg (Bezirk Frankfurt/Oder) gekostet.*

11 *Michael Marschall von* Bieberstein *war Direktor des Goethe-Instituts Rom, PC hatte ihn und seine Frau im April 1964 kennengelernt.*
12 *Ruth Kraft.*
13 *PC scheint bei der Beschneidung von Thomas Benjamin, dem am 24. 1. 1965, kurz nach dem Tod seines Vaters, geborenen Sohn von Nadja und Marcel Pohne, nicht anwesend gewesen zu sein.*
14 *Fachgeschäft für Babywäsche in der Avenue Victor Hugo Nr. 170 (16e).*

207
Monsieur Paul Celan / 78 rue de Longchamp / <u>Paris 16eme</u> / FRANCIA / 26. 1. 65 – 18 / *CENTRO CORR. ROMA*

1 *Dr. Mâle (siehe Anm. 206/3).*
2 *Sarah und Avraham Ronen; Avraham Ronen hatte in Rom studiert und war nun Kulturattaché der Israelischen Botschaft in Rom. Er war tatsächlich an der Gründung eines Lehrstuhls für Kunstgeschichte an der Universität von Tel Aviv wesentlich beteiligt.*
3 *Malerin, die auch im Bereich der Radierung arbeitet. GCL kennt sie aus dem Atelier Lacourière in Montmartre.*
4 *Mario Socrate ist außerdem Literaturwissenschaftler sowie Spezialist für die spanische Literatur des Barock und der Moderne.*
5 *Marianne Ufer-Kraisky.*
6 Petite composition – Kleine Komposition, *Radierung aus dem Jahr 1958 (zwei Platten, 14×11).*
7 *Sicherlich PCs zuletzt erschienenes Buch,* Die Niemandsrose.
8 *Ansichtskarte vom 26. 1. 1965* (Vatikanstadt, Skulpturen-Museum – Gespann, *nicht publiziert).*
9 *Der Vetter von Iris Kaschnitz, Michael Marschall von Bieberstein.*
10 *Es handelt sich um den Komponisten Giacinto Scelsi, Graf von Ayala; er war Mitglied der Gruppe* Nuova Consonanza *und stark durch orientalische Musik geprägt.*
11 *Das Mithras-Heiligtum aus dem 2. Jahrhundert befindet sich unter der Kirche San Clemente, einer der ältesten Basiliken Roms.*
12 *GCL vergleicht Iris Kaschnitz auf der einen Seite mit ihrer ehemaligen Freundin Yolande de Mitry, auf der anderen mit ihrer Schwester Monique Gessain, die mit Sybille de La Tour du Pin und dem Ethnographen und Regisseur Jean Rouch bekannt war.*
13 *PC selbst hatte, sicher in Begleitung von Michael Marschall von*

Biberstein, dem Direktor des römischen Goethe-Instituts, die etruskische Nekropole im April 1964 besucht; siehe das Gedicht Die Ewigkeit *(11. 4. 1967, GW II 177), in dem PC, drei Jahre nach seinem Besuch, ausdrücklich* Cerveteri *evoziert.*

14 Eugen Onegin, *unter der Leitung von Lorin Maazel, mit Nicola Rossi Lemeni in der Titelrolle sowie Vera Magrina, Virginia Zeani, Anna Maria Rota, Franco Tagliavini und Plinio Clabassi etc. Die Aufführung fand am 28. 1. 1965 in der Oper in Rom statt.*

15 *Anspielung auf den Film von Federico Fellini über die römische Gesellschaft und ihre Schwierigkeiten (1959) – und, vielleicht genauer, auf die Person der Maddalena darin, die neurotische Tochter eines Millionärs.*

16 *Anspielung auf die Einzelausstellung GCLs in der Kestner-Gesellschaft Hannover, die gleichzeitig mit der der vier italienischen Maler Alberto Burri, Giuseppe Capogrossi, Piero Dorazio und Lucio Fontana stattfand (siehe Anm. 183/2).*

208
Umschlag wohl nicht erhalten.
PC verwendet Briefpapier mit gedruckter Adresse.

1 *GCLs drei Schwestern.*
2 *ECs Lehrer an der Grundschule in der Rue Hamelin (16^e).*

209
Madame Celan / Hotel Genio (chambre 66) / R o m e / Via Zanardelli 28 / <u>Italie</u> / EXPRÈS / 28. 1. 65 / 17 H / PARIS 106 / R. DE LONGCHAMP (16^e)
Paul Celan, 78 rue de Longchamp / Paris 16^e /22 ^{3o} / 28. 1. 65 / PARIS GARE PLM / ETRANGER // 30. 1. 1965 – 10 / ROMA A. O. / ?? ESPRESSI

1 *D. h. mit Jean Bollack sowie dem Literaturwissenschaftler, Universitätslehrer und Übersetzer aus dem Italienischen Mario Fusco und dem Schriftsteller Dominique Fernandez.*

210
Monsieur Paul Celan / 78 rue de Longchamp / <u>Paris 16eme</u> / FRANCIA / 12 – 13 / 29 – 1 1965 / POSTE ROMA FERROVIA

1 *Siehe Anm. 194/30.*

2 PC trifft den Schriftsteller Manès Sperber am 30. 1. 1965 in der Rue de Longchamp (Notizkalender PC); zum Treffen mit Erwin Leiser siehe Brief 206/1.
3 Siehe Anm. 206/3.
4 Iris Kaschnitz und Michael Marschall von Bieberstein.
5 Während PCs Rom-Besuch im April 1964.
6 Siehe Anm. 207/14.
7 Der Komponist Hans Werner Henze.
8 Die französische Premiere von Max Frischs Stück Andorra hatte gerade die Saison des neuen Theaters in Aubervilliers bei Paris in der Inszenierung von Gabriel Garran eröffnet. In seinem Artikel vom Mittwoch, dem 27. 1. 1965, lobt Jean Paget die Qualität des Stücks (»ein großes Stück«, »ein intelligentes, mutiges, aufregendes Stück«, Übers.) und die Inszenierung (»Ausgezeichnet. Demonstrativ ohne Übertreibung«, Übers.) und faßt die Handlung zusammen: »Ein aufrichtiger, jüdischer Junge stellt sich am Anfang des Stücks vor, voller Zärtlichkeit und Leben. Am Ende des Stücks wird er totgeschlagen, um die zu retten, die weder zärtlich noch aufrichtig noch jüdisch sind und die ihn verleugnet haben [. . .]. Andorra liefert ›seinen Juden‹ aus Feigheit aus, wie bei Dürrenmatt ein Dorf einen wehrlosen Menschen der Rache einer dämonischen alten Dame auslieferte. Hier bedient sich die Feigheit einer rassistischen Ausrede.« (Übers.; der Artikel ist nicht im Nachlaß von GCL erhalten.)
9 Rolf Hochhuths Stück Der Stellvertreter, das das Schweigen von Papst Pius XII. zur Barbarei und den Verbrechen der Nazis thematisierte, war im Jahr seiner Veröffentlichung (Reinbek bei Hamburg, Rowohlt, 1963) in Berlin von Erwin Piscator uraufgeführt worden. Im gleichen Jahr war auch schon eine Übersetzung in Frankreich erschienen (Le Vicaire, aus dem Deutschen von F. Martin und J. Amsler, Paris, Éditions du Seuil, 1963; in der Nachlaßbibliothek nicht enthalten).
10 Siehe Brief 65/3.

211
Monsieur Paul Celan / 78 rue de Longchamp / Paris 16eme / FRANCIA / 1. 2. 65 1965 – 10 / POSTE ROMA FERROVIA CORRISP.

1 La peinture étrusque, Text von Massimo Pallotino, Genf, Editions Albert Skira, 1952. In den Band ist von PC vorne eingetragen: »Gisèle Celan 23. XII. 53 Paris«, das Buch war also ein Geschenk zum ersten Hochzeitstag.
2 Das Museo Nazionale Tarquiniese im Palazzo Vitelleschi.

3 *In der Via dell'Orso.*
4 *Françoise Bonaldi wohnte in Saint-Cézaire-sur-Siagne (Alpes-Maritimes).*

212
Das handschriftlich korrigierte Typoskript von »Die ihn bestohlen hatten« *wurde von GCL in das letzte Konvolut ihrer Korrespondenz mit PC eingeordnet (1968-1970). Erstdruck: GA Dok. 288.*

1 *Der Text entstand sicher unter dem Eindruck der Artikel von Reinhard Baumgart und Kurt Oppens, die Erinnerungen an die Goll- und die Blöcker-Affäre heraufbeschworen – siehe auch die Datierung* »im Jänner 1965«. *Die ersten beiden Strophenabstände sind in der Quelle etwas weiter als die anderen.*
2 *PC bezieht sich auf seinen Besuch bei Nelly Sachs in Stockholm im September 1960.*
3 *Freundin von Nelly Sachs.*

213
Im Atelier von GCL hinterlegter Brief (das Papier scheint aus der Verpackung für eine Kupferplatte zu stammen).

214
Monsieur Paul Celan / 78 rue de Longchamp / Paris 16eme / 21 H 30 / 15 – 4 1965 / ARGENTAN – GARE / ORNE
[Auf der Rückseite des Umschlags notiert PC, wohl am 23. 10. 1965, die bisher unveröffentlichte erste Fassung des Gedichts mit dem späteren Titel Pau, Nachts; *siehe Anm. 289/1. Das erst kurz vor der Publikation des vorliegenden Briefwechsels aufgefundene Dokument konnte den Herausgebern der Tübinger Ausgabe von* Fadensonnen *(Oktober 2000) nicht mehr mitgeteilt werden:]* Die gedankenverbrämte / Unsterblichkeitsziffer, / von Heinrich dem Vierten / in der Schildkrötenschale besungen / höhnt hinter sich her
Die Verbindung zwischen dem Umschlag und dem Brief aus einer ungeordneten Korrespondenzmappe von PC und GCL wurde durch den Herausgeber wiederhergestellt (siehe Abb. 6 a-c).
[Auf der Rückseite des Briefs, von der Hand ECs:] Mein lieber Papa, mir geht es gut, das Auto ist sehr bequem, aber die Fahrt ein bißchen lang. Ich umarme Dich. / Eric. *(Übers.)*

1 *GCL hat, aus Moisville kommend, PC in Dreux abgesetzt, von*

wo er nach Paris zurückfährt; sie selbst fährt mit EC weiter nach Dinard in die Bretagne zu ihrer Freundin Francine Guenepin-Payelle. La Ferté-Macé (Orne) liegt etwa 100 km von Moisville entfernt.

215
Madame Paul Celan / aux bons soins de Madame Payelle / 16, route du Tertre Mignon / Ker Eol / <u>Dinard – Saint Enogat</u> / (Côtes-du-Nord *[sic]*) / *1 H* / *16 – 4 1965* / *PARIS XVI / R. SINGER (16ᵉ)*
Paul Celan, 78 rue de Longchamp / Paris 16ᵉ

1 *Siehe Anm. 25/4.*
2 *PC war mit der Birke besonders verbunden, der Baum weckte in ihm Erinnerungen an die Weiten von Osteuropa und an die russische Dichtung. Die drei dicht beieinander gepflanzten Birken im Garten von Moisville inspirierten ihn zum symbolischen Namen des Hauses,* »Les trois Bouleaux *[Die drei Birken]*«, *den er 1965 und 1966 einige Monate lang verwendet.*
3 *PC zitiert den vierten Vers aus* Das Wort vom Zur-Tiefe-Gehn *(GW I 212, siehe Brief 106) im Originalbrief deutsch. Siehe dazu vor allem Brief 240/4, aber auch die Briefe 176/2, 217/2, 218/1, 240/4, 284/1 und 302/2. Siehe auch Brief 176.*
4 *Nach einem Aufenthalt in Moisville mit der Familie fährt PC über Dreux u. a. deshalb zurück, weil er seinen Arzt Dr. Mâle aufsuchen will.*

216
Umschlag wohl nicht erhalten.
Brief aus einer ungeordneten Korrespondenzmappe von PC und GCL.

217
Monsieur Paul Celan / 78 rue de Longchamp / <u>Paris 16ᵉ</u> / 9 H 45 / 20 – 4 1965 / DINARD / ILLE ET VILAINE
Brief aus einer ungeordneten Korrespondenzmappe von PC und GCL.

1 *GCL schreibt:* »Samedi 27 février 1965 *[Samstag, 27. Februar]*«. *Dieses Datum (*»février« *ist eine vermutete Lesung) ist sicher falsch: Ende Februar 1965 waren GCL und EC zusammen in Paris, außerdem scheint GCL in ihrem Brief für PCs Brief vom 15. 4. 1965 (Brief 215) zu danken.*

2 Siehe die Briefe 106/2, 176/4, 215/3, 217/2, 240/4 und 302/2.
3 Henri Payelle, der Mann von GCLs Freundin Francine Guenepin.

218
Madame Paul Celan / [gestrichen:] Moisville / /Eure/ / [von fremder Hand ersetzt:] 78 rue de Longchamp / Paris 16^e / EXPRÈS / 20 IV 65 / 17 H / PARIS 106 / R. DE LONGCHAMP (16^e)
Paul Celan, 78 rue de Longchamp, Paris 16^e / 6 H 15 / 21 – 4 1965 / NONANCOURT / EURE / 21. 4. 1965 / EVREUX / 18 H 45 / 22 – 4 1965 / NONANCOURT / EURE / 9 50 / 23 – 4 1965 / PARIS / 78 R. DE MONTEVIDEO

1 Siehe die Briefe 106/2, 176/4, 215/3, 217/2, 240/4 und 302/2.
2 GCL und EC machen auf ihrem Rückweg nur einen kurzen Zwischenhalt in Moisville.
3 Eine Woche später wird PC in diesem extremen Klima von Unruhe und Angst GCL in ihrem Widmungsexemplar von Die Niemandsrose eine Abschrift von Mit allen Gedanken widmen (siehe Brief 176).

219
Umschlag wohl nicht erhalten, nicht auf dem Postweg beförderter Brief. – PC verwendet Briefpapier mit gedruckter Adresse.

1 Datierung durch den Herausgeber; GCL schlägt dagegen 1961 vor, die Jahreszahl scheint aber nachträglich in »1965« korrigiert. 1961 sind PCs psychische Probleme noch nicht derart gravierend, außerdem besaß PC zu dieser Zeit wohl noch kein großformatiges Briefpapier (21×27) wie das hier verwendete. Der Brief scheint vom gleichen Tag wie der folgende, an EC gerichtete zu stammen (siehe Brief 220/1).
2 Zu seiner Gesundheit schreibt PC an Jean Starobinski auf Briefpapier mit dem Aufdruck der Adresse, 78, rue de Longchamp (nicht abgesandt): »Paris, le trois mai 1965 / Cher Ami, / J'ai été si touché lorsque vous nous disiez – je le prends pour nous trois –, dans un moment si difficile pour vous, que vous nous comptiez dans cette communauté juive qui n'est pas celle du rite, mais celle du cœur. Nous en sommes, croyez-moi, nous en sommes tous les trois: Eric, Gisèle, moi-même. / Mais voici les choses redevenues très, très dures pour moi: le médecin qui me traite, sur la recommandation de Michaux, le Docteur Mâle, n'a pas ma confiance. Je sens bien, et sais

bien, que j'ai eu tort de faire ce pas, sur le conseil d'un écrivain au fond étranger à tout ce que je suis, tout ce que je pense, tout ce que je sens. / Demain, je dois arrêter l'École: je suis trop fatigué et fais, après des publications en Allemagne (d[an]s ›Die Zeit‹, ›Merkur‹, chez mon propre éditeur – un livre paru sous le titre ›1945 – ein Jahr in Dichtung in *[sic, richtig:* »*und*«*]* Bericht‹ et portant en exergue quelques lignes arrachées à un de mes poèmes – c'est un poème d'amour – qui pourraient faire croire que je patronne ce livre, qui n'est rien d'autre qu'un amalgame nationaliste), – je suis donc très fatigué. / Gisèle, très fatiguée, insiste pour que j'entre en clinique – le Docteur Mâle m'en propose une à Sèvres (›Bellevue‹), mais je n'ai pas confiance. / Pourriez-vous, très vite, nous aider, en me recommandant un médecin <u>juif</u> (le Professeur Leibovici peut-être?). Faites-le, par télégramme si possible. Vous pouvez sauver nos trois vies, qui vous en resteront éternellement reconnaissantes. / Je peux difficilement quitter Paris, Gisèle étant inquiète. Mais dans notre petit appartement, en présence d'Eric surtout, tout est si difficile. / Comment faire? Il doit y avoir une issue, une fois de plus, faite de solidarité humaine. Car qu'est-ce que le Judaïsme sinon un *[sic]* forme de l'Humain, qu'est-ce que la Poésie sinon une forme de ce même Humain. / Agissez, je vous prie, aidez-nous. (Peut-être par Ajuria?) / Je suis bien troubler *[sic]* – on a tant fait pour me troubler! Mais je ne manque pas tout-à-fait *[sic]* de lucidité. / Aidez mon fils, aidez ma femme, aidez-moi. / Nos affectueuses pensées à vous tous! Vivez sous un ciel serein, parmi des humains droits et sincères, parmi des vrais amis! Puisse votre aide pour nous tous arriver à temps! / Merci, de tout cœur / Paul Celan *[Paris, am dritten Mai 1965 / Lieber Freund, / Ich war berührt, als Sie uns – ich nehme das für uns drei – in einem für uns so schwierigen Augenblick sagten, daß Sie uns zu der jüdischen Gemeinschaft zählen, die keine des Ritus ist, sondern des Herzens. Wir sind es, glauben Sie mir, wir sind es alle drei: Eric, Gisèle und ich selbst. / Jetzt sind die Dinge wieder sehr, sehr schwierig für mich geworden: Der Arzt, der mich auf Empfehlung von Michaux behandelt, Dr. Mâle, hat nicht mein Vertrauen. Ich fühle und weiß gut, daß ich unrecht hatte, diesen Schritt auf Anraten eines Schriftstellers zu tun, der allem, was ich bin, allem, was ich denke, allem, was ich fühle, fremd ist. / Morgen muß ich aufhören zu unterrichten: ich bin zu erschöpft und ich mache, nach Veröffentlichungen in Deutschland (in der ›Zeit‹, im ›Merkur‹, bei meinem eigenen Verleger – ein Buch unter dem Titel ›1945 – ein Jahr in Dichtung in [sic] Bericht‹ und mit einigen Zeilen als Motto, die man aus* einem meiner Gedichte gerissen hat – es ist ein Liebesgedicht –, die glauben machen könnten, daß ich dieses Buch gutheiße, das nichts weiter ist als ein nationalistisches Amalgam), – ich bin also sehr erschöpft. / Gisèle, sehr erschöpft, besteht darauf, daß ich in eine Klinik gehe – Dr. Mâle schlägt mir eine in Sèvres vor (›Bellevue‹), aber ich habe kein Vertrauen. / Könnten Sie uns sehr schnell helfen und mir einen <u>jüdischen</u> Arzt empfehlen (vielleicht Professor Leibovici?). Tun Sie es, wenn möglich, telegraphisch. Sie können drei Leben retten, die Ihnen auf ewig dankbar bleiben werden. / Ich kann Paris schlecht verlassen, weil Gisèle sonst unruhig ist. Aber in unserer kleinen Wohnung, vor allem in Gegenwart von Eric, ist alles schwierig. / Was tun? Es muß einen Ausweg geben, noch einmal, durch menschliche Solidarität. Denn was ist das Judentum, wenn nicht eine Form des Menschlichen, was ist die Dichtung, wenn nicht eine Form dieses gleichen Menschlichen. / Handeln Sie bitte, helfen Sie uns. (Vielleicht durch Ajuriaguerra?) / Ich bin wirklich verwirrt, man hat alles getan, um mich zu verwirren! Aber noch fehlt mir nicht völlig die Klarsicht. / Helfen Sie meinem Sohn, helfen Sie meiner Frau, helfen Sie mir. / Unsere herzlichen Gedanken gehen mit Ihnen allen! Leben Sie wohl unter einem klaren Himmel, unter aufrechten und ehrlichen Menschen, unter wahren Freunden! Ihre Hilfe möge rechtzeitig für uns kommen! / Danke, von ganzem Herzen / Paul Celan]«. Zum Ritus des Herzens siehe auch den in Anm. 296/4 zitierten Brief Starobinskis an PC vom 29. 3. 1965. Mit Prof. Leibovici meint PC wohl Prof. Serge Lebovici (1915-2000): Der Psychiater und Psychoanalytiker – sein Vater war Ende des 19. Jahrhunderts aus Rumänien nach Frankreich eingewandert und starb in Auschwitz – ist Mitbegründer (u. a. mit Julian Ajuriaguerra) der Zeitschrift La Psychiatrie de l'enfant (1958).

220
Umschlag wohl nicht erhalten, nicht auf dem Postweg beförderter Brief.
PC verwendet Briefpapier mit gedruckter Adresse.

1 *Datierung durch den Herausgeber aufgrund der Erwähnung des Briefes in PCs Tagebucheintrag vom 5. 5. 1965.*

221

1 *Frankfurt a. M., S. Fischer, ²1964; zur Erstausgabe siehe Anm. 176/1.*
2 *Siehe Brief 3/2.*

3 *Siehe Brief 138 und das in* Die Niemandsrose *auf S. 53 publizierte Gedicht* Die hellen / Steine *(GW I 255). Für die Eintragung kann der Tag der Widmung (6. 5. 1965) angenommen werden.*

222
Die auf der Vorderseite eines unbenutzten, ungestempelten Briefumschlags notierte Widmung wurde von GCL auf Mai 1965 datiert. Der Umschlag könnte für ein Geschenk gedacht gewesen sein, ein Gedicht oder vielleicht auch Platanenrinden.
Das Manuskript von »Ein Dröhnen: es ist« *(ein Blatt, einmal gefaltet; siehe dazu GW II 89) wurde von GCL nicht in das Konvolut ihrer Korrespondenz mit PC, sondern fälschlich in ein Konvolut zu* Sprachgitter *mit dem Etikett von ihrer Hand,* »Poèmes manuscrits [handschriftliche Gedichte]«*, eingeordnet. Obwohl das nur einmal gefaltete Blatt nicht Inhalt des Umschlags gewesen sein kann, wird die Widmung hier durch den Herausgeber mit dem im Zusammenhang der dramatischen Umstände von PCs Einlieferung ins Krankenhaus geschriebenen Gedicht verbunden. Es ist nicht auszuschließen, daß PC beide Dokumente auf Anweisung GCLs hin in seine Korrespondenzmappe für Mai 1965 eingeordnet hat, zusammen mit seinem Brief (219), der von GCL ebenfalls am 8. 5. 1965 erwähnt wird.*

1 *Im Gegensatz zu PCs Schreibweise hier hat GCL keinen zusammengesetzten Vornamen, sondern drei separate Vornamen, von denen nicht, wie üblich, der erste, sondern der letzte als Rufname gewählt ist.*
2 *Die hier wiedergegebene Fassung des Gedichts (in HKA 7.2/204 und TCA/AW 152 f. nicht berücksichtigt) ist die einzige auf den 7. 5. 1965 datierte, alle anderen Quellen sind auf den 6. 5. 1965 datiert.*

223
Unter einen Brief ECs an seinen Vater notierter Brief, nicht abgesandt; der Umschlag ist vermutlich nicht erhalten.
PC verwendet Briefpapier mit gedruckter Adresse.

1 *Datierung durch den Herausgeber aufgrund der Informationen aus ECs Brief:* »Mein lieber Papa, mir geht es sehr gut, ich denke viel an Dich. In dem Augenblick, in dem ich diesen Brief anfange, geht bei Mamas Füller die Tinte aus. Ich freue mich sehr, am Freitag abend zur Mühle zu fahren. Ich hoffe, daß es Dir gut geht, ich höre auf, um zu Abend zu essen. / Ich umarme Dich, bis bald / Salut! /

Eric« (Übers.) *Auch die Schrift ECs entspricht seiner Schrift im Alter von zehn Jahren.*
2 *Siehe Anm. 154/3.*
3 *Wenn das vorgeschlagene Datum stimmt, bezieht sich die Wendung auf ECs Abfahrt zur Mühle mit seiner Tante Monique Gessain. Die Celans wollten ihrem Sohn die schwierigen Umstände in der kleinen Wohnung ersparen.*

224
Nicht auf dem Postweg beförderter Brief.
Zwei von GCL im Konvolut von PCs Briefen eingeordnete Zettelchen mit den Worten »Au revoir [Auf Wiedersehen]« bzw. »Au revoir, mon cher Eric [Auf Wiedersehen, mein lieber Eric]« könnten mit dem Brief in Zusammenhang stehen.

1 *Datierung durch den Herausgeber.*

225
Monsieur Paul Celan *[von GCL in der Psychiatrischen Klinik in Le Vésinet (Seine-et-Oise) hinterlegter Brief]*
Gisèle Celan, 78 rue de Longchamp, Paris 16ᵉ

1 *PC war in der vorausgehenden Nacht wiederum in einen Zustand von »Beziehungswahn« (PC selbst verwendet diesen Begriff, in Anführungszeichen, am 8. 5. 1965 in seinem Tagebuch) geraten und hatte sich daraufhin auf die dringende Bitte von GCL entschieden, sich in der Villa des Pages, einer privaten psychiatrischen Klinik in Le Vésinet (Seine-et-Oise, heute Yvelines), behandeln zu lassen, die ihm Dr. Mâle vier Tage vorher empfohlen hatte.*
2 *GCL bezieht sich wohl auf Brief 219 und auf das Gedicht »Ein Dröhnen: es ist« (siehe Brief 222). PC scheint kein anderes Gedicht in diesen ersten Maitagen geschrieben zu haben.*
3 *Die Psychotherapeutin war GCL von Jacqueline Lévy-Lalande empfohlen worden.*

226
Madame Celan / 78 rue de Longchamp / <u>Paris 16ᵉ</u> / *19 H / 10 – 5 1965* / LE VESINET / SEINE-ET-OISE

1 *Siehe Anm. 206/3.*
2 *PCs Tagebuch erlaubt es, einige der in die Klinik von Le Vésinet mitgebrachten Bücher zu identifizieren:*

*Die Bände 4 und 5 der Werke von Shakespeare in der Ausgabe von L. L. Schücking (*Shakespeares Werke, *Berlin/Darmstadt, Tempel, 1955, = Tempel Klassiker): In Bd. 4 finden sich Unterstreichungen in* Hamlet, Troilus and Cressida *und* King Lear; *in Bd. 5 finden sich zahlreiche Unterstreichungen in* Othello *(siehe Anm. 236/1),* Macbeth *(Lektüredatum am Ende des Stücks, S. 166: »19. 5. 65, L[e]V[ésinet]«),* Antony and Cleopatra *und* Coriolanus *(Lektüredatum am Ende des Stücks, S. 367: »18. 5. 65« / »Le Vésinet«), hinten in diesen Bd. 5 hat PC die erste Fassung des Gedichts* Vom Anblick der Amseln *(siehe Anm. 242/1) notiert.*
G. Chr. Lichtenberg, Gesammelte Werke, *2 Bände, herausgegeben und eingeleitet von Wilhelm Grenzmann, Frankfurt a. M., Holle Verlag, 1949: Im ersten Band finden sich zahlreiche Lesespuren in der Einleitung des Herausgebers (siehe Anm. 228/2) und in dem vielleicht durch Lichtenbergs eigene Nervenkrankheit und extrem einsame Lebensweise inspirierten kurzen Text* Die Bittschrift der Wahnsinnigen *(mit dem Lektüredatum: »11. 5. 1965«).*
Franz Kafka, Die Erzählungen, *Frankfurt a. M., S. Fischer, 1961 (Lizenzausgabe): PC las darin vor allem* Elf Söhne *und* In der Strafkolonie.
Henri Bergson, L'Evolution créatrice *[Die schöpferische Evolution], Paris, PUF, ⁸⁰1957: Der Band ist vorne von GCL datiert (»23 novembre 1959 [23. November 1959]«), nur die ersten Seiten zeigen Lesespuren.*
Lao-Tse, Die Bahn und der rechte Weg, *der chinesischen Urschrift nachgedacht von Alexander Ulav, Leipzig, Insel, 1912: Kaufdatum vorne: »Zürich, 23. IX. 64«, Unterstreichungen und eine auf den 13. 5. 1965 datierte Notiz im Nachwort (siehe Anm. 377/3).*
3 *Derartige Notizen sind häufig durch* »-i-« *gekennzeichnet.*

227
Monsieur Paul Celan / *[von fremder Hand:]* V[illa] 3 *[von GCL in der Psychiatrischen Klinik in Le Vésinet (Seine-et-Oise) hinterlegter Brief, dabei ein nichtpublizierter Brief von EC].*

1 *Antoine Gessain, Sohn von Monique und Robert Gessain.*

228
Madame Celan / 78 rue de Longchamp / Paris 16ᵉ / 19 H / 11. 5. 1965 / LE VESINET / SEINE-ET-OISE

1 *D. h. der Renault Major von GCL.*

Anmerkungen 181

2 *PC hatte gerade* Elf Söhne *von Kafka sowie* Lichtenberg *gelesen (siehe Anm. 226/2), genauer: die lange Einleitung des Lichtenberg-Herausgebers Wilhelm Grenzmann. Dort hebt er die folgenden Passagen durch Unterstreichungen oder Anstriche und Lektüredaten hervor (alle Hervorhebungen durch PC):* »|| Er war zu einem größeren Gefühl seiner selbst erwacht. ›Ich bin eigentlich nach England gegangen, um deutsch schreiben zu lernen.‹«*(S. 25, das enthaltene Zitat stammt von Lichtenberg);* »Man muß sich seine Lehrtätigkeit denken, wie seine Notizbücher aussahen, und wie er seine Briefe schrieb: überladen mit Witz und | Einfällen, mit Geist und Tiefe, aber er war immer in Gefahr, den roten Faden des Gedankens zu verlieren. Das war ein Mangel, worüber auch Klagen laut wurden. Aber der Reichtum seiner Vorlesungen und Versuche machte alles wieder gut.« *(S. 28);* »10. 5. 1965 | Er mußte es zulassen, daß Aberglaube und falsche Mystik Platz fanden in der klaren Kammer seines Geistes und alle Dinge verrückten, die vorher vom Verstand so peinlich geordnet waren. ||| Er hatte die Gewohnheit, alles zum Zeichen zu nehmen, zog aus jeder Sache eine Vorbedeutung, machte täglich gleichgültige Dinge zum Orakel. Jedes Kriechen eines Insekts gab ihm Antworten auf Fragen über sein Schicksal; ging ihm die Kerze aus, so nahm er es als ungünstige Vorbedeutung und änderte weitreichende Pläne. | Er machte sich zwar vor, daß er mit dem Aberglauben spiele, aber er war sich auch darüber klar, daß der Aberglaube sein Spiel mit ihm trieb. ›Ich glaube nicht an diese Dinge, aber es ist mir doch angenehm, wenn sie nicht widrig ausfallen.‹« *(S. 53, Datierung durch PC);* »| Kinderzeugen und Bäumepflanzen ist ihm wichtiger als Bücherschreiben.« *(S. 60, siehe dazu Brief 307/4);* »Das schönste und treffendste Wort kommt wieder aus || dem Munde Goethes: ›Ihm stand eine ganze Welt von Wissen und Verhältnisse zu Gebote, um sie wie Karten zu mischen und nach Belieben schalkhaft auszuspielen.‹« *(S. 72)*

3 Lichtenbergs zwölf *(siehe Brief 231) und* Irrennäpfe *(siehe Brief 236) hatte PC am Vorabend in ersten Fassungen in sein Tagebuch notiert; Irrennäpfe beendet er erst am 23. 5. 1965 (siehe HKA 7.2/205-207 und TCA/AW 154-155; die von PC im Notizbuch notierten Fassungen konnten weder in HKA noch in TCA beschrieben werden).*

229
Monsieur Paul Celan / *[von fremder Hand:]* V[illa] 3 *[von GCL in der Psychiatrischen Klinik in Le Vésinet (Seine-et-Oise) hinterlegter Brief, dabei ein nichtpublizierter Brief von EC].*

230
Madame Celan / 78 rue de Longchamp / Paris 16ᵉ / 19 H / 11. 5. 1965 / LE VESINET / SEINE-ET-OISE

1 *Fachärztin für Psychiatrie.*
2 *Siehe in Brief 236 den V. 3 von* Irrennäpfe. *Keine vorausgehende Fassung hat das Wort* Esche *im Plural.*
3 *PC verläßt das Krankenhaus am 21. 5. 1965, zwei Tage vor dem bedeutsamen Datum des 23. 5. 1965*

231
Das Manuskript Erinnerung an D., *später von PC in das Konvolut* Atemwende *eingeordnet, war GCL sicher bei ihrem ersten Besuch in Le Vésinet am 12. 5. 1965 übergeben worden. Siehe auch* Lichtenbergs zwölf *(GW II 91, die hier publizierte Fassung in HKA 7.2/ 208-212 und TCA/AW 156).*

232
Madame Celan / 78 rue de Longchamp / Paris 16ᵉ / 19 H 30 / 13. 5. 1965 / PARIS / GARE ST LAZARE
Der Brief an EC ist beigelegt.

1 *Wegen des Krankenhausaufenthaltes seines Vaters war EC zunächst bei seiner Tante in Rochefort-en-Yvelines untergebracht.*

233
Monsieur Paul Celan / Villa des Pages / 40 rue H. Vernet / Le VÉSINET (Seine et Oise) / *[von fremder Hand:]* V[illa] 3 / 18 H ?? / 12 – 5 1965 / PARIS 106 / R. DE LONGCHAMP (16ᵉ)
[am Ende des Briefes, von der Hand ECs:] Grüß Dich, mein lieber Papa / Eric *(Übers.)*

1 *Wahrscheinlich* Erinnerung an D. *(Brief 231).*

234
Madame Celan / 78 rue de Longchamp / Paris 16ᵉ / 19 H / 13. 5. 1965 / LE VESINET / SEINE-ET-OISE

1 *Fachärztin für Psychiatrie.*
2 *Zu den Sorgen PCs wegen seines Gedächtnisses siehe Brief 191/3.*

235

Monsieur Paul Celan / Villa des Pages / 40 rue Horace Vernet / <u>Le Vésinet</u> (Seine et Oise) / *[von fremder Hand:]* <u>V[illa]</u> 3 / *17 H ?? / 14 – 5 1965 / PARIS XVI / R. SINGER (16e)*

1 *In der Handpresse* Lacourière et Frélaut *in Montmartre (11, Rue Foyatier, 18e) konnten Künstler sowohl an den Druckplatten arbeiten als auch Abzüge davon machen lassen.*
2 *Die Celans besaßen damals zwei Dienstmädchenzimmer im Dachstockwerk; eines diente als Atelier für Radierungen, das andere als Bibliothek und Rückzugsort zum Schreiben.*

236

Die Handschriften von Give the word *und* »Irrennäpfe, vergammelte« *wurden von PC selbst in das Konvolut von* Atemwende *eingeordnet. PC hat die vier Fassungen von* Give the word *(nur die letzte ist hier publiziert) sicher am 14. 5. 1965 nachmittags GCL übergeben. Siehe GW II 93 und 90 und, für die hier erwähnten Fassungen, HKA 7.2/213-217 und 205-207 und TCA/AW 154 und 160. In einem Tagebucheintrag vom 14. 5. 1965 hat PC festgehalten, daß er GCL die beiden Gedichte, und zwar in dieser nichtchronologischen Reihenfolge, vorgelesen hat.*

1 *Das am 13. und 14. 5. 1965 geschriebene Gedicht ist durch zwei Passagen aus* King Lear *von Shakespeare inspiriert (Akt IV, Szene 6, Hervorhebungen Hrsg.):*
»Lear: Nature's above art in that respect. There's your pressmoney. That fellow handles his bow like a crow-keeper: draw me a clothier's yard. Look, look! a mouse. Peace, peace! this piece of toasted cheese will do 't. There's my gauntlet; I 'll prove it on a giant. Bring up the brown bills. O, well, flown, bird; i'th'clout i'th'clout: hewgh! <u>Give the word</u>. / *Edgar*: <u>Sweet marjoram.</u> / *Lear*: <u>Pass.</u>«
»*Lear*: Natur ist hierin mächtiger als die Kunst. – Da ist euer Handgeld. Der Bursch führt seinen Bogen wie eine Vogelscheuche. Spannt mir eine volle Tuchmacherelle, – sieh, sieh, eine Maus – still, still, dies Stück gerösteter Käse wird gut dazu sein. – Da ist mein Panzerhandschuh, gegen einen Riesen verfecht ich's. Die Hellebarden her! – O schön geflogen, Vogel. Ins Schwarze, ins Schwarze! Hui! – <u>Gebt die Parole</u>! / *Edgar*: <u>Süßer Majoran.</u> – / *Lear*: <u>Passiert.</u>«
»*Lear*: No rescue? What, a prisoner? I am even / The natural fool of Fortune. Use me well; / You shall have ransom. Let me have surgeons; / <u>I am cut to th' brains.</u>«

»*Lear:* Wie, kein Entsatz? Gefangen? Bin ich doch / Der wahre Narr des Glücks. Verpflegt mich wohl, / Ich geb' euch Lösegeld. Schafft mir 'nen Wundarzt, / <u>Ich bin ins Hirn gehaun</u>.« *(Deutsch nach der Übersetzung von Wolf Graf Baudissin, siehe Anm. 226/2.) Darüber hinaus hat PC bei seiner* King Lear-*Lektüre im Mai 1965 u. a. folgende Passagen angestrichen oder unterstrichen:* »CORDELIA. <u>Unhappy that I am, I cannot heave</u> / <u>My heart into my mouth</u>: [...]« *(Akt I, Szene 1, S. 445);* »LEAR. <u>The bow is bent and drawn; make from the shaft</u>.« *(Akt I, Szene 1, S. 446);* »| FRANCE. Fairest Cordelia, <u>that art most rich, being poor;</u> / <u>Most choice, forsaken; and most loved, despised!</u> / Thee and thy virtues here I seize upon: / [...]« *(Akt I, Szene 1, S. 449);* »|| LEAR. O! let me not be mad, not mad, sweet heaven; / Keep me in temper; I would not be mad!« *(Akt I, Szene 5, S. 467);* »LEAR. [...] <u>here I stand, your slave,</u> / <u>A poor, infirm, weak, and despis'd old man.</u> / [...]« *(Akt III, Szene 2, S. 488);* »| LEAR. <u>What hast thou been?</u> / EDGAR. A servingman, proud in heart and mind; that curled my hair, wore gloves in my cap, <u>served the lust of my mistress' heart, and did the act of darkness with her;</u> swore as many oaths as I spake words, and broke them in the sweet face of heaven; one that slept in the contriving of lust, and waked to do it. Wine loved I deeply, dice dearly, and in woman out-paramoured the Turk: false of heart, light of ear, bloody of hand; hog in sloth, fox in stealth, wolf in greediness, dog in madness, lion in prey. Let not creaking of shoes nor the rustling of silks betray thy poor heart to woman: keep thy foot out of brothels, thy hand out of plackets, thy pen from lenders' books, and defy the foul fiend. [...]« *(Akt III, Szene 4, S. 493; unten auf dieser Seite notiert PC aus dem Text:* »<u>and did the act of darkness with her</u>«; »LEAR. [...] Ha! Here's three on's are sophisticated; [...] – [...] Ha, drei von uns sind überkünstelt; [...]« *(Akt III, Szene 4, S. 494);* »LEAR. [...] <u>What is your study?</u> / EDGAR. <u>How to prevent the fiend, and to kill vermin.</u>« *(Akt III, Szene 4, S. 495);* »EDGAR. [...] / The worst returns to laughter. <u>Welcome, then,</u> / <u>Thou unsubstantial air that I embrace:</u> / [...]« *(Akt IV, Szene 1, S. 504);* »KENT. | <u>It is the stars,</u> / <u>The stars above us, govern our conditions</u>; / Else one self mate and mate could not beget / Such different issues. You spoke not with her since? / GENTLEMAN. No.« *(Akt IV, Szene 3, S. 510);* »EDGAR. <u>Bear free and patient thoughts.</u> [...] / LEAR. <u>No, they cannot touch me for coining; I am the king himself.</u> – Nein, wegen des <u>Weinens</u> können sie mir nichts tun; ich bin der König selbst.« *(Akt IV, Szene 6, S. 516);* »||| <u>LEAR. Am I in France?</u> / KENT. <u>In your own kingdom, sir.</u>« *(Akt IV, Szene 7, S. 524)*

In Othello *(5. Band der Werkausgabe von Shakespeare, siehe Anm. 226/2) hebt PC zwei Stellen hervor, deren Zusammenhang mit dem Gedicht* Give the Word *ebenfalls auf der Hand zu liegen scheint:* »| OTHELLO. 'Tis true: there's magic in the web of it: / A sibyl, that had number'd in the world / The sun to course two hundred compasses, / In her prophetic fury sew'd the work; / The worms were hallow'd that did breed the silk; / And it was dyed in mummy which the skilful / Conserved of maiden's hearts.« *(Akt III, Szene 4, S. 61);* »| IAGO. Why, by making him uncapable of Othello's place; <u>knocking out his brains</u>.« *(Akt IV, Szene 2, S. 79.)*

237

Monsieur Paul Celan / Villa des Pages / 40 rue Horace Vernet / <u>Le VÉSINET</u> (Seine et Oise) / *[von fremder Hand:]* <u>V[illa] 3</u> / *20 H ?? / 14 – 5 1965 / PARIS XVI / R. SINGER (16e)*

1 *Eine Notiz des Verlegers Robert Altmann vom 30. 5. 1965, die die Korrekturfahnen für* Atemkristall *begleitete, zeigt, daß PC sie erst Mitte Juni durchsehen konnte, also etwa zehn Tage nach seiner Entlassung aus dem Krankenhaus. Der zweite Korrekturdurchgang folgte sicher wenig später. Das Buch mit 21 Gedichten von PC und 8 Radierungen von GCL erschien jedoch erst im Herbst 1965:* Paul Celan, Atemkristall, Radierungen von Gisèle Celan-Lestrange, Vaduz, Liechtenstein, Brunidor, 1965 *(70 numerierte sowie 10 von I bis XV numerierte und 5 unverkäufliche, vom Autor und der Künstlerin signierte Exemplare). Zum Druckvermerk und zum Format der Radierungen siehe Anm. 532/6 und 598/3.*

238

Madame Celan / 78 rue de Longchamp / <u>Paris 16e</u> / *19 H / 15. 5. 1965 / LE VESINET / SEINE-ET-OISE*

1 *Siehe Anm. 154/3.*
2 *Kriminalroman von Cyril Hare, London, Faber, 1951.*

239

Monsieur Paul Celan / Villa des Pages / 40 rue Horace Vernet / Le Vésinet (Seine et Oise) / *[von fremder Hand:]* <u>V[illa] 3</u> / *13 H ?? / 17 – 5 1965 / PARIS XVI / R. SINGER (16e)*

1 *Das berühmte Buch von Rudyard Kipling (1894).*

2 *Die Namen einiger dieser Pflanzen haben Eingang in Gedichte aus* Atemwende *gefunden: die Pfingstrosen als* Päonien *in* »Das Stundenglas, tief« *(siehe Brief 184), der weiße* Maulbeerbaum *in* Du darfst *(GW II 11). Im Garten von Moisville hatten die Celans drei Maulbeerbäume und, siehe Anm. 215/2, drei Birken gepflanzt.*
3 *Dank des gutwilligen Briefträgers konnten über Jahre hinweg Meisen im Briefkasten der Celans in Moisville nisten.*
4 *[Die unbekannten Freunde],* Paris, Librairie Gallimard, [8]1934.

240
Madame Celan / 78 rue de Longchamp / <u>Paris 16ᵉ</u> / *16 H 30* / *18. 5. 1965* / *LE VESINET SEINE-ET-OISE*

1 *Es handelt sich um die Rückkehr von einem Spaziergang im Park des Krankenhauses, zusammen mit GCL.*
2 *Albert Camus,* L'Exil et le Royaume *[Das Exil und das Königreich], Paris, Gallimard, 1957; der Band, PC hatte ihn aus der Krankenhausbibliothek geliehen, enthält die sechs Erzählungen* La femme adultère *[Die Ehebrecherin],* Le renégat *[Der Abtrünnige],* Les muets *[Die Stummen],* L'hôte *[Der Gastgeber],* Jonas *und* La pierre qui pousse *[Der wachsende Stein]. PC notierte den Titel des Bandes auf der Rückseite von einem der Manuskripte von* Give the Word *(13./14. 5. 1965, Brief 236/1; siehe auch HKA 7.2/217 und TCA/AW 159). Zwei Wiederauflagen dieses Bandes, von 1962 und 1964, sind in der Nachlaßbibliothek enthalten.*
3 *Schlafmittel (Propynylcycloexamil-Carbonat).*
4 *PC verwendet mit* »Nous en sommes toujours, nous y sommes toujours« *eine variierende Übersetzung des Verses* »Wir sind es noch immer« *aus* Das Wort vom Zur-Tiefe-Gehn *(siehe die Briefe 106, 176/4, 215/3, 217/2, 218/1, 284/1 und 302/2).*

241
Madame Celan / 78, rue de Longchamp / <u>Paris 16ᵉ</u> / *19 H* / *18. 5. 1965* / *LE VESINET* / *SEINE-ET-OISE*

1 *In den Akten II-V sind Lektürespuren enthalten, hier die wichtigsten:* »CORIOLANUS. [...] / | <u>To hear my nothings monster'd</u>. Exit.« *(Akt II, Szene 2, S. 301);* »| CORIOLANUS. [...] / <u>There is a world elsewhere</u>.« *(Akt III, Szene 3, S. 330);* »| VOLUMNIA. <u>Anger's my meat; I sup upon myself, / And so shall starve with feeding</u>. Come let's go. / Leave this faint puling and lament as I do, / [...]«

(Akt IV, Szene 2, S. 334); »VOLSCE. [...] but your favour is well appeared by your tongue. [...]« *(Akt IV, Szene 3, S. 334);* »CORIOLANUS. | [...] / O world, thy slippery turns! Friends now fast sworn, / Whose double bosoms seems to wear one heart, / Whose house, whose bed, whose meal and exercise / Are still together, who twin, as 'twere, in love / Unseparable, shall within this hour, / On a dissension of a doit, break out / To bitterest enmity: so, fellest foes, / Whose passions and whose plots have broke their sleep / To take the one the other, by some chance, / Some trick not worth an egg, shall grow dear friends / And interjoin their issues. So with me: / My birth-place hate I, and my love's upon / This enemy town. I'll enter: if he slay me, / He does fair justice; if he give me way, / I'll do his country service. *Exit.*« *(Akt IV, Szene 4, S. 336);* »CORIOLANUS. [...] / And more a friend than e'er an enemy; / [...]« *(Akt IV, Szene 5, S. 340);* »COMINIUS. [...] / Made by some other deity than Nature, / That shapes man better; and they follow him,/ [...]« *(Akt IV, Szene 6, S. 346);* »AUFIDIUS. [...] / When first I did embrace him; yet his nature / In that's no changeling, and I must excuse / What cannot be amended.« *(Akt IV, Szene 7, S. 348);* »AUFIDIUS. [...] / | One fire drives out one fire; one nail, one nail; / Rights by rights founder, strengths by strengths do fail. / [...]« *(Akt IV, Szene 7, S. 349);* »COMINIUS. [...] / | He was a kind of nothing, titleless, / Till he had forg'd himself a name o' the fire / Of burning Rome.« *(Akt V, Szene 1, S. 350);* »CORIOLANUS. [...] / But stand, as if a man were author of himself / And knew no other kin.«; »CORIOLANUS. [...] / Then let the pibbles on the hungry beach / Fillop the stars; then let the mutinous winds / [...]« *(Akt V, Szene 3, S. 356);* »VOLUMNIA. [...] / | I am husht until our city be a-fire, / And then I'll speak a little. - | Still bin ich, bis die Stadt in Flammen steht, / Dann sag' ich etwas noch.« *(Akt V, Szene 3, S. 359);* »MENENIUS. [...] / This morning for ten thousand of your throats / | I'd not have given a doit. Hark, how they joy!« *(Akt V, Szene 4, S. 362). Am Ende des Stücks (S. 367) notiert PC das Lektüredatum:* »18. 5. 65« / »Le Vésinet« *(siehe die Angaben zur Ausgabe in Anm. 226/2).*

2 *Zur Sorge um seine Konzentrationsfähigkeit und sein Gedächtnis siehe Brief 191/3.*

3 *PC zitiert deutsch und bezieht sich sicher auf einen mündlichen Kommentar zu* Erinnerung an D., *d. h.* Lichtenbergs zwölf *(siehe Brief 231, V. 18).*

4 *Siehe Anm. 154/3.*

242
Madame Celan / 78, rue de Longchamp / Paris 16ᵉ / 16 H 30 / 20. 5.
1965 / LE VESINET / SEINE-ET-OISE

1 *PC schreibt an diesem Tag abends ein Gedicht mit dem Titel* Vom Anblick der Amseln. *Die erste Fassung mit der Datierung* »L. Vésinet, 20. 5. 65« / »22 Uhr« *ist in den fünften Band der Werke von Shakespeare (siehe Anm. 226/2) notiert (GW II 94, zur hier erwähnten Fassung siehe HKA 7.2/218-221 und TCA/AW 162). Dieses letzte Gedicht des vierten Zyklus von* Atemwende *gehört zu einer wichtigen Zäsur in PCs Leben, der Entlassung aus dem Krankenhaus:* »VOM ANBLICK DER AMSELN, abends, / durchs Unvergitterte, das / mich umringt, // versprach ich mir Waffen. // Vom Anblick der Waffen – Hände« *(V. 1-5). PC wies gern auf die etymologischen Verbindungen zwischen seinem Geburtsnamen Antschel, dem Vogelnamen Amsel und dem hebräischen Namen von Franz Kafka und dessen Urgroßvater in der mütterlichen Linie, Amschel, hin. Siehe die Tagebuchnotiz Kafkas vom 25. 12. 1911 (in:* Tagebücher 1910-1923, *Frankfurt a. M., S. Fischer, 1951, S. 212), auf die sich PC in einem unveröffentlichten Brief an Klaus Wagenbach vom 7. 7. 1962 und die eigene Tagebuchnotiz vom 18. 5. 1965 bezieht.*

243
Monsieur Paul Celan / *[gestrichen:]* aux bons soins de Monsieur Beda Allemann 8772 Marktheidenfeld / Kolpingstraße 11 / (Allemagne) / *[ersetzt durch:]* 78, rue de Longchamp, / Paris 16ᵉ / 7 / 22 – 7 1965 / NONANCOURT / EURE
Die Schrift ist teilweise verändert.

1 *PC war an diesem Morgen nach Deutschland gefahren (Notizkalender PC). In Dreux (Eure-et-Loir), einer Kleinstadt auf dem Weg von Paris nach Moisville, befindet sich ein Freibad.*
2 *Lucien Lévy, der Vater von Jacqueline Lévy-Lalande.*
3 *GCL trifft sich mit dem Schauspieler Jacques Lalande, der im Rahmen des Festivals von Avignon auftritt.*
4 *La Messuguière, eine private Stiftung für Schriftsteller, Künstler, Wissenschaftler usw., in Cabris bei Grasse (Alpes-Maritimes) wurde damals von Andrée Viénot, der Tochter von Aline Mayrisch Saint-Hubert, geleitet (siehe Brief 259, Abs. 3), die diesen Besitz 1938 erworben hatte. Während der deutschen Besatzung hatten dort u. a. André Gide, Roger Martin du Gard und Henri Michaux eine zeitweilige Zuflucht gefunden.*

5 Bernard Mingot, Klassenkamerad von EC.
6 Name des Kaninchens, das benachbarte Bauern den Celans in diesem Sommer anvertraut hatten.
7 GCL gab Martine Desmares, der Tochter von benachbarten Bauern, Nachhilfeunterricht.
8 GCL schrieb dieses nachgelassene Gedicht von Heinrich Heine an diesem Tag aus der deutschen Ausgabe von PC (Poetische Nachlese. Zeitgedichte, *in:* Sämtliche Werke, *10 Bände, hrsg. von Rudolf Frank, München und Leipzig, Rösl & Cie., 1923, Bd. 2, S. 439) in ein Heft. PC hatte V. 5,* »Manchmal nur, in dunkeln Zeiten«, *als Motto dem Gedicht* »Eine Gauner- und Ganovenweise« *(GW I 229) vorangestellt (und dadurch andere geplante Mottos ersetzt); siehe Brief 133/3.*
9 Zu diesem Treffen mit dem Lektor des S. Fischer Verlages siehe Anm. 246/5.
10 Die Lesung fand am 22. 7. 1965 in Würzburg auf Initiative von Beda Allemann statt.
11 Sohn von Doris und Beda Allemann.
12 Nach La Messuguière, siehe Anm. 4.
13 Die Beziehungen zum S. Fischer Verlag gestalten sich in dieser Zeit zunehmend schwierig.
14 PC ist Herausgeber und einer der beiden Übersetzer des ersten Bandes von Henri Michaux' Dichtungen, Schriften, *einer Werkauswahl, die dann 1966 bei S. Fischer in Frankfurt erscheint. Petru Dumitriu ist der im Verlag für französische Literatur zuständige Lektor, der das Projekt betreut.*
15 Nach einem Schweigen von mehr als einem Monat hatte PC gerade vier der sieben Gedichte aus dem 5. Zyklus von Atemwende geschrieben: *am 10. 7. 1965* Schieferäugige; *am 11. 7. 1965* Schlickende; *am 15. 7. 1965* Du, das; *am 17. 7. 1965 (in Moisville)* Der mit Himmeln geheizte *(das Manuskript der ersten Fassung fand sich in: Max Hartmann, Einführung in die allgemeine Biologie, Berlin, de Gruyter, 1956); zu diesen Gedichten siehe HKA 7.2/228-239, TCA/AW 168-177 und GW II 98-101.*
16 GCLs Schwester Solange Ricour de Bourgies hatte in Toisley, unweit von Moisville, ein Ferienhaus.

244
Madame Celan / »La Messuguière« / Cabris / /Alpes Maritimes/ /
19 H / 28 – 7 1965 / PARIS 106 / R. DE LONGCHAMP (16e)
Paul Celan, 78 rue de Longchamp, / Paris 16^e

1 *In Prag geborener, deutsch- und englischsprachiger amerikanischer Soziologe, Historiker und Philosoph.*
2 *Mit Ausnahme des Wortes* »Irrtümer« *im 6. Abschnitt, das in der Abschrift vergessen wurde, entspricht dieser exakt dem tatsächlich an Erich von Kahler gesandten handschriftlichen, auch im Original deutschsprachigen Brief.*
3 *Siehe das Gedicht* Du liegst *(GW II 334) über die beiden 1919 ermordeten deutschen Revolutionäre.*
4 *Berta Antschel, Tante PCs väterlicherseits, lebte in London. Zur Schreibung* »Grouesse« *siehe Anm. 203/2.*
5 *PC und GCL waren vom 30. 6. bis 6. 7. 1965 zu Besuch bei Berta Antschel in London gewesen. Am 26. 7. 1965 war PC aus Deutschland zurückgekehrt, wo er u. a. in Würzburg gelesen hatte.*
6 *Erich von Kahler hatte PC gerade zwei Sonderdrucke geschickt:* »Deutsche und Juden«, *aus:* Auf gespaltenem Pfad *(Darmstadt, Erato-Presse, 1964), der von Manfred Schlösser herausgegebenen Festschrift für Margarete Susman zum 90. Geburtstag, mit der Widmung:* »für Paul Celan herzlich und nah« / »EK«, *sowie* »Form und Entformung« *aus dem* Merkur *(April/Mai 1965, Nr. 205/206), mit der Widmung:* »Paul Celan in Freundschaft und« / »Bewunderung« / »EK«; *dort ergänzt PC:* »erh. 6. 7. 1965 (dem Tag unserer Rückkehr aus London)«, *und streicht im Aufsatz die Stelle an:* »| Noch gibt es echte, wirkliche Dichter, wiewohl manche der besten unter ihnen, wie Paul Celan und Günter Eich, zuweilen schon an die gefährliche Grenze der kryptischen Reduktion, und damit der Sprachlosigkeit geraten.« *(S. 34) Auf dem Briefumschlag, der die beiden Sonderdrucke enthalten hatte, notiert PC:* »Postsempel [sic] 23. 7. 65«.
7 *PC, der den Philosophen und Soziologen Erich von Kahler zwischen Ende Januar/Anfang Februar und Ende Juli 1964 mehrmals getroffen hatte, spielt hier sicherlich auf ihr Gespräch am 28. 7. 1964, d. h. genau ein Jahr vor dem vorliegenden Brief, an (Notizkalender PC).*
8 *PC bezieht sich auf eine Passage im* Meridian: »Aber hier wird – erlauben Sie einem auch mit den Schriften Pjotr Kropotkins und Gustav Landauers Aufgewachsenen, dies ausdrücklich hervorzuheben –, hier wird keiner Monarchie und keinem zu konservierenden Gestern gehuldigt. / Gehuldigt wird hier der für die Gegenwart des Menschlichen zeugenden Majestät des Absurden.« *(GW III 190) Zu den Anarchisten Gustav Landauer und Pjotr Kropotkin siehe das Personenverzeichnis.*

9 Ein Bericht von Dritten zu diesem ›technischen Ereignis‹ konnte nicht gefunden werden.
10 Siehe Margarete Susmans Essay »Gustav Landauer« von 1919, der in einer durchgesehenen und erweiterten Fassung in den Sammelband Vom Geheimnis der Freiheit. Gesammelte Aufsätze 1914-1964 (herausgegeben von Manfred Schlösser, Darmstadt/Zürich, Agora, 1965, S. 255-270) aufgenommen wurde; PCs Exemplar enthält vorne den Eintrag »Zürich, 29. X. 1966« / »/von Manfred Schlösser/« und zahlreiche Lesespuren, von denen manche auf den 10. 5. 1968 datiert sind.
11 Als Zitat nicht identifiziert.
12 PC spielt sicher auf die Überlegungen von Hans Egon Holthusen in seiner Rezension der Niemandsrose an (siehe Anm. 50/8).

245
Monsieur Paul Celan / 78 rue de Longchamp / Paris 16ᵉ / 16 H 30 / 29 – 7 1965 / CABRIS ALPES MARITIMES

1 D. h. Place de l'Horloge.
2 Anspielung auf die Hochzeitsreise der Celans nach Avignon Ende Dezember 1952.
3 Die Celans kannten das Restaurant in der Rue Racine Nr. 17 sicher von ihrem Aufenthalt 1952, wie auch das wenige Zeilen später von GCL erwähnte in Villeneuve-lès-Avignon, das nicht identifiziert werden konnte.
4 [Man tanzt dort, man tanzt dort]; GCL zitiert das bekannte Lied Sur le pont d'Avignon. Siehe Brief 299.
5 Siehe Anm. 243/10.

246
Madame Celan / »La Messuguière« / Cabris / /Alpes-Maritimes/ / 19 H / 29 – 7 1965 / PARIS 106 / R. DE LONGCHAMP (16ᵉ)
Paul Celan, 78 rue de Longchamp, / Paris 16ᵉ

1 PC schreibt an diesem Tag noch einmal an GCL, schickt diesen Brief aber erst mit dem vom 3. 8. 1965 ab (Brief 252).
2 »Erik [sic] gut angekommen und zufrieden umarme Dich – Gisèle« (Übers., 29. 7. 1965).
3 Ärztin in der Psychiatrischen Klinik Le Vésinet, wo PC im Mai 1965 behandelt wurde.
4 Stoffproben für den Leineneinband von Atemkristall (siehe

Anm. 237/1) wurden allen beteiligten Parteien zur Auswahl vorgelegt, hier PC, den Druckern Marthe Fequet *und* Pierre Baudier *wie auch dem Buchbinder* Bernard Duval.
5 *PC bezieht sich auf den Brief vom 27. 7. 1965 des S. Fischer-Lektors Petru Dumitriu, vor allem aber auch auf das diesen begleitende Dokument:* »Notiz über Gespräche mit Herrn Paul Celan am Samstag, 24. 7. und Sonntag, 25. 7. 1965«. *In diesem von Dumitriu am 24. 7. 1965 erstellten* »Protokoll« *sind die Vorwürfe zusammengefaßt, die PC in den vergangenen Monaten gegen seinen Verleger vorzubringen hatte. Diese Notiz für den dienstlichen Gebrauch im Verlag sollte eine Lösung der in 20 Punkten aufgeführten Probleme erleichtern (siehe Anm. 249/2 und 326/9).*
6 Mercure de France *(PC war in persönlichem Kontakt mit dem Chefredakteur dieser literarischen Monatsschrift,* Blaise Gautier*), Nr. 1221/1222, Juli/August 1965. In diesem Heft mit Beiträgen von* E. M. Cioran, Michel Deguy, Jean-Claude Schneider, Charles Racine, Anna Achmatova, Marthe Robert *(über* Kafka*) sowie der ersten Szene aus dem ersten Akt des* King Lear *von Shakespeare in einer Übersetzung von Yves Bonnefoy und den* Nachtwachen des Bonaventura *in einer Übersetzung von Jean-Claude Hémery finden sich keinerlei Lesespuren PCs.*
7 *[Für Paul und Gisèle Celan / ›Und nie hören sie auf, ihre Wege auszutauschen...‹, Aux Barreyroux, 27. Juli 1965 / J. B. (Übers. Helmlé).]. Es handelt sich um die Ausgabe:* Empédocle I. Introduction à l'ancienne physique, Paris, Les Editions de Minuit, 1965. *Bollack zitiert in der Widmung (in eigener Übersetzung und unter Hinzufügung der Auslassungspunkte) V. 6 des Fragments 31 von Empedokles (in Bollacks Numerierung, B 17 nach Diels-Kranz):* καὶ ταῦτ' ἀλλάσσοντα διαμπερὲς οὐδαμὰ λήγει *(das groß geschriebene* »Ils« *in der Widmung meint bei Empedokles die Götter). Alle Bände der Empedokles-Edition von Jean Bollack sind in PCs Bibliothek erhalten, die folgenden sogar in zwei Exemplaren:* Empédocle II. Les origines, édition et traduction des fragments et des témoignages, 1969 *(mit einigen Lesespuren PCs);* Empédocle III. Les origines, commentaire, 2 vol., 1969.
8 *Rumänischer Dichter und Übersetzer, den PC 1946 in Bukarest im Verlag Cartea Rusă kennenlernte, wo beide als Lektoren arbeiteten.*
9 *Nicht identifiziert. Auf dem Programm der Agrégation standen in diesem Jahr: das* Nibelungenlied, *Schillers* Don Carlos, *Goethes Lyrik,* Heinrich von Ofterdingen *von Novalis (siehe Anm. 252/3),*

Schach von Wuthenow *von Fontane*, Die Frau ohne Schatten *von Hofmannsthal und* Die geistige Situation *von Jaspers*.
10 *Es ist unklar, ob PC das Original vernichtet oder sich doch entschieden hat, den Brief, so, wie er war, abzuschicken. Zur im folgenden gegebenen Übersetzung des französischen Briefes vom 2. 8. 1965 siehe PC/PS, S. 233; er entspricht in etwa dem Entwurf in PCs Nachlaß mit dem Datum des 29. 7. 1965 (eine Variante ist hier in eckigen Klammern gegeben):* »Mein lieber Pierre, / zurück von einer Reise nach Deutschland, wo ich, diesmal in Würzburg, Gedichte gelesen habe, finde ich Deinen Brief. / Danke. Ich bin froh, daß Euch – Dir, Yvonne *[*Hasan, die Frau von Petre Solomon*]*, [Margul-]Sperber – die Radierungen von Gisèle gefallen haben. Im Herbst erscheint in Paris ein Buch, bibliophil, in 75 Exemplaren, mit 8 Radierungen von Gisèle und 21 unveröffentlichten Gedichten *[d. h.* Atemkristall*]*. / Ich freue mich – das weißt Du – vom baldigen Erscheinen eines Gedichtbandes von Dir zu erfahren. Ich warte auf das Buch, ich warte auf die Gedichte. / Nebenbei – und ohne darauf zurückzukommen –: Mir haben die Scherze von Sperber nicht so gefallen. Er ist alt, er ist krank – ich will ihn nicht mit Proben der ›Literatur‹ belasten, die weiter über mich kursiert. – Ich mag auch nicht, wenn man Dinge über mich *erfindet*. Für diese Art Folklore ist diese Zeit nicht die richtige. Auch nicht für Metafolklore. – Ich führe seit langem einen Kampf, den Kampf der mit der Wahrheit solidarischen Dichtung. (Sorry for that.) / Hoffentlich weitet sich der Austausch aus und führt Dich nach Paris. Dann zeige ich Dir, ›zerzauster Einsiedler‹ oder nicht, diese Stadt – Panam – die ich kenne, die ich glaube, ein bißchen zu kennen. / Grüße an Yvonne, Grüße an Sperber *[im Entwurf, z. T. gestrichen:* Meine Verehrung an Madame Solomon. Herzliche Grüße an diesen wackeren Sperber.*]* / Ich drücke Dir die Hand / Paul« *(Übers. aus dem Französischen). Um welche* »Scherze« *von Alfred Margul-Sperber es geht, ist nicht klar.*

247
Monsieur Paul Celan / 78 rue de Longchamp / <u>Paris 16e</u> / 8 H 30 / *31 – 7 1965* / *CABRIS ALPES MARITIMES*

1 *[Die reflexive Beschaffenheit des jüdischen Menschen], Paris, Julliard, 1963.*
2 *Jacques Thiry unterrichtet Philosophie in einem Gymnasium auf Korsika. Sein Vater leitet die Stiftung von La Messuguière.*
3 *Auf der höheren Schule für Mädchen Les Oiseaux ([Die Vögel],*

62, Rue de Ponthieu, 16e) war GCL, wie auch Chantal Thiry, zusammen mit einer Reihe von Mädchen aus adeligen oder großbürgerlichen Pariser Kreisen. Sie haßte diese Art von Erziehung ebenso wie die Institution selbst.
4 Das von GCL verwendete Wort »chevellement« von ›cheveux‹, Haare, gehört zu den franco-celanschen Wortschöpfungen.
5 Pariser Gymnasium.

248
Monsieur Paul Celan / 78 rue de Longchamp / Paris 16e / 15 H 30 / 31 – 7 1965 / CABRIS ALPES MARITIMES
Ansichtskarte: »La Côte d'azur. Cabris (A.-M.) alt. 550 m – La Messuguière.«

1 *Felix Brunner*, A Handbook of Graphic Reproduction Processes. A Technical Guide including the Printmaking Processes for Art Collectors and Dealers, Librarians, Booksellers, Publishers, Artists, Graphic Designers and the Printing Trade – Handbuch der Druckgraphik. Ein technischer Leitfaden für Kunstsammler und -händler, Bibliothekare, Buchhändler, Verleger, Künstler, Gebrauchsgraphiker, Druckereifachleute – Manuel de la Gravure. Ouvrage technique à l'usage des collectionneurs et marchands de gravures, bibliothécaires, libraires, éditeurs, artistes, dessinateurs publicitaires, spécialistes de l'imprimerie *[dreisprachige Ausgabe]*, Teufen, Schweiz, Publishers/Verlag/Editeur Arthur Niggli, ²1964. *PC hatte dieses Buch GCL direkt vor ihrer Abfahrt nach Cabris gegeben; vorne steht von seiner Hand:* »Paris, 27 juillet 1965 *[27. Juli 1965]*«.

249
Madame Celan / »La Messuguière« / Cabris / (Alpes-Maritimes) / 16 H 15 / 31 – 7 1965 / PARIS 106 / R. DE LONGCHAMP (16e)
Paul Celan, 78 rue de Longchamp / Paris 16e / ?? 2. 8. 1965 / OPIO / ALPES-MARITIMES

1 *Neben den Briefen vom 21. 7. 1965 (Brief 243) und 28. 7. 1965 (Brief 245) sind das der Brief vom 29. 7. 1965 (nicht publiziert), in dem GCL ihre Ankunft in dieser* »Provence, die ausgetrockneter ist *[als die Gegend um Avignon, um L'Isle-sur-Sorgue]*, mit ihrem dichten, trockenen Gebüsch« *(Übers.), und in La Messuguière schildert, bevor sie einen Brief von EC vollständig zitiert, dazu eine Karte vom 30. 7. 1965 aus Cabris, La Messuguière (nicht publiziert), mit ähnlichem Inhalt wie der Brief vom gleichen Tag (Brief 247).*

2 *Es handelt sich um die Entschuldigung von Kurt Morawietz wegen der Publikation auf derselben Seite von Claire Golls Gedicht* Orpheus mit der Guitarre *[sic] und PCs* Matière de Bretagne *(Brief 83) in der von einem Jungen Literaturkreis in Hannover herausgegebenen Zeitschrift* Die Horen *(1965, Heft 2, S. 11). PC hat auf dem Umschlag des ihm von Morawietz zugesandten Exemplars notiert:* »erh. 29. 6. 65« / s. S. 11« / »etc. etc.«. *Dumitriu erwähnt in seinem Protokoll (siehe Anm. 246/5) die Forderungen von PC hinsichtlich dieses unautorisierten Nachdrucks: einen Protestbrief durch den S. Fischer Verlag an den Chefredakteur der genannten Zeitschrift.* »Linksnibelungen« *meint den Antisemitismus von links. Der von PC verwendete Ausdruck* »champ ›magnétique‹«, *d. h.* »Magnetfeld«, *bezieht sich natürlich auf den berühmten Gedichtband von André Breton und Philippe Soupault,* Les champs magnétiques *([*Die magnetischen Felder*], 1920). Zu den Beziehungen PCs zur Gruppe 47 siehe Anm. 10/4-5.*

3 *Die Anfrage vom 26. 7. 1965, ein mehrfach im Rahmen eines Programms zur Bereicherung der Archivbestände (das Foto sollte durch handschriftliche Erläuterungen zur Biographie ergänzt werden) versandter Brief, kam aus dem Büro des Generaldirektors der Österreichischen Nationalbibliothek (Briefkopf in deutscher Schrift). Die Anrede* Euer Hochwohlgeboren *erinnert an Protokoll und Prunk der k. u. k. Monarchie und das Kakanien in Musils* Der Mann ohne Eigenschaften; *der Brief ist auch noch signiert* »DDr. Josef Stummvoll« *(Hervorhebung Hrsg.).*

4 *Das Foto oder die Portraitreproduktion, der der Alfred Kröner Verlag Stuttgart in seinem Brief vom 29. 7. 1965 den Vorzug geben wollte, sollte in der Neuauflage von G. von Wilperts ›Lexikon‹,* Deutsche Literatur in Bildern *erscheinen.*

5 *Mit ihrer Ansichtskarte vom 28. 7. 1965 (*»Würzburg, die sonnige Stadt am Main«*) danken Beda Allemann und die Teilnehmer seines Seminars PC* »für das von Ihnen mit so viel Bereitwilligkeit und Geduld geführte Seminargespräch«.

6 *Brief von Felix Berner, bei der Deutschen Verlags-Anstalt Stuttgart für Verträge und juristische Fragen zuständig, vom 30. 7. 1965. Die Höflichkeit besteht in der Formulierung* »mit sehr großem Erfolg« *in Zusammenhang mit PCs Würzburger Lesung, die Berner der Ankündigung einer weiteren Auflage von* Mohn und Gedächtnis *(in 1500 Exemplaren) vorausschickt.*

7 *Als Erinnerung und Dank für seine Würzburger Lesung vom 22. 7. 1965 hatte Edith Hübner von der dortigen Bücherstube glei-*

chen Namens (Eichhornstr. 4) PC einen kleinen Webteppich aus Bessarabien geschickt, einer Region, die, heute zwischen Moldawien und der Ukraine aufgeteilt, zwischen den Weltkriegen wie die Bukowina zum Königreich Rumänien gehörte und wie diese am 26. 6. 1940 an die Sowjetunion fiel.
8 Siehe den im folgenden wiedergegebenen, im Original deutschsprachigen Brief an Edith Hübner; die zitierte Zeile bedeutet: »ihn am Abend in der moldauischen Steppe«.
9 PC denkt sicher an die Revision der Michaux-Übersetzungen und die Vorbereitungen für die Kurse an der École Normale Supérieure.
10 Hagdis Rohdich; Heinz Wismann, Schüler und Freund des Hellenisten Jean Bollack, ist damals Lektor für deutsche Philosophie an der Sorbonne; er hatte gerade mit seinen Studenten den Meridian gelesen (Wismann an PC, 12. 1. 1965).
11 PC hatte nur wenige 100 Meter bis zur Cinémathèque (staatliches Filmarchiv, Palais de Chaillot, 1, Place du Trocadéro, 16e) zu laufen. Das Ranelagh-Kino befand sich in der Rue des Vignes Nr. 5 (16e).
12 Grapes of Wrath von John Ford (1940), eine Adaptation des Romans von John Steinbeck (1939).
13 Lucien Lévy: Vater von Jacqueline Lévy-Lalande; Lisou: Lise Bloc.
14 Als Zitat nicht identifiziert.
15 Tausende von Juden aus Bessarabien wurden im Juli und August 1941 auf Anweisung der rumänischen Behörden Opfer von Verfolgung und Deportation (siehe dazu Raul Hilberg, La destruction des Juifs d'Europe II *[Die Vernichtung der Juden Europas]*, = folio histoire, Paris, Gallimard, 1991, besonders S. 656ff., 664ff. und 672ff.).
16 Der Schlager und dessen Komponist konnten nicht identifiziert werden.
17 Zur Erzählung Budjonnys Reiterarmee *von Isaac Babel siehe Anm. 177/4 und 658/1. Die Moldowanka ist ein ursprünglich vorwiegend von Juden bewohntes Stadtviertel in Odessa, der Heimatstadt des russisch-jüdischen Schriftstellers Isaac Babel, das in dessen Erzählungen häufig eine Rolle spielt.*
18 *Nach der Besetzung von Westpolen durch die deutschen Truppen im Jahr 1939 wurde das Wartheland, gebildet aus den Regierungsbezirken Inowrocław (Hohensalza), Łódź (Litzmannstadt) und Posanie (Posen), als »Reichsgau« Gebiet des »Großdeutschen Reichs«.*

Die einheimische Bevölkerung wurde vertrieben, um den aus dem Baltikum und Bessarabien umgesiedelten Deutschen Platz zu machen.
19 *Das Wort* »Kotzen« *bezeichnet in Bayern und Österreich eine dicke Wolldecke. PC spielt hier vielleicht auch mit der allgemeinsprachlichen Bedeutung von* »kotzen« *(erbrechen).*
20 *Nicht identifiziert.*
21 *Nicht identifiziert.*

250

Monsieur Paul Celan / 78 rue de Longchamp / <u>Paris 16^e</u> / *12 H 45* / *2 – 8 1965 GRASSE / ALPES M^{MES}*

1 *Robert und Edith de Bourboulon, letztere eine Tante mütterlicherseits von GCL, hatten einen zweiten Wohnsitz in der Gegend von Vence.*
2 *Siehe Anm. 247/3.*
3 *Siehe Anm. 247/1.*

251

Monsieur Paul Celan / 78 rue de Longchamp / Paris 16e / *16 H 30* / *3 – 8 1965 / CABRIS / ALPES MARITIMES*
Ansichtskarte: »Cabris (A.-M.), alt 550 m. La Messuguière. Ravissant village provençal. Domine Cannes et les Iles de Lérins. Vue admirable sur la Côte du Cap-Ferrat aux contreforts de Toulon. On voit la Corse par temps clair. Ses origines remontent à l'an 400 après Jésus-Christ. Décimé par la peste et complètement abandonné, il fut reconstruit vers 1496. Ruines de son Château Féodal (an 1000 environ) où vécut au XVIIIe siècle la *Marquise de Cabris*, sœur de *Mirabeau*. Reconstitution du Mystère des Rois Mages le jour de l'Épiphanie. *[Cabris (A.-M.), 550 m über dem Meeresspiegel. La Messuguière. Entzückendes provenzalisches Dorf über Cannes und den Lérins-Inseln. Wunderschöner Blick über die Küste am Cap-Ferrat auf die Vorberge von Toulon. Bei klarem Wetter sieht man Korsika. Seine Ursprünge reichen in das Jahr 400 n. Chr. zurück. Durch die Pest entvölkert und völlig verlassen, wurde es 1496 wiederaufgebaut. Ruinen eines Schlosses (etwa aus dem Jahr 1000), wo die* Marquise de Cabris, *Schwester von* Mirabeau, *im XVIII. Jahrhundert gewohnt hat. Nachbildung der drei Könige am Dreikönigstag.]« (Hervorhebungen Hrsg.)*

1 *Siehe den Brief an Edith Hübner (Anlage zu Brief 249).*

252

Madame Celan / »La Messuguière« / Cabris / /Alpes-Maritimes/ /
16 H 15 / 3 – 8 1965 / PARIS 106 / R. DE LONGCHAMP (16ᵉ)
Paul Celan, 78 rue de Longchamp / Paris 16ᵉ
Der Brief vom 29. 7. 1965 war von GCL zusammen mit dem zugehörigen, unfrankierten Umschlag (mit der gleichen Adressenaufschrift wie der abgesandte vom 3. 8. 1965) in einem eigenen Teilordner abgelegt. Die beiden Dokumente wurden durch den Herausgeber entsprechend dem ursprünglichen Zustand wieder zusammengefügt.

1 *PC hatte am Vortag zwei Briefe bekommen: den vom 30. 7. 1965 (Brief 247) und einen weiteren vom 31. 7. 1965 (nicht publiziert). GCL erzählt dort von einer Begegnung mit einer Dame:* »Jüdin, die die Deutschen haßt, mit einem sehr katholischen Holländer verheiratet, dessen Familie ihr gegenüber immer hart war. Jetzt hat ihr Mann sie nach 27 Jahren Ehe verlassen, und sie hört nun überall in Holland: ›Ja, das ist furchtbar, aber er hat eine Entschuldigung, Ihre Kinder sehen doch sehr jüdisch aus.‹ / Unser schönes Holland! Sein schönes, würdiges und mutiges Volk!« *(Übers.) GCL berichtet PC auch von einem geplanten Ausflug in die Gorges du Loup.*
Am Tag des Briefes selbst hatte PC drei Briefe erhalten: die Ansichtskarte vom 31. 7. 1965 (Brief 248), den Brief vom 1. 8. 1965 (Brief 250) und einen weiteren vom 2. 8. 1965 (nicht publiziert); GCL äußert dort ihr Bedauern, die Reise nicht mit PC zusammen gemacht zu haben.
2 *Der folgende Brief war in einem adressierten, aber nicht frankierten Umschlag im Umschlag des vorliegenden Briefes beigelegt.*
3 *PC las* Heinrich von Ofterdingen *in der Novalis-Ausgabe von Ewald Wasmuth (*Werke, Briefe, Dokumente, *4 Bde., Heidelberg, Verlag Lambert Schneider, 1953-1957); der unvollendete Roman von Novalis stand auf dem Programm für die Agrégation 1966. Die Unterstreichungen in dieser Ausgabe zeigen jedoch – auch wenn in dieser Hinsicht oft schwer zu unterscheiden ist – eine eher persönliche als pädagogische Beschäftigung mit dem Text. In den im ersten Band im Anhang publizierten Materialien hebt PC hervor:* »Heinrich wird im Wahnsinn Stein – ⟨Blume⟩ klingender Baum – goldner Widder – / Heinrich errät den Sinn der Welt. Sein freiwilliger Wahnsinn. Es ist das Rätsel, was ihm aufgegeben wird.« *(S. 221);* »Dann fliegt vor Einem geheimen Wort / Das ganze verkehrte Wesen fort.«; »Saturn = Arctur.« *(S. 222)*
4 *PC, Herausgeber des ersten Bandes der* Dichtungen, Schriften

von Henri Michaux, der 1966 bei S. Fischer erscheint, arbeitet an der Revision und Korrektur der Übersetzungen seines Mitübersetzers Kurt Leonhard. Eine Notiz von PC in seinem Korrespondenzverzeichnis (vom 3. 8. 1965, 18³⁰) und der Brief an den S. Fischer-Lektor vom selben Tag ermöglichen eine Identifikation dieser fünf »Kapitel« (d. h. fünf der achtzehn Abteilungen des Bandes): Ecuador *(Kapitel 2, S. 48-95);* Mes propriétés – Meine Besitzungen *(Kapitel 3 a, S. 98-169 und S. 176 f.:* Emportez-moi – Tragt mich fort*);* »Difficultés – Schwierigkeiten« *(Kapitel 4, S. 184-196);* Un certain Plume – Ein gewisser Plume *(Kapitel 5, S. 200-245);* »L'insoumis – Der Unbotmäßige« *(Kapitel 13, S. 438-443).*
5 *Der Satz nach dem Doppelpunkt ist deutsch im Originalbrief. PC spielt damit auf V. 10 von* »Ich hörte sagen, es sei« *an (siehe Brief 23).*

253
Madame Celan / »La Messuguière« / Cabris / /Alpes-Maritimes/ / 18 H / 4 – 8 1965 / PARIS 106 / R. DE LONGCHAMP (16ᵉ)
Paul Celan, 78 rue de Longchamp / Paris 16ᵉ
Der Umschlag war von GCL zusammen mit dem Brief von EC an seinen Vater vom 31. 7. 1965 eingeordnet.

1 *Siehe die Beschreibung der Ansichtskarte vom 3. 8. 1965 (Brief 251), besonders die vom Herausgeber hervorgehobenen Teile. GCL ist, das spielt bei derartigen Anspielungen PCs immer eine Rolle, die Tochter des Marquis und der Marquise de Lestrange. Zum Wort* »Mirabell« *siehe auch Brief 119/2.*
2 *Ansichtskarte vom 1. 8. 1965 mit dem Vrtbovská-Garten in Prag. PC spielt auf die wiederholte Aufforderung des in Ost-Berlin lebenden Dichters Erich Arendt und seiner Frau Katja an, die tschechoslowakische Hauptstadt zu besuchen. PC, der am 12. 10. 1965 ein Gedicht mit dem Titel* In Prag *(GW II 63) schreibt, wird jedoch nie in diese Stadt fahren, nie auf die andere Seite des ›Eisernen Vorhangs‹ zurückkehren.*
3 *Für PC war der Luchterhand Verlag vor allem der Verlag, in dem Claire Goll den Nachlaß Yvan Golls publiziert hatte; alles und jeder mit diesem Verlag Verbundene war ihm dadurch allein schon suspekt.*
4 *Chinesisches Restaurant in der Avenue Bosquet Nr. 54 (7ᵉ).*
5 *Maschinenschrift auf separatem Blatt (GW II 102 und HKA 7.2/ 240-244 und TCA/AW 178-181); zur Wortliste siehe Brief 255.*
6 *PC gibt im Originalbrief eine französische Übersetzung der zwei-*

ten Hälfte des ersten und des zweiten Verses: »Soulèvement de pancartes, plus rouge que rouge«.

254
Monsieur Eric Celan / Maison Chavaria / Rue du Bourget / Laruns / (Basses-Pyrénées) / *18 H / 4 – 8 1965 / PARIS 106 / R. DE LONGCHAMP (16ᵉ)*
Paul Celan, 78 rue de Longchamp, Paris 16ᵉ

1 *PC wird die Pyrenäen im Oktober desselben Jahres kennenlernen.*
2 *Lesung am 22. 7. 1965.*
3 *D. h. wie das französische Wort für ›Bär‹.*
4 *PC hatte als Gast des S. Fischer Verlags im Hotel Frankfurt Intercontinental gewohnt.*
5 *Siehe Anm. 253/4.*

255
Madame Celan / »La Messuguière« / Cabris / /Alpes Maritimes/ / *16 H 15 / 5 – 8 1965 / PARIS 71 / PL. VICTOR HUGO (16ᵉ)*
Die Wortliste war von GCL zusammen mit Brief 253 eingeordnet.

1 *PC schreibt fälschlich »6«.*
2 *Handschriftliche Liste auf separatem Blatt; zum Gedicht siehe Brief 253.*
3 *Georges Andersen schreibt am 4. 8. 1965 in seinem* L'Europe allemande et M. Ulbricht *[Das deutsche Europa und Herr Ulbricht] überschriebenen Artikel in der aus der Résistance hervorgegangenen Zeitung* Combat, *die PC schätzte:* »Wer immer die Gelegenheit hatte, die Regierungsverantwortlichen der DDR untereinander oder mit Besuchern über Willy Brandt sprechen zu hören, wie in unserem Fall im März 1952, ist perplex, wenn er den väterlichen Aufruf Walter Ulbrichts an die westdeutschen Bürger liest. Über den Westberliner Regierenden Bürgermeister war die Meinung derjenigen, die den Staatsrat von Pankow umgaben und immer noch umgeben, tatsächlich in einer Weise negativ, ja katastrophal, daß im Vergleich dazu das Portrait, das sie von Adenauer gaben, geradezu wie eine Lobeshymne wirkte. / Bei seiner letzten Fernsehansprache ermunterte jedoch Walter Ulbricht die Männer und Frauen in der BRD, sich von der Christdemokratischen Partei abzuwenden, die ›während der 16 Jahre, die sie an der Macht ist, die Wiedervereinigung

Deutschlands blockiert‹ hatte, und ihre Stimme den Sozialdemokraten zu geben. Im weiteren richtete der Redner einen brüderlichen Gruß an den Berliner Bürgermeister, den ›roten‹ Kandidaten für die Nachfolge von Erhard, und lud ihn ein, einen sozialistischen und neutralen Staat entsprechend dem schwedischen Modell in der BRD zu errichten. (Wir erinnern unsere Leser, daß Willy Brandt gerade aus Harpsund bei Stockholm zurückgekehrt ist, wo er in der Sommerresidenz des schwedischen Premierministers an einer ›brüderlichen‹ Weltkonferenz aller sozialistischen Parteiführer teilgenommen hatte; dort hatte man vor allem über ein Vertragsprojekt der Nichtverbreitung der Atomwaffen, die Beziehungen zwischen der EWG und der EFTA und über Vietnam gesprochen.) / Um sich dieses so hinderlichen wie unerwarteten ›Verbündeten‹ zu entledigen, verurteilte Willy Brandt in Bonn sofort Ulbrichts groteske und demagogische Einmischung in die inneren Angelegenheiten der BRD, die ausschließlich dazu bestimmt seien, Unfrieden zwischen den demokratischen Parteien zu stiften. / Auf den ersten Blick ist man versucht, eine Analogie zwischen Ulbrichts Ansprache und verschiedenen Erklärungen und Gesten Stalins zu sehen, die im britischen Wahlkampf seine Neigung für die Konservativen und gegen die Arbeiterpartei deutlich machten. Zwischen den Vorstellungen Stalins vor 20 Jahren und den Absichten Ulbrichts gibt es aber tiefgreifende Unterschiede. Nichts kann beweisen, daß die ›Öffnung nach Westen‹ des letzteren darauf abzielt, die sozialistische Partei der BRD zu torpedieren oder zu schwächen, obwohl Ulbricht wenige Stunden vorher die Begegnung mit Erhard gesucht hatte. / Tatsache ist, daß keine Regierung, welche Partei auch immer siegreich aus den Wahlen am 19. September hervorgeht, die Vorschläge der Nr. 1 in Pankow einfach ignorieren kann, der völlig ernsthaft ›die Normalisierung der Beziehungen zwischen den beiden deutschen Staaten ins Auge faßt, mit der Schaffung von Kommissionen für die wirtschaftliche Kooperation und beginnender Verflechtung der wichtigen Produktionszweige‹, was seiner Ansicht nach von der westdeutschen Großindustrie schon akzeptiert sei. / Kein Dementi könnte die bestehenden und geplanten Kontakte der westdeutschen Industriegiganten mit den Regierungen des sozialistischen Lagers, einschließlich der der DDR, verheimlichen oder die ersten Ergebnisse dieser Gespräche rückgängig machen, die darauf zielen, sich die neuen ›Expansions-, Handlungs- und Produktionsmöglichkeiten‹ zu schaffen, die der ungeheure Aufschwung benötigt. Von Bukarest aus schleuderte Ulbricht noch am 20. Juli Blitze gegen die

›Bonner Militärimperialisten‹ und predigte seinen Hörern, ihnen zu mißtrauen. Aber im Laufe dieses Meinungsaustausches mit seinen Amtsbrüdern aus der UdSSR und den anderen sozialistischen Staaten änderte er seine Meinung und kam wieder einmal – mit seiner gut organisierten Geschmeidigkeit – ›konvertiert‹ nach Berlin zurück. / Seine These, die seine Propaganda bis zum Überdruß verbreitet und die ein großer Teil des westdeutschen Publikums versteht oder sogar teilt, ist die folgende: ›Warum sollte die BRD, die die Kooperation mit Polen, Rumänien, Ungarn, der UdSSR und anderen kommunistischen Mächten immer weiter vorantreibt, darauf verzichten, sich gerade mit ihren ‚deutschen Brüdern' zusammenzutun, nur weil sie unter einem marxistisch-leninistischen Regime leben?‹ / Die deutsche Großindustrie ist auf dem besten Wege, eine Wiedervereinigung Europas zu erreichen, in die die DDR langsam eingebunden wird. Wie die Dinge vorangehen, wird dieses germano-slawische Europa in nicht allzu langer Zeit Realität, und das Europa vom Atlantik bis zum Ural hat dann kaum mehr als einen vagen Zustand erreicht.« *(Übers.)*
4 *Lucien Lévy, Vater von Jacqueline Lalande.*
5 *Panorama moderner Lyrik. Gedichte des 20. Jahrhunderts in Übersetzung, herausgegeben von Günther Steinbrinker in Zusammenarbeit mit Rudolf Hartung, [Gütersloh,] Sigbert Mohn Verlag,* ²*1962. PC hat vorne notiert: »erh. 5. VIII. 1965.«*
6 *In* Dunstbänder-, Spruchbänder-Aufstand *(siehe Brief 253) verwendet PC das Verb »heraus*stirbt*«, keine im Nachlaß erhaltene Variante hat »hinaus*stirbt*«.*
7 *Sachs-Villatte,* Enzyklopädisches Wörterbuch der französischen und deutschen Sprache *(siehe Anm. 199/2), Bd. 4, S. 1679.*

256
Madame Celan / »La Messuguière« / Cabris / /Alpes-Maritimes/ / 12 H 30 / 6 – 8 1965 / PARIS 106 / R. DE LONGCHAMP (16ᵉ)
Paul Celan, 78 rue de Longchamp / Paris 16ᵉ

1 *Herr Blazewski, Erics Lehrer an der Grundschule in der Rue Hamelin (16ᵉ).*
2 *Es geht um PCs Krankenhausaufenthalt in Le Vésinet im Mai des Jahres. GCL hat PCs Frage wohl mündlich beantwortet. Während seiner Krankenhausaufenthalte war PC außergewöhnlich besorgt über den Gesundheitszustand seines Sohnes und seiner Frau.*

257

Monsieur Paul Celan / 78 rue de Longchamp / <u>Paris 16ᵉ</u> / 8 H 30 /
9 – 8 1965 / CABRIS / ALPES MARITIMES

1 *GCL gibt die als Zitat gekennzeichneten Teile im Originalbrief deutsch.*
2 *GCL bezieht sich auf das Telefongespräch, über das PC zu Beginn seines Briefes vom 4. 8. 1965 spricht (Brief 253). Die Beziehungen PCs zu seinem Verleger werden zunehmend schlechter, und Janko von Musulin, der kaufmännische Leiter des S. Fischer Verlags, bekommt sicher die Konsequenzen zu spüren.*
3 *Siehe Anm. 249/5.*

258

Madame Celan / »La Messuguière« / <u>Cabris</u> / /Alpes-Maritimes/ /
18 H / 10 – 8 1965 / PARIS 106 / R. DE LONGCHAMP (16ᵉ)
Paul Celan, 78 rue de Longchamp, / Paris 16ᵉ

1 *PC bezieht sich auch auf hier nicht publizierte Briefe seiner Frau: den Brief vom Donnerstag, dem 5. 8. 1965, über Françoise Bonaldi und ihre Gesundheitsprobleme, das Leben in La Messuguière, aber auch einen Besuch in der Fondation Maeght, wo GCL neben Ubac, Bazaine, Kandinsky, Chagall, Tal Coat und Braque »vor allem Giacometti« (Übers.) gesehen hatte; und den Brief vom Freitag, dem 6. 8. 1965 (der zweite Brief des Tages ist als Brief 257 publiziert), in dem GCL PC für »drei so schöne Briefe« (Übers.) dankt und für seinen Brief mit den Wortübersetzungen.*
2 *Bernard Rieul, ein Klassenkamerad von EC, wohnte im gleichen Viertel, nicht im gleichen Haus.*
3 *Kartenspiel, bei dem verschiedene Berufsgruppen, ›Familien‹ genannt, gegeneinander spielen.*
4 *Chinesisches Restaurant in der Avenue Bosquet (7ᵉ).*
5 *Antoine Gessain, Sohn von Monique und Robert Gessain.*
6 *Im Musée Galliera (10, Avenue Pierre-Iᵉʳ-de-Serbie, 16ᵉ) fanden Wechselausstellungen und Versteigerungen statt.*
7 *Zu PCs Sorgen über seine Konzentrationsfähigkeit siehe Brief 191/3.*
8 *Robert Gessain ist der Mann von GCLs ältester Schwester Monique.*
9 *Wie aus der Maschinendurchschrift von PCs Brief an Petru Dumitriu vom 9. 8. 1965 hervorgeht, hatte PC gerade sechs »Kapitel«*

mit Michaux-Übersetzungen an Dumitriu geschickt: La Nuit remue – Die Nacht rührt sich *(Kapitel 8 a, S. 272-333, übersetzt von Kurt Leonhard);* La ralentie – Die Verlangsamte *(Kapitel 11, S. 408-423, übersetzt von PC);* Animaux fantastiques – Phantasie-Tiere *(Kapitel 14, S. 446-457, übersetzt von Kurt Leonhard);* Peintures – Malereien *(Kapitel 15, S. 460-467, übersetzt von Kurt Leonhard mit Ausnahme von* Prince de la nuit – Fürst der Nacht, *dies übersetzt von PC);* Visages de jeunes filles – Gesichter junger Mädchen *(Kapitel 16, S. 470-475, übersetzt von Elisabeth Walter; die zuerst in Passagen, Esslingen, Bechtle Verlag, erschienene Übersetzung wurde sehr tiefgreifend von PC umgearbeitet und letztlich durch eine Übersetzung von Kurt Leonhard ersetzt);* Au pays de la magie – Im Lande der Magie *(Kapitel 17, S. 478-503, übersetzt von Kurt Leonhard). Zu den zuerst gesandten Kapiteln siehe Anm. 252/4.*
10 *Siehe Anm. 249/11.*
11 *Berühmtes Restaurant im Hallen-Viertel (6, Rue Coquillière, 1er).*
12 *Fluß, über dem die Mühle der Gessains gebaut ist.*
13 *Brief vom 8. 8. 1965 (nicht publiziert): GCL erzählt dort ausführlich ihren Tagesablauf, ihre Pläne für die Rückkehr und einen Aufenthalt in Moisville zusammen mit PC, wo sie an Radierungen arbeiten möchte.*

259
Madame Celan / »La Messuguière« / Cabris / /Alpes-Maritimes/ / 11 H / 12 – 8 1965 / *PARIS XVI / R. SINGER (16e)*
Paul Celan, 78 rue de Longchamp, Paris 16^e

1 ¡Viva Mexiko!: *unvollendeter Film von Sergej Michailovič Eisenstein, 1932.*
2 *In Wirklichkeit saugen die Bauern mit Hilfe von Röhrchen den milchigen Saft des Kaktus an und fangen ihn in Kalebassen auf, um daraus ein alkoholisches Getränk zu machen.*
3 Epreuves, exorcismes 1940-1944 *[Prüfungen, Exorzismen], Paris, Gallimard, 1945, S. 44-49. Andrée Viénot hatte La Messuguière von ihrer Mutter geerbt. Henri Michaux hatte sich in diesem Anwesen, das Aline Mayrisch Saint-Hubert erworben und zu einer Art Stiftung gemacht hatte, 1940 aufgehalten. Die angesprochene Übersetzung* Ecce homo, *erschienen im Almanach S. Fischer (Nr. 77, 1963, S. 125-129; siehe GW IV 598-607), wurde nicht in den zweiten Band der Werke von Michaux aufgenommen, der PC gewidmet ist; Kurt*

Leonhard hat dort vielmehr seine eigene Übersetzung publiziert (Frankfurt a. M., S. Fischer, 1971, S. 23-29).
4 *In seinem Brief vom 9. 8. 1965 dankt Petru Dumitriu PC für die Sendung der* »trotz manchem zeit- und lustraubenden Ärgernis« *überarbeiteten Michaux-Übersetzungen. PC wird Kurt Leonhard Anfang September in Frankfurt treffen (siehe die Briefe 272 und 273).*
5 *PC hatte Otto F. Walter, dem Direktor des gleichnamigen deutsch-schweizerischen Verlages, am 20. 7. 1965 wegen eines eventuellen Treffens in Paris geschrieben. Walter, der 1961 eine Übersetzung von PC publiziert hatte (Jean Cayrol,* Im Bereich einer Nacht*), wußte von dessen Schwierigkeiten mit dem S. Fischer Verlag und hatte seine Dienste angeboten. Das Treffen zwischen ihm und PC fand erst im Juli 1966 statt.*
6 *Professor Karl Kogler, stellvertretender Direktor des Österreichischen Kulturinstitutes, hatte PC einen Telefonanruf von Otto Breicha angekündigt: Der Vertreter der Österreichischen Gesellschaft für Literatur wollte Schriftsteller und Künstler österreichischer Herkunft treffen, die in Paris leben. PC hat in den Familien-Notizkalender die Uhrzeit der beiden Anrufe, 16 h und 18 h, eingetragen.*
7 *Es geht um die Zeitschrift* Wort in der Zeit, *herausgegeben von der Österreichischen Gesellschaft für Literatur (Palais Wilczek, Herrengasse, Wien).*
8 *PC erinnert hier an den gemeinsamen Besuch in dieser im Nibelungenlied besungenen Stadt und eine bei der Gelegenheit an Peter Szondi geschriebene Postkarte:* »Von Passa-u, von Passa-u, wo's zusammenfließt, wo's zusammenfließt ...« *(11. 7. 1964, unterschrieben* »Gisèle und Paul Celan«*). In Passau, an der österreichischen Grenze, fließen Inn und Ilz in die Donau. Weil die Phoneme [a] und [u] im französischen zu [o]* »zusammengeflossen« *sind, besteht PC auf der diphthongischen Aussprache, sicher in Anspielung auf eine Deutschstunde mit GCL, wo er vielleicht auf der deutschen Aussprache seines Namens,* »Pa-ul«, *bestanden hat.*
9 *Für diese Aufgabe wurde bei Wieland Schmied und Max Hölzer vorgefühlt. Schmied, der schon Rezensionen über* Mohn und Gedächtnis *und* Sprachgitter *in* Wort in der Zeit *(1955 und 1959) publiziert hatte, entschuldigte sich mit Zeitmangel; Hölzer zu erreichen gelang PC nicht (Briefe von Breicha an PC vom 6. 9. 1965 und 29. 9. 1965). Das Projekt wird nicht weiterverfolgt.*
10 *Der Termin für das Treffen mit* »Dr. Breicha« *am 12. 8. 1965 ist von PC im Familien-Notizkalender doppelt unterstrichen:* »<u>15 h 30</u>«.

260
Monsieur Paul Celan / 78 rue de Longchamp / Paris 16e / 15 H 30 /
14 – 8 1965 / CABRIS / ALPES MARITIMES

1 *PC notiert am 12. 8. 1965 um 10^{30} in den Familien-Notizkalender:* »Téléphone de Jacqueline: grave accident de Jacques *[Telefonanruf von Jacqueline: schwerer Unfall von Jacques]*«. *Am Vortag (Brief vom Dienstag, dem 10. 8. 1965, nicht publiziert) hatte GCL PC von ihrem Erschöpfungszustand und ihrer Niedergeschlagenheit nach drei schlaflosen Nächten erzählt, aber auch und vor allem von dem schweren Autounfall ihres Nachbarn und Freundes Jacques Lalande auf der Fahrt nach Vitry-le-François zu seinem Schwiegervater, der im Sterben liegt.*
2 *Siehe Anm. 152/2.*
3 *Leo Schrade (1903-1964), amerikanischer Musikwissenschaftler deutscher Herkunft, Autor verschiedener Werke, u. a. über Monteverdi, Bach, Beethoven.*

261
Madame Celan / »La Messuguière« / Cabris / /Alpes-Maritimes/ /
16 H 15 / 13 – 8 1965 / PARIS 71 / PL. VICTOR HUGO (16e)
Paul Celan, 78 rue de Longchamp / Paris 16^e

1 *In ihrem Brief vom Abend des 12. 8. 1965 (nicht publiziert) erinnert GCL kurz an das telefonisch Besprochene:* »Ich war über Deinen Telefonanruf heute abend etwas traurig, ich hatte den Eindruck, Du wärst verärgert. Ich sehe schon, daß Du Dir Sorgen über meine Rückkehr machst. Ich bin aber nicht so ahnungslos, wie Du vielleicht glaubst [...] –« *(Übers.) GCL plante, weil sie keine Reservierung für sich und ihren Wagen in einem Autoreisezug bekommen hatte, in einem Stück mit dem Auto zurückzufahren. Tatsächlich konnte sie den Wagen dann in einem Güterzug unterbringen und kam selbst auch mit dem Zug nach Paris.*
2 *Siehe Anm. 260/1.*

262
Monsieur Paul Celan / 78 rue de Longchamp / Paris 16^e / 15 H 30 /
18 – 8 1965 / GRASSE / ALPES MARITIMES
Ansichtskarte: »Fondation M. et A. Maeght« *[Saint-Paul-de-Vence (Alpes-Maritimes), Blick auf den Hof, auf eine Skulptur von Giacometti].*

1 GCL war am 5. 8. 1965 schon einmal im Museum der Fondation Maeght.
2 PC ist im Oktober 1968 allein Gast der Fondation Maeght.

263
Monsieur Paul Celan / 78 rue de Longchamp / Paris 16ᵉ / 16 H 30 / 18 – 8 1965 / CABRIS / ALPES MARITIMES

1 *GCL zitiert (nur französisch) den Titel, den PC einer ihrer Radierungen gegeben hatte:* A l'image du temps – Nach dem Bilde der Zeit, *1956 (22×25).*
2 *Das Grimaldi-Museum (heute: Picasso-Museum), im Château Grimaldi in Antibes, liegt direkt am Meer.*
3 *Berta Antschel.*

264
Madame Celan / »La Messuguière« / Cabris / /Alpes Maritimes/ / 17 H 45 / 21 – 8 1965 / PARIS XVI / R. SINGER (16ᵉ)
Paul Celan, 78 rue de Longchamp / Paris 16ᵉ *[Umschlag vom Herausgeber zugeordnet]*

1 *Weiler in der Nähe von Moisville; die jüngste Schwester von GCL, Solange Ricour de Bourgies, besaß dort ein Ferienhaus.*
2 *In Wirklichkeit lebt EC hier eine alte Leidenschaft seines Vaters aus; nach Berichten von I. Chiva spielte PC in den fünfziger Jahren gerne Flipper, wenn er auf seine Freunde wartete.*
3 *Das Typoskript von* Ruh aus in Deinen Wunden *mit den an den Rand notierten Worterklärungen ist dem Brief beigelegt (siehe GW II 103 bzw. HKA 7.2/245-50 und 182 f.).*
4 *Siehe zu diesem grundlegenden Zug von PCs Gedichten den* Meridian *(GW III 195) und vor allem die Entwürfe und Materialien, die im Band der Tübinger Ausgabe zur Büchnerrede (hrsg. von Bernhard Böschenstein und Heino Schmull) unter den Titeln* »Dunkelheit. Die kongenitale Dunkelheit des Gedichts« *und* »Das Gedicht. Opazität des Gedichts« *zusammengefaßt sind (TCA/M 84-107). Siehe dazu auch den im* Meridian *zitierten, von PC unterstrichenen Satz von Blaise Pascal (Brief 453/5 und Anm. 479/5).*
5 *Zum Verleger Otto F. Walter siehe Anm. 259/5.*
6 *Es geht um einen Antrag zur Steuerfreistellung (um Doppelbesteuerung zu vermeiden).*
7 *PC spielt also Doppel mit Mayotte Bollacks Brüdern Jacques und*

Roland Beauroy sowie mit Heinz Wismann, dem Schüler ihres Mannes, des Hellenisten Jean Bollack.
8 *Sowjetischer Film von Sergej Jutkevič (1956). Der Regisseur hebt in der durch außergewöhnliche Farb- und Lichteffekte gestalteten Inszenierung weniger das Eifersuchtsdrama als den Gegensatz zwischen Othello und Jago hervor.*
9 *Anspielung auf die Goll-Affäre (siehe Anm. 125/1), auf Blöcker (siehe Anm. 116/3), die Publikationen im* Merkur *Anfang 1962 (siehe Anm. 196/8 + 11) und auf die durch diese hervorgerufenen, immer wieder auftretenden Störungen.*
10 *Das Urteil im Frankfurter Auschwitz-Prozeß war am Vortag, dem 19. 8. 1965, nach mehr als anderthalb Jahren Ermittlungsverfahren und 182 Prozeßtagen mit dem Urteilsspruch zu Ende gegangen: Von den zwanzig angeklagten Nazis (Gestapo-Mitglieder, Ärzte, SS-Führer, u.a. Wilhelm Boger, »Teufel des Lagers« und Erfinder des Folterinstruments »Boger-Schaukel«) wurden nur sechs zu lebenslänglicher Haft verurteilt, immerhin drei wurden freigesprochen. PC bezieht sich auf Artikel, die er als Zeitungsausschnitte aufbewahrt hat. Claus Lafrenz zitiert etwa in* Die Welt *(20. 8. 1965) den Gerichtsvorsitzenden:* »Für eine gerechte Sühne ist ein Leben viel zu kurz«; *unter dem Zwischentitel* »Schwierige Schuldbeweise« *ist zu lesen:* »Der Senatspräsident wies darauf hin, daß es keinen Paragraphen für Massenmord gäbe; er erwähnte, daß die eigenmächtigen Grausamkeiten und Mordtaten in den Lagern von den Planern der Endlösung nicht gewollt gewesen seien; er legte dar, warum der Tod in der Gaskammer als Mord anzusehen ist. ›Grausam‹, betonte er, ›war dieser Tod deshalb, weil die Menschen, um sich Luft zu verschaffen, auf die Leichen der schon Verschiedenen stiegen, wenn das Gas vom Fußboden nach oben zog.‹« *Auf der gleichen Seite steht der Artikel* »Ehemalige Häftlinge halten Urteil für zu milde«. *Die* Frankfurter Allgemeine Zeitung *vom 20. 8. 1965 faßt unter dem Titel* »›Ein Strafprozeß gegen Mulka und andere‹. Aus der mündlichen Begründung des Urteils im Auschwitz-Verfahren« *zusammen:* »Es handelt sich sicher hier um einen normalen Strafprozeß, mag er auch einen Hintergrund haben, wie er wolle. Das Gericht konnte nur urteilen nach den Gesetzen [...].« *Der 70-jährige Robert Mulka, Obersturmführer und rechte Hand von Rudolf Höß in Auschwitz, wurde zu 14 Jahren Gefängnis verurteilt. Der* Combat *schreibt unter dem Titel* »En finir [Schluß machen]« *am 20. 8. 1965:* »Die relative Milde des Urteils im Auschwitz-Prozeß und die Unruhen bei der Ankunft des Botschafters Pauls in Israel richten er-

neut die Aufmerksamkeit auf das schmerzliche Kapitel der Beziehungen zwischen dem jüdischen und dem deutschen Volk. / Die vom Frankfurter Schwurgericht ausgesprochenen Strafen sind natürlich minimal, wenn man die Nazi-Greueltaten daran mißt. Aber man weiß auch, daß die Todesstrafe für einige ehemalige Schlächter Hitlers wie auch die härtesten Verurteilungen niemals den Völkermord in Auschwitz wiedergutmachen oder vergessen machen können. / In diesem Sinne können die feindseligen Demonstrationen gegen den Botschafter der BRD in Jerusalem nicht als gerechte Rache für eine entsetzliche Vergangenheit angesehen werden: [...]. [...] Es wäre also wünschenswert, dieses Kapitel in der Geschichte unseres Jahrhunderts im Interesse der beiden Nationen abzuschließen [...].« *(Übers.)*
11 *PC schreibt fälschlich »19«. »Panam« ist ein Argotname für Paris.*

265
Monsieur Paul Celan / 78 rue de Longchamp / <u>Paris 16^e</u> / *15 H 30* / *21 – 8 1965* / *CABRIS* / *ALPES MARITIMES*

1 *In der Nähe von Lorgues (Var), am Nordrand des die Provence in Ost-West-Richtung durchquerenden Mittelgebirges der Maures gelegene ehemalige Zisterzienserabtei aus dem 12. Jahrhundert von außerordentlicher Schlichtheit.*
2 *Die Giacometti-Skulpturen der Fondation Maeght in Saint-Paul-de-Vence.*
3 *Das sehr einfache Haus von Françoise Bonaldi in Saint-Cézaire-sur-Siagne.*
4 *Etwa am 20. 11. 1953.*

266
Madame Celan / »La Messuguière« / <u>Cabris</u> / /Alpes-Maritimes/ / *16 H 15* / *21 – 8 1965* / *PARIS 71* / *PL. VICTOR HUGO (16e)*
Paul Celan, 78 rue de Longchamp / Paris 16^e

1 *Marianne Kraisky; GCL hatte sie im Januar des Jahres in Rom kennengelernt.*
2 *PC schreibt fälschlich »Vendredi [Freitag]«.*

267
Madame Celan / »La Messuguière« / <u>Cabris</u> / /Alpes-Maritimes/ / *12 H / 23 – 8 1965* / *R. SINGER (16e)* / *PARIS XVI*

Paul Celan, 78 rue de Longchamp / Paris 16ᵉ *[auf der auf den Kopf gedrehten Rückseite des Umschlags von der Hand GCLs, mit schwarzer Tinte und teilweise am Rand mit Anstrichen in blauer Tinte hervorgehoben:]*
||| an seinen eigenen Zweifeln zweifeln, sich beugen
 Vor der Leere schaudern –
Alles erscheint ohne Maß und dennoch nimmt es Ordnung an –
Linienspiel für die Ewigkeit
Wer fühlt nicht, wie er bebt vor dieser gewollten, auferlegten, um-
           gangenen Heiligkeit
Taumel der geistigen Entfremdung
Sie leben jeder ihr Leben, aber bilden eine untrennbare Einheit –
|| Du hast nun den Frieden kennengelernt, zögere nicht, liefere Dich
 aus, bald weißt Du, daß Du eine Seele hattest –
||| Du fühlst Dich so, wie Du immer geträumt hast zu sein, mit
           Augen,
um zu sehen, einem Herz, um zu schlagen, einer Seele, um Dir
        Schmerz zu bereiten und zu leben
der Schatten legt sich auf Deine Schultern wie eine Ankündigung.
||| Das Herz hat keinen Halt mehr.
||| Nach dem Wind zu urteilen, der der meine ist.
Besiegt durch fremde Arme, aber Sieger seiner selbst
|||| <u>Nicht erklären und kommentieren, sondern sich aneignen und
          wieder erschaffen</u>
| Mischung aus Weisheit und Irrsinn, Synthese des Gegensätzlichen
Konvulsionen der Leidenschaft –
Die Poesie ein Abenteuer auf das Absolute zu. *(Übers.)*
All die Notizen von GCL aus La Messuguière, »über die Berge«, »über Giacometti«, »über Françoise«, *über* »Wiederbegegnungen mit sich selbst«, *über die Einsamkeit in der Liebe,* »über Don Quijote« *(jeweils Übers.) usw., schreibt GCL ab und schickt sie PC am 30. 8. 1965 (nicht publiziert) mit den Worten:* »Hier dieses sehr wenige, aber du wolltest, daß ich Dir dieses wenige abschreibe« *(Übers.).*

1 *PC schreibt fälschlich* »21«.
2 *PC schreibt in sein Korrespondenz-Verzeichnis und Tagebuch:* »Freitag, 20. August 1965« / »Brief *[gestrichen: von]* bzw. <u>Umschlag S. Fischer, Poststempel Frankfurt 19. 8. 65</u>, enthaltend einen geöffneten Brief von J[ames] Laughlin, New Directions an mich, N[ew] Y[ork], July 6, 1965, adressiert an P. C., <u>178</u> Rue de Longchamp und

Anmerkungen 211

als unbestellbar zurückgegangen.« *Am 22. 8. 1965 notiert und kommentiert PC Dumitrius telefonische Antwort dazu vom gleichen Tag in seinem Korrespondenzverzeichnis/Tagebuch:* »Den geöffneten Brief nennt er ›Taktlosigkeit einer Sekretärin‹.«
3 *In Dumitrius Protokoll vom 26. 7. 1965 (siehe Anm. 246/5) heißt es dazu unter Punkt 16:* »Diese Angelegenheit wurde nicht weiterverfolgt.« *Brigitte Fischer (»Tutti«) ist in der erwähnten Postkarte vom 31. 5. 1963 sehr knapp. Nach einem Briefwechsel zwischen ihr und Dumitriu teilt dieser PC am 31. 5. 1965 die Namen der Verlage mit: New Directions und Strauss and Farrar, beide New York.*
4 *PC hatte die Deutsche Verlags-Anstalt 1958 verlassen und 1959 im S. Fischer Verlag* Sprachgitter *publiziert. U. a. durch die Goll-Affäre hatten sich seine Beziehungen zum S. Fischer Verlag, besonders seinem damaligen Direktor Rudolf Hirsch, erheblich verschlechtert.*
5 *Hermann Lenz.*
6 *Grundlage von Sergej Michailovič Eisensteins Film* Oktober *von 1927 ist das Buch* Ten Days that Shook the World *von John Reed (1919). PC hatte GCL mehr als zehn Jahre zuvor, 1954, eine französische Übersetzung geschenkt (siehe Anm. 34/7).*
7 *[Dem Petersburger Proletariat]: PC notierte diese russische Widmung am 22. 8. 1965, nach der Erwähnung des Films von Eisenstein, auch in sein Korrespondenzverzeichnis/Tagebuch. Er zitiert nur den Anfang der tatsächlichen Widmung:* »Питерскому Пролетариату, первому творцу Октября *[Dem Petersburger Proletariat, dem ersten Schöpfer des Oktobers (im Sinne von: Oktoberrevolution)]*«.
8 *Der* France Observateur, *heute* Nouvel Observateur, *ein 1949 gegründetes Wochenmagazin, wurde von Claude Bourdet und Gilles Martinet geleitet und stand damals dem Parti Socialiste Unitaire (PSU) nahe.* »Série noire« *nannte sich eine Kriminalromanreihe im Verlag Gallimard, entsprechend den schwarzen Krimireihen mancher deutscher Taschenbuchverlage. Das Institut des Hautes Études Cinématographiques (IDHEC) ist die Pariser Filmhochschule.*
9 *Siehe* In Eins, *geschrieben am 24. 5. 1962:* »im Eislicht des Kreuzers ›Aurora‹: / die Bruderhand, winkend mit der / von den wortgroßen Augen / genommenen Binde – Petropolis, der / Unvergessenen Wanderstadt lag / auch dir toskanisch zu Herzen.« *(GW I 270, siehe in diesem Zusammenhang auch den Kommentar GN 385).*
10 *Ebenfalls von Eisenstein gedrehter Film, der 1925 in wenigen Wochen in Odessa entstand.*
11 *Zum Zusammenhang mit den Gefühlen, die PC dem revolu-*

tionären Denken und den revolutionären Bewegungen entgegenbrachte, siehe Der Meridian *und PCs Radio-Essay über Mandel'štam von Anfang 1960,* Die Dichtung Ossip Mandelstamms *(TCA/ M 3 und 217ff., für* Der Meridian *auch GW III 190).*
12 *Das Gedicht vom 4. 8. 1965 war dem Brief vom 4. 8. 1965 (Brief 253) beigelegt.*
13 *Im Originalbrief deutsch, und zwar mit dieser Schreibung.*
14 *PC schreibt »seizième« und verweist damit auf das vorwiegend großbürgerliche Viertel, in dem er selbst wohnt.*

268
Madame Celan / »La Messuguière« / Cabris / /Alpes-Maritimes/ / *16 H 15 / 24 – 8 1965 / PARIS 106 / R. DE LONGCHAMP (16ᵉ)*
Paul Celan, 78 rue de Longchamp, / Paris 16ᵉ

1 *Lise Bloc, Tochter aus erster Ehe von Jacqueline Lévy-Lalande.*
2 *Jacques Lalande war nach einem schweren Autounfall im Krankenhaus.*
3 *Jacqueline Lévy-Lalande ist in Vitry-le-François bei ihrem Vater, der im Sterben liegt.*

269
Madame Celan / »Les Trois Bouleaux« / Moisville / /Eure/ ?? H ?? / *1. 9. 1965 / PARIS / GARE DE L'EST*
Ansichtskarte: »Paris et ses merveilles – La Seine, le pont Notre-Dame et le Palais de Justice (Conciergerie) *[Paris und seine Wunder – die Seine, die Notre-Dame-Brücke und der Justizpalast (Conciergerie)]«.*

1 *Eine zweite Postkarte (*»The British Museum. Falcon's head, bronze from Egypt. Late period after 850 BC. *[Falkenkopf, ägyptische Bronze. Späte Periode nach 850 v. Chr.]«), frankiert, aber nicht adressiert, datiert vom gleichen Tag:* »Paris, le 1ᵉʳ septembre 1965 / Bonjour, ma Chérie, bonjour et au revoir, à bientôt! / Reposez-vous, travaillez, faites travailler Eric. / Auf Wiedersehn, Eric! / Paul / *[am Rand:]* Amitiés à Jean-Pierre Freundschaft! *[Paris, den 1. September 1965 / Guten Tag, ma Chérie, guten Tag und auf Wiedersehen, bis bald! / Ruht Euch aus, arbeitet, bringt Eric zum Arbeiten. / Auf Wiedersehn, Eric! / Paul / Freundliche Grüße an Jean-Pierre Freundschaft!]«*
2 *Im Originalbrief deutsch.*

Anmerkungen 213

270
Madame Celan / »Les trois Bouleaux« / M o i s v i l l e / (Eure) / Frankreich / 2. 9. 65 – 15 / *FRANKFURT AM MAIN*
Ansichtskarte: »Frankfurt am Main – Mainpromenade«.

1 *PC bezieht hier die Legende der Ansichtskarte mit in die Datierung, sie kommentierend, ein; das Foto zeigt ein ruhiges, wenn nicht idyllisches Frankfurt vom linken Mainufer aus, das die moderne Großstadt kaum erahnen läßt.*
2 *Der Lektor des S. Fischer Verlags hatte versucht, PC davon zu verständigen (Brief vom 31. 8. 1965), daß er PC vormittags nicht treffen könne, weil er nachts an einem neuen Buch arbeite (Petru Dumitriu war auch Romancier).*
3 *PC hatte gerne ein Notizbuch in der Innentasche seines Jacketts – also in Herznähe – zu seiner ständigen Verfügung; er achtete darauf, daß diese Notizbücher immer gleich waren, mit schwarzem Einband und liniertem Papier, Marke Grosse* »Im Haus Schwan«. *Dort notierte er vor allem seit 1963 neben praktischen Mitteilungen und ›fliegenden Gedanken‹ Gedichtentwürfe, oft gekennzeichnet durch ein* »-i-«.
4 *Jan van Ruisbroeck,* Die Zierde der geistlichen Hochzeit und die kleineren Schriften, *herausgegeben und übertragen von Friedrich Markus Huebner, Leipzig, Insel, 1924. Auf dem vorderen Vorsatzblatt notiert PC:* »Frankfurt am Main« / »2. IX. 1956 [sic]«. *Im September 1965 besitzt PC schon mehrere Bücher aus der Reihe* Der Dom. Bücher der deutschen Mystik. *Mit* »copain de génie (genialer Kumpan)« *zitiert PC eine Stelle aus dem Schluß von Michaux'* Amours (Amouren) *aus* Mes propriétés (Meine Besitzungen), *dessen Übersetzung im ersten Band von* Dichtungen. Schriften *PC selbst übernommen hatte:* »Ja gewiß doch, wir wollten ja nur ein kleines Wunder von euch da droben: ihr Haufen Müßiggänger, Götter, Erzengel, Erwählte, Feen, Philosophen, und ihr, meine *genialen Kumpane*, die ich so geliebt habe: / du, Ruysbroek, und du, Lautréamont, / der du dich nicht für dreimal Null hieltst; ein ganz kleines Wunder, ja das wars, was wir von euch haben wollten, für Banjo und für mich.« *(S. 181, siehe auch GW IV 675.)*
5 *Einen Monat zuvor hatte PC Manfred Lotsch vom Athenäum Verlag Frankfurt/Bonn seine kategorische Weigerung mitgeteilt, zur von Hilde Domin herausgegebenen Anthologie* Doppelinterpretationen. Das zeitgenössische Gedicht zwischen Autor und Leser *beizutragen, die im folgenden Jahr erschien (Brief vom 31. 7. 1965). Es*

handelte sich hier um eine Sammlung von jeweils zwei Interpretationen zu einem Gedicht, eine durch den Autor selbst und eine Deutung eines Dritten, dessen Name dem Autor unbekannt bleiben sollte (in diesem Fall hatte Domin PC angeboten, eine Ausnahme zu machen). Der Grund für PCs Absage lag zum einen darin, daß er sich grundsätzlich jeder Selbstdeutung seiner Gedichte verweigerte, zum andern und vor allem aber darin, daß auch Richard Exner, der Claire Goll in ihren Aktivitäten gegen PC unterstützt hatte, unter den Beiträgern war.
6 *Siehe Anm. 264/6.*

271
Monsieur Paul Celan / Frankfurter Intercontinental / <u>FRANKFURT/Main</u> / Wilhelm Leuschner-Str. 43 / (Allemagne) / *17 H 30 / ?? – ?? 1965* / DREUX / EURE-ET-LOIR

1 *Aufzeichnungen aus La Messuguière aus dem Juli und August des Jahres.*
2 *[Die Figur ist eine Stütze, aber sie ist auch eine Grenze, und erst, wenn man sich von dieser Grenze freimacht, kann die Abstraktion mit dem Sakralen in Verbindung treten. / Der Rhythmus verbindet die auseinandergehenden Gegebenheiten des Raums und der Zeit und löst sie auf, befreit sie, vollendet sie und läßt alles in die Ordnung der Einheit zurückkehren. (Übers. Helmlé).] GCL zitiert hier nicht ganz wörtlich aus* Art abstrait *[Abstrakte Kunst], Paris, Éditions Albin Michel, 1956. Marcel Brion schreibt (erstes Zitat, S. 267), sich selbst zitierend, nicht »communication« [Verbindung], sondern »communion« [Gemeinschaft]; der Satz endet außerdem nicht mit einem Punkt, sondern mit drei Punkten. Im zweiten Fall, einem Zitat eines Kommentars von Dom Angelico Surchamp über Albert Gleizes, lautet das Original: »»[. . .] Le rythme relie (religare, religion) les données disjointes de l'espace et du temps, il les ›dénoue‹ [. . .]«« (S. 269)*
3 *Tochter von benachbarten Bauern in Moisville.*
4 *PC sieht in Frankfurt die Übersetzungen für den ersten Band der* Dichtungen, Schriften *von Michaux für den S. Fischer Verlag durch.*
5 *Wegen seiner Schwierigkeiten mit dem S. Fischer Verlag sucht PC einen neuen Verlag.*
6 *Deutsch im Original.*

272

Madame Celan / »Les trois Bouleaux« / M o i s v i l l e / /Eure/ / Frankreich / 4. 9. 65 / – 18 / FRANKFURT AM MAIN 2
Paul Celan, Hotel Intercontinental, / Frankfurt a. M.
PC verwendet Umschlag und Briefpapier des Hotels.

1 *Zwei Wochen vorher hatte PC Petru Dumitriu um dieses Hotel gebeten:* »Ich komme am 1. September nach Frankfurt – gern wohne ich wieder im ›Intercontinental‹, wenn möglich wieder in einem der obersten Stockwerke und mit auf den Main hinausgehendem Fenster –, um mit Herrn Leonhard durchzusehen, was noch durchzusehen ist, und das Ganze für den Druck vorzubereiten.« *(Brief vom 16. 8. 1965.) PC kommt dann erst am 2. 9. 1965, eben weil in diesem Hotel kein Zimmer frei ist.*
2 *Der 12. Internationale Historiker-Kongreß fand vom 29. 8. bis 5. 9. 1965 mit fast 2000 Teilnehmern in Wien statt. Janko von Musulin, früher Lektor für die Bereiche Politik und Geschichte, ist zu diesem Zeitpunkt der kaufmännische Direktor des S. Fischer Verlages.*
3 *Siehe Anm. 264/6.*
4 *Der beim Suhrkamp Verlag verlegte Dichter Krolow ist auch Autor einer Reihe von Rezensionen von PCs Gedichtbänden.*
5 *D. h.* »Wir werden standhalten«; *siehe Anm. 154/3. PC variiert das Motto hier zunächst im Präsens:* »Nous maintenons. Nous maintiendrons.«
6 *Das äußerst feine und durchsichtige Papier wirkt zerknittert, die Hoteladresse ist vertikal auf dem rechten Rand gedruckt.*

273

Madame Celan / »Les trois bouleaux« / MOISVILLE / (Eure) / Frankreich / 6. 9. 65 / – 18 / FRANKFURT AM MAIN 2
Paul Celan
PC verwendet Umschlag und Briefpapier des Hotels.

1 *Die im Briefkopf des Hotels abgedruckte Telefonnummer ist von PC doppelt unterstrichen.*
2 *Im ersten der Briefe (30. 8. 1965, nicht publiziert) zählt GCL – auf eine mündliche Bitte PCs hin – die Bände der* Gesammelten Werke *von Freud (London, Imago Publishing Co., Ltd.) auf, die in der Bibliothek in Moisville vorhanden sind, nämlich die Bände I-IX, XI, XII und XIV-XVII, und kommt auf ihren Provence-Aufenthalt zurück; der zweite Brief datiert vom 2. 9. 1965 (Brief 271).*

3 *Deutsch im Original.*
4 *PC hat in diesem September GCL wohl kein Gedicht geschickt. Er bezieht sich hier sicher auf* Frankfurt, September *(5./6. 9. 1965), wo Freud und Kafka erscheinen (GW II 114, siehe auch HKA 8.2/35). PC notiert die erste Fassung des Gedichts in das Notizbuch, in dem er auch sein Tagebuch in dieser Zeit führt; diese Fassung (nicht in HKA 8.2) ist datiert »(5. 9. 65)«, die Ergänzungen auf »|* Frankfurt,« / »6. 9. 65« / »6. 9. 65« *und trägt den Titel* Frankfurt; Ajin, September.
5 *Lucien Lévy, der Vater von Jacqueline Lalande.*

274
Monsieur Paul Celan / Hôtel Intercontinental / FRANKFURT AM MAIN / Wilhelm Leuschner-Str. 43 / (Allemagne) / ?? H / ?? – ?? *1965 / DREUX / EURE-ET-LOIR*

1 *Die drei Birken, von den Celans zeitweilig benutzter Name des Hauses in Moisville; siehe Brief 215/2.*
2 *Bekannte der Celans.*
3 *Jacques und Jacqueline Lalande hatten gerade ihren Vater bzw. Schwiegervater verloren und hatten außerdem finanzielle Sorgen.*
4 *EC tritt wenige Tage später ins Gymnasium Janson de Sailly in der Rue de Longchamp ein.*
5 *GCL inspiriert sich hier an einer Stelle aus dem dem Himmelskult der Griechen gewidmeten Kapitel in James George Frazers Buch* Les Dieux du ciel *([Die Götter des Himmels], aus dem Englischen von Pierre Sayn, Paris, Les Editions Rieder, o. J., S. 54f.). Vielleicht hat diese von GCL angesprochene Passage auch in PCs etwa drei Wochen nach diesem Brief geschriebenen Gedicht* Gezinkt der Zufall *(24. und 26. 9. 1965) einen Niederschlag gefunden: »der Herr ein Flüchtignaher, Regnender, der zuäugt« (GW II 115).*
6 *Die Regelblutung, siehe Anm. 8/3.*
7 *Die Postkarte ist nicht erhalten oder nicht identifiziert. Celan hatte schon am 30. 8. 1960 eine Karte aus Sils bekommen (siehe Brief 124/2).*
8 *Die beiden Zitate (im Brief deutsch) stammen aus dem Brief von Peter Jokostra vom 1. 9. 1965, in dem er sein neues Buch, ein »sehr kritisches Frankreich-Buch«, erwähnt, das im nächsten Jahr erscheinen soll:* Einladung nach Südfrankreich, München/Wien, Langen/Müller, 1966. *Jokostra hatte bereits vorher ein Frankreich-Buch veröffentlicht, das ebenfalls dem Süden des Landes gewidmet ist:* Die

Anmerkungen 217

Zeit hat keine Ufer. Südfranzösisches Tagebuch, *München-Esslingen, Bechtle, 1963 (keines der beiden Bücher ist in PCs Bibliothek enthalten). Reinhard Döhl und Richard Exner sind in der Goll-Affäre durch Publikationen hervorgetreten. Döhls Aufsatz »Geschichte und Kritik eines Angriffs. Zu den Behauptungen gegen Paul Celan« (Jahrbuch der Deutschen Akademie für Sprache und Dichtung 1960, Darmstadt 1961, S. 101-132, siehe GA Dok. 83) schätzte PC nicht als sinnvollen Beitrag zu seiner Verteidigung ein, obwohl er so gemeint war. Zur Anthologie von Hilde Domin siehe Anm. 270/5.*
9 *Der Brief von Eugen Kurz (Deutsche Verlags-Anstalt Stuttgart, 2. 9. 1965) liegt der Anfrage des Ostberliner Verlags der Nation vom 26. 8. 1965 bei, der um die Abdruckgenehmigung von* Schibboleth *(GW I 131 f.) in einer Anthologie »mit Grafiken bedeutender Künstler der Vergangenheit und Gegenwart« bittet. Da der Verlag die vollständige Liste der Beiträger an der geplanten Anthologie nicht geschickt hat, verweigert PC seine Zustimmung. PC möchte auf jeden Fall verhindern, seinen Namen neben dem von Claire und Yvan Goll oder einem ihrer Helfer zu sehen. Die ›Großzügigkeit‹ des Verlages in Fragen der Bezahlung mag ein weiteres Motiv der Verweigerung gewesen sein (Brief an Kurz, 14. 10. 1965).*
10 *Es handelt sich um eine Geschichte von Pierre-Jules Hetzel (genannt P.-J. Stahl). Bei Jules Verne handelt es sich um einen der drei Romane, die die Celans ihrem Sohn gerade geschenkt haben:* Claudius Bombarnac *(1892),* Le Château des Carpathes *[Das Karpatenschloß] (1892),* L'Ile à Hélice *[Die Propellerinsel] (1895).*
11 *Von den Celans sehr geschätztes Restaurant in Saint-Rémy-sur-Avre (Eure-et-Loir).*

275
Monsieur Paul Celan / *Nachgesandt Frankfurt Intercontinental* 78 RUE DE LONGCHAMP / PARIS 16ᵉ / ?? H / ?? – ?? *1965 / DREUX / EURE-ET-LOIR*

1 *In ihrem Brief vom Dienstag, dem 7. 9. 1965 (nicht publiziert), spricht GCL über ihre Arbeit an den Radierungen, aber auch, und zwar detailliert, über ihr »briefliches Ungestüm« (Übers.), indem sie die Freunde und Bekannten aufzählt, denen sie gerade geschrieben hat.*
2 *Siehe Anm. 264/6; »Finanzamt« steht deutsch im Originalbrief.*
3 *Der Name »Wahlkontor deutscher Schriftsteller« sowie die Brief-*

abschrift sind deutsch im Originalbrief. Der Brief vom 2. 9. 1965 ist von Hubert Fichte und Klaus Richter (nicht Rickles) unterschrieben.
4 *Das Aktionsbündnis verschiedener deutscher Schriftsteller für die SPD wurde nach einem Treffen zwischen Willy Brandt und verschiedenen Autoren (darunter Günter Grass und Hans Werner Richter) am 28. 4. 1965 mit Blick auf die Bundestagswahl vom 19. 9. 1965 ins Leben gerufen. PC unterschreibt den »Aufruf für eine neue Regierung« (deutsch im Originalbrief) nicht. Zu den hier aufgezählten Namen siehe das Personenregister.*
5 *Es geht um ein Paket von Berta Antschel aus London.*
6 *Die Sätze – deutsch im Originalbrief – stammen wohl aus einem Deutschlehrbuch.*

276

Monsieur Paul Celan / *Nachgesandt Frankfurt Intercontinental 78* RUE DE LONGCHAMP / PARIS 16ᵉ / ?? H / ?? – ?? *1965* / DREUX / EURE-ET-LOIR

1 *Die Skulpturen von Giacometti in der Fondation Maeght.*
2 *Der tatsächlich gewählte Titel ist dann weniger explizit:* Hommage à G. *(Oktober 1965, 34×40). Die französischen Titelentwürfe* »Mouvement« *[Bewegung] und* »Hommage à Giacometti et aux pins brûlés de l'Estérel« *[Hommage an Giacometti und die verbrannten Pinien des Estérel] haben tatsächlich keine deutschen Entsprechungen.*
3 *Nicht identifiziert.*
4 *Deutsch im Originalbrief.*
5 *Den Direktor von ECs neuer Schule, dem Lycée Janson de Sailly.*
6 *1958.*
7 *Plan für ein neues bibliophiles Buch zusammen mit dem Verleger von* Atemkristall.

277

[von fremder Hand:] Madame Célan *[sic]* à Moisville / Francfort 10 *[9. 1965]* / 16 H 19

1 *Die zweisprachige Ausgabe erscheint im folgenden Jahr:* Henri Michaux, Dichtungen. Schriften I, *aufgrund der von Henri Michaux unter Mitwirkung von Christoph Schwerin getroffenen Auswahl in*

Anmerkungen 219

Übertragungen von Kurt Leonhard und eigenen Übertragungen herausgegeben von Paul Celan, Frankfurt a. M., S. Fischer Verlag, 1966. Am Vortag hatten Paul Celan und Kurt Leonhard den Abschluß der Arbeiten mit einem Gedicht gefeiert: Ein- und Ausfahrt freihalten! Gedicht! *(GN 301).*

278
Madame Celan / »Les trois Bouleaux« / Moisville / (Eure) / Frankreich / *[unfrankierter Brief]*
Paul Celan
PC verwendet Umschlag und Briefpapier des Hotels.

1 *PC hatte Cin Calabi im April 1964 kennengelernt. Nach den damaligen Gesprächen entwickelte sich eine ausgedehnte Korrespondenz mit der Generalsekretärin des Verlags Arnoldo Mondadori über den Plan einer Celan-Auswahl in italienischer Sprache.*
2 *Robert Neumann hatte nach einem sehr herzlichen Briefwechsel, bei dem auch Widmungsexemplare ausgetauscht wurden, PC nach Locarno eingeladen (Brief vom 28. 8. 1965). PC hatte gerade mit großem Interesse Neumanns Roman* Der Tatbestand oder Der gute Glauben der Deutschen *(München, Kurt Desch Verlag, 1965) gelesen; das Exemplar enthält zahlreiche Lesespuren und die Daten von Erhalt und Lektüre: 22. und 24. 8. 1965. Einige Wochen zuvor hatte Neumann PC um seinen Beitrag zu einem Band gebeten, der Zeugnisse von Schriftstellern* »über ihre erste Begegnung mit dem Komplex ›Erotik‹« *enthalten sollte. Als (Nicht-)Antwort hatte PC am 14. 8. 1965 an den Herausgeber von* 34 x erste Liebe. Schriftsteller aus zwei Generationen unseres Jahrhunderts beschreiben erste erotische Erlebnisse. Dokumentarische Geschichten *(hrsg. von Robert Neumann, Frankfurt a. M., Verlag Bärmeier & Nikel, 1966, Pardon-Bibliothek) einen kurzen Brief geschrieben, der dann unter dem dem Brief selbst entnommenen Titel* »Die Wahrheit, die Laubfrösche, die Schriftsteller und die Klapperstörche« *im kurzen Kapitel* »Darüber wird nicht gesprochen« *publiziert wird (S. 32).*
3 *Siegfried Unseld, informiert über PCs Schwierigkeiten mit dem S. Fischer Verlag, schlägt ihm vor, sein nächstes Buch im Suhrkamp Verlag zu veröffentlichen. PC entscheidet sich erst im Dezember 1966 für diesen Vorschlag. Der Romancier und Bühnenautor Martin Walser ist, in den Worten von PC,* »une des meilleurs bêtes à plume d'Allemagne« *und* »un des maîtres-piliers de Suhrkamp«, *d. h., er gehört* »zu Deutschlands bestem Feder-Vieh« *und ist* »einer der Grundpfeiler des Suhrkamp Verlags« *(siehe Brief 445).*

279
[von fremder Hand:] Cèlan / Moisville / Paris 11 *[9. 1965]* / 15 H 35

1 *Aus nicht geklärten Gründen verzichtete PC auf seine Italien-Pläne.*

280
Der Brief auf Briefpapier mit gedruckter Adresse erreichte GCL nicht auf dem Postweg.
Ein Entwurf dieses Briefes war von GCL am Schluß des letzten Konvoluts von PCs Briefen an sie (1968-1970) abgelegt: »Ma Chérie, tu vis et tu vivras, en bonne santé, en élevant Eric, en travaillant, en aimant et étant aimée *[Ma Chérie, Du lebst und wirst leben, gesund, Du wirst Eric erziehen, arbeiten, lieben und geliebt werden]*«.

1 *Seit seiner Rückkehr aus Frankfurt am 10. oder 11. 9. 1965 ist PC in einer tiefen Krise, die schwerwiegende Konflikte mit GCL nach sich zieht.*
2 *Die extreme Sensibilität PCs für Farben (er überinterpretierte sie oft, etwa Gelb, siehe Anm. 160/1, oder Braun, siehe Brief 115/8) führte dazu, daß GCL zeitweise auf die Malerei verzichtete, ja sogar keine farbige Kleidung mehr trug, sondern die Farben der Radierung wählte: Schwarz, Weiß und Grau. Siehe auch V. 4-9 im Briefgedicht 282. Zu positiv empfundenen Farben siehe z. B. Anm. 287/1 und 603/10.*

281
Der Brief auf Briefpapier mit gedruckter Adresse wurde EC persönlich übergeben.
Zwei Entwürfe zu diesem Brief waren von GCL am Schluß des letzten Konvoluts (1968-1970) von PCs Briefen an sie abgelegt:
»Eric, mon fils aimé, tu grandis, tu grandiras, tu seras grand, et un grand homme. Et tu seras toujours en bonne santé, oui, en bonne santé. *[Eric, mein geliebter Sohn, Du wächst, Du wirst wachsen, Du wirst groß sein, ein großer Mann. Und Du wirst immer gesund, ja, immer gesund sein.]*«
»Eric, Du lebst und wirst leben / Eric, tu vis et tu vivras« *(Original deutsch und französisch).*

282

Das Manuskript – die V. 4-12 stellen eine nachträgliche Ergänzung oder einen unabhängigen Text dar – wurde von GCL chronologisch in das Konvolut ihres Briefwechsels mit PC eingeordnet. Zu V. 1-3 siehe: Gezinkt der Zufall *(HKA 8.2/36 bzw. GW II 115); zu V. 4-12 siehe:* Wer herrscht? *(HKA 8.2/40 bzw. GW II 116).*

1 *Datierung oben rechts, wie bei einem Brief.*
2 *Nach mündlichen Berichten von GCL konnte PC, der eine umfassende Kenntnis der Zahlen- und Farbensymbolik hatte, lange damit zubringen, z. B. die Autos zu zählen, die auf der Rue de Longchamp vorbeifuhren, und das Resultat dieser Zählungen zu interpretieren, Farben, Zahlen, Daten einander zuzuordnen und über ihre Beziehungen Spekulationen anzustellen.*

283

Der wohl nicht mit der Post beförderte Brief auf Briefpapier mit gedruckter Adresse (ein Umschlag ist wohl nicht erhalten) scheint zerknüllt worden zu sein.

1 *PC spielt hier auf den Tod ihres Sohnes François im Oktober 1953 an und auf eine nicht datierbare Fehlgeburt GLs (siehe auch Brief 7/2).*
2 *Seit seiner Rückkehr aus Frankfurt am 10. oder 11. 9. 1965 hat PC in wachsendem Maße psychische Probleme, es ergeben sich tiefgreifende Konflikte mit GCL; PC bindet in krisenhaften Augenblicken auch EC darin ein. GCL, dann auch PC, denken über die Notwendigkeit einer zumindest provisorischen Trennung nach, vor allem, um ihrem Sohn die schwierige Situation zu erleichtern und ihn zu schützen. Am Tag dieses Briefes hatte EC einen Werbeprospekt für den Wintersportort Valloire – den Ort von PCs erster wahnhaften Krise Ende Dezember 1962 – mitgebracht, was bei seinem Vater einen massiven Angstzustand ausgelöst hatte (Tagebuch PC).*

284

Briefnotiz von PC aus einem ungeordneten Korrespondenz-Ordner von PC und GCL.

1 *Deutsch im Originalbrief; zum Text siehe die Briefe 106/2, 176/4, 215/3 217/2, 218/1, 284/1 und 302/2.*

285

Monsieur Eric Celan / 78 rue de Longchamp / Paris 16ᵉ / 1 H 15 /
22 – 10 1965 / ST-JEAN-DE-LUZ / B^{SES}-PYRENEES
Ansichtskarte: »St-Jean-de-Luz (Basses-Pyr.). Le Port, déchargement du Thon sur le Quai, au fond, la Maison de l'Infante. *[Der Hafen, Entladen von Thunfisch am Quai, im Hintergrund das Haus der Infantin]*«.

1 *Nach Wochen extremer Spannung hatte PC am Vortag entschieden wegzufahren (Tagebuch). Während einer Irrfahrt durch Frankreich schreibt er die Gedichte des späteren ersten Zyklus von* Fadensonnen. *Manche ihrer Titel erinnern an einige seiner kurzen Reisestationen; siehe Anm. 287/2, 289/1 und 301/1. Wegen seiner fortwährenden Ortsveränderungen kann ihm GCL in dieser Trennungswoche nicht schreiben.*
2 *PC spielt darauf an, daß er selbst gerne eine Baskenmütze trug (siehe auch Brief 675).*

286

Monsieur Eric Celan / 78 rue de Longchamp / Paris 16ᵉ / ?? / 22 – 10 1965 / ASCAIN / BASSES PYRENEES
Ansichtskarte: »Le Pays basque – Ferme et attelage basques *[Das Baskenland – Baskischer Hof mit Gespann]*«.

1 *Das Joch auf dem Kopf der Ochsen ist mit einem Schmuck aus dicken Wollfäden bedeckt.*

287

Monsieur Eric Celan / 78 rue de Longchamp / Paris 16ᵉ / 17 H /
22 – 10 1965 / HENDAYE / BASSES PYRENEES
Ansichtskarte: »Hendaye (Basses-Pyrénées) – La Corniche vers Hendaye, au fond, l'Espagne et les Monts Espagnols *[Die Steilküste in Richtung Hendaye, im Hintergrund Spanien und die spanischen Berge]*«.

1 *PC interpretiert das Erscheinen von* »Ozean«, »ruhig, blau«, »Welle, sehr weiß« *zu seiner* »Rechten« *als gute Vorzeichen.*
2 *Die Brücke (wie viele Brücken erscheinen nicht in dieser Korrespondenz!) setzt die Avenue d'Espagne fort, überquert die Bidassoa, den Grenzfluß, nahe der Fasaneninsel, die Schauplatz einer ganzen Reihe von historischen Ereignissen und Begegnungen war. Während*

dieser Busreise von Saint-Jean-de-Luz nach Hendaye schreibt PC das Gedicht Hendaye *(GW II 124); eine Fassung trägt den Titel* »Garroten-Grenze« *(siehe HKA 8.2/58f.).*
3 *Auf der Ansichtskarte ist ganz links die Steilküste über dem Meer zu sehen, scharf konturiert und leer, rechts das Meer, das drei Viertel des Platzes einnimmt. PC mochte diese Karte so sehr, daß er mehrere Exemplare davon kaufte.*

288
Die Postkarte wurde nicht als solche abgesandt, ein Umschlag ist jedoch nicht erhalten; vielleicht wurde die Karte auch nicht abgesandt oder dem Brief vom 25. 10. 1965 (Brief 293) beigelegt.
Ansichtskarte: »Pau – Le château *[Das Schloß]*«.

1 *Das Hotel existiert nicht mehr.*
2 *PC hatte GCL zu diesem* »kleinen Jahrestag« *angerufen (zum Begriff* »kleiner Jahrestag« *siehe Anm. 46/1).*
3 *Zwei Monate später, am 23. 12. 1965, wird PC nicht auf das Datum, seinen und GCLs 13. Hochzeitstag, hinweisen.*

289
Monsieur Eric Celan / Paris 16ᵉ / 78 rue de Longchamp / *15 H / 23 – 10 1965 / PAU / BASSES PYRENEES*
Ansichtskarte: »Pau (B.-P.) – Le Château – Berceau d'Henri IV *[Das Schloß – Wiege Heinrichs IV.]*«.

1 *PC hatte wahrscheinlich gerade die erste Fassung (siehe die Beschreibung des Briefumschlags zu Brief 214) seines kurzen Gedichts mit dem endgültigen Titel* Pau, nachts *geschrieben, das von dem Besuch inspiriert ist:* »Die Unsterblichkeitsziffer, von Heinrich / dem Vierten in / den Schildkrötenadel gewiegt, / höhnt eleatisch / hinter sich her.« *(GW II 125) Später in der Nacht wird PC ein weiteres Gedicht schreiben,* »Pau, später« *(GW II 126 bzw. HKA 8.2/61-64).*
2 *Im französischen Gymnasium gilt eine Notenskala von 1 bis 20, 20 ist die beste Note.*

290
Monsieur Eric Celan / 78 rue de Longchamp / Paris 16ᵉ / *?? H / 23 – 10 1965 / PAU / BASSES PYRENEES*
Ansichtskarte: »Pau (Basses-Pyr.) – Château et Gave – Château – Portrait de Henri IV – Place Royale – Boulevard des Pyrénées *[Schloß und Bergstrom – Schloß – Portrait Heinrichs IV.]*«.

1 *Über den Kometen Ikeya-Seki stand am Freitag, dem 22. 10. 1965, in* Le Monde: *»*Die Astronomen des Observatoriums in Lick, Kalifornien, sind bisher die einzigen, die ihn gesehen haben. Sie haben am Mittwoch sogar gesehen, wie sich kleine Teile aus dem Kopf lösen und sich entlang des Schwanzes verlaufen.*« (Übers.)*
2 *Das Hotel Beaumont.*

291
Monsieur Eric Celan / 78 rue de Longchamp / Paris 16ᵉ / ?? H / 23 – 10 1965 / TARBES / HAUTES-PYRENEES
*Ansichtskarte: »*Tarbes – Vue générale *[Blick auf Tarbes]«.*

1 *Das Gedicht* Der Hengst *(GW II 127) wurde in Tarbes und Pau geschrieben; zwei Fassungen sind überschrieben* »In den Pyrenäen« *(siehe HKA 8.2/65-66).*

292
Monsieur Eric Celan / 78 rue de Longchamp / Paris 16ᵉ / ?? H / 24 – 10 1965 / PAU / BASSES-PYRENEES
*Ansichtskarte: »*Le Pays Basque – Saint-Jean-de-Luz (Basses Pyrénées) – Le Port de Socoa *[Das Baskenland – Saint-Jean-de-Luz (Basses-Pyrénées) – Der Hafen von Socoa]«.*

1 *Françoise Bonaldi, die familiäre Bindungen nach Reims hatte, hatte gerade eine Operation hinter sich.*
2 Pau, nachts *und* Pau, später *(GW II 125 und 126).*

293
Madame Celan / 78 rue de Longchamp / Paris 16ᵉ / 19 H / 25 – 10 1965 / TOULOUSE / HAUTE-GARONNE

294
Monsieur Eric Celan / 78 rue de Longchamp / Paris 16ᵉ / 20 H 30 / 25 – 10 1965 / TOULOUSE / HAUTE-GARONNE
*Ansichtskarte: »*Toulouse – Ville d'Art, Cité des Violettes – L'Insigne Basilique Saint Sernin (XIᵉ-XIIIᵉ siècles) – Chef d'œuvre de l'art roman *[Stadt der Künste – Stadt der Veilchen – Die bedeutende Basilika Saint-Sernin (XI.-XIII. Jahrhundert) – Meisterwerk der Romanik]«.*

1 *Anrede und erster Satz deutsch im Originalbrief.*

295

Monsieur Eric Celan / 78 rue de Longchamp / <u>Paris 16ᵉ</u> / *12 H* /
26 – 10 1965 / *MONTPELLIER* / *HERAULT*
Ansichtskarte: »Montpellier (Hérault) – Vue générale et Tours de la
Cathédrale Saint Pierre *[Blick auf Montpellier (Hérault) und Türme
der Kathedrale Saint-Pierre]*«.

296

Madame Celan / 78 rue de Longchamp / <u>Paris 16ᵉ</u> / *19 H 30* / *26 – 10
1965* / *AVIGNON* / *VAUCLUSE*

1 *Avignon war die erste Etappe der Hochzeitsreise von GCL und
PC in die Provence Ende Dezember 1952. Über die von PC als
Glücksbringer empfundenen Platanen, u. a. weil sie mit dieser Reise
verbunden sind, siehe Anm. 90/2.*
2 *GCL und PC kommen nicht mehr gemeinsam nach Avignon zurück.*
3 *In dieser Oktoberwoche scheint PC nur das Gedicht* Die Unze
Wahrheit *(als Manuskript, siehe GW II 128 bzw. HKA 8.2/67-68)
geschickt zu haben. Das Adverb* »noch« *könnte sich auf die Hinweise auf Gedichte in den Postkarten an EC beziehen.*
4 *Jean Starobinski hatte PC am 29. 3. 1965 geschrieben:* »Mein Vater
war ein Jude nach dem *Gesetz des Herzens* (nicht nach dem Ritus);
Sie gehören der gleichen Gemeinde an, und ich fühle mich ihr heute
viel stärker verbunden.« *(Übers., Hervorhebung Hrsg.) Siehe auch
den Anfang von PCs Brief an Jean Starobinski, Anm. 219/2, sowie
Jeremia XXXI,33 und Hesekiel XXXVI,26-27.*
In seinem Arbeitsheft ergänzt PC unter dem Datum der ersten Niederschrift des Gedichts (»Montpellier, 25. Oktober«*) in einer Art ›Envoi‹:* »<u>Du</u> siegst, Eric, mit mir« / »und deiner Mutter.« *Wenige Seiten
vor dem Gedicht steht das Fragment:* »Die Unze Wahrheit hinterm
Wahn / stieß meine Feinde / ins kochende Nichts« *(HKA 8.2/67).*

297

Madame Celan / 78 rue de Longchamp / <u>Paris 16ᵉ</u> / *18 H 30* / *26 – 10
1965* / *L'ISLE-SUR-LA-SORGUE* / *VAUCLUSE*

1 *V. 32-34 des Gedichts* Hinausgekrönt *aus* Die Niemandsrose:
»// (Und wir sangen die Warschowjanka. / Mit verschilften Lippen,
Petrarca. / In Tundra-Ohren, Petrarca.) //« *(GW I 272), deutsch im
Originalbrief.*

2 *V. 8 des Gedichts* Mandorla, *ebenfalls aus* Die Niemandsrose *(GW I 244), deutsch im Originalbrief.*
3 *Berühmt für seine Karstquelle, aus der die Sorgue entspringt, war Fontaine-de-Vaucluse der »Exilort« von Petrarca, der sich dorthin, 33jährig, zurückgezogen hatte, nachdem er am 6. 4. 1327 in einer Kirche in Avignon Laura getroffen hatte.*
4 *Les Busclats, am Nordostrand von L'Isle-sur-Sorgue.*
5 *PC bringt hier das ambivalente Gefühl zum Ausdruck, das er gegenüber der Person René Char und selbst dessen Werk empfindet. Wenn er auch nicht seine Bewunderung für den Dichter im Widerstand vergißt, für den, der mündlich Gedichte improvisieren konnte (die Celans waren bei jeder Begegnung von dem Charme beeindruckt, den der Erfindungsreichtum von Chars Sprache ausstrahlte), hatte er doch auch den durch Heidegger bezwungenen Dichter kennengelernt, den, der nicht verstand oder nicht verstehen wollte, was sich in der Goll-Affäre abspielte, den naiven René Char, der vorschlug, PCs Gedichte aufgrund einer Wort-für-Wort-Übersetzung zu übertragen, weil er kein Deutsch konnte (nach mündlichen Berichten von GCL). Das Gespräch zwischen den beiden Dichtern verstummt aber erst nach Juli 1966.*

298
Monsieur Eric Celan / 78 rue de Longchamp / Paris 16e / *18 H 30* / *26 – 10 1965* / *L'ISLE-SUR-LA-SORGUE* / *VAUCLUSE*
Ansichtskarte: »L'Isle-sur-la-Sorgue (Vaucluse) – Les Grandes Roues *[Die Großen Mühlräder]*«.

299
Monsieur Eric Celan / 78 rue de Longchamp / Paris 16^e / *24 H* / *26 – 10 1965* / *AVIGNON* / *GARE VAUCLUSE*
Ansichtskarte: »Souvenir d'Avignon *[Andenken an Avignon (man sieht auf der Karte: Papstpalast, Brücke von Avignon und Stadtwall)]*«.

1 *PC bezieht sich natürlich auf das bekannte Lied:* »Sur le pont d'Avignon, l'on y danse, l'on y danse *[Auf der Brücke von Avignon, da tanzt man, da tanzt man]*.«

300
Madame Celan / 78 rue de Longchamp / Paris 16^e / *23 H / 26 – 10 1965* / *VALENCE* / *GARE DROME*

Anmerkungen 227

1 *Manuskript auf separatem Blatt; eine andere Fassung trägt die Bemerkung* »Valence, 26. 10. 1965« *mit dem Zusatz* »Abschrift, im Zug Valence –« / »Lyon, 27. 10. 1965« *(siehe In den Geräuschen, GW II 129 bzw. HKA 8.2/69-70).*
2 *PC war am gleichen Tag in Montpellier, Avignon, L'Isle-sur-Sorgue, dann wieder in Avignon und schließlich in Valence.*
3 *Siehe Brief 194/9.*
4 *Am 10. oder 11. 9. 1965.*
5 *Siehe die letzte Strophe von* Die Unze Wahrheit *(Brief 296).*
6 *Deutsch im Originalbrief.*

301

MADAME CELAN 78 RUE DE LONGCHAMP PARIS 78 / LYON PERRACHE GARE 27 [10. 1965] / 17 H 10 / 17 H 20 / 27 – 10 1965 / PARIS / 78 R. DE MONTEVIDEO

1 *Sofort nach seiner Rückkehr nach Paris schreibt PC, am 29. und 30. 10. 1965, nach den am 27. 10. 1965 im Café Les Archers in Lyon gemachten Notizen, das Gedicht* Lyon, Les Archers *(GW II 130 bzw. HKA 8.2/71-72).*

302

Die beiden Dokumente wurden durch den Herausgeber hier wieder zusammengebracht: ein Wunsch auf der Rückseite eines Briefumschlags, gefunden in einem Exemplar in der zweiten Auflage von Die Niemandsrose *mit einer Widmung für GCL (siehe Brief 221), sowie eine späte Fassung des Gedichts* Das Wort vom Zur-Tiefe-Gehn, *die vielleicht vom 21. 11. 1965 oder aus der unmittelbaren zeitlichen Umgebung dieses Tages stammt, auf einem gefalteten Umschlag aus dem GCL gewidmeten Exemplar der ersten Auflage von* Die Niemandsrose *(siehe Brief 176).*

1 *Es handelt sich wahrscheinlich um eine improvisierte Gelegenheitsfassung – die Schrift wirkt sehr flüchtig – des zweiten Gedichts aus* Die Niemandsrose *(GW I 212, 5. 3. 1959). Besonders die zweite Strophe ist tiefgreifend verändert: In V. 2 nimmt PC die erste Fassung wieder auf, in der er das Gedicht, vor weiteren Korrekturen, GCL zu ihrem Geburtstag am 19. 3. 1959 geschenkt hatte (siehe Brief 106 und TCA/NR 10):* »Die Jahre, wortlos, seither.«
2 *Zu diesem Vers siehe die Briefe 106/2, 176/4, 215/3, 217/2, 240/4 und 284/1.*

303
Madame Gessain / 25 Bld Jules Sandeau / <u>Paris 16ᵉ</u> / *[Der Briefumschlag ist frankiert, wurde aber nicht abgeschickt. Ein »Entwurf« des Briefumschlags ist erhalten. PC hatte zunächst daran gedacht, seinen Brief, sicher am Tag selbst, dem 26. 10. 1965, an GCL »aux bons soins de Madame Gessain«, d. h. zu Händen von Madame Gessain, zu schicken, so ein frankierter, vollständig adressierter Umschlag und drei Umschlag-»Entwürfe«.]*
Paul Celan / 78 rue de Longchamp, Paris 16ᵉ
Jeweils Briefpapier mit gedruckter Adresse.

1 *GCL erfährt von der Existenz dieser »Zeilen« erst um den 10. 12. 1965 (siehe Brief 307/3).*
2 *Nach einer Kurzreise in die Schweiz, nach Basel und Neuchâtel (21.-23. 11. 1965), kommt PC an seinem 45. Geburtstag in einem Zustand extremer Verzweiflung und Erregung nach Paris zurück. In der Nacht vom 23. auf den 24. 11. 1965 greift PC GCL an und versucht, sie mit einem Messer zu töten. GCL und EC flüchten sich in der Nacht zu ihren Nachbarn Lalande. Am 25. 11. 1965 plant PC wohl zunächst eine Reise nach Rom, fährt aber dann nach London, wo seine Tante Berta Antschel wohnt, und kommt schon am nächsten Tag nach Paris zurück. Seit seiner Ankunft in der Rue de Longchamp am 26. 11. 1965 ist PC, in einem ausgeprägten Wahnzustand, auf der Suche nach seinem Sohn. GCL holt EC nach dem Judo-Training ab und flüchtet sich zu ihrer Schwester Monique Gessain. PC macht sich auf die Suche nach den Seinen, Monique und Robert Gessain verschweigen ihm aber, daß sich GCL und EC bei ihnen aufhalten. Weil sie es für unbedingt notwendig hält, Paris zu verlassen, fährt GCL am Tag danach zu einer ihrer Jugendfreundinnen, Ileana de Vogüé, nach Cormilles-en-Parisis (Val d'Oise). Am 28. 11. 1965 liefern Sanitäter der Psychiatrischen Klinik Garches (Hauts-de-Seine) PC auf Bitten von GCL und der behandelnden Ärzte mit der Zwangsjacke ein (am 3. 3. 1967 wird PC schreiben: »DIE LIEBE, zwangsjackenschön«, GW II 165). Am 3. 12. 1965 wird die Verlegung PCs in die Psychiatrische Klinik Suresnes beschlossen. Dafür kommt GCL am 4. 12. 1965 nach Garches, am 5. 12. 1965 wird PC nach Suresnes verlegt. GCL notiert all diese Ereignisse in ihrem Notizkalender (in Bleistift und Tinte; nicht wiedergegeben sind außer hier nicht zu nennenden Namen von Ärzten nur Notizen, die mit den Ereignissen nichts zu tun haben): »Donnerstag 18. 11. 1965:* Paul (Dr. Mâle – / *Sonntag 21.:* Paul Schweiz. / *Montag 22.:* Paul Ba-

Anmerkungen 229

sel Neuchâtel / *Dienstag 23.:* 6 h Rückkehr Paul Neuchâtel / *Mittwoch 24.:* Drama. / Paul *[unsichere Lesung:]* Rom / *Donnerstag 25.:* Paul *[Blei, mit Tinte nachgezogen:]* London / *Freitag 26.:* Judo / Rückkehr Paul Paris / *Samstag 27.:* C. en P. *[d. h. Cormeilles-en-Parisis]* / *Sonntag 28.:* C. en P. / Paul Vésinet St-Germain / Garches / *Montag 29.:* Paris / *Dienstag 30.:* 11 h Garches – / *Mittwoch 1. 12. 1965:* Bollack / Roland *[Beauroy, Bruder von Mayotte Bollack, Psychiater]* / *Donnerstag 2. 12. 1965:* [. . .] / 20^H Lebovici *[Psychiater]* / Tel. / *Freitag 3. 12. 1965:* [. . .] 12 h Garches – / Suresnes / Lebovici Tel. / [. . .] / *Samstag 4.:* Garches morgens 11^{1/2} / Eric → Monique / → Lalande / 5 h Mme Magder / *Sonntag 5. 12. 1965:* Ausflug Wölflinge / Abend Eric → Fulda / Paul → Suresnes / ich – Suresnes [. . .]« *(Übers.; Unterstrichenes Tinte, sonst Bleistift.)*

304
Monsieur Paul Celan / Clinique du Château de Garches / 2 Grande Rue / GARCHES / (Seine et Oise) / *13 H 30 / 1 – 12 1965 / PARIS XVI / R. SINGER (16e) [auf der Vorderseite des Umschlags von der Hand PCs:]* 3. 12. 65
[am linken Rand, senkrecht (sehr unsichere Lesung), von der Hand PCs:] réduit les soins *[die Pflege/Behandlung vermindert]*
[am rechten Rand, senkrecht:] Bonjour *[Guten Tag]* / *[in hebräischer Schreibschrift:]* שלום על נהרות בבל שם ישבונו גם בכינו *[Anfang des 137. Psalms, mit der Einleitung Schalom, ›Friede‹, nach Luther:* »An den Wassern zu Babel saßen wir und weinten«; *siehe auch das frühe Gedicht* An den Wassern Babels, *FW 70].*
Madame Celan, 78 rue de Longchamp, Paris 16^e
[am Ende des Briefes, von der Hand ECs:] Mein lieber Papa, ich denke viel an Dich, ich umarme Dich / Eric *(Übers.)*

1 *GCL war bei dieser Nervenärztin bereits während PCs Klinikaufenthalt in Le Vésinet im Mai 1965 in Behandlung.*

305
Madame Celan / 78 rue de Longchamp / Paris 16e *[für GCL in der Psychiatrischen Klinik Suresnes hinterlegter Brief]*

1 *Notiz von GCL in der linken oberen Ecke des Briefes:* »erhalten am 7. Dezember 65« *(Übers.).*
2 *PC war am Vortag aus der Psychiatrischen Klinik Garches (Hauts-de-Seine) in die Psychiatrische Klinik Suresnes, die in einem ehemaligen Schloß untergebracht war, verlegt worden.*

3 Choix de poèmes *[Gedichtauswahl]* 1914-1941, *Paris, Librairie Gallimard,* ⁷*1942. Eine Widmung von Klaus Demus auf dem vorderen Vorsatzblatt von PCs Exemplar dieser Gedichtauswahl lautet:* »Für Paul, am 23. Nov. 1949, / aus Freundschaft – / Klaus.« *Der Band enthält zahlreiche Lesespuren, z. T. in Verbindung mit dem Plan, Eluard zu übersetzen, aber auch folgenden Gedanken, notiert auf S. 142 am* »2. 1. 1966«*:* »| Wer dem Gedicht nicht die Widerstandskraft des Unmitteilbaren mitgibt, hat kein Gedicht geschrieben –« *Zu PCs Beziehungen zu Eluard siehe das Gedicht* In memoriam Paul Eluard, *geschrieben in Paris am 21. 11. 1952 (GW I 130).*

306
Monsieur Paul Celan *[für GCL in der Psychiatrischen Klinik Suresnes hinterlegter Brief; auf der Vorderseite des Umschlags von der Hand PCs:]* erh. Suresnes, 9. 12. 1965
Madame Paul Celan, 78 rue de Longchamp, Paris 16ᵉ

1 *Im Mai 1965, als PC in Le Vésinet im Krankenhaus war.*

307
Madame Celan / 78 rue de Longchamp / Paris 16ᵉ *[für GCL in der Psychiatrischen Klinik Suresnes hinterlegter Brief]*

1 *Richtig:* »quai Gallieni«; *die Klinik liegt an der Seine in einem Park.*
2 *PC schreibt fälschlich* »septembre«; *der richtige Monat ist von GCL darunter notiert.*
3 *Es handelt sich wohl um den Brief vom 27. 11. 1965 (Brief 303).*
4 *PC denkt wohl an die Alternative, die er in seinem Brief vom 14. 1. 1970 formuliert:* »Vor die Alternative gestellt, zwischen meinen Gedichten und unserem Sohn zu wählen, habe ich gewählt: unseren Sohn.« *(Siehe Brief 668/1.) Zur Reise nach London siehe Brief 303/2.*
5 *Zu den Bedingungen einer solchen Einweisung vgl. Brief 326/2.*
6 *Psychiatrische Klinik der Mutuelle générale des enseignants (M. G. E. N.), einer Krankenkasse für im Erziehungswesen Beschäftigte, in der Nähe von Trappes (Yvelines) im Südwesten von Paris (siehe dazu Brief 310, Abs. 1 und 2). PC wird nie stationär in La Verrière behandelt.*

308

Monsieur Paul Celan / Château de Suresnes / 10 Quai Général Galliéni *[sic]* / <u>SURESNES</u> / *10 H 45 / 13 – 12 1965 / PARIS 71 / PL. VICTOR HUGO (16ᵉ)*
[von der Hand PCs, auf der Rückseite des Umschlags:] erh. 13. Dez. 1965, spät abends, beant. 14. 12.

1 *Leo und Regine Schäfler (geborene Katz, Tochter einer Großtante PCs väterlicherseits) hatten wie Berta Antschel Wien nach dem »Anschluß« verlassen und leben in London.*

309

Madame Celan / 78 rue de Longchamp / <u>Paris 16ᵉ</u> / *19 H / 14 – 12 1965 / SURESNES P^{PAL} / HAUTS-DE-SEINE*

1 *Siehe Anm. 313/3.*

310

Monsieur Paul Celan / Château de Suresnes / 10 Quai Général Galliéni *[sic]* / <u>Suresnes</u> / (Seine) / *19 H / 17 – 12 1965 / PARIS 106 / R. DE LONGCHAMP (16ᵉ)*

311

Madame Celan / 78, rue de Longchamp / <u>Paris 16ᵉ</u> / *19 H / 20 – 12 1965 / SURESNES P^{PAL} / HAUTS-DE-SEINE*

312

Monsieur Paul Celan *[für GCL in der Psychiatrischen Klinik Suresnes hinterlegter Brief]*
[auf der Rückseite des Umschlags von der Hand PCs:] erh. nachmittags gegen fünf, am 22. Dezember 196*[gestrichen: 6]*5 / beantw.: 23. 12. 1965

313

Madame Celan / Nouvel Immeuble Farinet / <u>Montana – Vermala</u> / (Valais) / <u>Suisse</u> / *19 H / 24 – 12 1965 / SURESNES P^{PAL} / HAUTS-DE-SEINE*
Paul Celan, 10 quai Galiéni *[sic]*, Suresnes (Seine)

1 *13. Hochzeitstag von GCL und PC – weder sie noch er weisen darauf in einem Brief hin.*

2 *Brief von GCL mit einem Brief von EC (nicht publiziert, Poststempel vom 21. 12. 1965, von der Hand PCs auf der Rückseite des Umschlags:* »erh. 22. 12. 1965, Château de Suresnes«*).*
3 *Zwei Tage vor diesem Brief hatte PC in seiner Eluard-Auswahl (siehe Anm. 305/3) u. a. folgende Texte angestrichen und die Lektüre datiert: in* Musicien *[Musiker], aus* Les nécessités de la vie *[Die Notwendigkeiten des Lebens] (1921), S. 36, V. 1-8, datiert* »S[uresnes] 21. 12. 1965 |«: »Intelligence naïve / Au son des instruments / A musique, // A musique de lèvre nue, / Au bout de la terre connue / Et à l'autre bout // La tête perdue, / Les fines mains d'ici.«*; in einem titellosen Zweizeiler aus* L'amour, la poésie *([Die Liebe, die Poesie] 1929), S. 98:* »Le sommeil a pris ton empreinte / Et la colore de tes yeux.«*; in einem weiteren titellosen Zweizeiler, ebenda, S. 99, datiert von der Hand PCs (*»21. 12. 65« / »Suresnes«*) und von zwei Strichen umgeben:* »Il fallait bien qu'un visage / Réponde à tous les noms du monde.«*; unter den mit nicht datierten Anstrichen versehenen Gedichten sind:* »Couronnée de mes yeux *[Gekrönt von meinen Augen]« aus* La rose publique *[Die öffentliche Rose] (1934), S. 144, V. 5:* »|| Délire perpétuel nous nous sommes tout dit«; »Toute ma confiance«*, ebenda, S. 145, V. 1-8:* »|| Toute ma confiance / A celle qui mentait à la multiple / A bout de souffle elle m'accorda la vérité / La vérité que je lui apprenais / || La triste et douce vérité / Que l'amour est semblable à la faim à la soif / Mais qu'il n'est jamais rassasié / Il a beau prendre corps il sort de la maison / Il sort du paysage / L'horizon fait son lit«; »Des couteaux si tranchants si forts qu'ils n'aient plus de poids«*, ebenda, S. 148, V. 3:* »| Des couteaux comme des statues de la fureur«.
4 *PC meint* Garches. *In* Le Vésinet *war PC im Mai 1965 in Behandlung.*
5 *Unter den mitgenommenen Büchern befand sich:* Goethe, Spruchweisheit in Vers und Prosa, *Bd. 3 der* Sämtlichen Werke, Leipzig, Tempel, o. J. *PC hat in den vorderen Buchdeckel drei, und 16 weitere unveröffentlichte Aphorismen auf die Rückseite des hinteren Vorsatzblattes und den hinteren Buchdeckel (datiert auf den 10. 12. 1965; siehe u. a. GA Dok. 313) notiert; der Band weist außerdem zahlreiche Unterstreichungen und Anmerkungen auf.*

314
Monsieur Paul Celan / Château de Suresnes / 10 Quai Général Galliéni *[sic]* / SURESNES / (Seine) / (France) / 26. XII. 65 / – ?? MONTANA-VERMALA

[auf der Rückseite des Umschlags von der Hand PCs:] erh. Montag, 27. 12., abends / beant.: Dienstag, 28. 12., nachm.

315
Madame Celan / Nouvel Immeuble Farinet / Montana – Vermala / / Valais/ / SUISSE / *19 H / 28 – 12 1965* / SURESNES P^{PAL} / HAUTS-DE-SEINE
Der Brief an EC lag dem Brief an GCL sicher bei.

1 *Zum Verhältnis PCs zu bestimmten Farben siehe Anm. 280/2 und Brief 282 (V. 4-9).*
2 *Die Celans kannten das Restaurant von ihren früheren Aufenthalten im Dezember 1960 und im April und Dezember 1961.*
3 *Neuroleptikum (Fluphenazin).*
4 *PC schreibt dann in eines der mitgebrachten Hefte einige autobiographische Notizen.*

316
Monsieur Paul Celan / Château de Suresnes / 10 Quai Général Gallieni / Suresnes / (Seine) / France / *29. XII. 65* / – ?? / MONTANA-VERMALA
[auf der Rückseite des Umschlags von der Hand PCs:] erh.: Donnerstag, 30. 12. 1965, vorm. in Suresnes

1 *Siehe Anm. 307/6.*

317
Madame Celan / Nouvel Immeuble Farinet / Montana-Vermala / / Valais/ / SUISSE / *19 H 30 – 12 1965* / SURESNES / P^{pal} / HAUT-DE-SEINE

1 *Beide Ansichtskarten sind nicht publiziert:* »Montana – Crans (alt. 1500 m)«, *Poststempel vom 24. 12. 1965, mit der Notiz von der Hand PCs:* »erh. 28. 12., abends«, *und* »Montana – Crans – Bluche – La ligne du funiculaire S M C et les Alpes *[Die Seilbahnlinie S M C und die Alpen]*«, *datiert auf den 27. 12. 1965.*

318
Monsieur Paul Celan / Château de Suresnes / 10 Quai Général Galliéni *[sic]* / Suresnes / (Hauts de Seine) / FRANCE / *1. 1. 66* – ?? / MONTANA-VERMALA

[auf der Rückseite des Umschlags von der Hand PCs:] erh.: 2. 1. 66, Suresnes, abends

1 *GCL begleitet diese Worte durch eine Schemazeichnung.*
2 *Das* Grand Signal *ist ein Aussichtspunkt im Norden von Montana, von dem zahlreiche Pisten ausgehen.*
3 *Siehe Anm. 315/2.*

319
Madame Celan / 78 rue de Longchamp / Paris 16ᵉ / *19 H / 3 – 1 1966 / 92 SURESNES / HAUTS DE SEINE*

1 *PC schreibt fälschlich* »1965«.
2 *Siehe Anm. 315/3.*
3 *Siehe Anm. 307/6.*
4 *PC schreibt fälschlich* »1965«.
5 *Die drei Schwestern von GCL.*

320
Monsieur Paul Celan / Château de Suresnes / 10 Quai Général Galliéni *[sic]* / Suresnes / (Hauts de Seine) *[für GCL in der Psychiatrischen Klinik Suresnes hinterlegter Brief]*
[auf der Rückseite des Umschlags von der Hand PCs:] erh.: Donnerstag, gegen 18 Uhr / Suresnes

321
Madame Celan / 78 rue de Longchamp / Paris 16ᵉ *[unfrankierter Brief, für GCL in der Psychiatrischen Klinik Suresnes hinterlegt]*

1 *PC schreibt fälschlich* »décembre« *und korrigiert* »1965« *in* »1966«. *Der richtige Monat ist von GCL auf dem Brief verbessert.*

322
Madame Celan / 78, rue de Longchamp / Paris 16ᵉ / *[unfrankierter Brief, für GCL in der Psychiatrischen Klinik Suresnes hinterlegt]*

1 *PC schreibt fälschlich* »mercredi *[Mittwoch]*«.
2 *Siehe Anm. 315/3.*
3 *Die von Bernhard Böschenstein organisierte Lesung in Genf bei der Genfer Gesellschaft für Deutsche Kunst und Literatur sollte am 17. 2. 1966 stattfinden. Am gleichen Tag war außerdem eine Begeg-*

nung zwischen PC und Studenten in der Universität Genf vorgesehen. In Zürich war am 20. 2. 1966 eine Aufnahme im Radio vorgesehen im Rahmen der Sendereihe von Radio Zürich, »Autoren lesen aus eigenen Werken«. Sie wird verschoben auf den 30. 12. 1966 (siehe dazu PC/FW, S. 24).

323
Monsieur Paul Celan / Château de Suresnes / 10 Quai Général Galliéni *[sic]* / <u>Suresnes</u> / (Hauts de Seine) / *18 H / 7 – 1 1966 / PARIS / 71 PL. VICTOR HUGO (16ᵉ)*
[auf der Rückseite des Umschlags von der Hand PCs:] erh.: Freitag, 7. Jänner / Nachm., Suresnes

1 *PC unterliegt einer »amtlichen Einweisung« (siehe Brief 326/2).*
2 *Der Brief von Bernhard Böschenstein ist nicht erhalten, vielleicht täuscht sich GCL auch.*
3 *Siehe Anm. 259/5.*
4 *Es handelt sich um die französischsprachige Anthologie* Poésies autrichiennes *[Österreichische Gedichte] 1900-1965, übersetzt von Maurice Boucher, Liselott Delfiner, Catherine Kany, Pierre-I. Meyer, André Thérive, Wien, Bergland Verlag, 1966 (das Buch fehlt in der Bibliothek der Celans). Zu André Thérive siehe Brief 326/9.*
5 *Georg Hohenwart.*
6 *Pierre Pouthier, Generalsekretär der École Normale Supérieure in der Rue d'Ulm.*
7 *Die von Arnold Blokh (ein Literat russischer Herkunft, der auch deutsch sprach) geliehenen Bücher konnten nicht identifiziert werden. Im Nachlaß PCs ist kein Brief von Arnold Blokh erhalten.*

324
Madame Celan / 78 rue de Longchamp / <u>Paris 16ᵉ</u> / *19 H / 7 – 1 1966 / 92 SURESNES / HAUTS DE SEINE*

1 *PC schreibt fälschlich »décembre«.*
2 *Siehe Anm. 322/3.*
3 *Siehe die Notiz PCs auf der Rückseite des Briefs 325. Zu La Verrière siehe Anm. 307/6.*
4 *Wegen PCs schwieriger Beziehung zu den ihn erreichenden Briefen verweigerten ihm die Ärzte im allgemeinen den Empfang von »beruflicher« Post.*
5 *PC sah nicht gerne die Adresse seiner Wohnung durchgestrichen.*

325
Madame Celan *[für GCL in der Psychiatrischen Klinik Suresnes hinterlegter Brief]*
[auf der Rückseite des Briefes von der Hand PCs:] »Visite Fo.: Kurz / über Verrière: ils y jouent à bureaux fermés / il *[sic]* ne vous prennent qu'avec un traitement bien établi / über Lesungen: c'est trop tôt. Il ne faut pas ›faire l'ours‹, mais c'est trop tôt. *[sie arbeiten dort mit ›geschlossenen Schaltern‹ / man wird nur aufgenommen, wenn man sich einer genau festgelegten Behandlung unterzieht / über Lesungen: Es ist zu früh, man braucht sich nicht wie ein Bär in seiner Höhle verstekken, aber es ist zu früh.]*«

1 *Datierung von GCL auf Januar 1966.*
2 *Nicht identifiziert.*

326
Madame Celan / 78 rue de Longchamp / P a r i s 16ᵉ *[für GCL in der Psychiatrischen Klinik Suresnes hinterlegter Brief]*

1 *Siehe Anm. 307/6; auf diese Stelle bezieht sich die letzte Randnotiz.*
2 *Das von Louis-Philippe erlassene Gesetz vom 30. 6. 1838, psychiatrische Einweisungen betreffend (Code de la Santé Publique), diente zur Erhaltung* »der öffentlichen Ordnung und der Sicherheit der Bürger« *(Übers.). Es sah zwei Arten von Einweisungen vor: die* »Freiwillige Einweisung« *(Placement volontaire) auf Ersuchen der Umgebung des Patienten und die* »Amtliche Einweisung« *(Placement d'Office), die von offizieller Seite, d. h. dem Präfekten des betreffenden Departements, angeordnet wurde (das Gesetz wird erst 1990 aufgehoben und ersetzt). PC unterliegt einer* »Amtlichen Einweisung«.
3 *Nicht identifiziert; es handelt sich wohl nicht um einen Geschäftspartner des Dichters Pierre Seghers.*
4 *Siehe Anm. 322/3.*
5 *Die Celans waren am 13. 2. 1963 (Familien-Notizkalender) bei Nadia und Alexandre Blokh eingeladen. Der Romancier und Übersetzer Jean Blot (Pseudonym von Alexandre Blokh) ist der Autor einer französischen Übersetzung des Essays* Interlocuteur *[Über den Gesprächspartner] von Osip Mandel'štam in* L'Éphémère *(Nr. 4, September 1967, S. 66-73) und einer Monographie über Osip Mandel'štam, in der er auch über seine Diskussionen mit Celan über den*

russischen Dichter berichtet (Paris, Seghers, 1972, S. 115). Über das oder die von Arnold Blokh, dem Vater Jean Blots, geliehenen Bücher, siehe Anm. 323/7.
6 *Siehe Anm. 305/3 und 313/3.* PC unterstreicht und datiert am »2. 1. 1966 (Suresnes)« *zum Beispiel im Gedicht* L'entente *[Die Verständigung] (aus* Facile *[Einfach], 1935):* »|| Tu donnes à la solitude un premier gage / Mais c'est pour mieux la renier *[Du gibt der Einsamkeit ein erstes Pfand / Aber nur um sie besser verleugnen zu können]«* (Choix de poèmes, S. 160, V. 3-4).
7 *Wegen der schwerwiegenden Vorfälle verweigern die Ärzte bisher PC und GCL ein Treffen.*
8 *Eine Bücherliste der gewünschten Art ist wohl nicht erhalten.*
9 *André Thérive war nicht der Herausgeber, sondern einer der Übersetzer der betreffenden Anthologie (siehe Anm. 323/4). André Thérive war Präsident der Vereinigung der Literaturkritiker der Zeitschrift* Flambeau, *des Organs der* Croix de Feu, *einer Frontkämpfer-Vereinigung der extremen französischen Rechten. Ab 1940 war er Mitarbeiter der Zeitungen* Petit Parisien *und* Nouveaux Temps, *1942 nahm er an der Buchwoche in Weimar teil. Nach der Befreiung wurde er zu acht Monaten Gefängnis verurteilt. Nach dem Krieg publizierte er zahlreiche Literaturkritiken in den Zeitschriften* Revue des deux mondes *und* Nouvelles littéraires. *André Thérive war Offizier der Ehrenlegion. Die Weigerung PCs, an der Anthologie mitzuarbeiten, ist der neunte Punkt in dem Protokoll des Fischer-Lektors Petru Dumitriu (siehe Anm. 246/5).*
10 *PC scheint sich weder der einen noch der anderen Behandlung je unterzogen zu haben.*

327
Umschlag wohl nicht erhalten.

1 *Zu den Begriffen »gute« und »schlechte Post« siehe Anm. 195/3.*
2 *In seiner kurzen Karte vom 2. 1. 1966 zeigt sich Jean Starobinski* »zutiefst berührt durch den Telefonanruf aus Neuchâtel« *(Übers.), in einem Augenblick der Verzweiflung während PCs ›Flucht‹ in die Schweiz vom 21. bis 23. 11. 1965 (siehe Anm. 303/2). Er weist auch auf die Möglichkeit eines Treffens in Genf oder Paris zwischen dem 10. und 14. 1. 1966 hin. Starobinski wird am 13. 1. 1966 nur GCL treffen (Notizkalender GCL).*

328
Umschlag wohl nicht erhalten.

1 *Siehe Anm. 326/2.*
2 *Die Liste ist wohl nicht erhalten.*
3 *Brief vom 2. 12. 1965 (mit der Notiz von GCL:* »*6. 12. 1965*«*) von Karl-Eberhardt Felten, dem Leiter des Modernen Buch-Clubs Darmstadt; der Brief begleitete den Umbruch der Auswahl mit Gedichten PCs, die 1966 erschien* (Gedichte)*, und behandelte typographische Probleme.*
4 *PC hatte ein persönliches Konto bei dieser Bank.*
5 *Die Bank Heine & Cie (63, Rue de la Victoire, 9e) war seit langem auch die der Familie de Lestrange.*
6 *Robert Flacelière, der Direktor der École Normale Supérieure in der Rue d'Ulm, hatte PC am 3. 11. 1965 darüber informiert, daß er versuchen wolle, PC als Dozent in den Lehrkörper der École Normale Supérieure zu integrieren; der Versuch hatte keinen Erfolg, weil PC weder Staatsexamen noch Promotion vorzuweisen hatte.*
7 *Elmar Tophoven wird PC in allen Krankheitsfällen vertreten und ihm dann als Lektor zu Beginn des Studienjahres 1970/71 nachfolgen.*
8 *Jean Cousin, Verwaltungsdirektor der École Normale Supérieure in der Rue d'Ulm.*
9 *GCL soll* Atemkristall *in der von Jean Hugues geleiteten Galerie (3, Rue Cardinale, 6e) vorlegen; René Char und André du Bouchet hatten Hugues GCLs Arbeiten empfohlen.*

329
Madame Celan / 78 rue de Longchamp / Paris 16e / 19 H / 11 – 1 1966 / SURESNES P^{PAL} / HAUTS-DE-SEINE

1 *Zu den geplanten Lesungen in Genf und bei Radio Zürich siehe Anm. 322/3.*
2 *Siehe Anm. 326/7.*
3 *GCL kommt fast täglich nach Suresnes, um mit Ärzten zu sprechen und Post zu hinterlegen oder entgegenzunehmen (siehe die auf diese Weise ›beförderten‹ Briefe aus diesem Januar).*

330
Monsieur Paul Celan *[von GCL in der Psychiatrischen Klinik Suresnes hinterlegter Brief]*

1 Der französische Dichter rumänischer Herkunft Gherasim Luca und seine Gefährtin, die Malerin Micheline Catti, waren enge Freunde der Celans. PC hatte Gherasim Luca 1946 in den surrealistischen Kreisen des Nachkriegs-Bukarest kennengelernt.
2 Das erste Heft des Jahrgangs 1966 der Frankfurter Hefte *enthält keine Anstriche. Das genannte* Hörspielbuch *ist nicht erhalten.*
3 Nicht identifiziert.
4 *Sein Gesundheitszustand erlaubte es PC nicht, die Druckfahnen des ersten Bandes der* Dichtungen. Schriften *von Henri Michaux (siehe Anm. 277/1) selbst zu korrigieren. Sein Mitübersetzer Kurt Leonhard und der für französische Literatur im S. Fischer Verlag zuständige Lektor Petru Dumitriu teilen sich diese Arbeit im März und April 1966.*
5 *Jean Starobinski hat an PC offensichtlich nur einmal in diesem Jahr geschrieben, am 2. 1. 1966.*
6 *Der Genfer Psychiatrieprofessor spanischer Herkunft Julián de Ajuriaguerra hat PC während seines Krankenhausaufenthaltes in Suresnes und in Sainte-Anne wohl nicht gesehen (zu den Beziehungen PCs zu diesem Freund von Jean Starobinski siehe Anm. 182/6).*
7 *Guislaine Marraud wohnte in Antibes.*

331
Umschlag wohl nicht erhalten.

1 *Brief vom 12. 1. 1966, in dem der Schweizer Verleger Otto F. Walter um ein Treffen mit PC bittet (siehe Anm. 259/5).*
2 *Siehe Anm. 322/3.*

332
Monsieur Paul Celan / Château de Suresnes / 10 Quai Général Galliéni *[sic]* / SURESNES / (Hauts de Seine) / ?? H ?? / 18 – 1 1966 / PARIS XVI / R. SINGER (16e)

1 *Die Voraussetzung für eine Verlegung nach La Verrière war die Aufhebung der* »Amtlichen Einweisung« *(siehe Anm. 326/2). Nur der Chefarzt konnte im Einvernehmen mit den Behörden diesen Zustand beenden.*
2 *Siehe Anm. 328/9.*
3 *Siehe Anm. 235/2.*

333
Umschlag wohl nicht erhalten.

1 *Der* Palais de la Découverte *[Palast der Entdeckungen], ein Wissenschafts- und Technikmuseum mit Planetarium etwa entsprechend dem* Deutschen Museum *in München, ist nicht nur, aber auch für jugendliche Besucher gedacht.*
2 *Der Gedichtzyklus mit Radierungen war am 23. 9. 1965 erschienen.*

334
Madame Celan / 78 rue de Longchamp / Paris 16ᵉ / *19 H / 21 – 1 1966* / 92 SURESNES P^(PAL) / HAUTS-DE-SEINE

335
Madame Celan / 78 rue de Longchamp / Paris 16ᵉ / *19 H / 25 – 1 1966* / SURESNES P^(PAL) / HAUTS-DE-SEINE

1 *PC schreibt fälschlich:* »1965«. *Der Brief gehört zu den seltenen im Ausdruck wirren Briefen PCs (in der Übersetzung ist das nicht vermittelbar).*

336
Monsieur Paul Celan / Château de Suresnes / 10 Quai Général Galliéni *[sic]* / SURESNES / (Hauts de Seine) / *17 H 45 / 26 – 1 1966* / PARIS XVI / R. SINGER *(16ᵉ)*

1 *Anspielung auf PCs Einlieferung in die Psychiatrie am 28. 11. 1965 (siehe Anm. 303/2).*

337
Monsieur Paul Celan / Château de Suresnes / 10 Quai Général Galliéni *[sic]* / Suresnes / (Hauts de Seine) / *17 ? H 45 / 27 – 1 1966* / PARIS 106 / R. DE LONGCHAMP *(16ᵉ)*

1 *Brief von Berta Antschel vom 25. 1. 1966.*
2 *Siehe Anm. 277/1.*
3 *Jacques und Robert Frélaut, Drucker in der Handpresse Lacourière (bei GCL oft einfach* »Atelier« *genannt) in Montmartre.*

338
Madame Celan / 78 rue de Longchamp / Paris 16ᵉ / *19 H 31 – 1 1966*
92 SURESNES P^{PAL} HAUTS-DE-SEINE

1 Hier fehlt wohl »moi *[mir]*«.
2 *PC spielt auf die Verwendung dieses Begriffs im Kontext der Goll-Affäre an, deren Entwicklung in* »Phasen« *er beobachtet hatte.*

339
Monsieur Paul Celan / Château de Suresnes / 10 Quai Général Galliéni *[sic]* / Suresnes / (Hauts de Seine) / *13 H 30 / 1 – 2 1966 / PARIS XVI / R. SINGER (16ᵉ) [über der Adresse von der Hand PCs:] erh. 3. 2. 65 [sic]*

1 *Au lieu d'une inscription* – Statt einer Inschrift, *1964 (16×12);* En chemin – Unterwegs, *1964 (16×12);* Les filets encore – Die Netze wieder, *1963 (25×15).*
2 *Unsichere Lesung; bei wem GCL ihre Presse Anfang 1958 gekauft hatte, konnte nicht geklärt werden.*
3 Noir-Argent – Silberschwarz, *1963 (25×15);* Les dunes toutes proches – Dünennähe, *1963 (15×20); zu den zweisprachigen Titeln der Radierungen siehe Anm. 198/10.*
4 *Siehe Anm. 328/9.*
5 *Galerie Adrien Maeght, 42, Rue du Bac (7ᵉ).*
6 *Siehe Anm. 307/6.*
7 *Der Brief ist nicht erhalten oder nicht identifiziert; zur Lesung in Genf siehe Anm. 322/3.*

340
Madame Celan / 78 rue de Longchamp / Paris 16ᵉ / *19 H / 4 – 2 1966 / SURESNES P^{PAL} / HAUTS-DE-SEINE*
Nicht publiziert ist der beigelegte Brief von Kurt Weibel, dem Chefredakteur der Schweizer Radio- und Fernsehzeitungen, *aus Bern vom 18. 1. 1966. PC streicht dort mit senkrechten Strichen für GCL den Namen und die Adresse des Absenders an.*

1 *In seinem Brief vom 27. 1. 1966, der wohl die Todesanzeige der im Alter von 94 Jahren gestorbenen Margarete Susman begleitete, schlägt Manfred Schlösser (Leiter des Agora Verlags Darmstadt/Zürich) PC vor, ihm bei seinem nächsten Zürich-Besuch die letzten* »erschütternden Worte dieser wundervollen Frau« *vorzulesen. Über die Beziehungen zwischen PC und M. Susman siehe Anm. 200/1 und 205/2.*

2 *Das Sternchen steht fälschlich bei* »Radio Zürich«.
3 *In einem formellen Brief bittet Kurt Weibel von der Redaktion der* Schweizer Radio- und Fernsehzeitungen *am 18. 1. 1966 PC um ein Foto für die Ankündigung der Lesung in der Programmzeitschrift; die Aufzeichnung war für den 20. 2. 1966 vorgesehen.*

341
Umschlag wohl nicht erhalten.
[auf dem Brief unten von der Hand PCs:] erh.: Montag, 5. 2. 66 *[sic]*

1 *Tatsächlich war PC am Vortag in die von Professor Jean Delay geleitete Psychiatrische Universitätsklinik Sainte-Anne verlegt worden, wo Pierre Deniker arbeitete, ein Pionier der Psychopharmakologie (er hatte 1952 die Wirksamkeit des Neuroleptikums Chlorpromazin nachgewiesen, das Henri Laborit ein Jahr vorher identifiziert hatte). Am späten Vormittag hatte GCL bereits einen diensthabenden Arzt getroffen, Dr. O. (Notizkalender GCL). Die Wahl dieser Klinik ist sicher von Henri Michaux mitbestimmt, der sie, fasziniert von der sprachlichen und künstlerischen Kreativität von Geisteskranken, gut kannte, weil er durch das freundliche Entgegenkommen seines Freundes Jean Delay immer wieder bei der Vorstellung einzelner Kranker dabeisein konnte. Auch René Char ist mit diesem Psychiater, Schriftsteller und Literaturbegeisterten verbunden; Char könnte die Aufmerksamkeit Jean Delays auf den einzigartigen Patienten gelenkt haben, der PC war – Char sah in PC den zeitgenössischen Dichter deutscher Zunge.*
2 *Siehe Anm. 307/6.*

342
Umschlag wohl nicht erhalten.

1 *Briefpapier im Format 13,4×21.*

343
Monsieur Paul Celan / Clinique du Professeur Deniker / *[gestrichen:]*2 *[ersetzt durch:]*1 rue Cabanis / <u>Paris 14ᵉ</u> / *12 H / 8 – 2 1966 / PARIS XVI / R. SINGER (16ᵉ)*
Gisèle Celan, 78 rue de Longchamp, Paris 16ᵉ

1 *Psychiatrischer Stationsarzt.*
2 *Tatsächlich handelt es sich um ein Buch von Will Grohmann über*

Hans Hartung, das unter dem Titel Hans Hartung *im Jahr 1922 im von Franz Larese geleiteten Verlag Im Erker 1966 in St. Gallen erschienen ist. Das Buch wurde im Rahmen einer Ausstellung mit neueren Lithographien von Hans Hartung in der Galerie La Hune vorgestellt, deren Vernissage am 3. 2. 1966 stattfand (zu La Hune siehe Anm. 1/2).*
3 *Siehe Brief 196/12.*

344
Madame Celan / 78 rue de Longchamp / <u>Paris 16ᵉ</u> / *17 H 45* / *9 – 2 1966* / *PARIS XIV* / *AV. GENERAL LECLERC (14ᵉ)*

1 *Jean Delay, Abteilungsleiter an der Psychiatrischen Universitätsklinik Sainte-Anne und Lehrstuhlinhaber für Nervenkrankheiten an der Pariser Medizinischen Fakultät.*

345
Madame Celan / 78 rue de Longchamp / <u>Paris 16ᵉ</u> / *17 H 45* / *11?* *– 2 1966* / *PARIS XIV* / *AV. GENERAL LECLERC (14ᵉ)*

346
Monsieur Paul Celan / Clinique de la Faculté / du Professeur Delay / 1 Rue Cabanis / <u>Paris</u> 14ᵉᵐᵉ / *12 H* / *14 – 2 1966* / *PARIS XVI* / *R. SINGER (16ᵉ)*
Gisèle Celan-Antschel, 78 rue de Longchamp, Paris 16ᵉ

347
Monsieur Paul Celan / Clinique de la Faculté / Service du Professeur Delay / 1 Rue Cabanis / <u>Paris 14ᵉ</u> / *12 H* / *15 – 2 1966* / *PARIS XVI* / *R. SINGER (16ᵉ)* *[auf der Vorderseite des Umschlags von der Hand PCs:]* erh.: 16. 2. 66

1 *Das Cochin-Krankenhaus liegt in der Nähe von Saint-Anne.*
2 *Siehe Anm. 243/4.*
3 *Mit* Gris et noir *– Grau und Schwarz, 1958 (21×31), verwechselt GCL hier vielleicht die Radierung* Noir-Argent *– Silberschwarz, 1963 (25×15, siehe Anm. 360/4);* Petite composition *– Kleine Komposition, 1958 (zwei Platten, 14×11).*
4 *Radierungen im gleichen Format wie* Atemkristall *enthält das spätere Portfolio VI (siehe Anm. 506/3).*
5 *Siehe Brief 213.*

6 *Zur Rede* Der Meridian *siehe Anm. 135/1, zu den* »meridianhaften Dingen« *siehe Brief 145/6.*

348
Madame Celan / 78 rue de Longchamp / Paris 16ᵉ / *16 H 30 / 16 – 2 1966 / PARIS XIV / AV. GENERAL LECLERC (14ᵉ)*

1 *Tatsächlich handelt es sich um Dr. O.*
2 *Siehe Anm. 206/3 und 219/2.*

349
Madame Celan / 78 rue de Longchamp / Paris 16ᵉ / *17 H 30 / 17 – 2 1966 / PARIS XIV / AV. GENERAL LECLERC (14ᵉ)*

1 *PC verwendet das franco-celansche Wort* »âmeux«, *aus* ›âme‹, ›Seele‹.
2 *Dr. O.*
3 *Zur Goll-Affäre und ihren Verzweigungen siehe Anm. 125/1.*

350
Der Umschlag ist nicht erhalten; vielleicht war der Brief, der von GCL in das Konvolut ihrer Briefe an PC eingeordnet wurde, auch dem vorausgehenden beigelegt.

1 *Siehe die Briefe aus dem Sommer 1965.*

351
Madame Celan-Antschel / 78 rue de Longchamp / Paris 16ᵉ / *17 H 45 / 17 – 2 1966 / PARIS XIV / AV. GENERAL LECLERC (14ᵉ)*

1 *Reine Arrieta – und nicht Arrietta – war leitende Sozialarbeiterin an der Klinik Sainte-Anne.*

352
Monsieur Paul Celan / Clinique de la Faculté / Service du Professeur Delay / 1 Rue Cabanis / Paris 14ᵉ / *12 H / 22 – 2 1966 / PARIS XVI / R. SINGER (16ᵉ) [auf der Rückseite des Umschlags von der Hand PCs:]* erh.: 23. 2. 66

1 *Dramatisierung des berühmten Romans von Théophile Gautier (1863) im Théâtre Récamier (7ᵉ).*

2 GCL hat den Graphiker wohl zwischen 1954 und 1957 kennengelernt, als sie häufig im Atelier Friedlaender war – »dort oben« meint
Montmartre, wo sich das Atelier, d. h. die Handpresse Lacourière,
befindet.
3 ECs Zeichnung stellt einen Baum dar.

353
Madame Celan-Antschel / 78 rue de Longchamp / Paris 16e / 13 H
30 / 24 – 2 1966 / PARIS XIV / AV. GENERAL LECLERC (14e)

1 Siehe Anm. 307/6.
2 Siehe Brief 213.

354
Monsieur Paul Celan / Clinique de la Faculté / Service du Profes-
seur Delay / 1 Rue Cabanis / Paris 14e / 13 H 30 / 2 – 3 1966 / PARIS
XVI / R. SINGER (16e) [auf der Vorderseite des Umschlags von der
Hand PCs:] erh.: 4. 3. 66

1 In ihrem Brief vom 1. 3. 1966 an Felix Berner, den für Verträge
und rechtliche Probleme zuständigen Mitarbeiter der Deutschen
Verlags-Anstalt Stuttgart (Verleger von Mohn und Gedächtnis und
Von Schwelle zu Schwelle), bittet GCL im Namen von PC um die
Aussetzung aller Genehmigungen für die Publikation seiner Gedichte in Anthologien, Zeitschriften und Zeitungen usw. während
seiner Krankheit. PC wollte unter allen Umständen vermeiden, daß
sein Name neben denen von Yvan und Claire Goll oder einer Person
aus deren Umkreis erscheint.
2 PC selbst antwortet am 27. 2. 1966 dem Dichter und Char-Über-
setzer Johannes Hübner auf dessen Brief vom 15. 2. 1966 im Zusammenhang mit einer geplanten Veröffentlichung einer Monographie
über Char im Luchterhand Verlag Neuwied, die zuerst 1961 in der
Reihe Poètes d'aujourd'hui bei Pierre Seghers in Paris erschienen
war. Hübner bittet PC um die Erlaubnis, dort seine 1961 bei Fischer
erschienenen Übersetzungen zitieren zu dürfen, und schlägt ihm vor,
diese geringfügig zu überarbeiten. PC verweigert die Druckgenehmigung vor allem wegen der betroffenen Verlage: Luchterhand ist
der Verlag von Yvan Goll, Seghers der einer Monographie (in der
gleichen Reihe wie die geplante) über Yvan Goll (1956), in der in einem Beitrag von Richard Exner die Plagiatvorwürfe Claire Golls an-
gedeutet werden: »[...] und einer der jungen Dichter – vielleicht der

im Augenblick meistdiskutierte – trägt sichtbar das Zeichen von Golls Einfluß, besonders das zeitlose Zeichen seines reifen Werkes, dessen Stil relativ leicht nachzuahmen ist, zumindest oberflächlich gesehen.« *(S. 79, Übers.; siehe GA Dok. 48; die Bemerkung gelangte erst durch die bearbeitende Übersetzerin, Claire Goll, in den Aufsatz.)*
3 *GCL spielt auf den Schlußvers des letzten Gedichts der* Fleurs du mal *[Die Blumen des Bösen],* Le Voyage *[Die Reise], an:* »Nous voulons, tant ce feu nous brûle le cerveau, / Plonger au fond du gouffre, Enfer ou Ciel, qu'importe? / Au fond de l'Inconnu pour trouver du nouveau! *[Wir wollen, so sehr verbrennt dieses Feuer uns das Gehirn, / Tief in den Abgrund tauchen, Hölle oder Himmel, ist das wichtig? / Tief in das Unbekannte, um* Neues *zu finden!]« (Baudelaire,* Œuvres, *hrsg. von Y.-G. Le Dantec, Paris, Bibliothèque de la Pléiade, 1951, S. 149.)*
4 *Psychiater in der Abteilung, auf der PC lag. Dr. D. war vielleicht der zuständige Oberarzt – PC wird ihn bis an sein Lebensende als Privatpatient konsultieren.*

355
Madame Celan / 78 rue de Longchamp / Paris 16ᵉ / 17 H 45 / 3 – 3 1966 / PARIS XIV / AV. GENERAL LECLERC (14ᵉ)

1 *Die behandelnden Ärzte hatten GCL dringend gebeten, ihre Besuche vorläufig einzustellen.*
2 *Die wöchentliche Chefarztvisite mit allen an der Behandlung beteiligten Personen, d.h. den Assistenzärzten und Famulanten, der leitenden Sozialarbeiterin, dem Pflegedienstleiter und dem Krankenpflegepersonal.*
3 *Trinklösung zur Behandlung von Zahnfleischerkrankungen.*
4 *Fehler PCs.*

356
Monsieur Paul Celan / Service du Professeur Delay / 1 rue Cabanis / Paris 14ᵉ / 13 H 30 / 2 – 3 1966 / PARIS XVI / R. SINGER (16ᵉ) *[auf der Vorderseite des Umschlags von der Hand PCs:]* erh. 4. 3. 66

1 *Die Firma Le Planage verkaufte Metallplatten für die Radierung (116, Rue Castagnary, 15ᵉ).*
2 *Joseph Graf Raczynski.*
3 *Zur* Atemkristall-*Ausstellung im Pariser Goethe-Institut siehe Anm. 407/3.*

Anmerkungen

4 *Das spätere* Portfolio VI *(herausgegeben von Robert Altmann, [Vaduz] Brunidor, 1967); ihm ist das Gedicht PCs* »Diese / freie, / grambeschleunigte / Faust« *(GW III 137) vorangestellt.*
5 *Erna Baber (Brown University, Providence, Rhode Island) begleitete das Typoskript* Conversation in the Mountains *(Übersetzung ins Amerikanische) mit der Bitte um Publikationsgenehmigung (24. 2. 1966).*

357
Madame Celan-Antschel / 78 rue de Longchamp / <u>Paris 16e</u> / 12 H / 3 – 3 1966 / PARIS XIV / AV. GENERAL LECLERC (14e)
Dem Brief liegen zwei Rechnungen der Druckerei Lacourière (Gravure et impression en taille douce, 11 rue Foyatier, 18e) bei; eine, vom 3. 6. 1966, ist auf den Namen von GCL ausgestellt (nicht publiziert).

1 *PC schreibt fälschlich* »mercredi *[Mittwoch]*«.
2 *Siehe Anm. 355/2.*
3 *Die Telefonnummer der Celans stand nicht im Telefonbuch.*

358
Madame Celan-Antschel / 78 rue de Longchamp / <u>Paris 16^e</u> / 13 H 30 / 4 – 3 1966 / AV. GENERAL LECLERC (14^e) / PARIS XIV

1 *PC schreibt fälschlich* »mercredi *[Mittwoch]*«.

359
Monsieur Eric Celan / 78 rue de Longchamp / <u>Paris 16^e</u> / 12 H / 5 – 3 1966 / PARIS XIV / AV. GENERAL LECLERC (14^e)

1 *Die beiden Gedichtmanuskripte (*Um dein Gesicht, *GN 115, für die hier publizierte Fassung C vgl. GN 402;* Flüssiges Gold, *GN 116, für die hier publizierte Fassung C vgl. GN 404) liegen dem Brief nicht mehr bei; sie wurden von PC selbst, sicher im Sommer 1966, in das Konvolut des Zyklus* Eingedunkelt *eingeordnet (siehe GN 400 f.). Die Bemerkung* »Endgültige Fassung« *ist im Originalmanuskript ebenfalls deutsch.*

360
Monsieur Paul Celan / Clinique de la Faculté / Service du Professeur Delay / 1 rue Cabanis / <u>Paris 14e</u> / ?? H / 5 – 3 1966 / PARIS 106 / R. DE LONGCHAMP (16e) *[auf der Vorderseite des Umschlags von der Hand PCs:]* <u>erh.</u>: <u>7. 3. 1966</u>

1 *GCL schreibt fälschlich* »5«.
2 *Zur Michaux-Ausgabe siehe Anm. 277/1.*
3 *GCL spricht von alten, entsprechend 1000 neuen Francs.*
4 Traces – Spuren, *1957 (30×38);* Aujourd'hui – Heute, *1958 (50×36);* Rencontre – Begegnung, *1958 (30×40, das Exemplar aus dem Gästezimmer der Celans in Moisville ist abgebildet in FN, S. 413);* Aquatinte – Aquatinta, *1958 (30×26);* Noir-Argent – Silberschwarz, *1963 (25×15).*
5 *GCL erinnert an ihre gemeinsame Reise nach Hannover im Mai 1964 anläßlich ihrer Ausstellung in der Kestner-Gesellschaft und an die Lesung PCs bei der Literarischen Gesellschaft Hannover (siehe Brief 183/1, 3 und 4). Bei der genannten Radierung handelt es sich sicher um die später* Là-haut – Oben *(1964, 27×25) genannte. Zu den Titeln für GCLs Radierungen siehe Anm. 198/10.*
6 Siehe Anm. 356/4.

361
Madame Celan / 78 rue de Longchamp / <u>Paris 16ᵉ</u> / *17 H 45* / *7 – 3 1966 / PARIS XIV / AV. GENERAL LECLERC (14ᵉ)*

1 *Siehe Anm. 407/3.*

362
Monsieur Paul Celan / Clinique de la Faculté / Service du Professeur Delay / 1 rue Cabanis / <u>Paris 14ᵉ</u> / *?? H / 8 – 3 1966 / PARIS 106 / R. DE LONGCHAMP (16ᵉ) [auf der Vorderseite des Umschlags von der Hand PCs:]* erh.: 9. 3. 66

1 *Der Maler Zoran Musić kennt einen der bisher erschienenen vier Gedichtbände (*Mohn und Gedächtnis, Von Schwelle zu Schwelle, Sprachgitter, Die Niemandsrose*) nicht. Erst 1967 wird PC* Atemwende *veröffentlichen.*
2 *Ansichtskarte (*Das junge Paar *oder* Die jüdische Braut, *nach 1665, Rijksmuseum, Amsterdam) an Bernard und Anne de Veyrac (eine Cousine von GCL) anläßlich der Hollandreise der Celans vom 23. bis 26. Mai 1964.*

363
Madame Antschel-Celan / 78 rue de Longchamp / <u>Paris 16ᵉ</u> / *17 H 45 / 8 – 3 1966 / PARIS XIV / AV. GENERAL LECLERC (14ᵉ)*

364
Monsieur Paul Celan / Clinique de la Faculté / Service du Professeur Delay / 1 rue Cabanis / <u>Paris 14e</u> / *13 H 30 / 9 – 3 1966 / PARIS XVI / R. SINGER (16e)*

1 *Philippe Moret, Repetitor für Englisch an der École Normale Supérieure, ist dort verantwortlich für den Bereich der modernen Sprachen (damals ist PC, und das seit 1959, der einzige, der an der ENS in der Rue d'Ulm Deutsch unterrichtet). Zu seinen Aufgaben gehören auch die Probleme seines Mitarbeiters PC im Zusammenhang mit Krankschreibung und Krankenversicherung (Sécurité sociale).*
2 *Siehe Anm. 328/6.*
3 *Siehe Anm. 355/3.*
4 *Pierre André Richter und Jean Stéphan, Zahnärzte.*

365
Monsieur Paul Celan / Clinique de la Faculté / Service du Professeur Delay / 1 Rue Cabanis / <u>Paris 14e</u> / *1 ? H / 11 – 3 1966 / PARIS XVI / R. SINGER (16e)*

366
Monsieur Paul Celan / Clinique de la Faculté / Service du Professeur Delay / 1 Rue Cabanis / <u>Paris 14e</u> / *12 H / 15 – 3 1966 / PARIS XVI / R. SINGER (16e) [auf der Vorderseite des Umschlags von der Hand PCs:]* erh.: 14. *[sic]* 3. 66
[auf der Rückseite des Umschlags von der Hand PCs:] -i- / Groß <u>und unverschwiegen: du</u> *[siehe:* Die Atemlosigkeiten des Denkens, Fassung B, GN 406; Kantige, GN 118 und Brief 379, Kantige, V. 9.*]*

1 *Zum von Altmann verlegten* Portfolio VI *siehe Anm. 506/3.*
2 *Gemeint ist Joseph Raczynski, der Direktor des Pariser Goethe-Instituts.*
3 *GCL denkt vielleicht, daß PC im Goethe-Institut Claire Goll treffen könnte; dies geschah im übrigen tatsächlich im Januar 1967 (siehe Zeittafel). Zur Eröffnung der* Atemkristall-*Ausstellung siehe Anm. 407/3.*
4 *Der 39. Geburtstag von GCL.*
5 *GCL schreibt ab aus* Fureur et mystère *[Zorn und Geheimnis], Neuausgabe, Paris, Editions Gallimard, 1962, S. 171; PCs Exemplar trägt die Widmung:* »A Paul Celan« / »ces ›dieux‹ en faute.« / »Son

ami« / »R. Ch.« / »1963.« *[Für Paul Celan / diese mangelhaften ›Götter‹ / Sein Freund R. Ch.]*
6 *([Gebt ihnen wieder, was sie längst nicht mehr in sich tragen, / Sie werden von neuem das Korn der Ernte sich in der Ähre verschließen und über den Gräsern schwanken sehn. / Lehrt sie, vom Sturze zum Aufflug, die zwölf Monate ihres Gesichts, / Sie werden die Leere ihres Herzens lieben bis zur nächsten Begier; / Denn nichts leidet Schiffbruch oder freut sich an der Asche; / Und wer die Erde zu sehen versteht, wie sie Früchte treibt, / den erschüttert kein Scheitern, hätt er auch alles verloren.]* René Char, Zorn und Geheimnis – Fureur et mystère, Gedichte französisch/deutsch, deutsch von Johannes Hübner und Lothar Klünner, mit einem Nachwort von Horst Wernicke, Frankfurt a. M., S. Fischer, 1991, S. 91).

367
Madame Celan-Antschel / 78 rue de Longchamp / <u>Paris 16e</u> / 12 H / 15 – 3 1966 / PARIS XIV / AV. GENERAL LECLERC (14e)

1 PC verwendet das franco-celansche Wort »anniversaireux« von »anniversaire«, »Geburtstag«.
2 La Poésie Russe, zweisprachige Ausgabe, Anthologie, herausgegeben unter der Leitung von Elsa Triolet, Paris, Seghers, 1965: PCs Exemplar zeigt Lesespuren.
3 PC notiert auf S. 2 dieser gerade erschienenen Taschenbuchausgabe der Gedichte von Stéphane Mallarmé: »17. 3. 1966«; das Exemplar zeigt zahlreiche Lesespuren. In einem gleichzeitig spekulativen und autobiographischen Gestus unterstreicht oder kommentiert PC mit Ausrufe- oder Fragezeichen am Rand. Im Vorwort von Jean-Paul Sartre hebt er u. a. hervor: »|| Et n'a-t-il pas dit que le suicide et le crime étaient les seuls actes *surnaturels* que l'on puisse faire. [. . .] | <u>Puisque le hasard surgit avec l'homme, avec lui il s'évanouira: [. . .]</u>.« *(S. 9);* »| Le suicide est un acte parce qu'il détruit effectivement un être et parce qu'il fait hanter le monde par une absence. Si l'être est dispersion, l'homme en perdant son être gagne une incorruptible unité; [. . .] ! || <u>l'absence resserre les choses, les pénètre de son unité secrète.</u> | <u>C'est le mouvement même du suicide qu'il faut reproduire dans le poème.</u> [. . .] Considérée du point de vue de la mort, <u>la poésie sera</u>, comme le dit fort bien <u>Blanchot, ›ce langage dont toute la force est de n'être pas, toute la gloire d'évoquer, en sa propre absence, l'absence de tout‹</u>. Mallarmé peut écrire fièrement à Lefébure que la <u>Poésie</u> est devenue <u>*critique*</u>.« *(S. 10);* »Puisque le

poème est suicide de l'homme et de la poésie, il faut enfin que l'être se referme sur cette mort, il faut que le moment de la plénitude poétique corresponde à celui de l'annulation. [...] ›Le vierge, le vivace et le bel aujourd'hui‹ donne un exemple parfait de cette annulation interne du poème.« (S. 11); »[...] | voilà le mouvement interne de ces poèmes inouïs qui sont à la fois des paroles silencieuses et des objets truqués. [...] || Mais tout cela, au fond, n'est qu'une supercherie.« (S. 12); »| Pas un jour ne s'est écoulé sans qu'il ne fût tenté de se tuer et, s'il a vécu, c'est pour sa fille.« (S. 14) In Mallarmés Gedichten streicht PC u. a. an: »!||| Et ce squelette nain, coiffé d'un feutre à plume / Et botté, dont l'aisselle a pour poils vrais des vers *[das Wort ist durch einen Strich mit einer Bemerkung auf der folgenden Seite verbunden:* ›Würmer = Verse‹*]*, / Est pour eux l'infini de la vaste amertume.« *(*Le Guignon *[Der Unstern], S. 22); »* Pour la Rose et le Lys le mystère d'un nom.«* (Toast funèbre *[Trauer-Toast], S. 66), mit der Bemerkung von PC: »** vgl. *[gestrichen:]*Niemandsrose *[ersetzt durch:]* Atemgang: wo flammt ein Wort.«; »||| (Nous fûmes deux, je le maintiens)«* (Prose *[Prosa], S. 68); »*||| Nuit, désespoir et pierrerie *[mit der Übersetzung unten:]* »Nacht, Verzweiflung, allerlei *[darunter Punkte:]*Gestein« *(*Hommage, *S. 99).*

368
Monsieur Paul Celan / Clinique de la Faculté / Service du Professeur Delay / 1 rue Cabanis / Paris 14e / 12 H / 16 – 3 1966 / PARIS XVI / R. SINGER (16e)

1 *PC unterstreicht diesen Satz und schreibt an den Rand:* »Schön«.
2 Zum von Altmann verlegten Portfolio VI *siehe Anm. 506/3.*

369
Madame Celan-Antschel / 78 rue de Longchamp / Paris 16e / 13 H 30 / 16 – 3 1966 / PARIS XIV / AV. GENERAL LECLERC (14e)
[auf der Rückseite des Umschlags von der Hand GCLs:] mardi *[Dienstag]* 12 h 30

1 *[Gesang der Ausländerin]. PC (der »*Aliène« *statt richtig »*Alienne« *schreibt) spielt hier vor allem auf den ersten Teil des »*Poème à l'Étrangère *[Gedicht an die Fremde]«* an, der die Überschrift *»›*Alien Registration Act.‹ *[›Ausländer-Registrierungsgesetz‹]« trägt (und damit auf GCLs Mädchennamen de Lestrange, d. h. »Von der Fremde«):* »›Rue Gît-le-cœur ... Rue Gît-le-cœur ...‹

chante tout bas l'Alienne sous ses lampes, et ce sont là méprises de sa langue d'Étrangère [›Rue-Gît-le-cœur ... Rue-Gît-le-cœur ...‹ *singt die Ausländerin ganz leise unter ihren Lampen, und das sind Irrtümer ihrer Fremden-Sprache].« PCs Exemplar der Ausgabe (Exil, gefolgt von* Poèmes à l'Étrangère, Pluies – Neiges *[Regenfälle – Schneefälle], Paris, Librairie Gallimard, 1946) zeigt zahlreiche Lesespuren und Übersetzungsversuche. PC hatte GCL das Gedicht sicher vorgelesen.*
2 *Siehe Anm. 407/3.*

370
Madame Celan-Antschel / 78 rue de Longchamp / <u>Paris 16ᵉ</u> / *17 H 45 / 16 – 3 1966 / PARIS XIV / AV. GENERAL LECLERC (14ᵉ)*

371
Monsieur Paul Celan / Clinique de la Faculté / Service du Professeur Delay / 1 rue Cabanis / <u>Paris 14ᵉ</u> / *19 H / 17 – 3 1966 / R. DE LONGCHAMP (16ᵉ) / PARIS 106 [auf der Vorderseite des Umschlags von der Hand PCs:]* erh.: 18. 3. 66

1 *Die französische Übersetzung des* Meridian (Le Méridien) *erscheint im gleichen Jahr als Eröffnung des ersten Heftes der Literaturzeitschrift* L'Éphémère *(S. 3-20, zur französischen Übersetzung der Rede siehe auch Anm. 189/7). In der Nummer 7 der Zeitschrift (Herbst 1968, S. 14-31) veröffentlicht André du Bouchet dann Übersetzungen der acht Gedichte* Schneebett (Lit de neige), Sprachgitter (La parole, la grille), Matière de Bretagne, Tübingen, Jänner (Tübingen, janvier), Singbarer Rest (Résidu chantable), Über drei (Sur les trois), Aschenglorie (Cendres – la gloire) *und* Schlickende (Envasé). *In seinem Autorenexemplar hat PC einige dieser Übersetzungen mit Korrekturen versehen. Zu weiteren Übersetzungen von Gedichten PCs durch André du Bouchet siehe Brief 629/5.*
2 *Siehe Anm. 407/3. GCL fährt am 31. 3. 1966 nach Antibes.*
3 *Welche Stelle Raczynski meint, konnte nicht festgestellt werden. Zu PCs Übersetzung* Wie man die Wünsche beim Schwanz packt (Picasso) *siehe Anm. 28/2.*

372
Monsieur Paul Celan / Clinique de la Faculté / Service du Professeur Delay / 1 rue Cabanis / <u>Paris 14ᵉ</u> / *12 H / 18 – 3 1966 / PARIS XVI / R. SINGER (16ᵉ) [auf der Vorderseite des Umschlags von der Hand PCs:]* erh.: 19. 3. 66

Anmerkungen

1 *Siehe Anm. 367/1.*
2 *Siehe Brief 359.*
3 *Joseph Raczynski.*
4 *PC wählt ein Gedicht aus dem Sommer 1965 (siehe Anm. 356/4).*
Zum Portfolio VI *siehe Anm. 506/3.*
5 *Der Graphiker Henri Peyceré und seine Frau, die Musiklehrerin Marcelle Peyceré. Wen GCL mit* »Dubs« *meint, konnte nicht geklärt werden.*

373
Das Manuskript Angefochtener *(siehe* Angefochtener Stein, *GW III 147) wurde von PC selbst in das Konvolut* Eingedunkelt *eingeordnet. Entweder wurde das Gedicht persönlich übergeben, oder es lag dem folgenden Brief bei.*

1 *Die Widmungszeile – auch sie im Originalbrief deutsch – bezieht sich auf GCLs 39. Geburtstag. Eine andere Fassung des Gedichts ist mit der Notiz gekennzeichnet:* »An Gisèle, für den 19. März 1966« / »am 17. März 1966«.

374
Madame Celan-Antschel / 78 rue de Longchamp / Paris 16ᵉ / *17 H 45 / 18 – 3 1966 /* PARIS XIV / AV. GENERAL LECLERC *(14ᵉ)*

1 *Siehe Anm. 111/2.*
2 *Eine von André Breton vollständig revidierte Neuausgabe seiner Erzählung war drei Jahre vorher erschienen (Paris, Gallimard, 1963, ¹1928); der Band ist nicht oder nicht mehr in PCs Bibliothek enthalten. Breton, der als Medizinstudent auf seine Bitte hin dem Neuropsychiatrischen Zentrum in Saint-Dizier (Haute-Marne) zugewiesen worden war, greift in* Nadja *heftig die Psychiatrie, insbesondere die Behandlung der Kranken im* »Asile de Vaucluse« *(S. 159f.), an, wohin Nadja nach* »Exzentrizitäten« *eingeliefert worden war, und wo im übrigen auch PC selbst im November 1968 untergebracht wird. Auch Behandlungsmethoden der Ärzte von Sainte-Anne, besonders eines gewissen Prof. Claude, kritisiert Breton (S. 161):* »Il ne faut jamais avoir pénétré dans un asile pour ne pas savoir qu'on y fait les fous tout comme dans les maisons de correction on fait les bandits. [*Man sollte nie in einer Irrenanstalt gewesen sein, um nicht zu wissen, daß man dort die Irren erst macht, so, wie man in den Gefängnissen die Kriminellen erst macht.*]«

3 *PC übergibt GCL das Manuskript von* Die Atemlosigkeiten des Denkens *erst zwei Tage später (Brief 376). Mit »komponieren« bezieht er sich sicher auf die Genese dieses Gedichtes, an dem er am 18. 3. 1966 intensiv gearbeitet hat: Der Text entsteht durch die Verbindung von einzelnen Fragmenten (siehe GN 117 und 405-408).*

375
Madame Celan-Antschel / 78 rue de Longchamp / Paris 16ᵉ / 12 H / 19 – 3 1966 / PARIS XIV / AV. GENERAL LECLERC (14ᵉ)

376
Das Manuskript Die Atemlosigkeiten des Denkens *wurde GCL bei ihrem Besuch am 20. 3. 1966 übergeben (Tagebuch PC) und später von PC in das Konvolut von* Eingedunkelt *eingeordnet (GN 117). Auch die Widmung ist im Original deutsch.*

377
Der Brief wurde von GCL in einem unbeschriebenen Umschlag in der Klinik hinterlegt.

1 *Siehe Anm. 239/3.*
2 *James Joyce,* Ulysses, *2 Bände, vom Verfasser autorisierte Übersetzung von Georg Goyert, Zürich, Rhein-Verlag, o. J. (5. Auflage); die beiden Bände enthalten zahlreiche Unterstreichungen und, am Ende des 2. Teils (Bd. 2, S. 196), das Lektüredatum vom 12. 4. 1966. Siehe auch Anm. 379/1.*
3 *Lao-Tse,* Tao-Tê-King. Das heilige Buch vom Weg und von der Tugend, *Übersetzung, Einleitung und Anmerkungen von Günther Debon, Stuttgart, Philipp Reclam jun., 1961. Der Band enthält zahlreiche Unterstreichungen und Anmerkungen sowie einen Gedichtentwurf. PC notiert gegenüber dem Buchtitel: »Namen sind Gäste der Wirklichkeit«. Auf S. 23 schreibt er an den Rand des Textes Nr. 37 mit dem Datum des »6. 4. 1966«: »Die Botschaft des Tao-Te-King heißt: Dauer.« PC besaß noch eine weitere deutsche (siehe Anm. 226/2) und eine französische Ausgabe des* Tao-te-king: *Lao-Tseu,* La voie et sa vertu, *chinesischer Text, herausgegeben und übersetzt von Hoang-Kia-Tcheng und Pierre Leyris, Paris, Editions du Seuil, 1949; dort finden sich zahlreiche Lesespuren von der Hand GCLs – einige davon könnten auch von PC stammen – sowie die Notiz: »Lestrange G.« / »1948«.*

Anmerkungen

378
Umschlag wohl nicht erhalten.

1 *Die Sakel-Kur oder Insulin-Schock-Therapie war eine – heute ungebräuchliche – Behandlungsmethode in der Schizophrenie-Therapie, bei der ein Schockzustand bzw. ein Koma durch Insulininjektionen erzeugt wurde. GCLs Brief vom 23. 4. 1966 (Brief 416/1) zeigt, daß sich PC keiner derartigen Behandlung im strengen Sinn unterzogen hat.*
2 *Siehe Anm. 341/1.*
3 *Flughafen im Nordosten von Paris: Regine und Leo Schäfler sind auf dem Heimweg nach London.*
4 *Nicht identifizierte Vorträge – Leo Schäfler war Arzt.*
5 *Joseph Raczynski, Direktor des Goethe-Instituts Paris; zur dortigen* Atemkristall-*Ausstellung siehe Anm. 407/3.*

379
Madame Celan-Antschel / 78 rue de Longchamp / Paris 16ᵉ / 17 H 45 / 21 – 3 1966 / PARIS XIV / AV. GENERAL LECLERC (14ᵉ)

1 *Es ist also davon auszugehen, daß die zahlreichen Lesespuren in der Übersetzung des* Ulysses *von Joyce (siehe Anm. 377/2) nicht alle aus dem März und April 1966 stammen.*
Im zweiten Teil, an dessen Ende PC das Lektüredatum vom 12. 4. 1966 notiert hat, hebt er u. a. die folgenden Stellen durch An- oder Unterstreichung hervor:» | BLOOM. (Hinter seiner Hand.) Sie ist betrunken. Das Weib ist angerissen. (Er murmelt undeutlich das Losungswort der Ephraimiten.) || Shitbroleeth ||| *[siehe Schibboleth, GW I 131]. / |* ZWEITER POLIZIST. (Tränen in den Augen, zu Bloom.) Sie sollten sich denn doch wirklich schämen.« *(S. 83);* »FRAU BELLINGHAM. [...] Er drängte mich, behauptete, | er fühlte es als seine Mission im Leben, mich zu drängen, das eheliche Bett zu besudeln und so bald als möglich Ehebruch zu begehen.« *(S. 92);* »| DER BÜRGER. (Tief ergriffen, wischt eine Träne in sein grünes Halstuch.) Möge Gott ihn segnen! / (Die Widderhörner gebieten Ruhe. Die Standarte von Zion wird gehisst.)« *(S. 107);* »Bello. [...] || Warte nur neun Monate, mein Bürschchen. Heiliger Bimbam, strampelt und hustet ihr schon in den Därmen auf und ab! Macht dich wild, was? Grade an der kitzlichen Stelle, was? *(Er spuckt verächtlich aus.)* Spucknapf! / Bloom. Ich wurde ungebührlich behandelt. Ich ... benachrichtige die Polizei. Hundert Pfund.

Nein, so was. Ich...« *(S. 149);* »STEPHAN. [...] | *(Stephans Mutter, abgemagert, steigt steif in die Höhe durch den Fussboden, in Lepragrau, mit einem Kranz verwelkter Orangeblüten und zerrissenem Brautschleier, ihr Gesicht ist zerfressen und nasenlos, grün von Graberde. Ihr Haar ist spärlich und dünn. Sie heftet ihre blaugeränderten, hohlen Augenlöcher auf Stephan und öffnet den zahnlosen Mund, spricht ein stilles Wort. [...]) [...] [schräg angestrichen:]* BUCK MULLIGAN. Sie ist biestig verreckt. Schade drum. Mulligan begegnet der traurigen Mutter. *(Er blickt in die Höhe.)* Merkurialischer Malachi.« *(S. 175);* »| DIE MUTTER *(Ihr Gesicht kommt immer näher, sie atmet Aschenatem.)* Hüte dich! *(Sie hebt langsam ihren geschwärzten, verdorrten rechten Arm auf Stephans Brust, streckt die Finger aus.)* Hüte dich! Gottes Hand!« *(S. 177); [mit einer Wellenlinie versehen:]* »BLOOM. *(Redet mit der Nacht.)* Gesicht erinnert mich an seine arme Mutter. Im schattigen Wald. Die tiefe weisse Brust. Ferguson, glaube hörte ich. Ein Mädchen. Irgendein Mädchen. Das Beste, das ihm passieren könnte... *(Er murmelt.)* ... schwöre, dass ich immer begrüssen, immer verbergen, niemals enthüllen will irgendeinen Teil oder Teile, Kunst oder Künste... *(Er murmelt.)* ... im rauher Sand des Meeres... eine Kabellänge vom Strande... wo die Flut ebbt und flutet...« *(S. 195). PC scheint keine englische Ausgabe des* Ulysses *besessen zu haben.*

2 *Kantige (GN 118) wurde von PC im Konvolut* Eingedunkelt *eingeordnet. Auch die Widmung ist im Originalmanuskript deutsch.*

380
Monsieur Paul Celan / Service du Professeur Delay / Clinique de la Faculté / 1 rue Cabanis / Paris 14ᵉ / 12 H / 23 – 3 1966 / PARIS XVI / R. SINGER (16ᵉ) *[auf der Vorderseite des Umschlags von der Hand PCs:]* erh.: 23.*[gestrichen:* 3?*]* 4. 1966. / 23. 4. *[sic]* 66 / nachm.

1 Um dein Gesicht *und* Flüssiges Gold *(Brief 359);* Angefochtener *(Brief 373);* Die Atemlosigkeiten des Denkens *(Brief 376) und auch* Kantige *(Brief 379). Diese Maschinenabschrift durch GCL wird von PC korrigiert (siehe GN 400).*
2 *Siehe Anm. 407/3.*
3 *Mayotte Bollack,* La Raison de Lucrèce. Constitution d'une poétique philosophique avec un essai d'interprétation de la critique lucrétienne *[Die Ratio von Lukrez. Eine poetische Philosophie mit einem Interpretationsversuch der Lukrezkritik], Paris, Éditions de Minuit, 1978.*

Anmerkungen

4 *Brigitte und Gottfried Bermann Fischer, Direktor des S. Fischer Verlags.*
5 *Siehe Anm. 377/3.*

381
Monsieur Paul Celan *[in Sainte-Anne von GCL am Tag ihres Gesprächs mit Dr. O. (Notizkalender von GCL) hinterlegter Brief, auf der Vorderseite des Umschlags von der Hand PCs:]* erhalten am *[gestrichen: 27]* / Samstag *[gestrichen: Freitag]* 26. März

1 *Siehe Anm. 407/3.*
2 *Siehe Anm. 328/9.*
3 *Bildhauerin, Malerin und Graphikerin.*
4 *Weder die Radierungen noch die dänische Galerie konnten identifiziert werden.*

382
Madame Celan-Antschel / 78 rue de Longchamp / Paris 16e / 12 H / ?? – 3 1966 / PARIS XIV / AV. GENERAL LECLERC (14e)

1 *Im französischen Original »crayon [Stift]«, es müßte ›crayon à bille [Kugelschreiber]‹ heißen; es handelt sich um einen dicken Vierfarben-Kugelschreiber, wie ihn Krankenpfleger häufig verwenden.*
2 *Das Manuskript von* Unterhöhlt *(GN 423, Fassung C) wurde von PC in das Konvolut* Eingedunkelt *eingeordnet; siehe die endgültige Fassung (GN 119f.). In seinem Tagebuch erwähnt er das Projekt, das Gedicht GCL zu schicken.*
3 *Die Bemerkung ist rätselhaft, da keines der um den 26. 3. 1966 geschriebenen Gedichte von einer Übersetzung oder einer Liste mit Wortübersetzungen begleitet ist.*
4 *Hans Henny Jahnn,* Perrudja, *Frankfurt a. M. und Hamburg, S. Fischer, 1966 (Fischer Bücherei 724): PCs Exemplar enthält zahlreiche Lesespuren. PC hebt u. a. hervor:* »Er war das einsame Ich, das an sich selber unfruchtbar geworden, *das ergebnislos. Er konstruierte die Bekanntschaft mit einer Frau.! Wonnesame Augenblicke sog er ein.« (S. 105, das Ausrufezeichen vor »*Wonnesame*« ist von der Hand PCs); »Gegen Mittag sagte Perrudja: / ›[...] Ich selbst würde das Buch nehmen; aber meine Augen verhaken sich in Buchstaben und in einzelne Worte. Wie in ein Gitterwerk. [...] | Das weiße Bettuch hat eine bescheidene Ähnlichkeit mit dem Meeresstrand. Wenn man es nicht genau nimmt.‹ / Er griff nach einem*

Buch, das neben dem Bette lag, blätterte darin, murmelte Zahlen, hielt inne, wies mit dem Finger auf einen Druckabsatz und sagte: ›Beginne hier.‹« *(S. 106);* »Einmalige Gestalt längst abgewrackter, untergegangener, gestrandeter Schiffe. [...] Die sechsunddreißig Arten des Beischlafes, schwarze Gravur auf weißlichem Grund.« *(S. 299);* »Er saß unstraff da.« *(S. 302)*
Alfred Adler, Menschenkenntnis, Frankfurt a. M. und Hamburg, S. Fischer, 1966 (Fischer Bücherei 726): PCs Exemplar enthält Lesespuren.
Die Neue Rundschau, 1966, Heft 1 (außen, von der Hand GCLs: »erh. 10. 3. 66«*): PC liest und annotiert dort die Artikel von H. Böll, Tibor Déry, Alexander Mitscherlich und Peter Michelsen sowie Rezensionen von Fr. Bondy und H. Schwab-Felisch zu Büchern über Jean Genet und Ernst Niekisch.*
Akzente, Heft 1/2, März 1966 (außen, von der Hand GCLs: »erh. 14. 3 66«*): PC kreuzt dort den Namen Céline im Inhaltsverzeichnis an und liest und annotiert den Aufsatz* »Zwischen Wahrheit und Wirklichkeit. Ein Versuch über Louis-Ferdinand Céline« *von Fritz J. Raddatz sowie einen Auszug aus Peter Handkes Roman* Die Hornissen.
Die Bücherliste ist am Rand durch PC angestrichen.

383
Das Manuskript von Vor Scham *(GN 120) wurde GCL bei ihrem Besuch am 27. 3. 1966 (Tagebuch PC) übergeben und später von PC in das Konvolut* Eingedunkelt *eingeordnet. Auch die Widmung ist im Originalbrief deutsch.*

384
Madame Celan-Antschel / 78 rue de Longchamp / Paris 16^e / 12 H / 28 – 3 1966 / PARIS XIV / AV. GENERAL LECLERC (14^e)

1 *Die Seiten rechts und links waren wie die Zahlen und die Farben Gegenstand fortwährender Deutungsversuche PCs.*

385
Madame Celan-Antschel / 78 rue de Longchamp / Paris 16^e / 17 H 45 / 28 – 3 1966 / PARIS XIV / AV. GENERAL LECLERC (14^e)

386
Madame Celan-Antschel / 78 rue de Longchamp / Paris 16^e / 12 H / 30 – 3 1966 / PARIS XIV / AV. GENERAL LECLERC (14^e)

Anmerkungen 259

1 *Die Manuskripte von* Über die Köpfe *und* Wirfst *wurden von PC in das Konvolut* Eingedunkelt *eingeordnet. Siehe* Über die Köpfe *(GW III 145) und* Wirfst du *(GW III 146, eine der ersten Fassungen ist auf den »27. 3. 1966 (Sonntag)« datiert).*
PC hatte am Abend vor der Niederschrift der beiden Gedichte den 9. Gesang von Homers Odyssee *in der Übertragung von Wolfgang Schadewaldt gelesen; er untertreicht dort:* »Und auf ihr ist ein Hafen, gut anzulaufen, wo kein Halteatau nötig ist und auch nicht nötig, Ankersteine auszuwerfen noch Hecktaue anzubinden, sondern man braucht nur aufzulaufen und eine Zeit zu warten, bis der Mut der Schiffer sie treibt und die Winde heranwehen. Doch am Kopf des Hafens fließt helles Wasser, eine Quelle, hervor aus einer Grotte, und Pappeln wachsen darum. Dort liefen wir an – und es ging ein Gott vor uns her – während der dunklen Nacht, und da zeigte sich nichts, das man sehen konnte.« *bzw.* »Doch er trieb das fette Vieh in die weite Höhle, alles Stück für Stück, soviel er melken wollte, das männliche aber ließ er vor der Türe, die Widder und die Böcke, draußen in dem tiefen Hofe. Und setzte alsbald einen großen Türstein davor, den er hoch aufhob, einen gewaltigen. Den hätten nicht zweiundzwanzig Wagen, tüchtige, vierrädrige, wegwuchten können von dem Boden: einen so großen schroffen Stein setzte er vor die Türe.« *(Zum Text siehe 392/1; die Zitate S. 112 und 114.)*

387
Monsieur Paul Celan / Clinique de la Faculté / Service du Professeur Delay / 1 rue Cabanis / Paris 14ᵉ / 12 H / 29 – 3 1966 / *PARIS XVI / R. SINGER (16ᵉ) [auf der Vorderseite des Umschlags von der Hand PCs:]* erh. 30. März 1966

1 *Siehe Anm. 407/3.*
2 *Format 21,5 × 17,5.*

388
Umschlag wohl nicht erhalten.
Der Brief wurde von PC in das Konvolut Eingedunkelt *eingeordnet.*

1 *Das Manuskript von* »Der Ungebändigte, dreimal« *(siehe die endgültige Fassung* Deutlich, *GW III 143) war von PC in das Konvolut* Eingedunkelt *eingeordnet. In einer weiteren Fassung ist die Bemerkung ergänzt:* »An Gisèle (Abschrift brieflich an G.)«.

389
Madame Celan-Antschel / *[gestrichen:]* 78 rue de Longchamp / Paris 16ᵉ *[von fremder Hand ersetzt durch:]* chez Mme Marraud Villa Pampéro Rue Notre Dame Cap d'Antibes (A.-M.) / *19 H 30 / 31 – 3 1966 / PARIS XIV / AV. GENERAL LECLERC (14ᵉ) 12 H / 2 – 4 1966 / PARIS XVI / R. SINGER (16ᵉ)*

1 *Das Manuskript von* Nach dem Lichtverzicht *(GW III 142) wurde von PC in das Konvolut* Atemwende *eingeordnet. PC datiert hier französisch:* »30 mars 1966«.
2 *In ein großkariertes Heft (die Bindung wurde später gelöst) schrieb PC alle Gedichte noch einmal ab, die er in der* »Klinik des Prof. Delay«, *also in Sainte-Anne, zwischen März und Anfang Mai 1966 geschrieben hatte. Aus diesem Ensemble entnimmt er später den unter dem Titel* Eingedunkelt *1968 publizierten Zyklus (siehe GN 400f.).*

390
Monsieur Paul Celan / Clinique de la Faculté / Service du Professeur Delay / 1 rue Cabanis / <u>Paris 14ᵉ</u> / *10 H 45 / 1 – 4 1966 / PARIS 106 / R. DE LONGCHAMP (16ᵉ) [auf der Vorderseite des Umschlags von der Hand PCs:]* erh.: 2. April 66

1 *Auf dem Plakat zur* Atemkristall-*Ausstellung im Pariser Goethe-Institut (siehe Anm. 407/3) war die erste der acht Radierungen von* Atemkristall *zu sehen; sie steht im Buch dem Titel gegenüber. Gerhard Hock ist der sprachliche Leiter und stellvertretende Direktor des Pariser Goethe-Instituts.*
2 *Katalog zur Ausstellung in der Kestner-Gesellschaft in Hannover im Mai/Juni 1964 (siehe Brief 183/2).*

391
Madame Celan / aux bons soins de Madame Marraud / Villa Pampéro, / Avenue Notre Dame, *[sic]* / <u>Cap d'Antibes</u> / (Alpes Maritime *[sic]*) / *12 H / 1 – 4 1966 / PARIS XIV / AV. GENERAL LECLERC (14ᵉ)*

1 *Das Datum wird vom Herausgeber vorgeschlagen (Datierung durch GCL: April 1966): Der 31. 3. 1966 entspricht dem Entstehungsdatum von* Einbruch.
2 *Das Manuskript von* Einbruch des Ungeschiedenen, *eingeordnet in das Konvolut* Eingedunkelt, *gibt noch nicht die endgültige Fassung (GW III 150). Über dem deutschen Gedicht ist von GCL die*

französische Übersetzung des Titels, »Infraction du non séparé«, *durch PC notiert; siehe dazu Anm. 392/2. Die Widmung ist im Original ebenfalls deutsch. Ein anderes Manuskript dieses Gedichts im Nachlaß PCs enthält die Bemerkung:* »31. März 1966« / »Abschrift an Gisèle, Cap d'Antibes« / »E[n]dg[ültige] Fassung«.

392
Madame Celan-Antschel / chez Madame Marraud / Villa Pampero / Avenue Notre-Dame / Cap d'Antibes / (Alpes Maritimes *[sic]*) / *17 H 45 / 2 – 4 1966 / PARIS XIV / AV. GENERAL LECLERC (14e)*
Der Brief war von PC in das Konvolut Eingedunkelt, *der zugehörige Umschlag zusammen mit Brief 391 eingeordnet.*

1 *Neben dem* Ulysses *von Joyce und den bereits erwähnten Bänden (Anm. 382/4) hat PC u. a. folgende Werke gelesen, aus deren Lektüre sich Spuren auch in den gleichzeitig entstandenen Gedichten aus* Eingedunkelt *und den unveröffentlichten Gedichten aus dem Umkreis dieses Zyklus finden:*
Thomas Wolfe, Von Zeit und Strom *[Of Time and the River, 1935]*, 2 *Bände, Übersetzung von Hans Schiebelhuth, Berlin, Rowohlt, 1936: zu den zahlreichen Lesespuren siehe* Kantige *(GN 409),* Unterhöhlt *(GN 412 f.),* Vor Scham *(GN 414) und* Im Kreis *(GN 416); ein Lektüredatum vom 25. 3. 1966 findet sich am Ende des zweiten Bandes.*
Joseph Conrad, Der Geheimagent *[The Secret Agent, 1935], deutsch von G. Danehl, Frankfurt a. M., S. Fischer, 1963: Der Band weist zahlreiche Lesespuren auf und am Schluß des Bandes ein Lektüredatum (6. 4. 1966).*
Homer, Die Odyssee, *übersetzt in deutsche Prosa von Wolfgang Schadewaldt, Hamburg, Rowohlt, 1958: In PCs Exemplar ist mit* »Frankfurt am Main« / »20. 3. 1959« *der Tag eingetragen, an dem das Buch erworben wurde; zu den zahlreichen Lesespuren siehe* Weihgüsse *(GN 456); S. 84 und 93, am Ende der Gesänge VI und VII, ist als Lektüredatum der 30. 3. 1966 notiert; S. 138, am Schluß von Gesang X, der 28. 3. 1966; S. 191, am Ende von Gesang XIV, der 26. 4. 1966; S. 296, am Ende von Gesang XXII, der 29. 3. 1966 und der 13. 4. 1966.*
2 *PC verwendet* »infraction *[Übertretung]*« *hier im etymologischen Sinn des Wortes oder meint in Wirklichkeit vielleicht auch* »effraction *[Einbruch]*« *oder vielmehr* »entrée par effraction *[Eintritt durch Einbruch]*« *oder* »irruption *[(feindlicher) Einfall]*«.

393
Monsieur Paul Celan / Clinique de la Faculté / Service du Professeur Delay / 1 rue Cabanis / Paris 14e / *18 H 30 / 1 – 4 1966 / ANTIBES / ALPES-MARITIMES*

1 *GCL verwendet das Wort* »voitureuse« *von* »voiture«, »Auto«, *eine franco-celansche Neubildung.*
2 *PC streicht die Passage von* »Ein Stein« *bis* »wissen –« *am Rand an; auch die Unterstreichung des Satzes* »Nicht zu verstehen, aber vielleicht zu wissen –« *stammt von ihm.*
3 *GCL täuscht sich in der Straße: Tatsächlich wohnt sie in der* Avenue du soleil.

394
Madame Celan / aux bons soins de Madame Marraud / Villa Pampero / Rue Notre Dame *[sic]* / Cap d'Antibes / (Alpes Maritimes *[sic]*) / *12 H / 4 – 4 1966 / PARIS XIV / AV. GENERAL LECLERC (14^e)*

1 *Siehe Anm. 407/3.*
2 *PC bestätigt auf diese Weise den Erhalt des mit dem Brief vom 31. 3. 1966 (Brief 390) auf dem Postweg gesandten Geldes.*
3 *GCL hatte zu diesem Zeitpunkt das Kodein schon nach Bukarest geschickt, um das der schwerkranke Dichter Alfred Margul-Sperber gebeten hatte.*

395
Monsieur Paul Celan / Clinique de la Faculté / Service du Professeur Delay / 1 rue Cabanis / Paris 14e / *17 H / 4 – 4 1966 / ANTIBES / ALPES-MARITIMES [auf der Vorderseite des Umschlags von der Hand PCs:]* erh. / Vormittags / 5. 4. 1966

1 *Zum* Portfolio VI *siehe Anm. 506/3.*
2 *Joseph Joubert,* Pensées *[Gedanken], Auswahl und Einleitung von Georges Poulet, Paris, Union Générale d'Éditions, 1966 (= Bibliothèque 10/18): Der Band enthält zahlreiche Lesespuren von PC, besonders in der Einleitung.*
3 *GCL wird diesen ersten Band der* Œuvres complètes *[Sämtliche Werke] von Albert Camus (*Théâtre, récits, nouvelles *[Theater, Erzählungen, Novellen], Vorwort von Jean Grenier, herausgeben und kommentiert von Roger Quilliot, Paris, Gallimard, 1962) nicht erwerben.*

396

Madame Celan / chez Madame Marraud / Villa Pampero / Rue Notre-Dame / Cap d'Antibes / (Alpes Maritimes *[sic]* / *12 H* / *4 – 4 1966* / *PARIS XIV* / *AV. GENERAL LECLERC (14ᵉ)*
Paul Celan-Antschel, Clinique de la Faculté, / Service du Professeur Delay
Der Brief war von PC in das Konvolut Eingedunkelt, *der zugehörige Umschlag zusammen mit Brief 391 eingeordnet.*

1 *Auch das separate Manuskript von* »Das Narbenwahre, verhakt« *wurde von PC in das Konvolut* Eingedunkelt *eingeordnet (siehe* Das Narbenwahre, *GN 122, zur hier publizierten Fassung H siehe GN 422). PC hatte zunächst vor, eine frühere Fassung des Gedichts vom 2. 4. 1966 an GCL zu senden mit dem Gruß:* »Bonnes vacances,« / »Bonne vie!« / »P.« / »2. 4. 66 *[Schöne Ferien, / Schönes Leben!]« (siehe GN 422, Fassung G); die enthaltenen Worterklärungen wurden alle in die Wortliste von Brief 397 übernommen. Die Bemerkung* »An Gisèle« *ist auch im Originalbrief deutsch.*
2 *Die Übersetzung fehlt.*

397

Madame Celan / aux bons soins de Madame Marraud / Villa Pampero / Rue Notre-Dame / Cap d'Antibes / (Alpes-Maritime *[sic]*) / *17 H 45* / *4 – 4 1966* / *PARIS XIV* / *AV. GENERAL LECLERC (14ᵉ)*
Paul Celan, Clinique de la Faculté, / Service du Professeur Delay, / 1, *[gestrichen: R]rue Cabanis*
Die als Liste geschriebenen Worterklärungen waren von PC in das Konvolut Eingedunkelt, *der zugehörige Umschlag zusammen mit Brief 389 eingeordnet.*

398

Madame Celan / aux bons soins de Madame Marraud / Villa Pampero / Rue Notre-Dame / Cap d'Antibes / (Alpes Maritime *[sic]*) / *17 H 45* / *4 – 4 1966* / *PARIS XIV* / *AV. GENERAL LECLERC (14ᵉ)*
Paul Celan, Clinique de la Faculté, / Service du Professeur Deniker, / 1, rue Cabanis (14ᵉ)

1 *Das Manuskript von* Bedenkenlos *war von PC in das Konvolut* Eingedunkelt *eingeordnet; die Arbeit am Gedicht war zum Zeitpunkt dieses Briefes doch noch nicht abgeschlossen (siehe die endgültige Fassung GW III 141). Die Bemerkung zur Datierung ist auch im Originalbrief deutsch.*

399
Madame Celan / chez Madame Marraud / Villa Pampero / Rue Notre-Dame / Cap d'Antibes / (Alpes Maritimes *[sic]*) / 12 H / 5 – 4 1966 / PARIS XIV / AV. GENERAL LECLERC (14^e)
Die als Liste angeordneten Worterklärungen waren von PC in das Konvolut Eingedunkelt eingeordnet; sie endet tatsächlich mit Komma, das letzte Wort ist mit einer gepunkteten Linie ›unterstrichen‹. Der zugehörige Umschlag war zusammen mit Brief 391 eingeordnet.

400
Monsieur Paul Celan / Service du Professeur Delay / Clinique de la Faculté / 1 rue Cabanis / Paris 14e / 19 H 30 / 6 – 4 1966 / ANTIBES / ALPES-MARITIMES

1 *GCL schreibt fälschlich* »4«.
2 *Liste (Brief 397) und Gedicht* Das Narbenwahre *(Brief 396).*
3 *GCL täuscht sich, das letzte in Paris erhaltene Gedicht war* »Der Ungebändigte, dreimal« *(siehe Brief 388); es entspricht nicht der erwähnten Wortliste.*
4 *PC kommt erst im Oktober 1968 in die Provence, und zwar allein.*

401
Madame Celan / *[gestrichen:]* chez Madame Marraud / Villa Pampero / Avenue du Soleil / Cap d'Antibes / (Alpes Maritimes *[sic]*) *[von fremder Hand ersetzt durch:]* Faire suivre / 78 Rue de Longchamp / Paris XVI / 12 H / 7 – 4 1966 / PARIS XIV / AV. GENERAL LECLERC (14^e)
16 H / 16 – 4 1966 / ANTIBES / ALPES-MARITIMES // 19 H 30 / 16 – 4 1966 / ANTIBES / ALPES-MARITIMES

1 »Das Seil, zwischen zwei hoch-«, *Fassung F, GN 425 f. Die Bemerkung zur Datierung ist im Original ebenfalls deutsch. PC schickt GCL am 16. 4. 1966 die letzte Fassung des Gedichts (*Das Seil, *GN 123; siehe Brief 408).*

402
Madame Celan / *[gestrichen:]* chez Madame Marraud / Villa Pampero / Avenue du Soleil / Cap d'Antibes / (Alpes Maritimes *[sic]*) *[von fremder Hand ersetzt durch:]* Faire Suivre / 78 Rue de Longchamp / Paris XVIe / 13 H 30 / 8 – 4 1966 / PARIS XIV / AV. GENERAL LECLERC (14^e)

Anmerkungen 265

16 H / 16 – 4 1966 / ANTIBES / ALPES-MARITIMES // 19 H 30 / 16 – 4 1966 / ANTIBES / ALPES-MARITIMES

1 *PC schreibt fälschlich* »mercredi *[Mittwoch]*«.
2 *Zur letzten Fassung von* Mit dem rotierenden *(hier Fassung E, GN 428) siehe GN 124. Die Bemerkung zur Datierung ist auch im Originalbrief deutsch. Von GCL ist mit Bleistift oben am rechten Rand ergänzt:* »Klümpen *[sic]* motte« / »motte œilletée!«
3 *Bei* »œilletée«, *von* »œil«, »Auge«, *handelt es sich um eine franco-celansche Neubildung.*
4 »usw.« *ist mit einer gepunkteten Linie ›unterstrichen‹.*

403
Umschlag wohl nicht erhalten.

1 *Das Datum wird vom Herausgeber aufgrund des Entstehungsdatums des beigelegten Gedichtes vorgeschlagen.*
2 *Das Manuskript von* »Vom Hochseil herab-« *wie auch das der als Liste geschriebenen Worterklärungen – der Gruß ist am Rand mit doppeltem Anstrich versehen – wurden von PC in das Konvolut von* Eingedunkelt *eingeordnet (siehe die Endfassung GW III 144).*

404
Madame Celan / chez Madame Marraud / Villa Pampero / Ave du Soleil / Cap d'Antibes / (Alpes Maritime *[sic]*) / 17 H 45 / 8 – 4 1966 / PARIS XIV / AV. GENERAL LECLERC (14e)
Paul Celan, Clinique de la Faculté, Service / du Professeur Delay / 1, rue Cabanis / Paris (14e)

1 *Ursprünglich war* »Oder es kommt« *die letzte Strophe von* »Das Narbenwahre, verhakt« *(siehe Brief 396 und GN 422, Fassung G), daher wohl die Punkte am Anfang. Zur hier gedruckten Fassung von* »Oder es kommt« *siehe GN 429, Fassung E, zur endgültigen Fassung GN 125.*
2 *Die Briefe vom 5. 4. 1966 (Brief 400) und 6. 3. 1966 (nicht publiziert).*

405
Madame Celan / chez Madame Marraud / Villa Pampero / Avenue du Soleil / Cap d'Antibes / (Alpes Maritime *[sic]*) / *[Poststempel fehlt]*

1 *PC schreibt fälschlich* »Vendredi *[Freitag]*«.
2 *Das Gedicht* »Notgesang« *wurde von PC in das Konvolut* Eingedunkelt *eingeordnet (siehe GN 342, Fassung F; zur endgültigen Fassung GN 126)*.
3 *Die gestrichene Variante am rechten Rand,* »der Macchia«, *wurde wohl zu einem späteren Zeitpunkt, d. h. nach dem Versand des Briefes, ergänzt.*

406
Monsieur Eric Celan / 78 rue de Longchamp / Paris 16^e / *13 H 30* / *12 – 4 1966 / PARIS XIV / AV. GENERAL LECLERC (14^e)*

1 *Siehe Anm. 176/1.*
2 *Zwei Tage vor diesem Brief hatte PC Reinschriften von sechs der elf zwischen dem 29. 3. 1966 und dem 9. 4. 1966 in der* »clinique du Pr Delay *[Klinik von Prof. Delay]*« *geschriebenen Gedichte erstellt (acht sind hier publiziert, siehe die Briefe 373, 386, 388, 389, 391, 398, 403, 409). PC plant zunächst, diesen* »nouveau cycle de Poèmes *[neuen Gedichtzyklus]*« *in das Ensemble der Gedichte zu integrieren, die er dann* »Fadensonnen« *nennen sollte; er publiziert sie aber tatsächlich erst im Rahmen eines Bandes, in dem Siegfried Unseld* »aufgegebene Werke« *verschiedener Autoren versammelte (Frankfurt a. M., Suhrkamp, 1968). Über die Entstehung von* »Eingedunkelt« *und die weiteren dazugehörigen Gedichte, die zwischen Februar und Mai 1966 entstanden (17 der 24 Gedichte sind hier publiziert, siehe die Briefe 359, 376, 379, 382, 383, 396, 401, 402, 404, 405, 408, 412, 415, 421, 424, 428 und 429), siehe GN 400 f.*

407
Monsieur Paul Celan / Clinique de la Faculté / Service du Professeur Delay / 1 rue Cabanis / Paris 14e / *16 H 15* / *15 - 4 1966 / PARIS 106 / R. DE LONGCHAMP (16e)*

1 *Siehe Anm. 390/1.*
2 *Christian Schmitt war Direktor des Goethe-Instituts Paris zwischen 1962 und 1965.*
3 *Dem Brief sind beigefügt: ein kleiner Katalog in Form eines Faltblatts für die Ausstellung im Goethe-Institut (17, Avenue d'Iéna, 16e) vom 19. 4. 1966 bis 6. 5. 1966, mit einer Beschreibung von* Atemkristall *und den zweisprachigen Titeln der 39 ausgestellten Radierungen; eine Einladungskarte zur Vernissage am Montag, dem*

18. 4. 1966, mit dem Text: »Paul Celan – ›Atemkristall‹, vingt et un poèmes inédits avec huit eaux-fortes de Gisèle Celan Lestrange / Eaux-fortes de Gisèle Celan-Lestrange *[Paul Celan – ›Atemkristall‹, einundzwanzig unveröffentlichte Gedichte mit acht Radierungen von Gisèle Celan-Lestrange / Radierungen von Gisèle Celan-Lestrange]«. PC ordnete diese Materialien unter einem Etikett von seiner Hand ein:* »Vernissage Exposition Gisèle« / »(Atemkristall + gravures) *[Vernissage Ausstellung Gisèle / (Atemkristall + Radierungen)]«.*
4 *Großer Stoffmarkt in Montmartre.*
5 *Im zur Wohnung in der Rue de Longchamp gehörenden Dienstmädchenzimmer unter dem Dach; es wurde von GCL als Atelier verwendet.*
6 *Siehe Anm. 198/9; ein einziger Abzug der Radierung trägt noch den ursprünglichen Titel* Je maintiendrai *– von der Hand von PC und gefolgt von dem Datum* »21. XI. 1964«.

408
Madame Celan / 78 rue de Longchamp / Paris 16^e / *17 H 45* / *18 – 4 1966* / *PARIS XIV / AV. GENERAL LECLERC (14^e)*
Der Brief trägt oben rechts die Notiz von der Hand GCLs: »(17. IV. 1966)«

1 *PC verwechselt das Datum der Vernissage (18. April) und das des Beginns der Ausstellung (19. April).*
2 *Der Satz ist nicht abgeschlossen.*
3 *Das Manuskript von* Das Seil *(GN 123) ist dem Brief beigefügt; PC hatte bereits am 16. 4. 1966 eine Fassung des Gedichts geschickt (siehe Brief 401). Die Bemerkung zur Datierung ist auch im Originalmanuskript deutsch.*

409

1 *PC gibt im Originalbrief den Titel des deutschen Gedichts:* »MIT UNS, den / Umhergeworfenen, dennoch / Fahrenden: // der eine / unversehrte, / nicht usurpierbare, / aufständische / Gram.« *(GW III 151), auch die Widmung ist deutsch. Das Manuskript von* »Avec nous autres« *wurde von PC in das Konvolut* Eingedunkelt *eingeordnet. Im Nachlaß sind zwei Entwürfe für diese Übersetzung von* Mit uns *erhalten. Über dem gestrichenen ersten befindet sich eine französische Fassung von* Oder es kommt *(GN 430, Fassung G; siehe*

auch Brief 404): »Avec nous autres, / les cahotés et pourtant / du *[gestrichen:* v*]Voyage,* // *l'[gestrichen:* u*]Un* et Seul / l'intacte, le point usurpable *[gestrichen: :]* –: / le Chagrin / insurgé.« *[am Rand eine Variante der beiden letzten Verse:]* »toi, Chagrin, / insurgé.« *Zweiter Entwurf (darüber Lektürenotizen):* »Avec nous *[gestrichen:* , les*]* autres / *[eingefügt:* les*]* cahotés et *[gestrichen:* pourtant*]* néanmoins / *[gestrichen:* naviguant:*]* du voyage // *[gestrichen:* le seul,*]* l'un et seul / intacte / point usurpable / chagrin: / *[gestrichen:* l'insurgé*]*«.
2 *In den Entwürfen (siehe Anm. 1) schreibt PC* »l'intacte«, *verwendet also die weibliche Form mit dem bestimmten Artikel.*

410
Monsieur Paul Celan / Clinique de la Faculté / Service du Professeur Delay / 1 rue Cabanis / <u>Paris 14e</u> / *12 H* / *20 – 4 1966* / *PARIS XVI* / *R. SINGER (16e)*

1 *GCL schreibt fälschlich* »lundi *[Montag]*«.
2 *Siehe zu allen in diesem Brief genannten Personen das Personenregister.*
3 *Roland Beauroy, Bruder von Mayotte Bollack.*
4 *Francine Payelle, eine enge Freundin von GCL.*
5 *Der erst durch seine Frau Brigitte Meier-Denninghoff zur Bildhauerei gekommene Fotograf und Schauspieler Martin Matschinsky.*
6 *Das spätere* Schwarzmaut, *publiziert im März 1969.*
7 *Joseph Raczynski, der Direktor des Pariser Goethe-Instituts.*
8 *Das Goethe-Institut hatte den genannten drei Künstlern gerade eine Ausstellung gewidmet (28. 2. 1966 bis 31. 3. 1966).*
9 *Librairie Bernard Loliée, 72, Rue de Seine, 6e.*
10 *Allemanns Brief ist datiert in Paris auf den 19. 4. 1966.*

411
Monsieur Paul Celan / Service du Professeur Delay / Clinique de la Faculté (Hommes) / 1 rue Cabanis / <u>Paris 14e</u> / *12 H 30* / *21 – 4 1966* / *PARIS 106* / *R. DE LONGCHAMP (16e)*

1 *Psychiater der Krankenhausabteilung, in der PC liegt.*

412
Madame Celan / 78 rue de Longchamp / <u>Paris 16e</u> / *17 H 45* / *22 – 4 1966* / *PARIS XIV* / *AV. GENERAL LECLERC (14e)*
Ein Entwurf zu diesem Brief, für den GCL als Datierung 1967 an-

nimmt, wurde vom Herausgeber dem vorliegenden zugeordnet (Text ohne orthographische Korrekturen): »Voici, ma Chérie, le plus récent des poèmes quotidiens. Il voudrais que vous *[gestrichen: c]*sachie*[gestrichen: r]*z, grâce à lui aussi, combien proche de vous est ce que j'entreprends, encore. / On m'a fait une prise de *[gestrichen: sang ce]* sang ce matin, c'étaient les infirmiers – je crois avoir compris ›glycémie‹ comme nom pour l'analyse qu'ils en font. / Plus, de vous même, vous vous associez à mes élans, plus ils surgiront, plus ils tiendront, vrais encore et encore. / Réfléchissez quant au jour où vous *[gestrichen: voudrez]* me montrerez l'exposition – ils faut que je le sache assez vite, pour pouvoir demander ma permission. / Eric, mon fils aimé, j'ai été heureux d'apprendre que vous avez été *[Hier, ma Chérie, das neueste meiner täglichen Gedichte. Es möchte, daß Sie auch dadurch wissen, wie nahe Ihnen das ist, was ich unternehme, immer noch. / Man hat mir heute Blut abgenommen, es waren Krankenpfleger – ich habe ›Glykämie‹ als Name für die Untersuchung verstanden, die sie machen. / Je mehr Sie sich von sich aus meinem Schwung anschließen, desto mehr kommt er auch hoch, desto mehr hält er, immer und immer wahr. / Denken Sie über den Tag nach, an dem Sie mir die Ausstellung zeigen möchten – ich muß es ziemlich bald wissen, um um Erlaubnis bitten zu können. / Eric, mein geliebter Sohn, ich habe mich gefreut zu hören, daß Ihr]*«.

1 *Das Manuskript von* Wildnisse *(GN 132) ist dem Brief beigelegt.*
2 *Die Sakel-Kur; siehe Anm. 378/1.*
3 *Siehe Anm. 137/1 und Brief 198/9.*

413
Monsieur Paul Celan *[der Brief wurde von GCL in der Psychiatrischen Universitätsklinik für PC am 23. 4. 1966 hinterlegt, sie hatte an diesem Tag mit den dortigen Ärzten einen Termin (Notizkalender GCL); auf der Vorderseite des Umschlags von der Hand PCs:]* <u>der Herzbrief</u> / 23. April 1966

414
Madame Celan / 78 rue de Longchamp / <u>Paris 16ᵉ</u> *[frankierter, aber nicht abgestempelter Umschlag]*

1 *[Es gibt keinen Rückzug, sondern eine tausendjährige Geduld (Übers. Helmlé).] Char hatte den Celans den Stein wohl 1955 oder 1956 geschenkt.*

2 *Herr Sébille ist ebenfalls Patient; von ihm erhält GCL diesen Brief.*

415
Madame Celan / 78 rue de Longchamp / Paris 16ᵉ / 17 H 45 / 23 – 4 1966 / PARIS XIV / AV. GENERAL LECLERC (14ᵉ)

1 *Der letzte Teil der Anrede ist im Originalbrief deutsch.*
2 *PC spielt auf seine* Ansprache anläßlich der Entgegennahme des Literaturpreises der Freien Hansestadt Bremen *an:* »Das Gedicht kann [...] eine Flaschenpost sein, aufgegeben in dem – gewiß nicht immer hoffnungsstarken – Glauben, sie könnte irgendwo und irgendwann an Land gespült werden, an Herzland vielleicht.« (GW III 186)
3 *Das Manuskript von* »Schreib dich nicht« *(GN 449, Fassung D) ist in diesen dritten Brief des Tages, der mit PCs zweitem und vierten in einem Umschlag verschickt wurde, integriert (zu den beiden letzten Fassungen des Gedichts siehe GN 133 und 320). PC hat GCL wohl eine zweite Fassung des Gedichts in den folgenden Tagen übergeben (später von PC in das Konvolut* Eingedunkelt *eingeordnet). Diesem Text, der, abgesehen von den Punkten am Schluß jeder Strophe, dem hier publizierten Text entspricht, folgt die Widmung:* »23. 4. 66« / »abends« / »Für Dich,« / »Gisèle, Geliebte« *(GN 449, Fassung C; Widmung im Original deutsch).*

416
Monsieur Paul Celan / Clinique de la Faculté (Hommes) / Service du Professeur Delay / 1 rue Cabanis / Paris 14ᵉ / 17 H 45 23 – 4 1966 PARIS XVI R. SINGER (15ᵉ) *[auf der Vorderseite des Umschlags von der Hand PCs:]* erh. 25. 4. 66

1 *Zur Sakel-Kur siehe Anm. 378/1.*
2 *Zu den Meisen im Briefkasten siehe Anm. 239/3.*

417
Madame Celan / 78 rue de Longchamp / Paris 16ᵉ / 12 H / 25 – 4 1966 / PARIS XIV / AV. GENERAL LECLERC (14ᵉ)
Der Brief ist im Original vollständig deutsch.

1 *Siehe die Beschreibung des Umschlags zu Brief 413.*
2 *Siehe Anm. 78/3.*

418

Madame Celan / 78 rue de Longchamp / Paris 16ᵉ / *12 H / 25 – 4 1966 / PARIS XIV / AV. GENERAL LECLERC (14ᵉ)*

1 *Siehe Anm. 355/2.*

419

Monsieur Paul Celan / Clinique de la Faculté (Hommes) / Service du Professeur Delay / 1 rue Cabanis / Paris 14ᵉ / *20 H 30 / 25 – 4 1966 / PARIS XVI / R. SINGER (16ᵉ) [auf der Vorderseite des Umschlags von der Hand PCs:]* erh. / 26. 4. 66

1 Atemkristall.
2 *Siehe Anm. 239/3.*

420

Monsieur Paul Celan / Clinique de la Faculté (Hommes) / Service du Professeur Delay / 1 rue Cabanis / Paris 14ᵉ / *17 H 45 / 26 – 4 1966 / PARIS XVI / R. SINGER (16ᵉ) [auf der Vorderseite des Umschlags von der Hand PCs:]* erh. / 27. 4. 66

421

Madame Celan / 78 rue de Longchamp / Paris 16ᵉ / *13 H 30 / 28 – 4 1966 / PARIS XIV / AV. GENERAL LECLERC (14ᵉ)*

1 *Das Manuskript von* Weihgüsse *(GN 458, Fassung G, Endfassung GN 135) liegt dem Brief bei. Die Datierung und die Bemerkung* »An Gisèle« *sind im Originalbrief ebenfalls deutsch.*

422

Madame Celan / 78 rue de Longchamp / Paris 16ᵉ / *13 H 30 / 28 – 4 1966 / PARIS XIV / AV. GENERAL LECLERC (14ᵉ)*

1 *Krankenpfleger, Pflegedienstleiter.*

423

Monsieur Paul Celan *[von GCL in der Psychiatrischen Universitätsklinik am 30. 4. 1966, dem Tag eines Gesprächs mit den dortigen Ärzten, hinterlegter Brief (Notizkalender GCL)]*

1 *Der Satz ist nicht abgeschlossen.*

424
Madame Celan / 78 rue de Longchamp / Paris 16ᵉ / 12 H / 2 – 5
1966 / PARIS XIV / AV. GENERAL LECLERC (14ᵉ)

1 *Siehe Anm. 378/1.*
2 *Siehe* Give the Word, *V. 7-12 (Brief 236), und* Ruh aus in deinen Wunden *(Brief 264).*
3 *Das Manuskript von* Die Zerstörungen? *(GN 459, Fassung C, Endfassung GN 136) wurde von PC in das Konvolut* Eingedunkelt *eingeordnet. GCL hat darauf die französische Übersetzung des Titels – »Dévastations?« – notiert und dann wieder gestrichen. Auch das Datum und die Bemerkung »*An Gisèle« *sind im Originalmanuskript deutsch.*

425
Der Umschlag ist nicht erhalten, vielleicht lag der Brief auch dem folgenden bei.

1 *Frau de la Motte (siehe Brief 69/2) wird im Hôtel du Rond Point de Longchamp untergebracht.*
2 *Über die Ausstellung im Goethe-Institut siehe Anm. 407/3.*
3 *Die Meinung der Malerin Elisabeth Dujarric de la Rivière hat viel Gewicht für GCL.*
4 Portfolio VI *(siehe Anm. 506/3) wird keinen anderen Titel haben.*

426
Monsieur Paul Celan / Clinique de la Faculté (Hommes) / Service du Professeur Delay / 1 rue Cabanis / Paris 14ᵉ / ?? H / 3 – 5 1966 / PARIS XVI / R. SINGER (16ᵉ)

1 *Buchhandlung Kurt Saucke (Paulstraße 6).*
2 *Siehe Anm. 328/9.*
3 *Zum späteren* Portfolio VI *siehe Anm. 506/3.*

427
Madame Celan / 78 rue de Longchamp / Paris 16ᵉ / 17 H 45 / 2 – 5
1966 / PARIS XIV / AV. GENERAL LECLERC (14ᵉ)

1 *Zur Sakel-Kur siehe Anm. 378/1. PCs Schrift ist in diesem Brief stark verändert.*

428
Madame Celan / 78 rue de Longchamp / <u>Paris 16ᵉ</u> / *12 H / 3 – 5 1966* / PARIS XIV / AV. GENERAL LECLERC *(14ᵉ)*

1 *Das Datum und die Bemerkung* »an Gisèle« *im Manuskript von* Herbeigewehte *(GN 460, Fassung B; siehe die Endfassung GN 137) sind auch im Originalmanuskript deutsch.*

429
Madame Celan / 78 rue de Longchamp / <u>Paris 16ᵉ</u> / *13 H 30 / 4 – 5 1966* / PARIS XIV / AV. GENERAL LECLERC *(14ᵉ)*

1 *Die vier Zeilen (hier in diplomatischer Wiedergabe) stellen eine französische Paraphrase des beigefügten Gedichts* »Lindenblättrige Ohnmacht« *(GN 461, Fassung C, Endfassungen GN 138 und 321) dar; man hat hier sicher auch an das durch die Sakel-Kur (siehe Brief 442, 3. Abschnitt) ausgelöste Koma zu denken. Im deutschen Gedicht ist auch das Datum im Original deutsch.*

430
Madame Celan / 78 rue de Longchamp / <u>Paris 16ᵉ</u> / *12 H / 5 – 5 1966* / PARIS XIV / AV. GENERAL LECLERC *(14ᵉ)*

431
Monsieur Paul Celan / Service du Professeur Delay / Clinique de la Faculté (Hommes) / 1 rue Cabanis / <u>Paris 14ᵉ</u> / *?? H / 6 – 5 1966* / PARIS XVI / R. SINGER *(16ᵉ)*

1 *GCL schreibt fälschlich* »6«.
2 *Nach PCs Brief vom 20. 12. 1965 (Brief 311) eine* »antidepressive Behandlung mit Spritzen«.
3 *Erst am 17. 7. 1967 legt PC den Titel einer kleinen Auswahl aus den Gedichten fest, die er während seines Klinikaufenthaltes geschrieben hat:* Eingedunkelt *(siehe GN 401). Der Zyklus erscheint in der Anthologie* Aus aufgegebenen Werken *(siehe Anm. 406/2).*
4 *PC selbst veröffentlichte nur die Übersetzung eines einzigen Gedichts von Eluard,* »Nous avons fait la nuit je tiens ta main je veille«, *und zwar schon 1959 im* Insel-Almanach *unter dem französischen Titel* Nous avons fait la nuit *(S. 32, GW IV 813). In seiner Bukarester Zeit hatte er bereits den vollständigen Zyklus von elf Gedichten* Les petits justes *(Die kleinen Gerechten) sowie weitere einzelne Ge-*

dichte aus Eluards Band Capitale de la douleur *[Die Hauptstadt des Schmerzes] übersetzt (aus dem Nachlaß von Alfred Margul-Sperber unautorisiert publiziert in der Zeitschrift der Germanisten Rumäniens, Bukarest, Nr. 1, 1992, S. 43-45; siehe auch FN, S. 119-121). Neben der Bukarester Übersetzung der* Kleinen Gerechten *sind im Nachlaß auch einige Übersetzungsentwürfe und eine fast vollständige Übersetzung von* Les armes de la douleur *[Die Waffen des Schmerzes] erhalten (siehe FN, S. 218ff.).*
5 *GCL und PC unternehmen tatsächlich im September 1966 eine Reise in die Niederlande.*
6 *Gilles und Paule du Bouchet, Kinder von Tina Jolas und André du Bouchet.*

432
Monsieur Paul Celan / Clinique de la Faculté (Hommes) / Service du Professeur Delay / 1 rue Cabanis / <u>Paris 14e</u> / ?? H / ?? – 5 1966 / PARIS 106 / R. DE LONGCHAMP (16e)

1 *Zu den im folgenden genannten Namen siehe das Personenverzeichnis.*
2 *Siehe Anm. 243/4.*

433
Madame Celan / 78 rue de Longchamp / <u>Paris 16e</u> / ?? H / 8 – 5 1966 / PARIS XIV / AV. GENERAL LECLERC (14^e)

1 *Schlafmittel: Chloralhydrad bzw. Paraldehyd und ein Barbiturat.*
2 *Schlafmittel (Alimemazin).*
3 *D. h. im Goethe-Institut in der Ausstellung von* Atemkristall *und weiteren Radierungen von GCL.*

434
Umschlag wohl nicht erhalten.

1 *PC unterhielt freundschaftliche Beziehungen zu Yves Bonnefoy seit Anfang der fünfziger Jahre. GCL war mit ihrer früheren engen Freundin Yolande de Mitry zerstritten.*
2 *GCL rechnet hier in alten, entsprechend 300 neuen Francs.*
3 *Joseph Raczynski.*
4 Souffle combattant – Kämpfender Atem, *1964 (48×32, abgebildet in PC/FW, S. 35);* Âmes – Seelen, *1963 (26×32);* Sans boussole – Ohne Kompaß, *1955 (28×33).*

435
Madame Celan / 78 rue de Longchamp / <u>Paris 16^e</u> / 12 H / 10 – 5
1966 / PARIS XIV / AV. GENERAL LECLERC (14e)
Die Schrift PCs ist stark verändert.

1 Gespritzt wird Insulin (siehe Anm. 378/1); die Dosis, von deren Erhöhung PC hier spricht, wird berechnet in internationalen Einheiten.

436
Umschlag wohl nicht erhalten.

1 EC und zwei Freunde.
2 Raymonde Criq (Notizkalender GCL); zu La Messuguière siehe Anm. 243/4.

437
Madame Celan / 78 rue de Longchamp / <u>Paris 16e</u> / 12 H / 20 – 5
1966 / PARIS XIV / AV. GENERAL LECLERC (14e)

1 Zur Insulintherapie siehe Anm. 378/1.

438
Monsieur Paul Celan-Antschel / Service du Professeur Delay / Clinique de la Faculté (Hommes) / 1 rue Cabanis / <u>Paris 14e</u> / 12 H /
21 – 5 1966 / PARIS XVI / R. SINGER (16e)

1 *Der Monat*, Nr. 212, Mai 1966: Das Exemplar in der Bibliothek von PC enthält keine Lesespuren.
2 Martin Walser, *Halbzeit*, Frankfurt a. M., Suhrkamp, 1960 (siehe Brief 445, Abs. 3).
3 PC lernte die rumänische Dichterin Maria Banuş 1946 in Bukarest kennen.
4 Bei Arbeiten im Garten von Moisville war einer der drei (weißen) Maulbeerbäume aus Versehen abgeknickt worden. Die Nachricht hatte PC zutiefst geschmerzt und beunruhigt; er sah in den drei Maulbeerbäumen wie auch in den drei Birken des Gartens die Gestalten der Seinen und seiner selbst. Der Maulbeerbaum, dessen Blätter die einzige Nahrung der Seidenraupe sind, erscheint in *Du darfst*, dem Eingangsgedicht von *Atemkristall* (vom 16. 10. 1963): »sooft ich Schulter an Schulter / mit dem Maulbeerbaum schritt durch den Sommer« *(GW II 11)*.

439
Monsieur Paul Celan-Antschel / Service du Professeur Delay / Clinique de la Faculté (Hommes *[sic]* / 1 rue Cabanis / Paris 14e / 12 H / 21 – 5 1966 / PARIS XVI / R. SINGER (16e)

1 *GCL meint:* »den Maulbeerbaum« *(Übers.).*
2 *Erinnerung an den Winter 1957/58, siehe Brief 92.*

440
Madame Celan / 78 rue de Longchamp / Paris 16e / 13 H 30 / 23 – 5 1966 / PARIS XIV / AV. GENERAL LECLERC (14e)

1 *Siehe Brief 184,* »Das Stundenglas, tief«.
2 *GCL pflanzt tatsächlich einen neuen – für PC den gleichen – Maulbeerbaum.*
3 *Zur Sakel-Kur siehe Anm. 378/1.*
4 *Für* »piqûre«, *d. h. Spritze.*
5 *Siehe Anm. 438/1-2.*
6 *PC meint den Artikel von André Pieyre de Mandiargues über Balzacs Roman* La peau de Chagrin, »Le supplice de la peau *[Die Marter der Haut]*«, *in der* Nouvelle Revue Française, *Nr. 161 vom 1. 5. 1966, S. 930-937.*
7 *Das Chagrinleder, übersetzt von Hedwig Lachmann. Es handelt sich um den 7. Band der* Menschlichen Komödie (Cäsar Birotteau, Kleine Erzählungen, Das Chagrinleder, = *Deutsche Ausgabe in 10 Bänden, Leipzig, Insel, 1925). Die Ausgabe faßt Arbeiten verschiedener Übersetzer zusammen. PC hatte seinen Studenten in seinem Kurs ›Mündliche Übersetzung‹ zwischen 1961 und 1963 dreimal einen Auszug aus dem ersten Kapitel von* La peau du chagrin, »Le Talisman *[Der Talisman]*«, *vorgelegt, der sich mit dem Selbstmord beschäftigt (von* »Il existe je ne sais quoi de grand et d'épouvantable dans le suicide« *bis* »une femme s'est jetée dans la Seine du haut du pont des Arts.«*); PC scheint aber den Roman als ganzen nicht gelesen zu haben, wie sein Exemplar, dessen Seiten nur bis zum genannten Auszug aufgeschnitten sind, zeigt (* La Peau de chagrin, *Einführung, Anmerkungen und Varianten von Maurice Allem, Paris, Editions Garnier Frères, 1955, S. 12 ff.).*
8 *Um welche Ausgabe von Émile Zolas Roman* Le Ventre de Paris *([Der Bauch von Paris], 1873) es sich handelt, ist nicht bekannt; sie stammte vielleicht aus der Krankenhausbibliothek.*
9 *Die Erwähnung von* »drei kleinen Erzählungen Balzacs« *in PCs*

Brief vom 26. 5. 1966 (Brief 445) läßt vermuten, daß es sich um den Band Die Geschichte der Dreizehn *handelt (Übersetzung von Ernst Hardt, Leipzig, Im Inselverlag, 1909; Bd. 9 von Balzacs* Menschlicher Komödie*), der tatsächlich drei Erzählungen enthält:* Ferragus, das Haupt der Eidgenossen *(Ferragus, chef des Dévorants, 1833),* Die Herzogin von Langeais *(La Duchesse de Langeais, 1834) und* Das Mädchen mit den Goldaugen *(La Fille au yeux d'or, 1835). Dieser in der Buchhandlung Joseph Gibert am Boulevard Saint-Michel erworbene Band enthält keinerlei Lesespuren (Privatbesitz, befindet sich in der ENS).*

10 *Der* Figaro littéraire *ist ein der Literatur gewidmetes Beiheft der Tageszeitung* Le Figaro, *die von Maurice Nadeau mitherausgegebene* Quinzaine littéraire *eine Zeitschrift für Literaturkritik.*

441
Madame Celan-Antschel / 78 rue de Longchamp / <u>Paris 16e</u> / *12 H* / *24 – 5 1966* / *PARIS XIV* / *AV. GENERAL LECLERC (14e)*

1 *Elmar Tophoven.*

442
Madame Celan / 78 rue de Longchamp / <u>Paris 16e</u> / *12 H* / *25 – 5 1966* / *PARIS XIV* / *AV. GENERAL LECLERC (14^e)*

1 *Zur Sakel-Kur siehe Anm. 378/1.*
2 *Haarwasser.*
3 *Der Muttertag liegt in Frankreich später als in Deutschland, in diesem Jahr am 5. Juni.*

443
Madame Celan / »Les Trois Bouleaux« / <u>Moisville</u> par Nonancourt / (Eure) / *12 H* / *27 – 5 1966* / *PARIS XIV* / *AV. GENERAL LECLERC (14^e)*

1 *PC hatte in* »Das Stundenglas, tief« *geschrieben:* »wenn das Denken / den Pfingstweg *herab*kommt [...]« *(siehe Brief 184, V. 1-4, Hervorhebung Hrsg.).*
2 *PC bezieht sich auf einen Satz aus dem teilweise dem Garten von Moisville gewidmeten Brief GCLs vom 23. 5. 1966 (nicht publiziert):* »*mehr* als vierzig Knospen kurz vor dem Aufblühen auf der Kletterrose neben der Tür.« *(Übers., Hervorhebung Hrsg.)*

278

3 *Im bereits zitierten Brief vom 23. 5. 1966 berichtet GCL außer von ECs schulischen Ergebnissen auch vom Besuch rumänischer Bekannter in Paris, u. a. der Dichterin Maria Banuş.*

444
Monsieur Paul Celan-Antschel / Service du Professeur Delay / Clinique de la Faculté (Hommes) / 1 rue Cabanis / Paris 14e / 12 H / 27 – 5 1966 / PARIS XV! / R. SINGER (16e)

1 *GCL schreibt fälschlich* »vendredi *[Freitag]*«.
2 *Pflegedienstleiter.*
3 *[Die Demarkationslinie]; der Film von Claude Chabrol nach dem Buch des Colonel Henry war gerade in die Kinos gekommen: 1941 kommt ein Graf, demobilisierter französischer Offizier, in sein Heimatdorf im Jura zurück, das von deutschen Truppen besetzt ist. Seine Frau gehört einer Widerstandsgruppe an, die sich zur Aufgabe gemacht hat, geflohene Gefangene über die Demarkationslinie zu bringen.*
4 *Entwurf für eine Antwort auf einen Brief des Schweizer Verlegers Otto F. Walter vom 20. 5 1966, in dem dieser um ein Treffen mit PC bittet (siehe Anm. 447/4).*

445
Madame Celan-Antschel / 78 rue de Longchamp / Paris 16^e / 17 H 45 / 28 – 5 1966 / PARIS XIV / AV. GENERAL LECLERC (14e)

1 *Derartige Kurse dienen der Vorbereitung für die mündliche Prüfung (Übersetzung ins Deutsche) im Rahmen des Staatsexamens im Fach Deutsch.*
2 *Siehe Anm. 438/2.*
3 *Siehe Anm. 440/7.*
4 *Siehe Anm. 154/3.*

446
Monsieur Paul Celan-Antschel / Service du Professeur Delay / Clinique de la Faculté (Hommes) / 1 rue Cabanis / Paris 14e / 2? H / 28? – 5 1966 / DAMVILLE / EURE

1 *Im Atelier Lacourière in Montmartre.*
2 *Zeichnung (27×21), siehe Abb. 8.*
3 *Nicht identifiziert.*

447
Madame Celan / 78 rue de Longchamp / <u>Paris 16ᵉ</u> / *17 H 45* / ?? – 5
1966 / PARIS XIV / AV. GENERAL LECLERC (14ᵉ)

1 *Zur Sakel-Kur siehe Anm. 378/1.*
2 *Die Radierungen von* Portfolio VI; *siehe Anm. 506/3.*
3 Atemgänge *ist einer der für die spätere* Atemwende *geplanten Titel. PC meint also die Gedichte, die später den Titel* Fadensonnen *tragen sollen. Nichts weist darauf hin, daß GCL tatsächlich selbst gewählt hat. Das dem* Portfolio VI *beigegebene Gedicht* Diese / freie, / grambeschleunigte / Faust, *datiert* »Paris, 29. 6. 65«, *war offensichtlich nie für* Fadensonnen *vorgesehen.*
4 *Siehe Anm. 444/4. Der Briefentwurf, ursprünglich auf den 26. 5. 1966, dann auf den 1. 6. 1966 datiert, weist nur einige wenige kurze Ergänzungen von der Hand PCs auf.*

448
Umschlag wohl nicht erhalten.

1 *Zu den Meisen im Briefkasten von Moisville siehe Anm. 239/3.*
2 *Ein Gesellschaftsspiel mit Spezialkarten, bei dem es um das besonders rasche Vorwärtskommen auf einer Autofahrt mit Hindernissen geht.*

449
Monsieur Paul Celan-Antschel / Clinique de la Faculté (Hommes) / 1 rue Cabanis / <u>Paris 14ᵉ</u> / *13 H 30 / 3 – 6 1966 / PARIS XVI / R. SINGER (16ᵉ)*

1 *GCL gibt hier* »février«, *ganz offensichtlich ein Schreibfehler.*
2 *Burns, aus dem Schottischen [ins Französische] übersetzt und eingeleitet von Richard de La Madelaine, Rouen, Imprimerie de E. Cagniard, 1874. PC besaß die Gedichte auch in der Originalsprache:* Robert Burns, Poems and Songs *[Gedichte und Lieder], herausgegeben und eingeleitet von James Barke, London und Glasgow, Collins, 1960.*
3 *PC teilt das Zimmer mit drei anderen Patienten.*
4 *Der Probeabzug der kleinen Radierung (7×9,5), die dann das Gedicht* Schlafbrocken, Keile *begleiten wird (siehe Brief 455/1), lag dem Brief nicht mehr bei; siehe Abb. 9.*
5 *Das Projekt wurde nicht realisiert.*

450

Monsieur Paul Celan-Antschel / Clinique de la Faculté (Hommes) / Service du Professeur Delay / 1 rue Cabanis / Paris 14ᵉ / 1 ? H 45 / 3 – 6 1966 / PARIS 106 / R. DE LONGCHAMP (16ᵉ)

1 *Zur Sakel-Kur siehe Anm. 378/1.*
2 *Zu den beiden Radierungen, die das Druckkabinett der Nationalbibliothek erworben hatte, siehe Anm. 434/4.*

451

Madame Celan / 78 rue de Longchamp / Paris 16ᵉ / 17 H 45 / 3 – 6 1966 / PARIS XIV / AV. GENERAL LECLERC (14ᵉ)

1 *Librairie Delatte (alte und neue Bücher, Spezialservice für vergriffene Bücher), 133, Rue de la Pompe (16ᵉ). Max-Philippe Delatte war 1952 einer der Gründer der Société des lecteurs [Gesellschaft der Leser], die Autoren, Verleger, Buchhändler und Leser vereinigte. Zum Band von Burns siehe Anm. 449/2.*
2 *Nicht identifiziert.*
3 *Siehe René Chars Gedicht* Célébrer Giacometti *[Giacometti feiern], in:* Retour amont *[Rückkehr stromaufwärts], S. 29 (siehe Anm. 452/2). Eine limitierte Auflage von* Retour amont *mit vier Radierungen von Alberto Giacometti war im Dezember 1965 in Paris im Verlag GLM erschienen; das Buch ist nicht in der Bibliothek der Celans enthalten.*

452

Monsieur Paul Celan-Antschel / Clinique de la Faculté (Hommes) / Service du Professeur Delay / 1 rue Cabanis / Paris 14ᵉ / ?? H / ?? – ?? 1966 / ?? / EURE

1 *ECs Geburtstag ist am 6. Juni, also nicht am gleichen Tag wie der Muttertag am 5. Juni. GCL wollte den Geburtstag ihres Sohnes sicher am Sonntag, also am 5. 6. 1966, feiern.*
2 Retour amont, *Paris, Gallimard, 1966; vorne, von der Hand von PC:* »5. 6. 1966«. *Das zweite, von Char gesandte Exemplar (Bibliothek PC) trägt die Widmung:* »A Paul Celan« / »son ami« / »René Char« *[Für Paul Celan / sein Freund / René Char]. Dem Band legt PC die unveröffentlichte Übersetzung eines der dort (S. 44) enthaltenen Gedichte bei (*Dernière marche *–* Letzte Stufe*).*
3 *Der Direktor der École Normale Supérieure, Robert Flacelière, und der Generalsekretär der Einrichtung, Pierre Pouthier.*

4 Die der Regelblutung vorausgehenden Tage; siehe Anm. 8/3.
5 Die Malerin Micheline Catti, Gefährtin von Gherasim Luca.
6 In einem Café mit Souvenirverkauf auf dem Montmartre, in der Nähe von Sacré-Cœur.

453
Madame Celan / 78 rue de Longchamp / Paris 16ᵉ / 17 H 45 / 6 – 6
1966 / PARIS XIV / AV. GENERAL LECLERC (14ᵉ)

1 PC bezieht sich auf seinen Brief vom 26. 5. 1966 (Brief 443) und einen Brief an EC (nicht publiziert).
2 Siehe Anm. 449/2.
3 Siehe Anm. 455/1.
4 PC verläßt das Krankenhaus dann am 11. 6. 1966. Der 13. 6. 1966 ist das Entstehungsdatum des Gedichts Schlafbrocken (GW II 137, siehe Brief 455), des ersten nach seiner Entlassung geschriebenen Gedichts.
5 [Opak], nicht identifiziertes Gedicht – PC scheint zwischen dem 3. 5. 1966 (zu den letzten in Sainte-Anne in diesem Jahr geschriebenen Gedichten siehe die Briefe 428 und 429) und dem 13. 6. 1966 (Entstehungsdatum von Schlafbrocken, siehe Anm. 4) keine Gedichte geschrieben zu haben. Zum tatsächlich für das Portfolio VI (siehe Anm. 506/3) gewählten Gedicht siehe Anm. 356/4. Zum Begriff der Opazität, einer für PC wesentlichen Qualität des Gedichts, siehe Anm. 264/4.
6 Die Ausstellung von Jacques Villon fand tatsächlich in der Rue des Saints-Pères Nr. 40 (6ᵉ), die Ausstellung von Matta unter dem einem der Exponate entnommenen Titel Honni aveuglant [Blind machender Verhöhnter] in der Galerie Iolas auf dem Boulevard Saint-Germain Nr. 196 (7ᵉ) statt.

454
Monsieur Paul Celan-Antschel / Clinique de la Faculté (Hommes) / Service du Professeur Delay / 1 rue Cabanis / Paris 14ᵉ / 17 H 45 / 8 – 6 1966 / PARIS 106 / R. DE LONGCHAMP (16ᵉ)

455

1 Der 13. 6. 1966 war der von den Ärzten zunächst geplante Tag für die endgültige Entlassung PCs aus dem Krankenhaus. Datum und Widmung sind in dem hier wiedergegebenen Manuskript des Ge-

dichtes »Schlafbrocken, Keile« *(HKA 8.2/83, siehe die Endfassung GW II 137) deutsch. Dieses erste nach dem sechsmonatigen Krankenhausaufenthalt geschriebene Gedicht und das erste des zweiten Zyklus von* Fadensonnen *wird mit der PC am 2. 6. 1966 (Brief 449) gesandten Radierung zu einer bibliophilen Edition ([Vaduz, Brunidor, 1966]) vereinigt, die die Celans in diesem Jahr als Neujahrsgrußkarte verwenden. GCL hat das Manuskript von* »Schlafbrocken, Keile« *zusammen mit einem Probeabzug ihrer Radierung gerahmt (Sammlung EC). Das erste Wort in V. 4 hieß dort ursprünglich* »du« *(in HKA als unleserlich gekennzeichnet).*

456
Umschlag wohl nicht erhalten, nicht auf dem Postweg beförderter Brief.

1 *GCL datiert 1967, täuscht sich aber wohl: Der Ton des Briefes ist nicht der der meisten Briefe von 1967, dem Jahr der Trennung von GCL und PC. Der Brief entstand sicher zwischen März und November 1966, also in der Zeit, in der GCL regelmäßig nach Moisville fuhr; an dieser Stelle vom Herausgeber eingeordnet, steht er am Scheidepunkt zweier wichtiger Perioden des Jahres 1966, dem Augenblick, an dem PC aus Sainte-Anne entlassen wird.*

457
Nicht auf dem Postweg beförderter Brief.

1 *Datierung durch GCL auf 1966.*
2 *PC schreibt zwischen Juni und Oktober 1966, beginnend mit* Schlafbrocken, *17 der 23 Gedichte des zweiten Zyklus von* Fadensonnen; *siehe HKA 8.2/83-116 bzw. GW II 137-153.*

458
Monsieur Eric Celan / Maison Chavaria / Rue du Bourguet / L a- r u n s / (Basses-Pyrénées) / 20 H / ?? – 7 1966 / *DAMVILLE / EURE*
Ansichtskarte: »En avion au-dessus de ... Conches-en-Ouche (Eure) – L'église *[Im Flugzeug über ... Conches-en-Ouche (Eure) – Die Kirche]*« *(mit Unterschriften auch von GCL, Gherasim Luca und Micheline Catti).*

459

Monsieur / Eric Celan / Maison Chavaria / LA*[gestrichen:* U*]*RUNS Laruns / (B. P.) / Rue du Bourguet / *18 H 30 18 – 7 1966 27 CONDE-SUR-ITON EURE*
Ansichtskarte: »Breteuil-sur-Iton (Eure) – Le Parc Public *[Der öffentliche Park]*« *(mit Unterschriften auch von GCL, Gherasim Luca und Micheline Catti).*

460

Monsieur Eric Celan / Maison Chavaria / Rue du Bourguet / LARUNS / (Basses-Pyrénées) / *17 H 30 / 18 – 7 1966 / DREUX / EURE-ET-LOIR*
Ansichtskarte: »Dreux (Eure-et-Loir) – Le beffroi construit sous François Ier *[Der unter François I. erbaute Stadtturm]*« *(mit Unterschriften auch von Gherasim Luca und Micheline Catti).*

461

Monsieur Eric Celan / Maison Chavaria / Rue du Bourguet / LARUNS / (Basses-Pyrénées) / ?*? H / 20 – 7 1966 / DAMVILLE / EURE*
Ansichtskarte: »Damville (Eure) – Puiseaux et lavoir sur l'Iton *[Brunnenanlage und Waschplatz am Iton]*«
GCL ergänzt mit den Worten: »Bis bald Eric, bis sehr bald / Mama.« *(Übers.)*

1 *Diese zwischen September 1963 und September 1965 entstandenen Gedichte erscheinen im folgenden Jahr unter dem Titel* Atemwende. *Schon am 12. 4. 1966 hatte PC diesen Zyklus in einem Brief seinem Sohn gegenüber erwähnt (Brief 406).*

462

Monsieur Eric Celan / »Le *[sic]* Barreyroux« / Pressignac-Vicq / 24 (Dordogne) / France / *12 IX 1966 12 / ??*
Ansichtskarte: »Leiden Universiteit *[Universität]*«
GCL unterschreibt die Karte: »Maman.«

1 *PC und GCL hatten an ihren Sohn schon zwei Postkarten geschickt, am 9. 9. 1966 (*»Köln am Rhein – Dom und Rheinufer«*) und am 11. 9. 1966 (*»De bloemenvelden in bloei – It is bulbtime [Die Blumenfelder in Blüte – Es ist Blumenzwiebelzeit]«*), beide nicht publiziert.*

2 *Siehe das Gedicht* »Avec nous autres« (Mit uns) *in Brief 409 (V. 2-3).*

463
Monsieur Eric Celan / »Le *[sic]* Barreyroux« / Pressignac-Vicq / 24 (Dordogne) / France / *18-19 / 14 – IX 1966 / GENT*
Ansichtskarte: »Brugge – Rozenhoedkaai. Bruges – Quai du Rosaire. Brügge – Rosenkranzkai.«
GCL ergänzt: »Ich hoffe, daß wir gute Nachrichten von Dir bei unserer Ankunft in Paris vorfinden. Bis bald. Ich umarme Dich, mein lieber Sohn / Mama« *(Übers.)*

464
Monsieur Paul Celan / 78 rue de Longchamp / Paris 16e / *17 H / 22 – 12 1966 / ST-CEZA!RE-SUR-SIAGNE / ALPES-M^{MES}*

1 *Anspielung auf den Titelentwurf* Dureté végétale *für eine Radierung aus dem März 1965 mit dem endgültigen Titel* En guise d'une présence – Statt einer Gegenwart *(36×32).*
2 *Der vierzehnte Hochzeitstag von GCL und PC.*

465
Madame Celan / Rue du Château d'Eau / Saint-Cézaire-sur-Siagne / /Alpes-Maritimes/ / *EXPRÈS / 17 H / 23 – XII 66 / 75-PARIS 106 / R. LONGCHAMP (16e)*
Paul Celan, 78 rue de Longchamp / Paris 16e / *5 H / 26 – 12 1966 / NICE / ALPES-MARITIMES / [auf der Rückseite des Umschlags von der Hand GCLs:]* la Garenne / Peymenade / 36 80 30

1 *Nicht identifiziert.*
2 *Peter Szondi ist seit Sommer 1965 Professor für Allgemeine und Vergleichende Literaturwissenschaft an der Freien Universität Berlin.*
3 *Zum Neujahrsgruß der Celans siehe Anm. 455/1.*
4 *Pierre Bertaux, französischer Germanist und damals Professor an der Sorbonne, hatte als* Compagnon de la Libération *(d. h. Teilnehmer an der Befreiung) und ehemaliger hoher Funktionär seinen Einfluß verschiedentlich zugunsten PCs eingesetzt.*
5 *Hans Jürgen Fröhlichs Rezension des ersten Bandes von Henri Michaux' Dichtungen.* Schriften *(siehe Anm. 277/1) erschien in der Zeitschrift* Literatur und Kritik *(Otto Müller, Salzburg, Dezember*

1966, Heft 9/10, S. 113-115), PC hat die betreffende Passage am Rand angestrichen: »| Der erste Band, zweisprachig, liegt bereits vor und enthält die Werke von 1927 bis 1942, darunter ›Qui je fus‹, ›Ecuador‹, ›Un certain Plume‹, ›Poèmes‹ und ›Au pays de la magie‹, deutsch von Kurt Leonhard und Paul Celan. Den größten Teil der übersetzerischen Arbeit (jedenfalls im ersten Band) leistete Kurt Leonhard. Von dem Namen Celan aber erwartet man beim Verlag vermutlich verkaufsfördernde Wirkung. Leonhard hat übrigens im vorliegenden Bande den Text seiner Übersetzungen aus früheren Jahren nochmals überarbeitet.« *(S. 113)*
6 *Die Handabschrift des Briefes von Jean-Claude Schneider, Germanist, Übersetzer und Dichter, liegt PCs Brief nicht mehr bei; sie wurde mit dem Original in die allgemeine Korrespondenz eingeordnet (siehe auch Anm. 468/1).*

466
Umschlag wohl nicht erhalten.

1 *Die Radierung, die diese Worte begleitet, trägt die handschriftliche Datierung, die zugleich eine Art Titel ist:* »Fin d'année 12. 1966 – Jahresende 12. 1966« *(12×9); siehe Abb. 10.*

467
Monsieur Paul Celan / 78 rue de Longchamp / Paris 16ᵉ / *17 H /
26 – 12 1966 /* ST-CEZAIRE-SUR-SIAGNE / ALPES-M^{MES}

1 *Es handelt sich mit großer Sicherheit um* Wenn ich nicht weiß, nicht weiß, *entstanden am 23. 12. 1966 (GW II 154), von dem PC ein Fragment in seinem Brief vom 27. 12. 1966 (Brief 469/9) zitiert, das er GCL aber nicht zuschicken wird.*
2 *PC wird nicht mehr Michaux übersetzen, vielmehr ist Kurt Leonhard alleiniger Übersetzer des zweiten Bandes der* Dichtungen. Schriften *(Frankfurt a. M., S. Fischer, 1971). Ein dritter Band war zwar geplant, wurde aber nicht realisiert.*
3 *Die Nummer 168 der* Nouvelle Revue Française *vom 1. 12. 1968 enthält, unter dem Titel* De Seuil en Seuil, *d. h.* Von Schwelle zu Schwelle, *die Übersetzung (mit dem deutschen Original) von neun Gedichten PCs durch Jean-Claude Schneider mit einer Einführung von Yvon Belaval (S. 1005-1017):* Allerseelen / Le jour des âmes; In Gestalt eines Ebers / Sous la semblance d'un sanglier; Bretonischer Strand / Grève bretonne; Aufs Auge gepfropft / Enté sur l'œil;

Flügelnacht / Nuit d'ailes; Kenotaph / Cénotaphe; Sprich auch du / Énonce; Mit zeitroten Lippen / De ses lèvres rouge-temps; Argumentum e silentio.
4 *Zur Glückwunschradierung siehe Brief 466. Keine Radierung von GCL hat den oder die Titel* Presque des Îles – Île aux enfants morts *[Fast Inseln – Insel der toten Kinder]. Später wird eine Radierung den Titel* Propos d'une île – Inselrede *tragen (Februar 1968, 30×20).*

468
Monsieur Paul Celan / 78 rue de Longchamp / Paris 16e / *18 H* / *27 – 12 1966 / GRASSE / ALPES-M^{MES}*

1 *PC war in Zusammenhang mit dem Programm für eine Lesung von Gedichten deutscher Expressionisten (Georg Trakl, Georg Heym, Else Lasker-Schüler, Gottfried Benn, August Stramm usw.) im Pariser Théâtre du Vieux-Colombier um Rat gefragt worden, die Wolfram Mehring, Leiter einer deutsch-französischen Theatertruppe, und Alain Bosquet organisierten. Mehring und Bosquet richteten sich nach PCs Vorschlägen und verzichteten darauf, Gedichte von Yvan Goll zu lesen. Dagegen ist Goll in der Anthologie vertreten, die nach der Lesung von der Brüsseler Zeitschrift* L VII *(Nr. 31, Dezember 1967) veröffentlicht wurde. Zur Goll-Affäre siehe Anm. 125/1.*
2 *Siehe Anm. 467/1 und Brief 469/9.*
3 *GCL fühlte sich im Kontakt mit manchen »Berufs«-Bekannten PCs nicht sehr wohl; hier handelt es sich um die beiden französischen Germanisten Pierre Bertaux und Robert Minder.*

469
Madame Celan / Rue du Château d'Eau / <u>Saint-Cézaire-sur-Siagne</u> / /Alpes Maritimes [sic]/ / *17 H* / *27 – 12 66* / *PARIS 106* / *R. DE LONGCHAMP (16e)*
Paul Celan, 78 rue de Longchamp, / Paris 16^e

1 *Mit diesem franco-celanschen Wort nach dem Muster von ›étrangement‹, d. h. ›befremdlich‹, spielt PC natürlich auf den Namen seiner Frau an: De Lestrange, also ›de l'étranger‹, meint ursprünglich den, der im Ausland, in diesem Fall in Palästina, gewesen ist (die Vorfahren von GCL hatten an den Kreuzzügen, und das heißt auch an Judenverfolgungen, teilgenommen, GCL betonte das mit bitterer Ironie); aber PC bezieht sich auch und vor allem auf die Fremdheit, eine sowohl für das Gedicht wie die Radierung notwen-*

dige Qualität. *In diesem Zusammenhang notiert er 1968 einen Gedanken von Valéry:* »Toute vue des choses qui n'est pas étrange est fausse *[Jede Sicht der Dinge, die nicht fremd ist, ist falsch]*«. *Zum Begriff* »fremd«, *der dem der* »Dunkelheit« *nahe ist, siehe den Meridian (GW III 187-202).*

2 *Hugo Huppert, Mitglied der Österreichischen Kommunistischen Partei seit 1927, war 1928 in die UdSSR emigriert und hatte in Moskau am Marx-Engels-Institut gearbeitet; 1951 kam er endgültig nach Österreich zurück. Zwei Wochen vor diesem Brief hatte Huppert um ein Treffen gebeten. PC bezieht sich hier auf die folgenden Bücher: Wladimir Majakowskij,* Politische Poesie, *Nachdichtung von Hugo Huppert, Frankfurt a. M., Suhrkamp, 1966 (= Bibliothek Suhrkamp 182).*

Hugo Huppert, Erinnerungen an Wladimir Majakowskij, *Frankfurt a. M., Suhrkamp, 1966. Der Band trägt die Widmung:* »In aller Herzlichkeit für Paul Celan – Hugo Huppert, Paris, Weihnachten 1966.«

Hugo Huppert, Wladimir Majakowskij in Selbstzeugnissen und Bilddokumenten, *Reinbek bei Hamburg, Rowohlt, 1965. Der Band enthält die Bemerkung von der Hand PCs (S. 2):* »von Hugo Huppert,« / »Paris, 26. XII. 66« / »vgl. S. 160«; *auf S. 160 markiert PC die von Huppert zitierte Aussage Stalins innerhalb eines Kapitels mit Lebenszeugnissen über Majakowskij mit einem doppelten Anstrich und einem großen Ausrufezeichen am Rand:* »! || JOSEF STALIN / Majakowskij war und bleibt der beste, begabteste Dichter unserer Sowjetepoche ... Es ist ein Verbrechen, seinem Gedächtnis und seinem Werk teilnahmslos gegenüberzustehen. / 1936« *(siehe FN, S. 321-324).*

3 *Unter den Büchern war auf jeden Fall* Die Niemandsrose, *die anderen konnten nicht identifiziert werden.*

4 *In seinem Begleitbrief schreibt PC an Huppert:* »Gern hätte ich diese Widmung *[d. h.* »in aller Herzlichkeit«*]* erwidert – ich kann es nicht: Sie verteidigen in Ihrer Monographie und auch in Ihren Erinnerungen, explizit und implizit, stalinistische Positionen. Sie wissen, dass der eine meiner Gedichtbände *[Die Niemandsrose]*, die ich, auf Ihren freundlich geäusserten Wunsch hin, signieren sollte, dem Andenken Ossip Mandelstamms gewidmet ist und dass er auch Marina Zwetajewas gedenkt; darüber hinaus versucht er, wie die ihm voraufgegangenen Gedichte und Übersetzungen, gegen alles Stalinistische, auch gegen alles Stalinistische zu stehen.« *(Zitiert in FN, S. 323 f., dort am Anfang jedoch:* »Ihre Widmung«, *Hervorhebung Hrsg.)*

5 *Huppert ist Österreicher; siehe auch Brief 465, letzter Absatz.*
6 *Erich Einhorn hatte PC am 11. 6. 1962 (siehe* Celan-Jahrbuch 7, *1997/98, Brief 3, S. 30) um ein Foto von sich und den Seinen gebeten. Huppert hatte in seinem Brief vom 9. 12. 1966 behauptet, Einhorn habe ihm dieses Foto geschenkt. PC mochte nicht, wenn andere ohne sein Einverständnis seine Telefonnummer weitergaben. Einhorn wußte wohl nicht, daß es sich dabei um eine Geheimnummer handelte.*
7 *D.h. der von Hildegard Unseld (der damaligen Frau von Siegfried Unseld, Suhrkamp Verlag) empfohlenen Galerie. Der kurze Brief der Galerie Karl Vonderbank Frankfurt (Goethestr. 11) datiert vom 23. 12. 1966.*
8 *Der Brief ist nicht erhalten oder nicht identifiziert. Der einzige bekannte Brief von Hémery an die Celans aus dem Dezember 1966 ist seine Karte vom 9. Dezember. PC und GCL hatten den Schriftsteller und Übersetzer aus dem Deutschen Jean-Claude Hémery (er übersetzte u. a. Thomas Bernhard und Nietzsche) im September oder Oktober 1954 bei einem Aufenthalt in La Ciotat (Bouche-du-Rhône) in der Fondation Rustique Olivette kennengelernt, die Daniel Guérin, Schriftsteller und militant linker Mäzen, leitete.*
9 *»Aschrej, / / ein Wort ohne Sinn, / transtibetanisch, /* der Jüdin / Pallas / Athene / *in die behelmten / Ovarien gespritzt« (*Wenn ich nicht weiß, nicht weiß, *V. 9-16; GW II 154; Hervorhebung Hrsg.); das Zitat erscheint im Originalbrief deutsch.*

470
Monsieur Paul Celan / 78 rue de Longchamp / Paris 16e / 17 H / 28 – 12 1966 / ST-CEZAIRE-SUR-SIAGNE / ALPES-M^{MES}

1 *Peymeinade und Spéracèdes, in der unmittelbaren Umgebung von Cabris und Saint-Cézaire-sur-Siagne und in der Nähe von Grasse (Alpes-Maritimes). Robert und Irène Minder hatten einen zweiten Wohnsitz in Peymeinade.*
2 *Klaus Harpprecht, kaufmännischer Direktor des S. Fischer Verlags, hatte um ein Treffen mit PC im Januar 1967 gebeten (Brief vom 30. 11. 1966). Zur Michaux-Rezension siehe Brief 465/5.*
3 *D.h. am S. Fischer Verlag, den PC gerade zugunsten des Suhrkamp Verlags verlassen hat.*
4 *GCL denkt hier an die Unruhe PCs über die Konsequenzen, die dieses Mißverständnis für seine Beziehung zum neuen Verleger Siegfried Unseld (Suhrkamp Verlag) haben könnte.*

5 Gilles du Bouchet.
6 *Die Nummer 36 der* Cahiers des Saisons *(Paris 1964), ein dem Andenken des Dichters Armand Robin gewidmetes Heft, enthält Texte von Claude Roland-Manuel, Armen Lubin, Roger Toussenot und anderen. Das Heft enthält keinen Text von Robin selbst, GCL bezieht sich sicher auf die zahlreichen Gedichtzitate in den Artikeln von Roland-Manuel und Lubin.*
7 *Armand Robin hatte seit 1943 an der École des Langues Orientales Kurse in Arabisch, Chinesisch, Ungarisch und Finnisch besucht. Er hat u. a. Omar Kahyam, André Ady, aber auch Shakespeare und Goethe übersetzt.*
8 *Robin war 1945 der Fédération Anarchiste beigetreten.*

471
Monsieur Paul Celan / 78 rue de Longchamp / Paris 16e / 8 H / 30 – 12 1966 / ST-CEZAIRE-SUR-SIAGNE / ALPES-M^{MES}

1 Âmes – Seelen, *1963 (26×32);* Aboutissant – Ergebnis, *März 1965 (40×30);* Sens contraire – Gegensinn, *Oktober 1966 (31×39).*
2 *Henri Peyceré arbeitete wie GCL im Bereich der Radierung. Karl Flinker, der Sohn Martin Flinkers von der deutschen Buchhandlung am Quai des Orfèvres Nr. 68 (1er), hatte eine Galerie für zeitgenössische Kunst in der Rue du Bac Nr. 34 (7e).*
3 *PC hatte den S. Fischer Verlag verlassen und sich gerade entschieden, sein poetisches Werk dem Suhrkamp Verlag in der Person von Siegfried Unseld anzuvertrauen.*
4 *Siehe Anm. 243/4.*
5 *Siehe Anm. 455/1.*
6 *Die wahlspruchartige Formulierung* »pour la miette« *wird von den Celans sehr häufig verwendet; siehe auch in Brief 23 (aus dem Herbst 1952), V. 12.*
7 *Der letzte Brief von PC an seinen Freund Erich Einhorn datiert vom 24. 10. 1966, Einhorn seinerseits wird 1967 noch zweimal an PC schreiben (siehe* »Paul Celan – Erich Einhorn: Briefe«, *in:* Celan-Jahrbuch *7, 1997/98, Briefe 14-16, S. 44-49).*

472
Madame Paul Celan / aux bons soins de Mademoiselle Françoise Bonaldi / Saint-Cézaire-sur-Siagne / /Alpes Maritimes *[sic]*/ / 10 H / 29 – 12 1966 / PARIS 106 / R. DE LONGCHAMP (16e)
Paul Celan, 78 rue de Longchamp, Paris 16^e

1 *Wen PC hier vergißt, ist Vladimir Majakovskij, der auch von Hugo Huppert übersetzte Dichter; mit Huppert hatte PC gerade eine ernste Auseinandersetzung (siehe Anm. 469/4).*
2 Quatre poètes russes: V. Maïakovsky, B. Pasternak, A. Blok, S. Essénine, *russischer Text, herausgegeben und übersetzt von Armand Robin, Paris, Aux Editions du Seuil, 1949; PCs Exemplar enthält einige Randnotizen zur Übersetzung der* »Zwölf« *von Alexander Block; siehe die Abbildung der Seiten 26-27 in FN, S. 371.*
3 *Die Celans hatten wenige Wochen vorher den Dichter André Frénaud zusammen mit Petre Solomon in die Rue de Longchamp eingeladen (28. 11. 1966, Notizkalender GCL). Bei diesem Treffen hatte Frénaud ihnen seine Gedichtsammlung* Les Rois Mages, poèmes 1938-1943 *(neu durchgesehene und korrigierte Ausgabe, Paris, Pierre Seghers Éditeur, 1966) gewidmet:* »A Gisèle et Paul Celan,« / »pour mieux faire connaissance, en« / »souvenir d'une heureuse rencontre,« / »cordialement« / »An Fré« *[Für Gisèle und Paul Celan, um sich besser kennenzulernen, in Erinnerung an ein glückliches Zusammentreffen, herzlich André Frénaud]. In diesem – kaum aufgeschnittenen – Exemplar ist einzig der Titel des Gedichts* Un certain poids *[Ein gewisses Gewicht] auf S. 16 angestrichen.*
4 *Siehe Anm. 3/2.*
5 »The Three Candlesticks 1649«*: ein von PC sehr geschätztes Briefpapier – mit drei Leuchtern im Wasserzeichen –, auf dem er neben einigen Gedichtabschriften für GCL (Briefe 639, 642, 649, 651, 653, 654) eine Kopie von* Schneepart *für GCL und EC anfertigte (als Faksimile 1976 im Suhrkamp Verlag, Frankfurt a. M., erschienen); auch seinen Ehering bewahrte PC zuletzt in einem derartigen Umschlag auf (siehe Zeittafel 1969).*

473
Monsieur Paul Celan / 78 rue de Longchamp / Paris 16e / 8 H / 2 – 1 1967 / ST-CEZAIRE-SUR-SIAGNE / ALPES-M^{MES}

1 *Es handelt sich um die* Quinzaine littéraire *und nicht um die berühmte, 1900 von Charles Péguy gegründete Zeitschrift* Cahiers de la quinzaine. *Zur Veröffentlichung in der* Nouvelle Revue Française *siehe Anm. 467/3.*
2 *Bernard Bonaldi.*
3 *Krankenschwester, die die Celans gerne* »Mme de Pointe-Aiguë«, *also ›Frau von spitzer Spitze‹, nannten.*
4 *PC hatte die in Paris lebende Malerin österreichischer Herkunft Maria Lassnig am Abend vorher zum Essen eingeladen.*

5 »DER Tauben weißeste flog auf: ich darf dich lieben!«; GCL zitierte gerne diesen ersten Vers des letzten Gedichts aus dem Zyklus Gegenlicht *von* Mohn und Gedächtnis *(GW I 61).*
6 Siehe Anm. 243/4.

474
Madame Paul Celan / a[ux] b[ons] s[oins] de Mademoiselle Bonaldi / Rue du Château d'Eau / Saint-Cézaire-sur-Siagne / (Alpes Maritimes *[sic]*) / 24 H / 4 – 1 1967 / PARIS XVI / R. SINGER (16e) *[auf der Vorderseite des Umschlags von der Hand GCLs:]* angekommen an diesem Freitag, den 6. –
Paul Celan, 78 rue de Longchamp, / Paris 16^e

1 *Es handelt sich sicher um* Gewieherte Tumbagebete *vom 4. 1. 1967 (HKA 8.2/125-127 bzw. GW II 158).*
2 *Name eines schnellen Zuges, der von 1922 bis in die sechziger Jahre Paris (Gare de Lyon) mit der französischen Mittelmeerküste verband.*

475
*Der kurze, auch im Original deutsche Brief auf der abgerissenen unteren Hälfte eines Blattes fand sich in einem Adreßbuch mit der Aufschrift »*25. Juni 1963 →*«; im gleichen Adreßbuch fanden sich auf einem Zettel (auf der Rückseite sehr schlecht lesbare, gestrichene französische Notizen) die undatierten deutschen Worte:* Eric, du bist ein Jude, / sei aufrecht und gerade.

1 *PC schreibt den Brief im Boucicaut-Krankenhaus (78, Rue de la Convention, 15^e), wohin er nach einem Selbstmordversuch als chirurgischer Notfall gebracht worden war. Am 30. 1. 1967 hatte PC sich in das Dienstmädchenzimmer eingeschlossen, das ihm als Rückzugsort zum Schreiben diente, und hatte versucht, sich ein Messer, vielleicht ein Papiermesser, ins Herz zu stoßen. Das Messer ging sehr nahe am Herzen vorbei und verletzte den linken Lungenflügel schwer. GCL ließ die Tür mit Gewalt öffnen und konnte PC gerade noch retten. Mehrere Monate später, am 8. 9. 1967, schreibt PC:* »DAS WILDHERZ, verhäuslicht / vom halbblinden Stich // in die Lunge« *(GW II 279, letztes Gedicht aus dem 3. Zyklus von* Lichtzwang*). In ihrem Notizkalender notiert GCL ihre Besuche bei PC am 31. Januar und am 1., 3., 6., 7. und 13. Februar.*

476
Monsieur Paul Celan-Antschel / Clinique de la Faculté (Hommes) / 1 rue Cabanis / Paris / 16 H / 17 – 2 1967 / PARIS 106 / R. DE LONG-CHAMP (16e)

1 *GCL schreibt fälschlich* »18«.
2 *PC war am Montag, dem 13. 2. 1967, aus dem Boucicaut-Krankenhaus in die Psychiatrische Universitätsklinik Sainte-Anne (Abteilung Prof. Jean Delay) verlegt worden (Notizkalender GCL). Am Anfang war GCL von den Ärzten gebeten worden, ihre Besuche einzuschränken oder sogar ganz zu unterlassen.*

477
Monsieur Paul Celan-Antschel / Service du Professeur Delay / Clinique de la Faculté / Paris / 1 rue Cabanis / 16 H 15 / 27 – 2 1967 / PARIS 106 / R. DE LONGCHAMP (16e)

1 *Die Maschinenabschrift von* Atemwende.
2 *GCL hatte PC am Tag zuvor besucht (Notizkalender GCL).*
3 *Nach dem Selbstmordversuch am 30. 1. 1967 war PC an der linken Lunge operiert worden.*

478
Madame Celan / 78 rue de Longchamp / Paris 16^e / 17 H 45 / 28 – 2 1967 / PARIS XIV / AV. GENERAL LECLERC (14^e)

1 Atemwende.
2 *Unter den Briefen befinden sich zwei von S. Unseld: Im ersten (30. 1. 1967) bestätigt der Inhaber der Verlage Suhrkamp und Insel den Empfang der Übersetzung der Shakespeare-Sonette und spricht verschiedene Probleme und Verlagsprojekte in Zusammenhang mit PCs Trennung vom S. Fischer Verlag an; im zweiten (1. 2. 1967) teilt Unseld PC die Weigerung der Deutschen Verlags-Anstalt mit, ihre Rechte an* Mohn und Gedächtnis *und* Von Schwelle zu Schwelle *dem Suhrkamp Verlag mit Blick auf eine Gesamtausgabe von PCs Gedichten zu überlassen. Die im Brief erwähnte, von GCL erstellte Liste der eingegangenen Post ist nicht erhalten.*

479
Madame Celan / 78 rue de Longchamp / Paris 16^e / 17 H 45 / 8 – 3 1967 / PARIS XIV / AV. GENERAL LECLERC (14^e)

1 Im Originalbrief deutsch.
2 Das Gedicht entstand im September 1965 (GW II 107). PC gibt den Titel im Originalbrief deutsch.
3 Tilo Müller-Medek (geboren 1940 in Jena, wohnhaft in Ostberlin) hatte PC schon zweimal in Zusammenhang mit einer Vertonung der Todesfuge (GW I 41) geschrieben, die er durch Erich Arendt kennengelernt hatte. In seinem kurzen Brief vom 20. 2. 1967, auf den sich PC hier bezieht, teilt der »jeune compositeur berlinois [junge Berliner Komponist]« mit, er habe PCs Lesung der Zwölf von Alexander Block im Radio gehört und wolle weitere Gedichte von PC vertonen, und bringt dann seine Bewunderung gegenüber dem Dichter und Übersetzer zum Ausdruck: »[...] größeres in der deutschsprachigen Dichtung kenne ich nicht [...] als die Dichtung Paul Celans.« Schließlich berichtet er über die Präsenz von PCs Gedichten in der DDR als eine Art Samisdat: »Wenn man bedenkt, daß es Ihre Dichtung hier nicht zu kaufen gibt und doch: wir reichen sie uns von Hand zu Hand und immer wieder die gleiche überspringende Flamme des Erstaunens darüber, wie es gesagt ist.« (Hervorhebung Hrsg.) PC wird den Brief an seinen neuen Verleger, Siegfried Unseld, weiterleiten und T. Müller-Medek später ein Widmungsexemplar der Atemwende zuschicken.
4 Peter Paul Schwarz von der Universität Marburg hatte PC am 6. 2. 1966 seine 63seitige Arbeit Totengedächtnis und dialogische Polarität in der Lyrik Paul Celans geschickt, die gerade als Beiheft der Zeitschrift Wirkendes Wort (Düsseldorf, Pädagogischer Verlag Schwann) erschienen war. In seinem Begleitbrief zeigt sich Schwarz besorgt, »ob der Aufsatz die Wahrheit träfe, oder ob auch er unter das einmal von Ihnen geäusserte Verdikt fällt: ›sie lügen es um in eine ihrer bebilderten Sprachen‹« (Zitat aus: Bei Wein und Verlorenheit, in: Die Niemandsrose, GW I 213, V. 8-13).
5 Léon Chestov, Le Pouvoir des clefs. Potestas clavium [Die Schlüsselgewalt], Übersetzung [ins Französische] von Boris de Schloezer, vorangestellt sind die Rencontres avec Léon Chestov [Begegnungen mit Lev Šestov] von Benjamin Fondane, Paris, Flammarion, 1967. Der Band enthält die Bemerkung von PCs Hand: »erh. 5. 2.[?, siehe unten] 1967« und weist zahlreiche Lesespuren auf, darunter: S. 10 (Rencontres avec Léon Chestov von B. Fondane) schreibt PC neben eine Formulierung von Spinoza, die PC bereits teilweise an anderer Stelle notiert hat (»non ridere, non lugere, neque detestari, sed intelligere [nicht lachen, nicht weinen, nicht hassen, aber verstehen]«) das Datum »7. 2.[fälschlich für 3. ?] 67.«; S. 26 (im Text von Fondane)

hebt PC mit Anstrich und Unterstreichung hervor: »| | elle /Madame Bespalov, *Autorin einer Studie mit dem Titel* »Chestov devant Nietzsche«*/* y dit que pendant que l'homme est tombé à l'eau, Chestov est sur la rive, qui lui ordonne: ›Ne te noie pas; tu le peux.‹«*; S. 38 hebt PC durch Anstrich das zweite Motto für das erste Kapitel von Šestovs Werk hervor:* »Qu'on ne nous reproche donc plus le manque de clarté, puisque nous en faisons profession. / (Pascal).« *Schon 1959 hatte PC in einer anderen Ausgabe des Textes diesen Schlüsselgedanken seiner Poetik (aus Pascals* Dieu caché *[Verborgener Gott], Nr. 591, Ed. Jacques Chevalier, Paris, Gallimard, 1954, S. 1276) angestrichen; er zitiert ihn in seiner Büchnerrede* Der Meridian *(GW III 195 und TCA/M, S. 7 und Anm.). Während in der früheren Ausgabe der Text selbst von* Le pouvoir des clefs *(Paris, J. Schiffrin, 1928) zahlreiche Lesespuren PCs aus dem September und Oktober 1959 aufweist, scheint sich PC 1967 mit der Lektüre des Erinnerungstextes von Fondane begnügt zu haben.*
6 *Zu PCs Sorgen hinsichtlich seiner Gedächtnis- und Konzentrationsfähigkeit siehe Anm. 191/3.*

480
Monsieur Paul Celan-Antschel / Clinique de la Faculté (Hommes) / Service du Professeur Delay / 1 rue Cabanis / Paris / 17 H 30? / 9 – 3 1967 / PARIS XVI / R. SINGER (16e) *[auf der Vorderseite des Umschlags von der Hand PCs:]* erh.: 10. 3. 67 / vormittags
Die Schrift von GCL ist stark verändert.

1 *Der Brief ist von PC datiert.*
2 *Die Unterstreichung stammt von PC, der an den Rand schreibt:* »jeudi!« *[Donnerstag!]. Am Donnerstag, dem 9. 3. 1967, notiert GCL in ihren Notizkalender:* »Abfahrt Saint-Cézaire«.

481
Madame Celan / 78 rue de Longchamp / Paris 16e / 12 H / 10 – 3 1967 / PARIS XIV / AV. GENERAL LECLERC (14e)

1 *Die Lektüredaten erlauben die Identifikation eines großen Teils dieser Bücher:*
Der fünfte Band der Werke *von Shakespeare (siehe Anm. 226/2), der u. a.* Cymbeline *enthält, mit zahlreichen Lesespuren (siehe Anm. 484/2) und dem Lektüredatum am Schluß:* »13. 3. 67« / »(Cl[inique du] Pr[ofesseur] D[elay])«.

Léon Chestov, Athènes et Jérusalem. Un essai de philosophie religieuse *[Athen und Jerusalem. Versuch einer Religionsphilosophie], Übersetzung von Boris de Schloezer, vorangestellt ist* L'Obstination de Chestov *[Der Eigensinn von Šestov] von Yves Bonnefoy, Paris, Flammarion, 1967: Am Ende von Bonnefoys Text (S. 16) notiert PC den 17. 3. 1967, am Ende des Vorwortes von Šestov (S. 38) den 19. 3. 1967; am Schluß des Bandes eingelegt sind ein Entwurf und eine Reinschrift für das Gedicht* Die abgewrackten Tabus *(datiert 18. 3. 1967, HKA 8.2/141 bzw. GW II 168).*

Große deutsche Verrisse von Schiller bis Fontane, *herausgegeben und eingeleitet von Hans Mayer, Frankfurt a. M., Insel, 1967: vorne datiert von der Hand PCs auf den 20. 3. 1967, im Band einige Lesespuren.*

Thomas Bernhard, Verstörung, *Frankfurt a. M., Insel, 1967: vorne mit der Bemerkung von der Hand PCs:* »20. 3. 67« / »C[linique du] P[rofesseur] D[elay]«, *hinten mit dem Lektüredatum:* »23. 3. 67« / »C[linique du] P[rofesseur] D[elay]«. *PC hebt durch Unterstreichung und seitliche Anstreichung z. B. S. 183 hervor:* »Tödliche Selbstgesprächigkeit. | Wahnsinn durch sich selbst als Wahnsinn der Welt, der Natur.« *Am Ende des Bandes notiert er, zusammen mit einer Reihe von anderen Wörtern und Ausdrücken in Zusammenhang mit dem auf S. 107 Gelesenen:* »-i-« / »Die Schwermut, aufs neue geduldet,« / »pendelt sich ein« *(siehe* Unverwahrt, *datiert 8. 4. 1967, HKA 8.2/151-152 bzw. GW II 175).*

Bartholomé de Las Casas, Kurzgefaßter Bericht von der Verwüstung der Westindischen Länder, *herausgegeben von Hans Magnus Enzensberger, Frankfurt a. M., Insel, 1966: vorne mit der Bemerkung von der Hand PCs:* »20. 3. 67. C[linique du] P[rofesseur] D[elay]«, *hinten (S. 124) das Lektüredatum vom 25. 3. 1967; der Band enthält zahlreiche Unterstreichungen und Bemerkungen, die sich oft kritisch auf die Anmerkungen beziehen.*

Edmond Jabès, Le Livre des Questions *[Das Buch der Fragen], Paris, Gallimard, 1963; S. 2 mit der Bemerkung von der Hand PCs:* »28. 3. 1967 / C[linique du] P[rofesseur] D[elay]« / »von« / »Edmond Jabès« / »7 rue de l'Epée-de-Bois (5ᵉ)« *und S. 3 mit der Widmung:* »A Paul Celan« / *[Schmutztitel:* LE LIVRE DES QUESTIONS*]* / »Avec la sympathie« / »bien vive et l'admiration« / »d'E. Jabès« / »(... après une bonne et« / »longue conversation à Genève« / »avec Jean Starobinski« / »où il fut souvent question« / »de vous.)« *[Für Paul Celan* DAS BUCH DER FRAGEN *mit lebhafter Sympathie und Bewunderung von E. Jabès (... nach einem guten*

und langen Gespräch in Genf mit Jean Starobinski, in dem oft von Ihnen die Rede war)]; am Ende des Buches (S. 193) findet sich ein Lektüredatum vom 30. 3. 1967.
Edmond Jabès, Le Livre des Questions II. Le Livre de Yukel *[Das Buch der Fragen II. Das Buch Yukel], Paris, Gallimard, 1964: mit der Widmung:* »A Paul Celan« / »En toute sympathie« / »et tout cordialement« / »E. J.« *[Für Paul Celan in aller Sympathie und ganz herzlich E. J.]; am Ende des Buches (S. 144 und 148) sind zwei Lektüredaten eingeschrieben:* »31. 3. 67« *und* »31. 3. 67« / »C[linique du] P[rofesseur] D[elay]«.
Edmond Jabès, Le Livre des Questions III. Le Retour au Livre *[Das Buch der Fragen III. Die Rückkehr zum Buch], Paris, Gallimard, 1965: mit der Widmung:* »A Paul Celan« / »en toute estime« / »E. J.« *[Für Paul Celan in aller Hochachtung E. J.] und am Ende des Buches (S. 100) dem Lesedatum vom 1. 4. 1967. An den Rändern der drei Bücher von Jabès, vor allem am Ende des dritten, finden sich* »-i-«- *Notizen und Gedichtentwürfe.*
Sigmund Freud, Gesammelte Werke, Bd. XIII, Frankfurt a. M., S. Fischer Verlag *(Reproduktion der Ausgabe von Imago Publishing, London), 1963: Der Band enthält zahlreiche Lesespuren und vorne die Bemerkung von der Hand PCs:* »1. 4. 1967« / »C[linique du] P[rofesseur] D[elay]« / »(›auf Grund einer Anweisung von Frau Fischer‹)«; *die Gedichte* ... auch keinerlei Friede *und* Wirf das Sonnenjahr *(7. 5. 1967 bzw. 11. 5. 1967, GW II 203 und 205 bzw. HKA 8.2/200f. und 204f.) sind engstens mit der Lektüre der in diesem Band enthaltenen Essays* »Jenseits des Lustprinzips« *(Lektüredatum: 11. 5. 1967) und* »Das Ich und das Es« *(von PC datiert:* »7. 4. 1967« / »C[linique du] P[rofesseur] D[elay]«*) verbunden. Am Ende von* »Kurzer Abriß der Psychoanalyse« *notiert PC:* »20. 4. 67«.
A. Faller, Der Körper des Menschen, Stuttgart, Thieme, 1966: *Dieses Anatomiehandbuch weist zahlreiche Anstriche und Randbemerkungen auf, besonders in den dem Gehirn, der Lunge und dem Herzen gewidmeten Teilen; vorn und hinten sind die erste Fassung des Gedichts* Nah, im Aortenbogen *(10. 5. 1967) und* »KOMM, wir löffeln / Nervenzellen« *(21. 8. 1967) geschrieben (GW II 181 und 202 bzw. HKA 8.2/165f. und 202f.).*
Thomas Mann, Der Zauberberg, o. O., S. Fischer, 1954: *Der Band, aus dem PC am 10. 4. 1967 zwei Kapitel noch einmal liest (siehe Brief 489/3), weist keinerlei Lesespuren auf.*
John Millington Synge, Der Held der westlichen Welt und andere Stücke, *Frankfurt a. M., Suhrkamp (Bibliothek Suhrkamp 195), 1967: Der Band enthält Lesespuren und ein Lektüredatum (26. 4. 1967).*

2 Claude Lévi-Strauss, La Pensée sauvage *[Das wilde Denken]*, Paris, Plon, 1962: Der Band ist von PC reichlich annotiert und enthält einige »-i-«; vorne ist von PC hineingeschrieben: »9. 2. 1967« / »(Cl[inique du] Pr[ofesseur] D[elay])«. Eine Reihe der von PC angestrichenen Sätze lesen sich wie Elemente seiner eigenen Poetik; manche haben einen deutlich autobiographischen Charakter, etwa im Zusammenhang mit der Goll-Affäre (siehe den Anfang von Brief 212): »| L'homme qui fait une belle récolte est tenu pour un voleur chanceux. *[Der Mensch, der eine gute Ernte einfährt, wird für einen glücklichen Dieb gehalten]*« (S. 146).
3 Erst am 23. 3. 1967 schreibt PC seinem Verleger und schickt das Manuskript der Atemwende.

482
Madame Celan / *[gestrichen:]* 78 rue de Longchamp / <u>Paris 16e</u> *[von fremder Hand ersetzt durch:]* Chez Mlle Françoise Bonaldi / Rue du Château d'eau / St-Cézaire-sur-Siagne (A.-M.) / <u>Pneumatique</u> / 14^{55} / 10 – 3 67 / PARIS XIV / AV. GENERAL LECLERC (14e) 19 H 30 / 10 – 3 1967 / PARIS XVI / R. SINGER (16e) / 15 H 30 / 10. 3. 67 / PARIS VIII / R. LA BOETIE (8e) / 16 H / 10 – 3 1967 / PARIS XVI / R. MONTEVIDEO (16e)

1 *PC schreibt fälschlich* »jeudi 10 février *[Donnerstag 10. Februar]*«, *seine Schrift ist verändert.*

483
Madame Celan / 78 rue de Longchamp / <u>Paris 16e</u> / 17 H 45 / 16 – 3 1967 / PARIS XIV / AV. GENERAL LECLERC (14e)

1 *Am 19. 3. 1967 ist der 40. Geburtstag von GCL.*

484
Monsieur Paul Celan / Clinique de la Faculté / Service du Professeur Delay / 1 rue Cabanis / <u>Paris 14e</u> / 12 H 30 / 3 – 4 1967 / PARIS 106 / R. DE LONGCHAMP (16e) *[auf der Vorderseite des Umschlags von der Hand PCs:]* erh.: <u>4. 4. 67</u>
GCLs Schrift ist teilweise verändert.

1 *Zu La Messuguière siehe Anm. 243/4. Die Freundin von GCL, Françoise Bonaldi, wohnte unweit von La Messuguière in Saint-Cézaire-sur-Siagne.*

2 *Einige der von PC drei Wochen vorher in Shakespeares* Cymbeline *angestrichenen Passagen (Lektüredatum 13. 3. 1967, siehe Anm. 481/1) scheinen diese Hoffnung auf beunruhigende Weise in Frage zu stellen und bestätigen die im folgenden angesprochene Traumatisierung:*

»| PISANIO. Well then, here's the point: / <u>You must forget to be a woman</u>; change / Command into obedience, fear and niceness – / The handmaids of all women, or, more truly, / Woman it pretty self – into a waggish courage; / Ready in gibes, quick-answer'd, saucy and / As quarrelous as the weasel; nay, you must / Forget that rarest treasure of your cheek, / Exposing it – but, O, the harder heart! / Alack, no remedy! – to the greedy touch / Of common-kissing Titan, and forget / Your laboursome and dainty trims, wherein / You made great Juno angry.« *(Akt III, Szene 4, S. 487);*
»| CORNELIUS. With horror, madly dying, like her life; / Which, being cruel to the world, concluded / Most cruel to herself. What she confess'd / I will report, so please you: these her women / Can trip me if I err; who with wet cheeks / Were present when she finish'd. / CYMBELINE. Prithee, say. / | CORNELIUS. <u>First, she confess'd she never lov'd you, only</u> / <u>Affected greatness got by you, not you:</u> / <u>Married your royalty, was wife to your place,</u> / <u>Abhorr'd your person.</u> / [. . .] / CYMBELINE. O most delicate fiend! / | <u>Who is't can read a woman</u>? Is there more? / CORNELIUS. More, sir, and worse. She did confess she had / | For you a mortal mineral; which, being took, / Should by the minute feed on life and ling'ring / By inches waste you: in which time she purposed, / By watching, weeping, tendance, kissing, to / O'ercome you with her show, yes, and in time, / When she had fitted you with her craft, to work / Her son into the adoption of the crown: / But, failing of her end by his strange absence, / Grew shameless-desperate; open'd, in despite / Of heaven and men, her purposes; <u>repented</u> / <u>The evils she hatch'd were not effected; so</u> / Despairing, died. / [. . .] / | | | CYMBELINE. <u>Mine eyes</u> / <u>Were not in fault, for she was beautiful,</u> / | Mine ears that heard her flattery, <u>nor my heart</u> / | <u>That thought her like her seeming; it had been vicious</u> / <u>To have mistrusted her</u>: yet, O my daughter! / <u>That it was folly in me, thou mayst say,</u> / <u>And prove it in thy feeling. Heaven mend all!</u>« *In Baudissins Übersetzung streicht PC auch die ersten Worte von Cymbelines Antwort an:* »| Meine Augen / Sind ohne Schuld, denn sie war schön; [. . .]« *(Akt V, Szene 5, S. 525 f.) Im gleichen Sinn hebt PC fast den ganzen Monolog des Posthumus in Akt II, Szene 5 an (S. 473-474).*

485
Madame Celan / 78 rue de Longchamp / Paris 16ᵉ / 17 H 45 / 4 – 4 1967 / PARIS XIV / AV. GENERAL LECLERC (14ᵉ)

1 *PC liest ausgiebig; siehe Anm. 481/1.*
2 *Es handelt sich um die vierte Radierung aus* Atemkristall *(siehe Anm. 237/1), abgebildet in der* Frankfurter Allgemeinen Zeitung *vom 29. 3. 1967. Der Text, der sich vor allem mit den von GCL eingesetzten technischen Verfahren beschäftigt, endet mit den Worten:* »In dieser sensiblen Formensprache scheint die Künstlerin ätherische Naturprozesse einzufangen – Atemkristalle, verwehende Gebilde, Spuren des Windes.«
3 *PC und GCL publizieren 1969 tatsächlich noch ein gemeinsames bibliophiles Buch:* Schwarzmaut *(siehe Anm. 638/1).*
4 *PC hatte seinem neuen Verleger etwa zehn Tage vorher das Manuskript seines neuen Gedichtbands geschickt, dessen Titel programmatisch ist:* Atemwende.
5 *PC übersetzt in diesem und im nächsten Jahr J. Supervielle, G. Ungaretti und A. du Bouchet.*
6 *PC verbringt den ganzen Sommer 1967 zwischen der Klinik Sainte-Anne und seinem Büro in der Rue d'Ulm; erst Ende November 1967 zieht er in eine kleine, möblierte Einzimmerwohnung.*
7 *Es handelt sich um alte, entsprechend 100 neuen Francs.*
8 *Trinklösung zur Behandlung von Zahnfleischerkrankungen.*

486
Monsieur Eric Celan / 78 rue de Longchamp / Paris 16ᵉ / 12 H / 5 – 4 1967 / PARIS XIV / AV. GENERAL LECLERC (14ᵉ)

1 *ECs Ansichtskarte aus den Alpen stellt einen Bernhardiner dar.*
2 *PC hat gerade* Stille *(30. 3. 1967) und* Die Eine *(1. 4. 1967) (GW II 170 und 171) geschrieben und, an ebendiesem Tag, das mit den Versen beginnende Gedicht:* »BEI GLÜH- UND MÜHWEIN, nekronym / lang vor der Zeit, / laß ich die Gläserwelt – und nicht nur sie – / Revue passieren //[. . .]« *(GW II 172).*
3 Atemwende *markiert einen Bruch mit dem noch in* Die Niemandsrose *(1963) spürbaren, von den Dichtern des Jahrhundertanfangs ererbten ›lyrischen‹ Ton, darunter von R. M. Rilke und O. Mandel'štam.*

487
Madame Celan / 78 rue de Longchamp / Paris 16^e / 17 H 45 / 7 – 4 1967 / PARIS XIV / AV. GENERAL LECLERC (14^e)

1 *Im Originalbrief jeweils deutsch.*
2 *Birgit von Schowingen, die Tochter von Georg Trakls Förderer Ludwig von Ficker (PC kannte ihn seit seinem Besuch in Innsbruck im Juli 1948), hatte PC gerade einen Sammelband mit Schriften ihres Vaters geschickt:* Denkzettel und Danksagungen. Aufsätze, Reden, *herausgegeben von Franz Seyr, München, Kösel, 1967 (mit der Widmung:* »Paul Celan« / »zur Erinnerung!« / »In Dankbarkeit« / »Birgit v. Schowingen-Ficker«). *Das Blatt mit dem Telegrammtext liegt dem Brief nicht mehr bei.*

488
Madame Celan / 78 rue de Longchamp / Paris 16^e / 17 H 45 / 7 – 4 1967 / PARIS XIV / AV. GENERAL LECLERC (14^e)

489
Umschlag wohl nicht erhalten.

1 *Es handelt sich um den kleinen Notizkalender für das zweite Trimester des Jahres 1967 (Gibert/Janson), in den PC einige bibliographische Angaben und, auf der ersten Seite unter dem Datum des 1. 4. 1967, die Notiz* »Hörrest«/»schulungsfähig« *geschrieben hat. Dieses Wort, mit dem sich PC wohl auf Freuds Essay* »Das Ich und das Es« *bezieht (Gesammelte Werke, Bd. 13, S. 248; siehe Anm. 481/1), ist ein erstes Fragment für das Eingangsgedicht von* Lichtzwang: Hörreste, Sehreste *vom 9. 6. 1967 (GW II 233 bzw. HKA 9.2/51-53), siehe das erste Gedicht mit seiner Übersetzung in Brief 599.*
2 *Wohl ein Paket mit Kleidung, das GCL am Tag zuvor bei der diensthabenden Schwester abgegeben hatte.*
3 *Siehe Anm. 481/1. Die Titel sind auch im Originalbrief deutsch.*
4 *Offensichtlich täuscht sich PC und will sagen:* »zwei vorgestern«, *nämlich:* Die herzschriftgekrümelte *und* Unverwahrt, *beide vom 8. 4. 1967 (GW II 174 und 175 bzw. HKA 8.2/149f. und 151f.). Das Gedicht vom Tag selbst des Briefes heißt* Das unbedingte Geläut, *mit dem Datum vom 9. bis 10. 4. 1967, wie PC selbst angibt, tatsächlich aber vom 8. bis 11. 4. 1967 (GW 176 bzw. HKA 8.2/153f.). Die vierzehn Gedichte sind die des dritten Zyklus von* Fadensonnen, *d. h. außer den obengenannten:* Entteufelter Nu *(28. 2. 1967),* Hüllen *(1.*

Anmerkungen 301

3. *1967), Die Liebe (1. 3. 1967), Du warst (10. 3. 1967), Zur Rechten (16. 3. 1967), Die abgewrackten Tabus (18. 3. 1967), Wutpilger-Streifzüge (20. 3. 1967), Stille (30. 3. 1967), Die Eine (1. 4. 1967), Bei Glüh- und Mühwein (4. 4. 1967), Schief (5.-6. 4. 1967); siehe GW II 163-173 bzw. HKA 8.2/133-148).*
5 *Zum* Portfolio VI *siehe Anm. 506/3.*
6 *GCL stellt vom 9. 5. bis 4. 6. 1967 in der Städtischen Kunstgalerie Bochum fast vollständig ihre Radierungen aus den Jahren 1954 bis 1966 aus. Zwanzig Arbeiten sind im Katalog der Ausstellung reproduziert; dort erscheinen die von PC bestimmten Titel zweisprachig. PCs Exemplar trägt die Widmung:* »Für Dich Paul« / »ohne den diese Radierungen,« / »diese Arbeit nicht hätten« / »entstehen können«/ »Gisèle«.
7 *PC wird die Ausstellung nicht besuchen, auch die geplante Lesung findet nicht statt.*

490
Monsieur Paul Celan / Clinique de la Faculté (Hommes) / Service du Professeur Delay / 1 rue Cabanis / Paris 14e / 16 H 15 / 12 – 4 1967 / PARIS 106 / R. DE LONGCHAMP (16e) *[auf der Vorderseite des Umschlags von der Hand PCs:]* erh.: 13. 4. 67

1 *Elmar Tophoven, PCs Vertreter an der École Normale Supérieure.*
2 *Nur die erste der sechs Radierungen scheint in Bochum ausgestellt worden zu sein; sie ist am Ende des Katalogs reproduziert.*
3 *Lacourière.*
4 *GCL ist von April 1967 bis Juni 1968 Aushilfslehrerin an einer* »Cours Victor Hugo« *genannten privaten Grundschule in dem Viertel, in dem sie wohnt, dem 16. Arrondissement; außerdem gibt sie einigen ihrer Schüler Privatstunden.*

491
Monsieur Paul Celan / Clinique de la Faculté (Hommes) / Service du Professeur Delay / 1 rue Cabanis / Paris 14e /?? H / 14 – 4 1967 / PARIS XVI / R. SINGER (16e)
GCL schreibt auf die Rückseite des Briefumschlags von Siegfried Unseld (Suhrkamp Verlag) vom 11. 4. 1967.

1 *Bevor Siegfried Unseld zu Fragen der Typographie und des Materials kommt, schreibt er:* »ich habe jetzt mehrfach in Ihrem Gedichtbuch ›Atemwende‹ gelesen. Mein erster Eindruck hat sich verstärkt.

Im Ganzen handelt es sich um ein sehr bedeutendes Gedichtwerk, das eine neue Stufe in Ihrem lyrischen Schaffen darstellt. Ihre Gedichte sind persönlicher geworden. Ich hatte manchmal den Eindruck, daß Sie mit diesen Gedichten nicht so sehr an die ›Niemandsrose‹ als vielmehr an Gedichte aus dem ›Sprachgitter‹ anknüpfen wollen. / Ich möchte nun die Gedichte in Satz geben.« *(11. 4. 1967); PC notiert unter das Datum:* »b[eantwortet]: 18. 4. 67«.

492
Madame Celan / 78 rue de Longchamp / <u>Paris 16e</u> / *12 H / 17 – 4 1967 / PARIS XIV / AV. GENERAL LECLERC (14e)*

1 *Der Zeitungsausschnitt liegt dem Brief nicht mehr bei. Die im Anschluß genannten Mietpreise meinen alte, entsprechend 500 und 700 neuen Francs.*

493
Monsieur Paul Celan / Clinique de la Faculté (Hommes) / Service du Professeur Delay / 1 rue Cabanis / <u>Paris 14e</u> / *18 H / 17 – 4 1967 / PARIS 106 / R. DE LONGCHAMP (16e) [auf der Vorderseite des Umschlags von der Hand PCs:]* erh.: 18. 4. 67 / beantw.: 18. 4. 67
GCL schreibt auf gedrucktem Briefpapier.

1 *GCL unterrichtet in der ersten Grundschulklasse, EC geht in die sechste Klasse, d. h. die zweite Gymnasialklasse.*
2 *Das Gedicht aus* Atemkristall *vom 27. 11. 1963 (GW II 26), dessen Beziehungen zur Welt der Radierung auf der Hand liegen, wurde zur Eröffnung des Katalogs für die Bochumer Ausstellung gedruckt, unmittelbar vor dem Vorwort von Peter Leo, dem Direktor der Städtischen Kunstgalerie Bochum.*
3 *Am Tag selbst, an dem GCL Elmar Tophoven in Le Mesnil-Saint-Denis (Yvelines) aufgesucht hat, schreibt dieser PC, den er an der École Normale Supérieure vertritt, wegen der Daten der Klausuren für die Agrégation im Fach Deutsch und schickt ihm den aktuellen Stundenplan.*
4 Suite de douze gravures *[Folge von zwölf Radierungen], Juni-August 1966 (16×10), später* Suite de douze instants à Moisville *[Folge von zwölf Augenblicken in Moisville], und definitiv* Suite Moisville *([Moisville-Suite], Zyklus von elf, dann zehn Radierungen) genannt.*
5 *Bei diesem Verfahren wird die Kupferplatte mit einer dünnen Schicht Stahl überzogen, um sie widerstandsfähiger zu machen und so eine größere Auflage zu ermöglichen.*

494
Umschlag wohl nicht erhalten.

1 GCL antwortet auf diese Frage weder in ihrem Brief vom 19. 4. 1967 (Brief 497) noch später. Es handelt sich um eine private Grundschule im 16. Arrondissement mit dem Namen Cours Victor Hugo.
2 Der Brief von Robert Flacelière betrifft die Situation PCs aus der Sicht der Verwaltung (Krankheitsurlaub). Der im folgenden genannte Crédit Privé ist eine Bank.
3 PCs Antwort vom 18. 4. 1967 auf den oben erwähnten Brief (siehe Brief 491/1).
4 Nicht identifiziert.
5 Der Name dieses Gebäudes ist PC wichtig. Die Annoncen liegen dem Brief nicht mehr bei. André du Bouchet schreibt an PC am 21. 4. 1967 (Poststempel vom 22. 4. 1967, auf der Rückseite des Umschlags von der Hand PCs: »24. 4. 67«): »Lieber Paul, ich habe einen Termin ausgemacht, um diese Wohnung im Méridien anzusehen, die tatsächlich nicht allzuweit vom Observatorium sein kann – auf der Seite der Rue de la Tombe-Issoire, sagt man mir –, aber in einem großen, neu gebauten Komplex. Ich sage Ihnen am Donnerstag, was es damit auf sich hat. [. . .]« (Übers.)

495
Umschlag wohl nicht erhalten.

1 Einer der beiden Briefe ist für Siegfried Unseld bestimmt (vom 19. 4. 1967). PC teilt ihm dort seine Wünsche bezüglich des Umschlags, der Papierqualität und des Einbands mit: »[. . .] Format, Type, Papier sollen der ›Niemandsrose‹ und damit auch ›Sprachgitter‹ gleichen – die Farbe des Einbands soll jedoch die des hellgrauen Leinens von ›Sprachgitter‹ sein, also nicht das bräunliche Grau der ›Niemandsrose‹.« Der zweite Brief konnte nicht identifiziert werden. Beim Porto handelt es sich um alte Francs.

496
Madame Celan / 78 rue de Longchamp / Paris 16e / 13 H 30 / 20 – 4 1967 / PARIS XIV / AV. GENERAL LECLERC (14e)
Paul Celan, Clinique de la Faculté, 1 rue Cabanis / Paris 16e [sic]

1 Die Zeitungsannonce liegt dem Brief nicht mehr bei.

497
Monsieur Paul Celan / Clinique de la Faculté (Hommes) / Service du Professeur Delay / 1 rue Cabanis / Paris 14ᵉ / 20 H 30 / 19 – 4 1967 / PARIS XVI / R. SINGER (16ᵉ) *[auf der Vorderseite des Umschlags von der Hand PCs:]* erh. 20. 4. 67 / b.: 20. 4. 67

1 *Alte, entsprechend 700 neuen Francs.*
2 *Der Versand der Exponate für die Ausstellung in Bochum (siehe dazu Anm. 489/6).*
3 *Irena Živsa hatte bereits in der vorausgegangenen Woche in PCs Exemplar des 1948 in Wien veröffentlichten Gedichtbandes seine handschriftlichen Korrekturen eingesehen; PC hatte den Band u. a. wegen der zahlreichen Druckfehler aus dem Handel zurückziehen lassen. Živsa ist die Autorin der (ungedruckten) Münchener Dissertation* Paul Celans Lyrik im Spiegel seiner Übersetzungen. Ein Beitrag zum Dichtungsverständnis Celans *(1971). Siehe auch ihren Artikel über* Mohn und Gedächtnis *(wo die Gedichte von* Der Sand den Urnen *z. T. wiederaufgenommen sind) in Kindlers Literatur Lexikon, Bd. 24, München, dtv, 1976, S. 10805 f.*
4 *Der Kondolenzbrief von PC an Robert Altmann datiert vom 20. 4. 1967.*

498
Madame Celan / 78 rue de Longchamp / Paris 16ᵉ / 17 H 45 / 20 – 4 1967 / PARIS XIV / AV. GENERAL LECLERC (14ᵉ)

1 *Siehe Anm. 493/3.*
2 *Im folgenden Jahr publiziert PC in den Verlagen Insel und Suhrkamp eine Supervielle-Auswahl und den Gedichtband* Vakante Glut *von André du Bouchet, jedoch keine Übersetzungen aus dem Werk von Emily Dickinson. Nur die Lektürespuren in Werk und Korrespondenz der amerikanischen Dichterin mit Datierungen um die Jahreswende 1968/69 sowie persönliche Notizen zeigen, daß PC auf das Projekt nicht ganz verzichtet hatte (siehe auch GN 512).*
3 *Der »neue Band« erscheint 1968 unter dem Titel* Fadensonnen.
4 *Siehe Anm. 3/1.*
5 *Dietlind Meinecke,* Wort und Name bei Paul Celan. Zur Widerruflichkeit des Gedichts. *Bad Homburg/Berlin/Zürich, Gehlen, 1970.*
6 *PC hatte Bukarest Ende November 1947 verlassen. Bei den erwähnten Gedichten handelt es sich einmal um die drei Gedichte, die*

in der Zeitschrift Agora, colecție internațională de artă și literatură, *herausgegeben von Ion Caraion und Virgil Ierunca, Bukarest, [Mai] 1947, erschienen sind:* Das Geheimnis der Farne *(S. 70; GW I 21 und GW III 44);* Ein wasserfarbenes Wild *(S. 71; unter dem Titel* Die letzte Fahne *in GW I 23 und GW III 47);* Das Gastmahl *(S. 69; GW I 25 und GW III 50); auf der anderen Seite um die erste Veröffentlichung der* Todesfuge *(GW I 41) in der rumänischen Übersetzung von Petre Solomon unter dem Titel* Tangoul morții *(entsprechend dem frühen Titel* Todestango*) in der Bukarester Zeitschrift* Contemporanul *vom 2. 5. 1947. Siehe auch FW 171, 177, 180, 155 f. mit Anm.*
7 *Siehe Anm. 494/1.*

499
Umschlag wohl nicht erhalten.

1 *Das Plakat ist wohl nicht erhalten, die Veranstaltung auch nicht identifiziert.*
2 *PC vergleicht die Bochumer Ausstellung (siehe Anm. 489/6) mit der 1964 durch die Kestner-Gesellschaft in Hannover organisierten (siehe Brief 183/2 + 4).*

500
Madame Celan / 78 rue de Longchamp / <u>Paris 16^e</u> / *13 H 30 / 24 – 4 1967 / PARIS XIV / AV. GENERAL LECLERC (14e)*

1 *Die Annonce liegt dem Brief nicht mehr bei.*

501
Madame Celan / 78 rue de Longchamp / <u>Paris 16e</u> / *12 H / 25 – 4 1967 / PARIS XIV / AV. GENERAL LECLERC (14e)*
Paul Celan, *[der Name der Klinik und der Straße sind abgerissen:* Clinique de la Faculté, 1 rue Cabanis*]* Paris 14^e
Am linken Rand des Briefes sind folgende Absätze, Sätze oder Satzteile mit senkrechten Strichen (wohl von GCL in Bleistift, im letzten Fall blaue Tinte von PC) hervorgehoben: »Ich habe Dr. D. gesehen: [...] Stundenplan, an dem ich festhalte«; »Um meine Kurse vorzubereiten [...] was viel ist)«; »muß ich die ENS-Bücher [...] sag es mir ohne Umstände.«; »Ansonsten ist nichts Genaues [...] daß sie deprimierend ist.«; »Umarme Eric [...] wenn ich vorbeikomme.«; »Ich werde ihn also bitten, ihn bei Dir abzugeben.«; »Schick mir bitte postwendend eine Anweisung über 30 F.«

1 *Jean Bollack hatte PC am Tag zuvor, Sonntag, den 23. 4. 1967, besucht. Unter den Büchern waren sicher:*
Gershom Scholem, Von der mystischen Gestalt der Gottheit. Studien zu Grundbegriffen der Kabbala, *Zürich, Rhein, 1962: vorne ist notiert:* »Paris, 23. 4. 1967« / »| von Dr. Unseld |«*; der Band weist zahlreiche Unterstreichungen und Anmerkungen sowie die folgenden Lektüredaten auf:* »1. 5. 1967« *(S. 134 und 271),* »3. 5. 1967« *(S. 191), aber auch* »21. 5. 1968« *(S. 249); unter den hervorgehobenen Passagen ist auch jene, die das Licht der Schechina (Ziv) betrifft (siehe den letzten Vers von* Nah, im Aortenbogen, GW II 202*).*
Gershom Scholem, Zur Kabbala und ihrer Symbolik, *Zürich, Rhein, 1960; der Band enthält vor allem im Kapitel über den Golem Lesespuren und am Ende des letzten Kapitels (S. 259) ein Lektüredatum vom 16. 5. 1967.*
Theodor W. Adorno, Ohne Leitbild. Parva Aesthetica, *Frankfurt a. M., Suhrkamp, 1967: Der Band weist einige Unterstreichungen und ein Lektüredatum vom 8. 5. 1967 auf (S. 181, am Ende des Textteils).*
2 *Nicht identifiziert.*
3 *Siehe Anm. 493/3.*
4 *In die Übersetzung eingefügt sind hier die Originalformulierungen aus dem Brief von Elmar Tophoven. Mit* »Agrégatifs« *sind die Studenten gemeint, die sich auf die Agrégation vorbereiten.*
5 *Während eines Studienjahrs mußte PC etwa 25 Unterrichtseinheiten in seiner mündlichen Übersetzungsübung für die Kandidaten der Agrégation halten. Die hier genannten zwölf Themen entsprechen den neuen Texten, die er im Jahr 1967/68 vorzubereiten hatte, andere nahm er aus vorausgehenden Jahren wieder auf. In diese Zahl eingeschlossen sind eventuell auch diejenigen, die PC im Mai und Juni, also für das Ende des laufenden Studienjahres, vorbereiten wollte. Beim derzeitigen Wissensstand konnten zwar die Texte, nicht immer aber der Zeitpunkt identifiziert werden, zu dem sie behandelt wurden:*
15. 5. 1967: Marguerite Duras, Le Vice-consul *(1966), von* »Elle marche« *bis* »palmes bleues«.
Juni 1967: Choderlos de Laclos, Les Liaisons dangereuses *(1787),* Brief XXII, *von* »Vous serez sans doute bien aise« *bis* »l'ennemi de la vertu.«
7. 11. 1967: Charles Baudelaire, Fusées, Teil XV, *von* »Le monde va finir« *bis* »même les erreurs des sens! –«.
21. 11. 1967: Charles Baudelaire, Fusées, Teil XV (Fortsetzung), *von* »Alors, ce qui ressemblera à la vertue« *bis* »parce que je veux dater ma colère/tristesse.«

27. 11. 1967: *Nathalie Sarraute,* Tropismes *(1957), das vollständige 8. Kapitel.*
4. 12. 1967: *Nathalie Sarraute,* Tropismes *(1957), das vollständige 4. Kapitel.*
Dezember 1967: Jean-Henri Fabre, Souvenirs entomologiques *(1879-1907),* »La Mante. – La chasse«, *von* »Encore une bête du Midi« *bis* »elle a presque une physionomie.«
8. 12. 1967 und 9. 1. 1968: Jean-Henri Fabre, Souvenirs entomologiques *(1879-1907),* »La Mante. – La chasse«, *von* »Le contraste est grande« *bis* »en écrasant la bête.«
21.[?] 8. 1968: Marcel Proust, A la recherche du temps perdu, Du côté de chez Swann *(1913), III,* »Projet de voyage à Florence«, *von* »Quand mon père eut décidé« *bis* »les quarts d'heure qui s'écoulent.«
Datum nicht bekannt: Nathalie Sarraute, Tropismes *(1957), Auszug aus Kapitel II, von* »Ils s'arrachaient à leurs armoires« *bis* »adressiez la parole à qui que ce fût.«
Datum nicht bekannt: Henri Michaux, Un certain Plume *(1930),* La nuit des Bulgares *(drei oder vier Auszüge).*
Unter den in diesem Studienjahr wiederaufgenommenen Texten waren mit Sicherheit:
15. 3. 1968 (schon Juni 1965): Albert Camus, L'Exil et le Royaume *(1957),* »La pierre qui pousse«, *von* »L'homme regardait le fleuve« *bis* »vers celui qui les attendait.« *Zu diesem Buch von Camus siehe auch Brief 240/2.*
29. 8. 1968 (schon Juni und Dezember 1966): Jean-Paul Sartre, Les mots *(1964), Schluß des Buches und des Kapitels* »Écrire«, *von* »J'ai changé. Je raconterai plus tard« *bis* »on peut être sûr qu'il attend sa récompense.«
Datum nicht bekannt: Francis Ponge, Le Parti pris des choses *(1942),* Le restaurant Lemeunier rue de la Chaussée-d'Antin.
Datum und genauer Textauszug nicht bekannt: Claude Lévi-Strauss, Tristes tropiques *(1955).*
Datum nicht bekannt: Paul Valéry, Monsieur Teste *(1919),* Lettre d'un ami, *von* »Mon ami, me voici loin de vous« *bis* »d'un travail de détachement et de renouements subtils.«
Zu PCs Unterrichtsthemen siehe auch den Artikel von Jean-Pierre Lefebvre, damals Kandidat für die Agrégation und PCs Student, »Ich verulme, verulme –‹. Paul Celan rue d'Ulm (1959-1970) – (autour d'un cours sur *Tübingen, Jänner [in Zusammenhang mit einem Kurs über* Tübingen, Jänner*]« (in:* L'École Normale Supérieure et l'Allemagne *[Die École Normale Supérieure und Deutschland],*

hrsg. von Michel Espagne, Leipzig, Leipziger Universitätsverlag, 1995, S. 265-288).
Die meisten von PC vorgeschlagenen Texte verraten ebensoviel persönliches wie pädagogisches Interesse. Die Auszüge aus Jean-Henri Fabre etwa stehen in direktem Zusammenhang mit den Gedichten Herzschall-Fibeln, Verworfene *und* Die Mantis *aus* Lichtzwang *vom 23. und 30. 9. sowie 7. 10. 1967 (siehe GW II 284, 290, 295 und HKA 9.2/157f., 170f. und 181f.).* Die Entscheidung, einen Text in der Übersetzungsübung vorzulegen, scheint oft ebenso autobiographisch motiviert wie die Anverwandlung von PCs diversen Lektüren. Einer der in dieser Hinsicht sprechendsten Texte ist der Auszug aus dem Anfang von Peau de Chagrin, wo Balzac seinen Raphaël de Valentin in Selbstmordgedanken schildert (siehe Anm. 440/7).
6 *PC verwendet hier das umgangssprachliche, etwas altertümelnde französische Verb* »voiturer«*, das er für präziser hielt als* »conduire«*, das* »führen« *entspricht. Siehe auch die André du Bouchet von PC diktierte Übersetzung von* Todtnauberg *(siehe dazu FN, S. 546). André du Bouchet behält im übrigen das Verb in seiner Fassung des Gedichts bei (Paul Celan,* Poèmes*, übertragen von André du Bouchet, Paris, Mercure de France, 1986, S. 29, V. 22).*
7 *Erst Ende November 1967 zieht PC in eine möblierte kleine Einzimmerwohnung.*
8 *Die Zürcher Fotografen und Filmemacher Michael (Miggel) und Luzzi Wolgensinger besaßen in Tegna ein Ferienhaus. Der jüdische Dichter und Rundfunkredakteur Franz Wurm aus Prag lebte mit einem englischen Paß in der Schweiz.*
9 *PC hatte gerade einen undatierten Brief von EC erhalten, in dem dieser von seinem Erfolg bei der Geschichtsarbeit berichtet (auf dem von GCL adressierten Umschlag von der Hand PCs:* »erh.: 24. 4. 67«).
10 *Im Endeffekt hinterlegt Elmar Tophoven, nach einem Briefwechsel, den Schlüssel von PCs Zimmer (»thurne 3«) im Postfach von PC in der École Normale Supérieure in der Rue d'Ulm.*

502
Monsieur Paul Celan / Clinique de la Faculté (Hommes) / Service du Professeur Delay / 1 rue Cabanis / Paris 14e / 10 H 45 / 26 – 4 1967 / PARIS 106 / R. DE LONGCHAMP (16e) *[auf der Vorderseite des Umschlags:]* 27. 4. 67

1 *GCL schreibt fälschlich* »mai«.

2 *Siehe Brief 493.*
3 *GCL zitiert den deutschen Originalbrief. Auch das Wort »Grüße« im folgenden ist deutsch. PC wird den Vorschlag des Direktors der Städtischen Kunstgalerie Bochum nicht aufgreifen. Zu GCLs Ausstellung in Bochum siehe Anm. 489/6.*
4 *Tantiemen für die französische Übersetzung des* Meridian *durch André du Bouchet; sie war gerade in der ersten Nummer der Zeitschrift* L'Éphémère *erschienen (S. 3-20).*
5 *André du Bouchet hatte PC am 4. 4. 1967 Geld geliehen.*
6 *Nicht identifiziert.*

503
Monsieur Eric Celan / 78 rue de Longchamp / <u>Paris 16e</u> / *20 H 30* / *27 – 4 1967* / *PARIS VI* / *R. ST ROMAIN (6e)*

1 *PC, der die Goll-Affäre für eine »vraie affaire Dreyfus - sui generis« (z. B. in einem Brief an Jean-Paul Sartre, etwa 7. 1. 1962, GA Dok. 191) hielt, schätzte den Autor von »J'accuse [Ich klage an]« in hohem Maße.*

504
Madame Celan / 78 rue de Longchamp / <u>Paris 16e</u> / *17 H 45* / *28 – 4 1967* / *PARIS XIV* / *AV. GENERAL LECLERC (14e)*

1 *Brief vom 28. 4. 1967 (nicht publiziert; auf der Rückseite des Umschlags von der Hand PCs: »29. 4. 67«), in dem GCL den Erhalt verschiedener Sendungen bestätigt, die Postanweisung, die Briefmarken für EC usw.*
2 *Les Éditeurs Réunis; 11, Rue de la Montagne-Sainte-Geneviève (5e).*
3 Собрание социнений в двух томах. Том второй: Стихотворения. Проза *[Werke in zwei Bänden, Bd. 2: Gedichte, Prosa], herausgegeben von G. P. Struve und B. A. Filippova, New York (Inter-Language Literary Associates) 1966; vorne von der Hand PCs: »Paris, 27. 4. 1967«; das Buch weist zahlreiche Lesespuren auf; einige davon, in »Morgen des Akmeismus« und »Gespräch über Dante«, datieren vom Tag nach dem Erwerb des Bandes.*
4 *Alte, entsprechend 300 neuen Francs.*
5 *Ausstellung der Mappe* Parcours *mit Radierungen und neuerer Lithographien; es handelt sich um eine Werkauswahl der Jahre 1946-1966 in der Galerie Le Point Cardinal (3, Rue Cardinale, 6^e).*

6 *Peter Leo, Direktor der Städtischen Kunstgalerie Bochum, Organisator von GCLs dortiger Ausstellung und Autor des Vorworts im Katalog.*
7 *Zu den Lesungen in Freiburg und Berlin siehe die Briefe 536/1 und 591/2.*

505
Monsieur Eric Celan / 78 rue de Longchamp / Paris 16ᵉ / 19 H 30 / 12 – 5 1967 / PARIS XIV / AV. GENERAL LECLERC (14ᵉ)

1 *D. h. in der Rue des Grands Augustins Nr. 15 (6ᵉ).*
2 *Sohn von André du Bouchet und Tina Jolas.*

506
Monsieur Paul Celan / Clinique de la Faculté (Hommes) / Service du Professeur Delay / 1 rue Cabanis / Paris 14ᵉ / 16 H 15 / 13 – 5 1967 / PARIS 106 / R. DE LONGCHAMP (16ᵉ) *[auf der Vorderseite des Umschlags von der Hand PCs:]* 16. 5. 1967

1 *GCL schreibt fälschlich »11«.*
2 *Die Ausstellung von GCL in der Städtischen Kunstgalerie Bochum dauerte bis zum 4. 6. 1967.*
3 *Das* Portfolio VI, *herausgegeben von Robert Altmann ([Vaduz] Brunidor, 1967, 34×42, limitierte Auflage von 55 numerierten Exemplaren), enthält PCs Gedicht »Diese / freie, / grambeschleunigte / Faust« (GW III 137) und sechs Radierungen von GCL (2 Radierungen 26,5×16,5, je eine Radierung 26,5×24 und 26,5×24,5 und 2 Radierungen 30,5×24).*

507
Umschlag wohl nicht erhalten.

1 *GCL antwortet auf diese Frage nicht schriftlich. Robert Altmann, der Herausgeber des* Portfolio VI, *schreibt PC dazu am 19. 5. 1967:* »Sie haben Recht *[sic]* auf die Auslassung Ihres Namens auf der Titelseite aufmerksam zu machen. Aber ich glaube, dass wir zu dritt, bei Ihnen in der Wohnung, diese Abfassung besprochen hatten. Wir haben es auch vermieden, eine ›justification de tirage‹ und ›achevé d'imprimer‹ *[d. h. Angaben über die Auflagenhöhe und das genaue Druckdatum]* beizufügen, um den Charakter des eigentlichen Graphikalbums zu belassen. / Hoffend, dass wir bald wieder etwas zu dritt unternehmen können [...]«.

Anmerkungen 311

508
Madame Celan / 78 rue de Longchamp / <u>Paris 16ᵉ</u> / *12 H / 26 – 5 1967 / PARIS XIV / AV. GENERAL LECLERC (14ᵉ)*
Paul Celan, Clinique de la Faculté, 1 rue Cabanis / Paris 16ᵉ *[sic]*

1 *Der diensthabende Krankenpfleger M. Vial brachte das Manuskript von* Atemwende *für die anstehende Korrekturlesung und Geld.*
2 *Die hier wiedergegebene Fassung von* Die Rauchschwalbe *(GW II 216) ist nicht in HKA 8.2/226-227 enthalten.*
3 *In dieser Anspielung auf den biblischen Jonas nimmt PC vielleicht auch Bezug auf den* Inka *genannten spanischen Chronisten Garcilaso de la Vega (1539-1616), unehelicher Sohn einer Inkaprinzessin mit einem Conquistador von Peru und Verwandter des gleichnamigen Dichters. Seine* Comentarios Reales de los Incas *[Königliche Kommentare über die Inkas] (Lissabon 1608/09) wurden von den spanischen Behörden als subversiv eingeschätzt. Der Autor ist auch Übersetzer der* Dialoghi di amore *[Dialoge über die Liebe] des 1492 aus Spanien nach Italien vertriebenen Leone Ebreo (eigentlich Jehuda Abarbanel).*
4 *Seit etwa zwei Wochen herrscht ein Klima ernster Spannungen zwischen Israel (das gerade – am 14. 5. 1967 – seinen 19. Geburtstag feiert) und seinen syrischen und ägyptischen Nachbarn. Am 22. 5. 1967 verfügt Nasser eine Sperrung der Meerenge von Tiran im Golf von Akaba und nimmt damit dem südisraelischen Hafen Elath den Zugang zum Roten Meer. Am 24. Mai empfängt de Gaulle den israelischen Außenminister, teilt ihm seine Sorge wegen eines Nuklearkonflikts mit und erklärt, daß Frankreich Israel in einem bewaffneten Konflikt mit Ägypten nicht unterstützen werde.*

509
Umschlag wohl nicht erhalten.
Der Brief wurde von GCL in ihre eigene Korrespondenz mit PC eingeordnet.

1 Atemwende.
2 *Chinesisches Restaurant in der Avenue Bosquet (7ᵉ).*

510
Madame Celan / 78 rue de Longchamp / Paris 16ᵉ / 12 H / 31 – 5
1967 / PARIS XIV / AV. GENERAL LECLERC (14ᵉ)
Paul Celan, Clinique de la Faculté, 1 rue Cabanis / Paris 14ᵉ

1 *In ihrem Brief vom 29. 5. 1967 (nicht publiziert) dankt GCL für das Gedicht* »Die Rauchschwalbe stand im Zenith, die Pfeil-« *(Brief 508), streift kurz die Bochumer Ausstellung, die* »Ereignisse um Israel« *(Übers.) und hält sich länger bei ECs Schulschwierigkeiten auf.*
2 *PC hat gerade sieben der 19 Gedichte geschrieben, die den fünften und letzten Zyklus von* Fadensonnen *ausmachen; außer* Die Rauchschwalbe *(4. 5. 1967, siehe Brief 508) sind dies:* Weiß *(25. 5. 1967);* Unbedeckte *(25. 5./2. 6. 1967);* Der Schweigestoß *(27. 5. 1967);* Haut Mal *(27. 5. 1967);* Das taubeneigroße Gewächs *(28. 5. 1967);* Angewintertes *(30. 5. 1967) – siehe GW II 216-222 bzw. HKA 8.2/ 226-237.*
3 *Nicht identifiziert.*
4 *Choderlos de Laclos,* Schlimme Liebschaften, *mit 13 Radierungen, übersetzt und eingeleitet von Heinrich Mann, Frankfurt a. M., Insel, 1967: Der Band weist einige Lesespuren, darunter das Datum vom 5. 6. 1967 in der Einleitung, auf; der von PC bei seiner Arbeit in der École Normale Supérieure benutzte, von Yves Le Hive herausgegebene Originaltext erschien 1952 in Paris. Eines der beiden Dienstmädchenzimmer unter dem Dach benützten die Celans auch als Bibliothek.*
5 *Claude David schreibt in seinem langen Artikel (weder PC noch GCL scheinen ihn aufbewahrt zu haben) mit dem Titel* »Die ›Gruppe 47‹ nach 20 Jahren« *in der Zeitungsbeilage* Le Monde des livres *vom 31. 5. 1967:* »Man hat der deutschen Literatur genügend oft ihre Nichtachtung der Politik und ihr Fluchtverhalten gegenüber dem städtischen Raum vorgeworfen, daß man heute die sich inzwischen vollzogene Veränderung als wohltuend begrüßen kann. Die Nazi-Vergangenheit, Ostdeutschland und die ›Mauer‹ sind in der Literatur von heute präsent: eine Vergangenheit, die die kaum vierzigjährigen Grass und Walser kaum gekannt haben, ein Ostdeutschland, das man weder lieben noch ausschließen kann. Dieser doppelte Skandal, dieser doppelte Vorwurf stellen heute die Themen: bei Grass und Uwe Johnson, bei Alfred Andersch und bei Böll, bei Schnurre und bei Walser, und bis zu den Parabeln von Heinz von Cramer, den Utopien von Nossack und *zur Lyrik von*

Anmerkungen 313

Celan. / Ein anderer fast allen gemeinsamer Zug: Das Gefühl der Distanz gegenüber dem Deutschland von heute. [...] Das Bewußtsein des heutigen deutschen Schriftstellers ist nüchtern und hellsichtig. Aber der Grat, auf dem er seinen Kampf kämpft, ist gefährlich schmal. / Deutschland flieht seine Vergangenheit. Die Literatur sucht neue Wege; sie versucht, die Gespenster auszutreiben, die sie noch als bedrohlich empfindet. Man kann die Veränderung, die sich seit 20 Jahren vollzogen hat, nicht leugnen. Um so deutlicher kann man, jenseits des Grabens von Nazizeit und Krieg, einige wesentliche Strukturen der deutschen Literatur von früher wiedererstehen sehen. Zunächst s o z i o l o g i s c h. Mehr als je zuvor leben die deutschen Schriftsteller in der ganzen Welt zerstreut: Marie Luise Kaschnitz, Hermann Kesten und Heinz von Cramer in Italien; Peter Weiss in Schweden, Enzensberger in Norwegen; der alte Fritz von Unruh hat sein amerikanisches Exil nicht verlassen; *der tiefgehendste deutsche Lyriker, Paul Celan, ist Franzose und lebt in Paris.*« *(Übers., Hervorhebungen Hrsg.) Zu den Beziehungen PCs zur Gruppe 47 siehe Anm. 10/4 und vor allem Brief 157/7.*

511
Madame Celan / 78 rue de Longchamp / <u>Paris 16e</u> / *19 H / 1 – 6 1967 / PARIS 38 / R. CLAUDE BERNARD (5e)*

1 *Stadtviertelgruppe (Quartier Chaillot, 16. Arrondissement) der Éclaireurs de France, einer nichtkirchlichen, gemischten Pfadfinderorganisation, der EC angehörte.*
2 *Seit dem 27. 5. 1967 sind israelische Soldaten in der Wüste Negev stationiert. Auf der anderen Seite der Grenze, im Sinai und im Bereich des Golfes, ist die ägyptische Armee in Alarmbereitschaft versetzt. In Israel wächst der militärische Druck in Richtung auf eine sofortige Kriegserklärung. Frankreich weigert sich durch General de Gaulle, der vermehrt Kontakte zu Vertretern arabischer Länder aufnimmt, Partei zu ergreifen und sagt auf diese Weise nein zu Israel. In der Avenue de Wagram (16e) sammeln sich 3000 Menschen und ziehen in Richtung israelische Botschaft.*
3 *Aus Eugène Ionescos Stellungnahme im* Combat *publiziert die Redaktion der Zeitung* Le Monde *am 2. 6. 1967 unter dem Titel* »›Die gemäßigten Reaktionen des moralischen Gewissens empören mich‹, schreibt Eugène Ionesco im ›Combat‹« *folgende Auszüge:* »Unter dem Titel ›Die unwürdigen Lumpen‹ schreibt M. Eugène Ionesco im ›Combat‹: / ›Ein Volk ist in Gefahr, zerstört zu werden.

Ein Volk, das nicht den Platz der anderen will und das nur einen kleinen Platz auf der Welt beansprucht, um zu leben. Ein Volk, das das gleiche Lebensrecht hat wie die andern, und mehr als die andern. Ein Volk, das keine Kolonien und keine Satellitenstaaten will. Ein Volk, das deshalb mehr Lebensrecht als jedes andere hat, weil es verhöhnt, verfolgt und gefoltert wurde. Ein Volk, das einzige, das wirklich an die Moral in der Politik glaubt, eine Sache, über die man im Augenblick so viel spricht, weil man nicht daran glaubt. (. . .) / Auch die Tschechoslowakei war, vor einem Vierteljahrhundert, nicht aggressiv. Der unwürdige Lump Hitler, Nassers Vorbild, warf der Tschechoslowakei Aggressivität vor, um sie angreifen zu können. (. . .) / Die gemäßigten Reaktionen des moralischen Weltgewissens empören mich. So war es immer: Wer in der westlichen Welt protestierte gegen die Vertreibungen, gegen die Grausamkeiten der Nazis, bevor Deutschland nicht diese westliche Welt angegriffen hatte? Erst in diesem Augenblick, als nämlich die westlichen Staaten selbst angegriffen wurden, kamen großzügige Gedanken auf.« *(Übers., der hier vollständig wiedergegebene Artikel – Auslassungen durch Le Monde – ist im Nachlaß von PC nicht erhalten.)*
4 *Siegfried Unselds Brief vom 29. 5. 1967 begleitet den Korrekturabzug eines kurzen Textes über* Atemwende *für den Verlagsprospekt:* »Sie sehen, daß ich Ihr Buch an die Spitze des Suhrkamp-Programms gestellt habe. Das soll eine Demonstration sein.« *PC hat die erste Seite des Prospekts als Korrekturabzug aufbewahrt, in dem auch Zbigniew Herberts Band* Inschrift *(Gedichte aus zehn Jahren, übersetzt und herausgegeben von Karl Dedecius) und das Stück* Biografie *von Max Frisch angezeigt sind.*

512
Madame Celan / 78 rue de Longchamp / Paris 16ᵉ / 12 H 30 / 6 – 6 1967 / PARIS 38 / R. CLAUDE BERNARD (5ᵉ)

1 *PC erinnert sich hier an die Fahrt von der Mühle in Rocheforten-Yvelines nach Paris, wo GCL wenige Stunden später, verfrüht, durch einen Kaiserschnitt von EC entbunden werden sollte. Einer der beiden zusammen niedergelassenen Notare (von der Familie* »die kleinen Notare« *genannt) betreute den Besitz der Familie de Lestrange und war gleichzeitig ihr Nachbar auf dem Land; er fuhr die Celans in aller Eile in die Klinik (Villa Molière, 57, Boulevard Montmorency, 16ᵉ). Der damalige Lektor des S. Fischer Verlags, Christoph Schwerin, war auf dieser Fahrt dabei und erinnert sich –*

Anmerkungen 315

nur sehr ungefähr – an die Ereignisse in seinem Erinnerungsbuch Als sei nichts gewesen *(a. a. O., S. 204)*.

513
Madame Celan / 78 rue de Longchamp / Paris 16ᵉ / *18 H* / *6 – 6 1967* / *PARIS 38* / *R. CLAUDE BERNARD (5ᵉ)*

1 *Siehe Anm. 355/2.*
2 Werke, Bde. *1-4, Text der Ausgabe des Aufbau-Verlages Berlin 1958, neu durchgesehen und revidiert von Herbert Kraft und Manfred Wacker, Nachwort von Hans Mayer, Frankfurt a. M., Insel, 1967: Lesespuren in Bd. 2,* Die Serapions-Brüder.

514
Madame Celan / 78 rue de Longchamp / Paris 16ᵉ / *19 H* / *6 – 6 1967* / *PARIS 38* / *R. CLAUDE BERNARD (5ᵉ)*

1 *Zu den Themen dieser Kurse siehe Anm. 501/5.*
2 *PC bedankt sich für den Brief vom 5. 6. 1967 (nicht publiziert), in dem GCL über den an ebendiesem 5. 6. ausgebrochenen ›Sechstagekrieg‹, das Bombardement von Tel Aviv, das Verhalten von General de Gaulle und die Stellungnahme von Ionesco spricht und präzisiert, daß sie über all das auch mit EC sprechen wird.*
3 *In* Le Monde *vom 8. 6. 1967 ist zu dieser Demonstration auf den Seiten zur »französischen Reaktion auf den Krieg und die Debatte in der Nationalversammlung« unter dem Titel «Neue Demonstrationen in Paris« zu lesen:* »Zwischen drei- und viertausend Menschen haben Dienstag abend in Paris an einer Demonstration für Israel teilgenommen. / Um 19 Uhr hatten sich die Teilnehmer auf der Place de la Concorde versammelt, um zum Palais-Bourbon *[Abgeordnetenhaus]* zu marschieren. Da ein großes Aufgebot an Ordnungskräften [...] den Zugang zur Concorde-Brücke und zum Quai d'Orsay sperrte, formte sich der Zug in der Rue Saint-Florentin. Voraus fuhren an die dreißig Autos, auf denen Trauben junger Leute israelische und französische Fahnen schwenkten. Die Vorhut veranstaltete ein ohrenbetäubendes Konzert und skandierte: ›Israel wird siegen!‹ Hinter den Autos marschierten mehrere tausend [...]. Die Menge skandierte ›Nasser Mörder‹, ›Wir melden uns freiwillig‹ und ›Israel wird leben‹. Andere Slogans wurden aufgenommen: ›Wir wollen Frieden‹ und ›Nieder mit dem Rassismus‹. Passanten auf den Bürgersteigen applaudierten. [...] Dann ging der Zug zur

Rue de la Victoire. / Die Vorhut hielt an und die Demonstranten schrien nicht mehr. / In einem beeindruckenden Schweigen zogen sie an der Synagoge vorbei, hielten an und sangen auf hebräisch die israelische Nationalhymne und auf französisch die Marseillaise. Nach einer Schweigeminute baten die Veranstalter die Demonstranten, auseinanderzugehen. Es war 20 Uhr 45.« *(Übers., der Artikel ist nicht im Nachlaß von PC erhalten.) Am gleichen Abend folgte eine weitere Demonstration vor dem Mémorial Juif auf der Île de la Cité. Das im Brief wiedergegebene Flugblatt ist im Nachlaß erhalten.*

515
Madame Celan / 78 rue de Longchamp / <u>Paris 16e</u> / *13 ? H / 7 ? – 6 1967 / PARIS XIV / AV. GENERAL LECLERC (14e)*

516
Monsieur Paul Celan / Clinique de la Faculté (Hommes) / Service du Professeur Delay / 1 rue Cabanis / <u>Paris 14e</u> / Pneumatique / *19 H / – 07. VI. 1967 / PARIS 106 / R. DE LONGCHAMP (16e) / 19 H / – 7. 6. 1967 / PARIS 106 / 51, RUE DE LONGCHAMP [auf der Vorderseite des Umschlags von der Hand PCs:]* 8. 6. 67
GCL benützt Briefpapier mit gedrucktem Briefkopf.

1 *Am 7. 6. 1967 wird die Altstadt von Jerusalem eingekreist, um 8.30 Uhr greifen israelische Jagdflugzeuge die letzten jordanischen Positionen an, die Stadt wird durch das Löwentor eingenommen, um 10 Uhr erreichen Fallschirmjäger die Klagemauer. Die israelischen Truppen nehmen das Westjordanland und Scharm-El-Scheich, die das Gebiet des Golfes dominierende Festung, ein und rücken zum Suez-Kanal vor. Die ägyptische Armee flieht. Am Abend verkündet Mosche Dayan in einer Pressekonferenz, Israel habe seine politischen und militärischen Ziele erreicht. Am 8. 6. 1967 setzen sich die Kämpfe an der israelisch-syrischen und der israelisch-ägyptischen Front fort.*

517
Madame Celan / 78 rue de Longchamp / <u>Paris 16^e</u> / *16 H 15 / 9 – 6 1967 / PARIS 38 / R. CLAUDE BERNARD (5^e)*

1 *PC schreibt zunächst fälschlich* »mardi 10 *[Dienstag]«, dann* »vendredi 10 *[Freitag]«.*

2 PC hatte im gleichen Jahr 1961 in der Neuen Rundschau publiziert: Acht Gedichte *von Emily Dickinson (Heft 1, S. 36-39, siehe GW V 384-399; außer den in Anm. 3 genannten hat PC keine weiteren Dickinson-Übertragungen publiziert, eine größere Auswahl blieb im Projektstadium) sowie (elf) Gedichte von Jules Supervielle (Heft 4, S. 845-851, siehe GW IV 356-357, 348-349, 368-369, 354-355, 352-353, 358-359, 366-367, 372-373, 374-375, 406-407, 410-411).*
3 Because I could not stop for Death – Der Tod, *in:* Almanach, S. Fischer, *1959, S. 59;* At Half past Three – Um halb vier, *in:* Insel-Almanach *1963, S. 65 (GW V 383-384, 400-401).*
4 *Am 9. 6. 1967 akzeptieren Syrien und Ägypten eine Feuerpause. Israel ist nach diesem nur sechs Tage dauernden Krieg Herr über die Jerusalemer Altstadt, das Westjordanland, den Gazastreifen und die Golanhöhen.*

518
Madame Celan / 78 rue de Longchamp / <u>Paris 16ᵉ</u> / *12 H 30 / 12 – 6 1967 / PARIS 38 / R. CLAUDE BERNARD (5ᵉ)*

1 *Siehe Anm. 511/4.*

519
Madame Celan / 78 rue de Longchamp / <u>Paris 16ᵉ</u> / *16 H / 13 – 6 1967 / PARIS 38 / R. CLAUDE BERNARD (5ᵉ)*

1 *Es handelt sich um ein Paket sauberer Wäsche und den Brief vom 11. 6. 1967 (nicht publiziert, PC notiert auf dem am 12. 6. 1967 abgestempelten Umschlag: »13. 2. [sic] 67«): GCL berichtet PC über ihre Schwierigkeiten, die Sonderdrucke zu finden, um die PC gebeten hatte, und informiert dann ausführlich über schulische Probleme von EC. Um diese – die Frage, ob EC den Lateinunterricht aufgibt und in einen anderen (neusprachlichen) Zug wechselt oder bei Latein bleibt und die Klasse wiederholt – geht es im folgenden.*
2 *In seinen Notizkalender notiert PC am Donnerstag, dem 15. 6. 1967: »16 30 Racine« / »Odéon* <u>Danton</u>*« [d. h. Café Le Danton]. Der aus der Schweiz stammende Dichter Charles Racine (1927-1995) sollte in der dritten Nummer der Zeitschrift* L'Éphémère, *deren Mitgründer und Redaktionsmitglied André du Bouchet war, Gedichte veröffentlichen.*
3 *Das kurze Vorwort im Katalog für die Ausstellung in der Städti-*

schen Kunstgalerie Bochum (siehe Anm. 489/6) versucht, die Formenwelt (»[...] Erlebnislyrik, durch Rhythmik und ausgewogene Komposition in eine strenge Syntax gebunden«) *wie auch das Besondere von GCLs Geste und Strich zu bestimmen* (»Handschriftliche Spontaneität und Ansätze zur Gefühlsschwelgerei müssen durch den Filter technischen Kalküls und lupenreiner Handwerklichkeit.«)*. Zu GCLs ›Meister‹ Friedlaender formuliert Peter Leo:* »Der Ortsbestimmung dieses Œuvres und nicht seiner Herkunft gilt der Hinweis auf die graphische Lehrzeit bei dem *Radierer-Poeten Friedländer* [...].« *[Hervorhebung Hrsg.]*
4 *Anspielung auf die diversen Hindernisse bei der Organisation der Ausstellung (siehe Brief 506, Abs. 5).*

520
Madame Celan / 78 rue de Longchamp / <u>Paris 16e</u> / *13 H 30 / 14 – 6 1967 / PARIS XIV / AV. GENERAL LECLERC (14e)*

521
Monsieur Paul Celan / Ecole Normale Supérieure / 45 rue d'Ulm / <u>Paris 5e</u> / *10 H / 15 – 5 1967 / PARIS 16 / R. JEAN RICHEPIN (16e)*

1 *GCL entschuldigt sich für ihre am 14. 6. 1967 an die Klinikadresse gerichtete Absage für das am 15. 6. 1967 geplante Treffen PCs mit EC (nicht publiziert, PC notiert auf der Rückseite des Rohrpostumschlags:* »14. 6. 67« / »abends«)*; auch ECs Schulprobleme spielen in dem Brief eine Rolle.*

522
Madame Celan / 78 rue de Longchamp / <u>Paris 16^e</u> / *18 H / 15 – 6 1967 / PARIS 38 / R. CLAUDE BERNARD (5^e)*

1 *Siehe Anm. 521/1.*
2 *Die Lesung findet am 24. 7. 1967 statt (siehe Brief 536/1).*
3 *PC war vom 8. 9. bis 21. 9. 1967 in der Schweiz (Notizkalender PC).*
4 *Im Originalbrief deutsch.*
5 *Siehe Anm. 355/2.*

523
Madame Celan / 78 rue de Longchamp / Paris 16ᵉ / *10 H 45 / 16 – 6 1967 / PARIS 38 / R. CLAUDE BERNARD (5ᵉ)*

1 *In seinem Brief vom 13. 6. 1967 (er liegt PCs Brief nicht mehr bei) kündigt Hans Wille, Direktor der Kunstsammlung der Georg-August-Universität Göttingen, einen Aufenthalt in Paris Ende Juni, Anfang Juli an und äußert seinen Wunsch, PC, aber auch GCL zu treffen, um ihre* »neuesten Arbeiten« kennenzulernen.
2 Denk dir *vom 7./8. 6. 1967 (GW II 227) ist das letzte Gedicht des Bandes* Fadensonnen, *dem zweiten bei Suhrkamp (Frankfurt a. M. 1968) veröffentlichten Buch PCs.*
3 *PC ist seit vier Monaten in Sainte-Anne.*
4 *Das P. S. ist von PC mit zwei Strichen am linken Rand hervorgehoben.*
5 *Petre Solomon empfängt in Brüssel einen Übersetzerpreis für eine Anthologie flämischer Dichtung in rumänischer Sprache. PC hatte ihm am Tag vorher seine Glückwünsche dazu ausgesprochen (unautorisiert publiziert in PC/PS, S. 236 f.).*
6 *Siehe Anm. 264/6.*

524
Madame Celan / 78 rue de Longchamp / Paris 16ᵉ / *12 H 30 / 16 – 6 1967 / PARIS 38 / R. CLAUDE BERNARD (5ᵉ)*

1 *Die Bestätigung über die Wiederaufnahme der Arbeit.*
2 *Siehe Anm. 177/5.*
3 *Erna Baber hatte PC eine Auswahl von 20 Gedichten aus* Mohn und Gedächtnis, Von Schwelle zu Schwelle, Sprachgitter *und* Die Niemandsrose *in einer Übersetzung vorgelegt. PC schreibt dazu am 24. 4. 1968 an Felix Berner (Deutsche Verlags-Anstalt):* »Vor drei Jahren kam eine aus Siebenbürgen gebürtige, in den Vereinigten Staaten aufgewachsene junge Deutsche zu mir, sie hatte eine nicht unbeträchtliche Anzahl meiner Gedichte übertragen, ich fand diese Übersetzungen recht glücklich, englischsprechende Freunde haben mich seither in diesem Urteil bestärkt, das Ganze ist aus einem echten Verhältnis zu den Gedichten, aus einer wirklichen Auseinandersetzung mit ihnen entstanden [. . .].«

525
Monsieur Paul Celan / Ecole Normale Supérieure / 45 rue d'Ulm / Paris 5ᵉ / 24 H / 19 – 6 1967 / PARIS XVI / R. SINGER (16ᵉ) [auf der Vorderseite des Umschlags von der Hand PCs:] 20. 6. 67

1 *Im Dienstmädchenzimmer unter dem Dach; es diente als Bibliothek.*
2 *GCL erwähnt in ihrem Notizkalender kein Treffen mit dem Leiter der Kunstsammlung der Georg-August-Universität Göttingen.*

526
Monsieur Eric Celan / 78 rue de Longchamp / Paris 16ᵉ / 16 H 15 / 19 – 6 1967 / PARIS 38 / R. CLAUDE BERNARD (5ᵉ)

1 *»m . . . hoch 13«, d. h. ›merde‹ [Scheiße] in 13. Potenz, entspricht etwa dem deutschen ›Ich drück dir die Daumen, viel Glück‹.*

527
Madame Celan / 78 rue de Longchamp / Paris 16ᵉ / 18 H / 20 – 6 1967 / PARIS 38 / R. CLAUDE BERNARD (5ᵉ)

1 *PC braucht die* Bände Mohn und Gedächtnis *(1952),* Von Schwelle zu Schwelle *(1955),* Sprachgitter *(1959) und* Die Niemandsrose *(1963) für seine Lesung in Freiburg.*
2 *Die Lesung findet am Montag, dem 24. 7. 1967, in Gegenwart von Heidegger statt (siehe Brief 536/1).*
3 *PC stellt seine bisher in verschiedenen Zeitungen und Zeitschriften publizierten Übersetzungen von Jules Supervielles Gedichten zusammen, die im folgenden Jahr, vermehrt um eine Reihe von neuen Übertragungen, unter dem Titel* Gedichte *bei Insel, Frankfurt a. M., erscheinen.*

528
Monsieur Paul Celan / Ecole Normale Supérieure / 45 rue d'Ulm / Paris 5ᵉ / ? H / 26? – 6 1967 / DREUX / EURE ET LOIR [auf der Rückseite des Umschlags von der Hand PCs:] 27. 6. 67

1 *Die Liste ist nicht erhalten oder nicht identifiziert. ECs Schulranzen diente oft als eine Art Briefkasten.*
2 *Nicht identifiziert.*

529
Madame Celan / Moisville / (Eure) / *16 H 15 26 – 6 1967 PARIS 38 R. CLAUDE BERNARD (5ᵉ)*
Paul Celan, 45 rue d'Ulm, Paris 5ᵉ

1 Denk dir *(GW II 227) war am 25. 6. 1967 in der Literaturbeilage der* Neuen Zürcher Zeitung *erschienen; in der lokalen Morgenausgabe des 24. 6. 1967 erschien auch die begleitende Interpretation von Werner Weber, dem Feuilletonchef der Zeitung, unter dem Titel* »Zu einem Gedicht von Paul Celan«.
2 *Berta Antschel.*
3 *GCL hatte PC am 23. 6. 1967 in einem Rohrpostbrief (nicht publiziert, auf der Rückseite des Umschlags von der Hand PCs:* »24. 6. 67«) *die Adresse von Solomons Hotel – Hôtel de l'Alma, 32, Rue de l'Exposition (7ᵉ) – mitgeteilt.*
4 *PC, der bisher zwölf Gedichte von Supervielle in Zeitungen und Zeitschriften publiziert hatte, beendete gerade die Übertragungen von:* Paris *(2. 6. 1967);* A un arbre – An einen Baum *(13. 6. 1967);* Pointe de flamme – Flammenspitze *(16. 6. 1967) und* »Montagnes et rochers, monuments du délire« – Ihr Berge und ihr Felsen *(16. 6. 1967); siehe GW IV 412-413, 416-417, 362-363, 370-371. PCs Supervielle-Auswahl von 1968 enthält dann 35 Gedichte.*
5 *Denise Supervielle, Tochter von Pilar und Jules Supervielle, war mit dem Germanisten Pierre Bertaux verheiratet.*

530
Monsieur Paul Celan / Ecole Normale Supérieure / 45 rue d'Ulm / Paris 5ᵉ / *7 H / 29 – 6 1967 / 27-NONANCOURT / EURE [auf der Vorderseite des Umschlags von der Hand PCs:]* 30. 6. 67

1 *Hans Wille.*

531
Madame Celan / Moisville / (Eure) / *16 H 15 / 30 – 6 1967 / PARIS 38 / R. CLAUDE BERNARD (5ᵉ)*

1 *PC wählt* Denk dir *als Schlußgedicht von* Fadensonnen.
2 *Der Freund und ehemalige Mitschüler PCs David Seidmann, genannt Duniu (oder Douniou), auch aus der Bukowina stammend, lebte in Israel; dort lebte auch Alfi (oder Ezriel) Schrager, ein Onkel mütterlicherseits von PC; die Tante Berta Antschel wohnte in London.*

3 Gravitations *[Gravitationen], Paris, Gallimard, 1925: Der Band trägt die Widmung »*A M *[Name unleserlich], avec l'hommage de Jules Supervielle [An M, überreicht von Jules Supervielle]«; PC notiert in das Inhaltsverzeichnis dieses sicher antiquarisch erworbenen Bandes einige Entstehungsdaten seiner Übertragungen (alle 1960).*
Les Amis inconnus *[Die unbekannten Freunde], Paris, Librairie Gallimard,* [8]*1934.*
1939-1945, Poèmes *[Gedichte], Paris, Librairie Gallimard,* [9]*1946.*
Choix de poèmes *[Gedichtauswahl], Paris, Gallimard,* [9]*1947: Der Band weist Unterstreichungen und Übersetzungsentwürfe auf.*
Naissances, Poèmes *[Geburten, Gedichte], gefolgt von* En songeant à un art poétique *[In Gedanken an eine Poetik], Paris, Librairie Gallimard, 1951.*
Le corps tragique, Poèmes *[Der tragische Körper, Gedichte], Paris, Librairie Gallimard,* [9]*1959: Der Band trägt die Widmung »A Paul Celan« / »de poète à poète« / »et en souvenir de notre première rencontre« / »Jules Supervielle« [Für Paul Celan von Dichter zu Dichter und in Erinnerung an unsere erste Begegnung].*
Gedichte und Legenden, *Auswahl und Nachwort von Pierre Bertaux, o. O., S. Fischer, 1961 (S. Fischer Schulausgaben. Texte moderner Autoren; es handelt sich um eine zweisprachige Ausgabe mit Arbeiten verschiedener Übersetzer).*
Supervielle, *aus dem Französischen ins Amerikanische übersetzt von Teo Savory, Santa Barbara, Unicorn Press, 1967 (Unicorn French Series): PC hat den Titel des Gedichts* Mouvement *(in seiner Übersetzung:* Bewegung*) auf S. 43 am Rand angestrichen.*
4 *Gesammelte Werke, 3 Bde., Berlin, Tempel, o. J. (Tempel-Klassiker): Bd. 1 (*Maler Nolten*) weist einige Lesespuren auf. Die Gedichte von Mörike (Bd. 1) standen auf dem Prüfungsprogramm 1968 der Agrégation.*
5 *Leipzig, Insel, 1919. Über die Aufteilung der Bibliothek in Moisville siehe Anm. 150/2.*
6 *[Die Kinder des Ghettos], französische Übersetzung von Pierre Mille, Paris, Editions Georges Crès et C*[ie]*,* [8]*1918.*
7 *Nicht identifiziert.*

532
Umschlag wohl nicht erhalten.

1 *GCL ist aus Moisville zurück, EC am Abend zuvor auf ein Pfadfinderlager gefahren.*

2 Klaus Reichert ist Lektor beim Insel Verlag; Siegfried Unseld ist Inhaber der Verlage Suhrkamp und Insel.
3 Gerhard Neumann.
4 Birgit von Schowingen-Ficker.
5 *Der Druckvermerk in* Atemkristall *lautet:* »Achevé d'imprimer le 23 septembre 1965 à Paris, sur les presses Fequet et Baudier, typographes. Les huit cuivres originaux de Gisèle Celan-Lestrange ont été tirés sur les presses à bras de Lacourière et Frélaut. *[Der Druck des Textes wurde am 23. 9. 1965 auf der Presse der Buchdruckerei Fequet und Baudier abgeschlossen, die acht originalen Radierungen sind auf der Handpresse von Lacourière und Frélaut ausgeführt.]*« *PC gibt die bibliographischen Angaben zu* Atemkristall *(siehe Anm. 237/1) am Schluß der Inhaltsübersicht von* Atemwende. *Die bibliophile Edition war in 75 Exemplaren gedruckt worden.*
6 *In dem undatierten, seinen Artikel begleitenden Brief (*»ungezählte Briefe« *zitiert PC daraus im Originalbrief deutsch, nicht ganz wörtlich) schreibt Werner Weber zu diesem* »Ereignis«*:* »Ungezählte Leser (genau wörtlich) verlangen Ihr Gedicht und meine Interpretation [...].« *Denk dir und Webers Interpretation wurden mindestens zweimal in Israel nachgedruckt, und zwar, jeweils in Tel Aviv, unter dem Titel* »Zu einem Gedicht von Paul Celan« *am 7. 7. 1967 in* »MB. Wochenzeitung des Irgun Olej Merkas Europa«, *Nr. 26, S. 3, und im August 1967 unter dem Titel* »Ein aktuelles Meisterwerk von Paul Celan« *in* Die Stimme *(Organ der Hitachduth Olej Bukowina).*
7 *PC brauchte die Bände* Mohn und Gedächtnis *(1952),* Von Schwelle zu Schwelle *(1955),* Sprachgitter *(1959),* Die Niemandsrose *(1963) und* Ossip Mandelstamm, Gedichte *(1959) für seine Freiburger Lesung (siehe Brief 536/1).*
8 »Grüße« *und* »Wünsche« *im Originalbrief deutsch.*

533
Madame Celan / 78 rue de Longchamp / Paris 16ᵉ / 19 H / 17 – 7 1967 / PARIS 38 / R. CLAUDE BERNARD (5ᵉ)

1 Jean Bollack.
2 *Franz Wurm bemerkt in seinem Brief vom 13. 7. 1967, in dem im übrigen auch Webers Interpretation von* Denk dir *behandelt wird:* »Sollten Sie ihn in Freiburg sehn, dann grüßen Sie bitte Heidegger, den ich bisher nur aus Briefen (u. Büchern) ein bißchen kenne [...].« *(PC/FW, S. 87.)*

3 *Das Typoskript* Der weiße Motor, *fünfzehn Gedichte von André du Bouchet (GW IV 256-287).*
4 *Erst am 9. 8. 1967 dankt Werner Weber für die* »kostbare Sendung«*; der Gedichtzyklus erscheint in PCs Übertragung tatsächlich in der Neuen Zürcher Zeitung (siehe Brief 545/2).*
5 *PC schickt das druckfertige Manuskript von* Fadensonnen *erst am 6. 12. 1967 an den Suhrkamp Verlag.*
6 *HKA 8.2/35 bzw. GW II 114 (Gedicht vom 6. 9. 1965). PC dachte einen Augenblick daran,* Atemwende *mit den Gedichten* Frankfurt, September *(5./6. 9. 1965, GW II 114),* Einmal *(Mitte September 1965) und* Augenblicke *(19. 9. 1965, GW II 113) zu schließen. Tatsächlich ist das Schlußgedicht von* Atemwende *dann* Einmal, *die beiden anderen dagegen eröffnen* Fadensonnen *(siehe HKA 7.2/12, 25, 27).*

534
Monsieur Paul Celan / Ecole Normale Supérieure / 45 rue d'Ulm / Paris 5e / 12 H / 18 – 7 1967 / *PARIS 16 / R. JEAN RICHEPIN (16e)*
[auf der Vorderseite des Umschlags von der Hand PCs:] 18. 7. 67

1 *Siehe Anm. 489/6.*

535
Monsieur Eric Celan / Camp Eclaireurs de France / Pont de Dict / Mervent / 85 Vendée / France / 22. 7. 67 – 18 / 4000 BASEL 14 / SCHWEIZ. BUNDESBF.
Ansichtskarte: »Paul Klee (1879-1940) – Kleines Tannenbild – Petit tableau au sapin – Little Painting with a Fir-Tree. 1922. (Kunstmuseum Basel, Vermächtnis Doetsch)«.

1 *PC fährt zu einer Lesung in Freiburg am 24. 7. 1967 (aufgezeichnet durch den Südwestfunk).*
2 *Die Gesamtausstellung* Paul Klee 1879-1940 *fand in der Kunsthalle Basel vom 3. 6. bis 13. 8. 1967 statt. Den dort gekauften Katalog datiert PC vorne:* »Basel, 22. 7. 67«.
3 *Will Grohmann,* Paul Klee, *aus dem Deutschen von Jean Descoullayes und Jean Philippson, Paris, Flinker, 1954.*

536
Madame Celan / Moisville par Nonancourt / /Eure/ / *18 H / 2 – 8 1967 / PARIS 38 / R. CLAUDE BERNARD (5^e)*
Paul Celan, 45 rue d'Ulm, Paris 5^e

1 *Der Artikel* »Der Dichter und sein Gedicht. Paul Celan las eigene Gedichte« *in der Badischen Zeitung vom 26. 7. 1967 schildert den Lesenden und sein Publikum:* »Mehr als tausend Zuhörer waren gekommen, als der Lyriker Paul Celan am Montagabend auf Einladung des Deutschen Seminars im Auditorium maximum der Universität aus seinen Gedichten las. Zwar mag viel Neugier dabei gewesen sein, gilt doch Celan als einer der bedeutendsten deutschsprachigen Lyriker der Gegenwart, die Zahl sprach doch für sich. Nach einer kurzen Einführung durch den Ordinarius für neuere deutsche Literaturgeschichte, Professor Gerhart Baumann, in der Baumann in Celans Werk ein Gegengewicht gegen die Nivellierungstendenzen der Zeit sah, begann Celan fast zögernd, leise und doch präzis, im Sprachstil eine genaue Entsprechung seines Schreibstils.« *Zu den* »Nivellierungstendenzen« *siehe dann* »uneingeebnet« *in V. 16 von* Todtnauberg *(GW II 255). Im Zeitungsbericht wird besonders hervorgehoben, wie PC bei der Lesung von* »Engführung« *aus* Sprachgitter *die Wiederholungen nuanciert und die Pausen betont hat. Der Enthusiasmus des Publikums veranlaßte PC, den Abend mit einer* »Anzahl von Gedichten aus der jüngsten Zeit« *zu verlängern, zwischen 1965 und 1967 geschriebenen Gedichten aus* Fadensonnen, *deren definitiven Text PC gerade für den Druck vorbereitete.*

2 *Elmar Tophovens Freund Gerhard Neumann war damals Assistent von Professor Gerhart Baumann an der Freiburger Universität.*

3 *Dieser Abschnitt des Briefes liest sich wie eine stark vereinfachende Paraphrase des Gedichts* Todtnauberg *(GW II 255), das PC am 1. 8. 1967 in Frankfurt, also wenige Tage nach der Begegnung mit Heidegger in der* »Hütte« *im Schwarzwald, geschrieben hat. In einer ersten Fassung heißt es dort:* »Seit ein Gespräch wir sind, / an dem / wir würgen, / an dem ich würge, / das mich / aus mir hinausstieß, / dreimal, viermal,« *(HKA 9.2/107). So erweitert PC den berühmten Vers der späten Hymne Hölderlins* »Versöhnender, der du nimmergeglaubt«, *die Heidegger in seinem Essay* »Hölderlin und das Wesen der Dichtung« *(in:* Erläuterungen zu Hölderlins Dichtung, *1951) kommentiert:* »Seit ein Gespräch wir sind / Und hören können voneinander« *(V. 50-51).*

537
Monsieur Paul Celan / Ecole Normale Supérieure / 45 rue d'Ulm / Paris 5ᵉ / ? H / 3 – 8 1967 / 28 DREUX / EURE ET LOIR *[auf der Vorderseite des Umschlags von der Hand PCs:]* 4. 8. 67

1 *Patricia Virouleau, Tochter von Nachbarn der Celans in der Rue de Longchamp.*

538
Madame Celan / Moisville par Nonancourt / /Eure/ / *16 H 15* / *4 – 8 1967* / *PARIS 38* / *R. CLAUDE BERNARD (5ᵉ)*
Paul Celan, 45 rue d'Ulm, Paris 5ᵉ

1 *Doris und Beda Allemann; der Literaturwissenschaftler Gerhard Neumann und seine Frau Brigitte Neumann; Siegfried und Hildegard Unseld; der Dichter, Herausgeber und Literaturwissenschaftler Walter Höllerer und seine Frau, die Fotografin Renate von Mangoldt.*

539
Monsieur Paul Celan / Ecole Normale Supérieure / 45 rue d'Ulm / Paris 5ᵉ / ? H / 6 – 8 1967 / 28 DREUX / EURE ET LOIR
[auf der Rückseite des Umschlags von der Hand PCS:] 7. 8. 67

1 *GCL schreibt fälschlich* »vendredi *[Freitag]*«.

540
Madame Celan / Moisville par Nonancourt / /Eure/ / *16 H 15* / *7 – 8 1967* / *PARIS 38* / *R. CLAUDE BERNARD (5ᵉ)*
Paul Celan, 45 rue d'Ulm, Paris 5ᵉ

1 *Siehe Anm. 355/2.*
2 *PC publiziert im folgenden Jahr eine Auswahl von Gedichten Jules Supervielles und die Übertragung von* Dans la chaleur vacante (Vakante Glut) *von André du Bouchet.*
3 *Das Projekt wird nicht verwirklicht; ein solcher* »Band« *hätte auch die zehn bereits in Zeitschriften veröffentlichten Übersetzungen von Gedichten der amerikanischen Dichterin Emily Dickinson enthalten (siehe Anm. 517/2-3).*
4 *Die dem Brief beigelegte Fassung ist die einzige, in der der Name des aus Rumänien stammenden Bildhauers Brancusi mit den rumä-*

nischen diakritischen Zeichen geschrieben ist (PC fügt sie in das auf eine Karte geschriebene Typoskript handschriftlich ein); sie konnte in HKA 9.2/98f. noch nicht berücksichtigt werden (Endfassung GW II 252). Das am selben Tag an Ion Caraion gesandte Gedicht erschien erst drei Jahre später in dem Sammelband Masa tăcerii. Simposion de metafore la Brâncuşi *[Der Tisch des Schweigens. Ein Metaphern-Symposion für Brâncuşi], Anthologie, eingeleitet und übersetzt von Ion Caraion, Bukarest, Editura Univers, 1970, S. 100-101 (zweisprachig, Caraions Übersetzung trägt den Titel* La Brâncuşi, în doi*). PC hatte den rumänischen Dichter Ion Caraion 1946 in den Bukarester Surrealistenkreisen kennengelernt. Am 24. 2. 1954 hatte PC zusammen mit GCL den damals 78jährigen und bereits nicht mehr aktiven Bildhauer Constantin Brancusi in seinem Atelier in der Impasse Ronsin Nr. 11 besucht (diese Straße, auf der Höhe der Nummer 152 der Rue de Vaugirard, 15ᵉ, existiert nicht mehr, das Atelier wurde vor dem Centre Georges Pompidou wiederaufgebaut). Sowohl PC als auch GCL erwähnen die Begegnung in ihren Notizkalendern. Zur ersten Begegnung PCs mit Brancusi 1951 siehe die Zeittafel.*

541
Monsieur Eric Celan / Moisville par Nonancourt / /Eure/ / 08 VIII 67 / 18 H / 75-PARIS 38 / R. CLAUDE BERNARD (5ᵉ)
Paul Celan, 45 rue d'Ulm, Paris 5ᵉ

1 *PC schreibt fälschlich* »9«.
2 *Die Ansichtskarten liegen dem Brief nicht mehr bei. Die von PC erwähnte hat die Bildlegende:* »Schwarzwald – Silberdisteln«. *In ECs Besitz befinden sich noch sechs weitere Postkarten, die wohl zu dieser Sendung gehört haben:* »Freiburg/Schwarzwald – Oberlindenbrunnen mit Schwabentor«, »Fribourg-en-Brisgau (Allemagne) – Freiburg im Breisgau (Deutschland) – Kaufhaus«, »Freiburg/Schwarzwald – Markt beim Kaufhaus und Münster – Market scenes near the Guildhall and the Cathedral / Vue sur le marché autour de la Maison des marchandises«, »Todtnau/Hochschwarzwald, 700 m ü. M.« *und* »Luftkurort – Wintersportplatz – Todtnau/Schwarzwald«

542
Monsieur Paul Celan / Ecole Normale Supérieure / 45 rue d'Ulm / Paris 5ᵉ / 20 H / 8 – 8 1967 / 27 NONANCOURT / EURE *[auf der Vorderseite des Umschlags von der Hand PCs:]* 10. 8. 67

543
Madame Celan / Moisville par Nonancourt / (Eure) / *16 H 15 / 11 – 8 1967 / PARIS 38 / R. CLAUDE BERNARD (5ᵉ)*
Paul Celan, E. N. S., 45 rue d'Ulm, Paris 5ᵉ

1 *Nicht identifiziert.*

544
Madame Celan / Moisville par Nonancourt / (Eure) / France / *6 PM / 15 AUG 1967 / KILBURN N. W. 6.*
Paul Celan, c/o Dr. Leo Schafler [sic] / 37 Sandringham Court, Maida Vale, / London W. 9

1 *Regine Schäfler, 37 Sandringham Court, Maida Vale, W 9.*
2 *Nicht identifiziert.*
3 *Blanca Berman, geborene Schrager, die Schwester von PCs Mutter, lebte in Chicago.*
4 *Der »erwartete Vetter« Sidney ist der Bruder von David Berman.*
5 *In den Handschriften und Typoskripten von* Wie du *(HKA 9.2/ 118-119 bzw. GW II 261) hat PC diese außergewöhnliche Erfahrung vermerkt: »15. 8. 67« / »London« / »/in der Nacht zum 15. geträumt/«. Das kurze Gedicht lautet vollständig:* »WIE DU dich ausstirbst in mir: // noch im letzten / zerschlissenen / Knoten Atems / steckst du mit einem / Splitter / Leben.«

545
Madame Celan / Moisville par Nonancourt / (Eure) / *18 H / 23 – 8 1967 / PARIS 38 / R. CLAUDE BERNARD (5ᵉ)*
Ansichtskarte: »National Gallery – Rembrandt van Rijn (1606-1669) – A Man seated Reading at a Table in a Lofty Room (3214) [Mann an einem Tisch in einem hohen Raum]«.
Postkarte aus einem ungeordneten Korrespondenzordner von PC und GCL.

1 *In GCLs Brief vom 21. 8. 1967 (nicht publiziert, PC notiert auf der Rückseite des am 22. 8. 1967 abgestempelten Umschlags: »23. 8. 67, am Tage meiner Rückkehr aus London«) geht es um praktische Fragen, um ECs Freizeitbeschäftigungen und den Alltag in Moisville zusammen mit Erika Tophoven und ihrem Sohn Jonas.*
2 *Die Übersetzung von André du Bouchets Gedichtzyklus* Le moteur blanc (Der weiße Motor) *war vollständig am Samstag, dem 19. 8.*

1967, in der Literaturbeilage der Neuen Zürcher Zeitung *erschienen.*
3 *Erika Tophoven und ihr Sohn Jonas.*

546
Madame Celan / Moisville par Nonancourt / /Eure/ / *16 H 15 / 25 – 8 1967 / PARIS 38 / R. CLAUDE BERNARD (5ᵉ)*
Paul Celan, 45 rue d'Ulm, Paris 5ᵉ

1 *Berta Antschel.*

547
Monsieur Paul Celan / Ecole Normale Supérieure / 45 rue d'Ulm / Paris 5ᵉ / *20 H / 28 – 8 1967 / 27 DAMVILLE / EURE [auf der Vorderseite des Umschlags von der Hand PCs:]* 29. 8. 67

1 *Erika und Elmar Tophoven kannten die niederländische Autorin Jacoba van Velde, die mit Marga Tophoven kam, und ihre Brüder, die Maler Geer und Bram van Velde, durch Beckett.*

548
Gisèle *[von EC überbrachter, von einem gewidmeten Exemplar der* Atemwende *begleiteter Brief]*

1 *Chinesisches Restaurant in der Avenue Bosquet (7ᵉ).*
2 *Alte, entsprechend 300 neuen Francs.*
3 Atemwende *(Frankfurt a. M., Suhrkamp, 1967) enthält 80 zwischen dem 16. 6. 1963 und September 1965 entstandene, nicht streng chronologisch in sechs Zyklen angeordnete Gedichte. Das Widmungsexemplar für GCL enthält eine Korrektur von der Hand PCs: S. 9, V. 2 ist* »-säure« *in* »Himmelssäure« *ersetzt durch* »-münze«.
4 *Siehe Anm. 532/5.*
5 *Antidepressiva und Neuroleptika.*
6 *Im Dienstmädchenzimmer der Bollacks.*
7 *Siehe Anm. 3/2.*

549
Madame Celan / Moisville par Nonancourt / (Eure) / *16 H 15 / 2 – 9 1967 / PARIS 38 / R. CLAUDE BERNARD (5ᵉ)*
Paul Celan, 45 rue d'Ulm, Paris 5ᵉ

1 *Die (maschinenschriftliche?) Abschrift liegt dem Brief nicht mehr bei. Es könnte sich um das Gedicht* L'Allée *handeln, dessen Übersetzung (*Der Reitweg*) PC in sein Exemplar des* Choix de poèmes *[Gedichtauswahl] von Supervielle (S. 135, siehe Anm. 531/3, GW IV 378-379) notiert hat:* »Rührt nicht an die Schulter / des Vorüberreitenden, / er würde sich umwenden, / und das wäre die Nacht, / [. . .].«

550
Monsieur Paul Celan / Ecole Normale Supérieure / 45 Rue d'Ulm / Paris 5ᵉ / ? H 15 / 4 – 9 1967 / 28 DREUX / EURE ET LOIR *[auf der Vorderseite des Umschlags von der Hand PCs:]* 4. *[sic]* 9. 67

551
Monsieur Eric Celan / Moisville par Nonancourt / (Eure) / France / 7-8 / 9 IX 1967 / 6600 LOCARNO 1
Exp.: P. Celan chez Wolgensinger / Tegna (Tessin)
Ansichtskarte: »Locarno (Lago Maggiore) – Veduta aerea *[Luftbild]*«.

552
Monsieur Eric Celan / MOISVILLE par Nonancourt / (Eure) / Francia / 9-10 / 11. 9. 1967 / 6500 BELLINZONA 1
Ansichtskarte: »Bellinzona – Castello di Unterwalden *[Das Schloß von Unterwalden]*«.

1 *Von Franz Wurm und seinen Freunden Miggel und Luzzi Wolgensinger.*

553
Monsieur Eric Celan / Moisville par Nonancourt / (Eure) / Francia / 9-10 / 11. 9. 1967 / 6500 BELLINZONA 1
Ansichtskarte: »Bellinzona – Castello d'Uri o San Michele *[Das Schloß von Uri oder St. Michael]*«.

554
Madame Celan / 78 rue de Longchamp / Paris 16ᵉ / France / 11. – 9. 67 / 6652 TEGNA
Paul Celan, a[ux] b[ons] s[oins] de M. Michael Wolgensinger / CH-6652 Tegna (Tessin) / Suisse

1 *Siehe das Foto von Luzzi Wolgensinger von PC zusammen mit*

Anmerkungen 331

Franz Wurm im Haus in Tegna im September 1967 (publiziert vorne in PC/FW).
2 PC wird in La Verrière (siehe Anm. 307/6) nie stationär behandelt, kommt aber zu psychotherapeutischen Gesprächen regelmäßig dorthin.
3 Die Lesung im Rahmen der Frankfurter Buchmesse findet tatsächlich am 12. 10. 1967 statt.
4 PC hatte Paris am 7. 9. 1967 verlassen, blieb nur bis zum 16. 9. 1967 in Tegna und war am 22. 9. 1967 zurück in Paris.
5 Bei der Gelegenheit dieses Besuchs in Avegno bei Locarno (Tessin) machte Walter Höllerers Frau, die Fotografin Renate von Mangoldt, eine Reihe von Portraitfotos von PC (siehe FN, S. 106-108).

555
Umschlag wohl nicht erhalten.

1 Siehe Anm. 548/3. Auch das Widmungsexemplar von EC enthält die Korrektur S. 9 in V. 2 (»-münze« statt »-säure«).

556
Monsieur Paul Celan / *[gestrichen:]* aux bons soins de M. Wolgensinger / CH-6652 TEGNA / (Tessin) Suisse / *16 H 15 / 18 – 9 1967 / PARIS 106 / R. DE LONGCHAMP (16ᵉ)* / *[maschinenschriftlich ersetzt durch:]* 45 rue d'Ulm / P A R I S 16- / 20. – 9. 67 / 6652 TEGNA *[auf der Vorderseite des Umschlags von der Hand PCs:]* Paris / 22. 9. 67

1 GCL bezieht sich auf den Brief vom 2. 8. 1967 von Horst Graisowsky aus Dossenheim bei Heidelberg, einem jungen Regisseur, der für das Deutsche Fernsehen arbeitet. PC wird seiner Bitte wohl nicht stattgeben.

557
Monsieur Eric Celan / 78 rue de Longchamp / F-75 Paris 16ᵉ / France / *20. 9. 1967* / ?? ??
Ansichtskarte: »Zürich – Blick auf Fraumünster, See und Alpen«.

1 Zum Zürcher Hotel Zum Storchen siehe das Gedicht Zürich, Zum Storchen (GW I 214 und PC/Sachs, S. 40ff.), das PC nach seiner ersten Begegnung mit Nelly Sachs im Mai 1960 geschrieben hatte.
2 Ein Jahr später, im August 1961, hatte EC in Brest eine Vorstellung des Zirkus Amar gesehen; siehe das Gedicht Nachmittag mit Zirkus und Zitadelle vom 15. 8. 1961 (GW I 261).

558
Madame Celan / 78 rue de Longchamp / <u>Paris 16^e</u> / *16 H 15* / *27 – 9 1967* / *PARIS 38* / *R. CLAUDE BERNARD (5^e)*
Paul Celan, 45 rue d'Ulm, Paris 5^e

1 *Miggel und Luzzi Wolgensinger, die ein Ferienhaus in Tegna besaßen.*
2 *U. a. den Verleger Peter Schifferli, den Feuilletonchef der* Neuen Zürcher Zeitung, *Werner Weber, und den Genfer Germanisten Bernhard Böschenstein. Diese Begegnungen fanden häufig im damaligen Hotel Urban in der Stadelhoferstraße statt, das von Literaten und Musikern frequentiert wurde.*
3 Das Wildherz *(datiert: »Camdedo, im Zug nach Tegna« / »8. 9. 67 morgens«),* Die Ewigkeiten *(»Zürich, 20. 9. 67« / »Hotel Urban«) und* Graumanns Weg *(»Zürich, Hotel Urban« / »19. 9. 1967«); siehe HKA 9.2/151-152 und 155-156 bzw. GW II 279 und 283 sowie GN 162 und 466.*
4 *Im Zusammenhang mit dem Treffen mit Franz Wurm kaufte PC in einem Zürcher Antiquariat: Arnold Schönberg,* Texte. Die glückliche Hand. Totentanz der Prinzipien. Requiem. Die Jakobsleiter, *Wien/New York, Universal Edition, 1926 (Kaufdatum von der Hand PCs: »Zürich, 20. 9. 1967«). Nur die Seiten von* Die Jakobsleiter *sind aufgeschnitten.*
5 *GCL hatte Franz Wurm am 9. 11. 1966 die Radierung* Souffle combattant – Kämpfender Atem *(1964, 48×32, im Brieftext nur der deutsche Titel) sowie eine weitere mit dem Titel* Composition – Komposition *(1958, 34×42) geschickt (siehe PC/FW, S. 35 und 37).*
6 *Franz Larese hatte eine Buchhandlung mit Galerie in St. Gallen (Schweiz).*
7 *Für Oktober 1967 ist in PCs Notizkalender kein Treffen mit F. Larese eingetragen.*
8 *Die Projekte werden nicht realisiert.*
9 *Gerhart Baumann, Professor für Neuere Deutsche Literaturwissenschaft an der Universität Freiburg im Breisgau.*
10 *Eine Ausstellung mit Radierungen von GCL fand im Mai 1968 in der Freiburger Galerie Kröner statt.*
11 *PC bezieht sich auf die Schlußbemerkung im Brief von Robert Altmann vom 19. 5. 1967 (siehe Anm. 507/1). PC und GCL hatten daran gedacht, ein Buch mit z. T. in Moisville zwischen Sommer 1966 und Winteranfang 1967 geschriebenen Gedichten (die Gedichte des zweiten Zyklus von* Fadensonnen, *GW II 137-160; auf einem der*

Anmerkungen 333

Manuskripte von Die teuflischen, *Moisville, 1. 9. 1966, befinden sich Notizen von GCL; siehe HKA 8.2/101-103) und etwa zehn Radierungen zu veröffentlichen, die GCL zunächst* »Petite série *[Kleine Serie]«, schießlich* Suite Moisville *(siehe Anm. 620/1) nannte. Das Projekt wurde aufgegeben, einmal, weil GCL ablehnte, zum andern, weil* Fadensonnen *im folgenden Sommer bei Suhrkamp erscheinen sollte und somit für die Verwirklichung einer bibliophilen Edition nicht genügend Zeit blieb. Erst 1969 werden PC und GCL noch einmal eine bibliophile Edition zusammen herausbringen:* Schwarzmaut *(siehe Anm. 638/1).*
12 *PC hatte wohl gerade* Die Irin *(datiert auf den 27. 9. 1967, GW II 288) geschrieben, das 47. von 81 Gedichten, die dann unter dem Titel* Lichtzwang *veröffentlicht werden.*
13 *Mit dem* »dritten Band« *meint PC das zukünftige* Lichtzwang, *gezählt von* Atemwende *an.*
14 *Siehe Anm. 554/3.*

559
Madame Celan / 78 rue de Longchamp / Paris 16ᵉ / 12 H 30 / 29 – 9 1967 / PARIS 38 / R. CLAUDE BERNARD (5ᵉ)
Paul Celan, 45 rue d'Ulm, Paris 5ᵉ

1 *In seinem Brief aus Buffalo vom 24. 9. 1967 (er liegt dem PCs nicht mehr bei) macht Freed Weininger, der Gedichte von PC ins Jiddische übersetzt hatte, Angaben zu einer Ausstellung in der Galerie Sisti, Buffalo, mit Werken von Anna Mark, einer in Paris lebenden Malerin ungarischer Herkunft. Weininger wollte GCL durch einen Kontakt mit A. Mark die Möglichkeit für eine Ausstellung in den USA eröffnen. Eine solche Ausstellung wurde nicht realisiert.*
2 *Siehe Anm. 455/1.*
3 Max Brod, Heinrich Heine, *Amsterdam, Albert de Lange, 1934.* »Henri Heine«, *in:* Europe, *Nr. 125/126, Mai/Juni 1956; die Nummer enthält Artikel und Texte von Pierre Abraham, Edmond Vermeil, Stephan Hermlin, Georg Lukács, Pierre Paraf, Walter Victor, Gilbert Badia, Marie Lahy-Hollebecque, Albert Pfrimmer, Frédéric Robert und Heinrich Heine selbst.*
Ludwig Marcuse, Heinrich Heine in Selbstzeugnissen und Bilddokumenten, *Reinbek bei Hamburg, Rowohlt, 1963 (rowohlts monographien 41).*
4 *PC täuscht sich: Der französische Titel des Sammelbandes* Der Hochwald *mit Erzählungen von Adalbert Stifter lautet* Les grands

bois & autres récits *[Der Hochwald und andere Erzählungen]*, *Übersetzung von Henri Thomas, Paris, Gallimard,* [7]*1943; der Band enthält:* Der Hochwald *(diesen Titel übersetzt PC mit* La Futaie*),* Abdias *und* Der Waldsteig.
5 *Adalbert Stifter,* Gesammelte Werke, *6 Bände, Wiesbaden, Insel, 1959 (zur Anordnung der Bibliothek in Moisville siehe Anm. 150/2).*
6 *Martin Heidegger dankt PC am 30. 1. 1968 mit den Worten:* »Noch muß ich Ihnen danken für das Exemplar der französischen Stifter-Übersetzung. Sie ist das Zeichen dafür, daß eine Übersetzung hier unmöglich ist und daß man damals nach gängigen Vorstellungen die Texte auswählte.« *(Der vollständige Brief wurde von Stephan Krass in der* Neuen Zürcher Zeitung *vom 3. 1. 1998 publiziert.) Tatsächlich empfand PC, nach einer mündlichen Aussage von GCL, große Bewunderung für diese Übersetzung und im übrigen auch für andere Übersetzungen aus dem Deutschen von Henri Thomas. Er hatte sicher nicht ohne Hintergedanken Heidegger eine französische Übersetzung der drei Erzählungen geschenkt und den Philosophen aus dem Schwarzwald mit einer gewissen Hinterlist aufgefordert, den deutschen Klassiker auf dem Umweg über das Ausland wiederzuentdecken.*
7 *Siehe Anm. 451/1.*

560
Monsieur Paul Celan / Ecole Normale Supérieure / 45 rue d'Ulm / Paris 5e / *16 H 15 / 30 – 9 1967 / PARIS 106 / R. DE LONGCHAMP (16*[e]*) [auf der Vorderseite des Umschlags von der Hand PCs:]* 2. 10. 67

1 *Zum Bochumer Katalog siehe Anm. 489/6. F. Larese hatte GCL im Januar zu verstehen gegeben, daß sie ihre Radierungen in seiner Galerie in St. Gallen (Schweiz) ausstellen könne (siehe Brief 196/ 12).*
2 *Zum zukünftigen* Schwarzmaut *siehe Brief 599 und Anm. 638/1.*
3 *Die Serie von zehn* Radierungen *erhält den Titel* Suite Moisville *(siehe Anm. 558/11).*
4 *Siehe Anm. 556/1.*

561
Monsieur Paul Celan / Ecole Normale Supérieure / 45 rue d'Ulm / Paris 5e / *12 H / 2 – 10 1967 / PARIS 16 R. JEAN RICHEPIN (16*[e]*) [auf der Vorderseite des Umschlags von der Hand PCs:]* 3. 10. 67

562

Madame Celan / 78 rue de Longchamp / Paris 16ᵉ / 16 H 15 / 2 – 10
1967 / PARIS 38 / R. CLAUDE BERNARD (5ᵉ)
Paul Celan, 45 rue d'Ulm, Paris *[gestrichen:]* 16 *[ersetzt durch:]* 5ᵉ

1 *Der Brief vom 29. 9. 1967 (Brief 560) und ein kurzer Brief vom 30. 9. 1967 zu den Büchern, um die PC am 29. 9. 1967 (Brief 559) gebeten hatte (nicht publiziert, ebenfalls an die Adresse von PCs Arbeitsstelle in der Rue d'Ulm, auf der Rückseite des Umschlags von der Hand PCs:* »2. 10. 67«*).*
2 *Der Satzteil ist von PC am linken Rand durch Anstrich hervorgehoben.*
3 *Die Gedichte erscheinen, unter dem Titel* Lichtzwang, *erst im Juni 1970. Zur bibliophilen Edition* Schwarzmaut, *die die Gedichte des ersten Zyklus von* Lichtzwang *enthält, siehe Anm. 638/1.*
4 *Die Ausstellung mit Radierungen von GCL in der Freiburger Galerie Kröner findet im Mai 1968 statt.*

563

Madame Celan / 78 rue de Longchamp / Paris 16ᵉ / 20 H 30 / 2 – 10
1967 / PARIS V / R. EPEE DE BOIS (5ᵉ)
Paul Celan, 45 rue d'Ulm, Paris 5ᵉ

564

Madame Celan / 78 rue de Longchamp / Paris 16ᵉ / 16 H 15 / 3 – 10
1967 / PARIS 38 / R. CLAUDE BERNARD (5ᵉ)
Paul Celan, 45 rue d'Ulm, Paris 5ᵉ

1 *PC schreibt fälschlich* »4«.
2 *Siehe Anm. 558/11.*

565

Paul *[von EC übergebener Brief; auf der Vorderseite des Umschlags von der Hand PCs:]* 5. 10. 67
GCL *verwendet für den ersten Teil Briefpapier mit gedrucktem Briefkopf und fügt das P. S. auf einem unbedruckten Blatt bei.*

1 *Siehe Anm. 559/3.*
2 *Siehe Anm. 559/4.*
3 *Siehe Anm. 556/1.*

566
Gisèle *[Brief von EC übergeben]*

1 Es handelte sich um eine Vorstellung und die Lesung einer Auswahl aus Atemwende, *das gerade erschienen war, während der Frankfurter Buchmesse (siehe Anm. 570/1).*

567

1 Deutsch von Paul Celan, Frankfurt a. M., Insel, 1967.

568
Madame Celan / 78 rue de Longchamp / Paris 16ᵉ / 16 H 15 / 10 − 10 1967 / PARIS 38 / R. CLAUDE BERNARD (5ᵉ)
Paul Celan, 45 rue d'Ulm, Paris 5ᵉ

1 Der Artikel »›Atemwende‹. Paul Celans neue Gedichte« *eröffnet die Sonderbeilage (Literaturblatt) der* Frankfurter Allgemeinen Zeitung *vom 10. 10. 1967. Peter Horst Neumann reflektiert dort die Lektüreschwierigkeiten, durch die diese Dichtung jeden Leser zum Interpreten mache, und unterstreicht die Probleme bei der Einordnung des Bandes in PCs Gesamtwerk, der, wie die vorausgehenden, aus extremen Erfahrungen hervorgegangen sei:* »Noch einmal behauptet sich diese Dichtung im Niemandsland zwischen Sprache und Nicht-mehr-Sprache.« *Im Zentrum des Artikels steht Neumanns Interpretation der ersten Strophe von* Weggebeizt *(GW II 31), besonders von deren Vers* »Strahlenwind deiner Sprache«. *Er ruft bei ihm die Assoziation einer* »Art Pfingstwunder« *hervor, dessen Licht jedoch im Gegensatz stehe zu dem in der neutestamentlichen Tradition geschilderten:* »[...] sie ›beizt‹ mit der Kraft einer Säure fort, was vor dieses Einen Sprache keinen Bestand hat. Eine solche Sprache, welche die Buntheit und den schönen Schein jeder anderen auszulöschen vermöchte, wäre die Sprache Gottes. Eine Dichtung, die sich an dieser absoluten Sprache orientieren, sich dem Bildverbot der Thora fügen wollte, hätte damit eine Wendung gegen die Kunst, gegen sich selber vollzogen. Wie aber könnte sie sich dann zugleich als Dichtung behaupten? / In der Tat ist um Celans Lyrik seit jeher ein solcher Zirkel aus Selbstverleugnung und Selbstbehauptung geschlagen.« *Neumann schlägt vor, beim Lesen der Gedichte PCs auf die Häufigkeit der verwendeten Wörter zu achten, seiner Ansicht nach die einzige Methode,* »die Semantik seiner Spra-

Anmerkungen 337

che [zu] erlernen«, *und publiziert im übrigen später dann auch die erste* Wortkonkordanz zur Lyrik Paul Celans (*München, Fink, 1969*). *Da das Wort* »Atemwende« *in den Gedichten PCs bisher nicht vorkommt, versucht er es aus dem bereits in* Sprachgitter *und* Die Niemandsrose *erscheinenden Wort* »Atem« *zu erklären. Der Artikel endet mit einem Hinweis auf die Verwendung des programmatischen Begriffs im* Meridian: »Der Augenblick solcher ›Unendlichkeitssprechung‹ [sic], die Sekunde zwischen ›Schon-nicht-mehr‹ und ›Immer-noch‹ – dies ist die ›Atemwende‹. In ihr entsteht aus ›Atem‹ ein ›Atemkristall‹, ein ›unumstößliches Zeugnis‹: das absolute, das utopische Gedicht.« *[Siehe dazu GW II 31 und GW III 195-200.]*

569
Monsieur Paul Celan / Ecole Normale Supérieure / 45 rue d'Ulm / Paris 5ᵉ / 12 H / 12 – 10 1967 / PARIS 16 / R. JEAN RICHEPIN (16ᵉ) *[auf der Vorderseite des Umschlags von der Hand PCs:]* 16. 10. 1967 / bei meiner Rückkehr / aus Frankfurt

1 *Michel Butor,* Dialogue des règnes *[Dialog der Reiche], mit fünfzehn Radierungen von Jacques Hérold, Vaduz, Brunidor, Februar 1967 (95 numerierte Exemplare).*
2 *Zu* Atemkristall *siehe Anm. 237/1, zum Portfolio VI Anm. 506/3.*
3 *Siehe Anm. 558/11.*
4 *Zum zukünftigen* Schwarzmaut *siehe Brief 599 und Anm. 638/1.*

570
Madame Celan / 78 rue de Longchamp / Paris 16ᵉ / 18 H / 17 – 10 1967 / PARIS 38 / R. CLAUDE BERNARD (5ᵉ)
Paul Celan, 45 rue d'Ulm, Paris *[gestrichen:]* 16 *[ersetzt durch:]* 5ᵉ

1 *Die Vorstellung von* Atemwende *mit Lesung fand im Privathaus von Verleger Unseld am 12. 10. 1967 im Rahmen der Frankfurter Buchmesse statt.*
2 *Siehe Anm. 558/10.*

571
Monsieur Paul Celan / Ecole Normale Supérieure / 45 rue d'Ulm / Paris 5ᵉ / 24 H / 17 – 10 1967 / PARIS XVI / R. SINGER (16ᵉ) *[auf der Vorderseite des Umschlags von der Hand PCs:]* ENS / 18. 10. 67

1 *Erika und Elmar Tophoven.*

2 *Nicht identifiziert.*
3 *Zur Ausstellung in Stuttgart siehe Anm. 601/2.*
4 *Siehe Anm. 489/6.*
5 *PC notiert nach fast acht Monaten in der Klinik Sainte-Anne am 16. 10. 1967 in seinen Notizkalender:* »Paris«, *und am 17. 10. 1967:* »Entlassung aus der Klinik«. *Offensichtlich wohnt PC in seinem Arbeitszimmer in der Rue d'Ulm, bevor er Ende November 1967 in seine Wohnung in der Rue Tournefort einzieht.*

572
Gisèle *[Brief von EC übergeben]*

1 *Siehe Brief 524/3.*
2 *Das Treffen mit dem Verleger Robert Altmann fand am 2. 11. 1967 statt (Notizkalender PC). Es handelt sich um* Todtnauberg, *das am 1. 8. 1967, sieben Tage nach der Begegnung zwischen PC und Martin Heidegger in der »Hütte« (GW II 255), geschriebene Gedicht.* Todtnauberg *erscheint als bibliophiler Einzeldruck ohne begleitende Radierung am 12. 1. 1968 (Vaduz, Liechtenstein, Brunidor); das Exemplar mit der Nummer 1 schickt PC an Heidegger.*
3 Fadensonnen *erscheint am 3. 9. 1968. Zum hier angesprochenen, nicht verwirklichten Projekt siehe Anm. 558/11.*
4 *Dieses Buch,* Lichtzwang, *erscheint erst nach dem Tod PCs, im Juni 1970.*
5 *Diese Gedichte – es handelt sich um den ersten Zyklus von* Lichtzwang *– erscheinen, als bibliophile Edition mit Radierungen von GCL, unter dem Titel* Schwarzmaut. *PC scheint seine mündliche Übersetzung erst im Herbst 1969 schriftlich fixiert zu haben (siehe Anm. 599/1).*
6 *PC arbeitet gerade an seiner Supervielle-Auswahl; zu den Editionen siehe Anm. 531/3.*

573
Monsieur Paul Celan / Ecole Normale Supérieure / 45 rue d'Ulm / Paris 5e / *19 H / 2 ? – 10 1967 / PARIS 16 / R. JEAN RICHEPIN (16e) [auf der Vorderseite des Umschlags von der Hand PCs:]* 25. 10. 67

1 *Worum es sich in Zusammenhang mit Siegfried Rosenberg handelt, ist nicht bekannt.*

Anmerkungen 339

574
Gisèle *[auf einem Tisch in der Rue de Longchamp hinterlassen]*
[auf der Rückseite von der Hand GCLs:] 22. 7. 1967.

1 *Es handelt sich sicher um den Katalog der Ausstellung* Paul Klee *in der Kunsthalle Basel im Juni 1967 (siehe Anm. 535/2). Die Celans besaßen außerdem die Schriften von Paul Klee und eine Reihe von Werken über ihn.*
2 *Siehe Anm. 572/2.*

575
Monsieur Paul Celan / Ecole Normale Supérieure / 45 rue d'Ulm / Paris 5e / 18 H / 3 – 11 1967 / PARIS 106 / R. DE LONGCHAMP (16e)
[auf der Vorderseite des Umschlags von der Hand PCs:] 4. 11. 67

1 *Siehe Anm. 556/1.*
2 *GCL stellt im folgenden Jahr in der Galerie Ariane in Göteborg aus.*
3 *Der Graphiker Marcel Fiorini und der Maler Roger Bissière.*
4 *Das Projekt wird nicht realisiert.*
5 *Einladung zur Vernissage der Ausstellung der Gruppe* Jeune Gravure Contemporaine *[Junge Zeitgenössische Radierung] am Freitag, dem 3. 11. 1967, im Musée Galliera, an der GCL als Gast teilnahm. Der Salon dauert vom 4. bis 20. 11. 1967.*
6 Ici-même – Hierselbst, *März 1966 (36×32);* Sens contraire – Gegensinn, *Oktober 1966 (31×39);* Départ, *mit dem endgültigen Titel* Les flots se fermant – Zusammenschlagende Flut, *Juli 1967 (28,5×42) und* Lueur I *([Leuchten] der Titel hat keine deutsche Entsprechung), Juli 1967 (36,5×29,5).*

576
Madame Celan / 78 rue de Longchamp / Paris 16e / 10 H 45 / 6 – 11 1967 / PARIS 38 / R. CLAUDE BERNARD (5^e)
Paul Celan, 45 rue d'Ulm, Paris 5^e

577
Umschlag wohl nicht erhalten.

1 *An die Rue d'Ulm am 7. 11. 1967 adressierter Rohrpostbrief zu PCs Treffen mit EC (nicht publiziert, auf der Rückseite des Umschlags von der Hand PCs: »8. 11. 67«).*

2 *Siehe Anm. 531/3.*
3 *Grünes Heft: Faksimile von Gedichten Eduard Mörikes nach dem Original in der Württembergischen Landesbibliothek (Codex poet. quart. 144), Stuttgart 1954. Es handelt sich um eine Faksimile-Ausgabe eines seiner Schwägerin Dorchen Mörike gewidmeten Heftes mit einer handschriftlichen Gedichtsammlung Mörikes aus den Jahren 1820-1831, publiziert anläßlich des 150. Geburtstags des Dichters (PCs Exemplar, Privatbesitz, befindet sich in der ENS). Zur Organisation der Bibliothek in Moisville siehe Anm. 150/2.*

578
Madame Celan / 78 rue de Longchamp / <u>Paris 16ᵉ</u> / *18 H / 15 – 11 1967 / PARIS 38 / R. CLAUDE BERNARD (5ᵉ)*
P. Celan, 45 rue d'Ulm, Paris 5ᵉ

1 *In ihrem Brief vom 12. 11. 1967 (nicht publiziert, auf der Rückseite des Umschlags von der Hand PCs:* »14. 11. 67«*) berichtet GCL von ihrer Arbeit in der Schule, von den Plänen für ECs Winterferien und davon, daß sie im Salon eine Radierung verkauft hat.*
2 *Lesung von Gedichten aus* Atemwende, *aufgenommen am 27. 11. 1967 durch den Westdeutschen Rundfunk.*
3 *Es handelt sich um ein PC am 12. 1. 1960 gewidmetes Exemplar von* Le corps tragique *([Der tragische Körper], 1959). Supervielle starb am 17. 5. 1960. Zu den übrigen Supervielle-Ausgaben PCs siehe Anm. 531/3.*
4 *PC möchte seine 1960 angefertigten Übertragungen auf der Grundlage der Erstausgabe von* Gravitations *([Gravitationen], 1925) und nicht auf der der überarbeiteten zweiten Auflage von 1932 (die er sicher in der ENS zur Verfügung hat) überprüfen. Siehe z. B. die ersten Verse beider Fassungen (mit dem Titel* Espaces *in der Fassung von 1925, 1932 unter dem Titel* La Belle au Bois Dormant *[Dornröschen]), dazu PCs Übertragung* Räume *(GW IV 354-355, V. 1-6):*

Ce qui sera dans mille	Was in tausend und aber
et mille ans	tausend Jahren
Une jeune fille encore	ein noch schlummerndes
somnolente	Mädchen sein soll:
Amphidontes, carinaires, mes	ihr Greif- und Kielschnecken,
coquillages	ihr meine Muscheltiere,
Formez-le moi, formez	bildet es, formt es mir,
Que je colore la naissance	daß ich den Ansatz
De ses lèvres et de ses yeux,	ihrer Lippen und Augen färbe,
(1925)	

Amphidontes, carinaires, coquillages
Vous qui ne parlez qu'à l'oreille,
Révélez-moi la jeune fille
Qui se réveillera dans mille ans,
Que je colore la naissance
De ses lèvres et de ses yeux,
(1932)
In ihrem wohl am »Montag« (Übers., den 20. 11.[?] 1967), aufgegebenen Brief bestätigt Denise Bertaux diese Unterschiede. Sie schreibt den ersten Vers des Gedichts in der Fassung von 1925 und die vier ersten Verse in der von 1932 ab und weist PC darauf hin, daß die von ihm übersetzten Gedichte Chanson, Echanges *(Tauschwerk) und* Mouvement *(Bewegung) in die definitive Ausgabe der* Gravitations *von 1932 wiederaufgenommen wurden (siehe GW IV 349, 351 und 353).*
5 *Siehe Anm. 558/10.*
6 *Franz Wurm bittet um den Sonderdruck aus* Die Neue Rundschau *(1960, Heft 2, S. 199-202), um Charles Cantieni, dem Leiter der Abteilung Wort bei Radio Zürich, nicht sein eigenes Exemplar geben zu müssen (siehe den Brief Wurms vom 12. 11. 1967 in PC/FW, S. 111f.).*

579
Umschlag wohl nicht erhalten.

1 *Datierung von GCL auf November 1967.*
2 *Im Dienstmädchenzimmer unterm Dach, das als Bibliothek diente.*
3 *Nicht identifiziert.*
4 *Eine Notiz von GCL nennt drei bei dieser Gelegenheit verkaufte Radierungen:* Ici-même – Hierselbst, *März 1966 (36×32), und zwei Exemplare von* Départ *(siehe Anm. 575/6).*
5 *PC wird am 18. und 19. 12. 1967 in Berlin lesen.*

580
Madame Celan / 78 rue de Longchamp / Paris 16e / 16 H 15 / 18 – 11 1967 PARIS 38 R. CLAUDE BERNARD (5e)
Paul Celan, 45 rue d'Ulm, Paris 5^e

1 *Jean de Schrynmakers (genannt Jean Daive) hatte gerade in der Zeitschrift* L'Éphémère *seine Übersetzung von* Engführung *veröffentlicht (*Strette, *Nr. 4, September 1967, S. 74-89).*

2 L'Art russe des Scythes à nos jours. Trésors des musées soviétiques *[Die russische Kunst von den Skythen bis in unsere Tage. Schätze sowjetischer Museen], Paris, Grand Palais (Oktober 1967 bis Januar 1968).*
3 *GCL hat gerade erfahren, daß sie die Vertretungsstelle für eine Lehrerin am Cours Victor Hugo bis Juni 1968 behält.*

581
Umschlag wohl nicht erhalten.

1 *An den rumänischen Dichter Petre Solomon schreibt PC zwei Tage später,* »le vingt-trois, neuf heures du soir *[am dreiundzwanzigsten, neun Uhr abends]«, also an seinem 47. Geburtstag:* »Eric kam, um mir zu gratulieren, ich habe ihm die kleine Wohnung gezeigt, die ich zwei Schritte von hier gefunden habe, in der Rue Tournefort. Zwanzig Jahre leben in Paris, um in einer Einzimmerwohnung mit Küche zu enden, möbliert, ohne Platz für meine Bücher. Aber ich habe das Büro in der Rue d'Ulm.« *(Übers., das französische Original ist unautorisiert veröffentlicht in PC/PS, S. 237 f., siehe auch Anm. 584/1). PC wohnt in dieser Wohnung bis Ende November 1969 und schreibt dort zahlreiche Gedichte, die zum großen Teil unter dem Titel* Schneepart *(1971, Nachlaßveröffentlichung) publiziert wurden. Siehe auch das Nachlaßgedicht* 24 Rue Tournefort *(GN 223).*
2 *Von diesem Zeitpunkt an arbeitet PC auch für sich selbst viel in seinem recht großen Arbeitszimmer (Nr. 3) im Erdgeschoß des rechten Flügels der ENS in der Rue d'Ulm, dessen Fenster nach Süden in den Pasteur-Hof geht (heute ein Büro der Altphilologie). Die Kurse von PC fanden oft in diesem Raum statt, der auch für Lehrveranstaltungen eingerichtet war.*
3 *Zum Salon der Jeune Gravure Contemporaine siehe Anm. 575/5.*

582
Monsieur Paul Celan / Ecole Normale Supérieure / 45 Rue d'Ulm / Paris 5e / 12 H / 22 – 11 1967 / PARIS 16 / R. JEAN RICHEPIN (16e) *[auf der Vorderseite des Umschlags von der Hand PCs:]* 22. [sic] XI. 67

1 *Zum bibliophilen Druck von* Todtnauberg *siehe Anm. 596/1.*
2 *Zum zukünftigen* Schwarzmaut *siehe Brief 599 und Anm. 638/1.*

583
Umschlag wohl nicht erhalten, Brief und Radierung wurden von EC übergeben.

1 *Zwei titellose Radierungen (je 10,5 ×8) begleiten diese Karte, siehe Abb. 11 a, b.*

584
Umschlag wohl nicht erhalten.

1 *Die Verfilmung des berühmten Romans von Alain-Fournier (1913) durch Jean-Gabriel Albicocco (1967) wurde von der Kritik im allgemeinen als eher mittelmäßig beurteilt. Am Vortag schreibt PC dazu an Petre Solomon:* »Ich war mit Eric im Kino: Der Große Meaulnes. Wie fern und von hartnäckigen Wirklichkeiten zugedeckt ist das.« *(Zum Brief siehe Anm. 581/1.)*
2 *Siehe Anm. 580/2.*
3 *Brasiers d'énigmes et autres poèmes [Glühende Rätsel und andere Gedichte] (zweisprachige Ausgabe), aus dem Deutschen von Lionel Richard, Paris, Denoël, 1967 (Les lettres nouvelles).*

585
Monsieur Paul Celan / Ecole Normale Supérieure / 45 rue d'Ulm / <u>Paris 5ᵉ</u> / *16 H / 25 – 11 1967 / PARIS 106 / R. DE LONGCHAMP (16ᵉ) [auf der Vorderseite des Umschlags von der Hand PCs:]* <u>28. XI. 67</u>

1 *Die beiden folgenden Nummern gehören GCL und EC.*
2 *Im Dienstmädchenzimmer unterm Dach, das als Atelier benutzt wurde.*
3 *D. h. den Schlüssel zu dem Dienstmädchenzimmer, das als Bibliothek diente.*
4 *Wegen des äußerst beschränkten Platzes in seiner Wohnung denkt PC nicht daran, seine Bibliothek umzuziehen.*

586
Madame Celan / 78 rue de Longchamp / <u>Paris 16ᵉ</u> / *24 H / 4 – 12 1967 / PARIS V / R. EPEE DE BOIS (5ᵉ)*
Paul Celan, 45 rue d'Ulm, Paris 5ᵉ

1 *Offensichtlich wollte PC seinen Sohn zu einer Aufführung der*

Chöre und des Balletts der Roten Armee in einem großen Saal an der Porte de Versailles (15ᵉ) mitnehmen.
2 *Gerhard Neumann und seine Frau Brigitte Neumann.*
3 *Siehe Anm. 558/10.*
4 *PC schreibt am 8. 12. 1967 an Nelly Sachs, ohne über das schwedische Ausstellungsprojekt zu sprechen. Erst am 1. 4. 1968 schreibt er zu dieser und weiteren Ausstellungen in Skara, Hudiksvale und Kristianstad:* »Gisèle hat viel gearbeitet in den letzten Jahren, es ist viel Schönes und – erlaub mir, es zu sagen – in seiner Art Einmaliges hinzugekommen, Gisèle hat verschiedentlich ausgestellt, mit Erfolg, gelegentlich sogar mit großem Erfolg. [...] / Meine liebe Nelly, sicherlich hast Du befreundete Künstler und Kritiker, die Du auf diese Ausstellungen aufmerksam machen kannst. Tu's, bitte!« *(PC/Sachs, S. 95 f.)*

587
Nicht auf dem Postweg beförderter Brief.

1 *Siehe den Brief PCs vom 8. 12. 1966 in PC/Sachs, S. 92. Zu Schlafbrocken siehe Anm. 455/1.*
2 *GCL scheint Nelly Sachs zu dieser Gelegenheit nichts geschickt zu haben.*
3 *Die Ausstellung in Göteborg fand vom 3. bis 25. 5. 1968 statt; in Stockholm hatte GCL keine Einzelausstellung.*
4 *D. h. den Schlüssel des Dienstmädchenzimmers unter dem Dach.*
5 *Siehe Anm. 580/2.*

588
Monsieur Paul Celan / Ecole Normale Supérieure / 45 Rue d'Ulm / Paris 5ᵉ / 17 H 45 / 8 – 12 1967 / PARIS 16 / R. JEAN RICHEPIN (16ᵉ) *[auf der Vorderseite des Umschlags von der Hand PCs:]* 9. XII. 67

1 *Seit der Unterzeichnung seines Vertrags mit dem Suhrkamp Verlag im Dezember erhielt PC für ein Jahr einen Betrag von 1000 DM monatlich (Brief von S. Unseld vom 15. 12. 1966).*
2 *Das Treffen wurde organisiert von Horst Schumacher, dem Leiter der École Centrale des Arts et Manufactures und des deutsch-französischen Clubs ebendieser Schule. PC wird nicht an der Veranstaltung mit drei anderen nach Paris emigrierten Schriftstellern aus seiner Bekanntschaft, Joseph Breitbach, Georg K. Glaser und Manès Sperber, letzterer aus Ostgalizien, teilnehmen.*

3 *GCL stellt im Mai 1968 in der Galerie Ariane in Göteborg (Schweden) aus; der Kopenhagener Plan wird offensichtlich nicht verwirklicht.*

589
Gisèle *[Brief und Zeitschriften von EC überbracht]*
Paul Celan, 45 rue d'Ulm, Paris 5ᵉ

1 *Siehe Anm. 580/1.*
2 *Es war Erde in ihnen* (Había tierra en ellos), *Psalm* (Salmo), *übersetzt von Klaus Dieter Vervuert und Rodolfo Alonso, in:* Humboldt, Nr. 32, 1967, S. 86. *Die Nummer enthält außerdem auf S. 91 und 94 Übersetzungen von PC: von Esenin* Rätselhaftes (Там, где вечно дремлет тайна), *Fort ging ich* (Я покинул родимый дом), *Wir entfernen uns* (Мы теперь укодим понемногу); *von Mandel'štam Der hohle Laut* (Звук осторожный и глухой), *Keine Worte* (Ни о чем не нужно говорить), *O Himmel, Himmel* (О небо, небо, ты мне будешь сниться!) *und* Grillenlied, aus Uhren tickend (Что поют часы-кузнечик). *Zu dieser Zeitschrift siehe Brief 182/4. GCL hatte bei einem längeren Spanienaufenthalt Anfang der fünfziger Jahre gute spanische Sprachkenntnisse erworben.*
3 *GCL wird PC nicht an diese Adresse schreiben.*

590
Monsieur Eric Celan / *[gestrichen:]* Paris 16ᵉ / 78 rue de Longchamp / Frankreich / *[ersetzt von der Hand GCLs:]* Pension Unterhubhof / REITH BEI BRIXLEGG / Unterhubhof 20 / Autriche / *19. 12. 1967 – 6 / BERLIN 11 // 16 H 15 / 22 – 12 1967 / PARIS 106 / R. DE LONGCHAMP (16ᵉ)*
Ansichtskarte: »Berlin – Kaiser-Wilhelm-Gedächtniskirche – Kaiser Wilhelm Memorial Church«.

1 *Die Birken erinnern an die östlichen Landschaften, das Rußland Mandel'štams, Bloks, Esenins, das der Tsvetaeva, aber auch an Moisville. PC erinnert sich an seinen Zwischenhalt in Berlin,* Anhalter Bahnhof *(dem Bahnhof auch, an dem Kafka von Prag aus ankam; siehe Brief 595 das Berliner Gedicht* Lila Luft*), am 9. 11. 1938, gerade vor der sogenannten »Kristallnacht«, als er von Czernowitz nach Paris fuhr, um in Frankreich Medizin zu studieren (in Rumänien hinderte ihn, als Juden, ein strenger Numerus clausus daran). PC spielt auf diese Ereignisse in der* Niemandsrose *in seinem Ge-*

dicht La Contrescarpe *an:* »Über Krakau / bist du gekommen, am Anhalter / Bahnhof / floß deinen Blicken ein Rauch zu, / der war schon von morgen. Unter / Paulownien / sahst du die Messer stehn, wieder, / [...]« *(GW I 283, V. 29-35). Siehe dazu auch Edith Silbermann,* Begegnung mit Paul Celan, *Aachen, Rimbaud, 1993, S. 60 f.*

591
Madame Celan / 78 rue de Longchamp / Paris 16ᵉ / Frankreich / 25. 12. 67. – 16 / BERLIN 11 / 1
Paul Celan, Akademie der Künste, / Hanseatenweg 10 / 1 Berlin 21

1 *In ihrem Brief vom 20. 12. 1967 (nicht publiziert, Poststempel vom 21. 12. 1967) berichtet GCL von ECs Ferien in Österreich und ihrer Arbeit als Lehrerin, aber auch von ihren Sorgen im Zusammenhang mit ihrer eigentlichen Arbeit, der Radierung.*
2 *Die durch Walter Höllerer für das* Literarische Colloquium *und die Akademie der Künste organisierte Lesung fand am 18. 12. 1967 in der Akademie der Künste statt. Der Berliner* Tagesspiegel *berichtet darüber am 20. 12. 1967 in einem langen Artikel unter dem Titel* »Der lesende Paul Celan. Begegnung mit dem König des Gedichts«. *Joachim Günther betont die Heterogenität des Publikums, »von den Kreuzberger Pulloverliteraten bis zu Professoren, Publizisten und der geistigen Damenaristokratie«, trotz des Rufs von PCs Dichtung als hermetisch. PC las eine Stunde lang Gedichte aus jedem seiner bis dahin veröffentlichten Bände, aber auch Gedichte, die später in* Fadensonnen *und* Lichtzwang *publiziert wurden. Für den Schluß seiner Lesung wählte er das am 11. 8. 1969 geschriebene Widmungsgedicht* Einem Bruder in Asien *(GW II 259), das sich auf den Vietnam-Krieg bezieht. In seinem Artikel zeichnet J. Günther ein Celan-Portrait, das deutlich von dem PC mit feinen Zügen abweicht, den man seiner Ansicht nach bisher von ihm, u. a. aus den autorisiert publizierten Fotos, kannte:* »Celan [...] steht im achtundvierzigsten Lebensjahr, wo man fast zwangsläufig, wenn man kein Steppenwolf ist, Fleisch ansetzt, die Spannungen von Spiritualität und Leiblichkeit in stärkerer physiognomischer Dialektik von Stirn und Kinn herauszukommen pflegen.« *Vor diesem Dichter, den Günther eher in die Familie der Goethes als in die der Hölderlins einordnet (sie* »siedeln an Abgrund und Sprachrand«) *und den er gleichzeitig als* »scheu« *und* »sicher« *wahrnimmt, hatte sich das Publikum spontan erhoben, wie, so erinnert Günther, die Studenten Friedrich Gundolfs vor Stefan George. Zum Abschluß spricht Günther über PCs Lese-*

weise und unterstreicht dabei vor allem seine Nichtbeachtung der Versgrenzen bei deutlicher Bevorzugung der syntaktischen Einheit. Ganz besonders erstaunt ihn, daß PC beim Lesen die Zäsuren innerhalb der Wörter nicht hörbar macht. Weitere Presseechos dieser Berliner Lesung PCs erscheinen unter den Titeln »Dunkle Rätselbilder, die nie schmeicheln. Paul Celan in der Akademie der Künste« (Berliner Morgenpost, 20. 12. 1967) und »Sprachlich ›Unerhörtes‹. Paul Celan las aus seiner Lyrik« (Die Welt, 20. 12. 1967).
3 *Die Gedichte dieses Jahreswechsels 1967/68, darunter die beiden in Anm. 5 genannten, in Berlin entstandenen, wurden von PC unter den Titel* Schneepart *gestellt.*
4 *Ernst Schnabel war damals Programmdirektor beim Sender Freies Berlin. Es handelt sich um die im Sender Freies Berlin am 27. 6. 1968 ausgestrahlte, etwa halbstündige Sendung* »Paul Celan liest Shakespeare-Sonette«. *Mit* »généreusement [großzügig]« *meint PC sicher die Bezahlung.*
5 *Es handelt sich um die am 22./23. und 23. 12. 1967 geschriebenen Gedichte* Du liegst *(GW II 334) und* Lila Luft *(GW II 335, siehe Brief 595) zu diesen beiden wichtigen Persönlichkeiten des Spartakus-Aufstands (siehe Brief 244, Abs. 4). Über* Du liegst *siehe auch die persönliche Erinnerungen an diesen Berliner Aufenthalt PCs enthaltende Untersuchung von Peter Szondi unter dem Titel* »Eden« *in* Celan-Studien, *Frankfurt a. M., Suhrkamp, 1972, S. 113-125.*
6 *PC und Peter Szondi, der am 19. 12. 1967 eine Lesung PCs im Rahmen seines Seminars an der Freien Universität Berlin organisiert hatte, trafen sich während dieser Tage mehrmals.*
7 *Auch den Arzt und Psychoanalytiker Walter Georgi traf PC mehrmals bei diesem Berliner Aufenthalt. Die Fahrt auf dem Zürichsee hatte, auch Günter Grass war mit von der Partie, im Juni 1959 stattgefunden. PC hatte Georgi bei dieser Gelegenheit ein Exemplar seiner Rimbaud-Übersetzung* Das trunkene Schiff *(siehe Brief 101/1) mit der Widmung überreicht:* »Für Dr. Walter Georgi,« / »Batelier et Navigateur [Schiffer und Steuermann]« / »nach meiner ersten Segelfahrt« / »in Dankbarkeit« / »Paul Celan« / »Zürich, im Juni 1959.« *(Siehe die Reproduktion in FN, S. 261.)*

592
Umschlag wohl nicht erhalten.

1 *Zwei titellose Radierungen begleiten diese Karte (12×9 bzw. 8,5×10,5), siehe Abb. 12 a, b.*

593
Monsieur Paul Celan / École Normale Supérieure / 45 rue d'Ulm / Paris 5e / 17 H / 28 – 12 1967 / ST-CEZAIRE-SUR-SIAGNE / ALPES-M^{MES}

1 Siehe Anm. 243/4.
2 Ohne Titel (8,5×10,5), siehe Abb. 13.

594
Auf die Vorderseite eines Umschlags notierte, wohl von EC überbrachte Nachricht aus einer ungeordneten Korrespondenzmappe von PC und GCL.

1 *Die Grußformel* »Gute Tage« *erlaubt eine ungefähre zeitliche Einordnung: Sie erscheint vor allem 1967 und 1968 in Verbindung mit der veränderten Beziehung zwischen PC und GCL.* »Donnerstag« *läßt an eine Schulperiode ECs denken (an diesem Tag war in Frankreich schulfrei), wohl zwischen Oktober 1967 und Dezember 1968.*

595
Madame Celan / 78 rue de Longchamp / Paris 16^e / 16 H 15 / 8 – 1 1968 / PARIS 38 / R. CLAUDE BERNARD (5^e) // 08 I 68 / 16 H ?? / 75-PARIS 38 / R. CLAUDE BERNARD (5^e)
Paul Celan, 45 rue d'Ulm, Paris 5^e

1 *Zu* Treckschutenzeit *siehe GW II 326 bzw. HKA 9.2/248-250, die anderen Gedichte GW II 335-338 bzw. HKA 10.2/63-70. Die Gedichtbeilage wurde vom Herausgeber identifiziert, die Manuskripte waren von GCL fälschlich in das Konvolut von* Lichtzwang *eingeordnet, und zwar unter zwei Etiketten von der Hand GCLs:* »PAUL« / »1968« / »Ms. Lichtzwang« *bzw.* »[gestrichen:] CLASSER [einordnen] 1967.« *(Siehe dazu Anm. 597/1.)*
2 *PC hat keine Übersetzungen dieser Gedichte hinterlassen.*
3 *PC hat am Mittwoch, dem 17. 1. 1968, ein Treffen mit dem Verleger von* Atemkristall, von Schlafbrocken *und des* Portfolio VI, *Robert Altmann, in seinen Notizkalender eingetragen. Nach einem Zwischenhalt in Köln ist PC am 13. und 14. 1. 1968 in Bonn, wo er im Sternhotel wohnt. Er liest am 13. 1. 1968 im Rahmen des* Lyrischen Studios *(Godesberg, Oberdollendorf).*
4 *Es handelt sich hier wohl um das letzte in der Rue de Longchamp geschriebene Gedicht und im übrigen das einzige, das dort nach der*

Anmerkungen 349

Trennung von PC und GCL geschrieben wurde. Wie das für den ersten Entwurf verwendete Papier, ein Briefumschlag, zeigt, hat PC es sicher bei einem Besuch in der Rue de Longchamp dort schnell notiert (siehe HKA 9.2/248).

596
Monsieur Paul Celan / Ecole Normale Supérieure / 45 rue d'Ulm / Paris 16ᵉ PNEUMATIQUE / ?? H / ?? – ?? ?? / PARIS 16 / R. JEAN RICHEPIN (16ᵉ)

1 *GCL bedankt sich mit diesen Worten für einen Probeabzug von* Todtnauberg, *dem Gedicht, das PC am 1. 8. 1967 nach seiner Begegnung mit Martin Heidegger am 25. 7. 1967 geschrieben hatte. Das erste Exemplar der bibliophilen Edition wird PC an Martin Heidegger selbst schicken (*Todtnauberg, *Vaduz, Liechtenstein, Brunidor, 1968, 50 numerierte Exemplare, Druck abgeschlossen am 12. 1. 1968 auf den Pressen von Fequet und Baudier, Paris).*
2 *GCL hat Notizhefte mit Wörterlisten und Übersetzungsversuchen hinterlassen, die sich auf das Werk und auf Übersetzungen (Mandel'štam) von PC beziehen.*
3 *Die Begeisterung ECs für Popmusik und die Hippie-Bewegung.*
4 *Zum späteren* Schwarzmaut *siehe Brief 599 und Anm. 638/1.*

597
Madame Celan / 78 rue de Longchamp / Paris 16ᵉ / 24 H / 10 – 1 1968 / PARIS V / R. EPEE DE BOIS (5ᵉ)
Paul Celan, 45 rue d'Ulm, Paris 5ᵉ

1 *GW II 340 bzw. HKA 10.2/73-76; das zweiseitige, handschriftlich korrigierte Typoskript von* Was näht *wurde von GCL fälschlich in das Konvolut von* Lichtzwang *eingeordnet (siehe Anm. 595/1). Am gleichen Tag schickt PC einen Durchschlag dieses Gedichts an seinen Freund Franz Wurm (PC/FW, S. 124-126).*

598
Monsieur Paul Celan / E.N.S. / 45 rue d'Ulm / Paris 5ᵉ / 17 H 45 / 15 – 1 1968 / PARIS 16 / R. JEAN RICHEPIN (16ᵉ)

1 Du darfst *(GW II 11).*
2 *Das Projekt wird nicht realisiert.*
3 *Tatsächlich wählt GCL Kupferplatten unterschiedlichen Formats*

für die Realisation von Schwarzmaut: *18,5×12,5 (fünf Radierungen), 26×18,5 (acht Radierungen, dies ist das Format von* Atemkristall*) und 26×7 (zwei Radierungen).*
4 *Das Klingspor-Museum in Offenbach bei Frankfurt besitzt eine reichhaltige Kollektion von Druckgraphiken aus dem 20. Jahrhundert. Zu* Atemkristall *siehe Anm. 237/1, zum Portfolio VI Anm. 506/3.*
5 *Jean-Claude Hémery dankt GCL am 9. 1. 1968 für die titellose Radierung mit ihren Wünschen zum neuen Jahr; es handelt sich um eine der beiden an PC wohl am 24. 12. 1967 gesandten Radierungen (siehe Brief 592).*
6 *Galerie Karl Vonderbank.*
7 *GCL stellt im März 1968 in Stuttgart, im April 1968 in Frankfurt, im Mai 1968 in Freiburg und in Göteborg aus. Das Ausstellungsprojekt in Kopenhagen wird offensichtlich nicht realisiert.*
8 *Zur Lesung in Bonn siehe Anm. 595/3.*

599
Die Übersetzungen sind in den Maschinendurchschlag von Schwarzmaut *(14 Seiten mit handschriftlichem Gesamttitel) handschriftlich entweder am Rand oder zwischen die Verse notiert; die dunkelblaue Mappe mit der Aufschrift »Schwarzmaut« von GCLs Hand befand sich in der persönlichen Sammlung von GCL. Siehe* Schwarzmaut*, Vaduz, Liechtenstein, Brunidor, 1969, und GW II 233-246.*

1 *Wann PC die Maschinendurchschrift an GCL für das geplante gemeinsame Buch übergeben hat, ist schwer zu bestimmen. Die Übersetzungen sind, glaubt man einem von PC auf der Titelseite handschriftlich notierten Datum (»→ | Herbst 69«), im Herbst 1969 nachgetragen worden, also nach der Publikation von* Schwarzmaut *(19. 3. 1969); voraus geht sicher eine mündliche Übersetzung (siehe Brief 572, Abs. 4), die zu diesem späten Zeitpunkt fixiert wurde.*
2 *Zur bibliophilen Ausgabe von* Schwarzmaut *(März 1969) siehe Anm. 638/1; aus den Gedichten wurde, von einigen wenigen Änderungen abgesehen, der titellose erste Zyklus von* Lichtzwang *(Juni 1970). PC hatte den Neologismus »Schwarzmaut« bereits in einem Gedicht von* Fadensonnen *verwendet*: »LIPPEN, SCHWELLGEWEBE der Du-Nacht: // Steilkurvenblicke kommen geklettert, / machen die Kommissur aus, / nähn sich hier fest –: / Zufahrtsverbote, Schwarzmaut. // Es müßte noch Leuchtkäfer geben.« *(GW II 206)*

600

Madame Celan / 78 rue de Longchamp / Paris 16^e / *13 H 30* / *13 – 3 1968* / *PARIS 05* / *R. EPEE DE BOIS (5^e)*

1 *Die Liste liegt dem Brief nicht mehr bei.* GCL stellte im April 1968 in der Frankfurter Galerie Karl Vonderbank aus.

601

Monsieur Paul Celan / E. N. S. / 45 rue d'Ulm / Paris 5^e / *19 H 30 22 – 3 1968 PARIS 16 R. JEAN RICHEPIN (16^e)*

1 *41. Geburtstag von GCL.*
2 *Die Einzelausstellung GCLs in Stuttgart wurde vom dortigen* Institut für Auslandsbeziehungen *vom 4. bis 30. 3. 1968 veranstaltet. Auf der Einladungskarte ist wiedergegeben:* A l'image du temps – Nach dem Bilde der Zeit *(1956, 22×25).*
3 *Am Freitag, dem 29. 3. 1968, fand die Vernissage für die erste von der Galerie der Buchhandlung Philippe Saint-Honoré (134, Rue du Faubourg Saint-Honoré, 8e) veranstaltete Ausstellung statt, GCL war dort mit einigen Radierungen vertreten. GCL ließ PC die Einladungskarte wohl am 23. 3. 1967 zukommen und notierte darauf:* »Ich werde versuchen, um 18 Uhr 30 da zu sein« *(Übers.).*

602

Umschlag wohl nicht erhalten.
Der Brief war in eine ungeordnete Korrespondenzmappe von PC und GCL eingeordnet.

1 *Nicht identifiziert.*
2 *Siehe Anm. 8/1.*
3 *Zu* Schwarzmaut *siehe Brief 599 und Anm. 638/1.*
4 *Siehe Anm. 600/1.*
5 *Jean Plat, der Leiter der Galerie-Buchhandlung Philippe Saint-Honoré, brachte die etwa 20 Radierungen für GCLs Ausstellung in der Galerie Ariane nach Göteborg (Schweden).*

603

Madame Celan / 78 rue de Longchamp / <u>Paris 16e</u> / <u>France</u> / *10 – AM / 11 APR. 1968 / KILBURN N. W. 6.*
Paul Celan c/o Miss B. Antschel / 41 Tarranbrae, Willesden Lane / London N. W. 6.

Am Schluß des Briefes fügt Berta Antschel auf deutsch einige herzliche Grüße an GCL und EC hinzu.

1 *Der in Wien geborene Dichter und Übersetzer jüdischer Herkunft Erich Fried war 1938 nach London emigriert. PC teilte seine kritischen Auffassungen zum Sechstagekrieg und dessen politischen Konsequenzen durchaus nicht. Siehe dazu die Monographie* Paul Celan *von Wolfgang Emmerich (Reinbek bei Hamburg, Rowohlt, 1999, S. 87).*
2 *Der in Berlin geborene und 1930 nach London emigrierte Dichter jüdischer Herkunft Michael Hamburger ist Übersetzer von Gedichten PCs ins Englische.*
3 *Der Rabbiner der Wembley & District Liberal Synagogue in London (326 Preston Road, Harrow), Albert H. Friedlander, schreibt PC nach dieser Begegnung im April 1968 (die sprachlichen und orthographischen Besonderheiten entsprechen dem Original):* »Wir denken häufig ueber ihren schoenen Besuch. Es war doch sehr anstrengend fuer Sie; aber es war hoch wichtig fuer uns. Ihre Botschaft muss doch in unseren Gemeinden gehoert werden (natuerlich ist es eine universelle Botschaft – aber sie sind auch der grosse juedische Dichter unserer Zeit). Ich benutze ihre Gedichte in meinen Predigten, und hoffe auch Aufsaetze zu schreiben um das Publicum zu dem tiefen Sinn ihrer Worte zu fuehren. Die Rabbiner besonders muessten zu dieser Kenntnis kommen. [...] ich fuehle wirklich die Pflicht das heutige Judentum zur Anerkenntnis von Paul Celan zu fuehren.«
4 *Martin Luther King war sechs Tage vorher, am 4. 4. 1968, ermordet worden.*
5 *Unter den in London getroffenen Personen war u. a. die zu diesem Zeitpunkt in der britischen Hauptstadt lebende junge Germanistin Gisela Dischner.*
6 *Eva und Victor Ehrenberg, Professor für Alte Geschichte an der Universität London, wohnten in Hampstead (1/112 Fitzjohn's Avenue). Eva Ehrenberg ist die Autorin der kurzen Autobiographie* Sehnsucht – mein geliebtes Kind. Bekenntnisse und Erinnerungen *(o. O., Ner-Tamid-Verlag, 1963), in der sie über ihre Kindheit im Wilhelminischen Deutschland (das sie als eher judenfreundlich erlebte) berichtet, dann über das Aufkommen des Nationalsozialismus, über die Flucht der Familie ins Londoner Exil im Februar 1939 und schließlich über ihre Reisen ins Nachkriegsdeutschland. Innerhalb des Buches ist die Rede Franz Rosenzweigs, Vetter zweiten Grades von Eva Ehrenberg, anläßlich ihrer Hochzeit mit Victor Ehrenberg*

im April 1919 abgedruckt: ein erstaunlicher kleiner Text über die mit warnendem Vorausblick gesehene Zukunft Deutschlands. Im letzten Kapitel wird die Figur PC durch ein Zitat aus der Todesfuge *(GW I 41) eingebracht, aus der im übrigen auch das Motto für diesen Teil stammt:* »Ein Mann wohnt im Haus der schreibt, der schreibt, wenn es dunkelt nach Deutschland – ich aber sitze im Flugzeug, es ist hell, und ich sehe den Sinn.« *(S. 72; siehe GW I 41.) Eva Ehrenberg hatte den Celans diese* »Erinnerungen« *zwei Jahre zuvor mit den Worten gewidmet:* »Für Paul Celan« / »und Gisèle« / »ohne Worte!« / »Eva Ehrenberg« / »London, August 1966«.
7 *Nelly Sachs schreibt am 4. 4. 1968:* »Lieber Paul, nun zuerst Dank für die Freude Deine mir so liebe Handschrift zu sehn und dann für Gisèle die gewünschten Adressen von einigen der besten internationalen Galerien / Galerie Bleu Sturegatan 28 Stockh. Ö / Galerie Burén Sturegatan 24 Stockh. Ö / Galerie Blanche Mynttorget 4 Stockh. C / Galerie Pierre Nybrogatan 1 Stockh. Ö / Zuerst diese vier die besonders an Frankreich interessiert sind. Natürlich ganz international überhaupt. Gisèle würde gut tun, vorher einige Fotos zu senden u. sich auf die Göteborger Ausstellung zu beziehn. Mir ging es so wenig gut daß ich nur noch mit meinem kleinsten Kreis zusammen sein kann. / Mein lieber Paul, Du jedenfalls gehörst zu denen, die immer in meinen Gedanken wohnen als der junge Bruder. Kein Wort ist vergessen! / Deine Nelly« *(PC/Sachs, S. 97).*
8 *Zwei enge Freundinnen von Nelly Sachs, die PC 1960 persönlich kennengelernt hatte.*
9 *Siehe das während des London-Aufenthaltes am 14./15. 4. 1968 geschriebene Gedicht* Mapesbury Road *(GW II 365):* »Die dir zugewinkte / Stille von hinterm / Schritt einer Schwarzen. // Ihr zur Seite / die / magnolienstündige Halbuhr / vor einem Rot, / das auch anderswo Sinn sucht – / oder auch nirgends.«
10 *Obwohl Orange in diesem Jahr Mode war, hatte PC große Mühe, das für EC bestimmte Hemd zu finden – er wurde schließlich in einem Geschäft mit überwiegender Hippie-Kundschaft fündig. PC selbst hatte eine ausgesprochene Schwäche für die Farbe Orange, siehe z. B. das Gedicht* Hendaye, »Die orangene Kresse« *(GW II 124, V. 1) oder auch die Wahl dieser Farbe für seine* Ausgewählten Gedichte *(Frankfurt a. M., Suhrkamp, 1968; siehe den Brief an S. Unseld vom 6. 12. 1967).*

604

1 *Deutsch von Paul Celan, Frankfurt a. M., Insel, 1968; der Band enthält die Übersetzungen von 35 Gedichten (siehe GW IV 860-862).*

605
Umschlag wohl nicht erhalten, nicht auf dem Postweg beförderter Brief.

1 *Die Adresse liegt dem Brief nicht mehr bei.*
2 *Zu* Schwarzmaut *siehe Brief 599 und Anm. 638/1.*
3 *Es handelt sich um die Ankunftsbestätigung für das Manuskript von PCs Übersetzung von Ungarettis Zyklen* La Terra promessa *(Das verheißene Land) und* Il taccuino del vecchio *(Das Merkbuch des Alten) für den Insel Verlag (siehe Anm. 629/6). In ihrem Brief vom 29. 4. 1968 kündigt Anneliese Botond, die für italienische Literatur zuständige Lektorin des Verlags, auch die baldige Übersendung der Korrekturfahnen an.*

606
Umschlag wohl nicht erhalten.

1 *Der Artikel von Gerhart Baumann, »›Atemkristall‹: Graphik und Gedicht«, war in Zusammenhang mit der Vernissage zu GCLs Ausstellung in der Galerie Kröner, Freiburg, am 25. 5. 1968 entstanden und später, GCL gewidmet, in Baumanns Buch* ›Entwürfe‹ zu Poetik und Poesie, *München, Wilhelm Fink, 1976, S. 144-146, erschienen. Baumann sagt u. a. zu GCLs Arbeiten:* »Das Selbstgefällige darf man nicht suchen, wohl aber jenen Zauber der Schwermut, der darum so unangreifbar, weil alle Schwerkraft in ihm aufgehoben. Die verhaltenen Grautöne und eine lichte Schwärze, Gitterwerk, Netz und Durchlaß – sie begünstigen Metamorphosen, die eine erregende Dichte und zugleich eine unfaßbare Geisterhaftigkeit besitzen: versteinertes Gezweig, skelettiertes Gestein, pflanzenhafte Luftblasen, geronnener Vogelflug, Algen mit tierischem Antlitz und Haifischzähnen, fliegende Flossen, Vogel-Seelen, erstarrte ›Schwermutsschnellen‹ *[siehe GW II 16]:* ›Schlafbrocken‹ *[siehe Brief 455],* ›Trostverwaist‹, ›Einer Leere entlang‹ *[Titel von Radierungen GCLs].* Unheimliche Spannungen verdichten sich; präzis wird das Unbestimmte erfaßt, Sensibilität und Nüchternheit begeg-

nen sich.« *(S. 145)*, *und:* »Ein Mikrokosmos aus Zellkernen breitet sich aus, Moleküle suchen den verlorenen Zusammenhang, Splitter einer verborgenen Mythologie. / Geätzte Gedichte, Fabeln der Kaltnadel: Capriccios in Aquatinta.« *(S. 146)*

2 *In ihrem* »Logbook« *notiert GCL die Titel der beiden Gerhart Baumann geschickten Radierungen:* Echo d'une terre – Echo einer Erde, *1967 (38×31,5), und* Pour le repos d'un œil – Damit ein Auge ruhe, *1968 (37,5×29,5).*

3 *PC bezieht sich auf die Lesung vom 24. 7. 1967 (siehe Anm. 536/1), bei der auch Heidegger anwesend war.*

4 *Rolf Kröner, Leiter einer Freiburger Galerie gleichen Namens, in der GCL im Mai 1968 ausgestellt hatte.*

5 *Karl Vonderbank, der Leiter der Frankfurter Galerie, in der GCL im April 1968 ausgestellt hatte.*

6 *Die Lesung in Hannover fand am 3. 7. 1968 statt.*

7 *Die Lesung in Kiel fand am 1. 7. 1968 statt.*

8 Fadensonnen, *mit 105 chronologisch geordneten Gedichten in fünf Zyklen, erschien im gleichen Jahr in Frankfurt a. M. im Suhrkamp Verlag.*

9 Vakante Glut – Dans la chaleur vacante, *französisch und deutsch, übertragen von Paul Celan, Frankfurt a. M., Suhrkamp, 1968 (der französische Text erschien 1961 in Paris bei Mercure de France; siehe FN, S. 547-549).*

10 *Siehe Anm. 629/6.*

11 *PC las am 8. 7. 1968 in der Universität Frankfurt, am 9. 7. 1968 vor* »jungen Buchhändlern«.

12 *PC las am 10. 7. 1968 auf Einladung des Allgemeinen Studentenausschusses und der Buchhandlung Gastl im Auditorium maximum der Universität.*

13 *Der Brief oder die Ansichtskarte an EC sind wohl nicht erhalten.*

607
Umschlag wohl nicht erhalten.

1 *GCL antwortet am 25. 7. 1968 mit einem Rohrpostbrief (nicht publiziert). PC sieht seinen Sohn am darauffolgenden Sonntag (Notizkalender PC).*

608
Umschlag wohl nicht erhalten. Der Brief war vielleicht demjenigen an EC vom gleichen Tag (Brief 609) beigefügt.

1 *Die Ausstellung* Das Buch als Kunst. Ausstellung bibliophiler Ausgaben: Editions Brunidor und Collection de l'avant garde *[sic] hatte Robert Altmann in der Aula der Volksschule Vaduz (3.-15. 8. 1968, mit Katalog) den bibliophilen Editionen seines Verlages Brunidor gewidmet.* Ein Bericht im Liechtensteiner Volksblatt *(6. 8. 1968,* »Das Buch als Kunst: Ein neues Kapitel? Alois Büchel berichtet von der Eröffnung der Ausstellung ›Das Buch als Kunst‹, die am Samstag in Vaduz stattfand«) *betont besonders die Präsenz von Werken renommierter Maler wie Max Ernst, Miró, Yves Tanguy, Victor Brauner etc., von lettristischen Dichtern wie Roberto Altmann, dem Sohn des Verlegers (PCs Freund Gherasim Luca, im Artikel nicht genannt, las im Rahmen der Ausstellung am 6. 8. 1968), aber besonders und vor allem den Zusammenhang zwischen Werken der bildenden Kunst und der Dichtung:* »Die Zusammenarbeit von Dichter und bildendem Künstler erhält in jedem der aufgelegten Exponate seinen konkreten Ausdruck, wobei sowohl in Wort und Bild Figuratives und Abstraktes, Surrealistisches, Phantastisches und ›Pop‹ vorwiegt.« *(Hervorhebung Hrsg.) Von einem* »Gedichtband in bibliophiler Ausgabe von Paul Celan« *(weder der Titel,* Atemkristall, *noch der Name von GCL sind genannt) ist nur sehr kurz die Rede. Der Artikel endet aber mit der Ankündigung einer Lesung* »des wohl grössten lebenden Lyrikers deutscher Sprache«. *Ein Foto zeigt zwei der kleinen* »Salons« *(einer Art von mit rohen Brettern abgeteilten Kojen): Im Vordergrund ist eine der Gipsfiguren zu sehen, die PC in seinem Brief erwähnt, ein großer geöffneter Mund (der Name des Künstlers, Ricardo Porro, ein chilenischer Architekt, ist nicht genannt); siehe dazu auch Robert Altmann,* Memoiren, *Genf/Mailand, Skira, 2000, S. 65-68.*

2 *Die Lesung PCs* »aus eigenen Werken« *fand am 4. 8. 1968 in der Aula der Volksschule Vaduz statt. Alois Büchel zeichnet in seinem Artikel* »Wer ist unsichtbar genug, euch zu sehen. Alois Büchel besuchte die Dichterlesung mit Paul Celan (im Rahmen der Ausstellung ›Das Buch als Kunst‹)« *(*Liechtensteiner Volksblatt, *8. 8. 1968) ein Portrait des Lesenden und der Zuhörer:* »Etwas in sich zusammengesunken, den Kopf vornübergebeugt, sitzt der Dichter. Die unendliche Diskretion seiner Bewegungen ist vielleicht das Auffallendste, dann eine – für den Betrachter – etwas linkische Schüchternheit (solange er schweigt), die sich vor dieser Wirklichkeit verbergen möchte, um in einer anderen stark zu sein. Seine Konzentration ist vollendet, sie springt auf den Zuschauer über, kein Nebengeräusch ist in dem gut besuchten Auditorium zu vernehmen,

ausser der monotonen, eindringlichen und beschwörenden Stimme Paul Celans, die aus der Nacht kommt. Seine Stimme, ein Cello, Ton für Ton mit weiten Strichen verbindend, nachdem er ausgekostet wurde. Selten Staccato, bisweilen – und mit Absicht – etwas schmierend in der Intonation. Fugen werden rezitiert, mit beinahe wörtlicher Anlehnung an den musikalischen Begriff. Paul Celan, Resonanz und Cellobogen selbst: mit seinem Bogen zerreisst er die Wirklichkeit, sie zusammensetzend zu neuen Welten, zu neuen Harmonien. Dies wörtlich: Paul Celan ist ein Magier des Wortes, aber auch ein Magier des Vortrages: er sammelt von Zeit zu Zeit die Konzentration seiner Zuhörer, die an diesen schwierigen Sprachgebilden zu zerrinnen droht.« *Nachdem Büchel an Goethes Besuch in Vaduz erinnert hat und dabei zu behaupten wagt, daß der Besuch PCs eines Tages im Bewußtsein seiner Mitbürger die gleiche Bedeutung erhalten wird, versucht er den Ort PCs durch Auszüge aus der Bremer Rede und der Büchnerrede zu bestimmen; im folgenden weist er kurz auf dessen Herkunft, auch auf die poetische Herkunft hin: Georg Trakl, Else Lasker-Schüler, aber auch Yvan Goll.*
3 *GCL dankt PC schon am Tag darauf für seinen Brief (Brief vom 7. 8. 1968, nicht publiziert), ohne den Brief PCs an EC vom gleichen Tag zu erwähnen (Brief 609). Vor Berichten über den Alltag in Moisville antwortet sie sehr kurz auf PCs Beschreibung der Ausstellung:* »[...] es erstaunt mich nicht, daß sie ein bißchen ›Pop‹ war. Das wird sehr unterschiedlich gewesen sein.« *(Übers.)*

609
Monsieur Eric Celan / Moisville / Eure / *16 H 15* / *6 – 8 1968* / PARIS 38 / R. CLAUDE BERNARD (5e)
Paul Celan, Ecole Normale Supérieure / 45 rue d'Ulm / Paris 5^e

610
Umschlag wohl nicht erhalten.
Brief aus einer ungeordneten Korrespondenzmappe von PC und GCL.

1 *Der Bruder von GCLs Freundin Françoise, Bernard Bonaldi, und seine Frau Clara Bonaldi sowie Erika Tophoven und ihre Söhne Jonas und Philippe.*
2 *Zu* Schwarzmaut *siehe Brief 599 und Anm. 638/1.*
3 *Nach den Mai-Unruhen in Frankreich gab es bis zu den Sommerferien keinen normalen Schul- und Universitätsbetrieb mehr.*

4 *GCLs Mutter Odette de Lestrange, die sich als Schwester Marie Edmond 1954 in eine klösterliche Gemeinschaft in Brest zurückgezogen hatte, hielt sich damals für kürzere Zeitabschnitte in verschiedenen anderen Klöstern auf.*

611
Madame Celan / Moisville / Eure / *16 H ?? / 23 – 8 1968 PARIS / 38 R. CLAUDE BERNARD (5e)*
Paul Celan, Ecole Normale Supérieure, / 45 rue d'Ulm, Paris 5^e
Der Briefumschlag wurde vom Herausgeber zugeordnet.

1 *Die Briefe vom 7. 8. 1968 (nicht publiziert, siehe dazu Anm. 608/3) und vom 20. 8. 1968 (Brief 610).*
2 *Am 21. 8. 1968 waren russische Panzer in die Tschechoslowakei eingedrungen, am 22. 8. 1968 organisierte die tschechoslowakische Kommunistische Partei den Widerstand gegen die Besatzer. Am Tag dieses Briefes schreibt PC in der Rue Tournefort das Gedicht* Zerr dir *(GW II 405); in* Leuchtstäbe *(GW II 402) vom 21. 8. 1968 schreibt er:* »[...] // ein Saugarm holt sich / den Jutesack voller / Beschlußmurmeln aus / dem ZK, // die Düngerrinne herauf und herunter / kommt Evidenz.« *Einen Tag später schreibt PC in* Kalk-Krokus *(GW II 406; das Manuskript ist datiert* »Paris, Rue Tournefort, 24. 8. 1968«*):* »// [...] Sprengstoffe / lächeln dir zu, / die Delle Dasein / hilft einer Flocke / aus sich heraus, // in den Fundgruben / staut sich die Moldau.«
3 *D. h. die Gedichte, die er dann zu* Lichtzwang *zusammenfaßt; PC schickt das Manuskript noch selbst an den Verleger, liest aber nicht mehr die Korrekturen.*
4 *Diese »neuen Gedichte« sind:* Ich schreite *(Anfang August 1968),* Leuchtstäbe *(21. 8. 1968),* Ein Leseast *(20.-22. 8. 1968),* Zerr dir *(23. 8. 1968; siehe Anm. 2). Sie bilden den fünften und letzten Teil von* Schneepart *(GW II 401-405 bzw. HKA 10.2/177-184). Das Buch, dessen Publikation vom Autor nicht mehr selbst vorgesehen war, erscheint 1971, ein Jahr nach PCs Tod, im Suhrkamp Verlag, Frankfurt a. M.*
5 *In diesem Sommer gibt PC wegen der durch die Mai-Unruhen veränderten Examenstermine ausnahmsweise – und zwar am 20., 21. und 23. 8. 1968 – Kurse für die Staatsexamenskandidaten (zum Inhalt der Kurse siehe Anm. 501/5).*

612

Monsieur Eric Celan / <u>Moisville</u> / Eure / *18 H / 23 – 8 1968 / PARIS 38 R. CLAUDE BERNARD (5ᵉ)*

1 *EC hatte seinem Vater Anfang August geschrieben.*

613

Madame Celan / 78 rue de Longchamp / <u>Paris 16ᵉ</u> / *10 H 45 / 16 – 9 1968 / PARIS 38 / R. CLAUDE BERNARD (5ᵉ)*

1 *GCLs Brief datiert vom 13. 9. 1968 (nicht publiziert).*
2 *GCL antwortet am 18. 9. 1968 mit einem Rohrpostbrief (nicht publiziert).*

614

Madame Celan / 78 rue de Longchamp / <u>Paris 16ᵉ</u> / *19 H / 7 – 10 1968 / PARIS 38 / R. CLAUDE BERNARD (5ᵉ)*

1 *Es handelt sich wohl um den Brief mit dem Datum »*Vendredi [Freitag]*« (4. 10.[?] 1967, nicht publiziert, kein Umschlag erhalten), in dem GCL über ECs schulische Arbeiten und seine Schrift spricht, über ihre neue Arbeit als Sekretärin im Grand Palais (siehe Brief 616/2), aber auch über »einige neue Radierungen für das Buch« (d. h.* Schwarzmaut, *Übers.), die sie gerade gemacht hat. Vor ihrem Schlußgruß (»*tout le meilleur *[für Dich das Beste]«) erwähnt sie ein (nicht realisiertes) Reiseprojekt PCs in die USA.*
2 *Der Brief ECs von Donnerstag, dem 3. 10. 1968 (nicht publiziert), ist in die Mappe von GCLs Briefen eingeordnet.*

615

Monsieur Eric Celan / 78 rue de Longchamp / Paris 16ᵉ / *19 H / 7 – 10 1968 / PARIS 38 / R. CLAUDE BERNARD (5ᵉ)*

616

Umschlag wohl nicht erhalten.
Brief aus einer ungeordneten Korrespondenzmappe von PC und GCL.

1 *Der Rohrpostbrief von Georg Hohenwart, dem Leiter des Österreichischen Kulturinstituts, ist nicht erhalten oder nicht identifiziert.*

2 *GCL hat gerade eine Stelle als Sekretärin am Deutschen Seminar der Sorbonne, untergebracht im Grand Palais, angetreten, dem damals Claude David vorstand.*
3 *Die Pariser Mai-Unruhen hatten den universitären Kalender völlig durcheinandergebracht.*
4 *Zu* Schwarzmaut *siehe Brief 599 und Anm. 638/1.*

617
Madame Celan / 78 rue de Longchamp / Paris 16ᵉ / 18 H 45 / 29 – 10 1968 / 06 LA COLLE-SUR-LOUP / ALPES-MARITIMES

1 *PC ist Gast der Fondation Maeght vom 21. 10. bis 11. 11. 1968; in diesem Gästehaus der Stiftung schreibt er elf Gedichte, deren Veröffentlichung er verbieten wird (siehe GN 242-252 und 497-502).*
2 *Hinweis auf die Provence-Aufenthalte von GCL im August 1965 und im Dezember 1966.*
3 *Mit französisch »touffes« nimmt PC hier ein Wort aus einer Provence-Beschreibung von GCL wieder auf (Brief 464, Abs. 1).*

618
Monsieur Paul Celan / Maison Roux / Chemin de la Rive Bergère / La Colle-sur-Loup / 06 (A.-M.) / 10 H 45 / 31 – 10 1968 / PARIS 106 / R. DE LONGCHAMP (16ᵉ)

1 *In der* Verrerie de Biot *nördlich von Antibes werden die seit Anfang des 20. Jahrhunderts weitgehend verschwundenen Formen und Verfahren der provenzalischen Glasbläserei wiederbelebt.*
2 *D. h. die Arbeiten für die Zeitschrift* Études Germaniques, *die zu GCLs Aufgaben im Sekretariat gehören.*
3 *Zu* Schwarzmaut *siehe Brief 599 und Anm. 638/1.*
4 *Die Radierungen für* Atemkristall *stammen aus dem Jahr 1965.*
5 *Ausstellungen in der Galerie Ariane in Göteborg und im Museum von Kristianstad (Gruppenausstellung).*
6 *Ausstellung in der Galerie Kröner in Freiburg i. Br.*
7 *Zu dieser Folge von zehn Radierungen aus dem Jahr 1966 siehe Anm. 493/4.*
8 *Jean Plat leitete die Galerie-Buchhandlung Philippe Saint-Honoré (siehe Anm. 601/3); GCL hatte ihm seit April 1968 25 Radierungen als Depot überlassen.*
9 *Nicht identifiziert.*
10 *GCL hatte dort im Rahmen der Gruppe* Jeune Gravure Contemporaine *im November 1967 ausgestellt.*

619

Madame Celan-Antschel / 78 rue de Longchamp / 75 Paris 16ᵉ / 15 H / 27 – 11 1968 / 91 EPINAY-SUR-ORGE / ESSONNE
Exp.: Paul Celan-Antschel, Hôpital Vaucluse / 1er Pavillon Sect. C, 91 Epinay-sur-Orge

1 *Von der Hand GCLs sind der Adresse die Telefonnummer der Klinik und die Namen der behandelten Ärzte hinzugefügt.*
2 *Nach einem Wahnzustand im Haus in der Rue Tournefort am 14. 11. 1968 – PC hatte Nachbarn angegriffen, von denen er glaubte, sie mißhandelten seinen Sohn – war PC in die Psychiatrische Ambulanz der Polizei (Rue Cabanis, in der Nähe der Klinik Sainte-Anne) gebracht worden. Er verbleibt dort in einem Zustand totaler Sprachverweigerung, unterbrochen nur durch ein gemurmeltes »Je suis français [Ich bin Franzose]« und »J'ai été opéré d'un poumon [Ich bin an einer Lunge operiert worden]«; letzteres ist in Zusammenhang mit der Operation nach seinem Selbstmordversuch Ende Januar 1967, dem sein letzter Klinikaufenthalt folgte, zu verstehen. Die Amtsärzte entscheiden sich für eine Zwangseinweisung in das Psychiatrische Krankenhaus von Vaucluse. Der Zustand PCs wird, nach einer mündlichen Aussage von GCL, als »mélancolie délirante [wahnhafte Schwermut]« bezeichnet. In seinen Notizkalender notiert PC unter dem Datum des 15. 11. 1968:* »nachgetragen: laut Krankenliste Tag der Einlieferung ins Hop. Vaucluse, Épinay-sur-Orge«. *Am gleichen Tag steht im Notizkalender von GCL:* »Paul ins Krankenhaus eingewiesen« *(Übers.).*

620

Monsieur Paul Celan / [gestrichen:] Maison Roux / Chemin de la Rive Bergère / La Colle-sur-Loup / A. M. / 06 [von fremder Hand ersetzt durch:] 45 rue d'Ulm / 75 PARIS 5ᵉ / 12 H / 27 – 11 1968 / PARIS 16 / R. JEAN RICHEPIN (16ᵉ)

1 *GCL hatte PC zu seinem 48. Geburtstag ein Exemplar der Folge von zehn Radierungen (mit einer weiteren, ursprünglich dazugehörigen) aus dem Jahr 1966 geschenkt (16×10): Die* Petite série *[Kleine Serie] oder – ursprünglich bestand die Folge aus zwölf Radierungen –* Suite de douze instants à Moisville *[Folge von zwölf Augenblicken in Moisville] erhielt im Oktober 1979 dann den endgültigen Titel* Suite Moisville. *In ihr »Logbook« notiert GCL unter dem Titel:* »einziger Abzug auf schönem Papier vor der Stählung 1967 an Paul am 23.

November 1968« *(Übers.). Das Exemplar trägt die Widmung:* »23 novembre 1968« / »pour toi Paul *[für Dich Paul]*« / »Gisèle«.
2 *In ihren Briefen vom 1. und 24. 11. 1968 bittet Jetty Sperber eindringlich um PCs Unterstützung für eine Auswahl der Gedichte ihres verstorbenen Mannes Alfred Margul-Sperber im Insel Verlag. Im ersten der beiden Briefe erinnert Jetty Sperber PC daran, daß es Margul-Sperber war, der ihm geholfen habe, seine* »ersten Schritte in die liter. Welt« *zu tun, und daß sein* »so wohlklingendes Pseudonym« *in ihrem Haus in Bukarest entstanden sei (Jetty Sperber hatte PC geraten, die Silben seines Nachnamens in der rumänischen Schreibung zu vertauschen: Ancel/Celan). Sie bittet PC auch dringend um Medikamente, da sie sehr krank sei.*
3 *Zu den 15 Radierungen von* Schwarzmaut *siehe Brief 599 und Anm. 638/1.*

621
Monsieur Celan-Antschel / Hôpital Vaucluse / 1er Pavillon Section C / 91 Epinay sur Orge / *19 H 30 / 28 – 11 1968 / PARIS 16 / R. JEAN RICHEPIN (16^e)*
Brief aus einer ungeordneten Korrespondenzmappe von PC und GCL; ein Brief von EC liegt bei (nicht publiziert).

1 *Siehe Anm. 558/11 und 620/1.*

622
Madame Celan-Antschel / 78 rue de Longchamp / 75 – Paris 16^e / ?? H / *29 – 11 1968 / 91 EPINAY-SUR-ORGE / ESSONNE*
Exp.: Paul Celan-Antschel / Hopital *[sic]* Vaucluse / 1er Pavillon Section C / 91 Epinay-sur-Orge

1 *GCL besucht PC am Nachmittag des 1. 12. 1968, und zwar ohne EC (Notizkalender GCL).*

623
Madame Celan-Antschel / 78 rue de Longchamp / 75 Paris 16^e / *15 H / 30 – 11 1968 / 91 EPINAY-SUR-ORGE / ESSONNE*
Paul Celan-Antschel / Hopital *[sic]* de Vaucluse / 1er Pavillon Section C / 91 Epinay-sur-Orge

624
Monsieur Paul Celan-Antschel / Hôpital Vaucluse / Pavillon I Sec-

tion C / 91 Epinay sur Orge / *12 H* / *4 – 12 1968* / *PARIS 16* / *R. JEAN RICHEPIN (16ᵉ)*
Mme Paul Celan-Antschel, 78 rue de Longchamp / Paris 16
Brief aus einer ungeordneten Korrespondenzmappe von PC und GCL.

1 *Der Psychiater Roland Beauroy, Bruder von Mayotte Bollack, und André du Bouchet.*
2 *Bernard Lortholary, ein ehemaliger Schüler PCs an der ENS in der Rue d'Ulm, ist dort jetzt der erste Repetitor für Deutsch (zwischen 1959 und 1967 war PC dort der einzige Dozent für Deutsch) und, als Nachfolger von Philippe Moret, für den Bereich der modernen Sprachen zuständig.*

625
Madame Celan-Antschel / 78 rue de Longchamp / 75 – Paris 16ᵉ / *15 H / 6 – 12 1968 / 91 EPINAY-SUR-ORGE / ESSONNE*
Paul Antschel, Hopital [sic] Vaucluse / Pavillon 1, Section C / 91 Epinay-sur-Orge

1 *PC notiert unter dem Datum des 29. 11. 1968 in seinen Notizkalender:* »Der Arzt zu meinen Rückenschmerzen: Cela partira à la longue *[Das wird mit der Zeit weggehen]*«.
2 *In seinem Brief (Poststempel vom 3. 12. 1968) schreibt André du Bouchet, daß er komme,* »sobald es möglich ist« *(Übers.). PC notiert in seinen Notizkalender du Bouchets Besuch am 5. 12. 1968.*

626
Monsieur Paul Antschel / Hôpital Vaucluse / Pavillon I Section C / Epinay sur Orge / *91* / *18 H* / *9 – 12 1968* / *PARIS 106* / *R. DE LONGCHAMP (16ᵉ)*
Madame Antschel, 78 rue de Longchamp, Paris 16ᵉ
Brief aus einer ungeordneten Korrespondenzmappe von PC und GCL.

1 *In seinem Notizkalender erwähnt PC am 5. 12. 1968, daß er einen Brief an seinen Psychiater Dr. D. über seine derzeitige Situation geschickt hat. Die Sozialarbeiterin der Psychiatrischen Universitätsklinik Sainte-Anne, Reine Arrieta (das* »Fräulein«*), sollte sich um die nötigen Verwaltungsschritte zur Aufhebung von PCs Zwangseinweisung und seiner eventuellen Verlegung in die Abteilung von*

Prof. Delay in Sainte-Anne kümmern. PC wurde nicht verlegt, sondern am 3. 2. 1969 direkt aus dem Psychiatrischen Krankenhaus Epinay-sur-Orge entlassen.
2 *Franz Wurm schreibt PC erst drei Wochen später, am 4. 1. 1969, und zwar tatsächlich an die Rue de Longchamp (siehe PC/FW, S. 172).*
3 *Jean Bollack unterrichtete an der Charles-de-Gaulle-Universität in Lille im Fach Gräzistik.*

627
Monsieur Paul Antschel / Hôpital Vaucluse / 1er Pavillon Section C / EPINAY-sur-ORGE / 91 / 24 H / 12 – 12 1968 / PARIS XVI / R. SINGER (16^e)
Madame ANTSCHEL, 78 rue de Longchamp, Paris 16
Brief aus einer ungeordneten Korrespondenzmappe von PC und GCL; ein Brief von EC (siehe Anm. 628/1) ist beigelegt.

1 *Zu* Schwarzmaut *siehe Brief 599 und Anm. 638/1.*

628
Monsieur Eric Celan *[von GCL am Tag des Briefdatums überbrachter Brief (Notizkalender GCL)]*

1 *PC antwortet auf ECs Sätze in dessen dem Brief GCLs (Brief 627) beigelegten Brief:* »Mama hat mir auf Deinen Rat hin russische Bücher gekauft, von Gorki und auch von Turgenev, von dem ich jetzt die Aufzeichnungen eines Jägers lese.« *(Übers.) Bei Gorki handelt es sich um eine französische Übersetzung von* Meine Kindheit *und um einen Band Erzählungen und Gedichte aus den Jahren 1892-1894.*

629
Unbeschriebener Umschlag, von André du Bouchet überbrachter Brief.
Brief aus einer ungeordneten Korrespondenzmappe von PC und GCL.

1 *Unter den von André du Bouchet überbrachten Büchern waren:* Marina Tsvetaeva, Gedichte *in der Übersetzung von Elsa Triolet, Paris, Gallimard, 1968 (auf dem Vorsatzblatt von der Hand GCLs:* »décembre 1968 [Dezember 1968]«*): Der Band enthält Lesespuren von PC und einige wenige Übersetzungsversuche (Privatbesitz).*

Isaac Azimov, Geschichte der Biologie, *Frankfurt a. M., S. Fischer, 1968 (= Fischer Bücherei 940): Der Band weist zahlreiche Unterstreichungen in Zusammenhang mit dem im Januar 1969 geschriebenen Gedicht* Kralliger Licht-Mulm *auf (siehe GN 281 und 517f.).*
2 *Wenig vorher hatte PC seinem Sohn schon die Lebenserinnerungen des Anarchisten Pjotr Kropotkin geschenkt, an den er im Meridian (GW III 190) erinnert:* Autour d'une vie. Mémoires *[Über ein Leben. Erinnerungen], 2 Bde., Paris, Librairie P.-V. Stock / Delamain / Boutelleau et Cie, 1921.*
3 *Es handelt sich um die Platten für* Schwarzmaut; *siehe Anm. 638/1. Über den Vorgang des Stählens siehe Anm. 493/5.*
4 *Die für* Schwarzmaut *verwendete Drucktype (Garamond Corps 20) erscheint größer als die für* Atemkristall *(Elzévir Caslon corps 20) verwendete – das akzentuiert das Schwarz. GCL wünscht sich eine Entsprechung zwischen der Typographie und dem herben und düsteren Charakter der Gedichte.*
5 Flügelnacht – Aile la nuit; Der mit Himmeln geheizte – Elle, de tels cieux chauffée; Erblinde – Sois [en ce jour aveugle], *in:* L'Éphémère, *Nr. 8, Winter 1968, S. 54-59.*
6 *Das verheißene Land / Das Merkbuch des Alten, zweisprachige Ausgabe, deutsch von Paul Celan, Frankfurt a. M., Insel, 1968 (die Originaltitel,* La Terra Promessa, *1950, und* Il taccuino del vecchio, *1960, sind im Band nicht genannt); das Buch war mehr als drei Monate zuvor, am 5. 9. 1968, erschienen. Auf dem altrosa Einband finden sich oben links mit gleichen, eng gesetzten Buchstaben der Name des Autors, die beiden Titel, die Angabe über die Zweisprachigkeit der Ausgabe, der Name des Übersetzers, dazu zwei kleine Fotos von Autor und Übersetzer, deren Gesichter wie Masken auf schwarzem Grund erscheinen. PC wird am 7. 4. 1969 seinen Verleger, S. Unseld, darauf aufmerksam machen, daß sein Foto für diesen Zweck nicht von ihm autorisiert war.*
7 *Klaus Demus' Brief vom 13. 12. 1968 ist eine Antwort auf PCs Anfrage vom 7. 12. 1968 wegen neuerer Gedichte, die er für* L'Éphémère, *zu deren Redaktionskomitee PC seit kurzem gehörte, übersetzen lassen wollte. Eine Publikation fand nicht statt.*
PC und Klaus Demus hatten ihre freundschaftliche Briefbeziehung, die nach starken Differenzen in Zusammenhang mit der Goll-Affäre 1962 abgebrochen worden war, kaum einen Monat vorher auf Initiative von Demus hin wiederaufgenommen.
8 *GCL fährt tatsächlich am Weihnachtsabend zu ihrer Cousine Guislaine Marraud nach Antibes.*

9 *Zu den Begriffen* »Placement d'office *[Amtliche Unterbringung]*« *und* »Placement volontaire *[Freiwillige Unterbringung]*« *siehe Anm. 326/2.*

630
Madame Celan-Antschel / 78 rue de Longchamp / 75 – <u>Paris 16e</u> / *18 H 45 / 21 – 12 1968 / 91 EPINAY-SUR-ORGE / ESSONNE*
Paul Antschel, Hopital *[sic]* Vaucluse, / 1er Pavillon, Section C / 91 Epinay-sur-Orge

1 *PC schreibt fälschlich:* »janvier *[Januar]*«, *darunter in Klammern von GCL in* »(décembre) *[Dezember]*« *korrigiert.*
2 *Der Brief vom 18. 12. 1968 (Brief 629) und der kurze Brief vom 19. 12. 1968 (nicht publiziert, Poststempel vom 20. 12. 1968). GCL teilt PC darin mit, wann sie ihn besuchen will.*
3 *PC schreibt unter diesem Datum in seinen Notizkalender:* »Besuch Gisèle?«; *GCL hatte zum Zeitpunkt des Briefes bereits ihren Zug nach Antibes für den 24. 12. 1968 reserviert.*

631
Monsieur Paul Antschel / Hôpital Vaucluse / 1er Pavillon Section C / <u>EPINAY sur ORGE</u> / 91 / *16 H 15 / 24 – 12 1968 / PARIS 106 / R. DE LONGCHAMP (16e)*
Brief aus einer ungeordneten Korrespondenzmappe von PC und GCL. – Neujahrswünsche von EC (nicht publiziert) liegen bei.

1 *Ohne Titel (10,5 ×8,5), siehe Abb. 14.*
2 *Die Celans sind am 23. 12. 1968 seit 16 Jahren verheiratet.*

632
Madame Celan / chez Mme Marraud / Villa Pampero / Avenue Notre-Dame / <u>06 Cap d'Antibes</u> / *15 H / 27 – 12 1968 / 91 EPINAY-SUR-ORGE ESSONNE*
Paul Celan-Antschel, Hopital *[sic]* Vaucluse / 1er Pavillon Section C / 91 Epinay-sur-Orge

633
Monsieur Paul Antschel / Hôpital Vaucluse / Pavillon I Section C / <u>EPINAY-sur-Orge</u> / 91 / *17 H 45 / 30 – 12 1968 / 06 ANTIBES ALPES MARITIMES*
Brief aus einer ungeordneten Korrespondenzmappe von PC und GCL.

1 GCL war schon unter ähnlichen Umständen (d. h. während eines Krankenhausaufenthaltes von PC) bei ihrer Cousine Guislaine Marraud in Antibes.
2 PCs zuletzt veröffentlichter Gedichtband.
3 Möglicherweise handelt es sich um die zwischen März und Mai 1966 erhaltenen Gedichtmanuskripte.
4 La Plaisanterie *[deutscher Titel:* Der Scherz*]*, aus dem Tschechischen von Marcel Aymonin, Paris, Gallimard, 1968; die französische Übersetzung von Milan Kunderas Roman war wenige Wochen vorher erschienen.

634

Monsieur Paul Celan-Antschel / Hôpital Vaucluse / 1er Pavillon Section C / 91 Epinay sur Orge / *19 H 30 / 6 – 1 1969 / PARIS 16 / R. JEAN RICHEPIN (16^{e})*
Brief aus einer ungeordneten Korrespondenzmappe von PC und GCL.

1 Es handelt sich um das bereits angekündigte (siehe Anm. 629/7) Manuskript von Gedichten, die unter dem Titel Morgennacht (Pfullingen, Günther Neske, 1969) publiziert wurden. PCs Exemplar des Buches trägt die Widmung: »Für Paul von Herzen« / »Klaus«.
2 Die Liste ist nicht erhalten oder nicht identifiziert.
3 Siehe Anm. 341/1.
4 Dr. D.

635

Madame Celan / 78 rue de Longchamp / 75 – Paris 16^{e} / 5 H / *10 – 1 1969 / PARIS 01 / R. DU LOUVRE (1er)*
Brief aus einer ungeordneten Korrespondenzmappe von PC und GCL.

1 Zur Behandlung der Entzündung wird Silbernitrat *verwendet.*
2 Tage, Tage, Jahre. Aufzeichnungen, *Frankfurt a. M., Insel, 1968: PCs Exemplar zeigt keinerlei Lesespuren.*
3 Das schwere Land, *Frankfurt a. M., S. Fischer, 1958: PCs Exemplar trägt die Widmung:* »Meinem Bruder Paul in Liebe« / »sein Buch –« / »Klaus« / »Dez. 1958«. *PC las das Buch wieder in Hinblick auf die eventuelle Publikation einer kleinen Auswahl von Gedichten des Freundes in* L'Éphémère. *Das Projekt, von dem PC*

Demus in seinem Brief vom 7. 12. 1968 berichtet hatte, wurde nicht verwirklicht. Zwei verschiedene Übersetzungen (eine davon fragmentarisch) von einem Gedicht von Klaus Demus aus Morgennacht *(Pfullingen, Günther Neske, 1969) sind in einer Mappe mit der Aufschrift* »L'Éphémère« *von der Hand PCs im Nachlaß erhalten. Das Typoskript der vollständigen französischen Fassung enthält Korrekturen von PC, in einem Fall auch von André du Bouchet. Der andere Übersetzungsversuch (nur die erste Strophe) stammt wohl von Jean Daive.*

636
Monsieur Paul Celan-Antschel / Hôpital Vaucluse / 1er Pavillon Section C / 91 <u>EPINAY SUR ORGE</u> / 14 I 69 / 11 H / 75 PARIS 106 / R. DE LONGCHAMP (16e)
Brief aus einer ungeordneten Korrespondenzmappe von PC und GCL.

1 *PC möchte seinen Status als amtlich untergebrachter Patient in einen solchen als freiwillig untergebrachter verändert sehen (zu den Begriffen siehe Anm. 326/2).*
2 *Paris, Mercure de France, 1967: PC notierte die Übersetzungen von* Décimale blanche (Weiße Dezimale) *direkt in sein Exemplar, das die Widmung trägt:* »à Paul Celan« / »– au cœur des présences – ce poème qu'il hante / »très respectueusement« / »Jean Daive« *[für Paul Celan / im Herzen der Gegenwärtigkeiten – dieses Gedicht, das er heimsucht / mit großer Hochachtung]. Der Band wurde, begleitet von einer Transkription der Übersetzung, 1977 (Frankfurt a. M., Suhrkamp) als Faksimile veröffentlicht.*
3 *Siehe Anm. 493/4.*
4 *Es handelt sich tatsächlich um ein französisches Paar, nämlich die Dichter Claude Royet-Journoud und Anne-Marie Albiach, die in London die Zeitschrift* Siècle à Mains *(Hornsey Lane, Highgate) herausgeben.*
5 *Das Projekt wird im folgenden Jahr realisiert:* Devant la loi *[Vor dem Gesetz], begleitet von fünf Radierungen von Gisèle Celan-Lestrange, erschienen im Eigenverlag des Autors am 20. Mai 1970 in einer Auflage von 30 Exemplaren.*
6 *Nicht identifiziert.*
7 *GCL spricht von André du Bouchet und seinen beiden Kindern Gilles und Paule.*
8 *Anzahlung für* Schwarzmaut, *das im März 1969 erscheint.*

9 *Zur Ausstellung in Vaduz siehe Anm. 608/1. Die Ausstellung* Le livre comme œuvre d'art *[Das Buch als Kunstwerk] fand im Musée d'Art moderne de la Ville de Paris vom 23. 4. bis 18. 5. 1969 statt.*
10 *PC wird sich an der Ausstellung nicht durch eine Lesung beteiligen.*

637
Madame Celan-Antschel / 78 rue de Longchamp / 75 – <u>Paris 16e</u> / 15 H / 21 – 1 1969 / 91 EPINAY-SUR-ORGE ESSONNE
Paul Celan-Antschel, Hôpital de Vaucluse / 1er pavillon Section C / – 91 – Epinay s/Orge

1 *Jean Bollack hatte PC schriftlich (19. 1. 1969, Datum des Poststempels) mitgeteilt, daß er nicht kommen kann. Auf der Rückseite des Umschlags notiert PC in einer Rekapitulation die Namen von 22 Städten, in denen er zwischen Mai 1952 und Juli 1968 gelesen hat (siehe Zeittafel).*

638
Umschlag wohl nicht erhalten.
Brief aus einer ungeordneten Korrespondenzmappe von PC und GCL.

1 *Die bibliophile Edition* Schwarzmaut *mit 14 Gedichten von PC und 15 Radierungen von GCL erscheint am 19. 3. 1969, also an GCLs 42. Geburtstag, bei Brunidor in Vaduz (limitierte Auflage von 70 numerierten und 15 nicht verkäuflichen Exemplaren; als Faksimile-Ausgabe zusammen mit* Atemkristall *1990 bei Suhrkamp, Frankfurt a. M.).*
2 *Das fünfte Gedicht des Zyklus* Schwarzmaut; *siehe Brief 599.*
3 *Wahrscheinlich hat PC die durchgesehenen Korrekturen den Druckern Marthe Fequet und Pierre Baudier am 13. 2. 1969 geschickt (Notizkalender PC).*
4 *Der »kleine Text« lautet in der Ausgabe dann:* »Achevé d'imprimer le 19 mars 1969 à Paris, sur les presses Fequet et Baudier, typographes. Les quinze cuivres originaux de Gisèle Celan-Lestrange ont été tirés sur les presses à bras de Lacourière et Frélaut. *[Der Druck wurde am 19. März 1969 auf der Presse der Druckerei Fequet und Baudier beendet. Die Radierungen von GCL wurden auf den Handpressen von Lacourière und Frélaut ausgeführt]*«.
5 *Abkürzung für* Union de Recouvrement des Cotisations de Sécu-

rité Sociale et d'Allocations Familiales, *die Organisation, bei der die Arbeitgeber ihren Anteil an den Krankenkassenbeiträgen und das Kindergeld einzahlen. Die angegebene Kennziffer ist dem Arbeitgeber zugeordnet.*

639
Umschlag wohl nicht erhalten.
Das Manuskript von »Wanderstaude, du fängst dir« *mit der am Rand hinzugefügten Interlinearübersetzung wurde GCL sicher von EC überbracht (für die postum veröffentlichte Endfassung siehe GW III 69).*

640
Umschlag wohl nicht erhalten.
Brief aus einer ungeordneten Korrespondenzmappe von PC und GCL.

1 *Jean H. Rothstein, der Steuerberater von PC und GCL.*
2 *Bestätigung von PCs Einkommen aus seiner Mitarbeit an der im Verlag der Fondation Maeght erscheinenden Zeitschrift* L'Éphémère.
3 *Es handelt sich um die Aktiengesellschaft Siemens in Erlangen: Das Unternehmen betätigte sich als Mäzen für diverse kulturelle Veranstaltungen. Die Ausstellung fand im Mai 1969, gleichzeitig mit einer Ausstellung von Zeichnungen Max Beckmanns, statt.*
4 *Rolf Kröner, Leiter einer gleichnamigen Galerie in Freiburg; dort hatte GCL im Mai 1968 ausgestellt.*
5 *GCL schreibt* »miette *[Brotkrume]«, das, wie ein Codewort, häufig von den Celans verwendet wird (siehe auch Brief 23, V. 12).*
6 *Die Artikel liegen dem Brief nicht mehr bei; zwei davon sind dank der Antwort von PC bekannt (siehe Brief 641). Vielleicht gehören auch die in Anm. 183/4 genannten dazu.*
7 *Siehe Anm. 606/1.*
8 *Siehe Anm. 636/8.*

641
Umschlag wohl nicht erhalten.

1 *Der Artikel* »Flügelflächen und Stege. Radierungen von Gisèle Celan-Lestrange« *war am 20. 4. 1968 im Zusammenhang mit GCLs Ausstellung in der Galerie Karl Vonderbank (Frankfurt a. M.) in der*

Frankfurter Allgemeinen Zeitung *erschienen. Nach einem Hinweis auf die große technische Meisterschaft GCLs arbeitet der Autor (C. L.) in seiner Vorstellung zwei* »Grundformen« *heraus: die* »Flügelflächen« *und die* »Stege«. *Die Verbindung zwischen GCLs plastischer Welt und PCs Dichtung wird durch Interpretationen von* Atemkristall *und* Schlafbrocken *(siehe Brief 455) eingebracht.*
2 *Siehe Anm. 606/1.*

642
Umschlag wohl nicht erhalten.
Das Manuskript von »Gehässige Monde« *mit einer an den Rand notierten Interlinearübersetzung wurde GCL sicher von EC überbracht (siehe die posthum publizierte Endfassung, GW III 70).*

643
Die Knickfalten und die Papierqualität lassen vermuten, daß das Gedichtmanuskript von »Im Zeithub« *(siehe GN 290 und 599) Brief 645 begleitete. Nicht ausgeschlossen ist allerdings, daß PC die Übersetzung später hinzugefügt hat (gleichzeitig mit der für das unter der Briefnummer 648 gegebenen). Das könnte die Tatsache erklären helfen, daß GCL das Gedicht in einem eigenen Unterordner abgelegt hat. Es scheint wenig wahrscheinlich, daß PC das Gedicht, das er am Nachmittag des 29. 3. 1969 geschrieben hat (Abfahrt in Paris 12³⁰, Ankunft in London 19³⁵), sofort und ohne Begleitbrief abgeschickt hat.*

644
Monsieur Paul Celan / Chez Mademoiselle Berta Antschel / 41 Tarranbrae / Willesden Lane / <u>London N.W. 6</u> / Angleterre / *03 IV 69 / – 17 H / 75 PARIS 106 / R. DE LONGCHAMP (16ᵉ)*
Gisèle Celan / 78, rue de Longchamp / Paris 16ᵉ
Brief aus einer ungeordneten Korrespondenzmappe von PC und GCL.

1 *Welches erste Gedicht GCL meint, konnte nicht mit Sicherheit geklärt werden,* »Im Zeithub« *(Brief 643) scheint es nicht zu sein. Siehe zum* »zweiten Gedicht« *Anm. 7.*
2 *Der Maler Jörg Ortner und seine Frau Nani Frélaut-Ortner, Schwester der Drucker Robert und Jacques Frélaut, die in der Handdruckerei Lacourière arbeiteten.*
3 *Siehe Anm. 616/2.*

4 *Karl-Heinz Stauder, Arzt und, unter dem Namen Thomas Regau, Schriftsteller.*
5 *Erich Brauer, österreichischer Maler und Graphiker, der stark vom Surrealismus beeinflußt ist; die Galerie konnte nicht identifiziert werden.*
6 *PC möchte gerne aus seinem möblierten Einzimmerappartement in der Rue Tournefort, in dem er seit Herbst 1967 wohnt, in eine größere, unmöblierte Wohnung ziehen.*
7 *Die Gouache (17×23,2, siehe Abb. 15 a) und die Handabschrift von* »Gehässige Monde« *(17×23,2, blaue Tinte, siehe Brief 642 und Abb. 15 b) waren einander gegenüber auf ein gefaltetes, dunkelblaues Papier geklebt; später wurde die Gouache von GCL entfernt und separat in einem Umschlag (mit der Aufschrift* »Gravures« / »carte de vœux. [Radierungen / Glückwunschkarten.]« / »[gestrichen:* Schlafbrocken.«*]) aufbewahrt, zusammen mit einer Maschinenabschrift des Gedichts (mit der Aufschrift* »Paul Celan Paris, rue d'Ulm, 21. 3. 69.«*) und einer Reproduktion eines Fotos mit der Bildunterschrift* »Spartakistische Partisanen hinter einer Barrikade aus Papierrollen« *(Übers.).*

645
Madame Celan / 78 rue de Longchamp / 75 – Paris 16ᵉ / France / 2¹⁵ PM / 2 APR 1969 / KILBURN N. W. 6

1 *PC schreibt fälschlich* »68«.
2 *Berta Antschel.*
3 *Siehe Anm. 203/2.*
4 *PC hatte die Rembrandts der National Gallery schon im Frühjahr des Vorjahres gesehen. Unter den etwa zwanzig 1969 in der National Gallery ausgestellten Bildern waren:* Die Eltern des Tobias *(1629-30),* Belsazar und die schreibende Hand *(1639),* Selbstbildnis *(1640),* Badende Frau *(nach Hendrickje Stoffels, um 1654-1655),* Selbstbildnis *(1669),* Gelehrter im hohen Innenraum *(um 1628, damals – heute nicht mehr – Rembrandt zugeschrieben; siehe dazu Brief 545, Beschreibung der Ansichtskarte), das PC im Jahr zuvor zu dem Gedicht* Einkanter *inspiriert hatte (20. 7. 1968; GW II 392).*

646
Madame Celan / 78 rue de Longchamp / 75 – Paris 16ᵉ / France / 4³⁰ PM / 3 APR 1969 / KILBURN N. W. 6

1 *Jacques Bloc ist der Vater von Jean-Pierre Bloc, Jacques Lalande dessen Stiefvater.*

647
Madame Celan / 78 rue de Longchamp / F 75 – <u>Paris 16ᵉ</u> / <u>France</u> / 5¹⁵ PM / 7 APR 1969 / KILBURN N. W. 6

648
Madame Celan / 78 rue de Longchamp / F 75 – <u>Paris 16ᵉ</u> / <u>France</u> / 5¹⁵ PM 7 APR 1969 KILBURN N. W. 6

1 *Die Interlinearübersetzung ist auf dem Manuskript von* Kew Gardens *an den Rand geschrieben (siehe GN 291 und 522 f.). Der Titel spielt auf den berühmten Botanischen Garten an der Themse im Südwesten von London an. Siehe GN 291 und 523 (Fassung D) für die Übersetzung.*

649
Umschlag wohl nicht erhalten.
Die Knickfalten und die Papierqualität lassen vermuten, daß das Gedichtmanuskript von Gold *(siehe die postum publizierte Endfassung, GW III 71) Brief 647 begleitete. Nicht ausgeschlossen ist allerdings, daß PC die Übersetzung später hinzugefügt hat (gleichzeitig mit der für das unter der Briefnummer 643 gegebenen). Das könnte die Tatsache erklären helfen, daß GCL das Gedicht in einem eigenen Unterordner abgelegt hat. Zusammen mit* Gold *hat GCL das Gedicht »*Welt*« aufbewahrt (Brief 651).*

1 *PC war zu dieser Zeit regelmäßig in das in einer Gemeinde im Loiret gelegene Landhaus eingeladen, das seinem Freund Edmond Lutrand (damals Pariser Korrespondent des Rowohlt Verlags und der Illustrierten* Stern*) und dessen Frau Rita gehörte. In der Stille dieses Hauses, das an einem Teich unweit der Loire lag, schrieb PC mehrere der nach seinem Tod in* Zeitgehöft *(Späte Gedichte aus dem Nachlaß, 1976) und* Die Gedichte aus dem Nachlaß *(1997) publizierten Gedichte.*

650
Monsieur Paul Celan / 45 rue d'Ulm / <u>Paris 5ᵉ</u> / PNEUMATIQUE / 16 H 15 / 16 – 4 69 / PARIS 86 / R. DE LA TREMOILLE (8ᵉ)
Brief auf Papier mit Briefkopf: Université de Paris / Faculté des Let-

tres et Sciences Humaines / Institut d'Études Germaniques / Au Grand Palais / Paris 8ᵉ
Brief aus einer ungeordneten Korrespondenzmappe von PC und GCL.

1 *GCL erwirbt einige Wochen später diese Dreizimmerwohnung im dritten Stock des Gebäudes Avenue Émile Zola Nr. 6 (15ᵉ), nahe dem Pont Mirabeau. PC zieht erst nach dem 6. 11. 1969 dort ein – und dies mit großen Schwierigkeiten. Er wird dort nie wirklich wohnen (siehe Anm. 655/2 und PC/FW, S. 222-228). GCL ist damals Sekretärin von Claude David, dem Direktor des Deutschen Seminars der Sorbonne; dieser hatte PC die Stelle als Deutschlektor an der École Normale Supérieure verschafft.*
2 *Der Kaufpreis wie auch der Preis des Heizkessels werden in alten Francs berechnet, entsprechend 230 000 bzw. 5000 neuen Francs.*

651
Umschlag wohl nicht erhalten.
Das Manuskript von »Welt« mit der an den Rand notierten Interlinearübersetzung wurde GCL sicher durch EC überbracht (siehe Brief 649). Auch das Datum ist im Originalmanuskript deutsch. Siehe GN 292 und 524 (Fassung C) für die Übersetzung.

652
Monsieur Paul Celan / Ecole Normale Supérieure / 45, rue d'Ulm / Paris 5ᵉ / 10 H 45 / 2 – 5 1969 / PARIS 106 / R. DE LONGCHAMP (16ᵉ)
Brief aus einer ungeordneten Korrespondenzmappe von PC und GCL.

1 *Die Arbeit an den Radierungen und die als Sekretärin im Grand Palais.*
2 *Es könnte sich um zwei Schallplatten handeln mit je zwei Kantaten von Johann Sebastian Bach:* Was mein Gott will, das g'scheh allzeit *(BWV 111) und* Jauchzet Gott, in allen Landen *(BWV 51) bzw.* Gott ist mein König *(BWV 71) und* Also hat Gott die Welt geliebt *(BWV 68), jeweils mit dem Thomanerchor und dem Gewandhaus-Orchester Leipzig unter Kurt Thomas (1964).*
3 *Konzert in D-Dur für Violine und Orchester in einer Aufnahme mit David Oistrach und dem Orchestre National de la Radiodiffusion Française unter der Leitung von André Cluytens.*

4 GCL schreibt wieder »miette«; siehe Anm. 640/5.
5 Die Ausstellung mit dem Titel 1919-1969 bauhaus war vom 2. 4. bis 22. 6. 1969 im Musée National d'Art Moderne zu sehen.
6 Zum Lutrandschen Haus siehe Anm. 649/1. Seit seiner Trennung von GCL ging PC nicht mehr nach Moisville.

653
Umschlag wohl nicht erhalten.
Das Manuskript von »Von der sinkenden Walstirn« mit an den Rand geschriebener Interlinearübersetzung wie auch der mit »-i-« gekennzeichnete Entwurf und eine Maschinenabschrift der deutschen Endfassung wurden GCL sicher von EC überbracht (siehe den postum veröffentlichten Text, GW III 72).

1 Zur Kennzeichnung »-i-« siehe Anm. 45/5.

654
Umschlag wohl nicht erhalten.
Das Manuskript von »Über dich hinaus« mit der an den Rand notierten Interlinearübersetzung wie auch eine Maschinenabschrift des deutschen Textes (mit der Variante: »ÜBER DICH HINAUS«) wurden GCL sicher durch EC überbracht (siehe die postume Veröffentlichung Du liegst hinaus, GW III 73).

655
Umschlag wohl nicht erhalten.
Brief aus einer ungeordneten Korrespondenzmappe von PC und GCL.

1 Die Fotokopien liegen dem Brief nicht mehr bei.
2 Der Umzug der Bücher aus Moisville sollte am 5. 8. 1969 stattfinden, wurde aber ebensowenig realisiert wie der der Bücher aus der Rue de Longchamp. Die Bücherregale in der Wohnung in der Avenue Émile Zola blieben fast leer. Franz Wurm schreibt dazu in der als Nachwort seiner Korrespondenz mit PC veröffentlichten »Erinnerung«: »Die Regale avenue Zola waren leer: drei, vier Bücher, kaum mehr: ein Band Hölderlin, ein Band Rilke, ein französisches Hand- oder Lehrbuch der Mineralogie, das zu lesen er mir dringend empfahl, sein Exemplar von ›Schwarzmaut‹, das er mir zuletzt mit einer wort- und fast hilflosen Gebärde zum Abschied in die Arme gedrückt hat.« (PC/FW, S. 248.)

3 PC wird seine möblierte Einzimmerwohnung in der Rue Tournefort Nr. 24 erst am 6. 11. 1969 verlassen.

656
Monsieur Eric Celan / a[ux] b[ons] s[oins] de M. et Mme Bartsch / 5038 Rodenkirchen bei Köln / Moritz von Schwind-Str. 6 / Allemagne / 16 H 15 / 21 – 7 1969 / PARIS 38 / R. CLAUDE BERNARD (5ᵉ)
Paul Celan, 45 rue d'Ulm, Paris 5ᵉ

1 *Die Übersetzungen der Gedichte* Кузнечик *– Das Heupferdchen und* »Кому сказатеньки« *– »Wem bloß erzählchen« von Velemir Chlebnikov schickt PC am gleichen Tag an Peter Urban, den Herausgeber einer Chlebnikov-Edition, die aber erst 1972 erscheint (Reinbek bei Hamburg, Rowohlt; siehe GW V 296 f. und 298 f.).*
2 *EC macht einen Sprachaufenthalt bei Erika und Rudolf Jürgen Bartsch, Freunden von Elmar und Erika Tophoven.*
3 *Am Mittwoch, dem 16. 7. 1969, um 13.32 Uhr (MEZ) erfolgte der Start der Raumkapsel Apollo 11 zum Mond; der Astronaut Neil Armstrong machte von dort aus am 21. 7. 1969 um 3.56 Uhr (MEZ) seinen ersten Schritt auf den Mondboden.*

657
Umschlag wohl nicht erhalten.

1 *Die Raumkapsel Apollo 11 war am 24. 7. 1969 zur Erde (genauer: in den Pazifik) zurückgekehrt.*
2 *Am 18. 7. 1969 hatte EC seinem Vater geschrieben:* »Mir geht es sehr gut. Trotzdem erwachen in mir ein klein wenig chauvinistische Instinkte! Tatsächlich konnte ich nicht umhin, nicht an das gute französische Essen zu denken, nachdem ich ein ekelhaftes Zeug gegessen hatte, das Du sicher als Nachspeise [...] besonders widerlicher Art kennst.« *(Übers.)*
3 *In seinem obenzitierten Brief (Anm. 2) schreibt EC:* »[...] mir geht es sehr gut und ich verstehe so ungefähr den ›deutschen Jargon‹ *[deutsch im Originalbrief]*. [...] Die Bartschs haben mir erzählt, daß man auf Kölsch ›ein Paraplü‹ *[so im Originalbrief]* sagen kann, und ich nehme mir vor, die Frage des Paraplü meinem Deutschlehrer zu stellen, dem sicher kurz die Luft wegbleibt.« *(Übers.)*

658
Monsieur Eric Celan / c/o Mr. et Mme R. Bartsch / 5038 Rodenkir-

chen bei Köln / Moritz-von-Schwind-Str. 6 / Allemagne Fédérale /
12 H / 30 – 7 1969 / PARIS V / R. EPEE DE BOIS (5e)
Paul Celan, 45 rue d'Ulm / Paris 5^e

1 *PC denkt sicher an die Lektüre von* Cavalerie rouge *[deutscher Titel:* Budjonnys Reiterarmee*], eingeleitet und aus dem Russischen übertragen von Maurice Parijanine, Paris, Gallimard, 1959, bzw.* Contes d'Odessa. Nouvelles *[deutscher Titel:* Geschichten aus Odessa. Novellen*], aus dem Russischen von A. Bloch und M. Minoustchine, Paris, Gallimard, 1967.*
2 *PC denkt wohl an die romanischen Kirchen von Köln, darunter Sankt Maria im Kapitol (siehe Brief 191/6).*
3 *EC legt seinem Brief vom 28. 7. 1969 eine Zeichnung aus der französischen Satirezeitschrift* Le Canard enchaîné *vom 23. 7. 1969 bei. Der Astronaut steigt dort aus einer Concorde auf den Boden des Mondes und versucht telefonisch die Erde zu erreichen:* »Ist da die NASA? Ich habe eine wichtige Mitteilung.« *(Übers.) EC kommentiert dazu:* »Ich habe die Mondlandung verfolgt, die nebenbei ziemlich verschwommen war. Aber ich glaube, daß man, bevor man auf dem Mond landet, die Bewohner der Erde mit ganz schön vielen Sachen vermonden (versorgen) muß, die sie nicht haben. Wie nebenbei der Canard Enchaîné sagt (von dem ich Dir ein Bild schicke): Proletarier aller Länder, vermondet euch!«« *(Übers.)*

659
Monsieur / Eric Celan / 27 Moisville / Eure / *17-18 / 20 – 8 1969 / 3800 INTERLAKEN*
Ansichtskarte: »Grindelwald. Fiescherhorn«.

660
Monsieur Paul Celan / c/o Mademoiselle Berta Antschel / Hôtel Rössli / ALPNACHSTAD / (Canton de Lucerne) / Suisse / *[Poststempel nicht lesbar]*
Das hohe Briefporto läßt vermuten, daß der Brief eine Beilage hatte, vielleicht eine der erwähnten »sehr kleinen« *Radierungen.*

1 *Marianne Kraisky.*
2 *Nicht identifizierte Radierungen.*
3 *Antoine Gessain ist ein direkter Cousin von EC; die Familie Ricour de Bourgies hatte ein Haus in Toisley, unweit von Moisville.*

4 *Die Eltern von Christian Ricour de Bourgies, die Schwiegereltern von GCLs jüngster Schwester Solange.*
5 *Assistentin am Deutschen Seminar der Sorbonne (Grand Palais), wo GCL als Sekretärin arbeitete.*
6 *Oder Douniou: David Seidmann.*

661
Madame Celan / F-27 Moisville / (Eure) / France / 8-9 / 26 – 8 1969 / 8840 EINSIEDELN
Ansichtskarte: »Berner Kunstmuseum – Paul Klee (1879-1940): Komposition m. d. B«. 1919. Paul Klee-Stiftung«.

1 *In seinem Notizkalender erwähnt PC einen Zürich-Aufenthalt am 29. und 30. 8. 1969 und ein Treffen mit Gershom Scholem am 30. 8. 1969.*

662
Monsieur Eric Celan / 78 rue de Longchamp / Paris 16ᵉ / France / 1. 10. 69 / TEL AVIV – YAFO
Ansichtskarte: »בית עיריית תל־אביב־יפו, בבר מלבי ישראל – *La mairie de Tel-Aviv – Yafo, place Malkhey Israël – The Tel-Aviv – Yafo City Hall, Malkhey Israel Square [Das Rathaus von Tel Aviv – Yafo, Malkhey-Israel-Platz]*«. *Die Karte ist auch von Duniu, d. h. David Seidmann, unterschrieben.*

1 *PC ist auf Einladung des hebräischen Schriftstellerverbands vom 30. 9. bis 17. 10. 1969 in Israel. Dort liest er am 9. 10. 1969 in Jerusalem und am 13. 10. 1969 in Haifa; in Tel Aviv hält er am 14. 10. 1969 eine kurze Ansprache vor dem israelischen Schriftstellerverband (siehe GW III 203) und am 15. 10. 1969 eine Lesung. Der Aufenthalt inspiriert ihn zu einer Reihe von Gedichten, die nach seinem Tod im Band* Zeitgehöft *publiziert wurden (siehe z. B. GW III 95-98, 100 und 105).*

663
M. Eric Celan / 78 rue de Longchamp / Paris 16ᵉ / France – צרפת / [*von fremder Hand:*] PAR AVION / [*Poststempel nicht lesbar*]
Ansichtskarte: »ירושלים, הציר הצחיקה – *Jerusalem – View on the Old City – Jérusalem – Vue sur la vieille ville [Blick auf die Altstadt]*«.

1 Diese Karte ist nach derzeitigem Kenntnisstand das letzte Schriftstück, das PC an seinen Sohn gerichtet hat.

664
Der Brief war sicher einem der dort erwähnten Bände beigelegt.

1 Atemkristall *war im September 1965,* Schlafbrocken *im Dezember 1966,* Schwarzmaut *im März 1969 erschienen. Wegen des Exemplars von* Atemkristall *rechtfertigt sich GCL, weil normalerweise PC die Nr. 1 vorbehalten ist. Zu PCs Exemplar von* Schwarzmaut *siehe Anm. 655/2.*
2 »Zu Hause« *heißt für PC jetzt Avenue Émile Zola, wo er seit dem 6. 11. 1969 wohnt.*

665
Monsieur Paul Celan / [gestrichen: 5] 6 Avenue Emile Zola / Paris 15e / 10 H 45 / 20 – 12 1969 / PARIS 106 / R. DE LONGCHAMP (16e)
Brief aus einer ungeordneten Korrespondenzmappe von PC und GCL.

1 *In der Folge der Pariser Mai-Unruhen ist Claude David Ziel von Protestkundgebungen von seiten der Studenten, besonders von Mitgliedern der Union Nationale des Étudiants de France (UNEF, einer linken Organisation). In dieser feindseligen Atmosphäre droht David immer wieder, die Leitung des Deutschen Seminars niederzulegen; er setzt diese Drohung aber nie in die Tat um.*

666
Umschlag wohl nicht erhalten, der Brief wurde sicher von EC überbracht.
Radierung aus einer ungeordneten Korrespondenzmappe von PC und GCL.

1 *Der Brief begleitete eine titellose Radierung (1969, 20×12), siehe Abb. 16.*

667
Umschlag wohl nicht erhalten, der Brief wurde sicher von EC überbracht.
Brief und Radierung aus einer ungeordneten Korrespondenzmappe von PC und GCL.

1 GCL schreibt fälschlich »1970«.
2 Die beiden titellosen Radierungen (je 22,5 ×17) waren in 30 Exemplaren für die Vorzugsausgabe des zweiten Heftes der von Pierre Leyris, Bernard Noël, Georges Perros, Jean Queval und Paul Roux geleiteten Literaturzeitschrift La Traverse *(November 1969)* gedruckt worden; siehe Abb. 17 a, b.

668
Der (nicht gefaltete) Brief wurde sicher von EC überbracht.

1 Nach einem mündlichen Bericht GCLs, so erinnert sich André du Bouchet, hat PC diese Alternative in Wahnzuständen ausdrücklich so formuliert, daß die Dichtung von ihm verlange, das »Opfer Abrahams« zu wiederholen (Gespräch ECs mit du Bouchet). Siehe Brief 307/4.

669
Umschlag wohl nicht erhalten, der Brief wurde sicher von EC überbracht.

670
Auf dem Umschlag von der Hand GCLs: »19 mars 1970 *[19. März 1970]*«.

1 Drei Dokumente liegen dem Brief bei: das Manuskript von »Es wird etwas sein, später«, die Interlinearübersetzung des Gedichts auf separatem Blatt und eine Maschinenabschrift des deutschen Textes (hier nicht publiziert, einzige Variante: »ES WIRD«); siehe die posthum veröffentlichte Endfassung des Gedichts Es wird *(GW III 109, keine der erhaltenen Fassungen weist einen Punkt am Ende der zweiten Strophe auf)*. Nach dem derzeitigen Kenntnisstand ist dies der letzte von PC an GCL gerichtete Brief.
2 43. Geburtstag von GCL am 19. März.
3 Adresse von PCs letzter Wohnung.

671
Umschlag wohl nicht erhalten, der Brief wurde sicher von EC überbracht.

1 Nach dem derzeitigen Wissensstand ist dies der letzte Brief GCLs an PC.
2 Zum letzten Deutschlandaufenthalt von PC siehe die Zeittafel.

Anmerkungen 381

ANHANG

Die folgenden Dokumente, von denen einige keinen Briefstatus haben, stellen vor Datierungsprobleme; sie wurden von Gisèle Celan in die erste Mappe der Briefe von Paul Celan (1951-1964, Brief 672), am Anfang der vierten Mappe (1967, Briefe 673-676) und am Ende der fünften und letzten Mappe (1968-1970, Brief 677) eingeordnet.

672
Nicht auf dem Postweg beförderter Brief.

1 Von GCL angenommene Datierung: 1961.

673
Dieser nicht auf dem Postweg beförderte Gruß von PC auf einem unbenutzten Briefumschlag wurde von GCL wohl fälschlich auf den 1. 1. 1967 datiert: Zu diesem Zeitpunkt ist PC in Paris, GCL verbringt ihre Ferien in Saint-Cézaire-sur-Siagne (Alpes-Maritimes). Es ist aber nicht ausgeschlossen, daß der Umschlag ein Geschenk enthielt und GCL am Tag ihrer Rückkehr am 5. 1. 1967 übergeben wurde. Siehe Brief 676.

674
Für diesen nicht auf dem Postweg beförderten kurzen Dialog zwischen PC und seinem Sohn wurde von GCL ein Datum im Jahr 1967 angenommen.

675
Dieser nicht auf dem Postweg beförderte und von GCL auf 1967 datierte Brief war, mit zwei unbeschriebenen Blättern Durchschlagpapier (doppelt gefaltet), zusammen mit einem der bei Brief 224 beschriebenen Zettelchen (»Au revoir, mon cher Eric [Auf Wiedersehen, mein lieber Eric]«) aufbewahrt.

676
Diese von GCL auf 1967 datierte Liste steht in offensichtlichem Zusammenhang mit den von PC in seinen Briefen vom 9. 6. und 7. 8. 1967 (Briefe 517 und 540) geäußerten Anliegen. Sie war zusammen mit einem undatierten Brief von EC an seine Mutter (bei Brief 412 beschriebener Briefentwurf) und mit Brief 673 abgelegt.

1 *Da kein Band mit französischen Übersetzungen aus dem Werk von Emily Dickinson in der Bibliothek der Celans enthalten ist, ist es möglich, daß PC an in Zeitschriften erschienene Übersetzungen denkt (nicht identifiziert) oder, was wahrscheinlicher ist, daß es sich um deutsche Übersetzungen handelt. PC verfügte über vier Ausgaben von Dickinson in der Originalsprache und zwei in deutscher Übersetzung:*
The Complete Poems, *with an Introduction by her Niece Martha Dickinson Bianchi, Boston, Little, Brown and Comp., 1927.*
Selected Poems, *with an introduction by Conrad Aiken, New York, The Modern Library, Random House o. J.; vorne ist von PC das Datum* »Paris, 1. 2. 58.« *notiert, im Band hebt er u. a. hervor:* »| I'M nobody! Who are you?« *(I, 27, = Kapitel* »Life *[Leben]*«, *siehe Anm.* 157/5), »| My cocoon tightens« *(IV, 6);* »| Because I could not stop for Death« *(IV, 27, = Kapitel* »Time and Eternity *[Zeit und Ewigkeit]*«), »| Death is a dialogue between« *(IV, 31); am Rand von* »If I should die« *(IV, 67) notiert PC die Übersetzung der beiden ersten Verse (siehe FN, S. 463 f.).*
Selected Poems and Letters, *Edition with an Introduction, by Robert N. Linscott, New York, Doubleday, 1959.*
The Complete Poems of Emily Dickinson, *edited by Thomas H. Johnson, Boston/Toronto, Little, Brown and Company, [1960]; zu den zahlreichen Lesenotizen und Notizen in diesem Band, den PC 1967 leihweise von André du Bouchet erhalten hatte, siehe FN, S. 475. Der Band im Besitz von André du Bouchet enthält vorne die Anmerkung von du Bouchet:* »Annotiert von Paul Celan« *(Übers.), mit dem falschen Datum* »(Ste Anne – 1968)«; *PC war 1968 nicht in der Psychiatrischen Abteilung des Universitätskrankenhauses, die Lesenotizen stammen sicher aus PCs Krankenhausaufenthalt im Hôpital de Vaucluse in Épinay-sur-Orge Anfang Dezember 1968 bis Februar 1969.*
Gedichte, *ausgewählt und übersetzt von Lola Gruenthal, Berlin, Henssel, o. J. (zweisprachig, englischer Text nach der Harvard-Ausgabe 1955); S. 67 notiert die Übersetzung von* »Let down the bars, O Death –«.
Briefe und Gedichte. Der Engel in Grau. Aus dem Leben und Werk der amerikanischen Dichterin Emily Dickinson, *eingeleitet, ausgewählt und übertragen von Maria Mathi, Mannheim, Kessler, 1956; PC notiert innen auf dem hinteren Buchdeckel in bezug auf V. 7 (*»Real Memory, like Cedar Feet«*) im Gedicht* »You cannot make Remembrance grow«*:* »S. 186 / real memory *[wahres Gedächtnis]*«.

Anmerkungen 383

Zu PCs in Zeitschriften erschienenen Übersetzungen von Gedichten Dickinsons siehe Anm. 517/2 und 540/3.
2 *Siehe Anm. 531/3.*

677
*Dieses von GCL nicht datierte Dokument war am Ende der letzten Mappe für die Briefe von PC (1968-1970) eingeordnet, nach dem ersten der bei Brief 224 beschriebenen Dokumente (»*Au revoir *[Auf Wiedersehen]«), Brief 223 und den bei den Briefen 280 und 281 beschriebenen Dokumenten. Siehe Abb. 18.*
Transkription: Nur auf der Vorderseite lassen sich drei unterschiedliche Texteinheiten erkennen:
a) יד ושם. *PC füllt die ganze Seite in hebräischer Quadrat- und Kursivschrift mit dem Ausdruck Jad va-Schem (d. h. Denkmal – wörtlich Hand – und Name, in bezug auf die auf Grabstelen dargestellten Hände) aus Jesaia 56,5:* »Ich will ihnen in meinem Hause und in meinen Mauern einen Ort und einen Namen geben, besser denn Söhne und Töchter; einen ewigen Namen will ich ihnen geben, der nicht vergehen soll.« *Jad va-Schem ist auch der Name der Gedenkstätte für die Opfer der Schoah in Jerusalem. Siehe auch die letzten Verse des letzten Gedichts von* Fadensonnen, *das am 7. 6. 1967, während des Sechs-Tage-Krieges, geschrieben wurde:* »Denk dir: / das kam auf mich zu, / namenwach, handwach / für immer, / vom Unbestattbaren her.« *(GW II 227, Hervorhebung Hrsg.)*
b) »Princeton:« / »5000 Spinoza« / »Bände *[sic]* refüsiert,« / »weil zu viele« / »Juden hätten« / »kommen« / »können«. *Die Quelle dieser Information, sicher eine Pressemeldung, konnte nicht identifiziert werden.*
c) »Das Christentum hatte eine Funktion: die« / »Germanen zu« / »*[unsichere Lesung:]* barbarisieren« / *[nicht lesbares Wort oder Eigenname].*

ZEITTAFEL

Die wesentlichen Quellen für die hier zusammengestellten Daten sind die Notizkalender von Paul Celan und Gisèle Celan-Lestrange sowie die im Nachlaß beider erhaltene Korrespondenz.

Neben bisher unveröffentlichten Notizen von Ilana Schmueli und David Seidmann werden folgende Werke zugrunde gelegt:
Gerhart Baumann, Erinnerungen an Paul Celan, Frankfurt a. M., Suhrkamp, 1986
Yves Bonnefoy, »Paul Celan«, in: La Vérité de parole et autres essais, [Paris] Mercure de France, Reihe »folio essais«, 1988, S. 545-552 (deutsch in: Sirene. Zeitschrift für Literatur, Heft 15/16, März 1996, S. 154-165)
Israel Chalfen, Paul Celan. Eine Biographie seiner Jugend, Frankfurt a. M., Suhrkamp, 1979
Jean-Dominique Rey, »Voix de Paul Celan«, in: Supérieur Inconnu, Nr. 15, Juli-September 1999, S. 80-86
Ilana Schmueli, »Denk dir. Paul Celan in Jerusalem«, in: Jüdischer Almanach 1995, Frankfurt a. M., Jüdischer Verlag, S. 9-36 (zitiert als: Schmueli)
Edith Silbermann, Begegnung mit Paul Celan, Aachen, Rimbaud, 1993
Petre Solomon, Paul Celan. Dimensiunea românească, Bukarest, Kriterion, 1987

Aus Gründen der Übersichtlichkeit erscheint Paul Celans Geburtsstadt Czernowitz, unabhängig von der jeweiligen staatlichen Zugehörigkeit und der damit verbundenen Namensform, immer unter diesem, von Celan selbst ausschließlich verwendeten Namen.

1920

Anfang des Jahres
Heirat von Leo Antschel-Teitler (im Holzhandel tätiger Baumeister), geboren 1890, und Friederike Schrager (genannt Fritzi), geboren am 1. 12. 1895 in Sadagora bei Czernowitz. Beide stammen aus jüdischen Familien der Stadt Czernowitz,

der ehemaligen Hauptstadt des österreichisch-ungarischen Kronlandes Bukowina, das seit 1918 Teil Rumäniens ist. Nach jüdischer Tradition trägt Leo zunächst den Namen seiner Mutter, Antschel, der seines Vaters wird angehängt – in der Sprachregelung der Donaumonarchie: »Antschel *recte* Teitler«, dann »Antschel-Teitler«. Ein Teil der Geschwister entscheidet sich später für den Vaternamen Teitler, ein anderer, darunter Leo, für den Mutternamen Antschel. Das Paar wohnt zunächst bei Leos Eltern (Wassilko-Gasse 5).

23. November

Geburt von Paul Antschel; sein nur mündlich überlieferter jüdischer Vorname Pessach stammt von einem seiner Urgroßväter. Eric Celan erinnert sich an eine Antwort seines Vaters auf die Frage nach seinen Vornamen: »Je m'appelle Paul Paul Paul *[Ich heiße Paul Paul Paul]*«.

1925

Kindergartenbesuch im deutsch- und im Bedarfsfall auch rumänischsprachigen Meisler-Kindergarten. Zu dieser Zeit hat er wohl bereits mit dem Hebräischunterricht begonnen. Rumänisch, Ukrainisch, Deutsch und Jiddisch sind die Hauptverkehrssprachen in Czernowitz. Die Mutter achtet darauf, daß in der Familie reines Hochdeutsch gesprochen wird.

1926/1927

Einschulung in eine deutschsprachige private Grundschule (Meisler-Schule).

1927

Corneliu Codreanu gründet die »Legion des Erzengels Michael« (ab 1930 »Eiserne Garde«), eine ›christlich‹ orientierte faschistische Organisation in Rumänien.

19. März

Geburt von Alix Marie Gisèle de Lestrange in Paris, dritte Tochter von Odette und Edmond Comte (später Marquis) de Lestrange.
Kindheit in Paris und im Schloß von Beauvoir

in Evry-Petit-Bourg (Departement Seine-et-Oise, heute Evry im Departement Essonne), im Besitz von Gisèles Großvater mütterlicherseits.

1927-1930

Wechsel auf die hebräischsprachige Grundschule Ssafa-Iwrija nach dem Willen seines zionistisch orientierten Vaters; Rumänisch ist als offizielle Sprache Pflichtfach.

1930

Herbst
Übertritt in das Liceu Ortodox de Băeți (zu österreichischer Zeit Griechisch-Orientalisches Oberrealgymnasium); die Schule ist ein Elitegymnasium und zugleich Hort des rumänischen Nationalismus, für Juden aber zugänglich.
Rumänisch ist Unterrichtssprache.
Besonderes Engagement im Französischunterricht und im Bereich der Botanik.
Fortsetzung des Hebräischunterrichts auf privater Basis.

1932

23. November
Geschenk des Onkels Bruno Schrager zum 12. Geburtstag: eine Ausgabe der Fabeln des jiddischen Dichters Elieser Steinbarg (1880-1932).

1933

30. Januar: »Machtergreifung« von Adolf Hitler in Deutschland.

Februar/März
Hochzeit von Leo Antschels Schwester Minna und deren Auswanderung nach Palästina. Die Wohnung in der Wassilko-Gasse steht der Familie jetzt ganz zur Verfügung.

wohl 2. Dezember
Bar-mizwah (wörtlich: ›Sohn der Pflicht‹): Als Geschenk erhält er zu diesem Anlaß von Bekannten der Eltern, dem Ehe-

paar Bittmann, Goethes *Faust* in einer Lederausgabe des Insel Verlags, das älteste heute in der Bibliothek erhaltene Buch. Keine Fortsetzung des Hebräischunterrichts.

Freundschaft mit Gustav Chomed und Erich Einhorn (einem angeheirateten Verwandten).

Jahresende
Zunehmende Wahrnehmung des in Czernowitz herrschenden Antisemitismus. Von den gegen die jüdische Bevölkerung in Deutschland ergriffenen Maßnahmen erfährt er durch den Bruder des Vaters, David Teitler, der, nach seiner Flucht aus Nazi-Deutschland, einige Wochen bei der Familie verbringt, bevor er sich in Bukarest niederläßt.

1933/1934

Teilnahme an geheimen Zusammenkünften einer kommunistischen Jugendgruppe.

1934

Juni
Erfolgreiche Abschlußprüfung für die gymnasiale Unterstufe.

Anfang September
Erster Bukarest-Aufenthalt: Besuch bei David Teitler.

Herbst
Wechsel der Schule wegen des wachsenden Antisemitismus im Liceu Ortodox de Băeți: Das Liceu Marele Voevod Mihai, das ehemalige Vierte oder Ukrainische Gymnasium, gilt als liberal. Rumänischunterricht gibt der Dichter Aurel Vasiliu, mit dem auch über den Lehrplan hinausgehende literarische Gespräche geführt werden können. Neben Latein, Italienisch und Französisch lernt er Altgriechisch. Weil deutschsprachige Schüler nach österreichischem Lehrplan unterrichtet werden, liest er im Deutschunterricht auch die deutschen Klassiker. Er ist sportlich, seine spätere Vorliebe für Tennis und Schwimmen wurzelt in dieser Zeit. Über das von den

Lehrern Vermittelte hinaus beschäftigt er sich mit Rimbaud, Verlaine, Hölderlin und Rilke, aber auch mit naturwissenschaftlichen Themen, vor allem aus dem Bereich der Botanik.

1935

Frühjahr
Umzug in eine Eigentumswohnung in der Masaryk-Gasse 10, unweit des Gymnasiums.
Begeisterung für linke Ideen unter dem Einfluß des sozialistischen Kreisen nahestehenden Onkels Ezriel Schrager.

Sommer
Teilnahme an illegalen Treffen der Antifaschistischen Jugend.
Erste politische Lektüre: das *Kapital* und das *Kommunistische Manifest* von Marx und Engels und Werke des anarchistischen Fürsten Kropotkin.

15. September: In Deutschland »Gesetz zum Schutz des deutschen Blutes und der deutschen Ehre« (Nürnberger Rassengesetze): Deutschen wird die Ehe mit Juden verboten und der Nachweis ›arischer‹ Abstammung Bedingung für eine öffentliche Anstellung.

1936

Umzug von Edmond de Lestrange mit seiner Frau und seinen vier Töchtern aus ihrer Wohnung in der Rue La Boétie (8e) in eine Eigentumswohnung (74, Avenue de La Bourdonnais, 7e).

16. Februar: Sieg der Volksfront in Spanien.
18. Juli: Beginn des Spanischen Bürgerkriegs.

Sommer
Beteiligung an Spendensammlungen zugunsten der republikanischen Kämpfer in Spanien.
Lektüre von Rilkes *Cornet* und *Buch der Bilder*.

1937

Freundschaft mit Edith Horowitz, der Tochter eines Germanisten mit großer Bibliothek.
Entdeckung von Georg Heym, Georg Trakl, Stefan George.
Die Freundin Ilse Goldmann initiiert einen politischen Lesekreis im Hause Horowitz: Man liest Karl Marx, Rosa Luxemburg, Gustav Landauer und Kropotkin, diskutiert und singt revolutionäre Lieder.
Shakespeare-Lektüre: Er spielt für Ilse Goldmann die Wahnsinnsszene von Ophelia und die Szene von Julia auf dem Balkon.

Winter
Englisch im Selbststudium, um Shakespeare im Original lesen zu können.
Entdeckung Nietzsches.
Erste Lesungen eigener Gedichte für Freunde (der Beginn von Paul Antschels poetischen Aktivitäten ist nicht bekannt).

1938

Januar: Internationale Surrealismus-Ausstellung in der Galerie des Beauxarts in Paris.
14. März: Hitlers Einzug in Wien.
15. März: »Anschluß« Österreichs an Nazi-Deutschland.

Leo Antschels Schwester Berta, in Wien seit 1914, emigriert nach London; deren Kusine Regine Schäfler und ihr Mann Leo folgen wenig später.

5. Juli
Paul Antschel besteht das Abitur als Viertbester der 54 Schüler seines Jahrgangs mit der Durchschnittsnote 6,70 (bei einer möglichen Bestnote 10). Entgegen seinen Neigungen zu den Naturwissenschaften (vor allem Botanik) läßt er sich vom Vater zu einem Medizinstudium überzeugen. Das ist wegen der Aufnahmebeschränkungen für Juden weder in Czernowitz noch in Bukarest möglich und natürlich auch nicht mehr in Österreich oder Deutschland.
Zusammen mit dem Freund Manuel Singer Einschreibung an

der École Préparatoire de Médecine in Tours (die Provinzstadt ist billiger als Paris).

9.-10. November
Fahrt über Polen, Deutschland und Belgien ohne Halt nach Frankreich; Berlin durchquert der Zug unmittelbar vor der »Reichskristallnacht«.
In Paris Aufenthalt beim Bruder der Mutter, Bruno Schrager, in der Rue de l'École-de-Médecine (6e): Entdeckung des Quartier Latin, von Montmartre und Montparnasse, Besuche im Louvre, im Musée Rodin, in der Comédie Française.

Ende November
Beginn des medizinischen Vorstudiums in Tours.
Weihnachtsferien in Paris, Zusammentreffen mit dem Freund Erich Einhorn.

Winter
Entdeckung des Surrealismus: Lektüre von Breton und Eluard.
Kontakte mit republikanischen Flüchtlingen aus Spanien.

1939

Begegnung mit dem Kommilitonen Eliyahu Pinter, dessen Familie aus Nazi-Deutschland nach Palästina geflohen war. Durch ihn Kontakte zur Jüdischen Gemeinde in Tours.
Lektüre von Heine, La Rochefoucauld, Thomas Mann, Montaigne, Pascal, Péguy und Rilke.

Frühjahr
Kurzer Aufenthalt mit zwei Freunden aus Tours, Edith Esser und dem Kommilitonen an der medizinischen und pharmazeutischen Hochschule Marcel Sellier; sie sehen eine Aufführung der *Möwe* von Čechov und, im Théâtre de l'Athénée, die Komödie *Knock ou le Triomphe de la médecine* von Jules Romain mit dem Schauspieler Louis Jouvet.

Ostern
Aufenthalt in London bei der Tante Berta Antschel.
Besuche im British Museum und von Shakespeare-Aufführungen.

16. Juni
Erfolgreiche Abschlußprüfung in den Fächern Physik, Chemie und Biologie (P. C. B.), entsprechend etwa dem Vorphysikum.

Sommer
Rückkehr für die Ferien nach Czernowitz; der drohende Krieg ist in der Bukowina noch kaum spürbar.

Wie jedes Jahr Ferien mit Eltern und Schwestern im großväterlichen Schloß Beauvoir in Evry-Petit-Bourg.

1. September: Angriff Nazi-Deutschlands auf Polen.
3. September: Kriegserklärung Frankreichs an das Deutsche Reich.

Aufgabe der Studienpläne in Frankreich und Aufnahme eines Französischstudiums in Czernowitz. Lektüre des *Handbuchs der Romanistik* von Wilhem Meyer-Lübke und Werken von de Saussure und Jakobson sowie der Essays von André Gide, *Retour de l'U. R. S. S.* und *Retouches à mon retour de l'U. R. S. S.*

Verlegung des Wohnsitzes der Familie wegen des Krieges ins Schloß Beauvoir.
Einberufung von Edmond de Lestrange.
Schulbesuch zusammen mit den Schwestern Marie-Thérèse und Solange als Externe in der Schule des Kloster-Internats Notre-Dame de Sion in Grand-Bourg in der Nähe von Evry.

1940

26. Juni: Annexion der nördlichen Bukowina und Bessarabiens durch die UdSSR.

Juni
Beschlagnahmung des Schlosses von Beauvoir durch die deutschen Truppen.
Ferien mit den Schwestern auf einem Besitz des Großvaters Joseph Pastré in Biarritz (Pyrénées-Atlantiques).

28. Juni
  Einmarsch der Roten Armee in Czernowitz.
  Paul Antschel erklärt nach anfänglichem Enthusiasmus:
  »Jetzt bin ich Trotzkist!« (Bericht Ilana Schmueli)

Sommer
  Schnelle Aneignung des Russischen, vorübergehende Tätigkeit als Dolmetscher zwischen den sowjetischen Truppen und der einheimischen Bevölkerung in einem Wohnungsbüro.
  Begegnung mit der Schauspielerin am Jiddischen Theater Ruth Kraft: Widmungsgedichte und Gespräche über Andersen, Céline, Dostoevskij, Esenin, Fontane, Gogol, Gorki, Hölderlin, Jean Paul, Joyce, Kafka, Majakovskij, Thomas Mann, Mörike, Novalis, Proust, Rilke, Rolland, Trakl und vor allem Shakespeare. Desinteresse für das Jiddische, das als degeneriertes Deutsch verstanden wird.

8. August: In Rumänien antisemitische Gesetze, die gemischte Ehen verbieten, Namensänderungen rückgängig machen und Juden den Eintritt in die Armee und in öffentliche Ämter verbieten.

September
  Rückkehr ins Schloß Beauvoir, wo der Familie von den Besatzungstruppen einige Zimmer überlassen werden.
  Fortsetzung des Schulbesuchs im Kloster Notre-Dame de Sion.

  Fortsetzung des Studiums an der russisch-ukrainischen Universität Czernowitz: Kurse in russischer Sprache und Literatur sind obligatorisch.
  Erste Esenin-Übersetzungen.
  Begegnung mit dem Romanistikstudenten David Seidmann; erfolgreiche Verhinderung von dessen Deportation nach Sibirien (wegen ›Verschweigens einer zionistischen Vergangenheit‹).
  Begegnung mit Rosa Leibovici.

5. September: In Rumänien wird General Ion Antonescu von König Carol II. zum ›Conducător‹, d. h. ›Führer‹, erklärt.
6. September: Auf Druck von Antonescu dankt Carol zugunsten seines Sohnes Mihai ab.

14. September: Rumänien wird zum »Legionärsstaat« erklärt; politische Aktivitäten sind nur noch im Rahmen der faschistischen Legionärsbewegung zugelassen.

Winter
Kritische Einstellung gegenüber der Universitätsverwaltung und den neuen, z.T. sehr korrupten politischen Kräften.
Besuch von Hauskonzerten der beiden Freunde Immanuel Weissglas (Klavier) und Manuel Singer (Violine).
Teilnahme an Schallplattenabenden im Hause Horowitz: Mozart, Beethoven, Schubert, Brahms und Mendelssohn.

1941

Anfang 1941 Vertreibung der Familie von Schloß Beauvoir, das Wochenendresidenz eines deutschen Admirals wird.
Rückkehr in die Pariser Wohnung in der Avenue de La Bourdonnais.
Eintritt in die Klosterschule Notre-Dame de Sion in Grand-Bourg als Interne.

21.-23. Januar: Blutige Ausschreitungen gegen Juden in Bukarest anläßlich eines Putschs der Eisernen Garde.
27. März: In Rumänien Dekret zur Enteignung von jüdischem Immobilienbesitz durch den Staat.

13. Juni
Deportation mehrerer tausend überwiegend jüdischer Einwohner von Czernowitz nach Sibirien durch die sowjetische Staatspolizei, u.a. Paul Antschels Freunde Hella Ippen und Peter Demant.

22. Juni: Angriff der deutschen Truppen auf die UdSSR; das Königreich Rumänien schließt sich dem Krieg auf seiten der Deutschen an und erhält die Bukowina und Bessarabien zurück.

Erich Einhorn und Gustav Chomed schließen sich der Roten Armee an.

5. Juli: Einmarsch rumänischer Truppen in Czernowitz, begleitet von Plünderungen und antisemitischen Ausschreitungen.

7. Juli: Die ›Einsatzgruppe D‹ und der SD (Spezialeinheiten der deutschen Sicherheitspolizei und der SS) werden in Czernowitz aktiv: Ermordung mehrerer tausend Juden, Brand der Synagoge, Kennzeichnungspflicht durch den ›Judenstern‹, nächtliches Ausgehverbot für Juden, Beginn von Deportationen in das Gebiet jenseits des Dnjestr (Transnistrien).

5. August: Verpflichtung aller Juden zwischen 18 und 50 Jahren zur Zwangsarbeit.

Oktober Rückkehr nach Paris, Schulbesuch in der Klosterschule Les Oiseaux (Avenue des Champs-Elysées).

11. Oktober: Errichtung des Ghettos in Czernowitz; Bürgermeister Traian Popovici erreicht eine vorläufige Einstellung der Deportationen.

Zwangsarbeit: Schuttbeseitigung, Wiederaufbau von Brükken.

Ende Oktober: Pogrom in Odessa (Ukraine), eines der blutigsten Massaker während des 2. Weltkriegs.

Winter
Zwangsarbeit: Einsammeln von zur Vernichtung bestimmten russischen Büchern.

1942

20. Januar
Auf der Wannsee-Konferenz wird die ›Endlösung der Judenfrage‹, d. h. die Ausrottung der europäischen Juden, beschlossen.
Er wird an dieses Datum in seiner Büchnerrede erinnern: Am »20. Jänner« ist auch Büchners Lenz an der Stelle im Elsaß durch das Gebirge gewandert, an der im Juli 1941 das KZ Struthof errichtet wurde; von diesem Datum schreibt sich Celan her.

Frühling oder Sommer
Übersetzung des Sonetts LVII von Shakespeare.

Ende Juni
Verhaftung von Leo und Friederike Antschel im Rahmen einer neuen Deportationswelle; sie werden zunächst nach Ladežin zwischen Dnestr und Bug verschleppt. Den Berichten bei Chalfen und Solomon, Paul Antschel habe seine Eltern nicht überreden können, sich wie er selbst nachts außerhalb der Wohnung zu verstecken, widersprechen sowohl Gisèle Celan-Lestrange, die »faux *[falsch]*« bzw. »non *[nein]*« anmerkt, als auch David Seidmann und Ilana Schmueli. Celan selbst hat keine detaillierte Schilderung der Ereignisse hinterlassen.
Zuflucht beim Großvater Philipp Schrager.

Juli 1942-Februar 1944
Zwangsarbeit im Straßenbau in verschiedenen Lagern: Rădăzani bei Pașcani (Moldau), Fălticeni (Moldau, 1942), Tăbărești bei Buzău (Oltenien, 1943).
Aus den Lagern Karten und Briefe an Ruth Kraft mit Gedichten.

18. August
Deportation von Leo und Friederike Antschel nach Michailowka bei Gaisin, einem deutschen KZ östlich des Bug (Ukraine).

Herbst
Nachricht vom Tod des Vaters (Typhus), vielleicht durch einen aus dem Lager geschmuggelten Brief der Mutter.

Winter
Nachricht von der Ermordung der Mutter durch Genickschuß, überbracht durch den aus dem Lager geflohenen Vetter Benno Teitler.

1943

22. Juni   Tod des Vaters Edmond Marquis de Lestrange.

1944

>Beschlagnahmung der Pariser Wohnung (Avenue de La Bourdonnais).
>Umzug in die Avenue de Wagram (Nr. 151, 7ᵉ).

Februar
>Räumung der Arbeitslager auf rumänischem Boden. Er kehrt nach Czernowitz zurück und wohnt bei Großvater Schrager.
>Begegnung mit der Dichterin Rose Ausländer, die ihn zu weiteren Gedichten ermutigt.
>Wiederbegegnung mit Edith Horowitz. Lektüre des Nibelungenlieds im Hause Horowitz.
>Erstes Gedichtmanuskript unter dem Titel »Gedichte« (ohne Nennung des Autors, Chalfen nennt es »Typoskript 1944«).

Frühjahr
>Rückkehr in die elterliche Wohnung (Masaryk-Gasse); er wohnt dort zusammen mit der Familie von Leo Antschels aus Transnistrien zurückgekehrter Schwester Regina Rones.
>Enthusiastische Äußerungen zur Schönheit des Hebräischen, in diesem Zusammenhang wohl die Übersetzungen von zwei Gedichten von Jehuda Halevi.
>Lektüre von Martin Bubers *Drei Reden über das Judentum* und dessen *Erzählungen der Chassidim*.
>Übersetzung des CVI. Sonetts von Shakespeare.

April: Bombardierung von Czernowitz durch sowjetische Flugzeuge, Besetzung durch sowjetische Truppen. Danach erneute Deportationswelle.

>Arbeitseinsatz, zunächst bei Aufräumungsarbeiten, dann, dank der medizinischen Vorkenntnisse, als medizinische Hilfskraft in der Psychiatrischen Klinik von Dr. Pinkas Mayer.

Anfang Juli
>Dienstreise nach Kiew (im Rahmen seiner Hilfskraftstelle).
>Trennung von Ruth Kraft.

23. August: Kapitulation Rumäniens durch König Mihai I. Verhaftung von Antonescu, Errichtung einer Regierung der nationalen Einheit, in der auch Sozialisten und Kommunisten vertreten sind.
25. August: Nach einem Luftangriff der deutschen Luftwaffe auf Bukarest Kriegserklärung Rumäniens an Deutschland.
Ende August: Besetzung der rumänischen Hauptstadt durch sowjetische Truppen.

Herbst
> Beginn eines zweiten, in Zyklen eingeteilten Gedichtmanuskripts (handschriftlich, im Januar 1945 fertiggestellt, bei Chalfen: »Manuskript 1944/45«). Es handelt sich um eine zweifarbige Reinschrift von 97 Gedichten, u. a. den aus dem Lager geschickten, in einem kleinen ledernen Notizbuch für Ruth Kraft.
> Wiedereröffnung der russisch-ukrainischen Universität Czernowitz. Anglistikstudium und Brotübersetzungen für eine lokale Zeitung.

Herbst/Winter
> Emigration von Ruth Kraft nach Bukarest; sie überbringt Alfred Margul-Sperber Paul Antschels Gedichte.
> Erste Pläne für eine Emigration nach Wien.
> Freundschaft mit Rosa Leibovici.

1945

Januar: Erste surrealistische Ausstellung in Bukarest.

April
> Übersiedlung nach Bukarest.

7. Mai: Unterzeichnung der bedingungslosen Kapitulation Nazi-Deutschlands in Reims, die Gesamtkapitulation wird am 9. Mai wirksam.

Mai
> Entstehung der *Todesfuge*.

20. Mai
> Meldung bei den rumänischen Behörden (Ausweis). Einzige dokumentierte Adresse in Bukarest: Strada Roma Nr. 47 bis.

Anstellung bei der Parteizeitung »Scînteia« als Berichterstatter aus sowjetischen Zeitungen. Gleichzeitig Immatrikulation an der Bukarester Universität (bis Ende 1947).
Enthusiastischer Empfang durch Alfred Margul-Sperber.

Juni Beendigung der schulischen Ausbildung an der Mädchenschule Les Oiseaux in Paris.
Erste Rom-Reise.

Herbst
Anstellung als Lektor und Übersetzer im Verlag Cartea Rusă *[Das russische Buch]*, einem Verlag zur die Verbreitung russischer Bücher in rumänischer Übersetzung.

Herbst 1945 - Sommer 1949
Studium der Malerei und Zeichnung an der Académie Julian (Rue du Dragon, 6ᵉ).
Begegnung mit der Kommilitonin Elisabeth Dujarric de la Rivière.

1946

Gedichte und Prosagedichte in rumänischer Sprache.
Veröffentlichung der rumänischen Übersetzung von vier Erzählungen von Anton Čechov (*Țăranii. Schițe [Bauern. Skizzen]*) aus dem Russischen (ein Teil der Auflage unter dem Pseudonym Paul Aurel, ein Teil unter dem rumänisierten Namen Paul Ancel).
Lektüre von Meisterwerken russischen Literatur.
Entstehung zahlreicher Gedichte, die später in *Der Sand aus den Urnen* und *Mohn und Gedächtnis* aufgenommen werden.
Begegnung mit der Dichterin, Dramatikerin und Rilke-Übersetzerin Maria Banuș und dem Dichter Ion Caraion.
Fortsetzung der Kontakte zu Alfred Margul-Sperber. Wohl auf Anregung von dessen Frau Jessica geht die Bildung des Pseudonyms durch Vertauschung der Silben des Nachnamens in der rumänischen Schreibung (An-cel) zurück.
Freundschaftliche Beziehungen zur Dichterin und Morgenstern-Übersetzerin Nina Cassian und zur Schriftstellerin Margareta Dorian. Praktiziert surrealistische Spiele.
Beziehung zu Lia Fingerhut.

3. Juni: Hinrichtung von Ion Antonescu als Kriegsverbrecher.

August
Veröffentlichung der rumänischen Übersetzung von Mihail Lermontovs Roman *Герой нашего времени [Held unserer Zeit]* im Verlag Cartea Rusă unter dem Titel *Un erou al timpului nostru*, gezeichnet Paul Ancel.

Herbst
Begegnung mit dem Palästina-Rückkehrer Petre Solomon im Verlag Cartea Rusă.
Alfred Margul-Sperber schickt ein Gedichtmanuskript unter dem Titel »Der Sand aus den Urnen. Bukarest, 1946« an Max Rychner, Zürich.

29. September-18. Oktober
Zweite surrealistische Ausstellung in Bukarest in der Galerie Crețulescu mit Bildern, Skulpturen und Objekten, u. a. von Gherasim Luca und Paul Păun. Besuch der Ausstellung mit Ruth Kraft, ein zweites Mal mit Marianne Ufer. Sucht Kontakt zur 1939 von Gherasim Luca gegründeten Bukarester Surrealistengruppe (Gellu Naum, Virgil Teodorescu, Paul Păun, Dolfi Trost).

4. Dezember
Alfred Margul-Sperber schickt Max Rychner eine Ergänzung zu dem im Oktober gesandten Manuskript. Rychner veröffentlicht am 7. 2. 1948 aus dem gesamten Konvolut sieben Gedichte in der Zeitung »Die Tat«.

Jahreswende
Silvesterfeier mit Petre Solomon bei der Italienischlehrerin Despina Mladoveanu: siehe das rumänischsprachige Gedicht *Reveion* bzw. *Réveillon*.

1947

Veröffentlichung der Übersetzung des Propagandastücks *Chestiunea rusă [Die russische Frage]* von Konstantin Simonov (*Руский вопрос*), einer Übersetzung aus dem Russischen ins Rumänische unter dem Namen A. Pavel, einem

Pseudonym aus dem Anfangsbuchstaben des Nach- und der russischen Form des Vornamens (Zuschreibung durch Leonid Miller und Petre Solomon). Möglicherweise stammt von ihm auch die unter dem gleichen Namen ebenfalls 1947 publizierte Übersetzung des Propagandatextes *Viață și moarte în lumina științei moderne [Leben und Tod in der modernen Wissenschaft]* des sowjetischen Arztes S. I. Galperin (Жизнь и смерть по данным современной науки).

10. Februar: Mit Ausnahme von Nordsiebenbürgen werden durch den Friedensvertrag die Grenzen vom Januar 1941 wiederhergestellt, die nördliche Bukowina und Bessarabien bleiben sowjetisch.

11. März

Rumänischsprachiges Prosagedicht: »PARTIZAN AL ABSOLUTISMULUI EROTIC, megaloman reticent chiar și între scafandri, mesager, totodată, al halo-ului Paul Celan *[ALS ANHÄNGER DES EROTISCHEN ABSOLUTISMUS, als sogar unter Tauchern zurückhaltender Größenwahnsinniger, als Botschafter gleichzeitig des Halos Paul Celan]* [...]«.

16. März

Beteiligung, u. a. mit Petre Solomon und Vladimir Colin, an einer Zeitschriftenrundschau (»Revista revistelor«) in der rumänischen Zeitschrift »Revista literară« unter dem Namen Paul Ancel: Celan übernimmt den Teil der sowjetischen Zeitschriften, darin kurze Übersetzungsfragmente aus den referierten russischen und deutschen Beiträgen.

12. April

Abfahrt zu einem mehrtägigen Ausflug in die Karpaten, u. a. mit Petre Solomon, dessen zukünftiger Frau Yvonne Hasan, Lia Fingerhut und Nina Cassian.

2. Mai

Publikation in der Zeitschrift »Contemporanul« von Petre Solomons rumänischer Übersetzung von *Todestango* (später unter dem Titel *Todesfuge*) mit dem Titel *Tangoul morții* und unter dem Pseudonym Paul Celan.

Mai
> Veröffentlichung von drei deutschen Gedichten (später in *Der Sand aus den Urnen*) in der mehrsprachigen, von Ion Caraion herausgegebenen Zeitschrift »Agora« unter dem Pseudonym Paul Celan.
> Beziehung zu Corina Marcovici (genannt Ciuci).

Sommer
> Aufenthalt in Mangalia am Schwarzen Meer: Das über 17 Jahre später entstandene Gedicht *Aschenglorie* nennt er in einem Brief an Petre Solomon (3. 11. 1967) »quelque chose comme l'anamnèse de Mangalia *[etwas wie die Anamnese von Mangalia]*« (PC/PS, S. 238).

9. Oktober
> Alfred Margul-Sperber schickt ein Gedichtmanuskript unter dem Titel »Der Sand aus den Urnen« an Otto Basil, Wien, aus dem dieser im Februar 1948 17 Gedichte in der Zeitschrift »Der Plan« publiziert.

10. Oktober: Zusammenschluß der Sozialistischen und der Kommunistischen Partei Rumäniens zu einer Einheitspartei.
18. Oktober: Ablösung der liberalen Zeitschrift »Revista literară« durch die stalinistische Zeitschrift »Flacără« zum Jahresende.
6. November: Ana Pauker, Mitglied der Kommunistischen Partei, wird Außenministerin Rumäniens; sie wirkt auf eine schnelle Schließung der Grenzen hin.

November
> Mehrere Versuche, Rumänien zusammen mit Freunden zu verlassen.

Ende November
> Erfolgreiche Flucht mit Hilfe eines ungarischen Bauern über die rumänisch-ungarische Grenze. In Ungarn Begegnung mit Isac Chiva und Jacques Schärf (später Cerbeanu). Unterschlupf im Budapester Prostituiertenviertel auf der Flucht vor der ungarischen Polizei.
> In seinem Antrag auf Einbürgerung in Frankreich schreibt Celan später: »En 1947 ne pouvant m'adapter au régime politique, j'ai quitté clandestinement la Roumanie pour me ren-

dre en Autriche *[Weil ich mit dem politischen System nicht zurechtkam, verließ ich 1947 heimlich Rumänien und ging nach Österreich]«*.

17. Dezember

Ankunft in Wien. Nach kurzem Aufenthalt in einem Flüchtlingslager für einige Tage Gast bei Freunden der Eltern, dem Ehepaar Bittmann.

Ende Dezember

Wohnung in der Wiener Innenstadt (Adresse nicht bekannt). Spätere Adressen der Wiener Zeit: Severingasse und Pension Pohl, Rathausstr. 20.

Begegnung mit dem surrealistischen Maler Edgar Jené und seiner Frau Erika Lillegg.

30. Dezember: Abdankung des rumänischen Königs, Ausrufung der Volksrepublik Rumänien.

1948

Januar

Begegnung mit Ingeborg Bachmann, sehr bald Liebesbeziehung.

Anfang Februar

Publikation von 17 Gedichten im letzten Heft der Zeitschrift »Der Plan« (Wien).

7. Februar

Publikation von sieben Gedichten in der Zürcher Zeitung »Die Tat«.

März

Celan schickt Petre Solomon den *Ulysses* von James Joyce mit der Widmung: »Lui Petrică, cu gîndul la ce va fi mîine. Paul. Viena, Martie 1948 *[Für Petrică, in Gedanken an das, was morgen sein wird. Paul. Wien, März 1948]«*.

3. April

Teilnahme an einer öffentlichen Lesung im Rahmen der Ausstellung des Wiener Surrealistenkreises in der Galerie Agathon in Wien (Opernring 19).

Mai

Kauf einer Werkausgabe von Jean Paul in einer Buchhandlung in der Nähe der Pestsäule, ausgiebige Lektüre. Die Bände bilden zusammen mit den zwei Bänden des Wörterbuchs von Sachs-Villatte (französisch/deutsch, deutsch/französisch) und der in Paris zurückgelassenen *Faust*-Ausgabe den Grundstock der späteren Bibliothek.

Juni

Freundschaftliche Beziehung zu Klaus Demus und dessen späterer Frau Nani Meier, einer Freundin von Ingeborg Bachmann.

Juli

Abreise aus Wien mit dem Ziel Paris.

5. Juli

Zwischenhalt in Innsbruck bei Ludwig von Ficker, dem Freund und Herausgeber Georg Trakls, auf dessen Grab er Blumen niederlegt.

8. Juli

In Innsbruck Einreisegenehmigung nach Frankreich via Straßburg für den staatenlosen Studenten Paul Antschel, Salurnerstr. 2, durch den Hochkommissar der Französischen Republik in Österreich.

13. Juli

Ankunft in Paris, bei den Behörden vorbereitet durch den im Januar angekommenen Isac Chiva.
Wohnung im Hotel d'Orléans (heute Hotel de Sully, 31, Rue des Écoles, 5e).
Unterhalt durch ein Stipendium einer Organisation für staatenlose Studenten (Entr'aide universitaire), durch Deutschkurse an der Berlitz School und auf privater Basis sowie durch Brotübersetzungen.

August (?)
   Veröffentlichung des Essays *Edgar Jené und der Traum vom Traume* (Wien, Agathon Verlag), abgesehen von den rumänischen Übersetzungen erster Text von Celan in Buchform.

2. August
   In einem Brief an Verwandte in Israel: »Vielleicht bin ich einer der Letzten, die das Schicksal jüdischer Geistigkeit in Europa zuendeleben müssen.« (Zitiert von Bianca Rosenthal in: Zeitschrift für Kulturaustausch, 1982, Heft 3, S. 230.)

September
   Publikation des ersten Gedichtbandes unter dem Titel *Der Sand aus den Urnen* mit zwei von ihm dafür nicht autorisierten Originallithographien von Edgar Jené (Wien, Verlag A. Sexl). Durch ein Telegramm aus Paris Verkaufsverbot für die gesamte Auflage wegen der zu großen Zahl von sinnentstellenden Druckfehlern; nur wenige Exemplare der Auflage von 500 sind erhalten.

4. Oktober
   Treffen mit Marie Luise Kaschnitz in der Abtei von Royaumont (Val d'Oise). Er liest der Dichterin, die Redaktionsmitglied der Zeitschrift »Die Wandlung« ist, Gedichte aus seinem zukünftigen Gedichtband *Mohn und Gedächtnis* vor, darunter *Todesfuge*. Kaschnitz schenkt ihm bei dieser Gelegenheit ein Exemplar ihres Gedichtbands *Totentanz und Gedichte zur Zeit* (1947) mit der Widmung: »Paul Celan zum Dank für die Stunde im Park von Royaumont« / »4. Okt. 48« / »Marie Luise Kaschnitz«.

24. Oktober
   Einstufung der Bilder von Jené in *Der Sand aus den Urnen* in einem Brief an Max Rychner als »zwei Beweise äußerster Geschmacklosigkeit« (siehe FN, S. 70).

Herbst
   Immatrikulation an der Sorbonne.

Zwischen Herbst 1948 und Sommer 1949
   Begegnung mit Yves Bonnefoy in einer Warteschlange in einer Mensa.

1949

Publikation der Brotübersetzung von Jean Cocteaus *Lettre aux Américains: Der goldene Vorhang. Brief an die Amerikaner* (Bad Salzig und Düsseldorf, Karl Rauch Verlag).

1. Januar–31. März
Fabrikarbeit in einem industriellen Elektrizitätsbetrieb (41, Rue Émile Zola, Montreuil-sous-Bois, Departement Seine, heute Departement Seine-Saint-Denis).

März
Erste Publikation von Gedichten in Deutschland durch Vermittlung von Marie Luise Kaschnitz in der Zeitschrift »Die Wandlung« (vier Gedichte aus dem späteren *Mohn und Gedächtnis*).

12. März
Publikation von »Gegenlicht« (17 aphoristische Texte) im von Max Rychner geleiteten Literaturblatt der Zürcher Zeitung »Die Tat«.

8. Mai: Das Grundgesetz der Bundesrepublik Deutschland wird vom Parlamentarischen Rat angenommen. Im folgenden wird Bonn zur Bundeshauptstadt bestimmt. Die ersten Wahlen zum Bundestag folgen im August, die für Bundespräsident und Bundeskanzler im September.

25. Mai
Universitätsprüfung: Certificat d'Études littéraires (Ergebnis: »admis *[bestanden]*«).

Anfang August
Begegnung mit der jungen niederländischen Sängerin Diet Kloos-Barendregt, deren Mann 1944 von den Nazis ermordet worden war, auf der Terrasse eines Cafés auf dem Boulevard Saint-Michel. Kurze Liebesbeziehung, Briefverbindung bis Juli 1950 (siehe: ›Alles is te zwaar, omdat alles te licht is‹. De brieven van Paul Celan aan Diet Kloos-Barendregt, hrsg. von Paul Sars, übers. von C. O. Jellema, Amsterdam 1999).

27. September
   Brief an Yvan Goll mit Grüßen von Alfred Margul-Sperber, der Goll aus den 20er Jahren kannte (GA Dok. 1).

Studienjahr 1949/1950
   Forschungsaufenthalt von Klaus Demus in Paris.

Anfang November
   Zufällige Begegnung mit Yvan Goll bei Yves Bonnefoy im Hotel Notre-Dame (Quai Saint-Michel), wo dieser ein Zimmer hatte.

6. November
   Erster Besuch beim todkranken Yvan Goll (Leukämie). Er widmet ihm ein Exemplar von *Der Sand aus den Urnen*.

8. November
   Universitätsprüfungen: Certificat de Littérature étrangère für Deutsch und Certificat d'Études pratiques für Deutsch (Ergebnis jeweils: »Assez bien *[ziemlich gut]*«).

November 1949 - Februar 1950
   Besuche bei Yvan Goll, auch im Amerikanischen Krankenhaus in Neuilly, der letzte wohl am 13. Februar. Auf Golls Bitten übersetzt er einige von dessen französischen Gedichten ins Deutsche, wohl vor allem aus *Élégie d'Ihpétonga suivie de Masques de Cendre* und *Les Géorgiques Parisiennes*.

1950

   Längerer Aufenthalt in Madrid, ermöglicht durch eine kleine Erbschaft, zur Vervollkommnung ihrer spanischen Sprach- und Literaturkenntnisse. Erste Liebesbeziehung. Reisen durch ganz Spanien.

18. Februar
   Besuch der Tante Berta Antschel in Paris.

27. Februar
   Tod Yvan Golls im Beisein von Claire Goll und Paul Celan.

2. März

Beerdigung von Yvan Goll im Beisein von Paul Celan auf dem Pariser Friedhof Père Lachaise.
Im folgenden Aufträge von Claire Goll für Übersetzungen von drei französischen Gedichtbänden Yvan Golls, *Élégie d'Ihpétonga*, *Les Géorgiques Parisiennes* und *Chansons Malaises*. In diesem Zusammenhang regelmäßige Treffen mit Claire Goll bis Ende 1951.

April

Publikation von Übersetzungen von Breton, Césaire, Pastoureau, Péret, Naum und Teodorescu (die rumänischen Gedichte nach französischen Übertragungen) sowie sechs eigenen Gedichten im ersten Heft der von Edgar Jené und Max Hölzer herausgegebenen »Surrealistischen Publikationen« (Klagenfurt).

21. Juni

Universitätsprüfung: Certificat de philologie allemande (Ergebnis: »Assez bien *[ziemlich gut]*«).

29. Juni

Universitätsprüfung: Certificat de linguistique générale (Ergebnis: »Assez bien *[ziemlich gut]*«).

12. Juli

Universitätsprüfung: Licence ès lettres, sein höchster Studienabschluß.

14. Oktober – Dezember

Paris-Aufenthalt von Ingeborg Bachmann.

November

Immatrikulation für einen Magisterstudiengang (Diplôme d'Études Supérieures) an der Sorbonne, Projekt einer Arbeit über Kafka.

1. Dezember

Notizkalender-Eintrag: »Mama«, in Erinnerung an die am 1.12.1895 geborene und im Winter 1942 im KZ Michailowka ermordete Mutter.

1951

Abschrift zahlreicher Gedichte; darunter sind spanische Gedichte, aber auch solche von Valéry, Apollinaire sowie von Rilke in der Übersetzung von Maurice Betz.
Anstellung als Bürovertretung am Musée des Arts et Traditions Populaires (Place Trocadéro, 16ᵉ).
Begegnung mit dem jungen Ethnologen Isac Chiva.

Forschungsarbeiten über Kafka in der Bibliothèque Nationale (Rue Richelieu).

Sommer
Er verläßt für einige Wochen das Hôtel d'Orléans und wohnt in Levallois-Perret (14, Villa Chaptal), außerhalb von Paris (heute Departement Hauts-de-Seine).

15. Juli
Erster Besuch beim rumänischen Bildhauer Brancusi, zusammen mit Jean-Dominique Rey und weiteren Personen, darunter vielleicht Nani Maier und Klaus Demus, Traute Wolsegger und der Bildhauer Josef Pillhofer. Rey erinnert sich: »Einen Augenblick erinnerte Celan an Rumänien, rief aber ganz offensichtlich keinerlei Echo bei Brancusi hervor: Weiter schweigsam, ließ dieser den ›Vogel im Raum‹ auf seinem Sockel drehen oder streichelte den Schädel der ›Prinzessin X‹. Später, im Jardin du Luxembourg, kam Celan auf Rumänien und die berühmte ›Unendliche Säule‹ zurück.« (Übers., siehe Rey, S. 84.)

Um den 7. November
Begegnung von Gisèle de Lestrange und Paul Celan durch die Vermittlung von Isac Chiva im Café Royal Saint-Germain (149, Boulevard Saint-Germain), einem von Celan für Treffen mit Freunden häufig aufgesuchten Ort. Anwesend sind auch Serge Moscovici und Guy Flandre. In der Folge Treffen im Tanzlokal Le Bal nègre (Rue Blomet, 15ᵉ).

Ende November
Wahrscheinlicher Beginn der Liebesbeziehung zwischen Paul Celan und Gisèle de Lestrange.

25. Dezember
Claire Goll bringt Celans von ihr in Auftrag gegebene Übersetzung von Yvan Golls *Chansons Malaises* zum Pflug Verlag, St. Gallen; dieser lehnt, wohl im Auftrag Claire Golls, mit der Begründung ab, die Übersetzung sei vom Stil des Übersetzers zu stark geprägt.

1952/1953

Übersetzung des Essays *Précis de décomposition* von Cioran; während einer Arbeitssitzung gesteht der Autor dem Übersetzer seine ehemaligen Beziehungen zum rumänischen Faschismus.

1952

Publikation der Übersetzung von Apollinaires Gedicht *Mondschein* (*Clair de lune*) in der von Felix Braun herausgegebenen Anthologie *Die Lyra des Orpheus* (Zsolnay, Wien).

Januar
Publikation der ersten französischen Übersetzung der *Todesfuge* unter dem Titel *Fugue de la mort* durch Alain Bosquet in der belgischen Zeitschrift »Le Journal des poètes«.
Konflikte mit Claire Goll wegen der abgelehnten Übersetzung, die durch eine Übertragung von ihr ersetzt werden soll. Er bricht den Kontakt zu Claire Goll ab, nimmt das Widmungsexemplar von *Der Sand aus den Urnen* aus ihrem Besitz an sich und entfernt die Widmungsseite.

April
Intensivierung der Kafka-Studien, Beginn der Niederschrift (nicht abgeschlossen, nicht erhalten).

21. Mai–6. Juni
Erster Aufenthalt in Deutschland.
Erste und letzte Teilnahme an einer Tagung der Gruppe 47 in Niendorf bei Lübeck. Wiederbegegnung mit den Wiener Freunden Milo Dor, Reinhard Federmann und Ingeborg Bachmann.

23. Mai
: Lesung in Niendorf (erste öffentliche Lesung in Deutschland). Von einigen Teilnehmern, darunter Hans Werner Richter selbst, wird die Art zu lesen als zu pathetisch beurteilt. Manche Reaktionen versteht Celan als antisemitisch.

25. Mai
: Teilnahme, neben Ingeborg Bachmann, am für die Tagungsteilnehmer ausgerichteten festlichen Essen.

28. Mai
: Aufnahme von 13 Gedichten aus dem späteren Band *Mohn und Gedächtnis* beim Nordwestdeutschen Rundfunk Hamburg, nicht darunter ist die *Todesfuge*.
: Abfahrt nach Frankfurt.

5. Juni
: Öffentliche Lesung in der Galerie Franck in Frankfurt.

Zwischen Juni und September
: Treffen mit Ilse Schneider-Lengyel in Paris, deren Bekanntschaft er im Mai in Niendorf gemacht hatte.

14.-31. Juli
: Erste gemeinsame Tage überhaupt mit Gisèle de Lestrange während eines Aufenthalts in Kärnten bei Klaus Demus und Nani Maier.

: Schwierigkeiten wegen der nicht vorhandenen Deutschkenntnisse, der daraus resultierende Eindruck von Distanz löst tiefe Angstgefühle aus.

17. oder 18. Juli
: Lesung bei der Deutschen Verlags-Anstalt in Stuttgart.

14. August
: Kauf mehrerer Kafka-Erstausgaben bei den Bouquinisten an der Seine.

Oktober
: Publikation der Übersetzung von Gedichten Marianne Moores in der ersten Nummer der Zeitschrift »Perspektiven«.

15. Oktober
Zurückstellung des ersten Antrags auf Einbürgerung um drei Jahre.

November   Schwere Konflikte mit Mutter und Schwestern wegen der Entscheidung, das Leben mit einem »Juden und Staatenlosen deutscher Zunge« zu teilen (mündlicher Bericht von Marie-Thérèse de Lestrange).

21. November
Entstehung des Gedichts *In memoriam Paul Eluard* am Tag vor der Beerdigung Eluards (gestorben am 17. 11. 1952), nach einem Besuch vor dem aufgebahrten Leichnam am Vortag. Celan evoziert Eluards Weigerung, Bretons Bitte um ein öffentliches Eintreten für den gemeinsamen Freund und Dichter Zavis Kalandra zu folgen, der als Trotzkist in Prag zum Tod verurteilt ist. Isac Chiva erhält eine Fassung des Gedichts auf Papier des Hotels Lutetia; in diesem Hotel hatten die Deutschen 1940 ihre Abwehr installiert, 1945 wurde dort eine Anlaufstelle für die aus dem KZ heimkehrenden Juden eingerichtet.

23. Dezember
Heirat von Gisèle de Lestrange und Paul Antschel im Rathaus des 5. Pariser Arrondissements. Einzige Gäste sind, als Zeugen, zwei Freundinnen der Braut, Yolande de Mitry und Elisabeth Dujarric de la Rivière. Celans Freunde Guy Flandre und Isac Chiva sind verhindert. Die Wohnung des Paares ist zunächst Celans Zimmer im Hotel d'Orléans (31, Rue des Ecoles, 5e).

Ende Dezember
Publikation von *Mohn und Gedächtnis* in Stuttgart (Deutsche Verlags-Anstalt). Es handelt sich zunächst nur um einen Teil der Auflage, der als Weihnachtsgabe für Freunde des Verlags verschickt wird; der größte Teil der Auflage erscheint erst 1953.

Ende Dezember 1952-Anfang Januar 1953
Hochzeitsreise in die Provence (Avignon, Saint-Rémy, Les

Baux, Vallauris). Avignon mit seinen Platanen und Befestigungsanlagen wird eine besondere Bedeutung im gesamten gemeinsamen Leben des Paares behalten.

1953

Publikation der Übersetzung *Zeichen* (*Signe*) in der von Flora Klee-Palyi unter dem Titel *Dichtungen* herausgegebenen Auswahl aus dem Werk von Apollinaire (Limes Verlag, Wiesbaden).

Januar
Publikation der Auftragsübersetzung des Essays von James Baldwin, »Protestromane für Jedermann« (»Everybody's Protest Novel«), im zweiten Heft der Zeitschrift »Perspektiven«.

Februar/März
Lektüre der ersten Hälfte von Heideggers *Sein und Zeit* mit Anmerkungen und Lektüredaten.

Juli
Umzug in zwei kleine Zimmer in einem der Familie de Lestrange gehörenden Gebäude (5, Rue de Lota, 16^e).
Ferienaufenthalt auf dem Besitz der Familie de Lestrange in Tournebride bei Evry-Petit-Bourg (Departement Seine-et-Oise, heute Evry, Departement Essone). Entstehung des Gedichts *Stilleben*.

6. Juli
Er verbringt den Tag mit seiner Tante Berta Antschel, die auf der Durchreise in Paris ist.

21. Juli
Neuer Antrag auf Einbürgerung, verbunden mit einem Antrag auf Namensänderung von Antschel zu Celan.

Juli/August
Lektüre von Heideggers Buch *Holzwege*. Die intensive Heidegger-Lektüre der 50er Jahre hinterläßt Spuren in Celans Dichten und poetologischem Denken.

August
    Claire Goll beginnt eine Diffamationskampagne mit einem Rundbrief an Verlage, Rundfunk- und Zeitschriftenredakteure, in dem sie Celan des Plagiats am Werk von Yvan Goll bezichtigt.
    Publikation der Übersetzung von *Lehre vom Zerfall* (*Précis de décomposition*) von Cioran (Hamburg, Rowohlt).
    Publikation der Auftragsübersetzung des Aufsatzes von Gilbert Seldes, »Gegenwärtige Tendenzen in Film und Fernsehen«, im vierten Heft der Zeitschrift »Perspektiven«.

7. Oktober
    Geburt des ersten Kindes: François.

8. Oktober
    Tod von François an den Folgen eines unsachgemäßen Einsatzes der Geburtszange. Celan schreibt in einem undatierten Brief an Chiva: »l'enfant est mort. Il a survécu l'accouchement – très difficile, trois fois forceps, puis finalement, pour le sauver, césarienne – il a survécu cet accouchement de 30 heures. / Mon fils, notre fils, notre fils François. / Gisèle est bien, la pauvre, son état évolue normalement *[das Kind ist tot. Es hat die – sehr schwere, dreimal Geburtszange, dann schließlich, um es zu retten, Kaiserschnitt – Entbindung 30 Stunden überlebt. / Mein Sohn, unser Sohn, unser Sohn François. / Gisèle, der Armen, geht es gut, ihr Zustand entwickelt sich normal].*«
    Entstehung des Gedichts *Grabschrift für François*, nach Angaben von Yves Bonnefoy, einige Tage *vor* der Geburt des Kindes in einer Vorahnung, der Titel kommt *nach* dem Tod hinzu. Nur dieses Gedicht publiziert Celan innerhalb eines Gedichtbands (*Von Schwelle zu Schwelle*) selbst mit einer Datierung (»Oktober 1953«).

Wohl 10. Oktober
    Beerdigung von François auf dem Friedhof für Paris in Thiais (Departement Val-de-Marne).

November
    Reise der Celans nach Italien (Ravenna, Florenz, Assisi).
    Publikation der Auftragsübersetzung des Artikels »›East of

Eden‹ von John Steinbeck. John Steinbecks Mythologie« von Claude-Edmonde Magny im fünften Heft der Zeitschrift »Perspektiven«.

10.-16. November
Aufenthalt in Florenz.

20. November
Aufenthalt in Assisi. Kauf einer Ausgabe der *Fioretti* des heiligen Franz und der englischen Biographie des Heiligen von G. K. Chesterton. In Erinnerung an die Reise entsteht Anfang 1954 das Gedicht *Assisi*.

Winter
Publikation der Auftragsübersetzung des Essays von Irvin Howe, »›The Encounter‹ von Crawford Power. Krise des Gewissens«, im sechsten Heft der Zeitschrift »Perspektiven«.

1954

3. Februar
Treffen mit Cioran.

24. Februar
Gemeinsamer Besuch bei Constantin Brancusi in seinem Atelier (Impasse Ronsin, 15e).

26. Februar, 15. März
Gespräche mit Marguerite Yourcenar in Zusammenhang mit der Übersetzung ihres Essays über Konstantin Kavafis in Deutschland (nicht realisiert).

Frühjahr
Publikation des Artikels »›The Voices of Silence: Man and his Art‹ von André Malraux« von George Boas im siebenten Heft der Zeitschrift »Perspektiven«.

23. März-9. April
Deutschlandaufenthalt.

26. März
: Begegnung mit Walter Höllerer, Mitherausgeber der neuen Literaturzeitschrift »Akzente«.
Lesung in Frankfurt.

29./30. März
: Aufenthalt in Düsseldorf.

31. März
: Gang durch das zerstörte Köln, zusammen mit Heinrich Böll.
Übersetzungsauftrag für zwei Kriminalromane von Simenon für den Verlag Kiepenheuer & Witsch (Köln).

5. April
: Lesung in München.

7. April
: Interview mit Karl Schwedhelm mit anschließender Lesung im Süddeutschen Rundfunk (gesendet 15. 6. 1954).
Lesung in Stuttgart.
Zweite Auflage von *Mohn und Gedächtnis*.

8. April
: Lesung in Esslingen.

26. April
: Celan schickt das Gedicht *Vor einer Kerze* an die belgische Zeitschrift »De Tafelronde« (Publikation 1955*)*.

Mai
: Fertigstellung der Übersetzung von Picassos Stück *Le Désir attrapé par la queue* (*Wie man Wünsche beim Schwanz packt*) und einiger Gedichte von Picasso (Publikation 1954 in Zürich, Arche Verlag).

13. Mai
: Begegnung mit Hans Arp.

29. Mai-10. Juni
: Gemeinsamer Aufenthalt in London.

9. Juni
Abendeinladung bei Erich Fried.

15. Juni
Begegnung mit Jean Cayrol. Beginn der Arbeit an der Übertragung von dessen gerade erschienenem Roman *L'espace d'une nuit*.

Sommer
Publikation der Übersetzungen *Salome* (*Salomé*), *Schinderhannes* und *Der Abschied* (*L'Adieu*) von Apollinaire im zweiten Heft der Zeitschrift »Die Neue Rundschau«.

Juli
Erste Begegnung mit René Char, der Celan am 23. 7. 1954 geschrieben hatte: »Sie sind einer der wenigen Dichter, den ich kennenlernen wollte.« (Übers.)

Ende Juli
Fertigstellung der Übersetzung *Hier irrt Maigret* von Simenon (*Maigret se trompe*); das Manuskript wird vom Verlag positiv beurteilt.

August
Publikation von *Assisi* im 4. Heft der »Akzente«.

29. August–9. September
Gemeinsame Reise in die Bretagne (Port-Navalo, Concarneau, Saint-Guénolé, Pointe du Raz, Baie des Trépassés, Douarnenez, Plage des Dames, Camaret, Brest, Pointe de Pen-Hir, Les Tas de Pois, Pointe du Toulinguet, Manoir de Coecilian – letzter Wohnsitz von Saint-Pol-Roux –, Camaret, Le Fret, Brest, Le Conquet, Brest, Le Pouldu, Josselin).

Herbst
Publikation der Übersetzung der Beiträge von Saul Bellow, Robinson Jeffers, Robert Motherwell und Roger Sessions in der Diskussion zum Thema »Der schöpferische Künstler und sein Publikum« im neunten Heft der Zeitschrift »Perspektiven«.

19. September–30. Oktober
> Gemeinsamer Aufenthalt in La Ciotat (Departement Bouches-du-Rhône) in La Rustique Olivette, einer Stiftung für Schriftsteller und Künstler, gegründet von dem Mäzen, Schriftsteller und militanten Linken Daniel Guérin.
> Entstehung mehrerer Gedichte: *Auch heute Abend* (1. Fassung am 19. 10. 1954 am Ende des Essays von Karl Löwith, *Heidegger Denker in dürftiger Zeit*), *Die Halde*, *Andenken*, *Schibboleth* und *Im Meer gereift* (endgültiger Titel: *Mit zeitroten Lippen*). Die beiden letzten Gedichte schickt er am 3. 10. 1954 als Maschinenreinschrift an Chiva und kommentiert: »Deux poèmes ›couleur-du-temps‹ si l'on peut dire, ›zeitrot‹ plutôt, et que j'ai longtemps mâchés pour les rendre assez amers. J'aimerais beaucoup savoir ce que tu en penses, surtout ce que tu penses de celui que j'ai appelé ›Schibboleth‹ (c'est un mot d'origine hébreue *[sic]* qui se trouve dans l'Ancien Testament, en allemand cela veut dire à peu près ›Erkennungszeichen‹), et où j'ai mis, tu le vois, le souvenir de l'insurrection ouvrière de Vienne et celui de Madrid révolutionnaire. Assez curieusement, la Licorne a voulu se faire conduire chez les chèvres de l'Estramadura: réminiscence, renouvelée ici, d'un flamenco que nous avons écouté chez toi *[Zwei, wenn man so will, ›zeitfarbene‹ Gedichte, eher ›zeitrot‹, die ich lange gekaut habe, um sie bitter zu machen. Ich wüßte sehr gerne, was Du davon denkst, vor allem, was Du von dem denkst, das ich ›Schibboleth‹ genannt habe (das ist ein Wort hebräischer Herkunft aus dem Alten Testament, auf deutsch bedeutet es ungefähr ›Erkennungszeichen‹) und in das ich, Du siehst es, die Erinnerung an den Arbeiteraufstand in Wien und den des revolutionären Madrid hineingeschrieben habe. Auf recht seltsame Weise wollte sich das Einhorn zu den Ziegen von Estramadura führen lassen: eine Reminiszenz, hier erneuert, an einen Flamenco, den wir bei Dir gehört haben].*«

Oktober: Die Vorbereitungen zum Beitritt der Bundesrepublik zu WEU und NATO, eingeleitet durch eine am 26. 2. 1954 beschlossene, die Wiederbewaffnung ermöglichende Verfassungsänderung, werden durch die Pariser Verträge abgeschlossen.

Gisèles Mutter, Marquise Odette de Lestrange, verteilt ihren Besitz an ihre Erben, legt das Armutsgelübde ab und geht als Schwester Marie Edmond (in Erinnerung an ihren verstorbenen Mann Edmond) in das Kloster der Congrégation des Servantes de l'Agneau de Dieu in Brest.

1. November: Beginn des Algerienkrieges.

Dezember (?)
Entstehung des Widmungsgedichts für René Char, *Argumentum e silentio*.

4. Dezember
Erster Besuch von René Char bei den Celans anläßlich eines Abendessens, weitere Begegnungen Celans mit Char am 9. und 15. 12. 1954.

1954-1957 Studien im Bereich der Radierung im Atelier Friedlaender, Paris. Die Beziehung zum Leiter des Ateliers, Johnny Friedlaender, gestaltet sich schwierig.

1955

Fertigstellung der Übersetzung von Cayrols Roman *L'espace d'une nuit* (*Im Bereich einer Nacht*); wegen verlegerischer und juristischer Probleme wird sie erst 1961 publiziert.

Anfang Januar
Fertigstellung der Übersetzung von Simenons Roman *Maigret à l'école* (vom Verlag eingesetzter Titel: *Maigret und die schrecklichen Kinder*); die als mittelmäßig eingestufte Übersetzung wird durch den Verlag bearbeitet. Publikation beider Simenon-Übersetzungen im gleichen Jahr (Köln, Kiepenheuer & Witsch).

15. Januar
Publikation der Übersetzung *Der Schlange zum Wohl* (*A la santé du serpent*) von René Char in der ersten Nummer der von Alfred Andersch herausgegebenen Zeitschrift »Texte und Zeichen«.

23. Januar-5. Februar
   Aufenthalt in Deutschland.

28. Januar
   Versuch, einige Schriftsteller und Kritiker auf die beiden von ihm als antisemitisch empfundenen Kritiken von Curt Hohoff (»Flötentöne hinter dem Nichts«, in: Geist und Ursprung, 1954) und Hans Egon Holthusen (»Fünf junge Lyriker«, in: »Merkur«, Mai 1954) aufmerksam zu machen; später wird er einen Satz von Hohoff aus einem Beitrag zu Moritz Heimann im gleichen Band als »ungeheuerlich« bezeichnen, denn: »er enthält die Rechtfertigung der Gaskammern«; die Gesprächspartner enttäuschen ihn, er schreibt an seine Frau, »daß die Resignation fast der wichtigste Gesichtspunkt im Verhalten der Leute ist, die nicht des Nazismus verdächtigt werden können«.

31. Januar
   Lesung in Esslingen.

Februar   Beteiligung an der Gruppenausstellung des Ateliers Friedlaender in der Pariser Galerie La Hune.

1./2. Februar
   Gespräche mit Vertretern der Deutschen Verlags-Anstalt Stuttgart über einen neuen Gedichtband.

3. Februar
   Besuch des Hölderlin-Archivs in Bebenhausen bei Tübingen, zusammen mit Johannes Poethen.

24. Februar
   Begegnung mit André du Bouchet.

27. Februar-3. März
   Kurzbesuch in London.
   Treffen mit seinen Freunden Klaus und Nani Demus; für diese liest er alle Gedichte des neuen Bandes *Von Schwelle zu Schwelle*.

6. April
Ablehnung des Antrags vom 21. 7. 1953 auf Namensänderung: Die Änderung wird nicht als Französisierung des Namens, sondern als Namensänderung im eigentlichen Sinn verstanden. Eine solche verlangte ein anderes, komplizierteres Antragsverfahren, auf das Celan schließlich, wenn auch widerwillig, verzichtet.

6. Juni
Verfrühte Geburt von Claude François Eric in Paris.

Mitte Juni
Publikation des zweiten Gedichtbandes *Von Schwelle zu Schwelle* in Stuttgart (Deutsche Verlags-Anstalt) mit der Widmung »Für Gisèle«.

Juli
Umzug in eine Wohnung im Besitz der Familie de Lestrange, zusammen mit Gisèles älterer Schwester Marie-Thérèse (29 bis, Rue de Montevideo, 16e).

8. Juli
Einbürgerung von Paul Antschel, veröffentlicht im »Journal officiel« am 17. 7. 1955.

24. September-3. Oktober
Aufenthalt in Deutschland (Köln, Düsseldorf, Wuppertal, Stuttgart).

29. September
Lesung in Wuppertal.

30. September
Lesung in Düsseldorf.
Empfang bei Hildegard de la Motte.

17. Dezember
Nach Rücksprache mit René Char bittet Jean Paulhan Celan, dem Redaktionskomitee der Zeitschrift »Nouvelle revue française« Gedichte vorzulegen. Celan kommt der Bitte wegen der bereits geplanten Veröffentlichung von Gedichten in der Zeitschrift »Cahiers du Sud« nicht nach.

1956

Publikation von sieben in Zusammenarbeit mit Edouard Roditi übersetzten Gedichten von Pessoa im Doppelheft 2/3 der Zeitschrift »Die Neue Rundschau«. Nach Angaben von Celan selbst bestand die Mitarbeit von Roditi in einer einzigen gemeinsamen Lektüre.

2. Januar - 30. April

Zeitvertrag als Übersetzer am Bureau International du Travail in Genf, die Familie wohnt dort möbliert. In seinem am 24. 4. 1956 ausgestellten Arbeitszeugnis formuliert Jean Demonsant, der Leiter der Übersetzungsabteilung, zu Celans Fähigkeiten: »Herr Antschel, der als Schriftsteller unter dem Pseudonym Paul Celan bekannt ist, hat während der gesamten Dauer seines Vertrages sowohl hinsichtlich der Qualität als auch der Quantität ausgezeichnete Arbeit geleistet. Mit großem kulturellem Hintergrund und soliden und umfangreichen Sprachkenntnissen hat er verschiedenste Aufgaben im Bereich von Übersetzung, Bearbeitung und Edition brillant gelöst. Er ging mit peinlicher Genauigkeit an die Vorbereitung wie die Durchsicht seiner Texte; mit großer Begabung für das Erfassen von Nuancen schreibt er ein absolut reines Deutsch, er bewegt sich mit gleicher Leichtigkeit im Französischen und hat auch hervorragende englische Sprachkenntnisse. Auch Übersetzungen aus dem Russischen kann er übernehmen. / Herr Antschel-Celan war im Dienst immer pünktlich und diszipliniert. Durch seinen Teamgeist, seine Freundlichkeit und ausgesuchte Höflichkeit gelang es ihm während seines zu kurzen Aufenthaltes am BIT, die Sympathie seiner Chefs wie auch aller seiner Kollegen zu erwerben; sein Weggang aus eigenem Wunsch wird einstimmig bedauert.« (Übers.)

März

Anonymer Brief, wohl aus der Feder von Claire Goll, mit der angeblichen Aussage des Ostberliner Schriftstellers Georg Maurer, Celan sei ein »Meisterplagiator«.

April

Publikation von vier Gedichten in der Zeitschrift »Cahiers

du Sud«, übersetzt (mit wesentlicher Beteiligung von Celan selbst) und eingeleitet von Jean-Pierre Wilhelm.

28. April - 2. Mai
Teilnahme am deutsch-französischen Schriftstellertreffen in Vézelay zum Thema »Der Schriftsteller vor der Realität«. Antisemitische Aussage einer Teilnehmerin (»Ich kann die Juden nicht riechen«) in einem privaten Gespräch.

26. Mai
Offener Brief von u. a. Heinrich Böll und Rolf Schroers zum antisemitischen Vorfall in Vézelay.

Sommer
Ferien der Familie in einer Mühle im Besitz der Familie de Lestrange in Rochefort-en-Yvelines (Departement Seine-et-Oise).
Entstehung einiger Gedichte aus dem Zyklus *Stimmen*, der später den Band *Sprachgitter* eröffnet.

11. August
Kauf des Bändchens *Nous deux encore* von Henri Michaux.

Etwa 16.-19. September
Aufenthalt in Stuttgart, um mit Hanne und Hermann Lenz das weitere Vorgehen wegen Claire Golls Verleumdungen zu besprechen.

13./14. Oktober
Teilnahme an einer Tagung des Grünwalder Kreises in Köln, einer von Hans Werner Richter gegründeten antifaschistischen Organisation. Celan sucht dort vor allem Hilfe in seinem Kampf gegen die Verleumdungen durch Claire Goll.

Ende November 1956 - Juni 1957
Vertretungsstelle an der École Normale Supérieure Saint-Cloud durch Vermittlung von Guido Meister, selbst Lektor an der École Normale Supérieure (Saint-Cloud) und Übersetzer. Die Kurse (Übersetzungsübungen für den Licence-Studiengang und Vorbereitung für die mündliche Übersetzungsprüfung der Agrégation) finden im Institut d'Études Germaniques (5, Rue de l'École de Médecine 6e) statt.

10. Dezember
Deutsche Erstaufführung von Alain Resnais' Film »Nacht und Nebel« mit dem von Celan übersetzten Text von Jean Cayrol, »Nuit et brouillard«. Voraus gehen die erfolgreiche Bitte des deutschen Botschafters in Paris Anfang 1956, den Film über den Völkermord in deutschen Konzentrationslagern wegen der erwarteten »unliebsamen Folgen für die Deutschen« aus dem Wettbewerb in Cannes zurückzuziehen, sowie eine Bundestagsdebatte deswegen am 7. 10. 1956, in deren Folge sich die Bundesregierung entschließt, zur Finanzierung der deutschen Übersetzung beizutragen. Für diese schlägt Cayrol Celan vor (siehe FN, S. 223-234).

1957/1958
Zusammen mit Ingeborg Bachmann verantwortlich für die deutsche Textauswahl in der mehrsprachigen, von Marguerite Caetani in Rom herausgegebenen Zeitschrift »Botteghe Oscure«.

1957

Ruth Kraft erstellt vor ihrer Ausreise aus Rumänien eine Maschinenabschrift aller bei ihr verbliebenen Gedichte Celans, das sogenannte »Typoskript 57«, das sie in fünf Exemplaren bei Freunden deponiert mit der Anweisung, es ihr nachzuschicken. Sie erhält erst 1970, nach dem Tod von Celan, ein Exemplar.

4.-8. Februar
Aufenthalt in Deutschland.

5. Februar
Begegnung mit Heinrich Böll und Rolf Schroers in Köln.

7. Februar
Lesung in Bremen. Wegen einer Frage nach seiner Beziehung zu Yvan Goll verläßt Celan erregt die Veranstaltung; es folgen Wochen voller Angst und Depressionen.

26. April-1. Mai
Aufenthalt der Familie in Brest, Besuch bei Gisèles Mutter, Schwester Marie Edmond.

17. Mai
 Entwurf des Gedichts *Matière de Bretagne*.

1.-7. Juni
 Aufenthalt in Deutschland.

3. Juni
 Lesung in Tübingen.

4. Juni
 Lesung in Stuttgart.

ab 7. Juni
 Reise mit der Familie nach Österreich und in die Schweiz (Badgastein, Wien, Zürich).

Ende Juni-Anfang Juli
 Ferien der Familie in Verbier (Wallis).

Sommer
 Wiederaufnahme des Kontaktes (nach zehn Jahren) durch die Bukarester Freunde Nina Cassian und Petre Solomon, ermöglicht durch eine Tauwetterperiode in Rumänien.

Ende Juli/Anfang August
 Übertragung des *Bateau ivre* (*Das trunkene Schiff*) von Rimbaud in wenigen Tagen.

30. Juli
 Übertragung des Gedichts *El Desdichado* von Nerval.

4., 9., 10. und 13. August
 Arbeit am Gedicht *Matière de Bretagne* und Reinschrift.

9.-12.(?) September
 Aufenthalt in Deutschland.

10.(?) September
 Verleihung des Literaturpreises des Kulturkreises im Bundesverband der Deutschen Industrie in Lübeck.

11. September
  Besuch in Hamburg.

9.-15.(?) Oktober
  Aufenthalt in Deutschland.

11.-13. Oktober
  Teilnahme an einer vom Wuppertaler Bund veranstalteten Tagung zum Thema »Literaturkritik – kritisch betrachtet«. Begegnung mit Peter Huchel und Hans Mayer.
  Wiederbegegnung mit Ingeborg Bachmann, Wiederaufnahme der Liebesbeziehung.

14. Oktober
  Kurzer Aufenthalt in Köln, untergebracht in einem Hotel in der kleinen Straße »Am Hof«; siehe das am 20. 10. 1957 geschriebene Gedicht *Köln, Am Hof*. Treffen mit Ingeborg Bachmann.

21. Oktober
  Treffen mit dem Mitherausgeber der Zeitschrift »Akzente« Walter Höllerer im Pariser Café Les deux Magots, Übergabe des am Vorabend geschriebenen Gedichts *Köln, Am Hof*, am folgenden Tag ergänzt durch die Übersetzung von Nervals *El Desdichado* (beide erscheinen 1958 in der Zeitschrift).

30. Oktober
  Übersetzung der Gedichte *Les Cydalises* (*Die Cydalisen*) von Nerval und *Prière* (*Gebet*) von Artaud (Publikation jeweils 1958).

8. November
  Besuch von Rose Ausländer; er widmet ihr seinen Band *Mohn und Gedächtnis* mit den Worten »in Gedanken an die versunkene Heimat und die fernen Freunde«; sie widmet ihm den 1939 in Czernowitz erschienenen Gedichtband *Der Regenbogen* mit den Worten »in Bewunderung«.

15. November
  Begegnung mit Jean Bazaine. Beginn der Übersetzung von dessen 1953 erschienenen *Notes sur la peinture d'aujourd'hui*

(*Notizen zur Malerei der Gegenwart*, Publikation 1959). Die Arbeit steht in deutlicher Beziehung zu den künstlerischen Interessen seiner Frau.

19. November
Umzug in die erste eigene Wohnung, eine Vier-Zimmer-Eigentumswohnung (78, Rue de Longchamp, 16ᵉ).

2.-11. Dezember
Aufenthalt in Deutschland.

4. Dezember
Lesung unveröffentlichter Gedichte für den Süddeutschen Rundfunk (Stuttgart).

6. Dezember
Lesung in Tübingen.

7.-9. Dezember
Besuch bei Ingeborg Bachmann in München.

9.-11. Dezember
Aufenthalt in Frankfurt. Gespräche mit Vertretern der Verlage S. Fischer und Suhrkamp.

17. Dezember
Reinschrift und Maschinenabschrift eines Teils der Übersetzung von *Nous deux encore* (*Noch immer und wieder, wir beiden*) von Henri Michaux.

24. Dezember
Fertigstellung der Übersetzung von Eluards Gedicht *Nous avons fait la nuit*, von der Celan Ingeborg Bachmann eine datierte Reinschrift schenkt. Eine erste Fassung ist auf einem Programm des »Festival de Paris« (mit Veranstaltungen in den Bereichen von Theater, Lyrik und Kino) von April/Mai 1956 notiert.

1958

Publikation der Übersetzung *Die Cydalisen* (*Les Cydalises*) von Nerval in der von Flora Klee-Palyi herausgegebenen *Anthologie der französischen Dichtung von Nerval bis zur Gegenwart* (Limes, Wiesbaden).

Anfang Januar
Publikation der Antwort auf eine Umfrage der Librairie Flinker, Paris, über die derzeitigen Arbeiten und Projekte bei verschiedenen Schriftstellern und Philosophen im »Almanach« 1958 der Buchhandlung. Celan stellt dort unter anderem die deutsche und die französische Dichtung einander gegenüber und formuliert einen grundlegenden Unterschied aufgrund ihrer verschiedenartigen historischen Bedingungen.

Januar Tagebuchnotizen sprechen von ihrer tiefen Bestürzung über die Liebesbeziehung des Ehemanns mit Ingeborg Bachmann.

23.-29. Januar
Aufenthalt in Deutschland.

23./24. Januar
Aufenthalt in Köln.
Diskussionen mit Heinrich Böll und Paul Schallück über die Goll-Affäre und die Ereignisse in Vézelay Ende April 1956.

25. Januar
Fahrt nach Bremen, Notizen zur Preisrede.
Interview mit Harry Neumann (publiziert am 27. 1. 1958 in der Tageszeitung »Die Welt«).
Lesung im »Neuen Forum« Bremen.

26. Januar
Verleihung des Literaturpreises der Freien Hansestadt Bremen.

27. Januar
Aufenthalt in Hamburg.

28./29. Januar
    Aufenthalt in München bei Ingeborg Bachmann.

30. Januar
    Publikation der Übertragung *Ihr Äcker* (*О пашни, пашни, пашни*) von Esenin in der Wochenzeitung »Die Zeit«.

2.-4. Februar
    Übersetzung von Aleksandr Bloks Poem *Двенадцать* (*Die Zwölf*) in drei Tagen.

4. Februar
    Erstdruck der »Ansprache anläßlich der Entgegennahme des Literaturpreises der Freien Hansestadt Bremen« auf ausdrücklichen Wunsch Celans in der »Frankfurter Allgemeinen Zeitung« unter dem Titel »Wirklichkeitswund und Wirklichkeit suchend«.

26. Februar
    Publikation der später in *Sprachgitter* aufgenommenen Gedichte *Schneebett*, *Windgerecht*, *Matière de Bretagne*, *Nacht*, *Köln, Am Hof*, *Allerseelen* und *In Mundhöhe* im ersten Heft von »Akzente«.

    Kauf einer Handpresse, die ihr in Zukunft ein vom Atelier Friedlaender unabhängiges Drucken der eigenen Radierungen ermöglicht.

27. Februar
    Publikation der Übersetzung *An seine stumme Geliebte* von Andrew Marvells Gedicht *To His Coy Mistress* in der Wochenzeitung »Die Zeit«.

Frühjahr
    Publikation der Übersetzung von sechs Esenin-Gedichten, der in Bremen gehaltenen Preisrede und der Übersetzung *Die Cydalisen* (*Les Cydalises*) von Nerval im ersten Heft der Zeitschrift »Die Neue Rundschau«.

10. März   Widmung des Gedichtbandes *Anrufung des großen Bären* (1957) durch Ingeborg Bachmann mit den

Worten: »Pour Gisèle« / »sous les ombres: les roses.« / »Ingeborg« / »Munic *[sic]*, le 10 mars 1958« *[Für Gisèle / unter den Schatten: die Rosen. / Ingeborg / München, den 10. März 1958]*; sowie des Gedichtbands *Die gestundete Zeit* (²1957) mit den Worten: »Pour Gisèle« / »Ingeborg« / »Munic *[sic]*, mars 1958« *[Für Gisèle / Ingeborg / München, März 1958]*.

23. April

Publikation der Übersetzung von Nervals *El Desdichado* im zweiten Heft der Zeitschrift »Akzente«.

Mai

Publikation der Übersetzung des wenige Tage vor dem Tod in Theresienstadt geschriebenen Gedichts von Robert Desnos, *Epitaph* (*L'Épitaphe*), und seines Gedichts ›Das letzte Gedicht‹ (*Le dernier poème*) in der Zeitschrift »Merkur« (Nr. 123).

4.-8. Mai

Aufenthalt in Deutschland (Köln, Düsseldorf, Wuppertal, München).

5. Mai

Lesung in Düsseldorf.

6. Mai

Lesung in Wuppertal.

7. Mai

Aufenthalt in München bei Ingeborg Bachmann.

Mai/Juni: 13. 5. Aufstand in Algier; 28. 5. große Demonstration zur Verteidigung der Republik in Paris; 1. 6. Einsetzung von Charles de Gaulle als Regierungschef durch die Nationalversammlung; 4.-7. 6. erste Reise de Gaulles nach Algerien; 17.-20. 6. Konferenz in Tunis für eine friedliche Beilegung des Algerien-Konflikts.

Juni

Publikation der Übersetzung *Das trunkene Schiff* (*Le Bateau ivre*) von Arthur Rimbaud in der römischen Zeitschrift »Botteghe Oscure« (Heft 21).

Einzelausstellung im Studio für neue Kunst, Museum Wuppertal.

14.-20. Juni
Gemeinsamer Aufenthalt in Deutschland (Wuppertal, Düsseldorf, Frankfurt a. M.).

30. Juni-2. Juli
Mehrere Treffen mit Ingeborg Bachmann in Paris.

15. Juli-2. September
Mehrere Treffen mit Karl Krolow in Paris.

31. Juli
Begegnung mit Erwin Leiser in Paris.

August
Publikation der Übersetzung *Die Stuten, die Schiffe* (*Кобыльи корабли*), eines Zyklus' von fünf Gedichten von Esenin, im vierten Heft der Zeitschrift »Akzente«. Dem Heft liegt eine Publikation der Bremer Rede lose bei.

18. August
Besuch bei Hans Arp in Meudon, wohl zusammen mit Karl Krolow (spätere Vorbehalte gegenüber Arp haben sicher mit dessen Kontakt zu Claire Goll zu tun).

September   Einzelausstellung im Graphischen Kabinett, Bremen.

Anfang September
Publikation der Übersetzung Arthur Rimbaud, *Bateau ivre – Das trunkene Schiff* (zweisprachige Ausgabe, Wiesbaden, Insel).

Ende September
Publikation der Übersetzung *Die Zwölf* von Alexander Block in Frankfurt a. M. (S. Fischer).

Herbst
Publikation der Übersetzungen von acht Gedichten Osip

Mandel'štams im dritten Heft der Zeitschrift »Die Neue Rundschau«.

3. November
Manuskript von *Sprachgitter* an den S. Fischer Verlag.

12.-20. November
Aufenthalt in Deutschland (Wuppertal, Köln, Bonn, Frankfurt).

15. November
Besuch im Wallraf-Richartz-Museum Köln: Rembrandt, Selbstbildnis von 1665.

17. November
Lesung in Bonn.

etwa 21. November
Informationen über Publikumsreaktionen auf seine Vortragsweise während der Bonner Lesung, besonders sein Pathos bei der Lesung einiger Verse am Ende von *Engführung*: »[...] die // Chöre, damals, die / Psalmen. Ho, ho-/sianna. // Also / stehen noch Tempel. Ein / Stern / hat wohl noch Licht. / Nichts, / nichts ist verloren. // Ho-/sianna«. Ein Zuhörer soll nach der Lesung eine Karikatur deutlich antisemitischer Ausprägung herumgezeigt haben: einen unter dem Gewicht seiner Ketten gebeugten Sklaven, der sich, mit Schaum vor dem Mund, gegen diese auflehnt, mit der Unterschrift: »Hosiannah dem Sohne Davids!«

Ende November
Publikation der Übersetzung *Hypnos. Aufzeichnungen aus dem Maquis* (*Feuillets d'Hypnos*) von René Char im vierten Heft der Zeitschrift »Die Neue Rundschau«.

16.-18. Dezember
Aufenthalt in Frankfurt.
Gespräche mit Rudolf Hirsch vom S. Fischer Verlag über die Publikation von *Sprachgitter* und einer Auswahl von Mandel'štam-Übersetzungen.

Ende Dezember 1958-8. Januar 1959
Aufenthalt der Familie in der Provence und an der Côte d'Azur (Bandol, La Ciotat, Toulon, Le Lavandou, Bormes, Le Rayol).

Winter
Publikation der Übersetzungen *Die Herbstzeitlosen* (*Les Colchiques*) von Apollinaire, *Nous avons fait la nuit* von Eluard, *Rondel* von Mallarmé und *Airs* von Supervielle im »Insel-Almanach auf das Jahr 1959«.

1959

Publikation der Übersetzung *Notizen zur Malerei der Gegenwart* (*Notes sur la peinture d'aujourd'hui*) von Jean Bazaine (Frankfurt a. M., S. Fischer).
Publikation der Übersetzung von fünf Gedichten Esenins in der von Gisela Drohla herausgegebenen Anthologie *Russische Lyrik des 20. Jahrhunderts* (Wiesbaden, Insel).

21. Januar
Notiz im Taschenkalender nach einem Treffen mit Émile Cioran: »(C. unverändert; undeutlich, verlogen, suspekt)«; von Ciorans tatsächlichem Engagement innerhalb des rumänischen Faschismus, auf das er vielleicht hier anspielt, erfährt er erst 1967). Weitere Treffen mit Cioran im Lauf des Jahres.

Januar oder Februar
Erste Begegnung mit Henri Michaux.

6. Februar
Bitte an Michaux, die vor mehr als einem Jahr vollendete Übersetzung von Michaux' nach dem Tod seiner Frau (an bei einem Unfall zugezogenen Verbrennungen) geschriebenen Textes *Nous deux encore* publizieren zu dürfen.

11. Februar
Antwort von Michaux: »Ein regelmäßig wiederbelebter Komplex von Verlegenheit, von Scham hält mich seit langem gefangen, ein Eindruck von Verrat, mangelnder Zurückhaltung, seit ... das ... veröffentlicht ist, und heute holt mich

meine Taktlosigkeit wieder ein. / Ich hätte sollen ... aber was hätte ich sollen? / Durch diese Worte lebt sie. Aber unser Geheimnis stirbt. / Wenn es eine Sprache ist, die die Diskretion des Intimen wahren kann, können Sie es haben. Erlauben Sie mir nur die Bemerkung (aber darauf bestehe ich absolut): es darf nur eine ein wenig geöffnete Tür sein. Durch eine Notiz in einer Zeitschrift und eine limitierte Auflage. / Ich bewahre in mir den Eindruck unserer Begegnung, aber warum ist es so schwierig, Übersetzungen Ihrer Gedichte zu bekommen? / Ihr Henri Michaux« (Übers.). Wegen Michaux' Vorbehalten verzichtet Celan auf die Publikation der Übersetzung.

März
Publikation von *Sprachgitter* in Frankfurt a. M. (S. Fischer).

8. März
Begegnung mit Ilse Schneider-Lengyel, Mitglied der Gruppe 47.

11. März
Einladung zum Mittagessen für Ilse Schneider-Lengyel in der Rue de Longchamp.

17.-20. März
Aufenthalt in Deutschland.

19. März
Lesung in Frankfurt im S. Fischer Verlag.

Frühjahr
Publikation der Übersetzungen *Hypnos. Aufzeichnungen aus dem Maquis* (*Feuillets d'Hypnos*) und *Einer harschen Heiterkeit* (*A une sérénité crispée*) von Char in der von Jean-Pierre Wilhelm zusammen mit Christoph Schwerin herausgegebenen Auswahl *Poésies / Dichtungen*, die auch Übersetzungen von Johannes Hübner, Lothar Klünner und Jean-Pierre Wilhelm enthält (Frankfurt a. M., S. Fischer).

10. April
Begegnung mit Peter Szondi.

1959

26. April
>Begegnung mit Jean Bollack durch Vermittlung von Peter Szondi.

23. Mai-24. Juli
>Aufenthalt der Familie in Deutschland, Österreich und der Schweiz: Stuttgart (23./24. 5.), Salzburg (25. 5.), Wald bei Krimml (26. 5.) mit Ausflügen von dort nach Krimml und auf den Falkenstein (27. 5.), auf den Gerlos-Paß (28. 5.), nach Zell am See (31. 5.) und zu den »Wasserfällen (Die Kanzeln)« von Krimml (1. 6.); vom 5. bis 12. 6. sind die Celans in Wien und treffen Milo Dor und Nani und Klaus Demus; am 21. 6. ist die Familie im Felbertal, dann Fahrt nach Hintersee, 22. bis 24. 6. in Innsbruck (siehe Abb. 7), dort Treffen mit Ludwig von Ficker und Axel Corti; 24. 6. Rückkehr nach Wald, 28. 6. Abfahrt in die Schweiz.
>Etwa am 1. 7. Segeltour der Familie auf dem Zürichsee auf Einladung von Walter Georgi, zusammen mit Günter Grass (siehe FN, S. 262).
>Im Juli ist die Familie in Sils-Baselgia (Graubünden). Das vorgesehene Treffen mit Th. W. Adorno in Sils-Maria findet nicht statt.

25. Juni
>Notiz im Taschenkalender: »Geburtstag Ingeborg«, d. h. Ingeborg Bachmann.

15. Juli
>Notiz im Taschenkalender: »Jeune Parque-Übersetzung beendet« (das Manuskript geht erst am 30. 11. an den Verlag).

August
>Publikation der Übersetzung von sieben Gedichten Esenins in der Zeitschrift »Merkur« (Nr. 138).
>Entstehung von *Gespräch im Gebirg* in Erinnerung an die verfehlte Begegnung mit Theodor W. Adorno in Sils-Maria.

5. August
>Teilnahme am deutsch-französischen Schriftstellertreffen in Poigny-la-Forêt (Departement Yvelines).

16.-18. und 22.-23. August
  Er schließt sich dem Sommerurlaub seiner Familie in Houlgate an der normannischen Küste an.

2. September
  Übersetzung des Gedichts *Die vier Lebensalter* von W. B. Yeats (*The Four Ages of Man*).

Herbst
  Publikation der Verse 1-173 aus der Übersetzung *Die junge Parze* (*La Jeune Parque*) von Paul Valéry im dritten Heft der Zeitschrift »Die Neue Rundschau«.

Oktober
  Publikation der Übersetzung *Der Tod* (*I could not stop for Death*) von Emily Dickinson im »Almanach« des S. Fischer Verlages.

1. Oktober
  Anstellung als Deutschlektor an der École Normale Supérieure in der Rue d'Ulm (bis zu seinem Tod 1970).

11. Oktober
  Sprachgitter-Rezension von Günter Blöcker im Berliner »Tagesspiegel«. Celan ist in seinen Grundfesten erschüttert, weil sie durch die Schoah wesentlich geprägte Gedichte wie *Todesfuge* und *Engführung* als »kontrapunktische Exerzitien auf dem Notenpapier« bezeichnet und Celans »Herkunft« als Grund dafür sieht, daß er »der deutschen Sprache gegenüber eine größere Freiheit als die meisten seiner dichtenden Kollegen« habe, was »oftmals dazu verführt, im Leeren zu agieren.«

17. Oktober
  Publikation der Übersetzung *Zwischen Frühling und Sommer* (בין אביב לקיץ) von David Rokeah in der »Neuen Zürcher Zeitung«.

22. Oktober
  Durchsicht der Jahrgänge 1940-1944 von Goebbels' Wochenzeitung »Das Reich« in der Pariser Nationalbibliothek

auf der Suche nach bekannten Namen der deutschen Nachkriegsliteratur.

26. Oktober
Entstehung des Gedichts *Wolfsbohne* als Reaktion auf Blöckers Kritik; er nennt dort den Namen des Lagers Michailowka in der Ukraine, wo die Eltern ermordet wurden.

November
Publikation der Auswahl Ossip Mandelstamm, *Gedichte* (Frankfurt a. M., S. Fischer).

Anfang Dezember: Die Schlußabstimmung im Deutschen Bundestag über ein in erster und zweiter Lesung bereits angenommenes Gesetz zum Straftatbestand Volksverhetzung wird ausgesetzt.

Weihnachtsnacht: Hakenkreuzschmierereien an der neuen Kölner Synagoge, im weiteren massives Wiederaufleben antisemitischer Angriffe in Deutschland wie im Ausland (auch in Frankreich und Schweden).

1960

Januar: Ausführliche Berichte über die antisemitischen Angriffe in allen deutschen und französischen Tageszeitungen.

Tiefe Erschütterung durch die Nachricht vom Tod der Jugendfreundin Rosa Leibovici.

4.-20. Januar   Skiurlaub mit Eric in Méribel-les-Allues (Departement Savoie).

4. Januar
Tod von Albert Camus bei einem Autounfall. Celan gibt wenige Tage später seinen Studenten einen Auszug aus *L'Été* von Camus zur Übersetzung.

11. Januar
Besuch des französischen Kritikers René Ferriot in der Rue de Longchamp wegen eines geplanten Artikels in der Zeitschrift »Critique« (erscheint im Juli).

12. Januar
  Begegnung mit Jules Supervielle, der ihm seinen zuletzt erschienenen Band *Le corps tragique* (1959) mit den Worten widmet: »A Paul Celan« / »de poète à poète« / »et en souvenir de notre première rencontre« / »Jules Supervielle« *[Für Paul Celan / von Dichter zu Dichter / und in Erinnerung an unsere erste Begegnung]*.

15.-18. Januar
  Aufenthalt in Frankfurt und Wiesbaden.
  Gespräche mit verschiedenen Vertretern der Verlage S. Fischer und Insel, u. a. in Hinblick auf die Publikation der Übertragung *Die junge Parze*.

16. Januar
  Lesung der Übersetzung *Die junge Parze* im Insel Verlag.

Februar
  Teilnahme an einem Büchner-Seminar von Hans Mayer in der École Normale Supérieure in der Rue d'Ulm.

3. Februar
  Anfrage des Norddeutschen Rundfunks (Abteilung Hannover) für einen biographisch-analytischen Kommentar über Mandel'štam zu einer Sendung mit Mandel'štam-Übertragungen.

15. Februar
  Entstehung der Übertragung von Shakespeares Sonett 137 (erscheint im Juni).

März
  Publikation der Übersetzung Paul Valéry, *Die junge Parze* (Wiesbaden, Insel).

7. März
  Manuskript des Einleitungstextes »Die Dichtung Ossip Mandelstamms« an den Norddeutschen Rundfunk.

19. März
  Erstsendung der Mandel'štam-Einleitung unter dem vom

Sender gewählten Titel »›Die Freiheit, die da dämmert‹ – Gedichte von Ossip Mandelstamm, aus dem Russischen übertragen und eingeleitet von Paul Celan«.

4.-16. April
Skiferien der Familie in Méribel-les-Allues.

13. April
Notiz im Taschenkalender: »Selbstbegegnung« (siehe »Der Meridian«).

3. Mai
Kenntnisnahme des diffamatorischen, von der Redaktion »Unbekanntes über Paul Celan« überschriebenen Leserbriefs von Claire Goll im Ende April erschienenen fünften Heft der kleinen Münchner Zeitschrift »Baubudenpoet«, Ausgangspunkt für die aggressive Phase der Goll-Affäre in den Jahren 1960/1961.

10.-14. Mai
Aufenthalt in Deutschland (Köln, Bonn, Frankfurt).
Gespräche über die neuen Angriffe von Claire Goll mit Otto Pöggeler, Klaus Demus, Th. W. Adorno und Vertretern des S. Fischer Verlages, auch mit dessen Justitiar.

14. Mai
Durch einen Anruf seiner Frau erfährt er von seiner Wahl zum Büchner-Preisträger.

17. Mai: Tod von Jules Supervielle.

25.-28. Mai
Aufenthalt der Familie in Zürich anläßlich der Verleihung des Meersburger Droste-Preises an Nelly Sachs (29. 5., er nimmt an der Preisübergabe selbst nicht teil). Er und Nelly Sachs begegnen sich zum ersten Mal.

25. Mai
Abendessen in der Zürcher Kronenhalle zusammen mit Nelly Sachs, Eva-Lisa Lennartsson, Ingeborg Bachmann und Max Frisch.
Gespräche über die Goll-Affäre.

26. Mai
Treffen mit Nelly Sachs im Zürcher Hotel Zum Storchen. Er notiert in den Taschenkalender: »4 h Nelly Sachs, allein. ›Ich bin ja gläubig‹. Als ich darauf sage, ich hoffte, bis zuletzt lästern zu können: ›Man weiß ja nicht, was gilt.‹«
Zirkusbesuch der Familie, dann Abendessen mit Ingeborg Bachmann.

30. Mai
Entstehung des Nelly Sachs gewidmeten Gedichts *Zürich, Zum Storchen*.

Juni-August
Lebhafte Übersetzertätigkeit: Gedichte von Supervielle, Dickinson, Majakovskij und Esenin.

Anfang Juni
Publikation der Übersetzung von Shakespeares Sonetten XC und CXXXVII im ersten Heft der Zeitschrift »Die Neue Rundschau«.

13.-17. Juni
Besuch von Nelly Sachs, in Begleitung ihrer Freundin Eva-Lisa Lennartsson, in Paris.
Gespräche über die Blöcker-Rezension und die Goll-Affäre, auch in Anwesenheit von Hans Magnus Enzensberger.

10.-24. Juli
Ferien der Familie in Trébabu (Bretagne), in der Nähe des Hafens Le Conquet (Departement Finistère).

14. Juli
Erste Fassung (nach Fragmenten am 6. 6.) des Gedichts *Zwölf Jahre*, das u. a. an seine Ankunft an diesem Tag in Paris vor zwölf Jahren erinnert.

24. Juli
Information über den besorgniserregenden psychischen Zustand von Nelly Sachs durch deren Freundin Inge Waern.

4.-7. August
Aufenthalt in Wien bei Klaus Demus zur Vorbereitung einer »Entgegnung« auf Claire Goll in der Zeitschrift »Die Neue Rundschau«.

7. August
Publikation des Gedichts *Zürich, Zum Storchen*, zusammen mit dem Gedicht »Mund / saugend am Tod« von Nelly Sachs, in der »Neuen Zürcher Zeitung«.

29. August
Bitte von Nelly Sachs' Freundin Gudrun Dähnert, nach Stockholm zu Nelly Sachs zu kommen.

Ende August
Publikation von *Gespräch im Gebirg* im zweiten Heft der Zeitschrift »Die Neue Rundschau«.

1.-8. September
Aufenthalt in Stockholm: tägliche Besuche bei der schwerkranken Nelly Sachs im Krankenhaus.

9. September
Auf dem Rückweg Zwischenstation in Köln: Gespräche mit Otto Pöggeler über die Goll-Affäre.

14. September
Begegnung mit Martin Buber in dessen Hotel Saints-Pères in Saint-Germain-des-Prés, nachdem Celan dort am Vorabend seine Gedichtbände *Mohn und Gedächtnis*, *Von Schwelle zu Schwelle* und die Mandel'štam-Auswahl für Buber abgegeben hatte. Er ist zutiefst enttäuscht, da sich kein wirkliches Gespräch ergibt.

13. Oktober
Publikation der Übersetzungen *Der Tod der Armen* (*La Mort des pauvres*) von Baudelaire, *Wiedergefunden* (*Elle est retrouvée!*) von Rimbaud und *Und sollt er wiederkommen* (*Et s'il revenait un jour*) von Maeterlinck im »Almanach« des S. Fischer Verlages.

20.-25. Oktober
Aufenthalt in Deutschland (Frankfurt, Darmstadt).

21. Oktober
Lesung in Darmstadt.

22. Oktober
Verleihung des Georg-Büchner-Preises in Darmstadt. Seine Preisrede *Der Meridian* enthält entscheidende, am Werk Georg Büchners entwickelte Aussagen zur eigenen Dichtung.

25. Oktober
Treffen mit Th. W. Adorno, der Celan sein Buch *Mahler. Eine musikalische Physiognomik* (1960) mit den Worten widmet: »Meinem lieben Paul Celan« / »als kleines Zeichen« / »der herzlichsten Verbundenheit« / »Theodor W. Adorno« / »Frankfurt, 25. Oktober 1960.«

Etwa 20. November
Publikation der von Demus mit Celans Hilfe verfaßten »Entgegnung« auf Claire Goll im dritten Heft der Zeitschrift »Die Neue Rundschau«. Mitunterzeichner sind Marie Luise Kaschnitz und Ingeborg Bachmann.

25.-27. November
Aufenthalt in Zürich: Gespräche mit Ingeborg Bachmann und Werner Weber von der »Neuen Zürcher Zeitung« über die Goll-Affäre.

3. Dezember
Publikation von sieben Übersetzungen von Gedichten Jules Supervielles in der »Neuen Zürcher Zeitung«.

15. Dezember 1960-4. Januar 1961
Skiferien mit Eric in Montana (Wallis).

20.-29. Dezember
Celan schließt sich dem Skiurlaub seiner Familie an.

23. Dezember
Geschenk zum Hochzeitstag: das Gedicht *Und schwer.*

1961

Publikation der Übersetzung *Im Bereich einer Nacht* von Jean Cayrol (Freiburg i. Br./Olten, Walter Verlag).

Januar   Sie schlägt ihrem Mann vor, Paris wenigstens ein Jahr zu verlassen, um dem Einfluß der Goll-Affäre zu entgehen; sie denkt u. a. an Trébabu in der Bretagne – der Plan wird nicht verwirklicht.

28. Januar
Besuch bei Walter Jens in Tübingen in Zusammenhang mit einem Plan von Jens, einen Artikel zur Verteidigung von Celan in der Wochenzeitung »Die Zeit« zu publizieren. Siehe das am folgenden Tag entstandene Gedicht *Tübingen, Jänner.*

15. Februar
Begegnung mit dem Romancier Henri Thomas, weitere Treffen in den Jahren 1961 und 1962 folgen. Die fast vollständige Übertragung von dessen im November 1961 erschienenem Roman *Le Promontoire* (*Das Vorgebirge*) bleibt unveröffentlicht.

15. März
Vortrag von Th. W. Adorno am Collège de France in Anwesenheit von Celan.

17. März
Publikation der kurzen Antwort auf eine Umfrage der Librairie Flinker, Paris, zur literarischen Zweisprachigkeit im »Almanach« 1960/1961 der Buchhandlung.

Mitte bis Ende März
Publikation der Übersetzung *Alte Eule, sie war weise* (*A wise old owl*) von John Updike innerhalb von dessen Roman *Das Fest am Abend* (*The Poorhouse Fair*, deutsche Übertragung von Maria Carlsson, Frankfurt a. M., S. Fischer), eine Gefälligkeitsarbeit für den Verlag.

Etwa 20. März
Publikation der Büchnerpreisrede unter dem Titel *Der Meridian* und der Übertragung Sergej Jessenin, *Gedichte* (Frankfurt a. M., S. Fischer).

26. März - 7. April
Aufenthalt der Familie in Montana (Wallis). Besuch von mit Rilke verbundenen Orten (Raron, Sierre, Muzot).

Etwa April
Publikation des *Ein Brief* überschriebenen Briefs an Hans Bender in der zweiten Auflage von dessen Anthologie *Mein Gedicht ist mein Messer* (München, List Verlag).

20. Mai
Lesung in Hannover.

30. Mai
Von Chiva vermittelte Begegnung mit Michel Leiris. Gespräch über mögliche Antworten auf die Goll-Affäre.

Juni
Publikation der Übertragung von »Acht Gedichten« Emily Dickinsons im ersten Heft der Zeitschrift »Die Neue Rundschau«.

10.-13. Juni
Besuch von Rolf Schroers in Paris, Rue de Longchamp, zur Vorbereitung weiterer Schritte in der Goll-Affäre.

30. Juni
Entscheidung, den Unterricht an der École Normale Supérieure im Herbst nicht wiederaufzunehmen (Mitteilung an den Direktor Jean Hyppolite und den Generalsekretär Jean Prigent), aus dem Wunsch heraus, wegen der Goll-Affäre Paris zu verlassen und damit der ihn dort erwartenden Post zu entgehen. Die Entscheidung wird im Lauf des Sommers rückgängig gemacht.

Anfang Juli - 5. September
Aufenthalt der Familie in Trébabu (Bretagne).

Entstehung einer Reihe von Gedichten, die später in den dritten Zyklus der *Niemandsrose* aufgenommen werden, darunter *Le Menhir* (inspiriert durch den Menhir von Kerloas), das nach einem Besuch an der Reede von Brest entstandene Gedicht *Nachmittag mit Zirkus und Zitadelle*, *Kermorvan* und *Die hellen / Steine*.

12./13. August: Bau der Berliner Mauer.

25. September
Eintrag im Taschenkalender: »École Normale / Prigent, Hyppolite / reprise du poste de lecteur *[Wiederaufnahme der Lektorenstelle]*«. Er teilt also dem Generalsekretär Prigent und dem Direktor Hyppolite der École Normale Supérieure mit, daß er seine Arbeit wiederaufnimmt. Die Kurse beginnen im übrigen erst im November.

Herbst
Schwerwiegende psychische Probleme in Zusammenhang mit der Goll-Affäre. Überlegungen hinsichtlich einer psychiatrischen Behandlung.

November
Publikation der Übersetzung *Der Dämmer, herbstlich* (Осенний сумрак – ржавое железо) von Osip Mandel'štam im »Almanach« des S. Fischer Verlags.

2. November
Er erfährt vom Selbstmord der Jugendfreundin Lia Fingerhut durch Ertränken.

9. November
Vorschlag von Christoph Schwerin (S. Fischer Verlag) für ein Treffen mit Henri Michaux in Hinblick auf den Plan, in Deutschland eine Werkauswahl von Michaux zu publizieren. Abendessen in der Rue de Longchamp mit Eugène und Rodica Ionesco.

18. Dezember 1961 – 2. Januar 1962
Winterferien mit der Familie in Montana (Wallis, Schweiz).

1962

Das Gedicht *Großes Geburtstagsblaublau mit Reimzeug und Assonanz* erscheint im Band *guten morgen vauo – ein buch für den weißen raben v. o. stomps*, einem Hommage-Band für den Begründer der Eremiten-Presse, V. O. Stomps.

etwa 7. Januar (?)

Nicht abgesandter Brief an Jean-Paul Sartre zur Goll-Affäre, die hier als »une vraie affaire Dreyfus *[eine wahre Dreyfus-Affäre]* – sui generis« charakterisiert wird (GA Dok. 191).

29. Januar

Notiz im Taschenkalender: »Incinération de Nathalie Trotski *[Einäscherung von Nathalie Trotzki]*«.

28. Februar-4. März

Besuch von Klaus Demus in Paris. Mißverständnisse im Zusammenhang mit der Goll-Affäre führen im folgenden (Juni) zum Abbruch der Beziehungen.

März: Ende des Algerienkrieges.

Frühjahr

Publikation der Übertragung von elf Gedichten Supervielles im vierten Heft 1961 der Zeitschrift »Die Neue Rundschau«.

2. April

Bezug des gerade erworbenen Landhauses in Moisville (Departement Eure), von Celan eine Zeitlang »Les trois bouleaux *[Die drei Birken]*« genannt.

10. April

Übersetzung der beiden Gedichte *Die Schellenkappe* (*The Cap and Bells*) und *Er trauert ob seiner und seiner Liebsten Verwandlung und sehnt der Welt Ende herbei* (*He Mourns for the Change that has come upon him and his Beloved, and longs for the End of the Word*) von W. B. Yeats.

26. Mai

Begegnung mit Gershom Scholem bei einer Einladung bei Mayotte und Jean Bollack zum Abendessen.

28.-30. Mai

Kurzer Aufenthalt in Frankfurt und Stuttgart.
Vorbereitende Gespräche mit Klaus Wagenbach vom S. Fischer Verlag bezüglich einer Gedichtauswahl für den Schulgebrauch mit Klaus Wagenbach (publiziert September 1962) und einer Taschenbuchausgabe mit russischen Übertragungen (*Drei russische Dichter – Alexander Block, Ossip Mandelstamm, Sergej Jessenin*), die 1963 publiziert wird. Vorbereitende Gespräche bezüglich eines Herausgeber- und Übersetzervertrags in Hinblick auf den ersten Band der Werkauswahl von Henri Michaux (S. Fischer Verlag).
Gespräche mit Siegfried Unseld (Suhrkamp und Insel Verlag).
Gespräche mit Vertretern der Deutschen Verlags-Anstalt bei einer Fahrtunterbrechung in Stuttgart auf dem Rückweg.

22. Juni

Mandel'štam-Auswahl und *Sprachgitter* an Nadežda Mandel'štam.

30. Juni

Treffen mit dem Lektor des S. Fischer Verlags, Christoph Schwerin, und Henri Michaux in Hinblick auf den Plan einer Werkauswahl im S. Fischer Verlag.

5.-9. Juli

Aufenthalt in Frankfurt bei Klaus Wagenbach zur Vorbereitung der Schulausgabe. Auf Rat seines Verlegers und mit Blick auf die Goll-Affäre akzeptiert Celan die Angabe von Entstehungsdaten und eine ausführliche Bibliographie der Erstdrucke, die dann gedruckten Angaben stammen von ihm. Rückkehr nach Paris über Heidelberg und Straßburg.

7. August

Vertragsentwurf für den ersten Band der Michaux-Ausgabe, zugesandt durch den literarischen Leiter des S. Fischer Verlages, Rudolf Hirsch (tatsächliche Unterzeichnung erst im Dezember 1963).

Um den 21. August

Ferienaufenthalt der Familie an der normannischen Küste.

September
    Publikation von *Gedichte. Eine Auswahl*, herausgegeben von Klaus Wagenbach, in der Reihe »S. Fischer Schulausgaben. Texte moderner Autoren« (Frankfurt a. M.).

13. September
    Publikation von *Todesfuge* (*Fugue de la mort*) und *In memoriam Paul Eluard* in der Übertragung von Lionel Richard in der von Louis Aragon herausgegebenen Zeitschrift »Les lettres françaises«, zusammen mit Gedichten von Hans Magnus Enzensberger, Franz Fühmann, Stephan Hermlin, Peter Huchel, Karl Krolow, Georg Maurer und Nelly Sachs, unter dem Titel »Que chantent donc les poètes allemands de ce temps?« (Nr. 943).

26. September-26. Oktober
    Befristete Stelle als Übersetzer am Bureau International du Travail in Genf.

Herbst
    Publikation der Übersetzungen *Kontra!* (*Contre!*) von Henri Michaux und *Babij Jar* von Evgenij Evtušenko im »Almanach« des S. Fischer Verlags sowie des Gedichts »Psalm«. Publikation der Übersetzung von Evtušenkos Poem sowie der Gedichte *Es war Erde in ihnen, ... rauscht der Brunnen* und *Einem, der vor der Tür stand* im Doppelheft 5/6 der DDR-Literaturzeitschrift »Sinn und Form«.

29. September
    Ausflug nach Saint-Cergue, einer kleinen Bergstation oberhalb des Genfer Sees, und nach Nyon.

13. Oktober
    Besuch im Kunstmuseum Bern: Klee, Kandinsky, Chagall.

14. Oktober
    Besuch bei Friedrich Dürrenmatt in Neuchâtel.

19.-22. Oktober Besuch bei ihrem Mann in Genf.

21. Oktober

Entstehung der ersten Fassung des Gedichts *Eine Handstunde* (»Eine Stunde hinter«) bei einer gemeinsamen Wanderung durch einen Lärchenwald bei Saint-Cergue; Gisèle erhält das Manuskript zum Geschenk.

25. Oktober

Abendessen in Genf mit Jean Starobinski und dem Kritiker russischer Herkunft Marc Slonim.

November/Dezember

Ernste psychische Schwierigkeiten in Zusammenhang mit der Goll-Affäre.

19.-30. Dezember

Skiferien der Familie in Valloire (bei Saint-Michel-de-Maurienne, Departement Savoie). Erste Wahnzustände: Er greift einen unbeteiligten Passanten an und beschuldigt ihn, an der Goll-Affäre beteiligt zu sein. Die Familie kehrt wegen Celans Zustand früher heim als geplant. Im Zug reißt er seiner Frau ein gelbes Tuch vom Hals, weil es ihn an den gelben Judenstern erinnert.

31. Dezember 1962-17. Januar 1963

Erste stationäre psychiatrische Behandlung in der privaten Psychiatrischen Klinik in Épinay-sur-Seine (heute Departement Seine-Saint-Denis).

Winter

Publikation der Übersetzungen *Um halb vier* (*At Half past Three*) von Emily Dickinson, *Grabschrift für ein Söldnerheer* (*Epitaph on an Army of Mercenaries*) von Alfred Edward Housman und *Ein Bach* (*Упала молния в ручей*) von Konstantin Slučevskij im »Insel-Almanach auf das Jahr 1963«.

1963

Publikation der Taschenbuchausgabe *Drei russische Dichter – Alexander Block, Ossip Mandelstamm, Sergej Jessenin* (Frankfurt a. M., Fischer-Bücherei).

Erste Januarhälfte
Lektüre von Essays von Marcel Granet und Margarete Susman.

17. Januar
Entlassung aus der Psychiatrischen Klinik in Épinay-sur-Seine.

29. Januar
Fortsetzung der stationär bei Dr. P. begonnenen psychotherapeutischen Gespräche (mehr oder weniger regelmäßig bis 1965).

14. Februar
Treffen mit Henri Michaux in dessen Wohnung in der Rue Séguier (6ᵉ).

19. März
Abschrift des am 21. 10. 1962 entstandenen Gedichts *Eine Handstunde* zum 36. Geburtstag seiner Frau.

Frühjahr
Publikation der beiden Übersetzungen *Im Herz des Bergs, mit nichts, geht sie ihm hin, die Zeit* (Внутри горы бездействует кумир) und *Wo's mich nicht gibt* (О, как же я хочу) von Osip Mandel'štam im ersten Heft der Zeitschrift »Die Neue Rundschau«, zusammen mit sechs später in *Die Niemandsrose* aufgenommenen Gedichten.

9. Mai
Begegnung mit Margarete Susman und ihrem Verleger-Freund Manfred Schlösser sowie Franz Wurm in Zürich.

29. Mai
Manuskript von *Die Niemandsrose* an Klaus Wagenbach vom S. Fischer Verlag.

16.-26. Juni
Gemeinsamer Aufenthalt in Deutschland (Köln, Hannover, Göttingen, Frankfurt, Tübingen).

18. Juni
　Lesung in Göttingen.

22. Juni　　Rückkehr nach Paris.

Sommer
　Publikation der Übersetzung *Die Verlangsamte* (*La ralentie*) von Henri Michaux im zweiten Heft der Zeitschrift »Die Neue Rundschau«.

25. August
　Lesung in Tübingen im Rahmen eines Sommerkurses der Universität für ausländische Germanisten.

16. Oktober 1963 - 9. Januar 1964
　Entstehung der 21 Gedichte des späteren Zyklus *Atemkristall*.
　　Arbeit an den Radierungen, die die Gedichte von *Atemkristall* begleiten sollen; manche entstehen vor dem Gedicht und eröffnen Celan erst den Weg dazu.

19.-21. Oktober
　Aufenthalt in Frankfurt.

22./23. Oktober
　Aufenthalt in Zürich.
　Treffen mit Margarete Susman, Franz Wurm, Werner Weber und Peter Szondi.

Ende Oktober
　Publikation von *Die Niemandsrose* in Frankfurt a. M. (S. Fischer), mit der Widmung »Dem Andenken Ossip Mandelstamms«. In Mandel'štam erkennt Celan einen Bruder; wie er selbst ist dieser Jude, Opfer antisemitischen Terrors (in diesem Fall demjenigen Stalins) und von ungerechten Plagiatanschuldigungen.

Herbst
　Publikation der Übersetzung *Ecce homo* von Henri Michaux im »Almanach« des S. Fischer Verlags.

Spätherbst
    Publikation der Char-Auswahl *Hypnos und andere Dichtungen. Eine Auswahl des Autors* (Frankfurt a. M., S. Fischer), bei der Celan als Herausgeber eigene Übersetzungen und die anderer (in Zusammenarbeit mit diesen) bearbeitet hat.

3.-7. Dezember
    Aufenthalt in Deutschland.

4. Dezember
    Unterzeichnung des Herausgeber- und Übersetzervertrags für den ersten Band der Michaux-Werkausgabe in Frankfurt (S. Fischer).

19. Dezember 1963-2. Januar 1964
    Skiferien mit Eric in Crans sur Sierre (Wallis).

23. Dezember
    Reinschrift der Übersetzung von achtzehn Sonetten William Shakespeares, einer Auftragsarbeit für den Norddeutschen Rundfunk.

30. Dezember
    Festlegung des Titels *Atemkristall* für den gerade entstehenden Zyklus und Verzicht auf vorausgehende Varianten (»Im Schlangenwagen« und »Im Schlangengespann«).

1964

12. Januar
    Treffen mit Erwin Leiser und dessen Frau in der Rue de Longchamp, denen auch Gisèles Arbeiten vorgestellt werden.
    Diskussionen »über liberalen Antisemitismus, Linksnationalismus, Enzensberger (Büchnerrede), Nelly Sachs [...]« (Notizkalender, siehe PC/Sachs, S. 176).

4. Februar
    Abendeinladung für die Maler Maria Lassnig und Jörg Ortner.

20. März   Publikation des *Portfolio IV*, *Sept slogans ontophoniques* von Gherasim Luca und Radierungen von Augustin Fernandez, Enrique Zañartu, Gisèle Celan-Lestrange und Jacques Hérold (Paris, Verlag Robert Altmann, Brunidor).

21./22. März
Aufenthalt in Genf zu Gesprächen mit Jean Starobinski über seinen Gesundheitszustand und die ihm verordnete medikamentöse Therapie sowie seine großen Sorgen über seine Erinnerungs- und Konzentrationsfähigkeit (Starobinski ist Arzt und hat sich auch mit Psychiatrie beschäftigt).

2. Mai
Publikation einer Rezension der *Niemandsrose* von Hans Egon Holthusen in der »Frankfurter Allgemeinen Zeitung« unter dem Titel »Das verzweifelte Gedicht. ›Die Niemandsrose‹ – nach vier Jahren ein neuer Lyrikband von Paul Celan«. Holthusen spricht bei einem Vergleich des neuen Bandes mit *Mohn und Gedächtnis* im Zusammenhang mit den »Mühlen des Todes« aus dem Gedicht *Spät und Tief* »von der damaligen Vorliebe für die surrealistische, in X-beliebigkeiten schwelgende Genitivmetapher« und charakterisiert den Stil der *Niemandsrose* als »ein dunkel raunendes, meist trockenbrüchiges, aber von Fall zu Fall auch zu pathetisches O-Rufen [...] aufschwellendes Parlando in sogenannten freien Versen.« Szondi antwortet darauf mit einem Leserbrief am 25.6. (siehe dazu: Peter Szondi, Briefe, hrsg. von Christoph König und Thomas Sparr, Frankfurt a.M., Suhrkamp, 1993, S. 162-168, und Jean Bollack, Pierre de cœur, o.O., Pierre Fanlac, 1991, S. 11-15).

16.-22. April
Aufenthalt in Italien und der Schweiz.

17. April
Lesung im Goethe-Institut Rom.
Wiederbegegnung mit Max und Margot Ufer, die er 1946 in Bukarest kennengelernt hatte, und deren Tochter Marianne Ufer-Kraisky.

19. April
    Lesung im Goethe-Institut Mailand.
    Gespräche mit Cin Calabi (Mondadori Verlag) über eine Auswahl seiner Gedichte in italienischer Übertragung.

22. April
    Kurzer Aufenthalt in Genf auf dem Rückweg.

23. April
    Sendung der Übersetzung von achtzehn Shakespeare-Sonetten im Norddeutschen Rundfunk aus Anlaß des 400. Geburtstags von William Shakespeare.

14.-26. Mai
    Teilweise gemeinsamer Aufenthalt in Deutschland und den Niederlanden.

14./15. Mai
    Aufenthalt in Frankfurt.

16.-18. Mai
    Aufenthalt in Düsseldorf.

18. Mai   Treffen mit Celan in Düsseldorf.

19. Mai
    Treffen mit Heinrich Böll und Paul Schallück in Köln.

20. Mai
    Lesung in Hannover.

21. Mai-21. Juni
    Einzelausstellung (Radierungen) in der Kestner-Gesellschaft Hannover.

22. Mai
    Lesung in Braunschweig.

23.-25. Mai
    Gemeinsamer Aufenthalt in Amsterdam: Besuch im Rembrandt-Haus und im Van-Gogh-Museum. Spaziergänge

durch Amsterdam (Waterloo-Plein mit dem gerade abgerissenen Geburtshaus von Spinoza; siehe das 1965 entstandene Gedicht *Pau, später*).

31. Mai
Besuch von Cioran im Landhaus der Celans in Moisville.

4. Juni
Entstehung des Gedichts *Das Stundenglas*; er schenkt das Manuskript mit zwei früheren Fassungen seiner Frau.

16. Juni
Cioran zum Abendessen in der Rue de Longchamp.

23. Juni-3. Juli
Aufenthalt in Deutschland.

25. und 26. Juni
Lesungen in Hamburg (die Einladungskarte für die von der Goethe-Gesellschaft, Trostbrücke 6, am 25. 6. organisierte Lesung wurde von Gisèle in die Briefe ihres Mannes eingeordnet).

3. Juli   Treffen mit ihrem Mann in Frankfurt.

3.-24. Juli
Gemeinsamer Aufenthalt in Deutschland und der Schweiz.

Juli/August   Einzelausstellung (Radierungen) in der Galerie Dorothea Loehr in Frankfurt a. M.

19. Juli
Gemeinsamer Besuch bei Friedrich und Lotti Dürrenmatt (siehe das am 2. 8. entstandene Widmungsgedicht *Oberhalb Neuenburgs*).

18. Juli
Lesung bei der Vernissage der Ausstellung seiner Frau in der Galerie Dorothea Loehr.

Ende Juli
Publikation der Übertragungen von »Achtzehn Sonetten« von Shakespeare im zweiten Heft der Zeitschrift »Die Neue Rundschau«.

Ende August
Besuch von Peter Szondi und Mayotte und Jean Bollack in Moisville. Anschließend gemeinsamer Besuch im Landhaus der Bollacks im Perigord. Unterwegs Besichtigung der Gedenkstätte in Oradour-sur-Glane, einem Dorf, in dem deutsche Truppen mehrere hundert wehrlose Zivilisten ermordet haben.

Etwa 5./6. September
Entstehung des Widmungsgedichts für Mayotte und Jean Bollack, *Le Périgord*, ursprünglich für *Atemwende* vorgesehen, dann aus dem Manuskript entfernt (siehe: Jean Bollack, Pierre de cœur, o. O., Pierre Fanlac, 1991).

14.-24. September
Aufenthalt in Deutschland und der Schweiz.

15. September
Lesung in Kassel.
Treffen mit Hildegard de la Motte in Kassel.

17. September
Kauf der Werke von Mal'evič in Köln.

21.-24. September
Aufenthalt in der Schweiz (Zürich, Neuchâtel).
Treffen mit Peter Szondi, Franz Wurm, Margarete Susman und Friedrich Dürrenmatt.

25. September
Begegnung mit Gershom Scholem bei einem Abendessen bei Jean und Mayotte Bollack.

11. Oktober 1964-31. Januar 1965
Beurlaubung von der École Normale auf eigenen Wunsch, Vertreter ist Elmar Tophoven.

22.-25. Oktober
Gemeinsamer Aufenthalt in Deutschland (Düsseldorf, Köln).

22. Oktober
Verleihung des Großen Kunstpreises des Landes Nordrhein-Westfalen in Düsseldorf.
Wiederbegegnung, nach mehr als zwanzig Jahren, mit Edith und Jakob Silbermann, die im Vorjahr Rumänien verlassen haben.

23. Oktober
Lesung in Düsseldorf.

23.-25. Oktober
Aufenthalt in Köln.

24. Oktober
Gemeinsamer Besuch im Wallraf-Richartz-Museum. Notiz im Taschenkalender: »Rembrandt Bildnis *[von 1665]*« / »-i-« / »ja, ich bin überspielt« / »ich habe gelebt, ja.«
Treffen mit Heinrich Böll und Paul Schallück.

25. Oktober   Heimkehr nach Paris.

25. Oktober - 17. November
Fortsetzung der Reise allein (Köln, Hamburg und Kopenhagen).

25.-30. Oktober
Treffen mit Paul Schallück, Elisabeth Borchers, Ernst Meister und Kay Hoff in Köln und Umgebung.

30. Oktober
Erinnerung an den ersten Köln-Besuch in Begleitung von Heinrich Böll am 31. 3. 1954, u. a. an Sankt Maria im Kapitol und das dortige Pestkreuz von 1304, wohl nach einem erneuten Besuch.

1. November
Ankunft in Hamburg.

2.-6. November
: Aufenthalt in Kopenhagen: Besuch des Freiheits-Museums (siehe das am 25. 12. entstandene Gedicht *Frihed*).

6. November
: Rückkehr nach Hamburg.

8. November
: Besuch einer Aufführung von *Aufstieg und Fall der Stadt Mahagony* von Bertolt Brecht und Kurt Weill, Kauf des Textbuchs am gleichen Abend.

9. November
: Aufnahme einer Lesung beim Norddeutschen Rundfunk in Hamburg.

17. November Eine vierfach unterstrichene Notiz im Familien-Taschenkalender: »Retour Paul *[Rückkehr Paul]*«.

Winter
: Publikation des am 2. 8. 1964, inspiriert von den Hamburg-Aufenthalten des Jahres, entstandenen Gedichts *Hafen* im vierten Heft der Zeitschrift »Die Neue Rundschau«.

1965

16. Januar
: Nach starken ehelichen Spannungen drängt er seine Frau, eine Zeitlang wegzufahren; ihrer Abfahrt folgen Schuldgefühle, die sich in seinem Tagebuch niederschlagen.

17. Januar-5. Februar
: Aufenthalt in Rom und der Provence.
  In Rom Kontakt vor allem zu Bekannten des Mannes: zu Max und Margot Ufer und ihrer Tochter Marianne Kraisky, zu Iris Kaschnitz und zum Direktor des Goethe-Instituts Rom, Michael Marschall von Bieberstein, aber auch zu den Komponisten Hans Werner Henze und Giacinto Scelsi.

Januar
Starke Irritation durch die Publikation von zwei seine Dichtung betreffenden Arbeiten in Heft 202 der Zeitschrift »Merkur«, mit deren Verharmlosung des schrecklichen Erlebnishintergrunds seiner Gedichte auch die Goll-Affäre für ihn wieder aktuell wird: Reinhard Baumgarts Artikel »Unmenschlichkeit beschreiben. Weltkrieg und Faschismus in der Literatur«, in dem die *Todesfuge* als schon »wieder ›schön‹ gewordene Verzweiflung« bezeichnet wird; Kurt Oppens' Artikel »Blühen und Schreiben im Niemandsland«, der Celans Gedichte ebenfalls als »verzweifelte[n] und radikale[n] Ästhetizismus« charakterisiert.
Entstehung des langen Verstextes »Die ihn bestohlen hatten, / nannten ihn einen Dieb« in diesem Zusammenhang.

20.-24. Januar
Aufenthalt in Deutschland und der Schweiz.

21. Januar
Anwesenheit bei Beda Allemanns Antrittsvorlesung in Würzburg.

23. Januar
Besuch bei der damals 93jährigen Margarete Susman in Zürich. Entstehung der ersten Fassung des ursprünglich für *Atemwende* vorgesehenen Gedichts *Der Neunzig- und Über-*.

25. Januar
Treffen mit Erwin Leiser, von dem er eine Geste der Solidarität in seiner derzeitigen Situation erhofft.
Zum Abendessen beim Germanisten Robert Minder, zusammen mit dem Philosophen Yvon Belaval; im Zentrum der Gespräche steht die Goll-Affäre im weiteren Sinn.

Februar-April
Ernste psychische Schwierigkeiten.

1. Februar
Wiederaufnahme der Tätigkeit an der École Normale Supérieure.

3.-5. Februar Besuch bei ihrer Freundin Françoise Bonaldi in Saint-Cézaire-sur-Siagne (Departement Alpes-Maritimes), bei der sie ursprünglich die ganze Trennungszeit verbringen wollte.

7. April
Manuskript von *Atemkristall* an die Typographen Fequet und Baudier.

15.-21. April Kurzferien mit Eric in Dinard (Departement Ille-et-Vilaine) bei ihrer Freundin Francine Payelle.

Ende April
Periode tiefer Depressionen.
Als Akt des Widerstands Abschrift des Gedichts *Mit allen Gedanken* in das Widmungsexemplar seiner Frau von *Die Niemandsrose* (24. 4. 1965).

Versuche, Celan von der Notwendigkeit zu überzeugen, außerhalb der Familie Hilfe zu suchen und in eine Klinik zu gehen.

Anfang Mai
Entscheidung für eine stationäre Behandlung; er teilt den Entschluß seiner Frau und seinem Sohn mit, übergibt ihnen Briefe sowie ein Exemplar des Gedichtbands *Die Niemandsrose*, in dem eine Strophe ergänzt ist, die den Sohn evoziert; in einem Briefordner deponiert er für seine Frau einen Brief und wohl das Gedicht *Ein Dröhnen*.

3. Mai
Briefliche Bitte um Hilfe an Jean Starobinski (nicht abgesandt).

8.-21. Mai
Krankenhausaufenthalt in der privaten Psychiatrischen Klinik in Le Vésinet; nur dem Tagebuch vertraut er die tiefen Zweifel an der Therapie und den Therapeuten an.
Lektüre: Bergson, Camus, Kafka, Lichtenberg, Shakespeare. Entstehung zahlreicher Gedichte, häufig in Zusammenhang und im Dialog mit den Lektüren; die Manuskripte erhält Gisèle.

Erste Junihälfte
Durchsicht beider Korrekturläufe von *Atemkristall*.

30. Juni - 6. Juli
Gemeinsamer Aufenthalt in London.

21.-26. Juli
Aufenthalt in Deutschland.

22./23. Juli
Aufenthalt in Würzburg, dort u. a. Treffen mit Studenten von Beda Allemann.

22. Juli
Lesung in Würzburg.

24.-26. Juli
Aufenthalt in Frankfurt.
Mehrere Treffen mit dem Lektor des S. Fischer Verlags, Petru Dumitriu, in Zusammenhang mit seinen Arbeiten an der Michaux-Übersetzung und diversen strittigen Punkten im Verhalten des Verlags, das Celan oft mit der Goll-Affäre in Verbindung bringt.

27. Juli-26. August
Aufenthalt in der Provence (Avignon, Grasse, Cabris, Saint-Paul-de-Vence, Saint-Cézaire-sur-Siagne), Besuche in der Fondation Maeght (Giacometti).

28. Juli
Brief an Erich von Kahler, in dem er Wichtiges zum Judentum, zu Deutschland und zum Antisemitismus formuliert und von dem er seiner Frau eine Durchschrift schickt.

29. Juli
Dankesbrief an die Würzburger Buchhändlerin Edith Hübner für einen bessarabischen Teppich, mit Ausführungen über sein Verhältnis zum Rumänischen; eine Durchschrift geht an seine Frau.

30. Juli
Besuch des Films »Grapes of Wrath« (1940) von John Ford in der Pariser Cinémathèque.

Ende Juli
Lektüre des *Heinrich von Ofterdingen* von Novalis.

10. August
Besuch des Films »¡Que Viva Mexico!« (1932) von Eisenstein in der Pariser Cinémathèque.

19. August
Kenntnisnahme des Urteils im Frankfurter Auschwitz-Prozeß: lebenslange Haft lediglich für sechs der zwanzig Angeklagten.
Besuch des Films »Othello« (1956) von Sergei Jutkevič in der Pariser Cinémathèque.

22. August
Besuch des Films »Octobre« (1927) von Eisenstein in der Pariser Cinémathèque.

2.-10. September
Aufenthalt in Frankfurt.
Durchsicht der Übersetzungen für den ersten Band der Michaux-Ausgabe, zusammen mit seinem Mitübersetzer Kurt Leonhard, in einem Zimmer im 18. Stock des Hotels Intercontinental mit Blick auf den Main.
Häufige Treffen mit der jungen Germanistin Gisela Dischner; die damals geführten Gespräche haben deren Ausführungen über Celan in ihrer Dissertation zum Werk von Nelly Sachs (1970) deutlich geprägt.

11.-14. September
Er trifft zufällig eine Jugendfreundin aus Czernowitz, die in Israel lebt, Ilana Schmueli.
Spaziergänge durch das nächtliche Paris.

Mitte September-Ende November
Ernste psychische Schwierigkeiten. Gemeinsame Überlegungen über die Notwendigkeit einer zumindest temporären

Trennung, vor allem zum Schutz von Eric. Er lehnt dies ab, bekräftigt die Dauerhaftigkeit der Beziehung zu seiner Familie und erklärt seinen Zustand, indem er seine Rückkehr aus Frankfurt als »die Rückkehr des Kriegers – des jüdischen Kriegers« qualifiziert.

Obwohl sie das gemeinsame Leben gerne fortführen will und obwohl sie in das, was Celan in einem Gedicht *Folie à deux* (siehe das Gedicht *Umweg-/ Karten*) nennt, einbezogen ist, wird sich Gisèle später, wegen des Sohnes, für die Trennung entscheiden.

23. September

Publikation von *Atemkristall*, einem Zyklus von 21 Gedichten Celans mit acht Radierungen von Gisèle Celan-Lestrange (Vaduz, Brunidor).

21.-27. Oktober

Aufbruch zu einer improvisierten Reise. In sieben Tagen reist Celan durch fast ganz Frankreich: Paris, Saint-Jean-de-Luz, Ascain, Hendaye, Pau, Tarbes, Toulouse, Montpellier, Avignon, L'Isle-sur-Sorgue, Valence, Lyon, Paris. Eric erhält fast von jeder Reiseetappe eine Postkarte.
Auf der Irrfahrt schreibt oder skizziert Celan sieben Gedichte für den späteren Band *Fadensonnen* (1. Zyklus), zwei davon schickt er seiner Frau.

21.-23. November

Plötzlicher Aufbruch in die Schweiz zwei Tage vor dem 45. Geburtstag (Basel, Neuchâtel).

22. November

Telefongespräch mit Jean Starobinski über seinen Gesundheitszustand.

24. November

Rückkehr nach Paris.
In einem Wahnzustand versucht er, Gisèle mit einem Messer zu töten; sie und Eric nehmen mitten in der Nacht Zuflucht bei Nachbarn.

25./26. November
　　Kurzbesuch in London bei Berta Antschel.

28. November
　　Einweisung in die Psychiatrische Klinik in Garches (Departement Hauts-de-Seine).

5. Dezember 1965-7. Februar 1966
　　Fortsetzung der Behandlung in der privaten Psychiatrischen Klinik in Suresnes.
　　Lektüre, trotz massiver Konzentrationsstörungen: Eluard und Goethe.

22. Dezember 1965-4. Januar 1966
　　Skiferien mit Eric in Montana (Wallis).

1966

Publikation eines Briefes an Robert Neumann in Zusammenhang mit einer Umfrage zu den ersten erotischen Erfahrungen (»34 x erste Liebe. Schriftsteller aus zwei Generationen unseres Jahrhunderts beschreiben erste erotische Erlebnisse«) unter dem Titel *Die Wahrheit, die Laubfrösche, die Schriftsteller und die Klapperstörche*.

Januar
　　Publikation von sechs Gedichten unter dem Titel *Pavot et mémoire* in der französischen Übertragung von Denise Naville in einer Sondernummer (Dezember 1965/Januar 1966) der Zeitschrift »Les Lettres Nouvelles« zur aktuellen Literatur in Deutschland.

Ende Januar
　　Er erfährt vom Tod Margarete Susmans am 16. 1. 1966.

9. Januar
　　Weigerung, sich an einer vom »Collaborateur A. Thérive« herausgegebenen Anthologie deutscher Lyrik zu beteiligen.

Ende Januar-Anfang Februar
　　Schwierige Phase in der medikamentösen Behandlung.

Anfang Februar
Intensive Arbeit am Druck von Radierungen. Ankauf einiger Blätter durch Jean Hugues, den Besitzer der Pariser Galerie Le Point Cardinal. Beginn einer kreativen Phase mit gleichzeitiger Infragestellung der eigenen Arbeit.

7. Februar-11. Juni
Verlegung in die Psychiatrische Universitätsklinik von Paris, Sainte-Anne, Abteilung Prof. Delay.
Die ausgedehnten Lektüren hinterlassen in den Büchern zahlreiche Lesespuren in Form von Anstreichungen oder Kommentaren, sowohl biographischen als auch poetologischen Charakters: Alfred Adler, Balzac, Robert Burns, Conrad, Homer, Hans Henny Jahnn, Joyce, Mallarmé, Sartre (als Mallarmé-Interpret), Martin Walser, Thomas Wolfe, Zola, sowie die *Anthologie de la poésie russe* von Elsa Triolet.
Entstehung von 35 Gedichten, oft in deutlichem Zusammenhang mit dem Erlebten und Gelesenen, von denen er die meisten an Gisèle schickt und elf davon 1968 in der Anthologie *Aus aufgegebenen Werken* unter dem Titel *Eingedunkelt* publiziert (Frankfurt a. M., Suhrkamp).

10. Februar   Erster von den Ärzten autorisierter Besuch bei Celan in der Klinik nach neun Wochen.

4. März   Entstehung einer Reihe von Radierungen für das zukünftige *Portfolio VI*, eines Auftrags des Verlegers Robert Altmann.

25. März   Besuch der Joseph Sima-Ausstellung in der Pariser Galerie Le Point Cardinal.

30. März
Publikation der Lizenzausgabe des Modernen Buch-Clubs, Darmstadt; *Gedichte, Auswahl*.

1.-12. April   Aufenthalt bei ihrer Cousine Guislaine Marraud in Cap d'Antibes und bei ihrer Freundin Françoise Bonaldi in Saint-Cézaire-sur-Siagne.

10. April
>Reinschrift von sechs in Sainte-Anne geschriebenen Gedichten. Er plant, den später *Eingedunkelt* genannten neuen Zyklus in den späteren Band *Fadensonnen* aufzunehmen.

18. April-6. Mai
>Ausstellung von *Atemkristall* und 39 weiteren Radierungen im Pariser Goethe-Institut.

29. April
>Besuch der Ausstellung im Goethe-Institut mit einer Ausgangsgenehmigung der Klinik. Celan verbringt auch einige Stunden in der Rue de Longchamp.

2. Mai-8. Juni
>Behandlungsphase mit einer Insulintherapie nach Sakel (wohl nicht im engeren Sinn) mit dem Ziel, seine Konzentrations- und Gedächtnisfähigkeit zu verbessern.

11. Juni
>Entlassung aus der Klinik.

13. Juni
>Entstehung des Gedichts *Schlafbrocken* in der Rue de Longchamp; das Manuskript ist seiner Frau gewidmet.

Sommer
>Gemeinsame Zeit in der Wohnung in Paris und dem Landhaus in Moisville, wohin die Freunde Gherasim Luca und Micheline Catti eingelanden sind.
>Entstehung von einigen Gedichten aus dem zweiten Zyklus des späteren Bandes *Fadensonnen*.
>Publikation der Gedichte *Lob der Ferne* (*Éloge du lointain*) und *Vom Blau* (*Du bleu*) in der Übertragung von Denise Naville in der Vierteljahresschrift »La voix des poètes«.

21. Juni
>Brief an den Verleger Gottfried Bermann Fischer: Er teilt seine Entscheidung mit, den S. Fischer Verlag zu verlassen, begründet mit der als unzureichend empfundenen Unterstützung des Verlags in der Goll-Affäre.

20. Juli
Fertigstellung der Maschinenreinschrift von *Atemwende*.

11.-18.(?) August
Gemeinsamer Aufenthalt in London.
Treffen mit Erich Fried und mit Victor und Eva Ehrenberg, die ihnen ihre Autobiographie *Sehnsucht – mein geliebtes Kind* (1963) widmet.

7.-15. September
Gemeinsamer Aufenthalt in Deutschland (Köln), in den Niederlanden (Amsterdam, Rotterdam, Leyden, Den Haag) und in Belgien (Antwerpen, Brügge, Gent, Brüssel).

8.(?) September
Gemeinsamer Besuch des Wallraf-Richartz-Museums in Köln: vor allem Rembrandt, insbesondere das Selbstportrait von 1665.
Treffen mit Heinrich Böll und Paul Schallück.

7. Oktober
Publikation des aufgrund einer von Henri Michaux unter Mitwirkung von Christoph Schwerin getroffenen Auswahl in Übertragungen von Kurt Leonhard und eigenen Übertragungen von Paul Celan herausgegebenen ersten Bandes der *Dichtungen. Schriften I* von Michaux (Frankfurt a.M., S. Fischer).

11.-18. Oktober
Aufenthalt in Deutschland.

16. Oktober
Lesung in Hamburg in Verbindung mit dem 3. Programm des Norddeutschen Rundfunks: u.a. die Übersetzung *Die Zwölf* von Aleksandr Blok und Michaux-Übertragungen.

28.-31.(?) Oktober
Aufenthalt in Zürich.

28./29. und 30. Oktober
Lesungen in Zürich, bei Radio Zürich (u. a. *Gespräch im Gebirg* und *Atemkristall*) und im Theater am Hechtplatz.

5. November
Brief an Henri Michaux: »Votre œuvre, maintenant, est multiplement visible dans les pays de langue allemande et je pense qu'elle ne manquera pas d'agir en profondeur, d'homme à homme *[Ihr Werk ist jetzt auf vielfache Weise in den deutschsprachigen Ländern sichtbar, und ich denke, daß es auf jeden Fall in die Tiefe wirken wird, von Mensch zu Mensch].*«

28. November
Besuch von Petre Solomon in Begleitung von André Frénaud in der Rue de Longchamp.

Anfang Dezember
Entscheidung für den Suhrkamp Verlag, dessen Leiter Siegfried Unseld er wiederholt ausdrücklich sein Vertrauen ausspricht: »Unseld est un – mon – vrai éditeur *[Unseld ist ein – mein – echter Verleger].*«
Publikation von Gedicht und Radierung *Schlafbrocken* (Brunidor, Vaduz).

1. Dezember
Publikation von neun Gedichten in der französischen Übertragung von Jean-Claude Schneider in der »Nouvelle Revue Française«, mit einer kurzen Einführung durch Yvon Belaval. Zu diesem Zeitpunkt ist Celan in Frankreich immer noch fast unbekannt.

10. Dezember
Veranstaltung zu Ehren von Nelly Sachs im Pariser Goethe-Institut anläßlich ihres 75. Geburtstages und der Verleihung des Nobelpreises am gleichen Tag: Beda Allemann stellt das Werk vor, Celan liest eine Gedichtauswahl.

20. Dezember 1966-5. Januar 1967
Aufenthalt bei der Freundin Françoise Bonaldi in Saint-Cézaire-sur-Siagne (Departement Alpes-Maritimes).

23. Dezember
Kenntnisnahme von Hans Jürgen Fröhlichs uninformierter und ungerechter Kritik an Celans Anteil an der Arbeit am

Michaux-Band im Dezemberheft (1966) der Zeitschrift »Literatur und Kritik«.
Entstehung des Gedichts »Wenn ich nicht weiß, nicht weiß«, das er als »dur, difficile à traduire *[hart, schwer zu übersetzen]*« charakterisiert.

26. Dezember
Besuch des Majakovskij-Übersetzers Hugo Huppert.

27. Dezember
Verweigerung der durch Huppert erbetenen Widmungen seiner Gedichtbände nach der Entdeckung von stalinistischen Elementen in dessen Schriften.
Entscheidung für den Titel »Atemwende« für die zwischen Oktober 1963 und September 1965 entstandenen Gedichte.

Ende Dezember 1966 - Anfang Januar 1967
Schmerzhafte Gürtelrose.

Winter 1966/1967
Publikation des Henri Michaux gewidmeten Gedichts *Die entzweite Denkmusik* in einem von Raymond Bellour herausgegebenen Michaux-Sonderheft der »Cahiers de l'Herne«; dem deutschen Original beigegeben ist eine Übertragung von Jean-Claude Schneider (*Musique scindée, la pensée*«).

1967

Januar
Ernste psychische Schwierigkeiten.
Publikation der Büchnerrede *Der Meridian* in der Übersetzung von André du Bouchet, *Le Méridien*, im ersten Heft der Zeitschrift »L'Éphémère« als deren Eröffnungstext.

25. Januar
Tiefe Erschütterung durch eine zufällige Begegnung mit Claire Goll bei einer Abendveranstaltung im Pariser Goethe-Institut. Er verläßt sofort den Raum und schreibt am nächsten Tag an den Direktor des Goethe-Instituts: »Ein Haus, das Frau Goll zu seinen Gästen zählt, kann nicht mit meiner Anwesenheit rechnen.«

Ende Januar
    Manuskript der Übertragung von 21 Shakespeare-Sonetten an Siegfried Unseld für den Insel Verlag.

30. Januar
    Selbstmordversuch mit einem Messer, das sein Herz nur knapp verfehlt. Seine Frau rettet ihn im letzten Augenblick. Notoperation im Hôpital Boucicaut (15^e) an der schwer verletzten linken Lunge.
    Siehe dazu den Tagebucheintrag von Michel Leiris unter dem Datum des 20. 1. 1969: »Tod von Denise Naville. Bei einem kürzlichen Mittagessen mit ihr sprachen wir vom deutschen Dichter Paul Celan, den ich bewundere und mit dem ich durch reinen Zufall im Bus ein recht langes Gespräch hatte, bei dem wir uns ausgezeichnet verstanden, und das etwa eine Woche, bevor er versuchte, sich mit einem Messerstich ins Herz zu töten...« (Übers., siehe Michel Leiris, Journal 1922-1989, Paris, Gallimard, 1992, S. 630.)

Februar
    Publikation der Übersetzung von vier Gedichten André du Bouchets im ersten Heft der Zeitschrift »Akzente«.

Februar-Mai
    Lektüre von Adorno, Thomas Bernhard, Šestov, Fondane (als Šestov-Interpret), Faller (Anatomie-Buch), Freud, Jabès, Las Casas, Lévi-Strauss, Thomas Mann, Scholem, Shakespeare und Synge.

13. Februar-17. Oktober
    Einweisung in die Psychiatrische Universitätsklinik von Paris, Sainte-Anne, Abteilung Prof. Delay (Ausgangsgenehmigungen ab Ende April).
    Entstehung von mehr als der Hälfte der später in *Fadensonnen* publizierten Gedichte (Zyklus 3-5) sowie eines großen Teils der Gedichte von *Lichtzwang* (Zyklus 1-4 und Teile des fünften Zyklus).

1. März
    Entstehung des »DIE LIEBE, zwangsjackenschön« beginnenden Gedichtes.

1967 471

9.-20. März   Aufenthalt in der Provence bei der Freundin Françoise Bonaldi: Sie möchte Abstand zu den sie zutiefst beängstigenden Diskussionen mit ihrem Mann gewinnen, aber auch den unaufhörlichen telefonischen Anfragen von Neugierigen über Celans Gesundheitszustand entgehen. Eric ist bei einer ihrer Schwestern untergebracht.

21. März-2. April
Hin und Her zwischen Paris und Moisville.

23. März
Manuskript von *Atemwende* an seinen neuen Verleger Siegfried Unseld (Suhrkamp Verlag).

29. März   Gespräch mit einem der behandelnden Ärzte in der Klinik Sainte-Anne.

Testamentarische Notiz: »Im Falle meines Todes bitte meinem Mann mitteilen, daß ich ihn nie betrogen habe und daß ich ihn, was immer er auch gedacht haben mag, immer noch liebe. / Ich umarme ihn / Ich umarme meinen Sohn / 29. März 1967«.

April 1967-Juni 1968
Vertretungsstelle an einer privaten Grundschule.

April
Nach langen gemeinsamen Gesprächen scheint er die Bitte seiner Frau zu akzeptieren, in Zukunft getrennt zu leben, und beginnt mit der Wohnungssuche.

15. April   Druck der später *Suite Moisville* genannten Folge von zwölf Radierungen.

27. April
Kauf des zweiten Bandes der Werke von Mandel'štam (Prosa, amerikanische Ausgabe von G. P. Struve und B. A. Filippova) in der russischen Buchhandlung in der Rue de la Montagne-Sainte-Geneviève (5e). Er beginnt am folgenden Tag mit der Lektüre.

Besuch der Michaux-Ausstellung in der Galerie Le Point Cardinal; am folgenden Tag berichtet er seiner Frau von seiner Enttäuschung: »Si profilé dans ses écrits, Michaux, en peinture, épouse tant d'altérités *[So profiliert er in seinen Schriften ist, so eignet sich Michaux in der Malerei doch soviel Andersartiges an].*«

Mai

Publikation der Mappe *Portfolio VI* mit dem Gedicht »Diese / freie, / grambeschleunigte / Faust« von Paul Celan und sechs Radierungen von Gisèle Celan-Lestrange (Vaduz, Brunidor).

9. Mai-4. Juni Einzelausstellung mit *Atemkristall*, *Portfolio VI* und 62 weiteren Radierungen in der Städtischen Kunstgalerie Bochum.

23. Mai

Wiederaufnahme des Unterrichts an der École Normale Supérieure von der Klinik aus.

25. Mai

Korrekturen des Bandes *Atemwende* an den Suhrkamp Verlag.

Ende Mai

Entstehung des Gedichts *Die Rauchschwalbe* in einem Klima ernsthafter Spannungen zwischen Israel und seinen arabischen Nachbarn.

Juni-August

Intensive Arbeit an der Übersetzung von Gedichten Jules Supervielles.

5.-10. Juni: Sechs-Tage-Krieg.

6. Juni

Teilnahme an einer pro-israelischen Demonstration auf der Place de la Concorde. Er notiert in seinen Taschenkalender: »6⁴⁵ Place de la Concorde« / »Pour qu'Israël vive *[Damit Israel lebt]*«.

7. Juni
Entstehung des Gedichts *Denk dir*, das er selbst »un poème sur Israël *[ein Gedicht über Israel]*« nennt und später an den Schluß von *Fadensonnen* stellt.

9. Juni-17. Juli
Entstehung der vierzehn Gedichte von *Schwarzmaut*.

24. Juni
Publikation von *Denk dir* in der »Neuen Zürcher Zeitung«.

26. Juni
Treffen mit Pilar Supervielle, der Witwe des Dichters.

7. Juli
Erste Publikation von *Denk dir* in Israel (in: »M. B.«, Wochenzeitung des Irgun Olej Merkas Europa, d. h. der Interessenvertretung der aus Mitteleuropa nach Israel eingewanderten Juden, Tel Aviv).

14. Juli
Unterzeichnung der Druckgenehmigung für *Atemwende*.

17. Juli
Er schenkt du Bouchet die Maschinenreinschrift seiner Übersetzung von dessen Zyklus *Le moteur blanc* (*Der weiße Motor*).
Titel »Eingedunkelt« für 11 der 35 in der Klinik Sainte-Anne zwischen Februar und Mai 1966 geschriebenen Gedichte.

22. Juli-2. August
Aufenthalt in Deutschland.

22. Juli
Besuch der Ausstellung »Paul Klee 1879-1940« im Kunstmuseum Basel auf der Durchreise.

24. Juli
Lesung an der Freiburger Universität vor mehr als tausend Zuhörern in Anwesenheit von Martin Heidegger.

25. Juli

Treffen mit Heidegger auf dessen »Hütte« in Todtnauberg im Schwarzwald, Spaziergänge im Hochmoor von Hochbach. Heidegger widmet ihm sein Buch *Aus der Erfahrung des Denkens*: »Für« / »Paul Celan« / »zur Erinnerung an den Besuch auf der Hütte« / »am 25. Juli 1967« / »Martin Heidegger«.

26. Juli

Aufenthalt in Frankfurt. Siegfried Unseld vom Suhrkamp Verlag holt ihn am Bahnhof ab.

27. Juli

Martin Heidegger widmet ihm sein Buch *Was heißt denken?*: »Für« / »Paul Celan« / »zum Dank für die Lesung« / »am 24. Juli 1967« / »Martin Heidegger«.

1. August

Entstehung des das Treffen mit Heidegger reflektierenden Gedichts *Todtnauberg*, mit einer polemischen Anspielung auf Heideggers Buch *Holzwege* durch das zäsurierte Wort »Knüppel-/pfade«.

7. August

Er schickt seiner Frau das Gedicht *Bei Brâncuşi, zu zweit* (in dieser rumänischen Schreibung), in dem er an seinen Besuch bei diesem rumänischen Bildhauer mit ihr am 24. 2. 1954 und indirekt auch an den Besuch bei Brancusi zusammen mit mehreren Personen im Sommer 1951 erinnert.

12.-23. August

Aufenthalt in London. Besuch bei Berta Antschel.

19. August

Publikation der Übersetzung *Der weiße Motor* (*Le moteur blanc*) von André du Bouchet in der »Neuen Zürcher Zeitung«.

Ende August

Publikation von *Atemwende*, Celans erstem Gedichtband im Suhrkamp Verlag; er schenkt seiner Frau sein Autorenexemplar.

September
Publikation von *Engführung* in der Übertragung von Jean Daive, *Strette*, im vierten Heft der Zeitschrift »L'Éphémère«.

7.-21. September
Aufenthalt in der Schweiz (Locarno, Bellinzona, Tegna, Zürich). Er verbringt einige Tage mit seinem Freund Franz Wurm und dessen Freunden Michael und Luzzi Wolgensinger im Tessin und trifft dort bzw. in Zürich Bernhard Böschenstein, Walter Höllerer und Peter Schifferli.

26. September
Auf den Rat von Franz Wurm und in der Hoffnung auf eine Alternative zur medikamentösen Behandlung trifft er den Physiker und Neurophysiologen Moshe Feldenkrais in seinem Pariser Hotel (Hôtel Raspail, 203, Boulevard Raspail, 14^e). Beim Warten entsteht in der Hotelhalle das Gedicht *Ein Extra-Schlag Nacht* (GW II 286).

Oktober
Publikation der Übersetzung *Das eine Buch* (*Единая книга*) von Velemir Chlebnikov in der zehnten Ausgabe der Zeitschrift »Kursbuch«.

Anfang Oktober
Publikation der *Einundzwanzig Sonette* Shakespeares (Frankfurt a. M., Insel); er widmet je ein Exemplar seiner Frau und seinem Sohn.

10. Oktober
Publikation von Peter Horst Neumanns Rezension der *Atemwende* in der Beilage der »Frankfurter Allgemeinen Zeitung« zur Buchmesse.

11.-16. Oktober
Aufenthalt in Deutschland.

12. Oktober
Lesung aus *Atemwende* im Privathaus seines Verlegers Siegfried Unseld (Suhrkamp Verlag).

17. Oktober
Endgültige Entlassung aus der Klinik.

2. November
Mitteilung an den Verleger Robert Altmann (Brunidor) zu seinem Wunsch, von seinem Gedicht über das Treffen mit Heidegger, *Todtnauberg*, einen Einzeldruck herstellen zu lassen.

3.-20. November
Beteiligung am »Salon de la Jeune gravure contemporaine« im Musée Galliera (Paris) mit *Atemkristall* und einigen weiteren Radierungen.

11. November
Publikation der Übersetzung *Gottestrauer* (*Tristesse de Dieu*) von Supervielle in der »Neuen Zürcher Zeitung«.

20. November
Bezug einer möblierten Einzimmerwohnung (24, Rue Tournefort, 5ᵉ); er wohnt dort bis November 1969.

23. November
Besuch des Films von »Le Grand Meaulnes« von Jean-Gabriel Albicocco (1967) zusammen mit Eric an seinem 47. Geburtstag.

25.-27. November
Aufenthalt in Köln.

27. November
Fernsehaufnahme einer Lesung von Gedichten aus *Atemwende* beim Westdeutschen Rundfunk.

30. November
Besuch der Ausstellung »L'Art russe des Scythes à nos jours *[Die russische Kunst von den Skythen bis heute]*« im Grand Palais zusammen mit Eric.

6. Dezember
Manuskript von *Fadensonnen* an den Suhrkamp Verlag.

15. Dezember
Testamentarische Notiz, verfaßt in der École Normale Supérieure: Er vermacht seinem Sohn Eric die Rechte an seinem gesamten literarischen Werk und seine Manuskripte und vertraut die Edition seiner Gedichte und Übersetzungen Beda Allemann an.

16.-28. Dezember
Erster Aufenthalt in Berlin, mit lange vermißten Winter- und Schnee-Erlebnissen.
Treffen mit Peter Szondi, Walter Georgi, Walter Höllerer, Erwin Leiser und Ernst Schnabel (Sender Freies Berlin).

18. Dezember
Lesung an der Akademie der Künste Berlin auf Einladung von Walter Höllerer.

19. und 20. Dezember
Treffen mit Studenten von Peter Szondi im Rahmen von dessen Seminar an der Freien Universität Berlin.

22./23. Dezember
Entstehung von drei ›Berliner‹ Gedichten, darunter *Du liegst*, in Erinnerung an die am 16. Januar 1919 in Berlin ermordeten Rosa Luxemburg und Karl Liebknecht.

23. Dezember
Publikation der Übersetzung *In Petersburg* (*В Петербурге мы сойдемся снова*) von Mandel'štam in der »Neuen Zürcher Zeitung«.

28. Dezember
Fernsehaufnahme beim Sender Freies Berlin: »Paul Celan liest Shakespeare-Sonette« (Sendung am 27. 6. 1968).

1968

Publikation der Antwort auf eine »Spiegel«-Umfrage über die von Hans Magnus Enzensberger formulierte Frage »Ist eine Revolution unvermeidlich?« in Hamburg (Spiegel-Verlag).

12. Januar
    Publikation der bibliophilen Einzeledition des Gedichts *Todtnauberg* (Vaduz, Brunidor); das Exemplar mit der Nummer eins geht an Martin Heidegger.

13. Januar
    Lesung in Bonn.

10.-16. Februar
    Aufenthalt in Deutschland.
    Eine Reihe von Gesprächen mit Vertretern der Verlage Suhrkamp und Insel über die geplanten Publikationen: *Fadensonnen* und Übersetzungen von Jules Supervielle, André du Bouchet und Giuseppe Ungaretti.

22.-26.(?) Februar
    Aufenthalt in der Schweiz.

23. Februar
    Lesung in Genf.

März: ›Prager Frühling‹.

4.-30. März   Einzelausstellung (Radierungen) im Stuttgarter Institut für Auslandsbeziehungen.

19. März
    Gemeinsames Abendessen aus Anlaß des 41. Geburtstags seiner Frau. Er schenkt ihr vielleicht die Maschinenreinschrift des im Juni und Juli 1967 geschriebenen Zyklus *Schwarzmaut*.

29. März-Ende April
    Teilnahme an einer Ausstellung in der Galerie-Buchhandlung Philippe Saint-Honoré in Paris. Sie trifft sich mit Celan am Abend des 29. 3. zur Vernissage.

3.-16. April
    Aufenthalt in London.
    Treffen mit den Verwandten Berta Antschel, Leo und Regine

Schäfler, aber auch mit Erich Fried und Michael Hamburger, mit dem Rabbiner Albert Friedlander und der Germanistin Gisela Dischner.
Besuch in der National Gallery (Rembrandt).

April Arbeit an den Radierungen, die den Zyklus *Schwarzmaut* begleiten sollen.
Einzelausstellungen mit Radierungen in den Galerien Die Brücke in Bielefeld und Karl Vonderbank in Frankfurt.
Teilnahme an Gruppenausstellungen in Schweden (Kristianstad, Skara, Hudiksvall).

4. April
Er erfährt vom Attentat auf Martin Luther King.

12. April
Feier des Seder-Abends, d. h. des ersten Abends des Pessach-Festes, bei Leo und Regine Schäfler.

14./15. April
Entstehung des Gedichts *Mapesbury Road*: Die im Titel evozierte Straße beginnt vor dem Gebäude, in dem Berta Antschel wohnt.

Ende April
Manuskript der Ungaretti-Übersetzung an den Insel Verlag.
Publikation der Übersetzungsauswahl aus dem Werk von Jules Supervielle unter dem Titel *Gedichte* (Frankfurt a. M., Insel).

Mai
Teilnahme an den Pariser Mai-Unruhen, zuerst mit großem Enthusiasmus, dann mit schnell wachsender Skepsis.

Einzelausstellungen mit Radierungen in der Galerie Ariane in Göteborg (Schweden) und in der Freiburger Galerie Kröner.
Teilnahme an einer Gruppenausstellung in der Galerie Philippe Saint-Honoré in Paris.

6. Mai

Gemeinsamer Abend in der Rue de Longchamp; beide notieren die Tatsache in ihren Taschenkalender.

10. Mai

Notiz im Taschenkalender: »24 h Die Barrikaden *[gestrichen:* 20 h dîner Mme Supervielle*]* abgesagt«. Er entschuldigt sich bei Pilar Supervielle mit den Worten: »Je vous prie de m'excuser pour ce soir: je me sens profondément concerné par ce qui se passe et ne pourrai venir dîner. Hier, en vous écrivant, j'avais cru entrevoir une éclaircie – des éclaircies *[Bitte entschuldigen Sie mich für heute abend: Ich fühle mich durch das, was geschieht, zutiefst betroffen und kann nicht zum Essen kommen. Gestern hatte ich, als ich Ihnen schrieb, geglaubt, einen Lichtschimmer zu sehen – mehrere Lichtschimmer].*«
Am gleichen Tag notiert er: »Wie wir, wo wir einen Menschen wahrhaft lieben, tief und sehnsüchtig leiden an allem, was er nicht ist ... / Während ich die Helikopter schwirren höre – nicht über meinem Kopf ——« / 10. 5. 1968« (das Datum ist mehrfach unterstrichen).
Vom gleichen Tag datiert ein kurzer französischer Text, vielleicht in Hinblick auf seine Frau geschrieben in Erinnerung an die Rembrandt-Selbstbildnisse, die er mehrere Male mit ihr betrachtet hatte: »Je regarde l'autoportrait de Rembrandt (celui de Cologne), son regard et sa bouche distendus par les contingences, sa tête et un peu de son manteau dorés par les contingences, rongés par elles, songés par elles, son bâton éclaboussé de deux gouttes, trois gouttes de cette même substance. / 45 rue d'Ulm / Paris, am 10. Mai 1968 *[Ich schaue das Selbstbildnis von Rembrandt an (das in Köln), seinen Blick und seinen Mund, die durch die Zufälligkeiten gezerrt sind, seinen vergoldeten Kopf und ein Stück von seinem vergoldeten Mantel, die von den Zufälligkeiten benagt, von ihnen erdacht sind, seinen von zwei Tropfen, drei Tropfen dieser gleichen Substanz bespritzten Stock.]*«

Notiz im Taschenkalender: »Nuit des barricades *[Nacht der Barrikaden]*«.

13. Mai

Datierter Anstrich in Kafkas Tagebuch unter dem Datum des

24. 1. 1922: »| Zu sagen, daß du mich verlassen hast, wäre sehr ungerecht, aber daß ich verlassen war, und zeitweise schrecklich verlassen, ist wahr.« (Franz Kafka, Tagebücher 1910-1923, Frankfurt a. M., 1951, S. 553.)
Auch andere Anstriche Celans in diesem Tagebuch stehen in Zusammenhang mit dem Verhältnis zu seiner Frau.

6. Juni

Am 13. Geburtstag seines Sohnes ordnet er die Manuskripte des späteren Bandes *Lichtzwang*, damals mit dem Titel »Bakensammler«, unter ein Blatt mit der Aufschrift: »Für Eric Celan« / »Paul Celan, Bakensammler« / »/ Handschriften / « / »am 6. Juni 1968«.

Sommer

Eintritt in das Redaktionskomitee der durch die Fondation Maeght finanzierten Zeitschrift »L'Éphémère«, auf Einladung der Herausgeber Yves Bonnefoy, André du Bouchet, Louis-René des Forêts, Gaëtan Picon und Jacques Dupin; vom siebenten Heft an erscheint sein Name als Mitherausgeber.

21. Juni - 14. Juli

Lesereise durch Deutschland.

26. Juni

Lesung in Freiburg.

27./28. Juni

Treffen mit Siegfried Unseld und anderen Vertretern der Verlage Suhrkamp und Insel.

1. Juli

Lesung in Kiel.

3. Juli

Lesung in Hannover.

4./5. Juli

Rückkehr nach Frankfurt für die Korrekturen von *Fadensonnen* und der Du Bouchet-Übersetzung.

8. und 9. Juli
　Lesungen in Frankfurt.

10. Juli
　Lesung in Tübingen.

Ende Juli
　Entstehung des einzigen je in französischer Sprache (für den Sohn) geschriebenen Gedichtes: *Ô les hâbleurs*. Eric erhält das Manuskript nicht. Siehe auch die beiden anderen, am 31. Mai und 2. Juni 1968 geschriebenen Gedichte *Für Eric*.

2.-5. August
　Aufenthalt in Vaduz (Liechtenstein).

4. August
　Lesung in Vaduz im Rahmen der dem Verlag Brunidor gewidmeten Ausstellung »Das Buch als Kunst«, in der auch *Atemkristall* ausgestellt ist.

20.-21. August
　Tiefe Beunruhigung über den Einmarsch der sowjetischen Truppen in Prag, der Stadt des Rabbi Löw, Rilkes und Kafkas, die als Hauptstadt Böhmens eng mit der Erinnerung an die Mutter verbunden ist. Er schreibt an seinen Freund, den Prager Franz Wurm, »eine Zeile, Sie aufzusuchen, Sie aufzufinden an diesem Tag heute« (21. 8. 1968, PC/FW, S. 161).

5. September
　Siegfried Unseld kündigt die Zusendung von vier gerade erschienen Werken an: bei Suhrkamp *Fadensonnen* (er schickt in diesem Fall keine Exemplare an seine Frau und seinen Sohn), die Übersetzung von André du Bouchets Gedichtband *Vakante Glut* (*Dans la chaleur vacante*) und *Ausgewählte Gedichte – Zwei Reden*, ein Taschenbuch mit einem Vorwort von Beda Alleman; bei Insel die Übersetzung von Giuseppe Ungarettis Gedichtbänden *Das verheißene Land – Das Merkbuch des Alten* (*La Terra promessa, Il taccuino del vecchio*).

Herbst
Publikation des fragmentarischen Zyklus *Eingedunkelt* in der von Siegfried Unseld herausgegebenen Anthologie *Aus aufgegebenen Werken*, zusammen mit Texten von Samuel Beckett, Karl Krolow, Wolfgang Koeppen, Hans Erich Nossack, Peter Weiss, Uwe Johnson, Wolfgang Hildesheimer, Nelly Sachs und Martin Walser (Frankfurt a. M., Suhrkamp).

26. September
Aus nicht bekannten Gründen und ohne Absprache mit den Organisatoren Verzicht auf eine Lesung in Winterthur; das Publikum wartet umsonst.

Oktober
Publikation von acht Gedichten im siebten Heft der Zeitschrift »L'Éphémère«. Celan korrigiert die beigegebenen Übersetzungen von André du Bouchet in seinem Autorenexemplar.

1. Oktober Anstellung als Sekretärin am Institut d'Études Germaniques (Grand Palais).

Oktober/November
Arbeit, oft mit großen Schwierigkeiten, an den Radierungen für das spätere *Schwarzmaut*.

21. Oktober-11.(?) November
Aufenthalt in der Provence (Antibes, Cap d'Antibes, La Colle-sur-Loup).
Entstehung von elf Gedichten eines titellosen Zyklus, dessen Publikation er ausdrücklich verbietet.

21. Oktober
Besuch in der Fondation Maeght, wo er zwei Gedichte schreibt, darunter *Les Dames de Venise*, das von einer Reihe von Skulpturen Giacomettis inspiriert ist.

Etwa 11. November
Abbruch des Aufenthalts in La-Colle-sur-Loup vor dem vorgesehenen Termin.

15. November
In einem Wahnzustand Angriff auf einen Nachbarn im Haus Rue Tournefort, den er beschuldigt, Eric schaden zu wollen. Intervention der Polizei, der Sozialarbeiterin an der Psychiatrischen Universitätsklinik Sainte-Anne, Reine Arrieta, und des Psychiaters Dr. D. Einlieferung in die Psychiatrische Ambulanz der Polizei, wo er immer nur wiederholt: »Je suis français *[Ich bin Franzose]*« bzw. »J'ai été opéré d'un poumon *[Ich bin an einer Lunge operiert worden]*«.

15. November 1968–3. Februar 1969
Einweisung in das Psychiatrische Krankenhaus Vaucluse in Épinay-sur-Orge (Departement Essonne).
Entstehung von 34 Gedichten, deren Publikation er untersagt.
Regelmäßige Besuche seiner Frau, aber auch von André du Bouchet und Jean Daive.
Lektüre: Isaac Azimov (*Geschichte der Biologie*), Emily Dikkinson, Marie Luise Kaschnitz, Marina Tsvetaeva.

23. November Zum 48. Geburtstag Celans schickt sie ihm, über die aktuelle Situation noch nicht informiert, eine Reihe von Radierungen an die Adresse der École Normale Supérieure.

Ende November
Wiederaufnahme der Beziehung zu Klaus Demus, auf dessen Initiative hin. Lektüre von Gedichten des Freundes.

Mitte Dezember
Abschluß der fünfzehn Radierungen für das spätere *Schwarzmaut*.

22. Dezember
Publikation der Übersetzung *Der Fluch* (*The Curse*) von John Donne in der »Neuen Zürcher Zeitung«.

23. Dezember Zum 16. Hochzeitstag schickt sie ihrem Mann eine Radierung.

24. Dezember 1968-3. Januar 1969
>Aufenthalt in Cap d'Antibes bei ihrer Cousine Guislaine Marraud.

1969

Januar
>Publikation von drei Gedichten in der Übersetzung von André du Bouchet im achten Heft der Zeitschrift »L'Éphémère«.

Etwa 20. Januar
>Niederschrift, als eine Art Gedächtnisübung, der Namen von 22 Städten, in denen er öffentlich gelesen hat, auf der Rückseite eines Briefumschlags: »Niendorf, Frankfurt, München, Düsseldorf, Bonn, Wuppertal, Hamburg, Hannover, Kiel, Tübingen, Stuttgart, Berlin, Freiburg, Zürich, Genf, Rom, Mailand, Eßlingen, Darmstadt, Würzburg, Braunschweig, Bremen« (er übergeht Vaduz und Wien).

28. Januar
>Er notiert in sein Notizbuch die erste Fassung des wohl seiner Frau gewidmeten Gedichts »Dir in die un-/gefalteten Hände / gewogen: / meiner Verzweiflung laut-/lose Geduld.«

3. Februar
>Entlassung aus dem Krankenhaus mit der Verpflichtung, sich im folgenden regelmäßig in einer sozialhygienischen Ambulanz der Departements-Verwaltung (12, Rue Daubenton) zur Überwachung und Medikamentation zu melden.

20. Februar
>Treffen der Eheleute abends in seinem Arbeitszimmer in der Rue d'Ulm.

Februar 1969-März 1970
>Er schreibt seiner Frau weniger häufig, läßt ihr aber über Eric Gedichte zukommen.

14.-18.(?) März
>Aufenthalt in Deutschland (Köln, Frankfurt).

17. März
    Gespräch mit seinem Verleger Siegfried Unseld.

19. März
    Publikation der bibliophilen Ausgabe *Schwarzmaut* mit vierzehn Gedichten von Paul Celan und fünfzehn Radierungen von Gisèle Celan-Lestrange am Tag von Gisèles 42. Geburtstag (Vaduz, Brunidor). Sie verbringen den Abend gemeinsam.

29. März - 8. April
    Letzter Aufenthalt in London.
    Entstehung des Gedichts *Im Zeithub* im Zug zwischen Dover und London, von dem er seiner Frau eine Abschrift schenkt.
    Besuch in der National Gallery: Rembrandt.
    Besuch des Botanischen Gartens »Kew Gardens«; siehe das gleichnamige Gedicht, das er einem Brief an seine Frau beilegt.
    Wiedersehen mit den Verwandten Berta Antschel, Leo und Regine Schäfler, Treffen mit den Freunden Eva und Victor Ehrenberg.

23. April - 18. Mai
    Präsentation von *Atemkristall* im Rahmen der Ausstellung »Le livre comme œuvre d'art *[Das Buch als Kunstwerk]*« des Verlags Brunidor (Vaduz) im Musée d'Art Moderne de la Ville de Paris.

Mai
    Einzelausstellung mit Radierungen, veranstaltet von der Firma Siemens in Erlangen.
    Kauf einer Eigentumswohnung (6, Avenue Émile Zola, 15ᵉ) für ihren Mann.

22.-27.(?) Mai
    Aufenthalt in Deutschland.

26. Mai
    Treffen mit Hildegard de la Motte und Paul Schallück.

28. Juni - 5.(?) Juli
    Aufenthalt in Deutschand.

30. Juni
   Lesung in Kiel.

2. Juli
   Treffen mit Paul Schallück, Rudolf Bartsch und Ruth Kraft.

4. Juli
   Lesung in Bonn, u.a. mit Übersetzungen von Rimbaud, Mandel'štam und Michaux.

16.-24. Juli
   Er verfolgt die Mission der Apollo 11 in Radio und Fernsehen.

20. Juli
   Entstehung der Übersetzung von zwei Gedichten von Velemir Chlebnikov (in seinem Büro in der École Normale Supérieure).

4. August
   Verwahrung des bis dahin getragenen Eherings in einem geschlossenen Umschlag (Marke »Three Candlesticks«) mit der Aufschrift »Ring« / »4. August 1969«.

16.-31. August
   Aufenthalt in der Schweiz (Luzern, Interlaken, Bern, Zürich).
   Treffen mit der aus London angereisten Tante Berta Antschel.

30. August
   Treffen mit Gershom Scholem in Zürich.

17. September
   Persönliche Notiz über der ersten Fassung des Gedichts »Ein Stern« (GW III 91), in französischer Sprache, gekennzeichnet durch das Zeichen »-i-«: »Mon judaïsme: ce que je reconnais encore dans les débris de mon existence *[Mein Judentum: das, was ich in den Trümmern meiner Existenz noch (an)erkenne]*«.

22. September
: Beginn der handschriftlichen Reinschrift des neuen Gedichtbands *Schneepart*, dessen Gedichte zwischen dem 16. 12. 1967 und dem 18. 10. 1968 entstanden, für seine Frau und seinen Sohn auf dem englischen Briefpapier »Three Candlesticks« (Geschenk von Berta Antschel). Nur das Inhaltsverzeichnis bleibt unvollständig. Siehe die 1976 erschienene Faksimile-Ausgabe (Frankfurt a. M., Suhrkamp).

30. September - 17. Oktober
: Aufenthalt in Israel.
Wiederbegegnung mit Freunden aus der Bukowina, darunter David Seidmann, Manuel Singer und Ilana Schmueli, mit der er bis zu seinem Tod in einer Liebesbeziehung verbunden bleibt. In ihrer Begleitung geht er am 9. Oktober durch Jerusalem: Sie gehen zum Amphitheater am Scopusberg, zum Ölberg, zur Himmelfahrtskirche mit dem Blick auf die Altstadt, zum Jüdischen Friedhof, zur Maria-Magdalena-Kirche, zum Garten Gethsemane und beschließen den Rundgang bei Absaloms Grab. In Bethlehem besuchen sie das Mar-Elias-Kloster, Rahels Grab, die Geburtskirche und, auf dem Weg zurück nach Jerusalem, das Deir-Abu-Tor und schauen auf das Hinnom-Tal mit Molochs Altären. Am nächsten Tag besuchen sie die Mühle Montefioris, Davids Grab, gehen an den Mauern entlang zum Zionstor, zum Jaffa-Tor, zu ›allen Toren‹ Jerusalems, den offenen und den versiegelten. Einem eiligen Besuch an der Klagemauer folgt ein solcher in der Omar-Moschee (»schnell fort, zu viel Heiliges«; siehe: Schmueli, S. 15 f.).
Notizen (»-i-«) für einige der Gedichte, die 1976 unter dem Titel *Zeitgehöft* publiziert werden.

Oktober
: Einzelausstellung mit Radierungen im Museum von Larvik (Norwegen).

8. Oktober
: Treffen mit Gershom Scholem, der ihm ein Exemplar der französischen Ausgabe von *Ursprung und Anfänge der Kabbala* (1962), *Les origines de la Kabbale* (1966), mit den Worten widmet: »für Paul Celan zur freundschaftlichen Erinnerung an Jerusalem von Gershom Scholem 8. Oktober 1969«. Ein

weiteres Widmungsexemplar dieses Buches datiert vom 23. 9. 1966.

9. Oktober
Lesung in Jerusalem. Er wird vom Publikum herzlich und mit Ovationen empfangen und erlebt eine Art Euphorie.

13. Oktober
Lesung in Haifa.

14. Oktober
Kurze, am Tag selbst entstandene Ansprache vor dem hebräischen Schriftstellerverband.

15. Oktober
Lesung in Tel Aviv, eingeführt durch David Rokeah. Das Publikum besteht großenteils aus Verwandten und Bekannten aus der Bukowina. Er hat den Eindruck, nicht als Dichter, sondern als berühmt gewordener Landsmann empfangen zu werden, und leidet unter dem Mißverständnis. Zu David Seidmann sagt er: »Ich habe Furchtbares erlebt heute abend« (Brief von David Seidmann an Gisèle Celan aus Tel Aviv vom 26. 10. 1969). Nach der Lesung verzichtet er auf seine ursprünglichen Pläne, seinen Israel-Aufenthalt bis zum 20. Oktober zu verlängern, und lebt bis zu seinem Abflug am 17. Oktober in zum Teil ernsten Angstzuständen.

20. Oktober
Er schreibt an David Seidmann: »Ich bin froh, so intensiv gelebt zu haben, so intensiv wie seit langem nicht mehr.« (Von Seidmann zitiert in seinem Brief an Gisèle Celan vom 26. 10. 1969.)

23. Oktober
Er schreibt an Ilana Schmueli: »Daß Jerusalem eine Wende, eine Zäsur sein würde in meinem Leben – das wußte ich.« (Schmueli, S. 19)

November   Publikation von zwei Radierungen in der Vorzugsausgabe der zweiten Nummer von »La traverse«. Sie schenkt ihrem Mann später mit einem Neujahrsgruß ein Exemplar.

Ende Oktober 1969-Anfang April 1970
Tiefe Depression, mitgeteilt in den Briefen an Ilana Schmueli.

6. November
Als schwierig empfundener Umzug in die neue, größere und unmöblierte Wohnung (6, Avenue Émile Zola, 15e).

14. Dezember
Publikation der Übersetzung von fünf Gedichten von Jean Daive in der »Neuen Zürcher Zeitung«: *Aufgereiht* (*tous les doigts sont alignés*), *Er behielt* (*il garda dans la bouche la goutte d'eau*), *Der Horizont* (*l'horizon sèche au-delà*), *Drei Hänge* (*trois pentes*) und *Der ununterbrochene* (*l'arbre ininterrompu*).

23. Dezember 1969 – 2. Februar 1970
Aufenthalt von Ilana Schmueli in Paris, zuerst im Hotel, dann in Celans Wohnung in der Avenue Émile Zola, unterbrochen von Aufenthalten Schmuelis in der Schweiz und in Großbritannien.

1970

Einzelausstellung in der Galerie Tortenson in Oslo.

4.-21. März   Ausstellung von Radierungen, zusammen mit Lillen Dahll Vogt, in der Galerie Holst Halvorsen in Oslo.

7.-19. März
Besuch von Franz Wurm; er wohnt bei Celan in der Avenue Émile Zola.

8. März
Publikation der Übersetzung der beiden Gedichte *Tage, in der / Fremde* (בנכר) und *Ein Amen dem Berg, eines dem Meer:* (אמן) von David Rokeah in der »Neuen Zürcher Zeitung«.

17. März
Letzte Begegnung mit Peter Szondi im Pariser Café Les Deux

Magots. Peter Szondi schreibt am 9. 6. 1970 an Claude David: »Als ich Celan am 17. März in Paris sah, ohne zu wissen, daß es das letzte Mal sein würde, erzählte er mir von einem Aufsatz, den die Zeitschrift ›Critique‹ über sein Werk veröffentlichen wollte. Von Jacques Derrida um Rat gefragt, hatte er mich als Autor vorgeschlagen. Er war an diesem Tag so traurig, daß ich nicht den Mut hatte zu zögern und sofort angenommen habe.« (Übers., siehe Peter Szondi, Briefe, hrsg. von Christoph König und Thomas Sparr, Suhrkamp, Frankfurt a. M., 1993, S. 313.)

18.(?) März

Letzter Brief an seine Frau zu ihrem 43. Geburtstag; er legt das Gedicht *Es wird etwas sein, später* mit der Übersetzung »Il y aura quelque chose, plus tard« bei.

19.-31. März

Letzter Aufenthalt in Deutschland.

21. März

Lesung in Stuttgart im Rahmen der Hölderlin-Tagung, die in diesem Jahr den 200. Geburtstag Friedrich Hölderlins festlich begeht. Er liest unveröffentlichte Gedichte aus dem im Juni darauf publizierten Band *Lichtzwang* (davon erscheinen neun im »Hölderlin Jahrbuch« 1969/1970). Er fühlt sich vom Publikum nicht verstanden, an Franz Wurm schreibt er am 27. 3.: »Die Lesung wurde totgeschwiegen oder als ›unverständlich‹ abgetan.« (PC/FW, S. 239)

22. März

Letzter Besuch, zusammen mit André du Bouchet und Bernhard Böschenstein, im Tübinger Hölderlinturm (Eintrag im Besucherbuch).

25. März

Ausflug mit dem Freiburger Germanisten Gerhart Baumann ins Elsaß, die Landschaft erinnert ihn an die Bukowina. Besuch des Unterlinden-Museums in Kolmar: Am Isenheimer Altar von Matthias Grünewald richtet er seine Aufmerksamkeit, nach Baumann, vor allem auf den gemarterten Christus. Beim Verlassen soll Celan gesagt haben: »Es ist genug!« (Siehe Gerhart Baumann, S. 47 f.)

Kauf von Francis Bacons *Essays oder praktische und moralische Ratschläge* in der Übersetzung von Elisabeth Schücking, hrsg. von Levin L. Schücking (Stuttgart, Reclam, 1970). Dieses letzte für seine Bibliothek selbst erworbene Buch trägt das Datum »Freiburg, 25. 3. 70«.

26. März
Zwei Lesungen in Freiburg, davon eine im Privathaus von Gerhart Baumann und in Anwesenheit von Martin Heidegger, Birgit von Schowingen (Tochter von Ludwig von Ficker) und einiger anderer. Heidegger widmet ihm *Zur Sache des Denkens* (1969) und *Die Kunst und der Raum – L'art et l'espace* (zweisprachige Ausgabe, 1969) mit den Worten »Für« / »Paul Celan« / »zum Dank für die Lesung« / »Freiburg i. Br. am 26. März 1970« / »Martin Heidegger« bzw. »Für« / »Paul Celan« / »zum Wiedersehen« / »Freiburg i. Br. am 26. März 1970« / »Martin Heidegger«. Heidegger, berichtet Baumann, habe Celan nach dieser Begegnung »mit Erschütterung« als »krank, – heillos« bezeichnet (siehe Gerhart Baumann, S. 80).

Frühjahr
Publikation von *Stimmen* (*Voix*) und sieben weiteren Gedichten aus dem ersten Zyklus von *Sprachgitter* in der Übersetzung von André du Bouchet im 13. Heft der Zeitschrift »L'Éphémère«.

April
Publikation der Übersetzung des Gedichtzyklus *Die Nacht größer und größer* (*La nuit grandissante*) von Jacques Dupin im Katalog der dem Franzosen in der Bonner Galerie Wünsche vom 13. 4. bis 6. 6. 1970 gewidmeten Ausstellung.

16. April
Letztes Zusammentreffen mit Eric. Er teilt ihm mit, daß er nicht, wie vorgesehen, mit ihm zur Aufführung von *Warten auf Godot* von Beckett am 17. 4. 1970 im Théâtre Récamier (3, Rue Récamier, 7e) gehen kann. Die beiden datierten Eintrittskarten finden sich nach seinem Tod in seiner Brieftasche.
Treffen mit dem Maler Jörg Ortner, den er seit etwa zwei Jahren regelmäßig sieht.

Nacht vom 19. auf den 20. April
Selbstmord in der Seine, wohl vom Pont Mirabeau aus.

19. April Bleistiftnotiz im Taschenkalender, mit Tinte doppelt unterstrichen: »<u>Départ Paul –</u> / *[Weggang Paul]*«.

Etwa 20. April
Weil er seine Armbanduhr in seiner Wohnung zurückgelassen hat, ahnt Gisèle Celan, was geschehen ist: Er hatte ihr einmal gesagt, daß er nicht mehr da sein würde, wenn man eines Tages seine Armbanduhr fände (mündlicher Bericht von Gisèle Celan-Lestrange).
Auf seinem Schreibtisch lag die Hölderlin-Biographie von Wilhelm Michel, *Das Leben Friedrich Hölderlins* (Frankfurt a. M. 1967), aufgeschlagen auf S. 464 und mit einer Unterstreichung in einem Auszug aus einem Brief von Clemens Brentano: »Manchmal wird dieser Genius dunkel und versinkt in den bitteren Brunnen seines Herzens«.

Ende April Ilana Schmueli ist Gisèle Celans Gast in Paris und Moisville.

1. Mai
Entdeckung der Leiche am Rechen eines Wehrs in der Seine, auf der Höhe von Courbevoie.

4. Mai
Identifikation der Leiche durch Gisèle Celan und einen nahen Freund Celans, Edmond Lutrand, im Leichenschauhaus von Courbevoie.

12. Mai
Beerdigung ohne religiöse Zeremonie auf dem Pariser Friedhof Thiais, wo auch der Sohn François liegt. Nelly Sachs stirbt am gleichen Tag in Stockholm.

13. Mai Publikation des Gedichtzyklus *Monde à quatre verbes* von Jean Daive mit zwei Radierungen (Montpellier, Fata morgana, 200 Exemplare).

20. Mai	Publikation von Jean Daives Gedicht *Devant la loi* mit fünf Radierungen (Selbstverlag, 30 Exemplare).

Mai/Juni

Entdeckung durch Gisèle Celan, in der Wohnung Avenue Émile Zola, eines Heidegger betreffenden Fragments (wohl ein Briefentwurf): »Heidegger // ... daß Sie durch Ihre Haltung das Dichterische und, so wage ich zu vermuten, das Denkerische, in beider ernstem Verantwortungswillen, entscheidend schwächen«.

> Nach dem Tod von Gisèle Celan 1991 fand sich auf ihrem Schreibtisch eine Übersetzung dieses Fragments in ihrer Handschrift mit der Bemerkung: »(noté par Paul) *[von Paul notiert]*«: »...que par votre comportement vous affaiblissiez de façon décisive le poétique et j'ose le soupçonner le philosophique dans la sérieuse volonté de responsabilité qui appartient aux deux«.

Unter den Büchern in seinem Arbeitszimmer in der Rue d'Ulm wird ein aus der Bibliothek der ENS entliehenes Buch gefunden, das wohl zu den zuletzt von ihm gelesenen gehört: *Les bâtisseurs du Temps* von Abraham Joshua Heschel (Reihe »aleph«, Paris, Les Éditions de Minuit, 1957). Der Band enthält keinerlei Lesespuren, nur die Seiten des ersten, »De tout ton cœur« überschriebenen Kapitels (7-15) und einige Seiten am Ende (192-194, 202-205) sind aufgeschnitten.

Juni

Publikation von *Lichtzwang* in Frankfurt a. M. (Suhrkamp), dem achten und letzten vom Autor selbst zur Veröffentlichung vorgesehenen Gedichtband.

Juli

Publikation von vier 1968 entstandenen Gedichten als Faksimile, begleitet von drei Radierungen von Gisèle Celan-Lestrange, im 14. Heft der Zeitschrift »L'Éphémère«.

August

Publikation der vor dem hebräischen Schriftstellerverband in

Tel Aviv gehaltenen kurzen Ansprache in der Zeitung der aus der Bukowina eingewanderten Juden, »Die Stimme« (Organ der Hitachduth Olej Bukowina).

Publikation von zwei Radierungen in der ersten Nummer der in Paris erscheinenden Zeitschrift »Fragment« (Vaduz, Brunidor, Vorzugsausgabe von 70 Exemplaren).

1971

Frühjahr
Publikation von *Schneepart* in Frankfurt a. M. (Suhrkamp): Es handelt sich um den letzten Gedichtband, von dem eine vollständige Reinschrift Celans vorliegt.

April
Publikation des Gedichts *Le Palais de quatre heures* von Jean Daive mit zwei Radierungen (Paris, Brunidor, limitierte Auflage von 50 Exemplaren).

28. November
Publikation der Übersetzung *Traumknoten* von Rokeah (צמתי חלום) in der »Neuen Zürcher Zeitung«.

1972

Publikation einer Originalradierung und von vier Reproduktionen im Paul-Celan-Gedenkheft der »Revue de Belles-Lettres« (Nr. 2/3, Genf, Vorzugsausgabe von 122 Exemplaren).

1973

23. Februar
Publikation von *Angerufen vom Meer*, einer Reihe von sieben Radierungen mit Zitaten von Paul Celan (Selbstverlag, 7 Exemplare).

1974

April Publikation von *Journal: les minuscules épisodes*, einer Folge von zwölf Radierungen (Selbstverlag, 55 Exemplare).

1975

Frühjahr
 Publikation von *Bei Wein und Verlorenheit*, Gedicht von Paul Celan mit einer Radierung von Gisèle Celan-Lestrange (Luxemburg, Luigi Mormino, 100 Exemplare).

August Publikation von *Les cendres de la voix*, acht Gedichte von Philippe Denis mit zwei Radierungen (Paris, Commune mesure, 100 Exemplare).

September/Oktober
 Einzelausstellung (Radierungen, Zeichnungen und bibliophile Bücher) in der Patrick Seale Gallery in London.

Dezember Publikation von *L'Inachevé*, einer Folge von acht Radierungen (Paris, Clivages, 55 Exemplare).

1976

 Publikation von *Zeitgehöft* in Frankfurt a. M. (Suhrkamp), der ersten Nachlaßedition im eigentlichen Sinn, die auf nicht von Celan selbst noch zum Druck vorbereiteten Manuskripten beruht.

4.-27. März Einzelausstellung in der Galerie Mazarine in Paris.

April Publikation einer Radierung in der Vorzugsausgabe des vierten Heftes von »Clivages« (Paris, 50 Exemplare).

Mai Einzelausstellung in der Wiener Galerie Auf der Stubenbastei.

6. Mai

Lesung von Gedichten Paul Celans durch Klaus Demus im Rahmen von Gisèle Celan-Lestranges Wiener Ausstellung.

1977

Publikation der nachgelassenen Übersetzung *Weiße Dezimale* von Jean Daive als Faksimile der in die Ausgabe *Décimale blanche* (1967) notierten Handschrift (Frankfurt a. M., Suhrkamp).

Januar — Publikation einer Reproduktion von *Répétition* (fünf Federzeichnungen) im Doppelheft 5/6 der Pariser Zeitschrift »Clivages«.

23. Oktober — Publikation von *Protocole*, einem Gedicht von Jean-Pascal Léger, mit vier Radierungen (Paris, Clivages).

8.-30. November
Einzelausstellung (Zeichnungen und Radierungen) in der Pariser Galerie Biren.

1978

21. März
Publikation von Gedichten Paul Celans in der Übertragung von André du Bouchet unter dem Titel *Poèmes*, mit einer Radierung von Gisèle Celan-Lestrange (Paris, Clivages, Vorzugsausgabe von 50 Exemplaren).

April — Publikation des Gedichts *Cassure claire* von Pierre Chapuis mit einer Radierung (Neuchâtel, Galerie Dietesheim, Vorzugsausgabe von 60 Exemplaren).

19. Mai-24. Juni
Einzelausstellung (Zeichnungen und Radierungen) in der Galerie Dietesheim in Neuchâtel.

1979

Einzelausstellung in der Hobson Gallery in London.

1980

Publikation der Übersetzung *Der Monat Cheschwan* (חשון) von David Rokeah im ersten Heft der Zeitschrift »Akzente«.

29. Februar   Publikation des Gedichtzyklus *Cœur d'eau* von Alain-Christophe Restrat mit acht Radierungen (Paris, Clivage, Vorzugsausgabe von 56 Exemplaren).

März   Einzelausstellung (aquarellierte Zeichnungen 1979/1980) in der Galerie La Hune in Paris.

1984

22. Februar - 22. März
Einzelausstellung (Pastelle) in der Galerie La Hune in Paris.

18. Mai - 23. Juni
Einzelausstellung (Pastelle) in der Galerie Dietesheim in Neuchâtel.

1985

Oktober
Publikation von *Thirty-two Poems* von Paul Celan in der Übertragung von Michael Hamburger mit einer Radierung von Gisèle Celan-Lestrange (Norwich, Embers Handpress, Vorzugsausgabe von 100 Exemplaren).

1986

Publikation von *Hundstage*, Gedichte von Franz Wurm, mit einer Originalradierung und vier

Reproduktionen von Federzeichnungen (Zürich, Howeg, Vorzugsausgabe von 35 Exemplaren).

1987

26. März-26. April
Einzelausstellung (Federzeichnungen 1984-1987) in der Pariser Galerie La Hune.

1989

Frühjahr   Publikation von *Renversement*, der Reproduktion einer Folge von sechs Federzeichnungen, in der fünften Nummer der Pariser Zeitschrift »La Treizième«.

1990

Publikation einer Faksimile-Edition der bibliophilen Ausgaben *Atemkristall* und *Schwarzmaut* in Frankfurt a. M. (Suhrkamp).

23. Januar
Publikation von Edmond Jabès' Erinnerungen an Paul Celan unter dem Titel *La mémoire des mots* mit der Reproduktion von zwei Federzeichnungen von Gisèle Celan-Lestrange (Paris, Fourbis).

Frühjahr   Publikation von zwei Reproduktionen von Federzeichnungen in der sechsten Nummer der Pariser Zeitschrift »La Treizième«.

29. April-27. Mai
Einzelausstellung (neuere Zeichnungen) in der Galerie Dietesheim in Neuchâtel.

1991

Oktober   Sie erfährt, daß sie an Krebs erkrankt ist.

Oktober oder November Bei einer ihrer letzten Lektüren streicht sie am Schluß eines kurzen Essays von José Ángel Valente unter dem Titel *Meister Mathis Nithard ou Gotthardt, appelé Grünewald [Meister Mathis Nithard oder Gotthardt, genannt Grünewald]«* (in: La Pierre et le centre, aus dem Spanischen von Jacques Ancet, Paris, José Corti, 1991) auf S. 23 eine Reihe von Stellen an*:* »| Le blanc est la douleur de la Mère. A côté de la croix, Madeleine, vêtements, cheveux, mains, couleur, est une flamme. Les formes de Madeleine et de la Mère tendent à la monochromie. Madeleine au rouge, la Mère au blanc. La Mère est plus que flamme. La Mère est comme un feu qui aurait produit toutes ses flammes et ne brûlerait qu'à l'intérieur de lui-même. Marie a absorbé la douleur, [...]. Le blanc de la Mère. Le blanc, une non couleur, est dans la crucifixion d'Issenheim une explosion vers l'intérieur. Il engendre plus de force matricielle. Quel scandale de l'ombre que la rigueur de la douleur. La rigueur du blanc *[Das Weiß ist der Schmerz der Mutter. Neben dem Kreuz Magdalena, ihre Kleider, Haare, Hände, Farbe, sie ist eine Flamme. Die Formen von Magdalena und die der Mutter tendieren zur Einfarbigkeit. Magdalena zum Rot, die Mutter zum Weiß. Die Mutter ist mehr als Flamme. Die Mutter ist wie ein Feuer, das alle seine Flammen hervorgebracht hat und nur noch im Inneren seiner selbst brennt. Maria hat den Schmerz absorbiert, (...). Das Weiß der Mutter. Das Weiß, eine Nicht-Farbe, ist in der Kreuzigung von Isenheim eine Explosion nach innen. Es erzeugt mehr Mutter-Kraft. Die Strenge des Schmerzes – welch ein Skandal des Schattens. Die Strenge des Weiß].«*

9. Dezember Tod von Gisèle Celan-Lestrange.

13. Dezember Beerdigung ohne religiöse Zeremonie auf dem Pariser Friedhof Thiais, wo auch François und Paul Celan begraben sind.

WERKVERZEICHNIS GISÈLE CELAN-LESTRANGE

Aufgenommen sind alle Titel von Werken, die in den Briefen, den Anmerkungen und in der Zeittafel erscheinen. Neben den französisch-deutschen Doppeltiteln ist die deutsche Version jeweils auch einzeln aufgeführt. Die zusammen mit Paul Celan geschaffenen Werke erscheinen kursiv. Die Zahlen beziehen sich auf Briefe bzw. Anmerkungen (kursiv, Zahlen ohne Anmerkungsziffer meinen die einleitende allgemeine Beschreibung des Dokuments) und die Zeittafel (kursiv, Z + Jahr); zusätzlich wird auf die Abbildungen in der vorliegenden Ausgabe verwiesen. Die Angaben für Band II folgen denen für Band I.

A l'image du temps – Nach dem Bilde der Zeit
    263, 601, *263/1, 601/2*
Aboutissant – Ergebnis
    471/1
Âmes – Seelen
    434, 450, *434/4, 471/1*
Angerufen vom Meer (Zitate aus Gedichten PCs, mit sieben Radierungen)
    Z 1973
Aquatinta (*siehe* Aquatinte)
Aquatinte – Aquatinta
    360, *360/4*
Atemkristall (acht Radierungen)
    242, 333, 356, 360, 362, 372, 380, 407, 410, 411, 425, 426, 436, 485, 490, 493, 532, 548, 558, 569, 575, 576, 598, 618, 629, 664, *177/8, 179/3, 181/2, 192/11, 196/12, 237/1, 246/4, 246/10, 276/7, 328/9, 347/4, 356/3, 366/3, 378/5, 390/1, 407/3, 419/1, 438/4, 485/2, 493/2, 532/5, 569/2, 595/3, 598/3, 598/4, 606/1, 608/1, 618/4, 629/4, 638/1, 641/1, 664/1, Z 1963, Z 1965, Z 1966, Z 1967, Z 1969, Z 1990*
Au lieu d'une inscription – Statt einer Inschrift
    339
Aujourd'hui – Heute
    360, *360/4*

Begegnung (*siehe* Rencontre)
Bei Wein und Verlorenheit (Gedicht von PC, mit einer Radierung)
   Z 1975

Cassure claire (P. Chapuis, eine Radierung)
   Z 1978
Cœur d'eau (A.-Chr. Restrat, acht Radierungen)
   Z 1980
Composition – Komposition
   558/5

Damit ein Auge ruhe – Pour le repos d'un œil
   606/2
Départ (*siehe* Les flots se fermant – Zusammenschlagende Flut)
Devant la loi (J. Daive, fünf Radierungen)
   636/5, Z 1970
Die Netze wieder (*siehe* Les filets encore)
Dünennähe (*siehe* Les dunes toutes proches)
Dureté végétale (*siehe* En guise d'une présence)

Écho d'une terre – Echo einer Erde
   606/2
Echo einer Erde (*siehe* Écho d'une terre)
Einer Leere entlang (*siehe* Le long d'un vide)
En chemin – Unterwegs
   339, 339/1
En guise d'une présence – Statt einer Gegenwart
   464/1
Ergebnis (*siehe* Aboutissant)
Erinnerung an Holland (*siehe* Souvenir de Hollande)

Fin d'année 12.1966 – Jahresende 12.1966
   466, 466/1, Abb. 10

Gegensinn (*siehe* Sens contraire)
Gouache *für* »Gehässige Monde«
   644, 644/7, Abb. 15 a
Grau und schwarz (*siehe* Gris et noir)
Gris et noir – Grau und schwarz
   347, 347/3

Heute (*siehe* Aujourd'hui)
Hierselbst (*siehe* Ici-même)
Hommage à G.
   276, 276/2
Hommage à Giacometti et aux pins brûlés de l'Estérel (*siehe* Hommage à G.)
Hommage an Giacometti und an die verbrannten Pinien des Estérel (*siehe* Hommage à G.)
Hundstage (F. Wurm, eine Originalradierung und vier Reproduktionen von Federzeichnungen)
   Z *1986*

Ici-même – Hierselbst
   575/6, 579/4
Inselrede (*siehe* Propos d'une île)

Jahresende 12.1966 (*siehe* Fin d'année 12.1966)
Je maintiendrai (*siehe* Souvenir de Hollande)
Journal: les minuscules épisodes (Folge von zwölf Radierungen)
   Z *1974*

Kämpfender Atem (*siehe* Souffle combattant)
Kleine Komposition (*siehe* Petite composition)
Kleine Serie (*siehe* Suite Moisville)
Komposition (*siehe* Composition)

L'Inachevé (Folge von acht Radierungen)
   Z *1975*
L'Inconsolé – Trostverwaist
   606/1
Là-haut – Oben
   360/5
La mémoire des mots (Erinnerungen an PC von E. Jabès, mit der Reproduktion von zwei Federzeichnungen)
   Z *1990*
Le long d'un vide – Einer Leere entlang
   606/1
Le Palais de quatre heures (J. Daive, zwei Radierungen)
   Z *1971*
Les cendres de la voix (Ph. Denis, zwei Radierungen)
   Z *1975*

Les dunes toutes proches – Dünennähe
339, 183/4, 339/3
Les filets encore – Die Netze wieder
339, 339/1
Les flots se fermant – Zusammenschlagende Flut
575/6, 579/4
Lueur I
575/6

Monde à quatre verbes (J. Daive, zwei Radierungen)
Z *1970*
Mouvement (Titelentwurf, *siehe* Hommage à G.)

Nach dem Bilde der Zeit (*siehe* A l'image du temps)
Noir-Argent – Silberschwarz
339, 360, 339/3, 347/3, 360/3

Oben (*siehe* Là-haut)
Ohne Kompaß (*siehe* Sans boussole)
Ohne Titel (I, 1954)
48, 48/4
Ohne Titel (II, 1967)
583, 583/1, Abb. 11 a
Ohne Titel (III, 1967)
583, 583/1, Abb. 11 b
Ohne Titel (III, 1967)
592, 592/1, Abb. 12 a
Ohne Titel (IV, 1967)
592, 592/1, Abb. 12 b
Ohne Titel (V, 1967)
593, 593/2, Abb. 13
Ohne Titel (VI, 1967)
598, 598/5
Ohne Titel (VII, 1968)
631, 631/1, Abb. 14
Ohne Titel (VIII, 1969)
666, 666/1, Abb. 16
Ohne Titel (IX, 1969; in: La Traverse)
667, 667/2, Abb. 17 a
Ohne Titel (X, 1969; in: La Traverse)
667, 667/2, Abb. 17 b

Petite composition – Kleine Komposition
207, 347, *207/6*, *347/3*
Poèmes (Übersetzung von Gedichten PCs von Du Bouchet, eine Radierung)
Z *1978*
Portfolio (siehe *Portfolio VI*)
Portfolio IV (Texte von Gherasim Luca, Folge von vier Radierungen, davon eine von GCL)
Z *1964*
Portfolio VI (Folge von sechs Radierungen)
356, 360, 425, 426, 489, 490, 502, 506, 507, 569, 598, *347/4*, *356/4*, *366/1*, *368/2*, *372/4*, *395/1*, *425/4*, *426/3*, *447/2*, *447/3*, *453/5*, *489/5*, *506/3*, *507/1*, *569/2*, *595/3*, *598/4*, Z 1966, Z *1967*
Pour le repos d'un œil – Damit ein Auge ruhe
606/2
Presque des Îles – Île aux enfants morts (*Titelprojekt*)
467, *467,4*
Propos d'une île – Inselrede
467/5
Protocole (J.-P. Léger, vier Radierungen)
Z *1977*

Rencontre – Begegnung
360, *360/4*
Renversement (Folge von sechs Federzeichnungen)
Z *1989*
Répétition (Folge von fünf Federzeichnungen)
Z *1977*

Sans boussole – Ohne Kompaß
434, *434/4*
Schlafbrocken, Keile (Gedicht von PC, eine Radierung)
449, 587, 664, *449/4*, *455/1*, *Abb. 9*
Schwarzmaut (fünfzehn Radierungen)
599, 664, *410,6*, *485/3*, *558/11*, *560/2*, *562/3*, *569/4*, *572/5*, *582/2*, *596/4*, *598/3*, *599*, *599/1*, *599/2*, *602/3*, *605/2*, *610/2*, *614/1*, *616/4*, *618/3*, *620/3*, *627/1*, *629/3*, *629/4*, *636/8*, *638/1*, *638/2*, *655/2*, *664/1*, Z 1968, Z 1969, Z 1990
Seelen (*siehe* Âmes)
Sens contraire – Gegensinn
471/1, *575/6*

Silberschwarz (*siehe* Noir-Argent)
Souffle combattant – Kämpfender Atem
    434, 450, *434/4, 558/5*
Souvenir de Hollande – Erinnerung an Holland
    198, 407, *198/9*
Spuren (*siehe* Traces)
Stadt (*siehe* Ville)
Statt einer Gegenwart (*siehe* En guise d'une présence)
Statt einer Inschrift (*siehe* Au lieu d'une inscription)
Suite de douze gravures (*siehe* Suite Moisville)
Suite de douze instants à Moisville (*siehe* Suite Moisville)
Suite Moisville
    493, 560, 564, 569, 570, 618, 636, *493/4, 558/11, 560/3, 620/1,*
    Z *1967*

Thirty-two Poems of Paul Celan (Übersetzung Michael Hamburger, eine Radierung)
    Z *1985*
Traces – Spuren
    360, *360/4*
Trostverwaist (*siehe* L'inconsolé)

Unterwegs (*siehe* En chemin)

Ville (Titelentwurf)
    40, *40/1*

Zum Jahresende (*siehe* Ohne Titel VI)
Zusammenschlagende Flut (*siehe* Les flots se fermant *und* Départ)

WERKVERZEICHNIS PAUL CELAN

Aufgenommen sind alle Gedichte, Prosatexte, Übersetzungen (Ü) und Eigenübersetzungen Celans, die in den Briefen, den Anmerkungen und in der Zeittafel erscheinen, dazu die übersetzten Texte in ihrer Originalsprache (kyrillische und hebräische Titel separat am Schluß), sowie die Titel der von Dritten übersetzten Werke Celans (Ü von). Spitzwinklige Klammern zeigen von Herausgebern gewählte unechte Titel an. Die zusammen mit Gisèle Celan-Lestrange geschaffenen Werke erscheinen kursiv. Die Namen der aus dem Russischen übersetzten Autoren erscheinen in der von Celan gewählten Form. Nicht ausdrücklich genannte Titel von Übersetzungen sind über die Namen der Autoren und das Personenverzeichnis zu erschließen. Die Zahlen beziehen sich auf Briefe bzw. Anmerkungen (kursiv, Zahlen ohne Anmerkungsziffer meinen die einleitende allgemeine Beschreibung des Dokuments) und die Zeittafel (kursiv, Z + Jahr); zusätzlich wird auf die Abbildungen in der vorliegenden Ausgabe verwiesen. Die Angaben für Band II folgen denen für Band I.

A espantosa realidade das coisas (Pessoa, *siehe* Täglich entdecke ich sie wieder und wieder)
A la santé du serpent (Char, *siehe* Der Schlange zum Wohl)
A un arbre (Supervielle, *siehe* An einen Baum)
A une sérénité crispée (Char, *siehe* Einer harschen Heiterkeit)
A wise old owl (Updike, *siehe* Alte Eule, sie war weise)
Abend der Worte
32/11, 36/15
Abends
191/8
Abglanzbeladen
599
Acht Gedichte (*Ü* Dickinson)
517/2, Z 1961
Achtzehn Sonette (*Ü* Shakespeare)
177/5, Z 1964
Aile la nuit (*Ü von* A. du Bouchet, *siehe auch* Flügelnacht)
629/5
Ainsi je me dresse (*Eigenübersetzung, siehe auch* So rag ich, steinern)
58

Airs (*Ü* Supervielle: Airs)
: *50/11, Z 1958*

Allé dans la nuit, aidant (*Eigenübersetzung, siehe auch* In die Nacht gegangen)
: *599*

Allerseelen
: *467/3, Z 1958*

Alte Eule, sie war weise (*Ü* Updike: A wise old owl)
: *Z 1961*

Amouren (*Ü* Michaux: Amours)
: *270/4*

Amours (*Ü* Michaux, *siehe* Amouren)

An den Wassern Babels
: *304*

An einen Baum (*Ü* Supervielle: A un arbre)
: *529/4*

An seine stumme Geliebte (*Ü* Marvell: To His Coy Mistress)
: *Z 1958*

Andenken
: *Z 1954*

Angefochtener (*siehe* Angefochtener Stein)

Angefochtener Stein
: *373, 373*

Angewintertes
: *510,2*

⟨Ansprache anläßlich der Entgegennahme des Literaturpreises der Freien Hansestadt Bremen⟩
: *143, 16/2, 94/6, 94/14, 143/6, 415/2, Z 1958*

⟨Ansprache vor dem hebräischen Schriftstellerverband⟩
: *662/1, Z 1969, Z 1970*

Anthologie (*französische Lyrik in Übersetzungen, Projekt*)
: *50/11, 94/8, 97/2*

⟨Antwort auf eine »Spiegel«-Umfrage⟩
: *Z 1968*

⟨Antwort auf eine Umfrage der Librairie Flinker, Paris (1958)⟩
: *143/8, Z 1958*

⟨Antwort auf eine Umfrage der Librairie Flinker, Paris (1961)⟩
: *Z 1961*

Après avoir renoncé à la lumière (*Eigenübersetzung des Titels, siehe auch* Nach dem Lichtverzicht)
: *389*

Après le renoncement de la lumière (*Eigenübersetzung des Titels, siehe auch* Nach dem Lichtverzicht)
> 389

Arbuste itinérant, tu t'attrapes (*Eigenübersetzung, siehe auch* Wanderstaude, du fängst dir)
> 639

Argumentum e silentio
> 53/5, Z 1954

Argumentum e silentio (*Titelentwurf, siehe auch* Von Schwelle zu Schwelle)
> 53/5

Argumentum e silentio (*Ü von* J.-Cl. Schneider, *siehe auch* Argumentum e silentio)
> 467/3

As rosas amo dos jardins de Adónis (Pessoa, *siehe* Ode)

Aschenglorie
> 371/1, Z 1947

Assisi
> 32/11, Z 1953

At Half past Three (Dickinson, *siehe* Um halb vier)

Atemgänge (*Titelentwurf, siehe auch* Atemwende)
> 447, 447/3

Atemkristall (*Bibliophile Edition*)
> 242, 333, 356, 360, 362, 372, 380, 407, 410, 411, 425, 426, 436, 485, 490, 493, 532, 548, 558, 569, 575, 576, 598, 618, 629, 664, 177/8, 179/3, 179/4, 181/2, 192/11, 196/12, 237/1, 246/4, 246/10, 276/7, 328/9, 356/3, 366/4, 378/5, 390/1, 407/3, 419/1, 433/3, 438/4, 493/2, 532/5, 569/2, 595/3, 598/4, 606/1, 608/1, 629/4, 638/1, 641/1, 664/1, Z 1963, Z 1965, Z 1966, Z 1967, Z 1968, Z 1969, Z 1990

Atemwende (*Gedichtband*)
> 479, 481, 518, 532, 533, 548, 550, 554, 555, 556, 558, 568, 569, 570, 598, 231, 236, 239/2, 242/1, 243/15, 362/1, 389/1, 447/3, 461/1, 477/1, 478/1, 479/3, 481/3, 485/4, 486/3, 491/1, 508/1, 509/1, 511/4, 532/5, 533/6, 548/3, 558/13, 566/1, 568/1, 570/1, 578/2, Z 1964, Z 1965, Z 1966, Z 1967

Auch heute abend
> Z 1954

... auch keinerlei
> 481/1

Auf der Klippe
> 44

Auf Reisen
15/6
Aufgereiht (*Ü* Daive: tous les doigts sont alignés)
Z 1969
Aufs Auge gepfropft
467/3
Augenblicke
533/6
Aus dem Meer
32/11
Aus Verlornem
599
Ausgewählte Gedichte (1968)
603/10, Z 1968
⟨Auswahl⟩ (*siehe* Gedichte. Eine Auswahl)
Autopsicografia (Pessoa, *siehe* Autopsychographie)
Autopsychographie (*Ü* Pessoa: Autopsicografia)
32/4
Avec nous autres (*Eigenübersetzung, siehe auch* Mit uns)
409

Babij Jar (*Ü* Jewtuschenko: Бабий Яр)
Z 1962
Baken-
599
Bakensammler (*Titelentwurf, siehe auch* Lichtzwang)
Z 1968
Bateau ivre (Rimbaud, *siehe* Das trunkene Schiff)
Because I could not stop for Death (Dickinson, *siehe* Der Tod)
Bedenkenlos
398, 398/1
Bei Brancusi, zu zweit
540, 540/4, Z 1967
Bei Brâncuşi, zu zweit (*siehe* Bei Brancusi, zu zweit)
Bei den zusammengetretenen
191/6
Bei Glüh- und Mühwein
486/2, 489/4
Bei Wein und Verlorenheit
479/4, Z 1975
Bewegung (*Ü* Supervielle: Mouvement)
531/3, 578/4

Bois gentil (*siehe* Seidelbast)
⟨Bremer Rede⟩ (*siehe* ⟨Ansprache anläßlich der Entgegennahme des Literaturpreises der Freien Hansestadt Bremen⟩)
Bretonischer Strand
　43, 43, 467/3
⟨Brief an Hans Bender⟩ (*siehe* Ein Brief)
Brunnengräber
　595
⟨Büchnerrede⟩ (*siehe* Der Meridian)

Ce qui nous jetta ensemble (*Eigenübersetzung, siehe auch* Was uns zusammenwarf)
　599
Cendres – la gloire (*Ü von* A. du Bouchet, *siehe auch* Aschenglorie)
　371/1
Cénotaphe (*Ü von* J.-Cl. Schneider, *siehe auch* Kenotaph)
　467/3
Chanson (*Ü* Supervielle: Chanson)
　578/4
Chanson einer Dame im Schatten
　53/5
Chanson von einem, dessen Liebe keine Antwort fand (*Ü* Apollinaire, *Titelentwurf:* La chanson du Mal-Aimé)
　36/8
Chansons Malaises (Goll, *siehe* Liebeslieder eines Malaiischen Mädchens)
Chargé de reflet, chez les (*Eigenübersetzung, siehe auch* Abglanzbeladen)
　599
Chestiunea rusă (*Ü* Simonov: Руский вопрос)
　Z 1947
Clair de lune (Apollinaire, *siehe* Mondschein)
Collecteur de balises, vers la nuit (*Eigenübersetzung, siehe auch* Baken-)
　599
Contre! (Michaux, *siehe* Kontra!)
Conversation in the Mountains (*Ü von* E. Baber, *siehe auch* Gespräch im Gebirg)
　365/5
Corona
　15/6

Damals, als es noch Galgen gab (*siehe* Eine Gauner- und Ganovenweise)
Dans la chaleur vacante (A. du Bouchet, *siehe* Vakante Glut)
Dans la montée du temps (*Eigenübersetzung, siehe auch* Im Zeithub)
    643, Z *1969*
Das angebrochene Jahr
    595
Das eine Buch (*Ü* Chlebnikov: Единая книга)
    Z *1967*
Das Gastmahl
    498/6
Das Geheimnis der Farne
    498/6
Das Heupferdchen (*Ü* Chlebnikov: Кузнечик)
    656/1
Das horchende (*Ü* Mandelstamm: Слух чуткий парус напрягает)
    105/2
»Das letzte Gedicht« (*Ü* Desnos: Le dernier poème)
    50/11, Z *1958*
Das Lied von dem, des Liebe unerwidert blieb (*Ü* Apollinaire, *Titelentwurf, siehe:* Chanson von einem, dessen Liebe keine Antwort fand)
Das Merkbuch des Alten (*Ü* Ungaretti: Il taccuino del vecchio)
    605/3, 629/6, Z *1968*
Das Narbenwahre
    396/1, 400/2, 404/1
Das Narbenwahre, verhakt (*siehe* Das Narbenwahre)
Das Seil
    401, 408, 410, *401/1, 408/3*
Das Seil, zwischen zwei hoch- (*siehe* Das Seil)
Das Stundenglas
    184, *184, 239/2, 440/1, 443/1*, Z *1964*
Das Stundenglas, tief (*siehe* Das Stundenglas)
Das taubeneigroße Gewächs
    510/2
Das trunkene Schiff (*Ü* Rimbaud: Bateau ivre)
    100, 101, *50/11, 100/1, 101/1, 591/7*, Z *1957*, Z *1958*
Das unbedingte Geläut
    489/4

Das verheißene Land (*Ü* Ungaretti: La Terra promessa)
    605/3, 629/6, Z 1968
Das Vorgebirge (*Ü* H. Thomas: Le Promontoire)
    Z 1961
Das Wildherz
    475/1, 558/3
Das Wort vom Zur-Tiefe-Gehn
    106, 176, 302, 22, 106, 106/2 176/3, 215/3, 302, 240/4
De l'univers (*Eigenübersetzung, siehe auch* Welt)
    651
De ses lèvres rouge-temps (*Ü von* J.-Cl. Schneider, *siehe* Mit zeitroten Lippen)
    467/3
De seuil en seuil (*Titelübersetzung von* J.-Cl. Schneider, *siehe auch* Von Schwelle zu Schwelle)
    467/3, Z 1966
Décimale blanche (Daive, *siehe* Weiße Dezimale)
Dein Gesicht (*Ü* Mandelstamm: Образ твой, мучительный и зыбкий)
    105/2
Dein / Hinübersein
    124/4
Denk dir
    531, 523/2, 529/1, 531/1, 532/6, 533/2, 677, Z 1967
Der Abschied (*Ü* Apollinaire: L'Adieu)
    36/8, 50/11, Z 1954
Der Dämmer, herbstlich (*Ü* Mandelstamm: Осенний сумрак – ржавое железо)
    Z 1961
Der Fluch (*Ü* Donne: The Curse)
    Z 1968
Der Gast
    24/4, 32/11, 39/5, 94/5
Der goldene Vorhang. Brief an die Amerikaner (*Ü* Cocteau: Lettre aux Américains)
    51/2, Z 1949
Der Hengst
    291/1
Der hohle Laut (*Ü* Mandelstamm: Звук осторожный и глухой)
    589/2
Der Horizont (*Ü* Daive: l'horizon sèche au-delà)
    Z 1969

Der Meridian (*Büchnerpreisrede*)
    135, 25/4, 94/10, 124/2, 189/7, 194/29, 202/1, 204/1, 244/8,
    249/10, 264/4, 267/11, 347/6, 371/1, 469/1, 479/5, 502/4,
    568/1, 629/2, Z 1942, Z 1960, Z 1961, Z 1967
Der mit Himmeln geheizte
    243/15, 629/5
Der Monat Cheschwan (*Ü* Rokeah: חשון)
    Z 1980
Der Neunzig- und Über-
    205/2, Z 1965
Der Reitweg (*Ü* Supervielle: L'Allée)
    549/1
Der Sand aus den Urnen (*Gedichtband*)
    3, 497, 498, 5/3, 26/1, 27/2, 67/1, 68/2, 130/3, 143/17, 497/3,
    Z 1946, Z 1947, Z 1948, Z 1949, Z 1952, Abb. 2
Der Schäfer (*Ü* Pessoa: Sou um guardador de rebanhos)
    32/4
Der Schläfer im Tal (*Ü* Rimbaud, *siehe*: Le dormeur du val)
    50/11
Der Schlange zum Wohl (*Ü* Char: A la santé du serpent)
    Z 1955
Der schöpferische Künstler und sein Publikum. Eine Diskussion
    (*Ü* Saul Bellow, Robinson Jeffers, Robert Motherwell, Roger
    Sessions)
    Z 1955
Der Schritt der Pferde (*Ü* Mandelstamm: Как кони медленно сту-
    пают)
    105/2
Der Schweigestoß
    510/2
Der Stern blaßrot, hat er geweint zuinnerst dir im Ohr (*Ü* Rimbaud:
    L'étoile a pleuré rose au cœur de tes oreilles)
    50/11
Der Tauben weißeste flog auf: ich darf dich lieben!
    473, 473/5
Der Tod (*Ü* Dickinson: Because I could not stop for Death)
    517/3, 676/1, Z 1959
Der Tod der Armen (*Ü* Baudelaire: La mort des pauvres)
    118, 50/11, 118/3, Z 1960
Der Ungebändigte, dreimal (*siehe* Deutlich)
Der ununterbrochene (*Ü* Daive: l'arbre ininterrompu)
    Z 1969

Der weiße Motor (*Ü* du Bouchet: Le Moteur blanc)
533/3, 545/2, Z 1967
Dernière marche (Char, *siehe* Letzte Stufe)
Des lunes haineuses (*Eigenübersetzung, siehe auch* Gehässige Monde)
642
Deutlich
388, 388/1, 400/3
Dévastations? (*Eigenübersetzung des Titels, siehe auch* Die Zerstörungen?)
424, 424/3
Dichtungen, Schriften I (Michaux, *Edition und Übersetzungen*)
177/3, 243/14, 252/4, 270/4, 271/4, 277/1, 330/4, 465/5, Z 1966
Die abgewrackten Tabus
481/1, 489/4
Die Atemlosigkeiten des Denkens
376, 366, 374/3, 376, 380/1
Die Cydalisen (*Ü* Nerval: Les Cydalises)
50/11, Z 1957, Z 1958
Die Dichtung Ossip Mandelstamms (*Radio-Essay*)
267/11, Z 1960
Die Eine
486/2, 489/4
Die entzweite Denkmusik
Z 1966/1967
Die Ewigkeit
207/13
Die Ewigkeiten
558/3
⟨»Die Freiheit die da dämmert« – Gedichte von Ossip Mandelstamm⟩ (*siehe* Die Dichtung Ossip Mandelstamms)
Die gedankenverbrämte (*siehe* Pau, nachts)
Die Halde
Z 1954
Die hellen (*siehe* Die hellen / Steine)
Die hellen / Steine
138, 221, 138, 138/2, 221/3, Z 1961
Die Herbstzeitlosen (*Ü* Apollinaire: Les colchiques)
50/11, Z 1958

Die herzschriftgekrümelte
   489/4
Die ihn bestohlen hatten
   212, *212*, Z *1965*
Die Irin
   558/12
Die junge Parze (*Ü* Valéry: La Jeune Parque)
   115, 117, *115/2*, *117/1*, *128*, Z *1959*, Z *1960*
Die kleinen Gerechten (*Ü* Eluard: Les petits justes)
   431/4
Die letzte Fahne
   498/6
Die letzte Ode (*Ü* Pessoa: Para ser grande, sê inteiro: nada)
   32/4
Die Liebe
   303/2, *489/4*, Z *1967*
Die Mantis
   501/5
Die Muschel (*Ü* Mandelstamm: Раковина)
   105/2
Die Nacht, größer und größer (*Ü* Dupin: La nuit grandissante)
   Z *1970*
Die Niemandsrose (Gedichtband)
   176, 221, 406, 589, *50/8*, *106*, *116/3*, *130*, *138*, *145/4*, *153*, *175*, *176/3*, *177/4*, *183/1*, *194/29*, *196/8*, *207/7*, *218/3*, *221/3*, *244/12*, *297/1*, *297/2*, *302*, *362/1*, *367/3*, *469/3*, *469/4*, *479/4*, *486/3*, *491/1*, *495/1*, *524/3*, *527/1*, *532/7*, *568/1*, *590/1*, *591/2*, Z *1961*, Z *1963*, Z *1964*, Z *1965*, Z *1970*
Die Priester (*Ü* Mandelstamm, *siehe* Die Priester. Und inmitten er)
Die Priester. Und inmitten er (*Ü* Mandelstamm: Среди священников левитом молодым)
   105/2
Die Rauchschwalbe
   508, *508/2*, *510/1*, *510/2*, Z *1967*
Die Rauchschwalbe stand im Zenith, die Pfeil- (*siehe* Die Rauchschwalbe)
Die Schellenkappe (*Ü* Yeats: The Cap and Bells)
   194/8, Z *1962*
Die Silbe Schmerz
   145/4
Die Stuten, die Schiffe (*Ü* Jessenin: Кобыльи корабли)
   Z *1958*

Die teuflischen
558/11
Die Unze Wahrheit
296, 296/3, 296/4, 300/5
Die Verlangsamte (*Ü* Michaux: La ralentie)
258/9, Z 1963
Die vier Lebensalter (*Ü* Yeats: The Four Ages of Man)
194/8, Z 1959
Die Waffen des Schmerzes (*Ü* Eluard: Les armes de la douleur)
431/4
⟨Die Wahrheit, die Laubfrösche, die Schriftsteller und die Klapperstörche⟩ (*Brief an Robert Neumann*)
278/2, Z 1966
Die Zerstörungen?
424, 424/3
Die Zwölf (*Ü* Block: Двенадцать)
97/2, Z 1958, Z 1966
Dies ist der Augenblick, da
158
Diese / freie, / grambeschleunigte / Faust
356/4, 447/3, 506/3, Z 1967
Drei Hänge (*Ü* Daive: trois pentes)
Z 1969
Drei russische Dichter – Alexander Block, Ossip Mandelstamm, Sergej Jessenin (*Ü Sammelband*)
Z 1962, Z 1963
Drüben
27/2
Du bleu (*Ü von* D. Naville, *siehe auch* Vom Blau)
Z 1966
Du darfst
239/2, 438/4, 598/1
Du, das
243/15
Du liegst
244/3, 591/5, Z 1967
Du liegst hinaus
654
Du warst
489/4

Dunkles Aug im September
27/2, 68/2
Dunstbänder-, Spruchbänder-Aufstand
253, 267, *255/6*

»East of Eden«, von John Steinbeck. John Steinbecks Mythologie (*Ü* Claude-Edmonde Magny)
Z 1953
Ecce homo (*Ü* Michaux: Ecce homo)
259, *259/3*, *Z 1963*
Échanges (Supervielle, *siehe* Tauschwerk)
Edgar Jené und der Traum vom Traume (*Text zu Litographien von Edgar Jené*)
Z 1948
Ein Amen dem Berg, eines dem Meer: (*Ü* Rokeah: אמן)
Z 1970
Ein Bach (Ü Slutschewskij: Упала молния в ручей)
Z 1962
Ein Brief (*Brief an Hans Bender*)
143/9, Z 1961
Ein Dröhnen
222, 225/2, Z 1965
Ein Dröhnen: es ist (*siehe* Ein Dröhnen)
Ein Extra-Schlag Nacht
Z 1967
Ein Holzstern
112/3
Ein Leseast
811/4
Ein Stern
Z 1969
Ein- und Ausfahrt freihalten! Gedicht!
277/1
Ein wasserfarbenes Wild (*siehe* Die letzte Fahne)
Einbruch
391, 392, *391/1, 391/2*
Einbruch des Ungeschiedenen (*siehe* Einbruch)
Eine Gauner- und Ganovenweise
133, *133, 136/2, 137, 243/8*
Eine Handstunde
153, 175, *153, 155/2, 175, Z 1962, Z 1963*

Eine Handstunde hinter (*siehe* Eine Handstunde)
Eine Stunde hinter (*siehe* Eine Handstunde)
Einem Bruder in Asien
  591/2
Einem, der vor der Tür stand
  Z 1962
Einer harschen Heiterkeit (*Ü* Char: A une sérénité crispée)
  47/4, 97/2, Z 1959
Eingedunkelt (*Zyklus*)
  359/1, 373, 376, 379/2, 382/2, 383, 386/1, 388, 388/1, 389/2, 391/2, 392, 392/1, 396, 396/1, 397, 398/1, 399, 403/2, 405/2, 406/2, 409/1, 415/3, 424/3, 431/3, Z 1966, Z 1967, Z 1968
Einkanter
  645/4
Einmal (*in* Atemwende)
  479, 533/6
Einundzwanzig Sonette (*Ü* Shakespeare)
  567, Z 1967
El Desdichado (*Ü* Nerval: El Desdichado)
  50/11, Z 1957, Z 1958
Élégie d'Ihpétonga, suivie de Masques de Cendre (Goll, *siehe* Ihpetonga-Elegie und Aschenmasken)
Elle, de tels cieux chauffée (*Ü von* A. du Bouchet, *siehe auch* Der mit Himmeln geheizte)
  629/5
Elle est retrouvée (Rimbaud, *siehe* Wiedergefunden)
Éloge du lointain (*Ü von* D. Naville, *siehe auch* Lob der Ferne)
  Z 1966
Engführung
  589, 107/1, 536/1, 580/1, Z 1958, Z 1959, Z 1967
Énonce (*Ü von* J.-Cl. Schneider, *siehe auch* Sprich auch du)
  467/3
Enté sur l'œil (*Ü von* J.-Cl. Schneider, *siehe auch* Aufs Auge gepfropft)
  467/3
Entteufelter Nu
  489/4
Envasé (*Ü von* A. du Bouchet, *siehe auch* Schlickende)
  371/1
Epitaph (*Ü* Desnos, *siehe* L'Épitaphe)
  50/11, Z 1958

Epitaph on an Army of Mercenaries (Housman, *siehe* Grabschrift für ein Söldnerheer)
Er behielt (*Ü* Daive: il garda dans la bouche la goutte d'eau)
> Z *1969*

Er trauert ob seiner und seiner Liebsten Verwandlung und sehnt der Welt Ende herbei (*Ü* Yeats: He mourns for the Change that has come upon him and his Beloved, and longs for the End of the World)
> *194/8, Z 1962*

Erblinde
> *629/5*

Erinnerung an D. (*siehe* Lichtenbergs zwölf)
Es war Erde in ihnen
> *589/2, Z 1962*

Es wird
> *670, 670/1, Z 1970*

Es wird etwas sein, später (*siehe* Es wird)
Espaces (Supervielle, *siehe* Räume)
Espenbaum
> *200/1*

Est réuni ce que nous vîmes (*Eigenübersetzung, siehe auch* Bretonischer Strand)
> *43*

Et s'il revenait un jour (Maeterlinck, *siehe* Und sollt er wiederkommen)
Everybody's Protest Novel (J. Baldwin, *siehe* Protest-Romane für Jedermann)

Fadensonnen
> *493*

Fadensonnen (*Gedichtband*)
> *145/14, 285/1, 406/2, 447/3, 455/1, 457/2, 489/4, 498/3, 510/2, 523/2, 531/1, 533/5, 533/6, 536/1, 558/11, 572/3, 591/2, 606/8, 677, Z 1965, Z 1966, Z 1967, Z 1968*

Farbenbelagerte, zahlenbelagerte (*siehe* Gezinkt der Zufall, und zerweht die Zeichen)
Feu vert pour aussi ce (*Eigenübersetzung, siehe auch* Freigegeben)
> *599*

Feuillets d'Hypnos (Char, *siehe* Hypnos. Aufzeichnungen aus dem Maquis)
Flammenspitze (*Ü* Supervielle, *siehe* Pointe de flamme)
> *529/4*

Flügelnacht
    467/3, 629/5
Flüssiges Gold
    359, 359/1, 380/1
Flüssiges Gold, in den Erdwunden erkennbar (*siehe* Flüssiges Gold)
Fort ging ich (*Ü* Jessenin: Я покинул родимый дом)
    589/2
Frankfurt; Ajin, September (*siehe* Frankfurt, September)
Frankfurt, September
    273/4, 533/6
Freigegeben
    599
Frihed
    193/1, Z 1964
Fugue de la mort (*Ü von* A. Bosquet, *siehe auch* Todesfuge)
    Z 1952
Fugue de la mort (*Ü von* L. Richard, *siehe auch* Todesfuge)
    Z 1962
Für Eric (*zwei Gedichte in* Schneepart)
    Z 1968
Fürst der Nacht (*Ü* Michaux, *siehe* Prince de la nuit)
    258/9

Garotten-Grenze (*siehe* Hendaye)
Gebet (*Ü* Artaud, *siehe* Prière)
    50/11, Z 1957
Gedichte (*Jugendgedichte*)
    Z 1944
Gedichte (*Ü* Jessenin, *Auswahl*)
    136, Z 1961
Gedichte (*Ü* Mandelstamm, *Auswahl*)
    111, 532/7, Z 1959
Gedichte (*Ü* Mandelstamm, *Die Neue Rundschau*)
    105/1, Z 1958
Gedichte (*Ü* Supervielle, *Die Neue Rundschau*)
    517/2, Z 1962
Gedichte (*Ü* Supervielle, *Auswahl*)
    604, 498/2, 527/3, 530/4, 540/2 572/6, Z 1968
Gedichte. Auswahl (*Moderner Buch-Club, Darmstadt*)
    328/3, Z 1966
Gedichte. Eine Auswahl (*Schulausgabe*)
    143, 143/17, Z 1962

Gegenlicht (*Aphorismen*)
Z 1949
Gegenlicht (*Zyklustitel*)
473/5
Gegenwärtige Tendenzen in Film und Fernsehen (*Ü* Gilbert Seldes)
Z 1953
Gehässige Monde
642, 642, 644/7, Abb. 15 b
Gespräch im Gebirg (*Erzählung*)
204, 356, 578, 110/2, 124/2, Z 1959, Z 1960, Z 1966
Gespräch in Graubünden (*Titelentwurf, siehe auch* Gespräch im Gebirg)
124/3
Gestrafft (*Ü* Mandelstamm, *siehe* Das horchende)
Gewieherte Tumbagebete
474/1
Gezinkt der Zufall
282, 145/15, 274/5, 282
Gezinkt der Zufall, und zerweht die Zeichen (*siehe* Gezinkt der Zufall)
Ginsterlicht, gelb, die Hänge (*siehe* Matière de Bretagne)
Give the Word
236, 236, 236/1, 240/2, 424,2
Gold
649, 649
Gottestrauer (*Ü* Supervielle: Tristesse de Dieu)
Z 1967
Grabschrift für ein Söldnerheer (*Ü* Housman: Epitaph on an Army of Mercenaries)
Z 1962
Grabschrift für François
5/2, 7/2, 94/5, Z 1953
Graumanns Weg
558/3
Grève bretonne (*Ü* von J.-Cl. Schneider, *siehe auch* Bretonischer Strand)
467/3
Grillenlied, aus Uhren tickend (*Ü* Mandelstamm: Что поют часы-кузнечик)
589/2
Großes Geburtstagsblaublau mit Reimzeug und Assonanz
143/11, Z 1962

Había tierra en ellos (*Ü von* K. D. Vervuert *und* R. Alonso, *siehe auch* Es war Erde in ihnen)
589/2
Hafen
196/4, Z 1965
Harnischstriemen
179/4
Haut Mal
510/2
He mourns for the Change that has come upon him and his Beloved, and longs for the End of the World (Yeats, *siehe* Er trauert ob seiner und seiner Liebsten Verwandlung und sehnt der Welt Ende herbei)
Hendaye
287/2, 603/10
Herbeigewehte
428, 428/1
Herbst
145/8
Herbst (*Ü* Jessenin: Осень)
145/9
Herzschall-Fibeln
501/5
Heute und morgen
58, 58,1
Hier
32/11
Hier irrt Maigret (*Ü* Simenon: Maigret se trompe)
38/3, Z 1954
Hinausgekrönt
297/1
Hörreste, Sehreste
599, 489/1
Hüllen
489/4
Hypnos. Aufzeichnungen aus dem Maquis (*Ü* Char: Feuillets d'Hypnos)
47/4, 97/2, Z 1958, Z 1959
Hypnos und andere Dichtungen. Eine Auswahl des Autors (Char, *Edition und Übersetzungen*)
Z 1963

Ich hörte sagen
   23, 23, 24/3, 32/11, 252/5
Ich hörte sagen, es sei (*siehe* Ich hörte sagen)
Ich schreite
   611/4
Ihn ritt die Nacht
   599
Ihpetonga-Elegie und Aschenmasken (*Ü* Goll: Élégie d'Ihpétonga suivie de Masques de Cendre)
   5/3, Z 1949, Z 1950
Ihr Äcker (*Ü* Jessenin: О пашни, пашни, пашни)
   Z 1958
Ihr Berge und ihr Felsen (*Ü* Supervielle: Montagnes et rochers, monuments du délire)
   529/4
il garda dans la bouche la goutte d'eau (Daive, *siehe* Er behielt)
Il taccuino del vecchio (Ungaretti, *siehe* Das Merkbuch des Alten)
Il y aura quelque chose, plus tard (*Eigenübersetzung, siehe auch* Es wird etwas sein, später)
   670, Z 1970
Im Bereich einer Nacht (*Ü* Cayrol: L'espace d'une nuit)
   259/5, Z 1955, Z 1961
Im Herz des Bergs (*Ü* Mandelstamm: Внутри горы бездействует кумир)
   Z 1963
Im Kreis
   392/1
Im Meer gereift (*siehe* Mit zeitroten Lippen)
Im Schlangengespann (*Titelentwurf, siehe auch* Atemkristall)
   Z 1963
Im Schlangenwagen
   179/4
Im Schlangenwagen (*Titelentwurf, siehe auch* Atemkristall)
   Z 1963
Im Zeithub
   643, 643, 644/1, Z 1969
In Ägypten
   15/6
In den Geräuschen
   300, 300/1
In den Geräuschen, wie unser Anfang (*siehe* In den Geräuschen)

In den Pyrenäen (*siehe* Der Hengst)
In die Nacht gegangen
    599
In eins
    267/9
In Gestalt eines Ebers
    24/4, 467/3
In memoriam Paul Eluard
    32/11, 94/5, 305/3, Z 1952, Z 1962
In memoriam Paul Eluard (*Ü von* L. Richard, *siehe auch* In memoriam Paul Eluard)
    Z 1962
In Mundhöhe
    Z 1958
In Petersburg (*Ü* Mandelstamm: В Петербурге мы сойдемся снова)
    Z 1967
In Prag
    253/2
Infraction du non-séparé (*Eigenübersetzung des Titels, siehe auch* Einbruch des Ungeschiedenen)
    392, 391/2
Iniciação (Pessoa, *siehe* Initiation)
Initiation (*Ü* Pessoa: Iniciação)
    32/4
Ins Hirn gehaun – halb, zu drei Vierteln? – (*siehe* Give the Word)
Inselhin
    42, 42, 48/3
Inselhin (Titelentwurf, *siehe auch* Von Schwelle zu Schwelle)
    48, 53
Inselhin (*Zyklustitel*)
    53/5
Inselhin, neben den Toten (*siehe* Inselhin)
Irrennäpfe
    236, 228/3, 230/2, 236
Irrennäpfe, vergammelte (*siehe* Irrennäpfe)

J'entendis dire qu'il y avait (*Eigenübersetzung, siehe auch* Ich hörte sagen, es sei)
    23
Jetzt, wo (*siehe* Kew Gardens)

Kalk-Krokus
611/2
Kantige
379, 380, 366, 379/2, 380/1, 392/1
Keine Worte (*Ü* Mandelstamm: Ни о чем не нужно говорить)
589/2
Kenotaph
467/3
Kermorvan
Z 1961
Kerze bei Kerze (*Titelprojekt, siehe* Stilleben)
Kew Gardens
648, 648/1, Z 1969
Köln, Am Hof
Z 1957, Z 1958
Komm
481/1
Kontra! (*Ü* Michaux: Contre!)
Z 1962
Kralliger Licht-Mulm
629/1
Kristall
111/2

L'Adieu (Apollinaire, *siehe* Der Abschied)
L'Allée (Supervielle, *siehe* Der Reitweg)
L'arbre ininterrompu (Daive, *siehe* Der ununterbrochene)
L'Épitaphe (Desnos, *siehe* Epitaph)
L'Espace d'une nuit (Cayrol, *siehe* Im Bereich einer Nacht)
L'Étoile a pleuré rose au cœur de tes oreilles (Rimbaud, *siehe* Der Stern blaßrot, hat er geweint zuinnerst dir im Ohr)
L'Horizon sèche au-delà (Daive, *siehe* Der Horizont)
La Brâncuși, în doi (*Ü von* I. Caraion, *siehe auch* Bei Brancusi, zu zweit)
540/4
La chanson du Mal-Aimé (Apollinaire, *siehe* Chanson von einem, dessen Liebe keine Antwort fand)
La Contrescarpe
145/2, 145/14, 590/1
La Jeune Parque (Valéry, *siehe* Die junge Parze)
La leçon d'allemand (*Titelprojekt, siehe* Das Wort vom Zur-Tiefe-Gehn)

La mort des pauvres (Baudelaire, *siehe* Der Tod der Armen)
La nuit grandissante (Dupin, *siehe* Die Nacht, größer und grösser)
La nuit le chevaucha, il était venu à lui (*Eigenübersetzung, siehe auch* Ihn ritt die Nacht)
599
La parole, la grille (*Ü von* A. du Bouchet, *siehe auch* Sprachgitter)
371/1
La ralentie (Michaux, *siehe* Die Verlangsamte)
La Rose de Personne (*Eigenübersetzung des Titels, siehe auch* Die Niemandsrose)
406
La Rose Nulle (*Eigenübersetzung des Titels, siehe auch* Die Niemandsrose)
406
La Terra promessa (Ungaretti, *siehe* Das verheißene Land)
Langage-grille (*Titelübersetzung von* R. Ferriot, *siehe auch* Sprachgitter)
115/3
Lange vor Abend (*Titelprojekt, siehe* Der Gast)
Lardées de microlithes (*Eigenübersetzung, siehe auch* Mit Mikrolithen gespickte)
599
Larme (Rimbaud, *siehe* Träne)
Le dernier poème (Desnos, *siehe* »Das letzte Gedicht«)
Le désir attrapé par la queue (Picasso, *siehe* Wie man Wünsche beim Schwanz packt)
Le Dormeur du Val (Rimbaud, *siehe* Der Schläfer im Tal)
Le jour des âmes (*Ü von* J.-Cl. Schneider, *siehe auch* Allerseelen)
467/3
Le Menhir
Z 1961
Le Méridien (*Ü von* A. du Bouchet, *siehe auch* Der Meridian)
371, 371/1, Z 1967
Le Moteur blanc (du Bouchet, *siehe* Der weiße Motor)
Le Périgord
Z 1964
Le Promontoire (H. Thomas, *siehe* Das Vorgebirge)
Le vrai-cicatrice (*Eigenübersetzung des Titels, siehe auch* Das Narbenwahre, verhakt)
396

Lehre vom Zerfall (*Ü* Cioran: Précis de décomposition)
 18/5, 36/28, Z 1952/1953, Z 1953
Leicht willst du sein und ein Schwimmer (*siehe* Auf der Klippe)
Les armes de la douleur (Eluard, *siehe* Die Waffen des Schmerzes)
Les colchiques (Apollinaire, *siehe* Die Herbstzeitlosen)
Les Cydalises (Nerval, *siehe* Die Cydalisen)
Les Dames de Venise
 Z 1968
Les Géorgiques Parisiennes (Goll, *siehe* Pariser Georgika)
Les petits justes (Eluard, *siehe* Die kleinen Gerechten)
Lettre aux Américains (Cocteau, *siehe* Der goldene Vorhang)
Letzte Stufe (*Ü* Char: Dernière marche)
 452/2
Leuchtstäbe
 611/2, 611/4
Lichtenbergs zwölf
 231, 228/3, 231, 241/3
Lichtenbergs zwölf mit dem Tischtuch (*siehe* Lichtenbergs zwölf)
Lichtzwang (*Gedichtband*)
 475/1, 489/1, 501/4, 558/12, 558/13, 562/3, 572/4, 572/5, 591/2, 595/1, 597/1, 599/2, 611/3, Z 1967, Z 1968, Z 1970
Liebeslieder eines Malaiischen Mädchens (*Ü* Goll: Chansons Malaises)
 5/3, 74/3, Z 1950, Z 1951, Z 1952
Lila Luft
 595, 590/1, 591/5
Lindenblättrige
 429, 429/1
Lindenblättrige Ohnmacht, der (*siehe* Lindenblättrige)
Lippen, Schwellgewebe
 109/2, 599/1
Lit de neige (*Ü von* A. du Bouchet, *siehe auch* Schneebett)
 371/1
Lob der Ferne
 Z 1966
Lyon, Les Archers
 301/1

Maigret à l'école (Simenon, *siehe* ⟨Maigret und die schrecklichen Kinder⟩)
Maigret se trompe (Simenon, *siehe* Hier irrt Maigret)

⟨Maigret und die schrecklichen Kinder⟩ (*Ü* Simenon: Maigret à l'école)
38/3, Z 1955
Maintenant que (*Eigenübersetzung, siehe auch* Kew Gardens)
648
Mandorla
297/2
⟨Manuskript 1944/45⟩
Z 1944
Mapesbury Road
603/9, Z 1968
Marianne
92/3
Matière de Bretagne
83, 83, 249/2, 371/1, Z 1957, Z 1958
Matière de Bretagne (*Ü von* A. du Bouchet, *siehe auch* Matière de Bretagne)
371/1
Meine Zeit (*Ü* Mandelstamm: Век)
105/2
Mines sur tes gauches (*Eigenübersetzung, siehe auch* Tretminen)
599
Mit allen Gedanken
176, 218/3, Z 1965
Mit allen Gedanken ging ich (*siehe:* Mit allen Gedanken)
Mit dem rotierenden
402, 402/2
Mit der Aschenkelle geschöpft
599
Mit Mikrolithen gespickte
599, 638
Mit uns
409, 409/1, 462/2
Mit wechselndem Schlüssel (*Titelentwurf, siehe auch* Von Schwelle zu Schwelle)
32/11, 53/5
Mit zeitroten Lippen
467/3, Z 1954
Mittags
182/6
Mohn (*siehe* Mohn und Gedächtnis)

Mohn und Gedächtnis (*Gedichtband*)
: 26, 94, 143, 249, *12/1, 15/4, 16/1, 19/1, 20/10, 27/2, 30/1, 32/6, 36/14, 36/15, 39/2, 39/5, 40/7, 50/5, 53/1, 53/4, 53/5, 67/3, 70/2, 86, 94/1, 94/13, 115/3, 115/5, 118/1, 143/17, 147/4, 183/1, 196/2, 249/6, 259/9, 354/1, 362/1, 473/5, 478/2, 497/3 524/3, 527/1, 532/7, Z 1946, Z 1948, Z 1949, Z 1952, Z 1954, Z 1957, Z 1960, Z 1964*

Mondschein (*Ü* Apollinaire: Clair de lune)
: *50/11, Z 1952*

Montagnes et rochers, monuments du délire (Supervielle, *siehe* Ihr Berge und ihr Felsen)

Mouvement (Supervielle, *siehe* Bewegung)

Muschelhaufen
: 599

Musique scindée, la pensée (*Ü von* J.-Cl. Schneider, *siehe auch* Die entzweite Denkmusik)
: *Z 1966/1967*

Nach dem Lichtverzicht
: 389, *389/1*

Nachmittag, mit Zirkus und Zitadelle
: *557/2, Z 1961*

Nacht
: *Z 1958*

Nacht und Nebel (*Ü* Cayrol: Nuit et brouillard)
: *Z 1956*

Nachts
: *92/3*

Nachtstrahl
: *15/6*

Nah, im Aortenbogen
: *481/1, 501/1*

Nähe der Gräber
: *67/1*

Nicht immer
: 22, *22*

Noch immer und wieder, wir beiden (*Ü* Michaux: Nous deux encore)
: *75/1, Z 1957, Z 1959*

Notes sur la peinture d'aujourd'hui (Bazaine, *siehe* Notizen zur Malerei der Gegenwart)

Notgesang
  405, 405/2
Notizen zur Malerei der Gegenwart (*Ü* Bazaine: Notes sur la peinture d'aujourd'hui)
  Z 1957, Z 1959
Nous avons fait la nuit (*Ü* Eluard: Nous avons fait la nuit je tiens ta main je veille)
  50/11, 431/4, Z 1957, Z 1958
Nous avons fait la nuit je tiens ta main je veille (Eluard, *siehe* Nous avons fait la nuit)
Nous deux encore (Michaux, *siehe* Noch immer und wieder, wir beiden)
Nous gésîmes déjà profondément dans le maquis, lorsque tu (*Eigenübersetzung, siehe auch* Wir lagen)
  599
Nuit d'ailes (*Ü von* J.-Cl. Schneider, *siehe auch* Flügelnacht)
  467/3
Nuit et brouillard (Cayrol, *siehe* Nacht und Nebel)
Nuit rhénane (Apollinaire, *siehe* Rheinische Nacht)

O Himmel, Himmel (*Ü* Mandelstamm: О небо, небо, ты мне будешь)
  589/2
Ô les hâbleurs
  Z 1968
Oberhalb Neuenburgs
  186/1, Z 1964
Ode (*Ü* Pessoa: As rosas amo dos jardins de Adónis)
  32/4
Oder es kommt
  404, 404/1, 409/1
... Oder es kommt (*siehe* Oder es kommt)
Opaque (*nicht identifiziertes Gedicht*)
  453, 453/5
Or qui continue (*Eigenübersetzung, siehe auch* Gold)
  649
Ou bien s'en vient (*Eigenübersetzung, siehe auch* Oder es kommt)
  404
... Ou bien s'en vient (*Eigenübersetzung, siehe* Ou bien s'en vient)

Para ser grande, sê inteiro: nada (Pessoa, *siehe* Die letzte Ode)

Par-delà de toi (*Eigenübersetzung, siehe* Über dich hinaus)
  654
Paris (*Ü* Supervielle: Paris)
  529/4
Pariser Georgika (*Ü* Goll: Les Géorgiques Parisiennes)
  5/3, 74/3, Z 1949, Z 1950
Partizan al absolutismului erotic
  Z 1947
Pau, nachts
  214, 289/1, 292/2, Abb. 6 c
Pau, später
  289/1, 292/2, Z 1964
Pavot et mémoire (*Titelübersetzung von* R. Ferriot, *siehe auch* Mohn und Gedächtnis)
  115/3
Pavot et mémoire (*Ü von* D. Naville, *Auswahl*)
  Z 1966
Petropolis (*Ü* Mandelstamm, *siehe* Petropolis, diaphan)
Petropolis, diaphan (*Ü* Mandelstamm: В Петрополе прозрачном мы умрем)
  105/2
Plage du Toulinguet (*Titelprojekt, siehe* Bretonischer Strand)
Poèmes (*Ü von* du Bouchet, *Auswahl*)
  Z 1978
Pointe de flamme (Supervielle, *siehe* Flammenspitze)
Portfolio (siehe Portfolio VI)
Portfolio VI (Bibliophile Edition)
  356, 360, 425, 426, 489, 490, 502, 506, 507, 569, 598, 347/4, 356/4, 366/1, 368/2, 372/4, 395/1, 425/4, 426/3, 447/2, 447/3, 453/5, 489/5, 506/3, 507/1, 569/2, 595/3, 598/4, Z 1966, Z 1967
Précis de décomposition (Cioran, *siehe* Lehre vom Zerfall)
Prière (Artaud, *siehe* Gebet)
Prince de la nuit (Michaux, *siehe* Fürst der Nacht)
Protest-Romane für Jedermann (*Ü* J. Baldwin: Everybody's Protest Novel)
  18/7, 157/5, Z 1953
Psalm
  589/2, Z 1962
Puisé avec la louche de cendres (*Eigenübersetzung, siehe auch* Mit der Aschenkelle geschöpft)
  599

Quatrain (*Ü* Rimbaud, *siehe* Der Stern blaßrot, hat er geweint zuinnerst dir im Ohr)
Qui je fus (Michaux, *siehe* Wer ich war)
Qui vint se joindre à toi? (*Eigenübersetzung, siehe* Wer schlug sich zu dir?)
   599

Rätselhaftes *(Ü* Jessenin: Там, где вечно дремлет тайна)
   589/2
Räume (*Ü* Supervielle: Espaces)
   578/4
... rauscht der Brunnen
   Z 1962
Regenflieder
   130/3
Résidu chantable (*Ü von* A. du Bouchet, *siehe auch* Singbarer Rest)
   371/1
Restes d'ouï, restes de vue dans (*Eigenübersetzung, siehe auch* Hörreste, Sehreste)
   599
Réveillon
   Z 1946
Reveion (*siehe* Réveillon)
Revista revistelor (Zeitschriftenartikel)
   Z 1947
Rheinische Nacht (*Ü* Apollinaire: Nuit rhénane)
   36/8
Rondel (*Ü* Mallarmé: Rondel)
   50/11, Z 1958
Ruh aus in deinen Wunden
   264, 264/3, 424/2

Salmo (*Ü von* K.D. Vervuert *und* R. Alonso, *siehe auch* Psalm)
   589/2
Salome (*Ü* Apollinaire: Salomé)
   36/8, 50/11, Z 1954
Salomé (Apollinaire, *siehe* Salome)
Schibboleth
   148, 274, 274/9, 379/1, Z 1954
Schief
   489/4

Schieferäugige
243/15
Schinderhannes (*Ü* Apollinaire: Schinderhannes)
36/8, 50/11, Z 1954
Schlaf und Speise
15/5, 16/1
Schlafbrocken
587, 664, 449/4, 453/4, 453/5, 455/1, 457/2, 587/1, 595/3, 606/1, 641/1, 644/7, 664/1, Z 1966
Schlafbrocken, Keile (*siehe* Schlafbrocken)
Schlickende
243/15, 371/1
Schneebett
371/1, Z 1958
Schneepart (*Gedichtband*)
472/5, 581/1, 591/3, 611/4, Z 1969, Z 1971
Schreib dich nicht
415, 415/32
⟨Schulausgabe⟩ (*siehe* Gedichte. Eine Auswahl)
Schwarzmaut (*Bibliophile Edition*)
599, 664, 410/6, 485/3, 558/11, 560/2, 562/3, 569/4, 572/5, 582/2, 596/4, 598/3, 599, 599/1, 599/3, 602/3, 605/2, 610/2, 614/1, 616/4, 618/3, 620/3, 627/1, 629/3, 629/4, 636/8, 638/1, 638/2, 655/2, 664/1, Z 1967, Z 1968, Z 1969, Z 1990
Seidelbast
65/3
Sieben Gedichte (*Ü* Jessenin)
Z 1959
Sieben Gedichte (*Ü* Pessoa)
Z 1956
Signe (Apollinaire, *siehe* Zeichen)
Singbarer Rest
371/1
So rag ich, steinern (*siehe* Heute und morgen)
Sois (*Ü von* A. du Bouchet, *siehe auch* Erblinde)
629/5
Sommeil et nourriture (*Ü von* R. Ferriot, *siehe auch* Schlaf und Speise)
115/3
Sommernacht
109/2

Sonett LVII (*Ü* Shakespeare)
   Z 1942
Sonett XC (*Ü* Shakespeare)
   Z 1960
Sonett CVI (*Ü* Shakespeare)
   Z 1944
Sonett CXXXVII (*Ü* Shakespeare)
   Z 1960
Sou um guardador de rebanhos (Pessoa, *siehe* Der Schäfer)
Sous la semblance d'un sanglier (*Ü von* J.-Cl. Schneider, *siehe auch* In Gestalt eines Ebers)
   467/3
Spät und Tief
   50/8, Z 1964
Sprachgitter
   371/1
Sprachgitter (*Gedichtband*)
   107, 108, 115, 129, 143, 25/4, 36/7, 36/10, 58, 83, 104/1, 112/3, 112/7, 115/3, 115/8, 116/3, 129/1, 143/7, 183/1, 194/29, 222, 259/9, 267/4, 362/1, 491/1, 495/1, 524/3, 527/1, 532/7, 536/1, 568/1, Z 1956, Z 1958, Z 1959, Z 1962, Z 1970, Abb. 4
Sprich auch du
   467/3
Stille
   486/2, 489/4
Stilleben
   32/11, Z 1953
Stimmen, vom Nesselweg her
   25/4
Stimmen (*Zyklus*)
   25/4, Z 1956, Z 1970
Strähne
   24/4
Strette (*Ü von* J. Daive, *siehe auch* Engführung)
   580/1, Z 1967
Sur le front de la baleine allant au fond (*Eigenübersetzung, siehe auch* Von der sinkenden Walstirn)
   653
Sur les trois (*Ü von* A. du Bouchet, *siehe auch* Über drei)
   371/1
Symphonie de septembre (*Übersetzungsfragment* Milosz)
   50/11

Tabacaria (Pessoa, *siehe* Tabakladen)
Tabakladen (*Ü* Pessoa: Tabacaria)
32/4
Tage, in der / Fremde (*Ü* Rokeah: בנכר)
Z *1970*
Täglich entdecke ich sie wieder und wieder (*Ü* Pessoa: A espantosa realidade das coisas)
32/4
Tangoul morții (*Ü von* P. Solomon, *siehe auch* Todesfuge)
498/6, Z 1947
Țăranii. Schițe (*Ü* Cehov, *vier Erzählungen*)
Z *1946*
Tas de coquillages: avec (*Eigenübersetzung, siehe auch* Muschelhaufen)
599
Tauschwerk (*Ü* Supervielle: Échanges)
578/4
The Cap and Bells (Yeats, *siehe* Die Schellenkappe)
The Curse (Donne, *siehe* Der Fluch)
»The Encounter«, von Crawford Power. Krise des Gewissens (*Ü* I. Howe)
Z *1953*
The Four Ages of Man (Yeats, *siehe* Die vier Lebensalter)
»The Voices of Silence: Man and his Art« von André Malraux (G. Boas)
Z *1954*
Thirty-two Poems (*Ü von* M. Hamburger, *Auswahl*)
Z *1985*
To His Coy Mistress (Marvell, *siehe* An seine stumme Geliebte)
Todesfuge
3/1, 14/10, 16/1, 70/2, 94/5, 116/3, 118/1, 157/6, 194/29, 196/2, 196/8, 200/1, 479/2, 498/6, 603/6, Z 1945, Z 1947, Z 1948, Z 1952, Z 1959, Z 1962, Z 1965
Todestango (*Titelprojekt, siehe* Todesfuge)
Todtnauberg
145/8, 501/6, 536/1, 536/3, 572/2, 582/1, 596/1, Z 1967, Z 1968
Todtnauberg (*Ü von* A. du Bouchet, *siehe auch* Todtnauberg)
501/6
Toi, la coulée dans le perdu (*Eigenübersetzung, siehe auch* Aus Verlornem)
599

tous les doigts sont alignés (Daive, *siehe* Aufgereiht)
Traumknoten (*Ü* Rokeah: צמתי חלום)
    Z 1971
Träne (*Ü* Rimbaud: Larme)
    50/11
Treckschutenzeit
    595, *595/1*
Tretminen
    599
Tristesse de Dieu (Supervielle, *siehe* Gottestrauer)
trois pentes (Daive, *siehe* Drei Hänge)
Tübingen, Jänner
    371/1, 501/5, Z *1961*
Tübingen, janvier (*Ü von* A. du Bouchet, *siehe auch* Tübingen, Jänner)
    371/1
⟨Typoskript 1944⟩ (*siehe* Gedichte, *Jugendgedichte*)
⟨Typoskript 57⟩
    Z 1957

Über dich hinaus (*siehe* Du liegst hinaus)
Über die Köpfe
    386, *386/1*
Über drei
    371/1
Um dein Gesicht
    359, *359/1, 380/1*
Um halb vier (*Ü* Dickinson: At Half past Three)
    517/3, Z *1962*
Umsonst
    92/3
Umweg-/Karten
    Z 1965
Un erou al timpului nostru (*Ü* Lermontov: Герой нашего времени)
    Z 1946
Unbedeckte
    510/2
Und schwer
    130, *130,* Z *1960*

Und sollt er wiederkommen (*Ü* Maeterlinck: Et s'il revenait un
　　jour)
　　118, *50/11, 118/3,* Z *1960*
Unlesbarkeit
　　595
Unterhöhlt
　　382, 382/2, 392/1
Unverwahrt
　　481/1, 489/4

Vakante Glut (*Ü* A. du Bouchet: Dans la chaleur vacante)
　　498/2, 540/2, 606/9, Z *1968*
Venedigs Leben (*Ü* Mandelstamm: Веницейской жизни мрачной
　　и бесплодной)
　　105/2
Vers l'île, aux côtés des morts (*Eigenübersetzung, siehe auch* Insel-
　　hin)
　　42
Versammelt ist was wir sahen (*siehe* Bretonischer Strand)
Verworfene
　　501/5
Viață și moarte în lumina științei moderne (*Ü* ? Galperin: Жизнь и
　　смерть по данным современной науки)
　　Z *1947*
Voix (*Ü von* A. du Bouchet, *siehe auch* Stimmen)
　　Z *1970*
Vom Anblick der Amseln
　　226/2, 242/1
Vom Blau
　　Z *1966*
Vom Hochseil
　　403, *403/2*
Vom Hochseil herab- (*siehe* Vom Hochseil)
Von der sinkenden Walstirn
　　653, *653*
Von Schwelle zu Schwelle (*Gedichtband*)
　　59, 60, 143, *20/9,* 22, 23, *32/11, 36/7, 36/10, 36/26, 37/3, 39/2,*
　　42, 43, 44, *48/2, 53/1, 53/2, 53/4, 53/5, 56/2, 67/3, 70/2,* 83,
　　94/1, 102/1, 115/3, 115/5, 147/4, 183/1, 354/1, 362/1, 467/3,
　　478/2, 524/3, 527/1, 532/7, Z *1953,* Z *1955,* Z *1960*

Vor einer Kerze
　　37/4, Z 1954
Vor Scham
　　383, 383

Wanderstaude, du fängst dir
　　639, 639
Was näht
　　597, 598, 597/1
Was uns zusammenwarf
　　599
Weggebeizt
　　568/1
Weihgüsse
　　421, 392/1, 421,1
Weiß
　　510/2
Weiße Dezimale (*Ü* Daive: Décimale blanche)
　　636, 636/2, Z 1977
Welche Stimme hat, was du hast?
　　193/1
Welt
　　651, 649, 651
Wem bloß erzählchen (*Ü* Chlebnikov: Кому сказатеньки)
　　656/1
Wenn dieser Steine einer (*siehe* Bei Brancusi, zu zweit)
Wenn ich nicht weiß, nicht weiß
　　467/1, 469/9, Z 1966
Wer herrscht?
　　282
Wer ich war (*Ü* Michaux: Qui je fus)
　　177/3
Wer schlug sich zu dir?
　　599
Wie du
　　544/5
Wie man Wünsche beim Schwanz packt (*Ü* Picasso: Le Désir attrapé par la queue)
　　28/2, 371/3, Z 1954
Wiedergefunden (*Ü* Rimbaud: Elle est retrouvée)
　　118, 50/11, 118/3, Z 1960

Wildnisse
  412, 412/1
Windgerecht
  Z 1958
Wir entfernen uns (*Ü* Jessenin: Мы теперь уходим понемногу)
  589/2
Wir lagen
  599
Wir werden
  124/4
Wirf das Sonnenjahr
  481/1
Wirfst (*siehe* Wirfst du)
Wirfst du
  386, 386/1
〈Wirklichkeitswund und Wirklichkeit suchend〉 (*siehe* 〈Ansprache anläßlich der Entgegennahme des Literaturpreises der Freien Hansestadt Bremen〉)
Wo's mich nicht gibt (*Ü* Mandelstamm: О, как же я хочу)
  Z 1963
Wolfsbohne
  92/4, 111/2, 116/3, 118/2, Z 1959
Wutpilger-Streifzüge
  489/4

Zeichen (*Ü* Apollinaire: Signe)
  50/11, Z 1953
〈Zeitgehöft〉 (*Gedichtband*)
  649/1, 662/1, Z 1969, Z 1976
Zerr dir
  611/2, 611/4
Zu zweien
  32/11
Zur Rechten
  145/14, 489/4
Zürich, Zum Storchen
  557/1, Z 1960
Zwischen Frühling und Sommer (*Ü* Rokeah: בין אביב לקיץ)
  Z 1959
Zwölf Jahre
  Z 1960

24 Rue Tournefort
 581/1

Вабий Яр (Jewtuschenko, siehe Babij Jar)
Век (Mandelstamm, *siehe* Meine Zeit)
Веницейской жизни мрачной и бесплодной (Mandelstamm, *siehe* Venedigs Leben)
В Петербурге мы сойдемся снова (Mandelstamm, *siehe* In Petersburg)
В Петрополе прозрачном мы умрем (Mandelstamm, *siehe* Petropolis, diaphan)
Внутри горы бездействует кумир (Mandelstamm, *siehe* Im Herz des Bergs)
Единая книга (Chlebnikov, *siehe* Das eine Buch)
Звук осторожный и глухой (Mandelstamm, *siehe* Der hohle Laut)
Жизнь и смерть по данным современной науки (Galperin, *siehe* Viaţă şi moarte în lumina ştiinţei moderne)
Герой нашего времени (Lermontov, *siehe* Un erou al timpului nostru)
О, как же я хочу (Mandelstamm, *siehe* Wo's mich nicht gibt)
Как кони медленно ступают (Mandelstamm, *siehe* Der Schritt der Pferde)
Кому сказатеньки (Chlebnikov, *siehe* Wem bloß erzählchen)
Кузнечик (Chlebnikov, *siehe* Das Heupferdchen)
Мы теперь уходим понемногу (Jessenin, *siehe* Wir entfernen uns)
Ни о чем не нужно говорить (Mandelstamm, *siehe* Keine Worte)
О небо, небо, ты мне будещь сниться! (Mandelstamm, *siehe* O Himmel, Himmel)
О пашни, пашни, пашни (Jessenin, *siehe* Ihr Äcker)
Образ твой, мучительный и зыбкий (Mandelstamm, *siehe* Dein Gesicht)
Осенний сумрак – ржавое железо (Mandelstamm, *siehe* Der Dämmer, herbstlich)
Осень (Jessenin, *siehe* Herbst)
Раковина (Mandelstamm, *siehe* Die Muschel)
Руский вопрос (Simonov, *siehe* Chestiunea rusă)
Слух чуткий парус напрягает (Mandelstamm, *siehe* Gestrafft *und* Das horchende)
Среди священников левитом молодым (Mandelstamm, *siehe* Die Priester. Und inmitten er)

Там, где вечно дремлет тайна (Jessenin, *siehe* Rätselhaftes)
Упала молния в ручей (Slutschewskij, *siehe* Ein Bach)
Что поют часы-кузнечик (Mandelstamm, *siehe* Grillenlied, aus Uhren tickend)
Я покинул родимый дом (Jessenin, *siehe* Fort ging ich)

(Rokeah, *siehe* Ein Amen) אמן
(Rokeah, siehe Zwischen Frühling und Sommer) בין אביב לקיץ
(Rokeak, *siehe* Tage, in der Fremde) בנכר
(Rokeah, *siehe* Der Monat Cheschwan) חשון
(Rokeah, *siehe* Traumknoten) צמתי חלום

PERSONENVERZEICHNIS

Die Erläuterungen sind den Bedürfnissen der vorliegenden Edition angepaßt, Ereignisse und Publikationen nach 1970 bleiben im wesentlichen unberücksichtigt. Nur die Namen oder Vornamen, die in den Briefen selbst erscheinen, werden kommentiert; bei Autoren werden nur in Celans nachgelassener Bibliothek enthaltene Werke erwähnt. Namen, die nur in den Anmerkungen oder in der Zeittafel vorkommen, erscheinen kursiv, zur näheren Information dienen in diesen Fällen die betreffenden Erwähnungen. Nicht aufgenommen sind Namen, die in den Adressen auf den Briefumschlägen erscheinen, wohl aber solche, die in den Legenden der Ansichtskarten erwähnt werden. Die Zahlen beziehen sich auf Briefe bzw. Anmerkungen (kursiv, Zahlen ohne Anmerkungsziffer meinen die einleitende allgemeine Beschreibung des Dokuments) und die Zeittafel (Z + Jahr). Die Angaben für Band II folgen denen für Band I.

Die Autoren, aus deren Werk Paul Celan übersetzt hat, werden durch Sternchen differenziert gekennzeichnet:
(*) Celan hat eine oder mehrere Übersetzungen aus dem Werk des Autors publiziert.
(**) Celan hat aus dem Werk des Autors übersetzt, diese Arbeit(en) aber selbst nicht publiziert.
(***) Celan hat aus dem Werk des Autors im Rahmen seines Unterrichts an der École Normale Supérieure übersetzt (die Arbeiten sind nicht publiziert).

A., Dr.: Psychiater an der Klinik Vaucluse (Épinay-sur-Orge, Departement Essonne), wo PC von November 1968 bis Februar 1969 behandelt wird.
627
Abraham: *siehe* Ronen, Avraham
Abraham, Pierre
559/3
Achmatova, Anna
246/6
Adamov, Arthur (1908-1970): Französischer Dramatiker und Übersetzer russisch-armenischer Herkunft.
143, *143/3*
Adenauer, Konrad
255/3
Adler, Alfred (1870-1937): Amerikanischer Psychiater und Psychologe österreichisch-jüdischer Herkunft; *Menschenkenntnis* (1927).
382, *382/4, Z 1966*

Adorno, Gretel (*geborene* Margarete Karplus): Frau von Th. W. Adorno.
124
Adorno, Theodor Wiesengrund (*geboren als* Theodor Ludwig Wiesengrund, 1903-1969): Deutscher Philosoph, Soziologe und Musiktheoretiker jüdischer Herkunft; die »versäumte Begegnung« zwischen ihm und PC in Sils Maria im Juli 1959 ist Ausgangspunkt für *Gespräch im Gebirg* (August 1959). Briefwechsel mit PC zwischen 1960 und 1968.
124, 134, *124/2, 134/1, 134/3, 204/1, 501/1, Z 1959, Z 1960, Z 1961, Z 1967*
Ady, André
470/7
Aichinger, Ilse (* 1921): Österreichische Schriftstellerin jüdischer Herkunft, Frau von Günter Eich, seit 1952 Mitglied der Gruppe 47 (Preis 1952), Bremer Literaturpreis 1955; *Spiegelgeschichte* (1949), *Der Gefesselte* (1953), *Wo ich wohne* (1954-1963), *In keiner Stunde* (1957). Wechselt mit PC einige Briefe zwischen 1957 und 1961.
13, 67, *10/5, 13/1, 13/2, 14/2, 14/11, 14/12, 67/2, 73/1, 157/7*
Aiken, Conrad
676/1
Ajuria: *siehe* Ajuriaguerra, Julián de
Ajuriaguerra, Julián de (1911-1993): Genfer Psychiater spanischer Herkunft, Freund von Henri Michaux und Jean Starobinski.
330, *182/6, 219/2, 330/6*
Alain-Fournier (*Pseudonym für Henri Alban Fournier*)
584/1

Albiach, Anne-Marie
636/4
Albicocco, Jean-Gabriel
584/1, Z 1967
Alfi: *siehe* Schrager, Ezriel
Allem, Maurice
440/7
Allemann, Beda (1926-1991): Schweizer Literaturwissenschaftler, 1957-1958 Lektor an der École Normale Supérieure in der Rue d'Ulm, 1962 außerplanmäßiger Professor in Kiel, seit 1963 in Würzburg, dort seit 1964 Ordinarius, seit 1967 in Bonn; Autor zahlreicher Arbeiten über PC und Herausgeber von *Ausgewählte Gedichte* (1968); als testamentarisch verfügter Betreuer von PCs Nachlaß Herausgeber der *Gesammelten Werke in fünf Bänden* (1983) und des ersten Bandes der sogenannten Bonner Ausgabe (*Historisch-kritische Ausgabe*, 1990), jeweils im Suhrkamp Verlag, Frankfurt a. M.; *Hölderlin und Heidegger* (1954), *Ironie und Dichtung* (1956), *Über das Dichterische* (1957), *Zeit und Figur beim späten Rilke* (1961), *Gottfried Benn. Das Problem der Geschichte* (1963). Umfangreicher Briefwechsel mit PC zwischen 1958 und 1968.
191, 195, 202, 203, 205, 243, 246, 249, 254, 274, 410, 498, 532, 533, 536, 538, 589, 591, 593, 624, *191/12, 195/4, 201/2, 203/1, 203/4, 243,10, 243/11, 249/5, 410/10, 538/1, Z 1965, Z 1966, Z 1967, Z 1968*
Allemann, Doris: Frau von Beda Allemann.
202, 203, 243, 254, 274, 536, 538, 589, 591, 593, *243/11, 538/1*

Allemann, Urs: Sohn von Doris
und Beda Allemann.
243, 254, *243/11*
Alonso, Rodolfo
589/2
Altmann, Robert (* 1915): Verleger
deutsch-französischer und jüdischer Herkunft von bibliophilen
Büchern und von Radierungen
(Éditions Brunidor, Vaduz,
Liechtenstein), u. a. der gemeinsamen bibliophilen Ausgaben
von PC und GCL, *Atemkristall*
(1965), *Portfolio VI* (1967) und
Schwarzmaut (1969), sowie eines
limitierten Einzeldrucks des
nicht von einer Radierung begleiteten Gedichts *Todtnauberg*
(1968); Autor eines Erinnerungsbandes, in dem er kurz seine Begegnungen mit PC und GCL
evoziert (*Memoiren*, Genf/Mailand, Skira, 2000). Briefwechsel
mit PC zwischen 1959 und 1970
im Zusammenhang mit den genannten Ausgaben.
237, 238, 244, 276, 356, 366, 368,
371, 372, 381, 395, 410, 426, 448,
497, 558, 560, 568, 569, 570, 572,
575, 582, 595, 598, 620, 627, 636,
638, 640, 650, 664, *237/1, 356/4,
366/1, 368/2, 497/3, 506/3, 507/1,
558/11, 572/2, 595/3, 608/1,*
Z *1964,* Z *1966,* Z *1967*
Altmann, Roberto
608/1
Amsler, Jean
210/9
Ancet, Jacques
Z *1991*
Andersch, Alfred
*32/6, 50/3, 73/1, 76/1, 78/1,
157/7, 510/5,* Z *1955*
Andersen, Georges
255/3

Andersen, Hans Christian
Z *1950*
André: siehe du Bouchet, André
Antoine: siehe Gessain, Antoine
Antonescu, Ion
Z *1940,* Z *1944,* Z *1946*
Antschel, Berta (1894-1981):
Schwester von PCs Vater Leo
Antschel; lebte in Wien und emigrierte nach dem ›Anschluß‹
nach London. Enge persönliche
Verbindung mit PC und umfangreicher Briefwechsel zwischen
1959 und 1970.
244, 337, 378, 472, 506, 509, 522,
534, 538, 541, 542, 544, 568, 602,
*27/3, 27/5, 34/4, 180/2, 194/21,
196/11, 244/4, 244/5, 263/3, 275/
5, 303/2, 308/1, 337/1, 529/2,
531/2, 546/1, 645/2,* Z *1938,*
Z *1939,* Z *1950,* Z *1953,* Z *1965,*
Z *1967,* Z *1968,* Z *1969*
*Antschel, Friederike (genannt Fritzi,
geborene Schrager)*
185/1, Z *1920,* Z *1942*
Antschel, Minna
Z *1933*
Antschel(-Teitler), Leo
136/3, Z *1920,* Z *1933,* Z *1942*
Apollinaire, Guillaume (*) (*Pseudonym für* Wilhelm Apollinaris de
Kostrowitzky, 1880-1918): Französischer Dichter.
21, 36, *3/2, 21/3, 21/8, 25/3,
50/11, 94/8,* Z *1951,* Z *1952,*
Z *1953,* Z *1954,* Z *1958*
Aragon, Louis
Z *1962*
Arendt, Erich (1903-1984): Deutscher Dichter und Übersetzer,
lebte in der DDR; emigrierte als
Kommunist 1933 in die Schweiz;
Mitglied der Internationalen Brigaden im Spanischen Bürgerkrieg; *Trug doch die Nacht der*

Albatros (1951), *Tolú* (1956), *Gesang der sieben Inseln* (1957), *Flug-Oden* (1959), *Ägäis* (1967). Briefwechsel mit PC zwischen 1954 und 1967.
143, 148, 253, *143/16, 253/2, 479/3*
Arendt, Katja (*geborene Hayek*): Frau von Erich Arendt. Briefwechsel mit PC zwischen 1963 und 1970.
143, 148, 253, *143/16, 253/2*
Ariane: *siehe* Deluz, Ariane
Aristoteles (384-322 v. Chr.): Griechischer Philosoph.
81, *81*
Armstrong, Neil (* 1930): Amerikanischer Astronaut.
656, 657, *656/3*
Arnold, Fritz
115/2
Aron, Edith (* 1923): Deutsche Übersetzerin lateinamerikanischer Literatur jüdischer Herkunft; 1935 Emigration nach Argentinien, lebt seit 1970 in London. PC lernt sie 1955 durch Walter Rosengarten vom Südwestfunk Baden-Baden kennen.
189, *189/5*
Aron, Raymond (1905-1983): Französischer Journalist, Philosoph und Soziologe; 1940-1944 Chefredakteur der französischen Exilzeitung in London, *France Libre*; seit 1955 an der Sorbonne *La Sociologie allemande contemporaine* (1935), *Introduction à la philosophie de l'histoire* (1938), *La Philosophie critique de l'histoire* (1938-1950), *Le Grand Schisme* (1948).
14
Arp, Hans
1/2, 189/1, Z 1954, Z 1958

Arrieta, Reine: Leitende Sozialarbeiterin an der Psychiatrischen Universitätsklinik in Paris (Sainte-Anne), wo PC von Februar bis Juni 1966 und von Februar bis Oktober 1967 behandelt wird.
351, 357, 364, 365, 444, 449, 450, 452, 454, 479, 480, 492, 506, 507, 570, 676, *351/1, 626/1, Z 1968*
Arrietta: *siehe* Arrieta
Artaud, Antonin (*)
50/11, Z 1957
Audiberti, Marie-Louise (* 1928): Französische Übersetzerin deutscher und englischer Literatur, Freundin von Monique und Robert Gessain.
8, *8/5*
Ausländer, Rose
Z 1944, Z 1957
Aymonin, Marcel
633/4
Azimov, Isaac
629/1, Z 1968

B.: *siehe* Bosquet, Alain
B., Françoise: *siehe* Bonaldi, Françoise
B., J.: *siehe* Bollack, Jean
Babel, Isaac (1894-1941): Russischer Schriftsteller jüdischer Herkunft.
177, 249, *177/4, 249/17*
Baber, Erna: Amerikanische Literaturwissenschaftlerin, Übersetzerin von PC. Briefwechsel mit PC zwischen 1964 und 1968.
356, 524, 525, 572, *356/5, 524/3*
Babi: *siehe* Dujarric de la Rivière, Elisabeth
Bach, Johann Sebastian (1685-1750): Deutscher Komponist.
652
Bachér, Ingrid (*Pseudonym für* Ing-

rid Schwarze, * 1930): Deutsche Schriftstellerin, lebt in Rom; lernt PC im Mai 1952 bei der Tagung der Gruppe 47 in Niendorf kennen; *Lasse Lar oder Die Kinderinsel* (Erzählungen, 1958), *Schöner Vogel* (Erzählungen, 1959), *Ich und Ich* (Roman, 1964); 1995/96 Präsidentin des deutschen PEN.

182, 210, *10/5*, *182/3*

Bächler, Wolfgang (*Pseudonym für Wolfgang Born*, * 1925): Deutscher Schriftsteller und Übersetzer, Mitbegründer der Gruppe 47; lebt in Frankreich (zunächst in Paris, dann in Blotzheim im Elsaß); Gedichtbände: *Lichtwechsel* (1955), *Lichtwechsel II* (1960), *Türklingel* (1962). Wechselt mit PC einige Briefe zwischen 1962 und 1967.

149, *149/3*

Bachmann, Ingeborg (1926-1973): Österreichische Schriftstellerin; 1950 Promotion in Philosophie (*Die kritische Aufnahme der Existentialphilosophie Martin Heideggers*); seit 1952 Mitglied der Gruppe 47 (Preis 1953); lebte in Wien, München, Zürich, Berlin und Rom; Liebesbeziehung zu PC 1948 in Wien, im Herbst 1950 in Paris, dann noch einmal von Ende 1957 bis Juni 1958 (siehe dazu auch ihren Roman *Malina*, 1971); Partnerin von Max Frisch zwischen 1959 und 1963. Umfangreicher Briefwechsel mit PC zwischen 1949 und 1961 (PCs Briefe liegen nach Bachmanns testamentarischer Verfügung versiegelt in der Österreichischen Nationalbibliothek). Mitunterzeichnerin der *Entgegnung* (siehe Kaschnitz).

125, 149, 267, *10/2*, *10/4*, *10/5*, *13/1*, *14/2*, *14/10*, *79/2*, *85/1*, *87/1*, *90/1*, *92/3*, *94/9*, *95/1*, *99/1*, *116/3*, *18/1*, *125/1*, *125/2*, *126/1*, *149/2*, *157/6*, *157/7*, *196/11*, *201/2*, *267/5*, *Z 1948*, *Z 1950*, *Z 1952*, *Z 1957/1958*, *Z 1957*, *Z 1958*

Bacon, Francis
Z 1970

Badia, Gilbert
559/3

Baldwin, James (*)
18/7, *157/5*, *Z 1953*

Balzac, Honoré de (***) (1799-1850): Französischer Schriftsteller.

440, 441, 445, *440/6*, *440/7*, *440/9*, *501/5*, *Z 1966*

Banuş, Maria (1914-1999): Rumänische Dichterin, Essayistin und Übersetzerin; stand während des Kriegs dem rumänischen Widerstand nahe, seit Herbst 1944 Engagement in der Kommunistischen Partei; lernt PC 1946 in Bukarest kennen; *Metamorfoze* (Gedichte, 1963). Wechselt mit PC einige Briefe zwischen 1964 und 1966.

438, *438/3*, *443/3*, *Z 1946*

Baram, Sioma
51/4

Barke, James
449/2

Barth, Emil (1900-1958): Deutscher Schriftsteller, Mitbegründer der Akademie für Sprache und Dichtung in Darmstadt.

69, *69/2*

Barthes, Roland
73/1

Bartsch, Erika: Frau von Rudolf J.

Bartsch, Bekannte von Elmar und Erika Tophoven.
656, 657, 658, 656/2 657/3
Bartsch, Rudolf Jürgen (1921-2000): Deutscher Schriftsteller und Schauspieler, ehemaliger Mitschüler von Elmar und Erika Tophoven.
656, 657, 658, 656/2 657/3, Z 1969
Basil, Otto
Z 1947, Z 1948
Baudelaire, Charles (*)(***) (1821-1867): Französischer Schriftsteller.
118, 8/13, 50/11, 69/2, 354/3, 501/5, Z 1960
Baudier, Pierre: Typograph, u. a. der bibliophilen Ausgaben von PC und GCL, *Atemkristall*, *Portfolio VI* und *Schwarzmaut*.
237, 246, 410, 629, 638, 246/4, 532/5, 596/1, 638/3, 638/4, Z 1965
Baumann, Gerhart (* 1920): Deutscher Literaturwissenschaftler, Professor in Freiburg; *Arthur Schnitzler* (1965), *Jean Paul. Zum Verstehensprozeß der Dichtung* (1967), *Zu Franz Grillparzer* (1969); Autor eines Artikels über GCLs Radierungen (1968) und der *Erinnerungen an Paul Celan* (Frankfurt a. M., Suhrkamp, 1986). Briefwechsel mit PC zwischen 1966 und 1970.
558, 606, 640, 641, 536/1, 536/2, 558/9, 606/1, 606/2, Z 1970
Baumgart, Reinhard
196/8, 196/11, 212/1, Z 1965
Bazaine, Jean (*)
Z 1957, Z 1959
Béarn, Béatrice de: Bekannte von Marie-Thérèse de Lestrange.
82

Beauclair, Gotthard de
115/2
Beauroy, Jacques
264/7
Beauroy, Roland (* 1936): Psychiater, Bruder von Mayotte Bollack und Bekannter der Celans.
624, 264/7, 303/2, 410/3, 624/1
Bechtle, Frau: Frau von Otto Wolfgang Bechtle.
50
Bechtle, Otto Wolfgang (* 1918): Leiter des Bechtle Verlags (Esslingen am Neckar). Wechselt mit PC einige Briefe zwischen 1954 und 1966.
50, 50/5
Becker, Rolf
157/7
Beckett, Samuel (***) (1906-1989): In Frankreich lebender irischer Schriftsteller.
134, 134/2, 134/3, 194/22, 547/1, Z 1968, Z 1970
Beckmann, Max
640/3
Beethoven, Ludwig van (1770-1827): Deutscher Komponist.
652, 260/3, 652/3
Belaval, Yvon (1908-1988): Französischer Philosoph; seit 1956 Professor in Straßburg, 1963-1965 in Lille, seit 1965 in Paris; Leibniz-Spezialist; Autor einer kurzen Einführung in die Dichtung PCs in der *Nouvelle Revue Française* (Dezember 1966).
206, 206/7, 467/3, Z 1965, Z 1966
Bellour, Raymond
Z 1966/1967
Bellow, Saul (*)
Z 1954
Belmont, Nicole: Gast der Fondation La Messuguière in Cabris

(Departement Alpes-Maritimes) im Sommer 1965, wo GCL sie kennenlernt.
257
Bender, Hans (* 1919): Mitherausgeber, später alleiniger Herausgeber der Zeitschrift *Akzente*; Herausgeber der Zeitschrift *Magnum*; Herausgeber der Anthologie *Mein Gedicht ist mein Messer* (^{1}1955), in deren 2. Auflage PC mit dem sogenannten *Brief an Hans Bender* vertreten ist (München, List, 1961, S. 86). Briefwechsel mit PC zwischen 1953 und 1965.
143, 206, 275, *73/1, 143/9, 206/6, Z 1961*
Benn, Gottfried
468/1
Benoît: *siehe* D., Dr.
Berger, Monsieur: Übersetzer am Bureau International du Travail in Genf.
151
Bergman, Ingmar (* 1918): Schwedischer Filmemacher.
147, *147/8*
Bergson, Henri (***)
226/2, Z 1965
Berman, Blanca (geborene Schrager): Schwester von PCs Mutter Friederike Antschel, lebt in Chicago. Wechselt mit PC einige Briefe zwischen 1957 und 1970.
544, *148/7, 544/3*
Berman, David
544/4
Berman, Sidney
148/7, 544/4
Bermann Fischer, Brigitte (*genannt* Tutti, 1905-1991): Deutsche Verlegerin, Frau des Verlegers Gottfried Bermann Fischer.
267, 380, *192/2, 380/4, Z 1962*

Bermann Fischer, Gottfried (*genannt* Goffy, 1897-1995): Deutscher Verleger jüdischer Herkunft; in seinem S. Fischer Verlag erscheinen zwischen 1958 und 1963 Gedichte und Übersetzungen sowie die Büchnerrede von PC. Umfangreicher, zum größten Teil publizierter Briefwechsel mit PC zwischen 1958 und 1966: Gottfried Bermann Fischer, Brigitte Bermann Fischer, *Briefwechsel mit Autoren*, hrsg. von Reiner Stach, mit einer Einführung von Bernhard Zeller, Frankfurt a. M., S. Fischer, 1990.
192, 380, *150/4, 192/2, 192/5, 380/4, Z 1966*
Bernard: *siehe*, entsprechend dem Kontext, Rieul, Bernard *oder* Veyrac, Bernard de
Berner, Felix
196/2, 246/6, 354/1, 524/3
Bernhard, Thomas
469/8, 481/1, Z 1967
Bernold, André
134/2
Bernoulli, Carl Abrecht
20/4
Berta: *siehe* Antschel, Berta
Bertaux, Denise (geborene Supervielle): Tochter von Pilar und Jules Supervielle, Frau von Pierre Bertaux.
530, 578, *529/5, 578/4*
Bertaux, Pierre (1907-1986): Französischer Germanist; 1936 Promotion (*Hölderlin, essai de biographie intérieure*); trägt als Teilnehmer an der Befreiung Frankreichs von der deutschen Besatzung den Ehrentitel »Compagnon de la Libération«; nach 1944 in verschiedenen wichtigen politischen Ämtern; seit 1958

Professor in Lille, seit 1965 in Paris; unterstützt PC bei verschiedenen Problemen administrativer Art.
465, 468, 530, 465/4, 468/3, 529/5, 531/3

Bertrand: *siehe* Rieul, Bernard

Bertrand, Aloysius
21/3

Bespalov, Madame
479/5

Betz, Maurice
18/4, Z 1951

Biederstein, Marschall von: *siehe* Marschall von Bieberstein, Michael Freiherr

Bissier, Julius
189/1

Bissière, Roger (1888-1964): Französischer Maler.
575, 575/3

Bittmann, Joachim, und Frau
Z 1933, Z 1947

Blabla: *siehe* Blazewski, Monsieur

Blanca: *siehe* Berman, Blanca

Blazewski, Monsieur: Grundschullehrer von EC.
192, 208, 229, 256, 256/1

Bleisch, Ernst Günther
39/2

Bloc, Jacques
646/1

Bloc, Jean-Pierre: Sohn von Jacqueline Lévy-Lalande und Jacques Bloc, Schulkamerad von EC.
143, 147, 150, 165, 189, 243, 255, 265, 269, 273, 274, 330, 333, 365, 438, 537, 539, 646, 143/4, 269/1, 646/1

Bloc, Lise (*genannt* Lisou, * 1947): Tochter von Jacqueline Lévy-Lalande und Jacques Bloc.
143, 194, 211, 249, 255, 258, 143/4, 249/13, 268/1

Bloch, A.
658/1

Bloch, Ernst (1885-1977): Deutscher Philosoph jüdischer Herkunft; seine Werke *Geist der Utopie* (1918) und *Das Prinzip Hoffnung* (1954-1959) gehören zu PCs wichtigen Lektüreerlebnissen; 1965 Unterzeichner eines Wahlaufrufs für die SPD.
257

Block, Alexander: *siehe* Blok, Aleksandr

Blöcker, Günter (* 1913): Deutscher Literaturkritiker und Journalist; Autor einer Rezension von *Sprachgitter*, die PC zutiefst verletzte.
116, 116/3, 129/2, 139/1, 212/1, 264/9, Z 1959, Z 1960

Blok, Aleksandr Aleksandrovič (*) (*bei PC immer* Alexander Block, 1880-1921): Russischer Dichter.
472, 97/2, 470,7, 472/2, 479/3, 590/1, Z 1958, Z 1962, Z 1963, Z 1966

Blokh, Alexandre (Pseudonym: Jean Blot)
326/5

Blokh, Arnold: Russischer Literat in Paris; Vater des Romanciers und französischen Übersetzers von Ossip Mandel'štam, Jean Blot.
323, 326, 323,7, 326/5

Blokh, Nadia
326/5

Blot, Jean: siehe Blokh, Alexandre

Boas, George (*)
Z 1954

Boeuve, Gaston: *siehe* Voinea, Şerban

Boger, Wilhelm
264/10

Boie, Bernhild: Französische Germanistin deutscher Herkunft; unterrichtet am Institut d'Études Germaniques (Sorbonne, Paris).
660

Böll, Heinrich (1917-1985): Deutscher Schriftsteller; Mitglied der Gruppe 47 (Preis 1951); 1967 Georg-Büchner-Preis. Wechselt mit PC einige Briefe zwischen 1957 und 1962.
35, 36, 38, 94, 191, 194, *10/5*, *13/1*, *36/30*, *69/3*, *73/1*, *85/1*, *94/2*, *157/7*, *191/10*, *194/18*, *382/4*, *510/5*, Z *1954*, Z *1956*, Z *1957*, Z *1958*, Z *1964*, Z *1966*

Bollack, Jean (* 1923): Französischer Hellenist jüdischer Herkunft aus Straßburg im Elsaß; Studium in Basel, Paris und Straßburg; seit 1958 Professor in Lille; Herausgeber der Reihe *Fischers Weltgeschichte*; Herausgeber und Kommentator von Empedokles; Autor einiger Artikel über PC; lernte PC 1959 über seinen Freund Peter Szondi kennen. Wechselt mit PC einige Briefe zwischen 1960 und 1969.
114, 132, 180, 192, 206, 209, 246, 378, 380, 410, 423, 494, 501, 504, 514, 518, 519, 521, 522, 523, 524, 525, 527, 528, 532, 533, 537, 538, 540, 548, 554, 556, 580, 626, 627, 637, *114/7*, *132/2*, *191/2*, *192/1*, *192/3*, *192/5*, *206/4*, *209/1*, *246/7*, *249/10*, *264/7*, *303/2*, *501/1*, *533/1*, *548/6*, *626/3*, *637/1*, Z *1959*, Z *1962*, Z *1964*

Bollack, Mayotte (geborene Beauroy, * 1929): Französische Latinistin jüdischer Herkunft; Promotion über Lukrez (*La Raison de Lucrèce*, 1978); Frau von Jean Bollack.
114, 132, 180, 264, 378, 380, 410, 423, 518, 519, 521, 522, 523, 524, 527, 528, 550, 556, 580, *114/7*, *132/2*, *264/7*, *303/2*, *380/3*, *410/3*, *548/5*, *624/1*, Z *1962*, Z *1964*

Bollack, Sabine: Tochter von Mayotte und Jean Bollack.
192, 448, *192/1*

Bonaldi, Bernard: Musikkritiker, Bruder von Françoise Bonaldi.
610, *473/2*, *610/1*

Bonaldi, Clara: Geigerin, Frau des Bruders von Françoise Bonaldi.
610, *610/1*

Bonaldi, Françoise: Freundin von GCL, lebt in Saint-Cézaire-sur-Siagne (Departement Alpes-Maritimes).
206, 207, 210, 211, 244, 247, 249, 250, 251, 252, 257, 258, 265, 464, 465, 467, 468, 469, 470, 471, 472, 473, 484, 593, *194/19*, *196/1*, *211/4*, *258/1*, *265/3*, 267, *292/1*, *484/1*, *610/1*, Z *1965*, Z *1966*, Z *1967*

Bondy, F.
382/4

Bonnefoy, Yves (**) (* 1923): Französischer Dichter, Essayist und Übersetzer; seit 1948 oder 1949 mit PC bekannt; Mitherausgeber der Zeitschrift *L'Éphémère;* Gedichtbände: *Hier régnant désert* (1958), *Pierre écrite* (1965); Essays: *L'improbable* (1954), *La seconde simplicité* (1961), *Rimbaud par lui-même* (1961), *Un rêve fait à Mantoue* (1967); PC notierte in sein Exemplar von Bonnefoys Gedichtband *Du mouvement et de l'immobilité de Douve* (1953) die Übersetzung einiger Gedichte (nicht publiziert). Wechselt mit PC einige Briefe zwischen 1955 und 1968.
434, *189/7*, *246/6*, *434/1*, *481/1*, Z *1948/1949*, Z *1949*, Z *1953*, Z *1968*

Borchardt, Rudolf
94/5

Borchers, Elisabeth (* 1926): Deutsche Schriftstellerin, Verlagslektorin und Übersetzerin; 1960-1971 Lektorin im Luchterhand Verlag; *Gedichte* (1961); *Der Tisch an dem wir sitzen* (1967). Wechselt mit PC einige Briefe zwischen 1960 und 1964.
191, *191/7, Z 1964*

Böschenstein, Bernhard (oder Bernard, * 1931): Schweizer Literaturwissenschaftler; 1958-1960 Assistent in Berlin (FU), 1960-1964 in Göttingen, 1964-1998 Professor in Genf; Autor zahlreicher Studien über Hölderlin und PC. Briefwechsel mit PC zwischen 1962 und 1970.
132, 323, 331, 339, 340, 343, *10/4, 132/2, 264/4, 322/3, 323/2, 558/2, Z 1967, Z 1970*

Bosquet, Alain (*Pseudonym für* Anatole Bisk, 1919-1998): Französischer Schriftsteller und Übersetzer russischer Herkunft; Autor der ersten französischen Übersetzung der *Todesfuge* (in: *Le Journal des Poètes*, Januar 1952); Mitherausgeber (mit Edouard Roditi) der Zeitschriften *Das Lot* (Berlin) und *Exils. Revue semestrielle de poésie internationale* (Paris). Gedichtbände: *Premier testament* (1957), *Deuxième testament* (1959), *Maître objet* (1962), *Quatre testaments et autres poèmes* (1967).
468, *468/1*

Botond, Anneliese
605/3

Boucher, Maurice
4/3, 323/4

Boulez, Pierre
189/8

Bourboulon, Anne de: siehe Veyrac, Anne de

Bourboulon, Edith Comtesse de (geborene Pastré, 1902-1990): Schwester von GCLs Mutter Odette de Lestrange.
250, 255, 438, 441, *198/5, 250/1*

Bourboulon, Robert Comte de: Mann von Edith de Bourboulon.
250, 255, 438, 441, *250/1*

Bourdet, Claude
267/8

Bourgies, de: siehe Ricour de Bourgies

Braem, Helmut (1922-1977): Deutscher Literaturkritiker; PC lernt ihn im Januar 1955 durch seine Freunde Hanne und Hermann Lenz kennen.
50

Brahms, Johannes
Z 1940

Brancusi, Constantin (rumänisch: Brâncuși, 1876-1957): Bildhauer rumänischer Herkunft, lebte in Paris; PC lernt ihn Anfang der 50er Jahre durch Jean-Dominique Rey kennen und besucht ihn mit GCL im Februar 1954 (siehe *Bei Brancusi, zu zweit*, 1967, GW II 252).
540, *540/4, Z 1951, Z 1954*

Brandt, Willy
191/10, 255/3, 275/4

Braque, Georges
258/1

Brauer, Erich (* 1929): Österreichischer Maler.
644, *644/5*

Braun, Felix
Z 1952

Brauner, Victor
75/1, 608/1

Brecht, Bertolt
Z 1964

Breicha, Otto
259/6, 259/9, 259/10

Breitbach, Joseph (1903-1980):
Französischer Schriftsteller und
Journalist deutscher Sprache und
Herkunft; 1929 nach Frankreich
emigiriert, lebte seit 1931 in Paris; *Joseph: Das Jubiläum* (Komödie, 1960), *Bericht über Bruno*
(Roman, 1962).
588, 588/2
Brenner, Hans Georg
14/10, 73/1
Brentano, Clemens
Z 1970
Breton, André (*)
40/4, 249/2, 374/2, Z 1938, Z
1950, Z 1952
Briegleb, Klaus
10/4, 12/1, 14/10
Brion, Marcel (1895-1984): Französischer Schriftsteller und
Kunstwissenschaftler; *Art
abstrait* (1956).
271, 271/2
Brisel, Bella: Israelische Malerin;
Bekannte von Isac Chiva und
PC Anfang der 50er Jahre.
51, 51/4
Brod, Max (1884-1968): Aus Prag
stammender deutsch-jüdischer
Schriftsteller; Freund und Herausgeber von Franz Kafka; 1939
Emigration nach Palästina; *Heinrich Heine* (1934), *Franz Kafka.
Prag* (1937).
559, 565, 566, 559/3
Brunner, Felix
248/1
Bruno: Freund von EC.
550
Buber, Martin
Z 1944, Z 1960
Bubi: *siehe* Dujarric de la Rivière,
Elisabeth
Büchel, Alois
608/1, 608/2

Buchholz, Ernst: Deutscher Jurist
und Essayist; Mitglied des Grünewalder Kreises; 1965 Unterzeichner eines Wahlaufrufs für
die SPD.
275
Büchner, Georg
143/3, 202/1, Z 1942, Z 1960
Buck, Theo
157/6
Burgert, Hans-Joachim
196/2
Burns, Robert (1759-1796): Schottischer Dichter.
449, 451, 453, 449/2, 451/1,
Z 1966
Burri, Alberto (1915-1995): Italienischer Maler.
207, 183/2, 207/16
Butor, Michel
569/1

C., Dr.: Psychiater in Épinay-sur-Seine (Departement Seine-Saint-Denis), wo PC von Ende Dezember 1962 bis Mitte Januar 1963
behandelt wird.
168, 170, 173
Cabris, Marquise de: Schwester
von Honoré Gabriel Riqueti,
Comte de Mirabeau.
253
Caeiro, Alberto: siehe Pessoa, Fernando
Caetani, Marguerite
Z 1957/1958
Calabi, Cin: 1965 Generalsekretärin im Arnoldo Mondadori Verlag, Mailand. Umfangreicher
Briefwechsel mit PC über die
Ausgabe einer Gedichtauswahl
in italienischer Übersetzung zwischen 1964 und 1967.
278
Campos, Álvaro de: siehe Pessoa,
Fernando

Camus, Albert (***) (1913-1960):
Französischer Schriftsteller.
113, 114, 115, 240, 395, 400,
*113/2, 114/3, 240/2, 395/3,
501/5, Z 1960, Z 1965*
*Cantieni, Charles
578/6*
*Capogrossi, Giuseppe
183/2, 207/16*
Caraion, Ion (*Pseudonym für* Stelian Diaconescu, 1923-1986): Rumänischer Dichter, Essayist und Übersetzer; Engagement im antifaschistischen Widerstand; lernt PC 1946 in Bukarest kennen und nimmt drei Gedichte von ihm 1947 in die einzige Nummer seiner Zeitschrift *Agora* auf. Wechselt mit PC einige wenige Briefe zwischen 1967 und 1970.
540, *498/6, 540/4, Z 1946,
Z 1947*
*Carlsson, Maria
Z 1961*
Carmen: *siehe* Forcada Fernandez, Carmen
*Carol II.
Z 1940*
*Cassian, Nina
Z 1946, Z 1947, Z 1957*
Cassou, Jean (1897-1986): Französischer Dichter und Kunstkritiker; 1946-1965 Chefkonservator am Musée d'Art Moderne in Paris; er lernt PC im Österreichischen Kulturinstitut in Paris im Mai 1963 kennen.
196, 202, *196/12*
Catti (*oder* Catty), Micheline (* 1926): Französische Malerin und Graphikerin, Lebensgefährtin, später Ehefrau von Gherasim Luca.
330, 431, 452, 458, 460, 467, 468, 469, 473, *330/1, 452/5, 458, 459, 460, Z 1966*

Cayrol, Jean (*)
73/1, 259/5, Z 1954, Z 1955, Z 1956, Z 1961
Cehov, Anton: siehe Čechov, Anton Pavlovič
Čechov, Anton Pavlovič (*)
Z 1939, Z 1946
*Céline, Louis-Ferdinand
382/4*
*Césaire, Aimé (*)
36/17, Z 1950*
*Chabrol, Claude
444/3*
Chagall, Marc (1887-1985): Französischer Maler russisch-jüdischer Herkunft.
151, *16/1, 206/6, 258/1, Z 1962*
*Chalfen, Israel
145/7, Z 1942, Z 1944*
*Chapuis, Pierre
Z 1978*
Char, René (*) (**) (1907-1988): Französischer Dichter; Beteiligung am französischen Widerstand gegen die deutschen Besatzungstruppen; häufige Kontakte mit PC zwischen 1954 und 1959, auch in Hinblick auf eine Übersetzung seiner Gedichte in Deutschland. Umfangreicher Briefwechsel zwischen 1954 und 1966.
45, 47, 297, 366, 378, 414, 452, *45/1, 45/4, 47/4, 53/5, 97/2, 114/3, 157/6, 297/5, 328/9, 341/1, 354/2, 366/6, 414/1, 451/3, 452/2, Z 1954, Z 1955, Z 1958, Z 1959, Z 1963*
Chassepot, Madame: Vorbesitzerin der 1958 von GCL erworbenen Handdruckpresse.
339
Chekhov: *siehe* Čechov, Anton Pavlovič
Chelsea: *siehe* Scelsi, Giacinto

Chestov, Léon: siehe Šestov, Lev Isaakovič
Chevalier, Jacques
479/5
Chiva, Isac (* 1925): Französischer Ethnologe rumänisch-jüdischer Herkunft; lernt PC 1947 in Budapest kennen und trifft ihn im Juli 1948 in Paris wieder. Wechselt mit PC einige Briefe, vor allem vor 1953 (nur PCs Briefe sind erhalten).
27, 40, 51, 82, *1/1, 27/8, 40/3, 40/4, 82/2, 119/2, 264/2, Z 1947, Z 1948, Z 1951, Z 1952, Z 1953, Z 1954, Z 1961*
Chlebnikov, Victor Vladimirovič (*) (**) (*genannt* Velemir, 1885-1922): Russischer Dichter.
656, *656/1, Z 1967, Z 1969*
Choderlos de Laclos, Pierre (***)
501/4, 510/4
Chomed, Gustav
Z 1933, Z 1941
Christensen, Kirsti
196/2
Chruščov, Nikita
157/4, 189/3
Cioran, Émile Michel (*) (1911-1995): Französischer Essayist und Moralist rumänischer Herkunft; trifft PC vor allem in den 50er Jahren häufiger; siehe PCs Übersetzung von Ciorans *Lehre vom Zerfall* (Hamburg, Rowohlt, 1953); Cioran informiert PC selbst über seine Sympathie für die Eiserne Garde (rumänische Faschistenorganisation) und seine ›Reue‹; erst 1967 erfährt PC jedoch Ausmaß und Intensität dieser Sympathie bei einem Gespräch in Paris mit dem rumänischen Schriftsteller Ovid Crohmălniceanu, den PC aus seiner Bukarester Zeit kennt: Cioran hatte nicht, wie er immer behauptet hatte, Rumänien schon 1937 definitiv verlassen, sondern war während des Legionärsaufstandes im Januar 1941 in Bukarest; PC ist davon zutiefst getroffen und fühlt sich von Cioran betrogen; ab 1967 meidet er jeden Kontakt mit ihm (mündlicher Bericht von GCL).
36, 115, 432, *18/5, 36/28, 115/6, 246/6, Z 1952/1953, Z 1953, Z 1954, Z 1959, Z 1964*
Clabassi, Plinio
207/14
Claude, Henri (hier: Professor Claude)
374/2
Claudel, Paul (***)
147/2
Clerc, Jean: Bibliothekar und Gast der Fondantion La Messuguière in Cabris (Departement Alpes-Maritimes) im Sommer 1965, wo ihn GCL kennenlernt.
432
Cluytens, André
652/3
Co., Dr.: Psychiater an der Psychiatrischen Universitätsklinik in Paris (Sainte-Anne), wo PC zwischen Februar und Juni 1966 und zwischen Februar und Oktober 1967 behandelt wird.
33, 451, 559, 564, 627
Cocteau, Jean (*) (1889-1963): Französischer Schriftsteller.
51, *51/2, Z 1949*
Codreanu, Corneliu
Z 1927
Cofalla, Sabine
10/4, 12/1, 14/10, 78/1
Colette: *siehe* Flandre, Colette
Colin, Vladimir
Z 1947

Colleville, Maurice (1894-1989): Französischer Germanist, ausgebildet an der École Normale Supérieure; Professor an der Sorbonne (auch während der deutschen Besatzung).
410
Collombier, Madame: Bekannte der Celans.
148, *148/3*
Columbus, Christoph (1451-1506): Italienischer Seefahrer, der für die spanische Krone den amerikanischen Kontinent ›entdeckte‹.
145, *145/4*
Conrad, Joseph
392/1, Z *1966*
Corti, Axel
Z *1959*
Corti, José
15/2
Coty, René
97/4
Cousin, Jean: Verwaltungsdirektor der École Normale Supérieure in der Rue d'Ulm im Jahr 1966.
328, *328/8*
Cramer, Heinz von
510/5
Criq, Raymonde
436/2

D., Dr.: Psychiater an der Psychiatrischen Universitätsklinik in Paris (Sainte-Anne), wo PC zwischen Februar und Juni 1966 und zwischen Februar und Oktober 1967 behandelt wird. PC bleibt bei ihm in privater psychotherapeutischer Behandlung zwischen 1966 und 1970.
354, 355, 374, 381, 411, 415, 416, 422, 431, 432, 433, 444, 445, 449, 450, 451, 452, 453, 454, 469, 478, 479, 485, 488, 489, 490, 492, 493, 494, 496, 498, 501, 510, 515, 522, 527, 538, 548, 554, 556, 559, 560, 561, 564, 565, 570, 572, 626, 629, 634, 636, *354/4*, *626/1*, *634/4*, Z *1968*
Dady: *siehe* Dujarric de la Rivière, Elisabeth
Dahll Vogt, Lillen
Z *1970*
Dähnert, Gudrun (geborene Harlan, 1907-1976): Enge Freundin von Nelly Sachs; lernt PC im Mai 1960 kennen. Wechselt 1960 einige Briefe mit PC in Zusammenhang mit Nelly Sachs.
118, *118/4*, *122/1*, Z *1960*
Daive, Jean (*) (**) (*Pseudonym für* Jean de Schrynmakers, * 1941): Französischer Schriftsteller und Übersetzer, u. a. von PC. Wechselt zwischen 1965 und 1970 einige Briefe mit PC, meist im Zusammenhang mit Übersetzungen. PCs Übersetzung des Bandes *La Décimale blanche* (1967) wurde postum als Faksimile publiziert (Frankfurt a. M., Suhrkamp, 1977).
580, 634, 635, 636, 637, *580/1*, *635/3*, *636/2*, Z *1967*, Z *1968*, Z *1969*, Z *1970*, Z *1971*, Z *1977*
Danehl, G.
392/1
Dante Alighieri
133/3, 137
David, Claude (1913-1999): Französischer Germanist; seit 1933 Student an der École Normale Supérieure (Rue d'Ulm), 1937 erster Platz bei der Agrégation; entgeht den Nazi-Verfolgungen während der deutschen Besatzung; 1951 Dissertation über Stefan George; 1946-1957 Assistent, dann Professor in Lille, 1957-

1981 Professor in Paris (Sorbonne), dort 1967-1981 Direktor des Institut d'Études Germaniques; *Zwischen Romantik und Symbolismus 1820-1885* (1966). Auf ihn geht PCs Anstellung an der École Normale Supérieure in der Rue d'Ulm als Deutschlektor im Jahr 1959 zurück; wechselt mit PC einige Briefe zwischen 1959 und 1969.
196, 323, 410, 510, 511, 650, 665, *114/1, 196/5, 510/5, 616/2, 650/1, 665/1, Z 1970*

David, Huguette (geborene Ochs): Frau von Claude David.
650

Dayan, Moshe
516/1

Debon, Günther
377/3

Dedecius, Karl
511/4

Deguy, Michel
246/6

Delatte, Max-Philippe: Inhaber einer Pariser Buchhandlung mit Antiquariat (133, Rue de la Pompe) und einer der Gründer der Société des lecteurs, die Autoren, Verleger, Buchhändler und Leser vereinigte.
451/1

Delay, Jean (1907-1987): Französischer Psychiater und Schriftsteller; Professor in Paris, seit 1946 als Lehrstuhlinhaber für Nervenkrankheiten, seit 1951 Direktor des Psychologischen Instituts der Sorbonne; zusammen mit Pierre Deniker Begründer der französischen Psychopharmakologie; Mitglied der Académie Nationale de Médecine (seit 1955) und der Académie française (seit 1959); Freund von René Char; Abteilungsleiter an der Psychiatrischen Universitätsklinik (Sainte-Anne), wo PC zwischen Februar und Juni 1966 und zwischen Februar und Oktober 1967 behandelt wird.
344, 345, 353, 370, 372, 377, 378, 494, 496, *341/1, 344/1, 389/2, 406/2, 476/2, 481/1, 481/2, 626/1, Z 1966, Z 1967*

Delfiner, Liselott
323/4

Delmas, Monsieur: nicht identifiziert.
410

Delrue, Monsieur und Madame: Bekannte der Celans.
274

Deluz, Ariane (* 1931): Französische Ethnologin Schweizer Herkunft; erste Frau von Isac Chiva.
82, *82/2*

Demant, Peter
Z 1941

Demonsant, Jean: Leiter der Übersetzungsabteilung am Bureau International du Travail in Genf.
154, 157, *143/12, 154/1, Z 1956*

Demus, Klaus (* 1927): Dichter und Kunstwissenschaftler; enger Freund von PC seit dessen Wiener Aufenthalt (1948); Autor und Unterzeichner der *Entgegnung* (siehe Kaschnitz); Gedichtbände: *Das schwere Land* (1958), *Morgennacht* (1969). Umfangreicher Briefwechsel zwischen 1948 und 1962 und zwischen 1968 und 1970.
32, 33, 34, 56, 76, 125, 126, 629, 634, 635, *18/1, 32/9, 32/10, 45/5, 56/1, 68/1, 76/1, 116/2, 118/1, 125/1, 126/1, 126/2, 305/3, 629/7, 634/1, 635/3, Z 1948,*

Z 1949/1950, Z 1951, Z 1952, Z 1955 ; Z 1959, Z 1960, Z 1962, Z 1968, Z 1976
Demus, Nani (*geborene* Anna Maier): Freundin von Ingeborg Bachmann und PC, Frau von Klaus Demus.
56, 116, *18/1, 56/1, 116/2, Z 1948, Z 1951, Z 1952, Z 1955, Z 1959*
Deniker, Pierre (1917-1998): Französischer Psychiater und Neurologe, Professor in Paris; zusammen mit Jean Delay Begründer der französischen Psychopharmakologie; leitender Arzt an der Psychiatrischen Universitätsklinik in Paris (Sainte-Anne), wo PC zwischen Februar und Juni 1966 und zwischen Februar und Oktober 1967 behandelt wird.
332, 333, 341, 355, 357, 401, 411, 449, 450, 481, 498, 501, 548, 554, 556, 566, 568, 569, *341/1*
Denis, Philippe
Z 1975
Denise: *siehe* Bertaux, Denise
Derrida, Jacques
Z 1970
Déry, Tibor
384/4
Des Forêts, Louis-René
Z 1968
Desch, Kurt: Deutscher Verleger.
51
Descoullayes, Jean
535/3
Desmares, Martine: Tochter von Nachbarn der Celans in Moisville (Departement Eure).
271, *243/7*
Desnos, Robert (*)
50/11, Z 1958
Dickinson, Emily (*) (1830-1886): Amerikanische Dichterin

464, 498, 517, 540, 676, *498/2, 517/2, 540/3, 676/1, Z 1959, Z 1960, Z 1961, Z 1962, Z 1968*
Dickinson Bianchi, Martha
676/1
Dimaras, Contantin
32/5
Dirks, Walter
15/11
Dischner, Gisela
603/5, Z 1965, Z 1968
Dmitrieva-Einhorn, Marina
145/5, 149/4
Döhl, Reinhard (* 1934): Deutscher Dichter und Literaturwissenschaftler; 1960 Assistent von Fritz Martini in Stuttgart, in dessen Auftrag Untersuchung zur Goll-Affäre für das Jahrbuch der Deutschen Akademie für Sprache und Dichtung.
274, *274/8*
Domin, Hilde (* 1912): Deutsche Dichterin und Essayistin jüdischer Herkunft; im Exil in Italien, dann in Santo Domingo im Exil, lebt seit 1961 in Heidelberg; Rückkehr der Schiffe *(Gedichte, 1962). Wechselt mit PC einige wenige Briefe zwischen 1958 und 1965.*
274, *270/5, 274/8*
Donne, John
Z 1968
Döpke, Oswald
79/2
Dor, Milo (* 1923): Österreichischer Schriftsteller und Journalist serbischer Herkunft; 1942 Deportation in ein Arbeitslager nach Wien; lernt PC 1948 in Wien kennen; Autor von Erinnerungen an PC (Neues Forum, Heidelberg, 17/1970, S. 785 f., wieder in Dietlind Meineke,

Hrsg., *Über Paul Celan*, Frankfurt a. M. ²1973, S. 281-285); zusammen mit Reinhard Federmann Autor des Romans *Internationale Zone* (Frankfurt a. M./Wien, Forum Verlag, 1953), in dem eine Person deutlich von PC inspiriert ist; *Nichts als Erinnerung* (Roman, 1959), *Salto Mortale* (Erzählungen, 1960), *Die weiße Stadt* (Roman, 1969). Briefwechsel mit PC zwischen 1952 und 1962.
14, 32, *10/2*, *10/3*, *10/4*, *10/5*, *14/2*, *14/10*, Z *1952*, Z *1959*
Dorazio, Piero (* 1927): Italienischer Maler.
207, *183/2*, *207/16*
Dorian, Margareta: siehe Taussig, Margareta
Dostoevskij, Fedor Michailovič
Z *1940*
Dou., Dr.: *siehe* Du., Dr.
Douniou: siehe Seidmann, David
Dreyfus, Alfred
139/3, *503/1*, Z *1962*
Drézian, Anaïd: Freundin von Isac Chiva und PC armenischer Herkunft.
40
Driguez, Madame: Frau von William Driguez.
410
Driguez, William: Anwalt, der PC und GCL in administrativen, juristischen und literarischen Fragen berät.
410
Drijard, André: Germanist; Lehrbeauftragter am Institut d'Études Germaniques (Paris, Sorbonne) im Jahr 1966.
410
Drohla, Gisela
Z *1959*

Du B., André: *siehe* Du Bouchet, André
Du B., Gilles: *siehe* Du Bouchet, Gilles
Du Bellay, Joachim (1522-1560): Französischer Dichter.
276
Du Bouchet, André (*) (* 1924): Französischer Dichter und Übersetzer; lernt PC in den 50er Jahren kennen; Übersetzer von PC; Mitherausgeber der Zeitschrift *L'Éphémère*; Gedichtbände: *Sans couvercle* (1953), *Le Moteur blanc* (1956), *Dans la chaleur vacante* (1961, von PC 1968 übersetzt als *Vakante Glut*), *L'Inhabilité* (1967), *Où le soleil* (1968). Umfangreicher Briefwechsel mit PC zwischen 1964 und 1969.
328, 371, 375, 377, 378, 380, 431, 469, 470, 485, 492, 494, 499, 502, 503, 504, 505, 506, 519, 522, 525, 528, 533, 534, 540, 545, 560, 606, 621, 624, 625, 626, 629, 634, 636, *328/9*, *371/1*, *431/6*, *485/5*, *494/5*, *498/2*, *501/6*, *502/4*, *502/5*, *505/2*, *519/1*, *533/3*, *540/2*, *545/2*, *624/1*, *625/2*, 629, *635/3*, *668/1*, *676/1*, Z *1955*, Z *1967*, Z *1968*, Z *1969*, Z *1970*, Z *1978*
Du Bouchet, Gilles: Sohn von André du Bouchet und Tina Jolas.
506, 636, *431/6*, *470/5*, *636/7*
Du Bouchet, Paule
431/6, *636/7*
Du., Dr.: Psychiatrischer Sachverständiger an der Pariser Polizeipräfektur im Jahr 1966.
326, 328
Dubs: nicht identifiziert.
372
Dujarric de la Rivière, Elisabeth (*genannt auch* Dady, Babi, Bubi, * 1930): Französische Malerin;

Freundin und ehemalige Kommilitonin von GCL; Trauzeugin der Celans.
4, 15, 21, 38, 139, 425, *4/4, 15/15, 21/2, 24/5, 34/3, 38/6, 425/3, Z 1945, Z 1952*
Dujarric de la Rivière, René (1885-1969): Arzt und Mikrobiologe am Institut Pasteur, Mitglied der Académie des sciences. Vater von Elisabeth Dujarric de la Rivière; unterstützt PC bei seiner Einbürgerung.
34, *34/3*
Dumitriu, Petru (* 1924): Französischsprachiger Schriftsteller rumänischer Herkunft, 1960 nach Deutschland emigriert; Lektor im S. Fischer Verlag zwischen Januar 1963 und Dezember 1965; *L'extrême Occident* (1964), *Les Initiés* (1966), *Die Transmoderne. Zur Situation des Romans* (1965); Briefwechsel mit PC im Rahmen seiner Verlagstätigkeit zwischen 1963 und 1966.
243, 246, 249, 252, 258, 259, 267, 270, 272, *150/4, 196/8, 243/14, 246/5, 249/2, 258/9, 259/4, 267/2, 267/3, 270/2, 272/1, 326/9, 330/4, Z 1965*
Duniu: *siehe* Seidmann, David
Dupêchez, G.: Immobilienverwalter.
45, *27/9, 45/2*
Dupin, Jacques (*)
Z 1968, Z 1970
Dupont, Monsieur: Übersetzer am Bureau International du Travail in Genf.
152
Duras, Marguerite (***)
73/1, 501/5
Dürrenmatt, Friedrich (1921-1990): Schweizer Schriftsteller; trifft PC mehrmals zwischen 1962 und 1964; siehe dazu seine autobiographischen Aufzeichnungen (*Turmbau. Stoffe IV-IX*, Zürich, Diogenes Verlag, 1990).
151, 194, *151/1, 186/1, 210/8, Z 1962, Z 1964*
Dürrenmatt, Lotti (eigentlich Lotte, geborene Geißler): Erste Frau von Friedrich Dürrenmatt.
194, *186/1, Z 1964*
Duval, Bernard: Buchbinder, u. a. der bibliophilen Ausgaben von PC und GCL, *Atemkristall* und *Schwarzmaut*.
246, *246/4*
Duval, Monsieur: Pflegedienstleiter an der Psychiatrischen Universitätsklinik in Paris (Sainte-Anne), wo PC zwischen Februar und Juni 1966 und zwischen Februar und Oktober 1967 behandelt wird.
422, 444

Eberstark, Hans-Josef: nicht identifiziert.
157, *157/2*
Eckardt, Uwe
85/1
Edith: *siehe* Bourboulon, Edith de
Ehrenberg, Eva (*geborene* Sommer, 1891-19??): Aus Frankfurt stammende Bekannte von PC jüdisch-deutscher Herkunft; flieht vor den Nazis 1939 aus Prag nach England; das Manuskript einer Gedichtsammlung, der eine kurze Autobiographie vorangestellt ist, legt sie PC 1960 vor (*Sehnsucht – mein geliebtes Kind*, 1963); im Nachlaß PCs hat sich ein Typoskript mit Gedichten von Eva Ehrenberg erhalten. Wechselt zusammen mit ihrem

Mann Victor zwischen 1960 und 1968 einige Briefe mit PC.
603, 647, 603/6, Z 1966, Z 1969

Ehrenberg, Victor (1891-19??): Historiker deutsch-jüdischer Herkunft; seit 1929 Professor in Prag, im Februar 1939 Emigration nach London, dort 1946-1957 Professor für Alte Geschichte (Bedford College); britischer Staatsbürger seit 1947; Mann von Eva Ehrenberg; *Der Staat der Griechen* (1957), *Polis und Imperium. Beiträge zur alten Geschichte* (1965). Vetter zweiten Grades von Franz Rosenzweig.
603, 603/6, Z 1966, Z 1969

Eich(-Aichinger): *siehe* Eich, Günter *und* Aichinger, Ilse

Eich, Günter (1907-1972): Deutscher Schriftsteller; Mitglied der Gruppe 47 (Preis 1950); 1956 Georg-Büchner-Preis; Mann von Ilse Aichinger; *Abgelegene Gehöfte* (Gedichte, 1948), *Stimmen* (Hörspiele, 1958).
67, 189, 275, *10/5, 13/1, 14/10, 14/12, 67/2, 73/1, 157/6, 157/7, 189/5, 244/6*

Eichmann, Adolf
50/8

Einhorn, Erich (1920-1974): Jugendfreund und Schulkamerad von PC aus Czernowitz; 1941 Emigration in die UdSSR; Dolmetscher für die Rote Armee in Berlin, dann, 1948, in Wien, wo er sicher PC wiedersieht; Lehrer für Rumänisch und Italienisch, dann Redakteur einer politischen Zeitschrift in Moskau. Briefwechsel mit PC 1944 und zwischen 1962 und 1967 (publiziert von seiner Tochter Marina Dmitrieva-Einhorn im *Celan-Jahrbuch* 7, 1997/98, S. 23-49).
145, 148, 149, 469, 471, *145/5, 149/4, 469/6, 471/7, Z 1933, Z 1938, Z 1941*

Eisenreich, Herbert (1925-1986): Österreichischer Schriftsteller; Kriegsteilnehmer in der Wehrmacht; 1958-1967 Redakteur beim Nordwestdeutschen Rundfunk; Verfechter einer nationalen österreichischen Literatur.
50, *10/5, 50/13*

Eisenstein, Sergei Michailovič (*auch*: Eisenštein, 1898-1948): Sowjetischer Filmemacher jüdischer Herkunft.
259, 267, *259/1, 267/6, 267/7, 267/10, Z 1965*

Elisabeth (*ohne erläuternde Anmerkung*): *siehe* Dujarric de la Rivière, Elisabeth

Elmar: *siehe* Tophoven, Elmar

Eluard, Paul (*) (**) (*Pseudonym für* Eugène Grindel, 1895-1952): Französischer Dichter.
305, 309, 313, 326, 431, *50/11, 305/3, 313/3, 431/4, Z 1938, Z 1952, Z 1957, Z 1958, Z 1962, Z 1965*

Emmanuelle: *siehe* Lalande, Emmanuelle

Emmerich, Wolfgang
94/12, 603/1

Empédocle: *siehe* Empedokles

Empedokles (490-435 v. Chr.): Griechischer Philosoph.
246, *246/7*

Engelhorn, Monsieur: Bekannter der Celans.
410, 436

Enzensberger, Hans Magnus (* 1929): Deutscher Schriftsteller; Mitglied der Gruppe 47; 1960/1961 Lektor im Suhrkamp Ver-

lag; 1963 Georg-Büchner-Preis; Inhaber der literarischen Rechte von Nelly Sachs; Gedichtbände: *Verteidigung der Wölfe* (1957), *Blindenschrift* (1964); Essays: *Einzelheiten* (1962), *Politik und Verbrechen* (1964), *Deutschland, Deutschland unter anderem* (1967). Briefwechsel mit PC zwischen 1955 und 1965.
445, *85/1, 116/3, 157/6, 157/7, 481/1, 510/5, Z 1960, Z 1962, Z 1964, Z 1968*
Eprémesnil, Jeanne d' (*geborene* de Lestrange): Schwester von GCLs Vater Edmond de Lestrange.
40, 143, *40/12, 143/15*
Erhard, Ludwig
255/3
Erika: *siehe* Tophoven, Erika
Ernst, Max
608/1
Esenin, Sergej Aleksandrovič (*)
(*bei PC immer* Sergej Jessenin, französisch Essénine, 1895-1925): Russischer Dichter.
136, 145, 472, *97/2, 145/9, 145/12, 472/2, 589/2, 590/1, Z 1940, Z 1958, Z 1959, Z 1960, Z 1961, Z 1962, Z 1963*
Espagne, Michel
501/5
Espronceda Idelgado, José de
21/3
Esser, Edith
Z 1939
Estève, Maurice
1/2
Estienne, Christiane d' (* 1915): Französische Malerin, Graphikerin und Bildhauerin.
381, 449
Ettlinger, Dr.
122/1
Evtušenko, Evgenij Aleksandrovič (*)
Z 1962

Exner, Richard (* 1929): Amerikanischer Literaturwissenschaftler deutscher Herkunft, in die Goll-Affäre verwickelt.
274, *32/6, 270/5, 274/8, 354/2*
Ezechiel: siehe Hesekiel
Ezold, Charlotte: Bibliothekarin am Pariser Goethe-Institut zwischen 1965 und 1978.
410, 434

F.: *siehe* Friedlaender, Johnny
Fabre, Jean-Henri (***)
109/2, 501/5
Faller, Adolf
481/1, Z 1967
Faulkner, William (*Pseudonym für* William Falkner, 1897-1962): Amerikanischer Romancier.
250
Federmann, Reinhard
14/2, Z 1952
Feldenkrais, Moshe
Z 1967
Fellini, Federico
207/15
Felten, Karl-Eberhardt (1911-1993): Lektor, dann in leitender Position in der Deutschen Verlags-Anstalt (Stuttgart), ab 1964 im Modernen Buchclub (Darmstadt). Umfangreicher Briefwechsel mit PC, vor allem im Rahmen seiner verlegerischen Tätigkeit, zwischen 1956 und 1966.
147, 328, *147/4, 328/3*
Fequet, Marthe: Typographin, u.a. verantwortlich für die bibliophilen Ausgaben von PC und GCL, *Atemkristall* und *Schwarzmaut*.
237, 246, 410, 502, 629, 638, 664, *246/4, 532/5, 596/1, 638/3, 638/4, Z 1965*
Fernandez, Augustin
Z 1964

Fernandez, Dominique (* 1929):
Französischer Schriftsteller.
209, *209/1*
Ferré, Léo (1916-1993): Französischer Chansonnier mit oft anarchistischer Inspiration und Texten von Apollinaire, Aragon, Rimbaud, Rutebeuf usw.
65, *65/2, 125/1*
Ferriot, René (* 1920): Französischer Literaturwissenschaftler und Dichter. Gedichte: *De pierre et de bois* (1954), *La flamme et le givre* (1961); Autor einer Rezension von *Sprachgitter* in der Zeitschrift *Critique* im Juli 1960.
115, *115/3, Z 1960*
Fichte, Hubert (1935-1986): Deutscher Schriftsteller, 1965 Unterzeichner eines Wahlaufrufs für die SPD.
275, *275/3*
Ficker, Ludwig von (1880-1967): Mentor und Herausgeber von Trakl (in der Zeitschrift *Der Brenner*); PC sucht ihn im Sommer 1948 kurz vor seiner Übersiedlung nach Paris in Innsbruck auf. Wechselt mit PC einige Briefe zwischen 1949 und 1961 (drei Briefe PCs publiziert in: Ludwig von Ficker, *Briefwechsel 1940-1967*, hrsg. von M. Alber, W. Methlage, A. Unterkircher, Franz Seyer, Ignaz Zangerle, = Brennerstudien, Bd. XV, Innsbruck 1996, S. 195, 216f. und 323f.).
487, 532, *487/2, Z 1948, Z 1959, Z 1970*
Filippova, B. A.
504/3, Z 1967
Fingerhut, Lia
Z 1946, Z 1947, Z 1961
Fiorini, Marcel (* 1922): Algerischer Graphiker, lebt in Paris.
575, *575/3*
Firgès, Jean (*oder* Johann Firges, * 1934): Deutscher Germanist und Romanist belgischer Herkunft; Autor der ersten Dissertation über PC (*Die Gestaltungsschichten in der Lyrik Paul Celans ausgehend vom Wortmaterial*, Köln 1959). Wechselt mit PC einige Briefe zwischen 1957 und 1964.
143, 147, 196, 202, *143/5, 143/8, 196/2*
Fischer, Heinrich
196/5
Fischer, Madame: Von PC im Oktober 1962 zufällig gesehene Dame.
145
Fischer: *siehe, entsprechend dem Kontext*, Bermann Fischer, Gottfried *oder* Brigitte
Flacelière, Robert: Gräzist; Direktor der École Normale Supérieure in der Rue d'Ulm von 1963 bis 1971.
328, 410, *328/6, 452/3*
Flandre, Colette (*geborene* Parpait): Frau von Guy Flandre.
40, *40/3*
Flandre, Guy (* 1929): Sympathie mit der Surrealistengruppe, aus diesem Grund Studium in Paris; Englischlehrer; Freund von PC.
40, *40/3*
Flinker, Karl: Besitzer der Galerie gleichen Namens (Rue du Bac, 7ᵉ)
471, *471/2*
Flinker, Martin
471/2
Fo., Dr.: Psychiater an der Klinik in Suresnes, wo PC zwischen November 1965 und Februar 1966 behandelt wird.
315, 320, 322, 324, 332, 333, 336, *325*

Fondane, Benjamin (*auch* Benjamin Fundoianu, *Pseudonym für* Benjamin Wechsler, 1898-1944): Französisch- und rumänischsprachiger Dichter und Essayist rumänisch-jüdischer Herkunft; Schüler von Lev Šestov; nach Auschwitz deportiert, stirbt 1944 in den Gaskammern von Birkenau. *Faux traité d'esthétique* (1938), *Baudelaire et l'expérience du gouffre* (1947).
479, *479/5,* Z *1967*
Fontana, Lucio (1899-1968): Italienischer Maler und Bildhauer.
207, *183/2, 207/16*
Fontane, Theodor
246/9, Z *1940*
Forcada Fernandez, Carmen: Putzfrau der Celans in Paris.
177, 194, 195, 327, 328, 339, 352, 416, *177/1*
Ford, John
249/12, Z *1965*
Francine: *siehe* Payelle, Francine
Franck, Herr: Besitzer einer Galerie gleichen Namens in Frankfurt a. M.
32
Franco Bahamonde, Francisco (1892-1975): Spanischer General und Diktator.
151
François (*ohne erläuternde Anmerkung*): von den Celans 1952 für ihr Kind vorgesehener Name.
7
François: Erstes, wenige Tage nach der Geburt 1953 gestorbenes Kind der Celans.
7/2, 156/1, 192/8, 194/24, 283/1, Z *1953,* Z *1970,* Z *1991*
Françoise: *siehe* Bonaldi, Françoise
Frank, Peter
149/3

Frank, Rudolf
243/8
Franz von Assisi
Z *1953*
Frazer, James George (1854-1941): Englischer Ethnologe (heute umstrittene Studien zur Religion).
274, *274/5*
Frélaut, Jacques: Handdrucker, Leiter der Handdruckerei Lacourière (Montmartre).
337, 339, 354, 362, 381, 407, 410, 638, *337/3, 638/4, 644/2*
Frélaut, Nani: *siehe* Ortner, Nani
Frélaut, Robert: Handdrucker in der Handdruckerei Lacourière (Montmartre).
337, 362, 381, 407, 410, 629, 638, *337/3, 638/4, 644/2*
Frélaut-Ortner, Nani: *siehe* Ortner, Nani
Frénaud, André (1907-1993): Französischer Dichter; *Les Rois mages* (1943).
472, *143/10, 472/3*
Freud, Sigmund (1856-1939): Österreichischer Neurologe und Psychiater jüdischer Herkunft, Begründer der Psychoanalyse.
150, *150/2, 273/2, 273/4, 481/1, 489/1,* Z *1967*
Fried, Erich (1921-1988): Österreichischer Schriftsteller und Übersetzer jüdischer Herkunft; 1938 Emigration nach London, dort Redakteur bei der BBC; Mitglied der Gruppe 47; Gedichtbände: *Gedichte* (1958), *Reich der Steine* (1963), *Überlegungen* (1964), *Warngedichte* (1964), *Kinder und Narren* (1965), *Anfechtungen* (1967). Wechselt mit PC einige Briefe zwischen 1952 und 1959.
603, *603/1,* Z *1954,* Z *1966,* Z *1968*

Friedlaender, Johnny (*auch* Friedländer, 1912-1992): Französischer Graphiker schlesischer Herkunft; ehemaliges Mitglied der Gruppe *Die Brücke*; 1933 Konzentrationslager, Flucht; in seinem 1949 gegründeten Atelier für Radierung arbeitet GCL zwischen 1954 und 1957.
30, 45, 352, 519, *1/2, 30/2, 45/1, 45/3, 50/14, 519/3, Z 1954/1957*

Friedlander, Albert H.: Rabbiner der Wembley & District Liberal Synagogue in London, trifft dort PC im April 1968. Wechselt mit PC einige Briefe zwischen 1968 und 1969.
603, *603/3, Z 1968*

Frisch, Max (1911-1991): Schweizer Schriftsteller; zwischen 1959 und 1963 Lebenspartner von Ingeborg Bachmann; lebte seit 1961 teilweise in Rom; Ende 1961 Uraufführung seines den Rassismus denunzierenden Stücks *Andorra*. Wechselt mit PC einige Briefe zwischen 1959 und 1961, z. T. sind seine Briefe auch von Ingeborg Bachmann unterschrieben oder ergänzt.
210, 511, *116/3, 210/8, 511/4, Z 1960*

Fröhlich, Hans Jürgen
465/5, Z 1966

Fruhtrunk, Günter (* 1923): Deutscher Maler.
410

Fuchs, Günter Bruno
143/11

Fühmann, Franz
Z 1962

Fulda, Marie-Christine: Psychologin, Mutter eines Klassenkameraden von EC.
139, *139/2, 303/2*

Fusco, Mario: Übersetzer und Italienischdozent an der École Normale Supérieure in der Rue d'Ulm, dann Professor an der Sorbonne; seine Frau, die Psychoanalytikerin Marie-Claude Barbier, ist eine ehemalige Schulkameradin von GCL. Wechselt mit PC einige Briefe zwischen 1962 und 1969.
209, *209/1*

Fuzier, Claude: *siehe* Fuzier, Jean

Fuzier, Jean: Repetitor für Englisch an der École Normale Supérieure (Rue d'Ulm) und verantwortlich für den Unterricht der modernen Sprache, Übersetzer von John Donne (zusammen mit Yves Denis, 1962).
168, *168/5*

G., Dr.: Psychiater an der Psychiatrischen Klinik in Le Vésinet, wo PC im Mai 1965 behandelt wird.
230

Gallimard, Michel
113/2

Galperin, S. I. (?)*
Z 1947

García Lorca, Federico (1899-1936): Spanischer Dichter und Dramatiker.
21, *21/4*

Garcilaso de la Vega
21/3

Garcilaso de la Vega (genannt Der Inka)
508/3

Garran, Gabriel
210/8

Gaulle, Charles de (1890-1970): Französischer Politiker.
202, *97/4, 508/3, 511/2, 514/2, Z 1958*

Gautier, Blaise: Redaktionssekretär

der Zeitschrift *Mercure de France* (Paris).
189, *189/7, 246/6*
Gautier, Théophile
352/1
Gebhard, Klaus
70/3
Genet, Jean
382/4
George, Stefan
4/3, 196/7, 591/2, Z 1937
Georgi, Walter: Schweizer Arzt und Psychoanalytiker; lernt PC durch Beda Allemann kennen. Wechselt mit PC einige Briefe zwischen 1959 und 1970.
591, 593, *591/7, Z 1959, Z 1967*
Gerloff, Hildegard: Chefsekretärin (Kulturabteilung) im Goethe-Institut Paris zwischen 1965 und 1999.
410
Gessain, Antoine: Sohn von Monique und Robert Gessain.
258, 660, *227/1, 258/5, 660/3*
Gessain, Monique (*geborene* de Lestrange, * 1921): Ethnologin, im Musée de l'Homme, Paris; ältere Schwester von GCL.
8, 24, 143, 183, 220, 207, 258, 303, *4/1, 8/1, 8/5, 8/10, 18/4, 76/4, 207/12, 223/3, 227/1, 258/5, 258/8, 258/12, 303/2*
Gessain, Robert (1907-1988): Ethnologe; seit 1955 Mitglied der Französischen Gesellschaft für Psychoanalyse; seit 1958 Stellvertretender Direktor des Musée de l'Homme, Paris; zahlreiche Reisen nach Grönland, Mexiko und Westafrika; Mann von Monique de Lestrange.
258, *76/4, 227/1, 258/5, 258/8, 303/2*
Gherasim Luca (*auch* Ghérasim Luca, *Pseudonym für* Salman Loker, *genannt auch* Zola Loker, *nach Namensänderung 1944*: Salman Gherasim Luca, 1913-1994): Französisch- und rumänischsprachiger Dichter und Graphiker rumänisch-jüdischer Herkunft; lernt PC 1947 in den Bukarester Surrealistenkreisen kennen; in Paris mit PC eng befreundet. *Héros-Limite* (1953), *Ce Château pressenti* (1958), *Droit de regard sur les idées* (1967), *Dé-Monoloque* (1969). Wechselt mit PC einige Briefe zwischen 1961 und 1968.
330, 431, 452, 458, 460, 467, 468, 469, *330/1, 452/5, 458, 459, 460, 608/1, Z 1946, Z 1964, Z 1966*
Giacometti, Alberto (1901-1966): Schweizer Maler und Bildhauer in Paris.
262, 263, 264, 265, 276, 451, *258/1, 262, 265/2, 267, 276/1, 276/2, 451/3, Z 1965, Z 1968*
Gide, André (***)
243/4, Z 1939
Gilles: *siehe* du Bouchet, Gilles
Giraud, Victor
145/17
Glaser, Georg K. (*oder* Georges Glaser, 1910-1995): Schriftsteller und Messinggießer deutscher Herkunft; Autobiographie: *Geheimnis und Gewalt* (1951); 1933 Emigration nach Paris.
588, *588/2*
Gleizes, Albert
271/2
Goebbels, Joseph
14/10, 115/7, Z 1959
Goes, Albrecht (* 1908): Deutscher Schriftsteller und Pfarrer, 1965 Unterzeichner eines Wahlaufrufs für die SPD.
275

Goethe, Johann Wolfgang von
33, 115/3, 196/7, 200, 228/2,
241/3, 246/9, 313/5, 470/7,
591/2, 608/2, Z 1933, Z 1965
Goetz, Karl Otto (*oder* Götz,
* 1914): Deutscher Maler, 1948-
1953 Herausgeber der Avant-
gardezeitschrift *Meta* (dort im
April 1952 ein Gedicht von PC).
32, 15/5, 32/8
Goffy: *siehe* Bermann Fischer,
Gottfried
Gogol, Nikolaj Vasil'evič
Z 1940
Goldmann, Ilse
Z 1937
Goll, Claire (*geborene* Klara
Aischmann, 1890-1977; *hier
Nachweise zum Stichwort* Goll-
Affäre): Deutsch- und französischsprachige Schriftstellerin
deutsch-jüdischer Herkunft; in
zweiter Ehe mit Yvan (oder
Iwan, Ivan) Goll verheiratet; mit
diesem 1939 Emigration aus
Paris nach Cuba und USA; 1947
Rückkehr nach Paris; lernt PC
im November 1949 kennen; ihr
verleumderischer Vorwurf, PC
habe Yvan Golls Werk plagiiert,
sollte PC als Mensch und Dichter zerstören. Briefwechsel mit
PC zwischen 1950 und 1953
(siehe: GA Dok. 13-35, 53 und
164).
7, 32, 34, 76, 468, 5/3, 7/1, 21/6,
32/6, 50/3, 74/3, 76/1, 77/1, 78/1,
79/2, 94/2, 116/3, 118/1, 125/1,
125/3, 129/2, 131/2, 133/1, 137,
139/3, 143/10, 143/17, 145/10,
149/3, 157/5, 158/1, 160/1, 182/2,
191/7, 192/7, 194/25, 195/3,
205/2, 206/6, 212/1, 249/2,
253/3, 264/9, 267/4, 270/5,
274/8, 274/9, 297/5, 338/2,
349/3, 354/1, 354/2, 366/3, 468/1,
481/2, 503/1, 629/7, Z 1950,
Z 1951, Z 1952, Z 1953, Z 1956,
Z 1957, Z 1958, Z 1960, Z 1961,
Z 1962, Z 1965, Z 1966, Z 1967
Goll, Yvan (**) (*oder* Iwan, Ivan;
Pseudonym für Isaac Lang, 1891-
1950): Deutsch-französischer
Schriftsteller jüdischer Herkunft;
Mann von Claire Goll; lernt PC
in seinen letzten Lebensmonaten
in Paris kennen; an den z. T.
noch zu seinen Lebzeiten gemachten Übersetzungen dreier
Gedichtbände durch PC und seinen von Claire Goll stark mani-
pulierten nachgelassenen Gedichten entzündet sich die sogenannte Goll-Affäre. Ein einzelner Brief PCs an ihn ist erhalten
(siehe: GA Dok. 1).
468, 5/3, 18/7, 32/6, 50/3, 50/8,
74/3, 76/1, 118/1, 143/10, 191/7,
206/6, 253/3, 274/9, 354/1, 354/2,
468/1, 608/2, Z 1949, Z 1950,
Z 1951, Z 1953, Z 1957
Gorki, Maxim (1868-1936): Russischer Schriftsteller.
628, 628/1, Z 1940
Gotthardt, Mathis: siehe Grünewald, Matthias
Goyert, Georg
377/2
Graisowsky, Horst: Deutscher
Fernsehregisseur, plant 1967
einen Film über PC.
556, 560, 565, 575, 556/1
Granet, Marcel
168/3, Z 1963
Grass, Günter (* 1927): Deutscher
Schriftsteller; Mitglied der
Gruppe 47 (Preis 1958); lebt
1956-1960 in Paris, ist in dieser
Zeit mit PC in persönlichem
Kontakt und liest ihm aus der

entstehenden *Blechtrommel* vor (1959; PCs Exemplar weist zahlreiche Lektürespuren in Zusammenhang mit seiner Arbeit an der ENS in seinen letzten Lebensmonaten auf).
191, 275, 116/3, 157/7, 191/10, 275/4, 510/5, 591/7, Z 1959
Grenier, Jean
395/3
Grenzmann, Wilhelm
226/2, 228/2
Grohmann, Will
343/2, 535/3
Großbart (*oder* Großbard?, Herz (*oder* Hertz?): nicht identifiziert.
202, 202/6
Grössel, Hanns
155, 157/5
Grünewald, Matthias (*oder* Mathis)
Z 1970, Z 1991
Gruenthal, Lola
676/1
Gu., Dr. (*oder* Madame): *siehe* Le Gu., Dr.
Gudrun: *siehe* Dähnert, Gudrun
Guenepin, Francine: *siehe* Payelle, Francine
Guenepin, Madame: Mutter von Francine Payelle.
79, 79/4
Guenepin-Payelle, Francine. siehe Payelle, Francine
Guérin, Daniel
469/8, Z 1954
Guggenheimer, Walter Maria (1903-1967): Deutscher Verlagslektor und Übersetzer; 1935 Emigration in den Iran, wo er sich den Forces Françaises Libres anschließt, die auf der Seite der Alliierten kämpfen; nach dem Krieg Mitarbeiter der Zeitschrift *Der Ruf*; seit 1947 Kulturredakteur der *Frankfurter Hefte*; Lektor bei der Frankfurter Verlagsanstalt, seit 1956 im Suhrkamp Verlag.
15, 15/11
Guislaine: *siehe* Marraud, Guislaine
Gundolf, Friedrich
591/2
Günther, Joachim
591/2
Guttenbrunner, Michael (* 1919): Österreichischer Dichter, Essayist und Übersetzer; während des ›Dritten Reiches‹ aus politischen Gründen in Haft; lernt PC 1948 in Wien kennen. Stark vom Krieg gezeichnete Gedichte: *Spuren und Überbleibsel* (1947), *Schwarze Ruten* (1947), *Opferholz* (1954), *Ungereimte Gedichte* (1959).
15, 15/5
Guy: *siehe* Flandre, Guy

H., Dr.: *siehe* O., Dr.
Haass, Terry (* 1923): Französische Graphikerin, Malerin und Bildhauerin tschechischer Herkunft; 1941 Emigration in die USA; seit 1951 in Paris; GCL lernt sie in der Handdruckerei Lacourière (Montmartre) kennen.
207, 364
Hagelstange, Rudolf (1912-1984): Deutscher Schriftsteller, 1965 Unterzeichner eines Wahlaufrufs für die SPD.
275
Hagen, Friedrich (1903-1979): Deutscher Dichter und Übersetzer; Emigration nach Paris auf der Flucht vor den Nazis; arbeitet mit PC in dessen ersten Pariser Jahren bei Brotübersetzungen zusammen; leitender Mitarbeiter beim französischen

Rundfunk; *Weinberg der Zeit*
(Gedichte, 1949).
18, 39, *18/5, 39/1*
Halevi, Jehuda ben Samuel (**)
Z 1944
Hamburger, Michael (* 1924): Englischer Dichter und Übersetzer deutsch-jüdischer Herkunft; 1933 Emigration nach London; Übersetzer von PCs Gedichten ins Englische; *Weather and Season* (Gedichte, 1963), *Zwischen den Sprachen* (Essays und Gedichte, 1966), *In Massachusetts* (1967). Wechselt mit PC einige Briefe zwischen 1959 und 1961.
603, *603/2, Z 1968, Z 1985*
Handke, Peter
382/4
Hannelore: Deutsches Au-Pair-Mädchen der Familie Ricour de Bourgies.
76
Hardt, Ernst
440/9
Hare, Cyril
238/2
Harig, Ludwig
13/4
Harpprecht, Klaus (* 1927): Deutscher Schriftsteller, Journalist und Literaturkritiker; kaufmännischer Direktor des S. Fischer Verlages von Juli 1966 bis Januar 1969. Wechselt 1966 mit PC einige wenige Briefe im Rahmen seiner Verlagsfunktionen.
470, *470/2*
Hartlaub, Geno (eigentlich Genoveva Hartlaub, * 1915): Deutsche Schriftstellerin, 1965 Unterzeichnerin eines Wahlaufrufs für die SPD.
275
Härtling, Peter (* 1933): Deutscher Schriftsteller und Journalist; Redaktionsmitglied, dann Mitherausgeber der Zeitschrift *Der Monat*; 1965 Unterzeichner eines Wahlaufrufs für die SPD. Wechselt mit PC einige Briefe zwischen 1955 und 1970 (ein Brief von PC publiziert von Klaus Siblewski in: *». . . und gehe in Worten spazieren«. Briefe an Peter Härtling 1953-1993*, Hamburg, Luchterhand, 1993, S. 19f.).
275
Hartmann, Max
243/15
Hartung, Hans (1904-1989): Französischer Maler und Graphiker deutscher Herkunft.
343, *343/2*
Hartung, Rudolf (1914-1985): Deutscher Schriftsteller und Literaturkritiker. Briefwechsel mit PC zwischen 1959 und 1964.
255, *255/5*
Hasan, Yvonne
246/10, Z 1947
Haskil, Clara
143/14
Hayter, Stanley William
1/2
He., Dr.: Psychiater an der Psychiatrischen Klinik Vaucluse (Épinay-sur-Orge), wo PC zwischen November 1968 und Anfang Februar 1969 behandelt wird; Leiter der Sozial-medizinischen Poliklinik der Präfektur des Departements Seine (15, Rue Daubenton, 5ᵉ), wo PC seine Behandlung nach seiner Entlassung aus der Klinik fortsetzen muß.
634, 636
Heckmann, Herbert
155
Heidegger, Martin (1889-1976):

Deutscher Philosoph; Mitglied der NSDAP 1933-1945; trifft PC am 25. Juli 1967 in Todtnauberg, der danach das Gedicht *Todtnauberg* (GW II 255 f.) schreibt; weitere Treffen bei Lesungen PCs in Freiburg zwischen 1968 und 1970. Der einzige bekannte Brief Heideggers an PC, vom 30. 1. 1968, ist publiziert in der *Neuen Zürcher Zeitung vom* 3./4. 1. 1998.
20, 143, 527, 533, 534, 538, 559, 572, 574, 575, 582, *20/5, 28/2, 125/3, 201/2, 203/4, 297/5, 527/2, 533/2, 536/3, 559/6, 572/2, 596/1, 606/3,* Z *1953,* Z *1967,* Z *1968,* Z *1970*

Heiliger Franz: siehe Franz von Assisi

Heimann, Moritz
50/3, Z *1955*

Heine, Heinrich (oder Henri, 1797-1856): Deutscher Schriftsteller jüdischer Herkunft, den PC besonders schätzte.
559, 565, *133/3, 196/7, 243/8, 559/3,* Z *1939*

Heinrich IV.: siehe Henri IV

Helmlé, Eugen
13/4

Helmut: *siehe* Winkelmayer, Helmut

Hémery, Jean-Claude (1931-1985): Französischer Schriftsteller und Übersetzer deutscher Literatur; Widmungsbände seiner Bücher *Curriculum Vitae* (1966) und *Anamorphoses* (1970) an PC und GCL befinden sich im Nachlaß.
469, 598, *246/6, 469/8, 598/5*

Henri: *siehe* Payelle, Henri

Henri IV (*oder* König Henri, 1553-1610): König von Frankreich und Navarra.
289, 290, *214, 289, 289/1, 290*

Henric: *siehe* Henri IV

Henry, Colonel
444/3

Henze, Hans Werner (* 1926): Deutscher Komponist; trifft GCL im Januar 1965 in Rom; *Der Idiot* (Ballett nach Dostoevskij auf einer Textgrundlage von Ingeborg Bachmann, 1960), *Der Prinz von Homburg* (Oper nach Kleist, Libretto von Ingeborg Bachmann, 1960).
210, *210/7,* Z *1965*

Herbert, Zbigniew (* 1924): Polnischer Dichter.
511, *511/4*

Hermlin, Stephan
559/3, Z *1962*

Hérold, Jacques (*Pseudonym für* J. Blumer, 1910-1987): Französischer Maler, Graphiker und Bildhauer rumänischer Herkunft; Mitglied der Surrealistengruppe.
569, *75/1, 569/1,* Z *1964*

Herschmann, Jo
202/6

Heschel, Abraham Joshua
Z *1970*

Hesekiel
168/3, 196/4

Hetzel, Pierre-Jules (genannt P.-J. Stahl)
274/10

Heym, Georg
106/1, 468/1, Z *1937*

Hilberg, Raul
249/15

Hildesheimer, Silvia
115/8

Hildesheimer, Wolfgang (1916-1991): Deutscher Schriftsteller und Bildhauer jüdischer Herkunft; 1933 Emigration nach London, dann Palästina; dort während des Kriegs Nachrich-

tenoffizier der britischen Regierung; 1946 Dolmetscher beim Nürnberger Kriegsverbrecherprozeß; lebt seit 1952 in Bayern, seit 1957 in Poschiavo im Engadin; Mitglied der Gruppe 47; 1966 Georg-Büchner-Preis. Wechselt mit PC einige Briefe zwischen 1959 und 1966, einige davon sind publiziert in: Wolfgang Hildesheimer, *Briefe*, hrsg. von Silvia Hildesheimer und Dietmar Pleyer, Frankfurt a. M., Suhrkamp, 1999.
115, *10/5, 115/8, 157/7*
Hilsbecher, Walter
10/5, 14/10
Hirsch, Rudolf (1905-1996): Deutscher Kunstwissenschaftler und Verleger jüdischer Herkunft; Redaktionsmitglied, dann Herausgeber der im S. Fischer Verlag erscheinenden Zeitschrift *Die Neue Rundschau*; Direktor des S. Fischer Verlages von Mai 1954 bis Januar 1963; PCs Verleger zwischen 1954 und 1963. Umfangreicher Briefwechsel mit PC, vor allem im Rahmen seiner verlegerischen Tätigkeit, zwischen 1954 und 1962.
32, 36, 267, *14/14, 32/4, 32/5, 36/8, 79/2, 104/1, 116/3, 125/1, 267/4, Z 1958, Z 1962*
Hitler, Adolf
18/6, 115/8, 157/6, 511/3, Z 1933, Z 1938
Hoang-Kia-Tcheng
377/3
Hochhuth, Rolf (*1931): Deutscher Dramatiker; *Der Stellvertreter* (1963, über die Haltung Pius' XII. gegenüber dem Nationalsozialismus); *Die Berliner Antigone* (1964).
210, *210/9*

Hock, Gerhard: Seit 1965 Leiter der Sprachabteilung, 1966 Stellvertretender Direktor des Pariser Goethe-Instituts.
390, 407, 410, *390/1*
Hoff, Kay (*Pseudonym für* Adolf Max Hoff, * 1924): Deutscher Schriftsteller; *Zeitzeichen* (1962), *Bödelstedt oder Würstchen bürgerlich* (1966), *Netzwerk* (1969), *Ein ehrlicher Mensch* (1967). Wechselt mit PC einige Briefe zwischen 1965 und 1970.
191, *191/7, Z 1964*
Hoffmann, Ernst Theodor Amadeus (*Pseudonym für* Ernst Theodor Wilhelm Hoffmann, 1776-1822): Deutscher Schriftsteller und Komponist.
513
Hoffmann, Gisela: Deutschlehrerin am Pariser Goethe-Institut im Jahr 1966.
410
Hoffmann, Werner
133/1
Hofmannsthal, Hugo von
246/9
Hohenwart, Georg: Direktor des Österreichischen Kulturinstituts in Paris im Jahr 1968.
616, *323/5, 616/1*
Hohoff, Curt
50/3, 50/8, Z 1955
Holan, Vladimir
196/3
Hölderlin, Friedrich (1770-1843): Deutscher Dichter und Übersetzer.
129, *129/2, 132/2, 536/3, 591/2, 655/2, Z 1934, Z 1940, Z 1955, Z 1970*
Höllerer, Renate (*geborene* von Mangoldt): *siehe* Mangoldt, Renate von

Höllerer, Walter (* 1922): Deutscher Schriftsteller und Literaturwissenschaftler; Mitherausgeber der Zeitschrift *Akzente*, in der PC mit Gedichten vertreten ist; *Der andere Gast* (Gedichte, 1952), *Gedichte. Wie entsteht ein Gedicht* (1964); Essays: *Zwischen Klassik und Moderne. Lachen und Weinen in der Dichtung einer Übergangszeit* (1958), *Ein Gedicht und sein Autor* (1967). Umfangreicher Briefwechsel mit PC, vor allem im Rahmen seiner editorischen Tätigkeiten, zwischen 1953 und 1968.
32, 36, 94, 538, 554, *10/5, 32/2, 32/9, 36/10, 73/1, 94/11, 116/3, 157/7, 538/1, 554/5, 591/2, Z 1954, Z 1957, Z 1967*
Holthusen, Hans Egon
50/8, 244/12, Z 1955, Z 1964
Holtzbrinck, Georg von
192/2
Hölzer, Max (1915-1980): Österreichischer Dichter und Übersetzer; Mitherausgeber der Zeitschrift *Surrealistische Publikationen* (Nr. 1, April 1950), in der Gedichte und Übersetzungen von PC publiziert sind; *Der Doppelgänger* (Gedichte, 1959). Briefwechsel mit PC zwischen 1958 und 1968.
15, 19, 410, *15/5, 18/1, 253/9, Z 1950*
Homer
386/1, 392/1, Z 1966
Horowitz, Edith: siehe Silbermann, Edith
Höß, Rudolf
264/10
Housman, Alfred Edward (*)
Z 1962
Howe, Irvin (*)
Z 1953

Hübner, Edith: Würzburger Buchhändlerin; lernt PC bei einer öffentlichen Lesung im Juli 1965 kennen. Wechselt mit PC einige Briefe zwischen 1965 und 1967.
249, 251, *249/7, 249/8, 251/1, Z 1965*
Huebner, Friedrich Markus
270/4
Hübner, Johannes (* 1921): Deutscher Dichter und Übersetzer, u. a. von René Char; *Spielraum* (1955). Wechselt mit PC einige Briefe zwischen 1958 und 1970.
354, 354/2, Z 1959
Huchel, Peter
85/1, 157/7, Z 1957, Z 1962
Hudtwalker, Frau: Frau von Olaf Hudtwalker.
36
Hudtwalker, Olaf: Mitarbeiter einer Galerie in Hamburg, dann, 1954, der Galerie Franck in Frankfurt; lernt PC wohl 1952 kennen.
36, *36/14*
Hugues, Jean: Kauft als Besitzer der Galerie Le Point Cardinal in Paris 1966 von GCL einige Radierungen.
328, 330, 332, 333, 339, 426, *328/9, Z 1966*
Huguette: *siehe* David, Huguette
Huppert, Hugo (1902-1982): Österreichischer Schriftsteller, Essayist und Übersetzer aus dem Russischen; seit 1927 Mitglied der Kommunistischen Partei Österreichs, aus politischen Gründen in Haft; 1928 Emigration nach Moskau, dort am Marx-Engels-Institut, seit 1939 am Maxim-Gorki-Institut; Mitherausgeber des Gesamtwerks von Marx und Engels; kehrt 1956 nach Wien zu-

rück; bekannt vor allem durch seine Majakovskij-Übersetzungen. Wechselt mit PC einige Briefe zwischen 1966 und 1967.
469, 469/2, 469/4, 469/5, 469/6, 472/1, Z 1966
Huysmans, Joris-Karl (***)
8/11, 8/12
Hyppolite, Jean
Z 1961

Ierunca, Virgil
498/6
Inge: *siehe* Bachmann, Ingeborg
Ingeborg: *siehe* Bachmann, Ingeborg
Ionesco, Eugène (*eigentlich* Eugen Ionescu, 1912-1994): Französischer Dramatiker rumänischer Herkunft.
511, 529, 511/3, 514/2, Z 1961
Ionesco, Rodica
Z 1961
Ippen, Hella
Z 1941
Iris: *siehe* Kaschnitz, Iris

Jabès, Edmond
481/1, Z 1967, Z 1990
Jaccottet, Philippe
189/7
Jacqueline: *siehe* Lalande, Jacqueline
Jacques: *siehe* Lalande, Jacques
Jaeggi, F.
182/6
Jahn, Frau: Frau von Janheinz Jahn.
36
Jahn, Janheinz (1918-1973): Deutscher Schriftsteller und Übersetzer, u. a. von L. S. Senghor und A. Césaire; Afrikanist und Sammler ›primitiver‹ Kunst; Mitherausgeber der Zeitschrift *Black-Orpheus* zwischen 1957 und 1960.
13, 14, 36, 13/9, 36/17, 36/18

Jahnn, Hans Henny (1894-1959): Deutscher Schriftsteller, Essayist, Musikverleger und Orgelbauer; *Perrudja* (1929), *Das Holzschiff* (1949).
382, 382/4, Z 1966
Jakobson, Roman
Z 1939
Jaspers, Karl (1883-1969): Deutscher Philosoph.
20, 15/6, 20/5, 245/9
Jean (*ohne erläuternde Anmerkung*): *siehe* Bollack, Jean
Jean Paul
Z 1940, Z 1948
Jeanne: *siehe* Eprémesnil, Jeanne d'
Jean-Pierre (*ohne erläuternde Anmerkung*): *siehe* Bloc, Jean-Pierre
Jeffers, Robinson
Z 1954
Jellema, C. O.
Z 1949
Jené, Edgar
3/1, Z 1947, Z 1948, Z 1950
Jens, Walter (* 1923): Deutscher Schriftsteller, Literaturkritiker und Philologe; Mitglied der Gruppe 47; seit 1956 Professor für Rhetorik in Tübingen; 1965 Unterzeichner eines Wahlaufrufs für die SPD; *Das Testament des Odysseus* (1957), *Deutsche Literatur der Gegenwart* (1961). Briefwechsel mit PC zwischen 1957 und 1961, oft im Zusammenhang mit der Goll-Affäre.
275, 10/5, 14/10, 191/10, Z 1961
Jeremia
296/4
Jesaia
677
Jessenin, Sergej: *siehe* Esenin, Sergei Aleksandrovič
Jiménez, Juan Ramón
21/3

Johnson, Thomas H.
676/1
Johnson, Uwe
510/5, Z 1968
Jokostra, Peter (* 1912): Deutscher Schriftsteller und Literaturkritiker; *Die Zeit hat keine Ufer. Südfranzösisches Tagebuch* (1963), *Einladung nach Südfrankreich* (1966), *Bobrowski und andere. Die Chronik des Peter Jokostra* (1967). Umfangreicher Briefwechsel mit PC zwischen 1958 und 1967.
115, 274, *115/7, 116/3, 274/8*
Jolas, Tina
431/6, 505/2
Jonas: *siehe* Tophoven, Jonas
Josquin, Herr *und* Frau: Vorbesitzer des Landhauses der Celans in Moisville (Departement Eure).
143, *143/18*
Joubert, Joseph (1754-1824): Französischer Schriftsteller.
395, *395/2*
Jouvet, Louis
Z 1939
Joyce, James
377/2, 379/1, 392/1, Z 1940, Z 1948, Z 1966
J.-P.: *siehe* Wilhelm, Jean-Pierre
J.-Pierre: *siehe* Wilhelm, Jean-Pierre
Jüdes, Rudolf
183/1
Judith: *siehe* Misrahi, Judith
Jünger, Ernst
19/3, 94/12
Jutkevič, Sergej
264/8

K.: *siehe* Kraisky, Giorgio und Kraisky, Marianne
K., Ruth: *siehe* Kraft, Ruth
Kabel, Rainer (genannt K. Abel, Rainer)
131/2, 196,11

Kafka, Franz (**) (1892-1924): Prager Schriftsteller jüdischer Herkunft; PC übersetzt vier seiner Erzählungen zwischen 1946 und 1947 in Bukarest ins Rumänische (unautorisiert publiziert von Petre Solomon in seinem Buch *Paul Celan. Dimensiunea românească*, Bukarest, Editura Kriterion, 1987, S. 203-208); PC beginnt Anfang der 50er Jahre eine wissenschaftliche Arbeit über Kafka, die er nicht zu Ende führt.
8, 14, 15, 20, 47, 558, *4/3, 20/2, 47/3, 115/7, 116/3, 185/1, 226/2, 228/2, 242/1, 246/6, 273/4, 590/1, Z 1940, Z 1950, Z 1951, Z 1952, Z 1965, Z 1968*
Kahler, Erich von (1895-1970): In Prag geborener, deutsch- und englischsprachiger amerikanischer Soziologe, Historiker und Kultursoziologe; Verbindungen zu Max Weber und zum George-Kreis; Freund von Friedrich Gundolf und Thomas Mann; *Die Verantwortung des Geistes* (1952), *Der Sinn der Geschichte* (1964). Wechselt mit PC einige Briefe zwischen 1962 und 1967.
244, 426, 531, 532, *244/2, 244/6, 244/7, Z 1965*
Kahyam, Omar
470/7
Kalandra, Zavis
Z 1952
Kalinowski, Horst Egon (* 1924): Deutscher Bildhauer, Maler und Graphiker.
410
Kandinsky, Wassily (1866-1944): Maler und Kunsttheoretiker russischer Herkunft.
151, 652, *16/1, 258/1, Z 1962*

Kany, Catherine
323/4

Kasack, Hermann (1896-1966): Deutscher Schriftsteller; 1953-1963 Präsident der Deutschen Akademie für Sprache und Dichtung (Darmstadt), die PC 1960 den Georg-Büchner-Preis zuerkennt; 1949 Fontanepreis für den Roman *Die Stadt hinter dem Strom* (1947); *Der Webstuhl* (Erzählungen, 1949, erweitert um *Das Birkenwäldchen*, 1958). Briefwechsel mit PC zwischen 1954 und 1961.
19, 148, *19/3*, *19/4*, *148/4*

Kaschnitz von Weinberg, Guido Freiherr
15/7

Kaschnitz, Iris (*eigentlich* Kaschnitz von Weinberg): Tochter von Marie Luise Kaschnitz.
182, 198, 202, 206, 207, 210, *182/1*, *198/1*, *207/9*, *207/12*, *210/4*, *Z 1965*

Kaschnitz, Marie Luise (*eigentlich* Marie Luise Freifrau Kaschnitz von Weinberg, geborene von Holzing-Berstett, 1901-1974): Deutsche Schriftstellerin; vermittelte 1949 PCs erste Gedichtpublikation in Deutschland in der von ihr mitherausgegebenen Zeitschrift *Die Wandlung*; 1955 Georg-Büchner-Preis; auf PCs Wunsch 1960 seine Laudatorin für den Georg-Büchner-Preis; Mitunterzeichnerin einer *Entgegnung* auf die Verleumdungen im Rahmen der Goll-Affäre in der Zeitschrift *Die Neue Rundschau* (Mitte November 1960); Gedichtbände: *Totentanz und Gedichte zur Zeit* (1947), *Ewige Stadt. Rom-Gedichte* (1952), *Neue Gedichte* (1957), *Dein Schweigen meine Stimme* (1962); Autobiographisches: *Das Haus der Kindheit* (1956), *Wohin denn ich* (1963), *Tage, Tage, Jahre* (1968); Erzählungen: *Lange Schatten* (1960), *Ferngespräche* (1966). Briefwechsel mit PC zwischen 1952 und 1967.
15, 32, 210, 270, 272, 635, *15/6*, *118/1*, *182/1*, *198/1*, *510/5*, *Z 1948*, *Z 1949*, *Z 1960*, *Z 1968*

Kästner, Erhart
94/5, *94/12*

Katja: siehe Arendt, Katja

Kavafis, Konstantinos P. (1863-1933): Griechischer Dichter aus Alexandria.
32, *32/5*, *Z 1954*

Kennedy, John F.
157/4

Kerr, Lydia: Dichterin und Übersetzerin; *Notes des Iles Fortunées et d'Ailleurs* (1969). Wechselt mit PC einige Briefe zwischen 1959 und 1965.
143, 152, 157, *143/13*, *157/2*

Kesten, Hermann (1900-1996): Deutscher Schriftsteller und Verlagslektor jüdischer Herkunft; 1933 Emigration in die Niederlande und Gründung des ersten deutschen Exilverlags (A. de Lange); 1940 Emigration nach New York; lebte nach 1945 abwechselnd in New York, Paris und Basel.
149, *149/1*, *510/5*

Killy, Walther (1917-1995): Literaturwissenschaftler und Literaturkritiker; literarischer Berater des S. Fischer Verlags; *Wandlungen des lyrischen Bildes* (1956), *Über Georg Trakl* (1960), *Wirklichkeit und Kunstcharakter. Neun Ro-*

mane des 19. Jahrhunderts
(1963). Wechselt mit PC einige
Briefe zwischen 1959 und 1964.
192, 196, *192/7, 196/3*
King, Martin Luther (1929-1968):
Afroamerikanischer Pfarrer und
Menschenrechtler.
603, *603/4, Z 1968*
Kipling, Rudyard
239/1
Klaus: siehe Demus, Klaus
Klee, Paul (1879-1940): Deutscher
Maler und Dichter.
70, 151, 196, 535, 574, 652,
196/6, 535, 535/2, 535/3, 574/1,
661, Z 1962
Klee-Palyi, Flora
Z 1953, Z 1958
Kleint, Boris
16/1
Kloos-Barendregt, Diet
Z 1959
Klossowski, Pierre
47/3
Klünner, Lothar
Z 1959
Koch, Willi: Deutscher Journalist,
Redakteur und Verlagslektor; in
den frühen 50er Jahren bei der
Deutschen Verlags-Anstalt
(Stuttgart); seit 1954 Leiter des
Berliner Studios des Norddeutschen Rundfunks. Briefwechsel
mit PC im Rahmen seiner Verlagstätigkeit im Jahr 1952.
19, *12/3, 13/4, 13/5, 19/1, 19/3*
Koeppen, Wolfgang
Z 1968
Kogler, Karl
259/6
Kogon, Eugen
15/11
Kohler, Max: Schweizer Graphiker
und Maler.
352

Kohn, Caroline
196/5
Kolb, Annette (*Pseudonym für*
Anne Mathilde Kolb, 1870-
1967): Deutsche Schriftstellerin
deutsch-französischer Herkunft;
1933 Emigration nach Frankreich, dann in die USA; setzt sich
seit 1945 für die deutsch-französische Annäherung ein; *Das*
Exemplar (Roman, 1913).
48, *48/10*
Kolumbus: siehe Columbus
Konfuzius (555-479 v. Chr.): Chinesischer Philosoph.
250
König, Christoph
Z 1964, Z 1970
Koroneos, Kosmas (* 1933): Griechischer Schriftsteller deutschgriechischer Herkunft; Mitarbeiter linker griechischer Zeitschriften bis 1951; verläßt Griechenland endgültig 1954 und läßt sich
nach Aufenthalten in der
Schweiz und Italien in Paris nieder; studiert in Zürich Philosophie und Psychologie (bei C. G.
Jung); Mitarbeiter der griechischsprachigen Abteilung des französischen Rundfunks; widmet PC
1965 einen Gedichtzyklus.
177, *177/6*
Koroneos, Louise: Frau von Kosmas Koroneos.
177, *177/6*
Kraft, David (*genannt* Dodo?):
Aus Czernowitz stammender Pariser Arzt, Bekannter von PC.
194, *194/12, 202/6*
Kraft, Herbert
513/2
Kraft, Ruth (*genannt* Ruth Lakkner, 1916-1998): Gebürtige
Österreicherin, Kindheit in

Czernowitz, ab 1928 in Bukarest, seit 1940 wieder, wegen des wachsenden rumänischen Antisemitismus, in Czernowitz; in den 40er Jahren Schauspielerin am Jiddischen Theater in Czernowitz, Liebesbeziehung zu PC zwischen 1940 und 1944, Wiederbegegnung in Bukarest; 1957 Auswanderung in die BRD, dort Arbeit bei der Deutschen Welle. Umfangreiche Korrespondenz mit PC zwischen 1942 und 1944 und zwischen 1948 und 1968; Herausgeberin eines Konvoluts von Jugendgedichten PCs (*Gedichte 1938-1944*, Frankfurt a. M., Suhrkamp, 1985).
196, 206, 489, 490, 582, *196/11, 206/12, Z 1940, Z 1942, Z 1944, Z 1946, Z 1957, Z 1969*

Kraisky, Giorgio (1916-1998): Italienischer Übersetzer russischer Herkunft, Professor für Slawistik in Catania.
202, 206, 207, 210, 211, *198/4*

Kraisky, Marianne (*geborene* Ufer): Bekannte der Celans, Tochter von Margot und Max Ufer, Frau von Giorgio Kraisky; lernt PC mit ihren Eltern 1945 in Bukarest bei Alfred Margul-Sperber kennen.
198, 202, 206, 207, 210, 211, 266, 644, 647, 660, 661, *198/4, 202/2, 202/7, 207/5, 266/1, 660/1, Z 1946, Z 1964, Z 1965*

Krass, Stephan
559/6

Kraus, Karl (1874-1936): Österreichischer Schriftsteller jüdischer Herkunft.
196, *196/5, 196/7*

Krenek, Ernst
189/1

Krolow, Karl (1915-1999): Deutscher Dichter und Literaturkritiker; Autor von verschiedenen Rezensionen von PCs Gedichtbänden; *Die Zeichen der Welt* (1952), *Wind und Zeit* (1954), *Tage und Nächte* (1956), *Fremde Körper* (1959); Essays: *Aspekte zeitgenössischer deutscher Lyrik* (1961), *Schattengefecht* (1964); *Minuten – Aufzeichnungen* (1968). Briefwechsel mit PC zwischen 1958 und 1961.
272, *10/5, 15/6, 272/4, Z 1958, Z 1962, Z 1968*

Kröner, Rolf: Besitzer einer gleichnamigen Galerie in Freiburg.
606, 640, *606/4, 640/4*

Kropotkin, Pjotr Aleksejevič (französisch: Pierre)
244/8, 629/2, Z 1935, Z 1937

Krupskaja, Nadežda K.
34/7

Kundera, Milan (* 1929): Französischer Schriftsteller tschechischer Herkunft.
633, *633/4*

Kurz, Eugen
274/9

L., Dr. (*oder* Madame): Psychiaterin in der Klinik in Le Vésinet, wo PC im Mai 1965 behandelt wird.
226, 229, 230, 234, 235, 246

La Madelaine, Richard de
449/2

La Motte, Diether de: siehe Motte, Diether de la

La Motte, Hildegard de: siehe Motte, Hildegard de la

La Motte, Manfred de: siehe Motte, Manfred de la

La Rochefoucauld, François de
Z 1939

La Taille, Chantal de: Frau von
Roland de la Taille.
432
La Taille, Roland de: Vetter von
GCL, Sohn von Alix de Lestrange, der ältesten Schwester
von GCLs Vater.
432
Laborit, Henri
341/1
Lachmann, Hedwig
440/7
Lafrenz, Claus
264/10
Lahy-Hollebecque, Marie
559/3
Lalande, Emmanuelle (*eigentlich*
Emmanuelle Gross, genannt
auch Mimi): Tochter von Jacques
Lalande aus erster Ehe.
155, 243, 265, 274, 333, *155/1*
Lalande, Jacqueline (*geborene*
Lévy, * 1925): Französische
Grundschullehrerin jüdischer
Herkunft; später als Journalistin
bei der kommunistischen Tageszeitung *L'Humanité* (unter dem
Pseudonym Jacqueline Beaulieu); Nachbarin (88, Rue de
Longchamp) und Freundin der
Celans.
143, 147, 150, 155, 170, 194, 211,
243, 249, 250, 260, 265, 268, 273,
274, 276, 425, 644, 647, *143/4,*
147/9, 155/4, 225/3, 243/2,
249/13, 255/4, 260/1 268/1,
268/3, 273/5, 274/3, 303/2
Lalande, Jacques (*Pseudonym für*
Jacques Gross, 1927-1997):
Schauspieler am Pariser Théâtre
National Populaire, Mann von
Jacqueline Lalande.
143, 147, 150, 155, 170, 194, 211,
243, 255, 260, 261, 265, 268, 273,
274, 276, 425, 644, *143/4, 155/1,*
155/4, 243/3, 260/1, 268/2,
274/3, 303/2, 646/1
Lam, Wifredo
1/2
Lambert, Marius: Hausangestellter
bei der Familie de Lestrange.
76, *76/4, 79/3*
Lambert, Rachel: Hausangestellte
bei der Familie de Lestrange.
76, 79, *76/4, 79/3*
Landauer, Gustav (1870-1919):
Deutscher Schriftsteller und
Übersetzer jüdischer Herkunft;
pazifistischer Anarchist unter
dem Einfluß von Kropotkin;
nach dem Spartakus-Aufstand
im Gefängnis ermordet; *Die Revolution* (1906), *Aufruf zum Sozialismus* (1911); PC besaß einen
Originalbrief von Landauer, ein
Geschenk von Margarete Susman.
244, *244/8, 244/10, Z 1937*
Lang, Isaac: siehe Goll, Yvan
Lange, Rudolf
183/1, 183/4
Lao-Tse (oder Lao-Tseu)
226/2, 377/3
Larese, Franz (*oder* Franco):
Schweizer Galerist (Im Erker,
St. Gallen) und Verleger.
196, 202, 343, 558, 560, *196/12,*
343/2, 558/6, 558/7, 560/1
Las Casas, Bartholomé de
481/1, Z 1967
Lasker-Schüler, Else
14/10, 468/1, 608/2
Lassnig, Maria (* 1919): In Paris lebende österreichische Malerin;
trifft PC häufig in Begleitung des
österreichischen Malers Jörg Ortner. Wechselt mit PC einige
Briefe zwischen 1961 und vermutlich 1967.
473, *473/4, Z 1964*

La Tour du Pin, Sybille de: Freundin von Monique Gessain.
207, 207/12
Laughlin, James
267/2
Laurens, Henri
1/2
Lautréamont, Comte de (*Pseudonym für* Isidore Ducasse, 1846-1870): Französischer Dichter, geboren in Montevideo (Uruguay).
270, 270/4
Le., Dr.: Psychiater in La Verrière (Departement Essonne), einer Psychiatrischen Klinik der Krankenkasse für das Unterrichtswesen; PC hat den Arzt vielleicht 1965 konsultiert.
310, 320, 323, 326, 328, 333
Le Dantec, Y.-G.
354/3
Le Gu., Madame: Psychiaterin an der Psychiatrischen Universitätsklinik in Paris (Sainte-Anne) während PCs Klinikaufenthalt zwischen Februar 1967 und Oktober 1967.
554
Le Hive, Yves
510/4
Lebovici, Serge
219/2
Leep, Hans Jürgen
64/1, 70/2
Lefebvre, Jean-Pierre
196/7, 501/5
Léger, Fernand
16/1
Léger, Jean-Pascal
Z 1977
Lehmann, Wilhelm
50/3
Lehnhoff, Frau
93
Leibovici, Prof.: siehe Lebovici, Serge

Leibovici, Rosa
Z 1940, 1944, 1960
Leippe, Heinrich: Deutscher Verleger, 1955 in leitender Funktion bei der Deutschen Verlags-Anstalt Stuttgart.
50, 50/2
Leiris, Michel
Z 1961, Z 1967
Leiser, Erwin (1923-1996): Schwedischer Schriftsteller, Journalist und Filmemacher deutsch-jüdischer Herkunft; 1939 Emigration nach Schweden, seit 1960 in der Schweiz; Dokumentarfilme: *Mein Kampf* (1960), *Eichmann und das Dritte Reich* (1961), *Wähle das Leben* (1963); Herausgeber einer schwedischen Auswahl von Gedichten Nelly Sachs' (*Flykt och förvandling*, 1961) und Autor des Essays *Deutschland erwache! Propaganda im Film des Dritten Reiches* (1968). Briefwechsel mit PC zwischen 1958 und 1968.
200, 205, 206, 210, 200/2, 206/1, 210/2, Z 1958, Z 1964, Z 1965, Z 1967
Leiser, Vera
Z 1964
Lenin, Vladimir Ilič
34/7
Lennartsson, Eva-Lisa: Freundin von Nelly Sachs; PC lernt sie im Mai 1960 kennen. Kurzer Briefwechsel mit PC zwischen 1960 und 1962.
603, Z 1960
Lenz, Hanne (*geborene* Trautwein, * 1915): Frau von Hermann Lenz.
47, 48, 50, 77/1, 80/1, Z 1956
Lenz, Hermann (1913-1998): Deutscher Schriftsteller; lernt, zusam-

men mit seiner Frau, PC 1954 kennen; Romane: *Das stille Haus* (1947), *Die Abenteuerin* (1952), *Der russische Regenbogen* (1959). Umfangreiche Korrespondenz von Hanne und Hermann Lenz mit PC zwischen 1954 und 1962 (Publikation in Vorbereitung, hrsg. von Barbara Wiedemann, Suhrkamp Verlag, Frankfurt a. M.).
39, 47, 48, 50, 267, *18/6*, *39/1*, *48/9*, *77/1*, *80/1*, *267/5*, Z *1956*

Lenz, Siegfried
10/5, *191/10*

Leo: *siehe* Schäfler, Leo

Leo, Peter: Direktor der Städtischen Kunstgalerie in Bochum, Autor des Vorworts im Katalog zu GCLs Ausstellung dort im Mai 1967.
493, 502, 504, 519, 571, *493/2*, *504/6*, *519/3*

Leone Ebreo (eigentlich Jehuda Abarbanel)
508/3

Leonhard, Kurt (* 1910): Deutscher Kunstwissenschaftler, Schriftsteller und Übersetzer, u. a. von Henri Michaux, z. T. in Zusammenarbeit mit PC; *Silbe, Bild und Wirklichkeit. Gedanken zu Gedichten* (1957), *Moderne Lyrik. Monolog und Manifest. Ein Leitfaden* (1963). Briefwechsel mit PC, vor allem im Zusammenhang mit der Michaux-Übersetzung, zwischen 1954 und 1965.
155, 259, 272, 273, 276, *155*, *177/3*, *252/4*, *258/9*, *259/3*, *259/4*, *272/1*, *277/1*, *330/4*, *465/5*, *467/2*, Z *1965*, Z *1966*

Lermontov, Michail (oder Mihail) Jur'evič (*)
Z *1946*

Lestrange, Edmond Comte de (später Marquis)
Z *1927*, Z *1936*, Z *1939*, Z *1943*

Lestrange, Marie-Thérèse de (* 1925): Ethnologin; ältere Schwester von GCL.
66, 143, 258, 312, 314, 315, 316, 318, 407, 410, 416, 484, 492, 495, *4/1*, *24/1*, *52/3*, *66/2*, *82/3*, *86/1*, Z *1939*, Z *1952*, Z *1955*

Lestrange, Monique de: siehe Gessain, Monique

Lestrange, Odette Comtesse de (später Marquise, geborene Pastré)
4/1, *610/4*, Z *1927*, *1954*, Z *1955*, Z *1957*

Lestrange, Solange de: siehe Ricour de Bourgies, Solange

Lévi-Strauss, Claude (***) (* 1908): Französischer Anthropologe.
481, *481/2*, *501/5*, Z *1967*

Lévy, Jacqueline: siehe Lalande, Jacqueline

Lévy, Lucien (1888-1965): Vater von Jacqueline Lalande, Präsident der Jüdischen Gemeinde in Vitry-le-François. 255, 273, *243/2*, *249/13*, *255/4*, *273/5*

Lévy-Lalande, Jacqueline: siehe Lalande Jacqueline

Leyris, Pierre
377/3, *667/2*

Li: *siehe* Sachs, Nelly

Lichtenberg, Georg Christoph (1742-1799): Deutscher Schriftsteller und Gelehrter.
231, *226/2*, *228/2*, *228/3*, *231*, *241/3*, Z *1965*

Liebknecht, Karl (1871-1919): Deutscher radikaler Sozialist jüdischer Herkunft, zusammen mit Rosa Luxemburg Begründer des Spartakusbundes.
244, 591, Z *1967*

Lillegg, Erica
Z *1947*

Lindenberg, Jenny: siehe Voinea, Jenny
Linscott, Robert N.
676/1
Lisou: *siehe* Bloc, Lise
Longfellow, Henry Wadsworth
21/3
Lorca: *siehe* García Lorca, Federico
Lorenz: Bergführer GCLs während des Winterurlaubs 1960.
116
Lortholary, Bernard: Ehemaliger Student von PC; später Repetitor an der École Normale Supérieure in der Rue d'Ulm; als Nachfolger von Philippe Moret verantwortlich für den Unterricht der modernen Sprachen; auf Empfehlung von PC Übersetzer von Gedichten Nelly Sachs' für die Zeitschriften *Les Lettres nouvelles* (Januar 1966) und *L'Éphémère* (Frühjahr 1969).
624, 624/2
Lotsch, Manfred: Mitarbeiter beim S. Fischer Verlag, dann im Athenäum Verlag. Wechselt mit PC zwischen 1962 und 1965 einige Briefe, vor allem im Rahmen seiner Tätigkeit im S. Fischer Verlag.
270, *270/5*
Louis-Philippe
326/2
Löw, Rabbi
185/1, Z 1968
Löwith, Karl
Z 1954
Lubin, Armen
470/6
Luc: Schulkamerad von EC.
465, 468
Luca: *siehe entsprechend dem Kontext* Gherasim Luca *und* Catti, Micheline

Lukács, Georg
559,3
Lukrez
380/3
Lutrand, Edmond (1908-1987): Repräsentant des Rowohlt Verlags in Paris, freundschaftliche Beziehungen zu PC seit 1968.
652, 657, 649/1, 652/6, Z *1970*
Lutrand, Rita (* 1926): Frau und Mitarbeiterin von Edmond Lutrand.
657, 652/6
Lutze, Eberhard: Als Regierungsdirektor im Kultusministerium des Landes Bremen Sekretär des Preisrichterkollegiums für den Literaturpreis der Freien Hansestadt Bremen.
94, *94/3*
Luxemburg, Rosa (1871-1919): Deutsche radikale Sozialistin polnisch-jüdischer Herkunft, zusammen mit Karl Liebknecht Begründerin des Spartakusbundes.
244, 591, Z *1937*, Z *1967*
Lydia: *siehe* Kerr, Lydia

M.: *siehe* Mehring, Wolfram
M., Dr.: Psychiaterin an der Klinik Vaucluse in Épinay-sur-Orge, wo PC zwischen November 1968 und Februar 1969 behandelt wird.
629
Maazel, Lorin
207/14
Mabille, Pierre (1904-1952): Französischer Arzt, Anthropologe und Schriftsteller; 1934 Mitglied der Surrealistengruppe; Mitarbeiter der Zeitschrift *Le Minotaure*; 1949-1952 Professor an der École d'Anthropologie in Paris; *Egrégores ou La vie des civilisa-*

tions (1938), *Le Miroir du merveilleux* (1940), *Le Merveilleux* (1946).
75, 75/1
Machado, Antonio
21/3
Maeterlinck, Maurice (*) (1862-1949): Französischsprachiger Schriftsteller aus Belgien.
118, 50/11, Z 1960
Magder, Madame: Ärztin und Psychotherapeutin von GCL zwischen 1965 und 1966.
225, 227, 229, 304, 306, 308, 339, 303,2
Magny, Claude-Edmonde (*)
Z 1953
Magrina, Vera
207/14
Maier, Nani: siehe Demus, Nani
Majakovskij, Vladimir Vladimirovič (**) (*bei PC immer Majakowski, französisch:* Maïakovsky, 1893-1930): Russischer Dichter; das Fragment von PCs Übertragung seines Gedichts *Die Wirbelknochenflöte* wurde von Christine Ivanović im *Celan-Jahrbuch* 6 (1995), S. 219-221, veröffentlicht.
469, 469/2, 472/1, 472/2, Z 1940, Z 1960, Z 1966
Mâle, Pierre: Französischer Psychiater und Psychoanalytiker, PC von Henri Michaux empfohlen; 1954 Präsident der Psychoanalytischen Vereinigung, Paris; 1965 ist PC bei ihm in psychotherapeutischer Behandlung
206, 210, 226, 328, 348, 196/10, 207/1, 215/4, 219/2, 225/1, 303/2
Mal'evič, Kazimir Severinovič
Z 1964
Mallarmé, Stéphane (*) (*eigentlich* Etienne Mallarmé, 1842-1898): Französischer Dichter.
192, 367, 50/11, 367/3, Z 1958, Z 1966
Malraux, André (***) (1901-1976): Französischer Schriftsteller und Politiker.
12, 13, 34, 12/4, 14/9, 34/8, Z 1954
Malraux, Clara
19/4
Mandel'štam, Nadežda
Z 1962
Mandel'štam Osip Emil'evič (*) (**) (*bei PC immer* Ossip Mandelstamm, 1892-1938): Russischer Dichter jüdischer Herkunft.
97, 105, 111, 244, 469, 504, 532, 97/2, 97/3, 104/1, 111/1, 267/11, 326/5, 469/4, 486/3, 532/7, 589/2, 590/1, 596/2, Z 1958, Z 1959, Z 1960, Z 1961, Z 1962, Z 1963, Z 1967, Z 1969
Mangoldt, Renate von: Fotografin, Frau von Walter Höllerer.
538, 554, 538/1, 554/5
Mann, Heinrich
510/4
Mann, Mendel
202/6
Mann, Monsieur: Krankenpfleger in der Psychiatrischen Universitätsklinik von Paris (Sainte-Anne) während PCs Krankenhausaufenthalt von Februar 1966 bis Juni 1966.
442
Mann, Thomas (1875-1955): Deutscher Schriftsteller.
442, 18/4, 196/11, 481/1, Z 1939, Z 1940, Z 1967
Mannzen, Walter
157/6
Marcel: *siehe* Pohne, Marcel

Marcovici, Corina (genannt Ciuci)
Z 1947
Marcuse, Ludwig (1894-1971):
Deutscher Schriftsteller jüdischer Herkunft, Autor einer Monographie über Heine (*Heinrich Heine in Selbstzeugnissen und Bilddokumenten*, 1963).
559, 559/3
Margul-Sperber, Alfred (*eigentlich Alfred Sperber*, 1898-1967): Aus der Bukowina stammender deutschsprachiger Dichter und Übersetzer jüdischer Herkunft; lernt PC 1945 in Bukarest kennen und fördert ihn nach Kräften; eine große Zahl von vor 1947 enstandenen Gedichten und Übersetzungen PCs liegt in seinem Nachlaß im Bukarester Literaturmuseum; *Gleichnisse der Landschaft* (1934), *Geheimnis und Verzicht* (1939), *Zeuge der Zeit* (1951), *Sternstunden der Liebe* (1963), *Aus der Vorgeschichte. Mythen, Mären, Moritaten* (1964). Briefwechsel mit PC 1948 und zwischen 1962 und 1966 (PCs Briefe sind unautorisiert publiziert in der Bukarester Zeitschrift *Neue Literatur*, 1975, Heft 7, S. 50-63, wieder in: Petre Solomon, *Paul Celan. Dimensiunea românească*, Bukarest, Editura Kriterion, 1987, S. 242-278).
394, 246/10, 394/3, 431/4, 620/2, Z 1944, Z 1945, Z 1946, Z 1947, Z 1949
Maria: *siehe* Lassnig, Maria
Marianne: *siehe* Kraisky, Marianne
Marie Edmond, Schwester: *siehe* Lestrange, Odette Marquise de
Marie-Thérèse: *siehe* Lestrange, Marie-Thérèse de
Marius: *siehe* Lambert, Marius

Mark, Anna: Ungarische Malerin, seit 1959 in Paris.
559, 559/1
Marraud, Guislaine: Cousine von GCL.
393, 395, 400, 330/7, 629/8, 633/1, Z 1966, Z 1968
Marschall: *siehe* Marschall von Bieberstein, Michael Freiherr
Marschall, Herr von: *siehe* Marschall von Bieberstein, Michael
Marschall von Bieberstein, Freifrau: Frau von Michael Freiherr von Bieberstein.
182, 206
Marschall von Bieberstein, Michael Freiherr: 1964/1965 Direktor des Goethe-Instituts in Rom (Deutsche Bibliothek). Wechselt mit PC, im Rahmen seiner Tätigkeit, einige Briefe zwischen 1961 und 1964.
182, 206, 207, 210, 182/1, 206/11, 207/9, 207/13, 210/4, Z 1965
Marschall von Biederstein, Michael Freiherr: *siehe* Marschall von Bieberstein, Michael Freiherr
Martin, F.
210/9
Martin du Gard, Roger (***)
243/4
Martine: *siehe* Desmares, Martine
Martinet, Gilles
267/8
Marvell, Andrew (*)
Z 1958
Marx, Karl
Z 1935, Z 1937
Mathi, Maria
676/1
Matschinsky, Martin
410/5
Matta, Roberto (*Pseudonym für Sebastian Matta Echaurren*, *1911): Chilenischer Maler, Bild-

hauer und Graphiker, lebt in Frankreich.
453, 453/6
Maurer, Georg
74/3, Z 1956, Z 1962
Maurois, André
47/2
Mayer, Hans (* 1907): Deutscher Literaturwissenschaftler, Schriftsteller und Übersetzer jüdischer Herkunft; Herausgeber von Thomas Mann; *Georg Büchner und seine Zeit* (1946, erweiterte Neuauflage 1959); sein Büchner-Seminar an der École Normale Supérieure in der Rue d'Ulm (1960) beeinflußt PCs Büchner-Reflexion im *Meridian* (1960); *Ansichten. Zur Literatur der Zeit* (1962); *Von Lessing bis Thomas Mann* (1959), *Leiden und Größe Thomas Manns* (1956), *Zur deutschen Klassik und Romantik* (1963), *Dürrenmatt und Frisch* (1963). Briefwechsel mit PC zwischen 1960 und 1969.
410, 85/1, 481/1, 513/2, Z 1957, Z 1960
Mayer, Pinkas
Z 1944
Mayotte: *siehe* Bollack, Mayotte
Mayotte Beauroi: siehe Bollack, Mayotte
Mayrisch Saint-Hubert, Aline (1874-1947): Mäzenin und Freundin von Henri Michaux; Begründerin der Fondation La Messuguière in Cabris (Departement Alpes-Maritimes) für Künstler, Schriftsteller usw.
259, 243/4, 259/3
Mehring, Wolfram: Schauspieler und Regisseur deutscher Herkunft, Leiter der Truppe *La Mandragore* (Paris).
468, 468/1

Meier-Denninghoff, Brigitte (*verheiratete* Matschinsky-Denninghoff, * 1923): Deutsche Bildhauerin; Frau des Bildhauers Martin Matschinsky; 1966 Ausstellung im Pariser Goethe-Institut.
410, 410,5
Meinecke, Dietelind (* 1938): Deutsche Literaturwissenschaftlerin, Schülerin von Beda Allemann; 1968 Promotion über PC (*Wort und Name bei Paul Celan: Zur Widerruflichkeit des Gedichts*, 1970); Herausgeberin des Materialienbandes *Über Paul Celan* (1970). Briefwechsel mit PC zwischen 1966 und 1969.
498, 498/5
Meister, Ernst (1911-1979): Deutscher Dichter; 1962 Literaturpreis der Stadt Hagen, 1963 Großer Kunstpreis des Landes Nordrhein-Westfalen; *Fermate* (1952), *Der Südwind sagte zu mir* (1955), *Gedichte 1932-1964* (1964).
191, Z 1964
Meister, Guido
73, 73/1, Z 1956
Meister, Trudi (eigentlich Gertrud Meister)
73/1
Mendelssohn, Felix
Z 1940
Meyer, Pierre-I.
323/4
Meyer-Lübke, Wilhelm
Z 1939
Meyronnet, Marie-Thérèse de: siehe Pastré, Marie-Thérèse de
Michael, Friedrich
115/22
Michaux, Henri (*)(**)(***) (1899-1984): Französischer Dichter belgischer Herkunft. Wechselt mit

PC einige Briefe zwischen 1959
und 1965.
75, 177, 179, 180, 196, 199, 207,
243, 250, 252, 259, 270, 271, 272,
276, 277, 278, 330, 331, 332, 337,
360, 411, 446, 465, 504, 572, 634,
*75/1, 155, 177/3, 179/2, 182/6,
196/10, 206/3, 219/2, 243/4,
243/14, 249/9, 252/4, 258/9,
259/3, 259/4, 270/4, 271/4,
277/1, 330/4, 341/1, 360/2,
465/5, 467/2, 470/2, 501/5,
Z 1956, Z 1957, Z 1959, Z 1961,
Z 1962, Z 1963, Z 1965,
Z 1966, Z 1966/1967, Z 1967,
Z 1969*
Michel, Wilhelm
Z 1970
Michelangelo (*eigentlich* Michelangelo Buonarroti, 1475-1564):
Italienischer Bildhauer, Maler,
Schriftsteller und Ingenieur.
198
Micheline: *siehe* Catti, Micheline
Michelsen, Peter
382/44
Mihai I.
Z 1940, Z 1944
Mille, Pierre
531/6
Miller, Leonid
Z 1947
Milosz, Oscar Venceslas de Lubicz (**)
50/11
Mimi: *siehe* Lalande, Emmanuelle
Minder, Irène: Frau von Robert
Minder.
432, 470, *470/1*
Minder, Robert (1902-1980): Französischer Germanist aus dem
Elsaß; seit 1957 am Collège de
France (Lehrstuhl für germanische Sprachen und Literaturen);
*Das Bild des Pfarrhauses in der
deutschen Literatur von Jean
Paul bis Gottfried Benn* (1959),
Dichter in der Gesellschaft
(1966). Wechselt mit PC einige
Briefe zwischen 1956 und 1960.
206, 432, 465, 468, 470, *206/7,
468/3, 470/1, Z 1965*
Mingot, Bernard: Klassenkamerad
von EC.
243, *243/5*
Minoustchine, M.
658/1
Minssen, Friedrich (1909-1989):
Deutscher Journalist und Literaturkritiker; Mitarbeiter der Zeitschrift *Der Ruf*; Gründungsmitglied der Gruppe 47.
15, *10/5, 15/10, 16/1*
*Mirabeau, Honoré Gabriel Riqueti,
Comte de*
251
Miró, Juan
608/1
Misrahi, Judith: Tochter von
Robert Misrahi.
247
Misrahi, Robert (* 1926): Französischer Philosoph; Autor verschiedener Artikel und Essays zum
Judentum; Übersetzer der Korrespondenz von Spinoza.
247
Mitry, Yolande de (*genannt* Yoyo
oder Yo): Enge Freundin von
GCL in den 50er Jahren, Trauzeugin der Celans.
8, 13, 15, 20, 34, 198, 207, 434,
*8/9, 13/10, 20/6, 24/5, 34/2,
195/1, 207/12, 434/1, Z 1952*
Mitscherlich, Alexander
382/4
Mladoveanu, Despina
196/4, Z 1946
Mombert, Alfred
14/11

Monet, Claude (1840-1926): Französischer Maler.
194
Monique: *siehe* Gessain, Monique
Monluçon, Monsieur: Direktor von ECs Grundschule im Jahr 1965.
196, 199
Montaigne, Michel Eyquem de
Z 1939
Montaigu, Madame de: Krankenschwester in einer ambulanten Pflegeeinrichtung.
473, 474, *473/3*
Montesquiou, Robert de
50/9
Monteverdi, Claudio
260/3
Moore, Marianne (*)
Z 1952
Moras, Joachim
50/13, 97/2
Morawietz, Kurt
249/2
Moret, Philippe: Repetitor für Englisch an der École Normale Supérieure in der Rue d'Ulm, dort 1963-1967 verantwortlich für den Unterricht der modernen Sprachen.
364, 410, 444, 445, 449, 450-452, 501, *364/1, 624/2*
Morgenstern, Christian
Z 1939
Mörike, Dorchen
577/3
Mörike, Eduard (1804-1875): Deutscher Schriftsteller.
531, 577, *531/4, 577/3, Z 1940*
Moscovici, Serge
40/4, Z 1951
Motherwell, Robert (*)
Z 1954
Motte, Diether de la
69/4

Motte, Hildegard de la (*genannt* Hilde): Bekannte von PC in Köln seit 1955. Umfangreicher Briefwechsel mit PC zwischen 1955 und 1970.
69, 188, 425, 426, 489, 490, *69/4, 425/1, Z 1955, Z 1964, Z 1969*
Motte, Manfred de la
69/4
Mounier, Emmanuel
15/11
Mozart, Wolfgang Amadeus (1756-1791): Österreichischer Komponist.
143, *36/15, Z 1940*
Mühlberger, Josef (1903-1985): Deutscher Schriftsteller, Journalist und Redakteur deutschtschechischer Herkunft; Studium der Slawistik und Germanistik in Prag; *Der Galgen im Weinberg. Eine Erzählung aus unseren Tagen* (1951).
50, *50/4*
Mulka, Robert
264/10
Müller, Gotthold (1904-1993): Deutscher Verleger, 1933-1936 Verlagsleiter im Philipp Reclam Verlag Leipzig; antifaschistisches Engagement; 1953-1960 Geschäftsführer der Deutschen Verlags-Anstalt Stuttgart. Umfangreicher Briefwechsel mit PC im Rahmen seiner verlegerischen Tätigkeit zwischen 1954 und 1959.
50, 94, *50/13, 69/6, 94/13*
Müller-Medek, Tilo
479/3
Mundt, Hans Josef
50/11
Musić, Anton Zoran (* 1909): Italienischer Maler slowenischer Herkunft, Überlebender des KZ Dachau.
362, *362/1*

Musil, Robert (1880-1942): Österreichischer Schriftsteller.
177, *249/3*
Musset, Alfred de (***) (1810-1857): Französischer Schriftsteller.
4, *4/2*
Musulin, Janko von (1916-1978): Österreichischer Schriftsteller; Teilnehmer am Widerstand gegen das Nazi-Regime in Österreich; 1958-1962 Lektor für Politik und Geschichte im S. Fischer Verlag, 1963-1966 dessen kaufmännischer Direktor; regte die Publikation des Gesamtwerks von Kafka und Freud im S. Fischer Verlag an. Briefwechsel mit PC, im Rahmen seiner verlegerischen Tätigkeit, zwischen 1961 und 1965.
192, 257, 251, 272, *192/4, 272/2*

Nadeau, Maurice
440/10
Nadja: *siehe* Pohne, Nadja
Nani: *siehe* Demus, Nani
Napoleon III. (Charles Louis Napoléon Bonaparte, 1808-1873): Französischer Kaiser.
151
Nasser, Gamal Abdel
508/3, 511/3, 514/3
Naum, Gellu (*)
Z 1946, Z 1950
Naville, Denise
Z 1966, Z 1967
Nelly: *siehe* Sachs, Nelly
Nerval, Gérard de (*) (***) *(Pseudonym für Gérard Labrunie)*
50/11, Z 1957, Z 1958
Neske, Brigitte: Deutsche Verlegerin und Dichterin, Frau von Günther Neske; *Windlichter* (1962), *Erde mein Teil* (1967, darin ist das von Mozarts Klavierkonzert in B, KV 595, inspirierte Gedicht PC gewidment).
203
Neske, Günther (1913-1997): Deutscher Verleger; 1933 Emigration in die Schweiz; Leiter des 1951 in Pfullingen (Baden-Württemberg) gegründeten Neske Verlags; Verleger von Martin Heidegger und Ernst Jünger; Herausgeber einer Schallplattenreihe mit Originalaufnahmen von Dichtern, u. a. mit PC (*Lyrik der Zeit: Hans Arp, Paul Celan, Günter Grass, Walter Höllerer sprechen eigene Gedichte*, o. J., Nr. 2). Brigitte und Günther Neske wechseln mit PC Briefe zwischen 1957 und 1967.
201, 203, *201/2, 203/3, 203/4*
Nette, Herbert (1902-1994): Deutscher Journalist und Publizist, Cheflektor im Eugen Diederichs Verlag Düsseldorf/Köln zwischen 1954 und 1973.
36, *36/16, 36/32*
Neumann, Brigitte: Frau von Gerhard Neumann.
538, *538/1, 586/2*
Neumann, Gerhard: Deutscher Literaturwissenschaftler und Dichter; 1967, als Assistent von Gerhart Baumann in Freiburg, Zeuge des Treffens zwischen PC und Martin Heidegger (siehe PCs Gedicht *Todtnauberg*, V. 20, GW II 255 f.); *Konfigurationen. Studien zu Goethes »Torquato Tasso«* (1965); Gedichtbände: *Wind auf der Haut* (1956), *Salziger Mond* (1958). Briefwechsel mit PC zwischen 1958 und 1970.
536, 538, 570, 586, *532/3, 538/1, 536/2 586/2*

Neumann, Harry
94/10, Z 1958
Neumann, Peter Horst
568/1, Z 1967
Neumann, Robert (1897-1975):
Englischer Schriftsteller österreichischer Herkunft; Mitbegründer der SPÖ; 1934 Emigration nach Großbritannien; lebte nach dem Krieg in Locarno; *Der Tatbestand oder Der Gute Glauben der Deutschen* (Roman, 1965); publizierte einen Antwortbrief von PC auf eine Umfrage zum ersten erotischen Erlebnis in *34 x erste Liebe* (1966). Wechselt mit PC 1965 einige wenige Briefe.
278, 278/2, Z 1966
Neumann, Walter (* 1926): Deutscher Bibliothekar, Schriftsteller und Literaturkritiker baltischer Herkunft; *Biographie in Bilderschrift* (Gedichte, 1969); Autor eines Gedichtes »für Paul Celan« (in: *Jahresring* 1973/74, S. 15). Wechselt mit PC einige Briefe zwischen 1964 und 1968.
410
Niekisch, Ernst
382/4
Nietzsche, Friedrich (1844-1900): Deutscher Philosoph und Dichter.
20, 20/4, 469/8, Z 1937
Nithard, Mathis: siehe Grünewald, Matthias
Noël, Bernard
667/2
Nossack, Hans Erich (1901-1977): Deutscher Schriftsteller; Publikationsverbot im ›Dritten Reich‹; 1961 Georg-Büchner-Preis; Mitglied der Freien Akademie der Künste in Hamburg und der Deutschen Akademie für Sprache und Dichtung in Darmstadt; *Netzyia. Bericht eines Überlebenden* (1947); Romane: *Spätestens im November* (1955), *Spirale. Roman einer schlaflosen Nacht* (1956).
14, 36, 14/13, 36/14, 510/5, Z 1968
Novalis, Friedrich (*Pseudonym für* Friedrich von Hardenberg, 1772-1801): Deutscher Schriftsteller.
252, 246/9, 252/3, Z 1940, Z 1965

O., Dr.: Psychiater an der Psychiatrischen Universitätsklinik in Paris (Sainte-Anne) während PCs Krankenhausaufenthalt zwischen Februar und Juni 1966.
343, 344, 347, 348, 349, 351, 353, 354, 364, 367, 370, 381, 401, 411, 341/1, 348/1, 349/2, 381
Oehler, Richard
20/4
Oistrach, David
652/3
Oppens, Kurt
196/8, 196/11, 212/1, Z 1965
Orange-Nassau
154/3, 198/9
Ortner, Jörg (* 1940): Österreichischer Maler und Graphiker mit Wohnsitz in Paris; häufiger Kontakt mit PC seit 1969. Wechselt mit PC einige Briefe zwischen 1963 und 1969.
644, 644/2, Z 1964, Z 1970
Ortner, Nani (*geborene* Frélaut): Frau von Jörg Ortner, Schwester der Handdrucker Jacques und Robert Frélaut.
644, 644/2
Ossip: *siehe* Mandel'štam, Osip Emil'evič

Overbeck, Franz (1837-1905): In Rußland geborener deutscher Theologe deutsch-französischer Herkunft; seit 1870 Professor in Basel, wo er Friedrich Nietzsche kennenlernt; enge Freundschaft und ausgedehnte Korrespondenz mit Nietzsche; er bringt 1889 diesen nach seinem Zusammenbruch aus Turin nach Basel; Autor eines kleinen Erinnerungsbuches über Nietzsche (1906).
20, 20/4
Ovid (Publius Ovidius Naso)
145/19

P., Dr.: Psychiater an der Klinik in Épinay-sur-Seine, wo PC zwischen Ende Dezember 1962 und Mitte Januar 1963 behandelt wird; PC bleibt bei ihm privat bis 1965 in psychotherapeutischer Behandlung.
164, 165, 168, 170, 172, 173, 177, 206, 207, Z 1963
Paget, Jean
210/8
Pallotino, Massimo
211/1
Paraf, Pierre
559/3
Parijanine, Maurice
658/1
Parpait, Colette: siehe Flandre, Colette
Pascal, Blaise (***) (1623-1662): Französischer Philosoph, Mathematiker und Physiker.
145, 264/4, 479/5, Z 1939
Pasternak, Boris Leonidovič (**) (1890-1960): Russischer Schriftsteller.
472, 472/2
Pastoureau, Henri (*)
Z 1950

Pastré, Joseph
8/8, Z 1940
Pastré, Marie-Thérèse (geborene de Meyronnet)
8/8
Pastré, Odette: siehe de Lestrange, Odette Marquise de
Patricia: *siehe* Virouleau, Patricia
Pauker, Ana
Z 1947
Paulhan, Jean
Z 1955
Pauls, Rolf Friedemann
264/10
Paumgartner, Bernhard
143/14
Păun, Paul
Z 1946
Pauwels, Louis
18/8
Pawlowsky, J.
147/6
Payelle, Francine (*geborene* Guenepin): Jugendfreundin und Schulkameradin von GCL.
13, 79, 215, 216, 410, 79/3, 214/1, 217/3, 410/4, Z 1965
Payelle, Henri: Mann von Francine Payelle.
79, 217, 79/3, 217/3
Péguy, Charles
473/1, Z 1939
Perels, Christoph (* 1938): Lektor und Verlagsassistent im S. Fischer Verlag von Februar 1964 bis Juni 1966. Wechselt mit PC im Zusammenhang mit seiner Tätigkeit im Verlag einige Briefe zwischen 1965 und 1966.
196, 196/3
Péret, Benjamin (*)
Z 1950
Perros, Georges
667/2
Pessoa, Fernando (*) (*Pseudonym*

für F. António Nogueira de Seabra Pessoa, 1888-1935): Portugiesischer Dichter.
32, *18/7, 32/4, Z 1956*
Petrarca, Francesco (1304-1374): Italienischer Dichter und Humanist.
297, *297/1, 297/3*
Peyceré, Henri: Französischer Graphiker.
372, 471, *372/5, 471/2*
Peyceré, Marcelle: Musiklehrerin, Frau von Henri Peyceré.
372, *372/5*
Pfrimmer, Albert
559/3
Philipp IV. (1605-1665): Spanischer König.
151
Philippson, Jean
535/3
Pi., Prof. (*oder* Dr.): Chefarzt an der Psychiatrischen Universitätsklinik in Paris (Sainte-Anne) während PCs Aufenthalt dort im Februar 1966; PC hatte ihn Anfang der 60er Jahre im Österreichischen Kulturinstitut Paris kennengelernt.
345
Picasso, Pablo (*) (eigentlich Pablo Ruiz y Picasso, 1881-1973): Spanischer Maler, Graphiker Bildhauer und Schriftsteller.
263, 371, *28/2, 36/20, 37/1, 263/2, 371/3, Z 1954*
Picon, Gaëtan
189/7, Z 1968
Pierre: *siehe* Bertaux, Pierre
Pieyre de Mandiargues, André (***)
440/6
Pillhofer, Josef
Z 1951
Pinter, Eliyahu
Z 1939

Piontek, Heinz (* 1925): Deutscher Dichter, Essayist, Literaturkritiker und Übersetzer; Autor verschiedener Rezensionen von Büchern PCs; lernt PC 1955 kennen; Gedichtbände: *Die Furt* (1952), *Die Rauchfahne* (1953), *Mit einer Kranichfeder* (1962); Essays: *Vor Augen. Proben und Versuche* (1955), *Buchstab, Zauberstab. Über Dichter und Dichtung* (1958).
50, *50/5*
Pirandello, Luigi
92/3
Piscator, Erwin
210/9
Pius XII.
210/9
Plat, Jean: Besitzer der Galerie Philippe Saint-Honoré in Paris.
602, *602/5, 618/8*
Pleyer, Dietmar
115/8
Podszus, Friedrich
15/12
Poe, Edgar Allan
8/13, 21/3
Pöggeler, Otto
125/3, 131/2, Z 1960
Poethen, Johannes (* 1928): Deutscher Dichter; *Riese des Himmels* (1956), *Lorbeer über gestirntem Haupt* (1952), *Stille im trockenen Dorn* (1958), *Ankunft und Echo* (1961), *Gedichte* (1963); die Publikation seines Gedichtzyklus *Solang das Spiel dauert* (in der Übersetzung von Jean Daive (*L'espace d'un jeu*; wohl unter Mitwirkung von PC) in *L'Éphémère* (Winter 1969, Nr. 12) geht auf PC zurück. Wechselt mit PC einige Briefe zwischen 1955 und 1970

(zwei Briefe PCs sind publiziert am Anfang des Bandes *Solang das Spiel dauert*, Warmbronn, Ulrich Keicher, 1998).
53, *53/3*, Z *1955*
Pohne, Marcel: Über Rumänien in die BRD emigrierter Bekannter PCs jüdischer Herkunft aus der Bukowina.
194, 206, *194/17*, *206/13*
Pohne, Nadja: Frau von Marcel Pohne.
194, 206, 489, 490, *194/17*, *206/13*
Pohne, Thomas Benjamin
206/13
Pointe-aiguë, Madame de: siehe Montaigu, Madame de
Ponge, Francis (***)
501/5
Ponty, Pierre: Bekannter von Monique und Robert Gessain, Mann von Marie-Louise Audiberti.
8, *8/5*
Popovici, Traian
Z *1941*
Porena, Boris: Italienischer Komponist (u. a. einer Vertonung der *Todesfuge* und anderer Gedichte von PC), Mann von Ida Porena.
207, 210, 211, *194/29*
Porena, Ida (geborene Capelli): Italienische Literaturwissenschaftlerin und Übersetzerin, u. a. von Gedichten PCs; Autorin von Artikeln über PC. Boris und Ida Porena wechseln mit PC zwischen 1964 und 1965 einige wenige Briefe.
194, 207, 210, 211, *194/29*
Porro, Ricardo
608/1
Portal, Eliane: Literaturwissenschaftlerin; ehemalige Studentin von PC an der École Normale Supérieure Sèvres. Wechselt mit PC einige wenige Briefe zwischen 1961 und 1962.
112, *112*, *112/5*
Pörtner, Marlis
143/10
Pörtner, Paul
143/10
Potier, Madame: Putzfrau der Celans in Moisville
147, 168
Poulet, Georges
395/2
Pouthier, Pierre: Generalsekretär der École Normale Supérieure in der Rue d'Ulm 1964-1973.
452, *323/6*, *452/3*
Pracontal, Madame und Monsieur: Bekannte der Celans.
123
Price, Monsieur: Übersetzer am Bureau International du Travail in Genf im Jahr 1962.
151
Prigent, Jean: Generalsekretär der École Normale Supérieure in der Rue d'Ulm 1946-1964.
168, *168/4*, Z *1961*
Pross, Harry
143/11
Proust, Marcel (***) (1871-1922): Französischer Schriftsteller.
15, 47, 50, 150, *15/13*, *50/9*, *150/2*, *501/5*, Z *1940*

Queneau, Raymond (1903-1976): Französischer Schriftsteller.
13, *13/4*
Queval, Jean
667/2
Quilliot, Roger
395/3

R., Dr.: Psychiater an der Klinik in Suresnes, wo PC von November

1965 bis Februar 1966 behandelt wird.
312, 315, 320, 322, 324, 332, 335, 340

Rachel *(ohne erläuternde Anmerkung): siehe* Lambert, Rachel

Racine, Charles
246/6, 519/2

Raczynski, Cecile Gräfin (geborene Cecile von Kleist): Frau von Joseph Raczynski.
410

Raczynski, Joseph Graf: Direktor des Pariser Goethe-Instituts 1965-1974.
371, 372, 407, *356/2, 366/2, 371/3, 372/3, 378/5, 410/7, 434/3*

Raddatz, Fritz J.
157/6, 382/4

Rasche, Friedrich
183/1

Rasori, Monsieur: Handwerker im Landhaus der Celans in Moisville.
143

Rausch, Jürgen
50/13

Reder, Fräulein: Bekannte von Edith Hübner.
249

Reed, John (1887-1920): Amerikanischer Journalist und Schriftsteller; militanter Kommunist und Politiker; Kriegsberichterstatter des Magazins *Metropolitan* in Rußland; trifft Lenin und ist Zeuge der russischen Oktoberrevolution; Mitbegründer der Kommunistischen Partei der USA; in Moskau auf dem Roten Platz begraben; *Ten Days that Shook the World* (1919).
34, 267, *34/7, 267/6*

Regau, Thomas: siehe Stauder, Karl-Heinz

Regine: *siehe* Schäfler, Regine

Rehme, Frau
93

Reichert, Klaus: Anglist und Amerikanist; PCs Lektor bei den Verlagen Insel und Suhrkamp. Briefwechsel mit PC, meist im Rahmen seiner Verlagstätigkeit, zwischen 1958 und 1969.
532, 533

Reich-Ranicki, Marcel
194/18

Reis, Ricardo: *siehe* Pessoa, Fernando

Rembrandt, Harmenszoon van Rijn (1606-1669): Niederländischer Maler und Graphiker.
362, 645, *18/8, 545, 645/4, Z 1958, Z 1964, Z 1966, Z 1968, Z 1969*

Remshardt, Godo: Deutscher Journalist und Literaturkritiker; Autor einiger Berichte über Lesungen PCs in Deutschland.
36, 38, *16/1, 36/15*

Resnais, Alain
Z 1956

Restrat, Alain-Christophe
Z 1980

Reverdy, Pierre (1889-1960): Französischer Dichter.
72, *72/1*

Rey, Jean-Dominique
Z 1951

Richard, Jean-Pierre (* 1922): Französischer Literaturwissenschaftler und Essayist; *Littérature et sensation* (1954), *Poésie et profondeur* (1955), *Pour un Tombeau d'Anatole* (1961, Edition eines Gedichtfragments von Stéphane Mallarmé).
192, *192/8*

Richard, Lionel
584/3, Z 1962

Richter, Antonie (* 1918): Frau von Hans Werner Richter.
14, *14/5*
Richter, Hans Werner (1908-1993): Deutscher Schriftsteller; gibt 1946 und 1947 mit Alfred Andersch die Zeitschrift *Der Ruf* heraus; Gründer der Gruppe 47 und des Grünewalder Kreises; steht der SPD nahe; 1962 Herausgeber des *Almanachs der Gruppe 47* (Rowohlt, Reinbek). Wechselt mit PC einige Briefe zwischen 1952 und 1965, teilweise veröffentlicht in: *Briefe*, hrsg. von Sabine Cofalla, München/Wien, Hanser, 1997.
14, 191, 206, 275, *10/2, 10/3, 14/5, 14/10, 73/1, 78/1, 157/6, 157/7, 191/10, 206/5, 275/4, Z 1952, Z 1956*
Richter, Klaus: Deutscher Archivar, 1965 Unterzeichner eines Wahlaufrufs für die SPD.
275, *275/3*
Richter, Pierre André: Zahnarzt der Celans.
114, 364, *364/4*
Rickles, Klaus: *siehe* Richter, Klaus
Ricour de Bourgies, Christian Comte (1923-1984): Mann von Solange de Lestrange.
27, 76, 523, 660, *27/6, 76/2, 660/3, 660/4*
Ricour de Bourgies, Solange Comtesse (*geborene* de Lestrange, 1928-1984): Jüngere Schwester von GCL.
143, 144, 150, 197, 199, 243, 252, 264, 303, 523, 660, *4/1, 27/6, 76/2, 76/3, 243/16, 264/1, 660/3, 660/4, Z 1939*
Ridgway, Général
13/8

Rieul, Bernard: Klassenkamerad und Nachbar von EC.
258, *258/2*
Rieul, Madame: Nachbarin der Celans (78, Rue de Longchamp), Mutter eines Schulkameraden von EC.
258
Rilke, Rainer Maria
21/3, 117/1, 143/3, 185/1, 486/3, 655/2, Z 1934, Z 1936, Z 1939, Z 1940, Z 1946, Z 1951, Z 1961, Z 1968
Rimbaud, Arthur (*) (**) (***) (1854-1891): Französischer Dichter.
100, 101, 118, *50/11, 97/2, 112/6, 591/7, Z 1934, Z 1957, Z 1958, Z 1960, Z 1969*
Robbe-Grillet, Alain
73/1
Robert: *siehe* Gessain, Robert
Robert, Frédéric
559/3
Robert, Marthe
47/3, 246/6
Robin, Armand (1912-1961): Französischer Dichter und Übersetzer, 1945 Mitglied der Fédération Anarchiste.
470, 472, *470/6, 470/7, 470/8, 472/2*
Roditi, Edouard (1910-1992): Übersetzer, Essayist und Dichter; gibt mit Alain Bosquet die Zeitschriften *Das Lot* (Berlin) und *Exils. Revue semestrielle de poésie internationale* (Paris) heraus; arbeitet mit PC bei der Übertragung einiger Gedichte von Pessoa zusammen.
18, *18/7, Z 1956*
Rohdich, Hagdis (verheiratete Wismann)
249/10

Rokeah, David (*)(**)
Z *1959*, Z *1969*, Z *1970*, Z *1971*,
Z *1980*
Roland: *siehe* Beauroy, Roland
Roland-Manuel, Claude
470/6
Rolland, Romain
Z *1940*
Romain, Jules
Z *1939*
Ronen, Avraham: Kunstwissenschaftler; 1965 Kulturattaché Israels in Rom, wo ihn GCL kennenlernt.
207, 207/2
Ronen, Sarah: Frau von Avraham Ronen.
207, 207/2
Rones, Regina
Z *1944*
Ronsard, Pierre (1524-1585): Französischer Dichter.
276
Rosenberg, Siegfried: nicht identifiziert.
573, 573/1
Rosengarten, Walter: Leiter der Abteilung *Kulturelles Wort* beim Südwestfunk Baden-Baden 1955.
52, 52,6
Rosenthal, Bianca
Z *1948*
Rosenzweig, Franz
603/6
Roser, Dieter
48/5
Roser, Irmtraud
48/5
Rossi Lemeni, Nicola
207/14
Rota, Anna Maria
207/14
Rothmann, Lenke (* 1929): Malerin ungarisch-jüdischer Herkunft, lebt in Schweden; Überlebende der Konzentrationslager; PC lernt sie als Freundin von Nelly Sachs 1960 kennen. Wechselt mit PC einige Briefe im Zusammenhang mit Nelly Sachs zwischen 1958 und 1960.
212, 603
Rothstein, Jean H.: Steuerberater der Celans.
640, 640/1
Rouch, Jean (* 1917): Französischer Ethnograph und Filmemacher, Bekannter von Robert und Monique Gessain; Niger-Expedition (1946/1947); Filme: *Magiciens noirs, initiation à la danse des possédés* (1950), *Circoncision* (1951).
207, 207/12
Rousseau, Le Douanier (eigentlich Henri Rousseau, 1844-1910): Französischer Maler.
509
Roussel, Geneviève
196/7
Roussell, Aage
193/1
Roux, Paul
667/2
Royet-Journoud, Claude
636/4
Ruisbroeck, Jan van (*auch* Ruysbroek, Ruusbroec *oder* Rusbrock, 1293-1381): Flämischer Mystiker.
270, 270/4
Rutebeuf (**)
125/1
Ruth: *siehe* Kraft, Ruth
Rychner, Max
Z *1946*, Z *1948*, Z *1949*

S., Frau: *siehe* Schroers, Ilse
S., Madame: *siehe* Supervielle, Pilar
Sabine: *siehe* Bollack, Sabine
Sachs, Karl
199/2, Z *1948*

Sachs, Nelly (*eigentlich* Leonie Sachs, 1891-1970): Schwedische Dichterin und Übersetzerin jüdischer Herkunft und deutscher Sprache; 1940 Emigration nach Schweden; 1966 Nobelpreis zusammen mit dem Israeli Samuel Joseph Agnon. Umfangreiche Korrespondenz mit PC zwischen 1954 und 1969 (siehe: PC/Sachs).
118, 122, 123, 124, 125, 126, 191, 207, 212, 557, 584, 585, 586, 587, 603, 605, *116/3, 118/4, 122/1, 123/1, 123/2, 212/2, 212/3, 557/1, 586/4, 587/1, 603/7, 603/8, Z 1960, Z 1962, Z 1964, Z 1965, Z 1966, Z 1968, Z 1970*
Saguer, Louis: Musikwissenschaftler, Freund von Johannes Poethen und Jean-Pierre Wilhelm.
53, *53/2*
Saint-John Perse (***) (*Pseudonym für* Alexis Saint-Léger Léger, 1887-1975): Französischer Diplomat und Dichter.
369
Salzer, Thomas F.
192/2
Sanders, Rino
10/2, 10/5, 10/6
Sarah: *siehe* Ronen, Sarah
Sarraute, Nathalie (***)
501/5
Sars, Paul
Z 1949
Sartre, Jean-Paul (***) (1905-1980): Französischer Philosoph, Schriftsteller und Kritiker. PC bittet ihn in einem Brief Anfang 1962 im Zusammenhang mit der Goll-Affäre um Unterstützung, schickt diesen aber nicht ab (GA Dok. 191).
367, *139/3, 367/3, 501/5, 503/1, Z 1962, Z 1966*

Saussure, Ferdinand de
Z 1939
Savory, Theo
531/3
Sayn, Pierre
274/5
Scelsi, Giacinto Graf von Ayala (1905-1988): Italienischer Komponist.
207, *207/10, Z 1965*
Schadewaldt, Wolfgang
386/1, 392/1
Schaedel, Anneliese (*genannt* Anneli): Buchhändlerin, Frau von Oriol Schaedel, ehemalige Mitschülerin und Freundin von Elmar Tophoven.
194, 210, 211, *194/30*
Schaedel, Oriol: Buchhändler, Leiter der deutschen Buchhandlung in Rom im Jahr 1965.
194, 211, *194/30*
Schäfler, Leo: Arzt, Mann von Regine Schäfler.
308, 538, 602, 603, 645, *308/1, 378/3, 378/4, Z 1938, Z 1968, Z 1969*
Schäfler, Regine (geborene Katz): Tochter einer Großtante väterlicherseits von PC, lebt in London (bis zum ›Anschluß‹ in Wien). Regine und Leo Schäfler wechseln einige Briefe mit PC zwischen 1962 und 1970.
308, 538, 602, 603, 645, *308/1, 378/3, 544/1, Z 1938, Z 1968, Z 1969*
Schallück, Ilse (*genannt* Illa, *geborene* Nelsen): Frau von Paul Schallück.
35, 36, 65, *36/24*
Schallück, Paul (1922-1976): Deutscher Schriftsteller, Journalist und Theaterkritiker deutsch-russischer Herkunft; Mitglied der

Gruppe 47; Mitbegründer der jüdisch-deutschen Bibliothek »Germania Judaica« in Köln; Romane: *Wenn man aufhören könnte zu lügen* (1951), *Ankunft Null Uhr zwölf* (1953), *Die unsichtbare Pforte* (1954), *Engelbert Reineke* (1959); Erzählungen: *Weiße Fahnen im April (1955)*, zusammen mit Maria Hoffmann-Pfaffenholz: *Hohe festliche Versammlung. Imaginäre Testrede zur Eröffnung eines kleinen Theaters* (1966), *Karlsbader Ponys* (1968); Essays: *Zum Beispiel* (1962). Umfangreicher Briefwechsel mit PC zwischen 1952 und 1967.
36, 38, 65, 67, 94, 191, 267, 275, *10/5, 14/12, 36/24, 73/1, 78/1, 78/2, 94/2, 116/3, 267/5, Z 1958, Z 1964, Z 1966, Z 1969*

Schärf, Jacques
Z 1947

Schestow, Leo: siehe Šestov, Lev Isaakovič

Schiebelhuth, Hans
392/1

Schifferli, Peter: Schweizer Verleger; Leiter des Verlags Die Arche, Zürich, publiziert dort PCs Übersetzung von Picassos Stück *Wie man Wünsche beim Schwanz packt* (1954).
28, *28/1, 28/2, 37/1, 558/2, Z 1967*

Schiller, Friedrich
246/9, 481/1

Schlösser, Manfred: Schweizer Verleger; Freund und Verleger von Margarete Susman; Herausgeber des Hommage-Bandes für sie *Auf gespaltenem Pfad* (1964, mit zwei Gedichten von PC, *Singbarer Rest* und *Vom großen*).

Briefwechsel mit PC zwischen 1958 und 1966.
205, *200/1, 205/2, 244/6, 244/10, 340/1, Z 1963*

Schloezer, Boris de
479/5, 481/1

Schmied, Wieland
183/2, 183/3, 259/9

Schmitt, Christian: Direktor des Pariser Goethe-Instituts von 1962 bis 1965.
407, *407/2*

Schmueli, Ilana
Z 1940, Z 1942, Z 1965, Z 1969, Z 1970

Schmull, Heino
264/4

Schnabel, Ernst (1913-1986): Deutscher Schriftsteller; Programmdirektor beim Nord(west)deutschen Rundfunk Hamburg und beim Sender Freies Berlin, dort 1965-1970 in der Fernsehabteilung; lernt PC im Mai 1952 beim Nordwestdeutschen Rundfunk in Hamburg kennen; seit 1958 Mitglied der Berliner Akademie der Künste, dort 1963-1967 Leiter der Sektion Dichtung. Briefwechsel mit PC im Rahmen seiner Funktionen zwischen 1963 und 1965.
14, 591, *10/3, 591/4, Z 1967*

Schneider, Franz Joseph (1912-1984): Deutscher Schriftsteller und Werbetexter; Mitglied der Gruppe 47.
36, *36/6*

Schneider, Frau: siehe Schneider-Lengyel, Ilse

Schneider, Jean-Claude (* 1936): Französischer Germanist, Übersetzer, Literaturkritiker und Dichter; publiziert die Übersetzung von neun Gedichten PCs

in der *Nouvelle Revue Française* im Dezember 1966.
465, 467, 468, *206/7*, *246/6*, *465/6*, *467/3*, *Z 1966*, *Z 1966/ 1967*
Schneider, Karl Ludwig: Deutscher Literaturwissenschaftler, Professor in Hamburg; *Zerbrochene Formen. Wort und Bild im Expressionismus* (1967). Wechselt mit PC einige Briefe zwischen 1959 und 1967, vor allem in Zusammenhang mit der Organisation von PCs Lesungen in Hamburg im Juni 1964.
191, *191/9*
Schneider, Nina: Frau von Karl Ludwig Schneider.
191, *191/9*
Schneider-Lengyel, Ilse (1910-1972): Deutsche Schriftstellerin, Kunstwissenschaftlerin und Ethnologin; Mitarbeiterin der Zeitschrift *Der Ruf*; Gastgeberin der ersten Tagung der Gruppe 47.
112, *112*, *10/5*, *112/4*, *112/7*, *Z 1952*, *Z 1959*
Schnurre, Wolfdietrich
157/7, *510/5*
Scholem, Gershom
Z 1962, *Z 1964*, *Z 1967*, *Z 1969*
Schönberg, Arnold (1874-1951): Amerikanischer Komponist österreichisch-jüdischer Herkunft.
558, *558/4*
Schöningh, Erika: siehe Tophoven, Erika
Schowingen, Birgit von (geborene von Ficker)
487/2, *532/4*, *Z 1970*
Schowingen-Ficker, Birgit von: siehe Schowingen, Birgit von
Schrade, Leo
260/3

Schrade, Madame: Witwe des Musikwissenschaftlers Leo Schrade; im Sommer 1965 Gast der Fondation La Messuguière in Cabris (Departement Alpes-Maritimes).
260
Schrager, Bruno
Z 1932, *Z 1938*
Schrager, Ezriel (*oder* Esriel, *genannt* Alfi): Israelischer Anwalt, Onkel mütterlicherseits von PC. Wechselt mit PC einige Briefe zwischen 1960 und 1967.
66, 531, *531/2*, *Z 1935*
Schrager, Friederike: siehe Antschel, Friederike
Schrager, Philipp
Z 1944
Schremmer, Ernst
39/4, *39/5*, *53/1*
Schröder, Rudolf Alexander (1878-1962): Deutscher Dichter, Essayist und Übersetzer; zusammen mit Rudolf Borchardt Begründer der Bremer Presse; PC trifft mit ihm anläßlich der Verleihung des Bremer Literaturpreises im Januar 1958 zusammen.
94, *94/5*, *94/12*
Schroers, Ilse (*geborene* Plate): Frau von Rolf Schroers.
36, 67, 69, *34/1*, *36/6*
Schroers, Rolf (1919-1981): Deutscher Schriftsteller und Publizist; Kriegsteilnehmer als Offizier; 1955-1957 Lektor bei Kiepenheuer & Witsch (Köln); Romane: *Die Feuerschwelle* (1952), *Der Trödler mit den Drahtfiguren* (1952), *Jakob und die Sehnsucht* (1953, mit einem Kapitelmotto aus einem Gedicht von PC; eine der Figuren ist PC deutlich nachempfunden), *Herbst in Apulien*

(1958); Essays: *T. E. Lawrence. Schicksal und Gestalt. Biographische Studie* (1949), *Der Partisan. Ein Beitrag zur politischen Anthropologie* (1961). Umfangreiche Korrespondenz mit PC zwischen 1952 und 1963.
12, 15, 19, 20, 32, 33, 34, 35, 36, 37, 38, 50, 65, 67, 69, 78, 79, 94, 112, 114, *10/5*, *14/12*, *15/9*, *19/2*, *19/3*, *34/1*, *36/6*, *36/25*, *69/3*, *73/1*, *78/2*, *79/1*, *94/2*, *112/3*, *114/5*, *116/3*, *182/2*, *Z 1956*, *Z 1957*, *Z 1961*

Schrynmakers, Jean de: *siehe* Daive, Jean

Schubert, Franz
Z 1940

Schücking, Elisabeth
Z 1970

Schücking, Levin L.
226/2, *Z 1970*

Schumacher, Horst: Direktor der École Centrale des Arts et Manufactures de Paris im Studienjahr 1967/1968.
588, *588/2*

Schwab-Felisch, Hans David
382/4

Schwarz, Peter Paul
479/4

Schwedhelm, Karl (1915-1988): Deutscher Dichter, Übersetzer und Redakteur; seit 1955 Leiter der Literaturabteilung beim Süddeutschen Rundfunk Stuttgart; 1954 interviewt er dort PC. Wechselt mit PC einige Briefe zwischen 1952 und 1958.
32, 36, 39, 48, 50, *32/7*, *39/3*, *48/7*, *Z 1954*

Schwerin, Christoph (eigentlich Christoph Andreas Graf von Schwerin von Schwanenfeld, 1933-1996): Deutscher Lektor, Kritiker und Journalist; Sohn von Ulrich-Wilhelm Graf von Schwerin von Schwanenfeld, der am Attentat auf Hitler am 20. 7. 1944 beteiligt war; Lektor im S. Fischer Verlag Frankfurt a. M.; berichtet über seine Begegnung mit PC in seinem Erinnerungsbuch *Als sei nichts gewesen* (Berlin, edition ost, 1997). Wechselt mit PC einige Briefe im Rahmen seiner Verlagsfunktionen zwischen 1959 und 1962.
150, *45/4*, *65/1*, *150/4*, *277/1*, *512/1*, *Z 1959*, *Z 1961*, *Z 1962*, *Z 1966*

Scott, Walter
147/7

Sébille, Monsieur: Patient in der Psychiatrischen Universitätsklinik Sainte-Anne während PCs dortigem Aufenthalt zwischen Februar und Juni 1966.
414, 416, *414/2*

Seghers, Monsieur: nicht identifiziert.
326

Seghers, Pierre
326/3

Ségur, Comtesse de (geborene Sophie Rostopchine)
8/3, *113/3*

Seidel, Annemarie: siehe Suhrkamp, Annemarie

Seidmann, David (*genannt* Duniu *oder* Douniou, 1917-1989): Israelischer Mediävist und Romanist aus der Bukowina; PC lernt ihn 1940 an der Universität Czernowitz kennen; er entgeht, dank der Hilfe PCs und seiner Kommilitonen, der Deportation nach Sibirien; beherbergt PC bei seinem Israel-Aufenthalt im Oktober 1969. Wech-

selt mit PC einige Briefe zwischen 1964 und 1969.
531, 660, 531/2, 660/6, 662,
Z 1940, Z 1942, Z 1969
Seldes, Gilbert (*)
Z 1953
Selke, Rudolf (genannt Rudia): Übersetzer am Bureau International du Travail in Genf. Wechselt mit PC einige Briefe zwischen 1956 und 1968.
150, 150/1
Sellier, Marcel
Z 1939
Senghor, Léopold Sédar
36/17
Șerbeanu, Jacques: siehe Schärf, Jacques
Sessions, Roger (*)
Z 1954
Šestov, Lev Isaakovič (Pseudonym für Lev Isaakovič Švarcman, 1866-1938): Russischer Schriftsteller und Philosoph; Professor am Institut d'Études Slaves in Paris; *L'idée de bien chez Tolstoï et Nietzsche* (1900), *Dostoïevski et Nietzsche* (1903), *Le Pouvoir des clefs* (1923), *La Philosophie de la tragédie* (1927), *La Balance de Job* (1929), *Kierkegaard et la philosophie existentielle* (1936), *Athènes et Jérusalem* (1938); seine Werke gehören zu den wichtigen Lektüreerlebnissen PCs.
479, 479/5, 481/1, Z 1967
Seyr, Franz
487/2
Shakespeare, William (*) (1564-1616): Englischer Dichter und Dramatiker.
178, 179, 241, 264, 524, 567, 569, 94/5, 177/5, 226/2, 236/1, 242/1, 246/6, 470/7, 478/2, 481/1, 484/2, 591/4, Z 1937, Z 1939, Z 1940, Z 1942, Z 1944, Z 1960, Z 1963, Z 1964, Z 1965, Z 1967

Si., Dr.: Psychiater an der Psychiatrischen Universiätsklinik in Paris (Sainte-Anne) während PCs Krankenhausaufenthalt zwischen Februar und Oktober 1967.
485
Silbermann, Edith (*geborene Horowitz*, * 1921): Deutsch-jüdische Übersetzerin aus Czernowitz; Bekannte von PC, mit dem sie verschwägert ist; wandert mit ihrem Mann Jakob Silbermann 1963 nach Österreich aus, 1964 von dort in die BRD; Autorin von Erinnerungen an PC (*Begegnung mit Paul Celan*, Aachen, Rimbaud, 1993).
194, 195, 196, 194/10, 194/18, 590/1, Z 1937, Z 1940, Z 1944, Z 1964
Silbermann, Jakob: Deutscher-jüdischer Jurist aus der Bukowina; PC lernt ihn in den 40er Jahren in Czernowitz kennen; Mann von Edith Silbermann. Edith und Jakob Silbermann wechseln zwischen 1963 und 1965 mit PC Briefe.
194, 195, 196, 194/10, Z 1964
Sima, Joseph (1891-1971): Französischer Maler und Graphiker tschechischer Herkunft.
381, Z 1966
Simenon, Georges (*) (1903-1989): Belgischer Schriftsteller französischer Sprache.
38, 36/31, Z 1954, Z 1955
Simonov, Konstantin Michajlovič (*?)
Z 1947
Singer, Manuel
Z 1938, Z 1940, Z 1969

Slonim, Marc (*oder* Marc Slonime *bzw.* Mark Lvovitch, 1894-1976): Schriftsteller, Kritiker und Übersetzer russischer Herkunft; Slawist; 1917 jüngstes Mitglied der Konstituierenden Versammlung nach der russischen Revolution; verläßt später die Sowjetunion, gibt zunächst in Prag die Zeitschrift *Воля России* (*Die Freiheit Rußlands*) heraus; später Professor am Sarah Lawrence College de Bronxville (Staat New York, USA).
157, 157/3, Z 1962
Slučevskij, Konstantin
Z 1962
Slutschewskij, Konstantin: siehe Slučevskij, Konstantin
Socrate, Mario (* 1920): Italienischer Essayist, Dichter und Literaturwissenschaftler spanischer Sprache; Spezialist für spanische Literatur des Barock und des 20. Jahrhunderts an der Universität Rom; GCL trifft ihn bei ihrem Rom-Aufenthalt 1965.
207, 207/4
Solange: *siehe* Ricour de Bourgies, Solange
Solomon, Petre (1923-1991): Rumänischer Dichter und Übersetzer jüdischer Herkunft; PC lernt ihn 1946 in Bukarest kennen. Umfangreicher (z. T. rumänisch-, z. T. französischsprachiger) Briefwechsel mit PC zwischen 1948 und 1970, unautorisiert publiziert innerhalb von Solomons Erinnerungsbuch: *Paul Celan. Dimensiunea românească* (Bukarest, Editura Kriterion, 1987, S. 209-241).
246, 523, 528, 529, 100/1, 117/1, 143/4, 246/10, 472/3, 498/6, 523/5, 529/3, 581/1, 584/1, Z 1942, Z 1946, Z 1947, Z 1948, Z 1957, Z 1966
Solomon, Yvonne: *siehe* Hasan, Yvonne
Sonntag, Leo: Aus Czernowitz stammender Literat und Übersetzer in Paris. Wechselt mit PC einige Briefe zwischen 1964 und 1968.
432
Soupault, Philippe
249/2
Sparr, Thomas
Z 1964, Z 1970
Sperber, Alfred: *siehe* Margul-Sperber, Alfred
Sperber, Jetty (*oder* Jessica): Frau von Alfred Margul-Sperber; schlägt Paul Antschel 1946 vor, unter dem (aus der Vertauschung der Silben in der rumänischen Schreibweise des Nachnamens Ancel gewonnenen) Pseudonym Paul Celan zu publizieren. Wechselt mit PC einige Briefe in den Jahren 1967 und 1968.
620, 620/2, Z 1946
Sperber, Manès (1905-1984): Französischer Schriftsteller österreichisch-jüdischer Herkunft; Schüler und Mitarbeiter von Alfred Adler; ab 1927 Professor für Soziologie und Philosophie in Berlin; 1933 Emigration nach Paris; PC trifft ihn dort regelmäßig seit den 50er Jahren.
210, 588, 191/2, 202/6, 210/2, 588/2
Spinoza, Baruch
198/9, 479/5, 677, Z 1964
Stahl, Martin
34/7
Stalin, Iossif Vissarionovič (eigentlich I. V. Džugašvili)
255/3, 469/2, Z 1963

Starobinski, Jean (* 1920): Französisch-Schweizer Arzt, Schriftsteller und Literaturwissenschaftler; 1962 Dissertation über die Geschichte der Melancholietherapie; unterrichtet 1954-1956 französische Literatur in den USA; 1958-1985 Professor für Ideengeschichte in Genf; *L'Œil vivant* (1961), »Les anagrammes de Ferdinand de Saussure« (1964). Wechselt mit PC einige Briefe zwischen 1963 und 1967.
157, 189, 327, 329, 330, 331, 343, *157/3, 182/6, 189/7, 219/2, 296/4, 327/2, 330/5, 330/6, 481/1, Z 1962, Z 1964, Z 1965*
Stauder, Karl-Heinz (Pseudonym: Regau, Thomas)
644/4
Stave, Joachim: Literaturkritiker und Autor eines PC gewidmeten Artikels in der Zeitschrift *Muttersprache* (1962).
143, *143/5*
Steffan, Emil
189/1
Stehr, Hermann
50/3
Steinbarg, Elieser
Z 1932
Steinbeck, John
249/12, Z 1953
Steinbrinker, Günther
255/5
Stéphan, Jean: Zahnarzt von PC.
364, *364/4*
Sternberger, Dolf
15/6
Stierlin, Henri
92/5
Stifter, Adalbert (1805-1868): Österreichischer Schriftsteller.
559, 565, 566, *559/4, 559/5, 559/6*

Stomps, Victor Otto (1897-1970): Deutscher Verleger, Schriftsteller und Publizist; 1949 Gründer der Eremiten-Presse Frankfurt a. M.; Förderer der modernen Kunst und Dichtung; PC widmete ihm ein ›lettristisches‹ Gedicht, das mit Stomps' Initialen spielt: »ST / Ein Vau« (GW III 136).
143, 275, *143/11, Z 1962*
Stramm, August
468/1
Strauss, Emil
50/3
Struve, G. P.
504/3, Z 1967
Stummvoll, Josef
249/3
Suhrkamp, Annemarie (*geborene* Seidel, 1895-1959): Dritte Frau des Verlegers Peter Suhrkamp.
36, *36/4*
Suhrkamp, Peter
36/4
Supervielle, Denise: siehe Bertaux, Denise
Supervielle, Jules (*) (**) (1884-1960): Französischer, in Montevideo (Uruguay) geborener Dichter und Romancier.
189, 239, 247, 276, 498, 517, 527, 529, 530, 531, 540, 549, 572, 577, 578, 579, 580, 582, 604, 676, *21/3, 50/11, 189/6, 485/5, 498/2, 517/2, 527/3, 529/4, 529/5, 531/3, 540/2, 549/1, 572/6, 578/3, Z 1958, Z 1960, Z 1962, Z 1967, Z 1968*
Supervielle, Pilar (*geborene* Saavedra): Frau von Jules Supervielle. Wechselt mit PC 1968 einige wenige Briefe.
530, 531, *529/5, Z 1967, Z 1968*
Surchamp, Dom Angelico
271/2

Susman, Margarete (verheiratete von Bendemann, 1872-1966): Schweizer Schriftstellerin und Dichterin deutsch-jüdischer Herkunft; Schülerin von Georg Simmel; 1933 Emigration in die Schweiz; *Das Buch Hiob und das Schicksal des jüdischen Volkes* (1946), *Aus sich wandelnder Zeit* (Gedichte, 1953), *Gestalten und Kreise* (1954), *Deutung biblischer Gestalten* (1955), *Die geistige Gestalt Georg Simmels* (1959), *Ich habe viele Leben gelebt* (Autobiographie, dort auch kurz zu PC, 1964). Briefwechsel mit PC zwischen 1963 und 1965. 200, 205, 244, 340, *168/3, 200/1, 205/2, 205/3, 244/6, 244/10, 340/1*, Z *1963*, Z *1964*, Z *1965*, Z *1966*

Sybille: siehe La Tour du Pin, Sybille de

Synge, John Millington
481/1, Z *1967*

Szondi, Peter (1929-1971): Schweizer Literaturwissenschaftler ungarisch-jüdischer Herkunft; gehört zu den im März 1944 gegen ›kriegswichtige Güter‹ von Rudolf Kasztner aus dem KZ Bergen-Belsen freigekauften Juden; Professor für Allgemeine und Vergleichende Literaturwissenschaft in Göttingen, dann Berlin; Freitod im Oktober 1971; *Hölderlin-Studien. Mit einem Traktat über philologische Erkenntnis* (1967) Autor von *Celan-Studien* (Frankfurt a. M., Suhrkamp, 1972). Umfangreicher Briefwechsel mit PC zwischen 1959 und 1969, z. T. publiziert von Christoph König und Thomas Sparr innerhalb des Auswahlbandes *Briefe* von Peter Szondi (Frankfurt a. M., Suhrkamp, 1993). 124, 465, 591, *50/8, 191/2, 259/8, 465/2, 591/5, 591/6*, Z *1959*, Z *1963*, Z *1964*, Z *1967*, Z *1970*

Tagliavini, Franco
207/14

Tal Coat, Pierre
258/1

Tanguy, Yves
608/1

Tardy-Marcus, Julia
189/6

Taussig, Margareta (*geborene* Margareta Dorian): Bekannte von PC aus der Bukarester Zeit, lebt in den USA.
510, Z *1946*

Teitler, Benno
Z *1942*

Teitler, David
Z *1933*, Z *1943*

Tennyson, Alfred
21/3

Teodorescu, Virgil (*)
Z *1946*, Z *1950*

Termet, Marie-Louise (verheiratete Michaux)
75/1

Terzieff, Laurent
147/2

Teufel, Ursula
194/14

Tézenas, Suzanne: Mäzenin des 1954 von Pierre Boulez gegründeten *Domaine musical*.
189, 432, *189/8*

Theile, Alberto: Herausgeber der mehrsprachigen Zeitschrift *Humboldt*, in der auch Übersetzungen von Gedichten PCs erschienen sind.
182, *182/4*

Thelen, Albert Vigoleis (1903-

1994): Deutscher Schriftsteller, Dichter und Übersetzer; *Die Insel des zweiten Gesichts* (Roman, 1953).
36, *36/25*
Thérive, André (*Pseudonym für* Roger Puthoste, 1891-1967): Französischer Schriftsteller und Übersetzer, Sympathisant des Vichy-Regimes.
326, *323/4, 326/9,* Z *1966*
Thiry, Chantal: Frau von Jacques Thiry, Schulfreundin von GCL.
247/3
Thiry, Jacques: Philosophielehrer in einem korsischen Gymnasium; Sohn des Direktors der Fondation La Messuguière in Cabris (Departement Alpes-Maritimes).
247, 473, *247/2*
Thiry, Monsieur: Leiter der Fondation La Messuguière in Cabris (Departement Alpes-Maritimes).
473
Thomas Benjamin: siehe Pohne, *Thomas Benjamin*
Thomas, Henri (**)
559/4, 559/6, Z *1961*
Thomas, Kurt
652/2
Tommissen, Piet
37/4
Top: *siehe* Tophoven
Tophoven, Elmar (1923-1989): Deutscher Übersetzer, insbesondere von Beckett, Nathalie Sarraute und Claude Simon; Vertreter PCs an der École Normale Supérieure in der Rue d'Ulm, ab Herbst 1970 sein Nachfolger. Wechselt mit PC einige Briefe zwischen 1964 und 1969.
194, 195, 210, 328, 410, 438, 441, 445, 493, 571, 575, *73/1, 134/2, 134/3, 194/22, 328/7, 441/1, 490/1, 493/3, 501/4, 501/10, 536/2, 547/1, 571/1, 656/2,* Z *1964*
Tophoven, Erika (* 1931, geborene Schöningh): Deutsche Übersetzerin, Frau von Elmar Tophoven.
194, 210, 571, 575, *194/22, 545/1, 545/3, 571/1, 610/1, 656/2*
Tophoven, Jonas: Sohn von Elmar und Erika Tophoven.
545, *545/1, 545/3, 610/1*
Tophoven, Margarete (genannt Marga)
547/1
Tophoven, Philippe
610/1
Torberg, Friedrich
133/1
Toussenot, Roger
470/6
Trakl, Georg (1887-1914): Österreichischer Dichter, von PC in seiner Jugend besonders geschätzt.
92, 119, *16/1, 92/5, 119/2, 468/1, 487/2, 608/2,* Z *1937,* Z *1940,* Z *1948*
Trichter, Madame: Frau von Siegfried Trichter.
194
Trichter, Siegfried: In Paris lebender ehemaliger Klassenkamerad von PC aus Czernowitz.
189, 194, *189/2, 194/12*
Triolet, Elsa (1896-1970): Französische Schriftstellerin und Übersetzerin russischer Herkunft, Lebensgefährtin von Louis Aragon.
367, *367/2, 629/1,* Z *1966*
Trost, Dolfi
Z *1946*
Trotzki, Nathalie (französisch: Trotski, eigentlich Natalia Sedova)
Z *1962*

Tschaikowski, Pjotr Iljič (*auch:* Čaikovskij, 1840-1893): Russischer Komponist.
207
Tsvetaeva, Marina Ivanovna (bei PC immer Zwetajewa 1894-1941): Russische Dichterin; PC plante die Übersetzung einiger ihrer Gedichte, bekannt sind nur einige kurze Fragmente in Form von Lesenotizen.
469, *157/3, 469/4, 590/1, 629/1, Z 1968*
Turgenev, Ivan Sergeevič (1818-1883): Russischer Schriftsteller.
628, *628/1*
Tutti: *siehe* Bermann Fischer, Brigitte

Ubac, Raoul
258/1
Ufer, Margot (* 1912): PC lernt die Jüdin deutscher Herkunft 1947 bei Alfred Margul-Sperber in Bukarest kennen; Mutter von Marianne Kraisky und Frau von Max Ufer; Margot und Max Ufer wechseln 1965 mit PC einige wenige Briefe.
194, 198, 202, 204, 206, 207, 209, 210, *194/3, 198/4, 202/7, Z 1964, Z 1965*
Ufer, Max (1900-1983): Genetiker; 1933 verliert er wegen seiner Heirat mit einer Jüdin (Margot Ufer) seine Stelle am Kaiser-Wilhelm-Institut Müncheberg (Bezirk Frankfurt/Oder); Vater von Marianne Kraisky.
194, 198, 202, 204, 206, 207, *194/3, 198/4, 202/7, 206/10, Z 1964, Z 1965*
Ufer (-Kraisky), Marianne: *siehe* Kraisky, Marianne
Ulav, Alexander
226/2

Ulbricht, Walter
255/3
Ungaretti, Giuseppe (*) (1888-1970): Italienischer Dichter.
605, 606, 629, *485/5, Z 1968*
Unruh, Fritz von
510/5
Unseld, Hildegard (*geborene* Schmidt, 1922-1995): Frau von Siegfried Unseld.
273, 469, 470, 471, *469/7, 538/1*
Unseld, Siegfried (* 1924): Deutscher Literaturwissenschaftler und Verleger; Eintritt in den Suhrkamp Verlag Frankfurt a. M. 1952; seit 1959 Besitzer des Verlags, seit 1963 auch des Insel Verlags; im Insel Verlag erscheinen ab 1958 Übersetzungen PCs, im Suhrkamp Verlag ab 1967 sein poetisches Werk. Umfangreiche Korrespondenz, vor allem im Rahmen seiner verlegerischen Tätigkeit, mit PC zwischen 1956 und 1970.
134, 270, 272, 273, 274, 278, 470, 471, 481, 491, 492, 498, 511, 513, 532, 533, 534, 536, 537, 538, 539, 540, 554, 562, 569, 570, 588, 598, 606, 626, *36/4, 134/3, 278/3, 406/2, 469/7 470/4, 471/3, 478/2, 479/3, 491, 491/1, 495/1, 501/1, 511/4, 532/2, 538/1, 570/1, 588/1, 603/10, 629/6, Z 1962, Z 1966, Z 1967, Z 1968, Z 1969*
Unsöld, Carl: Deutscher Literaturkritiker, Autor eines Artikels über Lyrik in der Zeitung *Trierischer Volksfreund* im Juni 1962, in dem auch PC erwähnt ist.
148
Updike, John (*)
Z 1961
Urban, Peter
656/1
Urs: *siehe* Allemann, Urs

Valente, José Ángel
Z *1991*
Valéry, Paul (*) (***) (1871-1945):
Französischer Schriftsteller.
20, 21, 117, 250, *14/8, 21/3,*
115/2, 469/1, 501/5, Z *1951,*
Z *1959,* Z *1960*
Vallette, Alfred
189/7
Vasiliu, Aurel
Z *1934*
Vazquez Lopez, Maria: Übersetzerin am Bureau International du Travail in Genf.
151
Vecsler, Dr.: Hausarzt der Celans, Freund von Şerban und Jenny Voinea.
170, *139,1*
Velasquez (*eigentlich* Diego Rodríguez de Silva y Velázquez, 1599-1660): Spanischer Maler.
151
Velde, Bram van
547/1
Velde, Geer van
547/1
Velde, Jacoba van (* 1903): Niederländische Schriftstellerin und Übersetzerin, u. a. von Beckett und Ionesco; Schwester der Maler Geer und Bram van Velde; Bekannte von Elmar und Erika Tophoven.
547, *547/1*
Verlaine, Paul (**)
Z *1934*
Vermeil, Edmond
559/3
Verne, Jules (1828-1905): Französischer Schriftsteller.
274, *274/10*
Vervuert, Klaus Dieter
589/2
Veyrac, Anne de (*geborene* de Bourboulon): Kusine von GCL.
143, 147, 362, 438, 441, 448, *143/2, 362/2*
Veyrac, Bernard de: Mann von Anne de Veyrac.
143, 147, 362, 438, 441, 448, *143/2, 362/2*
Vial, Monsieur: Krankenpfleger an der Psychiatrischen Universitätsklinik von Paris (Sainte-Anne) während PCs Krankenhausaufenthalt von Februar bis Oktober 1967.
508, *508/1*
Victor, Walter
559/3
Viénot, Andrée: Tochter des Luxemburger Industriellen Eugène Mayrisch und Aline Mayrisch Saint-Hubert, der Begründerin der Fondation La Messuguière.
259, 263, 271, *243/4, 259/3*
Villatte, Césaire
199/2, Z *1948*
Villon, Jacques (*Pseudonym für* Gaston Duchamp, 1875-1963): Französischer Maler und Graphiker, Bruder des Surrealisten Marcel Duchamp und des Bildhauers Raymond Duchamp-Villon.
453, *1/2, 453/6*
Virouleau, Madame: Nachbarin der Celans (78, Rue de Longchamp).
168, 540
Virouleau, Patricia: Spielkameradin von EC, Tochter von Nachbarn der Celans (78, Rue de Longchamp).
537, 539, 540, 544, *537/1*
Vogüé, Ileana Comtesse de
303/2
Voinea, Jenny (*geborene* Lindenberg, 1901-1991): Ärztin; Frau von Şerban Voinea.
143, 147, *143/19*
Voinea, Şerban (*Pseudonym für*

Gaston Boeuve, 1894-1969): Rumänischer Diplomat, Politiker und Schriftsteller; 1947 Botschafter Rumäniens in Bern; Mitglied der rumänischen Sozialdemokratischen Partei; Emigration nach Frankreich nach der Machtübernahme der Kommunisten Ende 1947; Journalist und Autor von Radiosendungen über Rumänien; Freund von Isac Chiva.
143, *143/19*
Vonderbank, Karl: Inhaber einer Galerie dieses Namens in Frankfurt a. M.
606, *606/5*

Wacker, Manfred
513/2
Waern, Inge (verheiratete Waern-Malmqvist): Schauspielerin; Freundin von Nelly Sachs. Wechselt mit PC einige Briefe im Zusammenhang mit Nelly Sachs zwischen 1960 und 1961.
118, *118/4, Z 1960*
Wagenbach, Katia (*eigentlich Katharina*): Frau von Klaus Wagenbach.
177, *177/4*
Wagenbach, Klaus (* 1930): Deutscher Literaturwissenschaftler, Verlagslektor und Verleger; 1957 Promotion über Kafka; Dezember 1959 bis Juni 1964 Lektor im S. Fischer Verlag; 1962 Herausgeber einer Celan-Auswahl für den Schulgebrauch im S. Fischer Verlag; 1964 Gründung des Wagenbach Verlags Berlin. Umfangreicher Briefwechsel mit PC, meist in Zusammenhang mit seinen verlegerischen Tätigkeiten, zwischen 1960 und 1967.
177, 275, *143/17, 177/4, 242/1, Z 1962, Z 1963*

Wallon, Henri (1879-1962): Französischer Psychologe und Politiker; 1945/1946 kommunistischer Abgeordneter; *L'Evolution psychologique de l'enfant* (1941), *Les Origines de la pensée chez l'enfant* (1945).
66, *66/5*
Walser, Martin (* 1927): Deutscher Schriftsteller. *Halbzeit* (1960).
278, 438, 440, 441, 445, *10/5, 157/7, 278/3, 438/2, 510/5, Z 1966, Z 1968*
Walter, Elisabeth
258/9
Walter, Otto F. (1928-1994): Schweizer Schriftsteller und Verleger; seit 1956 Leiter des Walter-Verlags, Olten und Freiburg; publiziert dort PCs Übersetzung des Romans von Jean Cayrol, *Im Bereich einer Nacht* (1961); 1967-1973 Leiter der literarischen Abteilung des Luchterhand Verlags Neuwied. Briefwechsel mit PC im Rahmen seiner verlegerischen Tätigkeiten zwischen 1958 und 1966; Auszüge dieser Korrespondenz wurden von Martin Zingg in der Schweizer Zeitschrift *Drehpunkt* (Nr. 93, 1995, S. 7-15) veröffentlicht.
259, 264, 323, 326, 331, 444, 445, 447, 449, *259/5, 264/5, 331/1, 444/4*
Warnach, Walter: Deutscher Dichter und Kunstkritiker, Freund Heinrich Bölls.
69, *69/3*
Wasmuth, Ewald
252/3
Weber, Alfred
15/6
Weber, Martha: Bekannte der Celans.
410

Weber, Werner (* 1919): Schweizer Schriftsteller und Literaturkritiker; Feuilletonchef der *Neuen Zürcher Zeitung*; *Tagebuch eines Lesers. Bemerkungen und Aufsätze zur Literatur* (1965). Umfangreicher Briefwechsel mit PC, meist im Rahmen seiner redaktionellen Tätigkeit, zwischen 1959 und 1970.
131, 529, 532, 533, *131/2, 529/1, 532/6, 533/2, 533/4, 558/2*, Z 1960, Z 1963

Weder, Heinz
196/12

Weibel, Kurt: Herausgeber der *Schweizer Radio- und Fernsehzeitungen*, Bern, dem offiziellen Organ der Schweizerischen Radio- und Fernsehgesellschaft.
340, *340, 340/3*

Weigel, Hans
10/5, 14/2

Weigel, Sigrid
10/4, 125/1

Weill, Kurt
Z 1964

Weininger, Freed
559/1

Weisenborn, Günther (1902-1969): Deutscher Schriftsteller; lernt PC im Mai 1952 auf der Tagung der Gruppe 47 in Niendorf kennen; in seiner Autobiographie *Memorial. Erinnerungen* (1948) berichtet er u. a. über seine Teilnahme am deutschen Widerstand; Herausgeber eines Buches über den deutschen Widerstand: *Der lautlose Aufstand* (1953).
18, *10/5, 18/6, 73/1*

Weiss, Peter
510/5, Z 1968

Weissglas, Immanuel
Z 1940

Werner, Gerhard
70/2

Wernicke, Horst
366/6

Wertinskij: Schlagerkomponist.
249

Weyrauch, Wolfgang
10/5, 14/10, 73/1, 149/1, 157/7

Wiedemann, Barbara
125/1

Wilhelm, Jean-Pierre: Deutscher Übersetzer (u. a. von René Char und PC) und Kunstkritiker; während des Spanischen Bürgerkriegs bei den Internationalen Brigaden; Gründer und Leiter einer Galerie für zeitgenössische Kunst in Düsseldorf (Galerie 22); veröffentlicht 1956 eine kurze Einführung in PCs Werk und die Übersetzung von vier seiner Gedichte in der französischen Zeitschrift *Cahiers du Sud* (wieder im Anhang von: Paul Celan, *Choix de poèmes*, herausgegeben und übersetzt von Jean-Pierre Lefebvre, Paris, Gallimard, 1998). Briefwechsel mit PC zwischen 1955 und 1964.
53, 65, 67, 69, *53/2, 65/1, 67/4, 73/1, 85/1*, Z 1956, Z 1959

Wille, Hans: Leiter der Kunstsammlung der Georg-August-Universität Göttingen im Jahr 1967.
523, 525, *523/1, 530/1*

Williams, Albert Rhys
34/7

Wilpert, Gero von
249/4

Winkelmayer, Elisabeth: Bekannte von PC in Frankfurt a. M.
36, *36/11*

Winkelmayer, Helmut: Neffe von Elisabeth Winkelmayer.
36, *36/11*

Wismann, Heinz: Philosoph deutscher Herkunft, lebt mit deutscher und französischer Staatsangehörigkeit in Paris; in den 60er Jahren Lektor für deutsche Philosophie an der Sorbonne, ab 1969 Assistenzprofessor an der späteren Universität Paris IV; Freund, Schüler und Mitarbeiter des Gräzisten Jean Bollack.
249, 264, *249/10, 264/7*
Wittgenstein, Ludwig (1889-1951): Englischer Philosoph österreichisch-jüdischer Herkunft.
558
Wolfe, Thomas
392/1, Z 1966
Wolff, Madame und Monsieur: Bekannte der Celans, Eltern eines Freundes von EC.
170
Wolgensinger, Luzzi (* 1915): In Bukarest geborene Schweizer Fotografin (siehe die Fotos von PC in: PC/FW, S. 6f. und in FN, S. 105); Frau von Michael Wolgensinger; Bekannte von Franz Wurm.
558, 584, *501/8, 552/1, 554/1, 558/1, Z 1967*
Wolgensinger, Michael (genannt Miggel, 1913-1990): Schweizer Fotograf; Freund von Franz Wurm; Miggel und Luzzi Wolgensinger wechseln mit PC einige Briefe zwischen 1967 und 1970.
548, 558, 584, *501/8, 552/1, 558/1, Z 1967*
Wolsegger, Traute
Z 1951
Wurm, Franz (* 1926): Englischer Dichter deutscher Sprache und jüdischer Herkunft aus Prag, wohnhaft in Zürich; Gedichtbände: *Anmeldung* (1959); *Anker und Unruh* (1964); Freund und deutscher Übersetzer von Moshe Feldenkrais, dessen Methode er lehrt: *Der aufrechte Gang* (1968), *Bewußtheit durch Bewegung* (1970). Umfangreiche Korrespondenz mit PC zwischen 1960 und 1970 (siehe: PC/FW).
501, 530, 533, 558, 578, 626, *134/2, 501/8, 533/2, 552/1, 554/1, 558/4, 558/5, 578/6, 597/1, 626/2, 655/2, Z 1963, Z 1964, Z 1967, Z 1968, Z 1970, Z 1986*
»Würzburg«, Fräulein: *siehe* Hübner, Edith

Yeats, William Butler (**) (1865-1939): Irischer Dichter.
194, *194/8, Z 1959, Z 1962*
Yo: *siehe* Mitry, Yolande de
Yolande: *siehe* Mitry, Yolande de
Yourcenar, Marguerite (*Pseudonym für* Marguerite de Crayencour, 1903-1987): Französische Schriftstellerin, Essayistin und Übersetzerin, lernt PC 1954 kennen.
32, 36, *32/5, Z 1954*
Yoyo: *siehe* Mitry, Yolande de
Yves: Spielkamerad von EC.
116

Zañartu, Enrique
Z 1964
Zangwill, Israel (1864-1926): Englischer Schriftsteller russisch-jüdischer Herkunft; *Children of the Ghetto* (1892).
531
Zao Wou-Ki
1/2
Zeani, Virginia
207/14
Živsa, Irena
497/3

Zola, Émile (***) (1840-1902): Französischer Schriftsteller. 503, *440/8, Z 1966*

Zucman, Madame: Ärztin; im Sommer 1965 Gast der Fondation La Messuguière in Cabris (Departement Alpes-Maritimes), wo GCL sie kennenlernt. 347

Zwetajewa, Marina: siehe Tsvetaeva, Marina Ivanovna

VERZEICHNIS DER ABBILDUNGEN

1. Gisèle und Paul Celan am Tag ihrer Hochzeit in Paris am 23. 12. 1952.

2. Widmung von »Der Sand aus den Urnen« vom 31. 12. 1951 für Gisèle de Lestrange, mit einer ins Buch eingelegten getrockneten Blume.

3. Rindenstücke von einer Platane, von Paul Celan in seiner Schreibtischschublade aufbewahrt.

4. Widmung von »Sprachgitter« für Gisèle Celan vom 19. 3. 1959, mit einem getrockneten vierblättrigen Kleeblatt.

5. Paul Celan, Brief 145 vom 30. 9. 1962 mit einer getrockneten Herbstzeitlosen und einem Automatenfoto (blauschwarze Tinte, 21×27).

6 a-c Gisèle Celan, Brief 214 vom 15. 4. 1965 mit dem dazugehörigen Umschlag; auf der Umschlagrückseite die Erstfassung des Gedichts von Paul Celan: »Pau, nachts« (blaue Tinte und Bleistift, 14,4×11,4).

7. Paul Celan und sein Sohn Eric in Innsbruck, Sommer 1959.

8. Gisèle Celan-Lestrange: Skizze für eine Radierung, Beilage zu Brief 446 vom 27. 5. 1966 (Tinte, 27×21).

9. Gisèle Celan-Lestrange: »Schlafbrocken«, Radierung (7×9,5), Beilage zu Brief 449 vom 2. 6. 1966.

10. Gisèle Celan-Lestrange: »Fin d'année 12. 1966 – Jahresende 12. 1966«, Radierung (12×9), Beilage zu Brief 466, wohl vom 24. 12. 1966.

11 a,b Gisèle Celan-Lestrange: zwei Radierungen (o.T., je 10,5×8), Beilage zu Brief 583 vom 23. 11. 1967.

12 a,b Gisèle Celan-Lestrange: zwei Radierungen (o.T., 12×9 und 8,5×10,5), Beilage zu Brief 592, wohl vom 24. 12. 1967.

13   Gisèle Celan-Lestrange: Radierung (o.T., 8,5×10,5), Beilage zu Brief 593 vom 28. 12. 1967.

14   Gisèle Celan-Lestrange: Radierung (o.T., 10,5×8,5), Beilage zu Brief 631 vom 23. 12. 1968.

15 a,b Gisèle Celan-Lestrange: Gouache (schwarz, grau, blau, weiß, o.T., 17×23,2), Paris, Ende März 1969.
Paul Celan: Gehässige Monde (Abschrift von der Hand von Gisèle Celan-Lestrange, blaue Tinte).

16   Gisèle Celan-Lestrange: Radierung (o.T., 1969, 20×12), Beilage zu Brief 666 vom 25. 12. 1969.

17 a,b Gisèle Celan-Lestrange: zwei Radierungen (o.T., je 22,5 ×17), Beilage zu Brief 667, wohl vom 31. 12. 1969.

18 a,b Paul Celan: Jad va-Schem, Brief 677 (Vorder- und Rückseite).